1940년　『고통의 문제』(The Problem of Pain) 출간.

1941년　런던 BBC 본사건물 브로드캐스팅 하우스에서, 3년간 생중계로 수차례에 걸쳐 국내 방송 강연을 하다(이 강연을 통해 영국에서 전국적인 명성을 얻게 된다).

1942년　『스크루테이프의 편지』(The Screwtape Letters) 출간(이 책으로, 대중적인 기독교 신학자로서 명성을 확고히 하는 동시에 국제적인 명성을 얻게 된다).

1946년　세인트앤드루스 대학에서 명예 신학박사 학위를 받다. 『천국과 지옥의 이혼』(The Great Divorce) 출간.

1947년　『타임』지 표지에 실리다("영어 사용권에서 가장 영향력 있는 기독교 변증가 중 한 사람"으로 소개). 『기적』(Miracles) 출간.

1948년　영국왕립문학협회 회원으로 선출되다.

1949년　『영광의 무게』(The Weight of Glory, and Other Addresses) 출간.

1950년　나니아 시리즈 첫 번째 책인 『사자와 마녀와 옷장』(The Lion, the Witch and the Wardrobe) 출간. 이후 1956년 출간된 『마지막 전투』(The Last Battle)까지 7권의 시리즈 완간.

1951년　무어 부인 사망.

1952년　『순전한 기독교』(Mere Christianity) 출간(기독교 신앙의 정수를 다룬 이 책은, 20세기에 가장 많은 영향력을 끼친 종교서적 중 하나로 꼽힌다).

1954년　케임브리지 대학 중세 및 르네상스 영문학 정교수직을 수락하다. 『16세기 영문학』(English Literature in the Sixteenth Century, Excluding Drama) 출간.

1955년　케임브리지 모들린 칼리지에 입주. 영국학술원 회원으로 선출되다. 『예기치 못한 기쁨』(Surprised by Joy) 출간.

1956년　옥스퍼드 호적등기소에서 조이 데이빗먼과 민사예식으로 결혼하고, 이듬해에 옥스퍼드 처치힐 병원에서 혼인예식을 치르다. 『우리가 얼굴을 찾을 때까지』(Till We Have Faces) 출간.

1958년　『시편사색』(Reflections on the Psalms) 출간.

1960년　아내 조이 데이빗먼 사망. 『네 가지 사랑』(The Four Loves) 출간.

1961년　전립선 비대증 진단을 받다. 『헤아려 본 슬픔』(A Grief Observed) 출간.

1963년　11월 22일, 킬른스에서 예순다섯의 나이로 세상을 떠나다(그의 묘비에는 "사람은 죽음을 견뎌야 한다"는 비문이 새겨지다).

1964년　『개인기도: 말콤에게 보내는 편지』(Letters to Malcolm: Chiefly on Prayer) 출간.

복 있는 사람

오직 여호와의 율법을 즐거워하여 그 율법을 주야로 묵상하는 자로다.
저는 시냇가에 심은 나무가 시절을 좇아 과실을 맺으며 그 잎사귀가 마르지 아니함 같으니
그 행사가 다 형통하리로다. (시편 1:2-3)

"C. S. 루이스는 기독교 작가로, 변증가로 요지부동의 자리를 지난 세기에 이미 확고하게 굳혔다. 그러나 무어 부인과의 관계나 아버지에 대한 태도, 말년에 조이 데이빗먼과의 관계처럼 그의 삶의 궤적에 드러난 몇 가지 일들에 사람들은 당혹해한다. 과학자 출신이요 역사신학을 다루는 학자답게 맥그래스는, 세밀한 탐사와 숙고를 통해 루이스의 삶과 저작을 감싸고 있는 빛과 그늘을 누구보다 세밀하고 균형 있게 잘 드러낸다. 학자들이 쓴 평전이 대부분 딱딱하거나 읽기가 쉽지 않은 편이나, 맥그래스의 이 책은 탁월하게 성공을 거두었다. 루이스를 한 번도 읽어 보지 못한 사람에게는 그의 작품 세계로 안내해 주는 입문서가 될 것이며, 그의 삶과 작품에 익숙한 사람에게는 새로운 사실에 대한 지식과 통찰을 안겨 줄 것이다. 무엇보다도 이 책은 '왜 루이스인가?', '아직도 루이스인가?', '왜 다시 루이스인가?'라는 질문을 가진 이들에게 해답을 줄 것이다."

강영안 서강대학교 철학과 교수

"맥그래스의 전기를 읽으면 누가복음의 서문(1:1-4)이 떠오른다. 예수와 교회의 '전기'를 쓰기 위해 누가가 그랬던 것처럼, 맥그래스는 루이스의 참 모습을 보여주기 위해 모든 것을 처음부터 자세히 조사한 후 그가 발견한 것을 잘 정돈된 이야기로 만들어 냈다. 학자적 치밀함과 차분함으로 자료를 조사하고 분석하여, 그것을 기반으로 우리가 공감할 수 있는 하나의 인생을 그려 낸다. 또한 그 삶의 이야기를 그의 주요 작품들과 긴밀하게 연결하고 있다는 사실은 이 책을 더욱 가치 있게 만든다. 루이스에 대한 매력적인 전기이면서 또한 그의 작품 이해를 위한 유익한 배경자료이기도 한 이 책은, 루이스를 더 잘 알고 싶은 모든 이들에게 참 반가운 선물이다."

권연경 숭실대학교 기독교학과 교수

"이 책은 20세기를 대표하는 기독교 작가이자 사상가인 C. S. 루이스에 대한 우리 시대의 탁월한 신학자 알리스터 맥그래스의 역작이다. 맥그래스는 루이스와 동향인일 뿐 아니라, 루이스처럼 젊은 시절에 무신론자였다가 회심한 인물인 만큼 그의 내면을 깊이 이해한 학자이다. 최신 출간자료와 미출간된 보관자료 등 방대한 자료를 섭렵하여 루이스의 삶, 작품, 사상을 흥미롭게 재구성한 이 책은, C. S. 루이스의 총체적인 면모를 이해하는 데 매우 귀중한 평전이다."

송태현 이화여자대학교 이화인문과학원 교수

"평소 루이스의 광팬으로, 루이스의 새 전기가 더 필요할까 생각했다. 그러나 알리스터 맥그래스가 이 책을 썼다는 말을 듣고 호기심이 발동했다. 우리 시대의 대표적인 복음주의 학자이며 정교하고 깊은 글을 쓰는 맥그래스의 증언이라면, 다시 한 번 루이스의 옷장이 있는 벽을 열고 나니아의 새로운 세계를 열어 줄 것이라는 기대가 생겼다. 이 책은 이런 우리의 순진한 호기심에 보답하는 흥미진진한 또 하나의 루이스 탐험기가 될 것이다. 우리 시대의 구도자들에게 예수 그리스도의 복음을 가장 창조적인 상상력으로 대변해 온 천재 작가요 아름다운 예언자 루이스를 새롭게 만날 필요가 있는 모든 이들에게, 이 책을 들고 믿음의 여행을 떠날 것을 권하고 싶다."

이동원 지구촌교회 원로목사

"지금은 '루이스 르네상스 시대'라고 불러야 할 만큼 많은 사람들이 루이스를 주목하고 있다. 그 이유가 무엇인지 무척 궁금했는데, 이번에 이 책을 읽으며 그것은 다름 아닌 루이스가 '이야기가 있는 인생'을 살았기 때문이라는 것을 문득 깨닫게 되었다. '어정쩡한 아일랜드 촌놈'이 대학 교수가 된 것만 아니라, 지독한 무신론자에서 '별로 내키지 않는 회심'을 한 것이나, 회심한 후에도 평생 맥주와 담배를 즐기며 '잉클링즈 친구들'과 어울린 것이라든가, '불필요했던 세계대전'을 겪은 것이나, 특히 친구 모친인 무어 부인과 한집에 살면서도 쉰여덟 세가 되도록 독신 남이었다는 것, 그러다가 조이 데이빗먼과의 '이상한 결혼'과 곧 이은 사별 등 순탄치 않은 인생을 살았다. 그러나 그는 삶의 고비마다 성경적인 대답을 찾고 기독교를 변호하고 증명하려 노력했고, 그 결과 불후의 명작들을 남기게 되었다. 이야기가 없는 인생을 산 사람이 누가 있겠냐마는, 루이스야말로 진리를 깨닫고 전하는 소설 같은 인생을 산 사람이다."

성인경 라브리 공동체 한국 대표

"대중은 루이스를 사랑했지만, 루이스를 잘 알지는 못했다. 그의 책은 널리 팔렸지만, 그의 생각은 그리 깊이 읽히지 못했다. 맥그래스는 그런 루이스에게 휘황찬란한 신화의 굴레를 덧씌우는 대신, 꽤나 괴짜였고 내키지 않는 태도로 그 역할을 수행한 맨얼굴을 보여줌으로써 그의 인간적 진면목을 알려 준다. 이 새로운 앎은 새로운 매혹의 시작이 되기에 충분하다."

양희송 청어람아카데미 대표기획자

"알리스터 맥그래스의 새로운 C. S. 루이스 전기는 탁월하다. 폭넓은 연구에 근거한 정보가 가득하면서도 술술 읽힌다. 루이스라는 사람의 형성 과정과 됨됨이에 많은 관심을 기울일 뿐 아니라, 그의 주요 문학작품을 모두 섭렵하여 예리하고 균형 잡힌 분석을 제공한다. 1960년대 후반에서 1970년대 초반 사이에 새롭게 회심하여 루이스의 저작들을 허겁지겁 집어삼켰던 미국의 복음주의자들 중에는 나도 있었다. 그가 내게 끼친 영향은 심오하고 지속적이었는데, 맥그래스는 오늘날 수많은 신자들과 기독교 지도자들이 같은 고백을 하는 이유를 명확하게 설명해 준다."

티모시 켈러

"많은 이들이 C. S. 루이스에 대해선 웬만큼 다 안다고 생각했다. 알리스터 맥그래스의 새 전기는 공문서 및 기타자료를 활용해 기독교의 대표적인 변증가 루이스의 여러 측면을 분명하게 정리하고 더 깊이 바라보며 더 잘 이해하게 해준다. 통찰력 있고 명쾌한 연구서다."

N. T. 라이트

"알리스터 맥그래스는 비할 바 없는 인물 C. S. 루이스의 생애를 새롭게 조명한다. 또 하나의 중요한 책이다."

에릭 메택시스 『디트리히 본회퍼』 저자

"알리스터 맥그래스는 꼼꼼한 자료조사를 바탕으로 매혹적인 한 사람의 생애를 통찰력 있고 공정하고 정직하게 기록해 냈다. 이 책은 루이스가 어떤 직업적 사회적 맥락 속에서 살아갔는지 잘 보여준다는 점에서 독보적이고, 그의 기독교적 정신의 발달도 설득력 있게 기록하고 있다. 루이스의 팬들과 그를 연구하는 학자들 모두에게 필수자료가 될 책이다."

앨런 제이콥스 『나니아의 창조자』 저자

"C. S. 루이스의 전기가 또 필요할까, 하고 고개를 갸우뚱하던 사람들이 이 책을 보면 생각이 달라질 것이다. 맥그래스는 옥스퍼드의 유명한 그리스도인에 대한 산뜻하고 통찰력 있고 어떤 부분에선 매우 독창적인 초상화를 그려 냈다."

라일 W. 도싯 『C. S. 루이스 선집』 편집인

"몇 가지 값지고 참신한 시각을 담고 있는 새로운 C. S. 루이스 전기가 나왔다. 반가운 일이다. 이 책은 루이스가 유신론으로 회심한 시기를 멋지게 재구성해 냈는데, 내가 볼 때는 부인할 수 없는 이 결론으로 루이스 연구에서 확고한 위치를 점하게 될 것이다. 이 부분을 우리 모두가 그토록 오랫동안 놓치고 있었다는 사실이 놀랍다!"

마이클 워드 『행성 나니아』 저자

C. S. 루이스

Alister McGrath

C. S. Lewis—A Life
: Eccentric Genius, Reluctant Prophet

별난 천재, 마지못해 나선 예언자

C. S. LEWIS

알리스터 맥그래스 지음 / 홍종락 옮김

복 있는 사람

C. S. 루이스

2013년 9월 25일 초판 1쇄 인쇄
2013년 10월 2일 초판 1쇄 발행

지은이 알리스터 맥그래스
옮긴이 홍종락
펴낸이 박종현

도서출판 복 있는 사람
주소 서울특별시 마포구 연남동 246-21
전화 02-723-7183, 7734(영업·마케팅) 팩스 02-723-7184
이메일 blesspjh@hanmail.net
등록 1998년 1월 19일 제1-2280호

ISBN 978-89-6360-120-5 03230

C. S. Lewis—A Life: Eccentric Genius, Reluctant Prophet
by Alister McGrath

Copyright © 2013 by Alister McGrath
Originally published in English under the title
C. S. Lewis—A Life: Eccentric Genius, Reluctant Prophet by Alister McGrath
by Tyndale House Publishers, Inc., 351 Executive Drive, Carol Stream, IL 60188, U.S.A.
All rights reserved.

Translated and used by permission of Tyndale House Publishers, Inc.
through arrangement of rMaeng2, Seoul, Korea.
Korean edition Copyright © 2013 by The Blessed People Publishing Co., Seoul, Korea.

이 책의 한국어판 저작권은 알맹2 Agency를 통해 Tyndale House Publishers, Inc.와 독점 계약한 도서출판 복 있는 사람이 소유합니다. 신저작권법에 의하여 한국 내에서 보호를 받는 저작물이므로 무단전재와 복제를 금합니다.

차례

서문 12

🏵🏵🏵 1부 🏵🏵🏵 서막

1. 다운 카운티의 완만한 구릉지: 아일랜드에서 보낸 유년기 1898-1908

루이스의 가족 26 / 어정쩡한 아일랜드인: 아일랜드 문화에 끼지 못한 루이스 32
책에 둘러싸여: 문학적 천직의 암시 38 / 외로움: 형 와니가 잉글랜드로 가다 41
기쁨(Joy)과의 첫 번째 조우 43 / 어머니 플로라 루이스의 죽음 47

2. 흉한 땅 잉글랜드: 학창시절 1908-1917

왓퍼드의 윈야드 스쿨 54 / 몰번의 셔버그 스쿨 56 / 몰번 칼리지 60
부컴과 "위대한 노크 선생님" 67 / 징집의 우려 74 / 루이스, 옥스퍼드 대학 지원 76

3. 프랑스의 광활한 들판: 전쟁 1917-1918

중요하지 않은 전쟁 81 / 옥스퍼드 도착 83 / 키블 칼리지의 장교후보생 87
루이스가 전시에 경험한 옥스퍼드 94 / 프랑스로 배치 103
전투 중 부상: 리에 뒤 비나쥬 공습 107 / 루이스와 무어 부인: 관계의 진전 110

❀❀❀ 2부 ❀❀❀ 옥스퍼드

4. 기만과 발견: 옥스퍼드 교수의 탄생   1919-1927

고전학 학생: 유니버시티 칼리지 118 / 막내아들에 대한 알버트 루이스의 걱정 122
학문적 성취: 총장배 에세이 공모전 수상 125 / 성공과 실패: 학문적 성취와 실업 128
무어 부인: 루이스 생애의 초석 135 / 영어영문학 장학생 139 / 모들린 칼리지의 펠로 자리 152

5. 펠로직, 가족, 우정: 모들린 칼리지에서의 초기 몇 년   1927-1930

펠로직: 모들린 칼리지 159 / 가족의 파괴: 아버지 알버트 루이스의 죽음 164
알버트 루이스의 지속적인 영향 169 / 가족의 재결합: 와니가 옥스퍼드로 이사 오다 172
우정: J. R. R. 톨킨 175

6. 가장 내키지 않는 회심: 순전한 그리스도인의 탄생   1930-1932

1920년대 영문학의 종교부흥 180 / 현실을 담아내는 상상력: 루이스, 신을 재발견하다 184
루이스의 회심 날짜: 재검토 192 / 톨킨과 밤에 나눈 대화 198
그리스도의 신성(神性)에 대한 루이스의 믿음 205

7. 학자: 문학연구와 문학비평   1933-1939

교사 루이스: 옥스퍼드 개별지도 216 / 교사 루이스: 옥스퍼드 강의 222
『순례자의 귀향』: 믿음의 풍경을 그려 내다 225 / 잉클링즈: 우정, 공동체, 논쟁 233
『사랑의 알레고리』 242 / 문학의 위치와 목적에 대한 루이스의 입장 247

8. 전국적 찬사: 전시(戰時)의 변증가   1939-1942

찰스 윌리엄스와 루이스의 우정 257 / 문학작품의 산파 루이스: 톨킨의 『반지의 제왕』 261
『고통의 문제』 265 / 루이스의 전시 방송 강연 271

9. 국제적인 명성: 순전한 그리스도인   1942-1945

『스크루테이프의 편지』 283 / 『순전한 기독교』 286
다른 여러 전시 프로젝트 300 / 소설로의 전환: 『랜섬 3부작』 305

10. 존경받지 못하는 예언자?: 전후(戰後)의 긴장과 문제들   1945-1954

슈퍼스타 C. S. 루이스 312 / 명성의 어두운 면 316
치매와 알코올 중독: 루이스의 '어머니'와 형 320 / 루이스에 대한 옥스퍼드 내부의 반감 323
엘리자베스 앤스콤과 소크라테스 클럽 326 / 변증가로서의 역할에 대한 루이스의 회의(懷疑) 336

❀❀❀ 3부 ❀❀❀ 나니아

11. 현실의 재배치: 나니아의 창조

나니아의 기원 345 / 문턱: 나니아의 핵심 테마 349
나니아 시리즈를 읽는 순서 353 / 나니아의 동물들 357
실재를 보는 창, 나니아 359 / 나니아, 그리고 거대서사 다시 이야기하기 362

12. 나니아: 상상의 세계 탐험

아슬란: 마음의 소원 371 / 더 심오한 마법: 나니아에서의 대속 377
일곱 행성: 나니아에 나오는 중세의 상징 383
그림자나라: 플라톤의 동굴 비유 새로 쓰기 388 / 나니아에서 과거의 문제 391

❀❀❀ 4부 ❀❀❀ 케임브리지

13. 케임브리지 모들린 칼리지로   1954-1960

새로운 케임브리지 정교수직 400 / 르네상스: 케임브리지 취임 연설 406
소설 같은 로맨스: 조이 데이빗먼의 등장 412
조이 데이빗먼과의 "아주 이상한 결혼" 423 / 조이 데이빗먼의 죽음 430

14. 사별, 질병, 죽음: 말년   1960-1963

『헤아려 본 슬픔』: 믿음의 시험 439 / 루이스의 건강 악화 446 / 마지막 질환과 죽음 454

❀❀❀ 5부 ❀❀❀ 루이스 사후

15. 놀라운 사람, 루이스

1960년대: 빛바랜 별 464 / 재발견: 루이스에 대한 새로운 관심 469
루이스와 미국의 복음주의자들 475 / 루이스, 문학사의 획기적인 인물 481 / 결론 483

❀❀❀ 감사의 말 486 / 옮긴이의 글 489 / 주 497 / 참고문헌 526 / 찾아보기 538 ❀❀❀

서문

C. S. 루이스^{C. S. Lewis, 1898-1963}는 누구인가? 많은 사람들에게, 아마 대부분의 사람들에게 루이스는 멋들어진 상상의 세계 나니아의 창조자이자, 20세기에서도 손에 꼽을 만큼 유명하고 많이 논의된 어린이 책 시리즈의 저자일 것이다. 나니아를 무대로 펼쳐지는 그 몇 권의 어린이 책은 여전히 열광적인 독자들을 끌어들이고 수백만 부씩 팔리고 있다. 사후 50년이 된 지금도 루이스는 우리 시대 최고의 대중작가로 자리를 지키고 있다. 많은 이들이 루이스의 옥스퍼드 동료이자 친구였던 『반지의 제왕』(*The Lord of the Rings*)의 저자 톨킨^{J. R. R. Tolkien, 1892-1973}과 루이스를 문학과 문화사에서 큰 획을 그은 인물로 여기고 있다. 문학계와 영화계는 이 두 옥스퍼드 저자에게 큰 영향을 받았다. 하지만 루이스가 없었다면, 톨킨은 『반지의 제왕』을 쓰지 못했을지도 모른다. 루이스는 여러 베스트셀러 작품의 창조자이면서 톨킨의 걸작 『반지의 제왕』의 산파 노릇을 했

고, 그 서사물을 쓴 공로로 1961년 노벨문학상 후보로 톨킨을 추천하기도 했다. 이런 몇 가지 이유만으로도 C. S. 루이스의 생애는 이야기할 만한 가치가 있다.

그러나 그에게는 이보다 훨씬 많은 면면이 있다. 루이스의 오랜 친구 오언 바필드^{Owen Barfield, 1898-1997}는 세 사람의 C. S. 루이스가 있다고 말한 적이 있다. 베스트셀러 소설작품들의 저자 루이스보다 덜 알려진 두 번째 루이스가 있다. 기독교 작가이자 변증가 루이스다. 그는 지성과 상상력에 호소하는 기독교 신앙의 힘에 대해 풍부한 안목을 갖고 있었고 그것을 전달하고 나누는 일에 관심을 가졌다. 그는 생애 중반에 기독교 신앙을 발견했고 이 신앙이 이성과 영혼을 모두 만족시킬 수 있음을 알게 되었다. 그의 책 『순전한 기독교』(Mere Christianity)는 지금도 20세기의 가장 영향력 있는 종교서적으로 거론되는데, 물론 이런 평가에 상당히 짜증을 내는 이들도 있다.

루이스가 공적으로 기독교를 적극 옹호했기 때문인지, 그는 지금도 논란의 인물로 남아 있다. 그는 기독교 신앙을 귀히 여기는 사람들의 애정과 흠모를 받고 있지만, 그렇지 않은 사람들의 조롱과 경멸도 받고 있다. 하지만 기독교를 대하는 사람들의 생각과 상관없이, 기독교는 분명히 **중요하다**. 그리고 루이스는 그가 옹호했던 '순전한 기독교'의 가장 신뢰할 만하고 영향력 있는 대표자라 할 것이다.

그리고 루이스의 세 번째 모습이 있다. 팬과 비판자들 모두에게 가장 낯선 모습일 것이다. 그는 저명한 옥스퍼드 교수이자 문학비평가였고, 강의록 없이 진행되는 그의 영문학 강의 시간에는 계단식 강의실이 꽉꽉 찼으며, 나중에 케임브리지 대학의 중세 및 르네상스 영문학 초대 석좌교수가 되었다. 지금은 그의 『실낙원 서문』(Preface to "Paradise Lost",

1942)을 읽는 사람이 별로 없겠지만, 당시에 이 책은 명료함과 통찰력으로 학술서의 새로운 표준을 제시했다.

루이스의 직업적 소명은 "학문의 세계"에 있었다. 1955년 7월 영국 학술원 회원으로 선출된 것은 그의 높은 학문적 명성을 공적으로 보여준 일이었다. 하지만 일부 학계 사람들은 그의 상업적 대중적 성공을 빌미로 그가 진지한 학자로 자처할 자격이 없다고 생각했다. 1942년부터 루이스는 스크루테이프의 악마 세계에 대한 가벼운 사색 같은 대중적인 저작들 때문에 학문적 신뢰성을 인정받는 데 계속 어려움을 겪었다.

그러면 이 세 루이스는 서로 어떤 관계에 있을까? 그의 삶에서 확연히 구별되는 세 구획일까, 아니면 어떤 식으로건 서로 연결되어 있을까? 세 루이스는 각기 어떻게 발달해 갔을까? 나는 이 책을 통해 루이스의 저작들에 초점을 맞추고 그의 생각이 어떻게 형성되고 표현되었는지 이야기하고자 한다. 나의 관심사는 루이스 생애의 모든 면을 상세히 기록하는 것이 아니라 그의 외부세계와 내면세계 사이의 복잡하고 매력적인 연관관계를 탐구하는 것이다. 따라서 이 전기는 루이스가 거주했던 실세계와 상상의 세계, 곧 주로 옥스퍼드, 케임브리지, 나니아를 중심으로 구성되어 있다. 그의 생각과 상상력의 발달은 그가 거주한 물리적 세계와 어떻게 이어졌을까? 그가 지적이고 상상력 넘치는 실재관을 만들어 가도록 도움을 준 인물은 누구일까?

이 책에서 우리는 루이스가 명성을 얻게 된 과정과 그 배후에 놓인 몇 가지 요인들을 살펴볼 것이다. 하지만 루이스가 당대에 유명해진 것과 사후 50년 후에도 여전히 유명한 것은 전혀 다른 문제다. 1960년대의 많은 논평가들은 루이스의 명성이 일시적인 것이라고 보았다. 당시 많은 이들이 그의 인기가 시들해지다가 관심 밖으로 밀려나는 것은 시간문제라고, 그렇게 되기까지 10년도 채 안 걸릴 거라고 생각했다. 그래서 나는 이 책의 마지막 장에서 루이스가 그렇듯 권위와 영향력을 갖춘 인물이 된 이유와 그 영향력이 오늘날에도 여전한 이유를 설명하고자 했다.

중요한 루이스 전기들 중 몇몇은 루이스와 개인적인 친분이 있던 이들이 썼다. 이 책들은 루이스가 어떤 사람이었는지 보여주고 그의 성품에 대해 몇 가지 중요한 견해를 제공한다는 면에서 여전히 가치가 있다. 하지만 지난 20년간 진행된 방대한 학문적 연구 결과, 역사적 중요성을 가진 의문들(세계대전에서 루이스의 역할 같은)은 해결이 되었고, 루이스의 지적 발달의 여러 측면들이 드러났으며, 그의 주요 저작에 대한 비판적 독해가 이루어졌다. 이 전기는 이런 가닥들을 하나로 엮어 내어 이전 연구 결과들을 담아내면서도 그 성과를 넘어설 수 있는 루이스 해석을 제공하고자 한다.

루이스가 유명해진 경위를 다루려면 그가 공적인 역할을 맡는 일에 대해 불안이 있었음을 인정하고 들어가야 한다. 루이스는 당대와 그 너머의 세대까지 참으로 예언자의 역할을 감당했다. 하지만 그가 **마지못해 나선** 예언자였다는 사실을 꼭 지적해야겠다. 그의 회심도 마지못해 이루어졌던 것 같고, 기독교로 회심한 이후 기독교의 여러 주제에 대해 공식적으로 밝히게 된 것도 그가 볼 때 종교적 신학적 질문들을 공적으로 다룰 만한 더 나은 위치의 인물들이 침묵하거나 이해할 수 없는 방식으로 말했기 때문이었다.

루이스는 말 그대로 별난 사람eccentric(이 단어의 문자적 의미는 "중심에서 벗어난"이다—옮긴이)으로 통했다. 그는 널리 받아들여지고 관습적이며 이미 확립된 규범이나 패턴에서 벗어난 사람, 조직의 중심에서 벗어난 사람이었다. 이 책에서 자세히 다루게 될 무어 부인과의 기이한 관계는

1920년대 영국의 사회규범과는 거리가 있었다. 루이스의 옥스퍼드 학계 동료들 중 상당수는 1940년 무렵부터 그를 이방인처럼 취급했다. 공개적으로 기독교적 견해를 표방하는 입장과 대중적인 소설작품과 변증서를 쓰는 학자답지 않은 습관 때문이었다. 루이스는 1954년 케임브리지 대학 취임 강연에서 당대 주류 학계의 흐름과 동떨어져 있는 자신을 가리켜 "공룡"이라 불렀다.

중심에서 벗어난 성향은 그의 종교생활에서도 분명하게 드러난다. 루이스는 영국 기독교 내에서 대단히 영향력 있는 목소리가 되었지만, 중심부가 아니라 주변부에서 활동을 했고, 종교지배층의 주요 인물들과 관계를 맺는 데 시간을 쓰지 않았다. 그가 주류 교회의 권력구조 바깥에 있는 믿을 만한 종교적 대변자를 찾고자 한 언론의 사랑을 받은 것은 아마도 이런 특성 때문이었을 것이다.

이 전기에서 나는 루이스에게 찬사를 보내거나 그를 비난하는 것이 **아니라 이해하고자** 한다. 무엇보다 그의 생각들을 이해하고 그 생각들이 그의 글에서 어떻게 표현되었는지 이해하려 한다. 이 과제는 루이스가 쓴 글이 거의 모두 출간되었고 그의 저작과 생각들을 다룬 비판적 학술문헌들이 많이 나와 있어 한결 진행하기가 수월했다.

현재 루이스와 그의 친구 그룹에 대한 엄청난 양의 전기와 학술자료가 나와 있고, 독자들은 그 방대한 양과 시시콜콜한 세부정보들로 기가 질리기 십상이다. 루이스를 이해하려는 이들은 미국의 시인 에드나 세인트빈센트 밀레이Edna St. Vincent Millay, 1892-1950가 말한 대로, 하늘에서 "유성우처럼 쏟아지는 사실들"의 폭격을 받게 된다.¹ 그녀는 이런 사실들이 어떻게 축적된 정보에 그치지 않고 한데 결합되어 의미를 드러낼 수 있겠느냐고 물었다. 나는 이 전기를 통해 루이스의 생애에 대해 새롭게 밝혀진 내용을 독자에게 알려 주면서 그 의미까지 파악해 보려 한다. 이런 사실들이 한데 엮여 하나의 패턴을 드러낼 수 있을까? 이 책은 그의 생애에 대한 엄청난 양의 정보들을 반복하는 것이 아니라, 거기에 담긴 더 깊은 주제와 관심사들을 파악하고 그 중요성을 평가하려 시도한다. 이 전기는 줄거리가 아니라 분석이 담긴 책이다.

월터 후퍼Walter Hooper, 1931-는 2000년부터 2006년에 걸쳐 루이스의 편지에 꼼꼼하게 주해를 달고 상호참조가 가능하도록 정리하여 C. S. 루이스의 서간집을 출간했다. 이 작품은 루이스 연구에서 획기적인 중요성을 띤다. 원고 분량으로 3,500쪽에 달하는 이 편지들은 앞 세대의 루이스 전기 작가들이 활용할 수 없었던 통찰을 제공한다. 뿐만 아니라, 이 편지들은 루이스의 생애를 죽 이어지는 하나의 이야기로 기록할 뼈대가 되는데, 어쩌면 이 점이 더 중요할지도 모르겠다. 그래서 나는 이 책을 쓰면서 다른 어떤 자료보다 그의 편지를 자주 인용했다. 본문에서 분명하게 드러나겠지만, 이 편지들을 꼼꼼히 읽어 보면 루이스의 생애에서 일어난 일부 사건들의 발생 시기를 재검토할 수밖에 없고, 수정해야 할 가능성도 생긴다.

이 책은 비판적인 전기다. 기존 연구자들이 받아들인 가정과 접근법들의 증거를 검토하고, 필요한 부분은 바로잡았다. 대부분의 경우, 바로잡은 부분은 전체의 큰 흐름에 영향을 미치지 않는 단순 정보였으므로 딱히 부각시킬 이유가 없다고 봤다. 그런데, 처음부터 밝히고 들어가야 할 사실이 하나 있다. 나는 모든 내용을 문서 증거에 비추어 확인하고 점검하는, 피곤하지만 필요한 과정을 거치면서 내가 아는 모든 루이스 학자뿐 아니라 루이스 본인의 주장과도 상반되는 한 가지 결론에 이르게 되었다. 루이스가 신에 대한 믿음을 재발견한 시기에 관한 문제인데, 루이스는 자서전 『예기치 못한 기쁨』(Surprised by Joy, 1955)에서 자신의 '회심'이 "1929년 트리니티 학기"(곧 1929년 4월 28일부터 6월 22일 사이의 어떤 시점)에 이루어졌다고 밝히고 있다.[2]

이 날짜는 최근까지 나온 주요 루이스 연구서에서 한결같이 반복되고 있다. 하지만 문서 자료를 꼼꼼히 읽어 본 결과, 나는 회심 일시가 그보다 늦은 날짜, 이르면 1930년 3월이거나, 아마도 그해 트리니티 학기 중의 어떤 날이었던 것이 분명하다는 결론을 내렸다. 지금으로서는 루이스 연구자 중에서 이런 생각을 하는 사람은 나 혼자이며, 독자는 이 문제에서 나와 같은 생각을 하는 사람이 없다는 사실을 알 권리가 있다.

루이스의 서거 50주년을 기념하는 새로운 루이스 전기가 필요하다는 점은 지금까지 말한 내용으로 충분히 전달되었으리라 본다. 하지만 전기 작가로서 나에 대한 사소한 변호는 필요할 것 같다. 루이스의 오랜 친구였던 조지 세이어^{George Sayer, 1914-2005}나 로저 랜슬린 그린^{Roger Lancelyn Green, 1918-1987} 같은 이전의 전기 작가들과 달리, 나는 루이스와 개인적인 친분이 없다. 나는 그가 죽은 지 십 년 뒤, 이십 대 시절에 책을 통해 그를 알게 되었고, 이후 이십 년에 걸쳐 점차로 그를 존경하고 흠모하게 되었다. 그에 대한 호기심과 관심이 지속적으로 이어졌다. 나에겐 그에 대한 이해를 돕는 개인적인 기억이 없고, 그에 대해 나만 아는 사실도, 나만 가진 사적인 문서들도 없다. 이 전기에 사용된 모든 자료는 이미 공유저작물이거나 누구나 살펴보고 조사할 수 있는 내용들이다.

이 전기는 루이스의 글을 통해 그를 발견한 사람이 같은 방식으로 루이스를 알게 된 다른 이들을 위해 쓴 책이다. 나는 루이스를 개인적인 친분이 아니라 그의 글을 통해 알게 되었다. 다른 전기 작가들은 그들의 전기에서 루이스를 "잭"이라고 부르지만, 나는 줄곧 그를 "루이스"라고 부르는 것이 옳다고 느꼈다. 무엇보다 그와 나의 개인적이고 비판적인 거리를 강조하기 위해서였다. 루이스도 이후 세대들이 자신을 그렇게 알기를 바랄 거라고 믿는다.

왜 그런가? 루이스가 1930년대 내내 강조했다시피, 저자에게 중요한 것은 그들이 쓴 글이다. 정말 중요한 것은 그 글이 말하는 내용이다. 저자는 '광경'spectacle이 되어서는 안 된다. 우리는 저자라는 '안경'set of spectacles을 통해 우리 자신과 세계, 그리고 우리가 속한 더 큰 세상을 볼 수 있어야 한다. 루이스는 영국의 위대한 시인 존 밀턴John Milton, 1608-1674의 개인사나 글의 배경이 되는 정치·사회적 상황에는 놀라울 만큼 관심이 없었다. 그에게 정말 중요했던 것은 밀턴의 글, 그의 **생각**이었다. 루이스가 믿었던 이 접근법으로 이번에는 루이스에게 접근해야 한다. 나는 이 책을 통해 가능한 많은 저작들을 다루고, 그 내용을 살피고, 의미를 평가하려 했다.

나는 루이스와 개인적인 친분은 없었지만, 루이스의 세계의 몇몇 측면에 대해서는 대부분의 사람들보다 잘 공감할 수 있다. 나는 루이스처럼 아일랜드에서 유년기를 보냈는데, 루이스가 잘 알고 사랑했고 너무나 아름답게 묘사한 "길고 완만한 구릉지"가 펼쳐지는 다운 카운티의 청사 소재지 다운패트릭에서 주로 살았다. 나는 그가 걸었던 곳을 걸었고, 그가 멈추었던 곳에서 멈추었고, 그가 경탄했던 곳에서 경탄했다. 유년 시절에는 집에서 멀리 푸르스름한 몬 산맥을 보고 밀려드는 동경을 느꼈다. 루이스의 어머니 플로라처럼, 나도 벨파스트의 메서디스트 칼리지를 다녔다.

나는 루이스의 옥스퍼드도 잘 안다. 거기서 7년 동안 학생으로 공부한 후 루이스의 다른 대학인 케임브리지에서 잠시 머물다가, 옥스퍼드로 돌아와 이십오 년 동안 학생들을 가르치고 글을 쓰다, 결국 옥스퍼드 대학의 역사신학 석좌교수가 되었고 칼리지 학장(옥스퍼드에서는 이 직책을 'Head of House'라 부른다)도 맡았다. 나 역시 루이스처럼 젊은 시절 무신론자였다가 기독교 신앙의 지적 풍성함을 발견했다. 또한 루이스처럼 잉글랜드 성공회라는 기독교의 한 가지 구체적인 형태 안에서 그 신앙을 표현하고 실천하기로 했다. 마지막으로, 비판자들에 맞서 기독교 신앙을 공적으로 옹호하는 역할을 자주 요청받는 사람으로서, 나는 루이스의 생각과 접근법들의 가치를 알고 활용하게 된다. 그중 상당 부분(전부는 아니다)은 여전히 원래의 재치와 힘을 어느 정도 유지하고 있다고 보기 때문이다.

끝으로, 이 전기를 집필하면서 사용한 방법론에 대해 한마디 하겠다. 핵심 자료 연구의 출발점은 출간된 루이스의 글(그의 편지들을 포함해)을 집필 연대순으로 엄격히 분류하여 꼼꼼히 읽는 것이었다. 그의 사고와 문체가 어떻게 발전해 갔는지 제대로 파악하기 위해서였다. 따라서 『순례자의 귀향』은 출간된 1933년 5월이 아니라 집필된 1932년 8월의 작품으로 할당되었다. 15개월에 걸쳐 일차 자료를 치열하게 읽고 난 뒤, 루이스와 그의 친구 그룹, 그들이 살고 생각하고 글을 썼던 지적 문화적 상황을 다룬 주요 이차 자료를 읽었다. 그중 몇 가지는 다소 비판적인 시각으로 읽었다. 끝으로, 미출간된 보관 자료들을 점검했는데, 그중 상당수가 옥스퍼드에 보관되어 있다. 이 자료들은 루이스의 사고 형성과 그가 일했던 지적 제도적 상황을 이해하는 데 많은 도움을 주었다.

이 꼼꼼한 자료 연구 과정에서 떠오른 몇몇 학문적 질문들을 다루러면 보다 학술적인 연구서가 따로 필요할 것이라는 생각이 집필 초기 단계부터 들었다. 이 전기에서는 전문적인 학술적 내용은 다루지 않았고 각주와 참고목록은 최소한으로 줄였다. 이 책에서 나의 관심은 이야기를 들려주는 것이지 불가사의하고 시시콜콜한 학문적 논쟁을 해결하자는 것이 아니다. 하지만 이 전기의 몇 가지 주장과 결론을 학술적으로 탐구하고 정당화해 주는 책이 별도로 곧 출간된다는 사실을 알면 좋아할 독자들도 있을지 모르겠다.[3]

변명과 서두는 이 정도로 충분하다. 우리의 이야기는 오래전, 멀리 떨어진 세계에서 시작된다. 1890년대 아일랜드의 도시 벨파스트다.

런던에서
알리스터 맥그래스

1부

서막

1

다운 카운티의 완만한 구릉지
: 아일랜드에서 보낸 유년기

1898-1908

"나는 1898년 겨울, 벨파스트에서 변호사인 아버지와 성직자의 딸인 어머니 사이에서 태어났다."[1] 1898년 11월 29일, 클라이브 스테이플스 루이스Clive Staples Lewis가 출생한 아일랜드는 정치·사회적 불만과 변화에 대한 갈망으로 들끓고 있었다. 아일랜드가 북아일랜드와 아일랜드공화국으로 나뉘기까지 이후 20년이 더 흘러야 했지만, 그런 인위적인 정치적 분할을 초래한 긴장의 조짐은 이때부터 뚜렷하게 나타났다. 루이스는 아일랜드의 개신교 기득권층(연합론자)이 정치, 사회, 종교, 문화 등 모든 측면에서 위협을 받던 시기에 그 심장부에서 태어났다.

16세기와 17세기에 잉글랜드와 스코틀랜드인들이 들어와 아일랜드를 식민지로 삼았고, 땅을 빼앗긴 아일랜드 원주민들은 식민지 이주민들에 대해 정치·사회적으로 깊은 적개심을 품게 되었다. 개신교 이주민들은 가톨릭계 아일랜드 원주민들과 언어와 종교가 달랐다. 17세기 올리버 크롬웰 Oliver Cromwell 치하에서 "개신교 식민개척지"들이 생겨나면서 아일랜드 가톨릭의 바다에 잉글랜드 개신교라는 섬들이 생겨났다. 아일랜드의 기존 지배계급들은 새로운 개신교 지배층에 금세 밀려났다. 1800년에 합병법 Act of Union 이 통과되면서 아일랜드는 대영제국의 일부가 되어 런던의 직접 지배를 받게 되었다. 개신교도들은 수적으로 소수인데다가 다운과 앤트림(그리고 공업도시 벨파스트) 같은 북쪽 카운티에 주로 살았지만 아일랜드의 문화, 경제, 정치생활을 지배했다.

하지만 이 모두가 달라질 참이었다. 1880년대에 찰스 스튜어트 파넬 Charles Stewart Parnell, 1846-1891 을 위시한 몇몇 사람들이 아일랜드의 "자치"를 주장하기 시작했다. 1890년대에는 아일랜드 민족주의가 세력을 얻기 시작했는데, 아일랜드 문화에 대한 자의식이 생겨나면서 자치운동에 새로운 에너지가 공급되었다. 자치운동은 가톨릭사상의 영향을 강하게 받았고 아일랜드 내에 여러 형태로 존재하던 잉글랜드의 영향력에 저항했는데, 럭비와 크리켓 같은 운동경기도 예외가 아니었다. 더욱 의미 있는 사실은 자치운동 지지자들이 잉글랜드어(영어)를 문화적 억압의 도구로 여기게 되었다는 것이다. 1893년에는 아일랜드어의 연구와 사용을 촉진하기 위해 게일 연맹 Gaelic League, Conradh na Gaeilge 이 설립되었다. 이것 또한 잉글랜드의 문화적 규범을 이질적인 것으로 규정하고 그에 맞서 아일랜드의 정체성을 내세우는 작업의 일환이었다.

아일랜드 원주민들의 자치 요구가 점점 거세지고 설득력을 얻어 가자, 많은 개신교도들은 그동안의 특권을 잃고 내전을 겪게 될까봐 우려하며 위기감을 느꼈다. 어쩌면 당연한 일이겠지만, 1900년대 초 벨파스트의 개신교도 사회는 대단히 배타적인 성향을 드러냈고, 가톨릭계 이웃들과 사교적으로도 직업적으로도 최대한 접촉을 피했다(C. S. 루이스의 형

위렌[와니]이 나중에 회상한 바에 따르면, 그는 1914년 샌드허스트의 왕립육군사관학교에 들어가기 전까지 사회적 배경이 같은 가톨릭 신자와 얘기를 나눈 적이 없었다).² 그들에게 가톨릭신앙은 "타자"(他者)였고, 이상하고 이해할 수 없고 무엇보다 **위협적인** 대상이었다. 루이스는 가톨릭신앙에 대한 적대감과 무지를 어머니의 젖과 함께 빨아들였다. 어린 루이스가 배변훈련을 받을 때, 개신교도 유모는 아기의 응가를 "작은 교황들"wee popes이라고 불렀다. 얼스터(아일랜드)의 개신교도라는 루이스의 뿌리 때문에 그가 진정한 아일랜드의 문화라는 울타리 바깥에 있다고 여기는 이들이 예나 지금이나 많다.

루이스의 가족

1901년의 아일랜드 인구조사 결과를 보면, 1901년 3월 31일 일요일 밤에 벨파스트 동부 루이스 가정에서 "지내는" 사람들의 이름이 다 나와 있다. 그 기록에는 인적사항이 자세히 공개되어 있어서 서로의 관계, 종교, 교육수준, 성별, 지위나 직업, 출생지까지 알 수 있다. 대부분의 전기에는 당시 루이스 가족이 "던델라 가 47번 집"에 살았다고 나와 있지만, 인구조사 기록에 따르면 그들은 "(다운 카운티 빅토리아) 던델라 가 21번 집"에 살았다. 루이스 가족의 항목에는 20세기 초두에 그의 가족의 모습이 어땠는지 사진처럼 정확하게 보여주는 정보가 담겨 있다.

> 알버트 제임스 루이스Albert James Lewis, 가장(家長), 아일랜드성공회, 읽고 쓸, 37세, 남, 변호사, 기혼, 코크 시(市)

플로렌스 어거스타 루이스Florence Augusta Lewis, 아내, 아일랜드성공회, 읽고 쏨, 38세, 여, 기혼, 코크 카운티

워렌 해밀턴 루이스Warren Hamilton Lewis, 아들, 아일랜드성공회, 읽음, 5세, 남, 학생, 벨파스트 시

클라이브 스테이플스 루이스, 아들, 아일랜드성공회, 읽을 줄 모름, 2세, 남, 벨파스트 시

마사 바버, 하인, 장로교, 읽고 쏨, 28세, 여, 보모-가정부, 미혼, 모너핸 카운티

새라 앤 콘론, 로마가톨릭, 읽고 쏨, 22세, 여, 요리-가정부, 미혼, 다운 카운티³

인구조사서의 기록이 보여주다시피, 루이스의 아버지 알버트 제임스 루이스(1863-1929)는 아일랜드 남부에 있는 코크 카운티의 코크 시에서 태어났다. 루이스의 할아버지 리처드 루이스는 1850년대 초에 리버풀 출신의 아내와 함께 코크로 이주해 온 웨일스 출신의 보일러 제조업자였다. 알버트가 태어나고 얼마 후 루이스 가족은 북부의 공업도시 벨파스트로 이사했고, 리처드는 그곳에서 존 H. 매킬웨인과 손을 잡고 기계제조 및 철선 건조업체 '매킬웨인 & 루이스'사를 세워 성공을 거두었다. 이 작은 회사는 이후 1888년에 최초의 타이타닉 호를 건조하게 되는데, 1,608톤 정도의 소형화물선이다.⁴

하지만 벨파스트의 조선업은 1880년대에 할랜드 & 울프와 워크맨 클라크 같은 대형 조선소들이 업계를 장악하면서 큰 변화를 겪었다. '소형 조선소'들이 경제적으로 살아남기가 점점 더 어려워졌다. 워크맨 클라크는 1894년에 매킬웨인 & 루이스를 인수했다. 역시 벨파스트에서 긴

조된 2만6천 톤급의 유명한 타이타닉 호는 1911년 할랜드 & 울프 조선소에서 출항했다. 하지만 이 유명한 여객선이 1912년의 처녀비행에서 침몰된 것과 달리, 매킬웨인 & 루이스의 훨씬 작은 배는 1928년까지 다른 이름을 달고 남아메리카 바다에서 계속 화물을 실어 날랐다.

알버트는 조선업에는 별로 관심을 보이지 않았고, 법률가가 되고 싶은 뜻을 부모에게 분명하게 밝혔다. 리처드 루이스는 윌리엄 톰슨 커크패트릭William Thompson Kirkpatrick, 1848-1921 교장의 지휘 아래 러건 칼리지가 명성을 얻고 있음을 알고 알버트를 그곳의 기숙학생으로 보내기로 했다.[5] 알버트는 거기 있는 동안 커크패트릭의 교수능력에 깊은 인상을 받았다. 알버트는 1880년에 졸업한 후 아일랜드의 수도 더블린으로 이사했고, 그곳에서 매클린-보일-매클린 법률사무소에서 5년간 일했다. 변호사로 일하는 데 필요한 경험과 전문실력을 갖춘 그는, 1884년에 돌아와 벨파스트의 명망 있는 로열 거리에 사무소를 열고 변호사로 개업했다.

1877년, 아일랜드최고법원법은 잉글랜드 관행에 따라 '사무변호사'solicitors와 '법정변호사'barristers의 역할을 명확하게 구분했다. 그래서 아일랜드에서 변호사가 되려는 사람은 어느 쪽을 선택할지 정해야 했다. 알버트 루이스는 의뢰인을 대행하는 업무를 수행하고 하급법원에서 변론을 맡기도 하는 사무변호사가 되기로 했다. 의뢰인을 대변하는 사무변호사가 법정변론을 전문으로 하는 법정변호사를 고용하게 되어 있었다.[6]

루이스의 어머니 플로렌스(플로라) 어거스타 루이스(1862-1908)는 코크 카운티의 퀸스타운Queenstown(현재 코브)에서 태어났다. 루이스의 외할아버지 토머스 해밀턴Thomas Hamilton, 1826-1905은 아일랜드성공회의 성직자였다. 그는 20세기 초 아일랜드 민족주의가 중요한 문화적 세력으로 성장하면서 위협을 받게 된 개신교측 연합론Ascendancy(잉글랜드와 아일랜드의

벨파스트 시의 상업중심지였던 로열 거리의 모습, 1897년. 알버트 루이스는 1884년에 로열 거리 83번가에 변호사 사무실을 열었고, 1929년에 병으로 드러눕기 전까지 같은 사무실에서 계속 일했다.

연합을 지지하는 입장―옮긴이)을 대변하는 전형적인 인물이었다. 아일랜드 성공회는 아일랜드의 스물여섯 개 카운티 중 적어도 스물두 곳에서 소수의 신앙인데도 아일랜드의 국교로 자리 잡고 있었다. 1870년, 플로라가 여덟 살 때 그녀의 아버지가 로마 홀리트리니티 교회의 사제직을 수락하면서 가족은 1874년까지 로마에서 살았다.

1874년, 토머스 해밀턴은 아일랜드로 돌아와 벨파스트 동부 밸리해커모어 구역에 있는 던델라 교회의 임시 교구목사 자리를 맡았다. 하나의 가건물이 일요일에는 교회로, 주중에는 학교로 쓰였다. 제대로 된 교회 건축의 필요성이 대두되었다. 유명한 잉글랜드의 교회건축가 윌리엄 버터필드William Butterfield가 두 가지 목적을 모두 고려해 설계한 건물이 곧 지어졌다. 1879년, 해밀턴은 던델라에 새로 지은 세인트마크 교회의 교구목사가 되었다.

아일랜드의 역사가들은 19세기의 마지막 25년에 학문적 문화적으로 여성의 역할이 높아졌음을 보여주는 사례로 플로라 해밀턴을 지목한다.[7] 그녀는 기숙학교였던 벨파스트의 메서디스트 칼리지에 통학생으로 입학했다. 1865년에 남학교로 설립되었던 이 학교에 대중의 요구로 1869년에 "숙녀반"이 만들어졌다.[8] 그녀는 1881년에 한 학기를 다닌 후 벨파스트의 아일랜드 왕립대학(현재 벨파스트 퀸스 대학)으로 옮겨 공부했고, 1886년에 논리학에서 우등학위를, 수학에서는 차등학위를 받았다 (나중에 드러나지만, 루이스는 어머니의 수학적 재능을 조금도 물려받지 못했다).[9]

알버트 루이스는 던델라의 세인트마크 교회를 다니기 시작할 때부터 교구목사의 딸에게 시선을 빼앗겼다. 플로라는 서서히, 하지만 분명히 알버트에게 끌렸던 모양인데, 문학에 대한 그의 깊은 관심이 부분적인 이유로 보인다. 알버트는 1881년에 벨몬트 문학회에 가입했고 곧 가장 언변이 뛰어난 회원 중 한 사람으로 인정받았다. 문학적 소양을 갖춘 사람이라는 평판은 평생 그를 따라다녔다. 1921년, 사무변호사로서 알버트 루이스의 경력이 절정에 달했을 때, 「아일랜드 새터데이 나이트」지의 만평에 그의 모습이 실렸다. 그는 법정에 설 때의 사무변호사 복장을 하고 있었고 한쪽 겨드랑이에는 학사모를, 다른 쪽 겨드랑이에는 묵직한 영어책을 끼고 있었다. 여러 해가 지난 후 「벨파스트 텔레그래프」에 실린 부고에는 알버트 루이스가 법정에서 변론을 할 때 문학작품을 인용하는 것으로 유명했고, "책을 많이 읽고 박식한" 사람이자 "법정 바깥에서의 주된 소일거리는 독서"였다고 실렸다.[10]

알버트와 플로라는 그들에게 어울리는 장기간의 점잖은 교제 끝에 던델라의 세인트마크 교회에서 1894년 8월 29일에 결혼했다. 첫 번째 아이 워렌 해밀턴 루이스는 1895년 6월 16일 벨파스트 동부에 있는 그들의 집 '던델라 빌라'에서 태어났다. 클라이브는 그들의 두 번째이자 마지막 아이였다. 1901년의 인구조사보고서에 따르면, 당시 루이스 가족에겐 가정부가 둘이 있었다. 루이스 가족은 개신교도이면서도 특이하게도, 가톨릭 신자인 새라 앤 콘론을 가정부로 고용했다. 종교적 분파주의에 대한 루이스의 오래된 혐오감—'순전한 기독교'mere Christianity 개념에 잘 드러난—은 어린 시절의 기억에서 유래한 것일 수도 있다.

처음부터 루이스는 형 워렌과 친밀한 관계를 형성했는데, 서로를 부른 별명을 보더라도 잘 알 수 있는 사실이다. C. S. 루이스는 '작은 피기보탐'Smallpigiebotham, SPB, 와니는 '원조 피기보탐'Archpigiebotham, APB이었는데, 어린 시절 그들이 착하게 굴지 않으면 '꿀꿀이 엉덩이'piggybottoms를 때려 준다고 툭하면 (정말 그럴 것처럼) 을러대던 보모의 말에서 영감을 얻은 애칭이었다. 두 아이는 아버지를 "퓨다이타버드" 혹은 "퓨다이타"라고 불렀다(아버지가 포테이토를 아일랜드 식으로 발음한 탓이었다). 이 유년기의 별명은 1920년대 후반, 그들이 다시 예전의 친밀한 관계를 되찾을 때도 중요한 역할을 하게 된다.[11]

가족과 친구들은 루이스를 "잭"Jack이라고 불렀다. 와니의 말에 따르면, 루이스는 1903년, 혹은 1904년의 어느 날 클라이브라는 이름을 거부했고, 이제부터는 "잭시"라고 불러 줬으면 좋겠다고 느닷없이 선언했다. 그 이름이 서서히 "잭스"로 줄었고, 끝내는 '잭'이 되었다.[12] 그가 잭이란 이름을 선택한 이유는 아직도 분명하지 않다. 일부 자료에서는 '잭시'라는 이름이 집에서 기르다 사고로 죽은 개의 이름을 따온 것이라고 하는데, 그 주장을 뒷받침할 만한 어떤 증거도 없다.

어정쩡한 아일랜드인: 아일랜드 문화에 끼지 못한 루이스

루이스는 아일랜드인이었다. 아일랜드 사람들 중에는 그 사실을 모르는 이들도 있고 잊어버린 이들도 있는 듯하다. 1960년대에 북아일랜드에서 자란 나의 기억대로라면, 루이스가 언급될 당시 그는 "잉글랜드" 작가였다. 하지만 루이스는 아일랜드라는 자신의 뿌리를 잊지 않았다. 대체로 아일랜드 사람들보다는 고향 아일랜드의 풍경, 소리, 향기 등이 이후 루이스에게 향수를 불러일으켰고, 그의 묘사문에 은근하지만 강력하게 영향을 끼쳤다. 1915년에 쓴 편지에서 루이스는 벨파스트에 대한 기억을 즐겁게 회상한다. "멀리 조선소에서 들려오는 윙윙거림", 넓게 펼쳐진 벨파스트 호수, 케이브힐 산, 그리고 도시 주변의 작은 협곡, 풀밭, 언덕들.[13]

하지만 루이스의 아일랜드에 그 "완만한 언덕들"만 존재하는 것은 아니다. 아일랜드 문화의 특징은 신화와 역사 이야기에 잘 드러나는 스토리텔링에 대한 열정과 언어에 대한 사랑이다. 하지만 루이스는 아일랜드라는 뿌리에 집착하지 않았다. 그것은 그를 규정하는 전부가 아니라 일부일 뿐이었다. 1950년대에도 루이스는 아일랜드를 "내 나라, 내 고향"이라고 말했고, 1958년 4월에는 조이 데이빗먼Joy Davidman과의 뒤늦은 신혼여행을 아일랜드로 떠났다. 루이스는 고향땅의 온화하고 촉촉한 공기를 들이마셨고 그곳 자연의 아름다움을 잊지 않았다.

다운 카운티를 웬만큼 아는 사람이라면 루이스가 작품에서 아름답게 그려 낸 경치 일부에 영감을 제공했을 아일랜드의 산하를 알아볼 수 있을 것이다. 루이스가 『천국과 지옥의 이혼』(The Great Divorce)에서 "에메랄드 빛 녹색" 땅으로 묘사한 천국은 그의 고향땅의 모습을 그대로 옮겨 놓은 것 같고, 다운 카운티 레거내니의 고인돌, 벨파스트의 케이브힐 산, 거인의 둑길Giant's Causeway은 나니아 이야기에 모두 등장한다. 실제보다 더 부드럽고 밝게 묘사되었지만 원래의 모습이 그대로 담겨 있다.

루이스는 아일랜드가 문학적 영감의 원천이었다고 자주 말했고 그곳의 경치가 자신의 상상력을 강하게 자극했다고 밝혔다. 루이스는 아일랜드 정치를 싫어했고 완만한 언덕, 안개, 호수, 숲으로만 이루어진 목가적인 아일랜드를 즐겨 상상했다. 한번은 일기장에다 이렇게 털어놓은 적이 있다. 얼스터는 "매우 아름답다. 얼스터 사람들을 다 쫓아내고 내가 고른 사람들로만 그 땅을 채울 수 있다면, 그보다 살기 좋은 곳은 없을 것이다."[14] (어떤 면에서 나니아는 얼스터 사람들 대신에 루이스가 상상해 낸 생물들이 사는, 상상 속에서 이상화된 얼스터이다.)

'얼스터'Ulster라는 용어에는 좀 더 설명이 필요하다. 과거 잉글랜드의 요크셔 주가 세 부분(구[區, Ridings] '삼분의 일'을 뜻하는 고대노르드어 thrithjungr에서 온 단어)으로 나뉘었던 것처럼, 아일랜드 섬도 다섯 구역(게일어 cúigí, 이 단어는 '오분의 일'을 뜻하는 cóiced에서 왔다)으로 나뉘어 있었다. 1066년 노르만 정복 이후, 다섯 구역은 코노트, 렌스터, 먼스터, 얼스터, 이렇게 네 개로 줄어들었다. 지금은 게일어 cúige(구역)보다는 province(주[州])라는 표현이 더 많이 쓰인다. 아일랜드의 소수파 개신교도들은 북부의 얼스터 주에 주로 살았는데, 얼스터는 아홉 개의 카운티로 이루어져 있었다. 아일랜드가 둘로 분할되었을 때, 이 아홉 개의 카운티 중 여섯 개가 북아일랜드라는 새로운 정치단위를 형성했다. '얼스터'라는 용어는 오늘날 북아일랜드와 동의어로 종종 쓰이고, '얼스터사람'Ulsterman 이라는 용어는 일관성은 없지만 '북아일랜드의 개신교 주민'을 나타내는 말로 더러 쓰인다. 얼스터의 원래 행정구역(cúige)에는 이제 아일랜드공화국의 일부인 카반, 더니골, 모너핸의 세 카운티도 들어 있었는데도 얼스터는 여전히 그런 뜻으로 쓰인다.

루이스는 전쟁이나 질병 때문에 움직일 수 없을 때를 제외하고는 평생 거의 매년 아일랜드로 가서 휴가를 보냈다. 그는 앤트림, 데리, 다운(그가 가장 좋아하는 곳이었다)을 늘 방문했는데, 모두 고전적인 의미에서 얼스터 주 안에 있다. 루이스는 다운 카운티 클로키에 있는 오두막의 영구 임대를 고려한 적이 있다.[15] 그곳을 매년 떠나는 도보 여행 휴가의 근거지로 삼으려는 것이었는데, 몬 산을 누비는 고강도 산행도 그 코스에 들어 있었다(결국 그는 그런 사치를 부릴 만큼 재정형편이 좋지는 못하다고 판단했다). 루이스는 잉글랜드에서 일했지만, 그의 마음은 아일랜드의 북쪽 카운티들, 특히 다운 카운티에 단단하게 박혀 있었다. 그는 아일랜드 출신의 학생이었던 데이빗 블리클리에게 이렇게 말한 바 있다. "천국은 옥스퍼드를 들어다 다운 카운티 한복판에 가져다 놓은 것일세."[16]

일부 아일랜드 작가들이 영국으로부터 독립을 추구하는 조국의 정치적 문화적 상황에서 문학적 영감을 발견했다면, 루이스는 아일랜드의 풍경에서 주로 문학적 영감을 얻었다. 그는 아일랜드의 풍경이 이전의 많은 작가들의 산문과 시에 영감을 주고 영향을 끼쳤다고 단언했는데, 그중 가장 중요한 작품으로 에드먼드 스펜서$^{Edmund\ Spenser}$의 고전 『선녀여왕』(The Faerie Queene)을 꼽을 수 있을 것이다. 루이스는 엘리자베스 여왕 시대의 이 작품을 옥스퍼드와 케임브리지에서 정기적으로 해설했다. 루이스가 볼 때 "탐색과 방랑과 다함이 없는 갈망"이 담긴 이 고전작품은 스펜서가 아일랜드에서 보낸 오랜 세월을 고스란히 반영하고 있다. 아일랜드의 "부드럽고 습한 공기, 외로움, 완만한 형태의 언덕들"이나 "가슴이 터질 듯한 석양들"을 어떻게 알아보지 못하겠는가? 스펜서가 이후

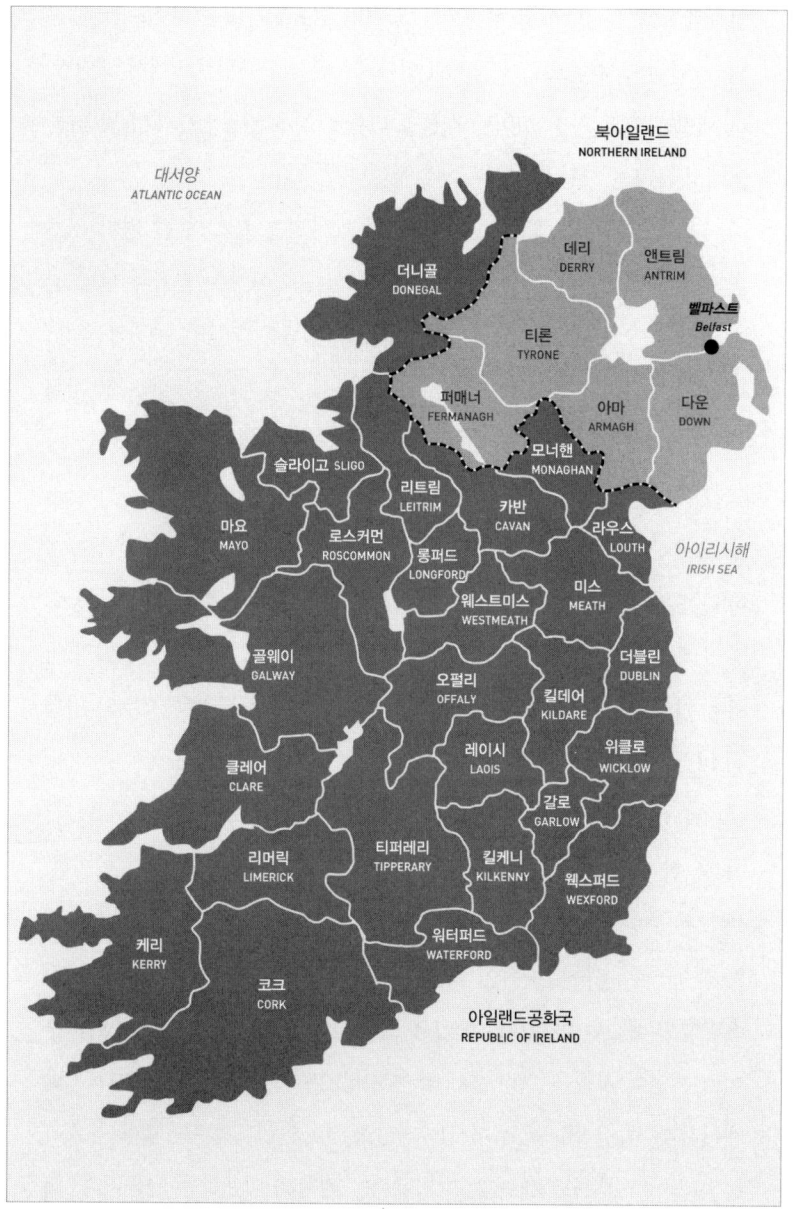

C. S. 루이스 당시의 아일랜드

잉글랜드에서 지내면서 상상력을 잃어버렸다고 말하는 루이스는 완전히 "아일랜드 사람"으로 자처하고 있다. "스펜서가 아일랜드에서 보낸 오랜 세월은 그의 가장 뛰어난 시들을 만들었으나, 잉글랜드에서 몇 년을 보내고 나서는 시원찮은 시들이 탄생했다."[17]

루이스의 언어에는 그의 출생지가 메아리친다. 그가 쓴 편지를 보면 게일어에서 나온 아일랜드 영어의 숙어나 속어가 번역이나 설명 없이 자주 등장한다. "make a poor mouth"("가난을 불평하다"는 뜻의 게일어 an béal bocht에서 나온 표현)나 "whisht, now!"("조용히 해"를 뜻하는 게일어 bí i do thost에서 나온 표현) 등이 그 예다. 또 게일어에서 나왔다기보다는 지역적 특이성을 반영하고 있는 숙어들도 있는데, "as long as a Lurgan spade"(러건의 삽만큼이나 긴, "우울해 보인다"는 "having a long face"와 같은 의미)라는 흥미로운 표현이 대표적이다.[18] 1940년대에 BBC 라디오 '방송 강연'에 출연한 루이스의 목소리는 당시의 옥스퍼드 학자의 전형적인 억양을 갖추었지만, friend, hour 같은 단어의 발음에서 벨파스트의 영향이 미묘하게 드러난다.

그러면 루이스는 왜 시대를 뛰어넘어 아일랜드의 가장 뛰어난 작가 중 한 사람으로 인정받지 못할까? 모든 내용을 다 담고 있을 법한, 1472쪽 분량의 『아일랜드문학사전』(Dictionary of Irish Literature, 1996)에는 왜 'Lewis, C. S.' 항목이 없는 걸까? 가장 큰 문제는 루이스가 20세기 후반을 지배했던 아일랜드 문인의 틀에 맞지 않는다는 점이다. 아니, 루이스 본인이 자신을 그런 틀에 맞추지 않기로 선택한 부분도 있다고 말해야겠다. 어떤 면에서 루이스는 정형화된 아일랜드 민족문학을 옹호하는 이들이 거부했던 세력과 그 영향력을 정확히 대표하는 인물이다. 더블린이 아일랜드 자치 요구와 20세기 초 아일랜드 문화를 다시 세우는 운동의 중심이었다면, 루이스의 고향 도시 벨파스트는 그런 일체의 움직임에 반대하는 세력의 중심부였다.

아일랜드가 루이스를 잊어버리기로 선택한 이유는, 무엇보다 그가 달갑지 않은 부류의 아일랜드인이었기 때문이다. 1917년, 루이스는 '신아일랜드학파'New Ireland School에 분명 공감했고 자신의 시를 몬셀 & 로버츠 출판사Maunsel and Roberts로 보내 보려 했다.[19] 몬셀은 아일랜드 민족주의와 깊은 연관을 맺고 있는 더블린의 출판사로, 위대한 민족주의 작가 패트릭 피어스Patrick Pearse, 1879-1916의 전집을 출간한 바 있었다. 루이스는 그곳이 "이류 출판사"라는 것을 인정하면서, 그러니까 자신이 보내는 글을 진지하게 검토하지 않을까 하는 희망을 피력했다.[20]

하지만 일 년 후, 루이스의 생각은 많이 달라진 듯 보인다. 그는 오랜 친구인 아서 그리브즈Arthur Greeves에게 보낸 편지에서 신아일랜드학파가 결국 "지성계의 본선에서 벗어난 보잘것없는 샛길"에 불과하지 않을까 하는 우려를 표명했다. 루이스는 "사상의 넓은 고속도로"를 따라가는 일, 특정한 문화적 정치적 목적에 의해 좁게 정의된 단일 독자군이 아니라 넓은 독자들을 대상으로 글을 쓰는 일의 중요성을 깨달았다. 몬셀에서 책을 출간하는 것은 "사교(邪教) 집단"과 어울리는 것과 버금가는 일일 거라고 루이스는 말했다. 아일랜드의 정치사가 아니라 풍경에 영감을 얻은 그의 아일랜드적인 특성은, 문학적 "곁길"이 아니라 주류에서 표현방식을 발견하게 될 터였다.[21] 루이스는 아일랜드문학의 지역성을 넘어서려고 했지만, 그럼에도 아일랜드문학의 가장 빛나고 유명한 대표자 중 한 사람으로 남아 있다.

책에 둘러싸여: 문학적 천직의 암시

아일랜드의 풍경이 루이스의 풍부한 상상력을 만들어 낸 요소 중 하나인 것은 분명하다. 하지만 그의 어린 시각에 많은 영감을 준 또 다른 원천이 있었으니, 바로 문학이다. 루이스가 어린 시절을 기억할 때 끊임없이 떠올리는 것이 책으로 가득 들어찬 집의 풍경이다. 알버트 루이스는 생활비를 벌기 위해 경찰 사무변호사로 일했지만, 그의 마음은 문학작품을 향하고 있었다.

1905년 4월, 루이스 가족은 벨파스트 시 외곽에 막 지어 올린 넓은 새 집으로 이사했다. 스트랜드타운의 순환로 변에 자리 잡은 리버러 하우스는 흔히 "리틀리"Little Lea나 "리버러"Leaboro라는 비공식 명칭으로 잘 알려져 있다. 루이스 형제는 이 넓은 집을 마음껏 어슬렁거렸고 그곳이 신비로운 왕국, 이상한 나라라고 상상했다. 두 형제 모두 여러 상상의 세계에서 살았고 그중 일부를 글로 썼다. 루이스는 '동물나라'의 말하는 동물에 대해 썼고, 와니는 '인도'(나중에 이 둘은 똑같은 상상의 나라 복센[Boxen]에서 결합된다)에 대해 썼다.

루이스가 나중에 회상한 대로, 이 새 집 안에서는 어디를 보아도 쌓여 있는 책, 모여 있는 책, 서재에 꽂힌 책들이 보였다.[22] 그는 비 내리는 많은 날에 그 책들을 읽었고, 문학작품에 펼쳐진 상상의 풍경을 자유롭게 누비며 위안을 얻었다. 그때 그는 혼자가 아니었다. '새 집' 곳곳에 널려 있던 책들 중에는 로망스와 신화 작품들도 있었는데, 그 책들은 루이스의 어린 상상력에 창을 달아 주었다. 문학의 렌즈를 통해 바라볼 때 다운 카운티의 경치는 머나먼 영역들로 가는 길이 되었다. 나중에 워렌 루이스는 습한 날씨와 보다 만족스러운 무엇인가를 향한 갈망이 그와 동생

1905년, 리틀리에서 루이스 가족. 뒷줄(왼쪽부터) 애그니스 루이스(고모), 두 명의 하녀, 플로라 루이스(어머니). 앞줄(왼쪽부터) 와니, C. S. 루이스, 레너드 루이스(사촌), 아일린 루이스(사촌), 네로(개)를 안고 있는 알버트 루이스(아버지).

의 상상력을 자극해 준 것은 아닐까 하고 생각했다.[23] 그의 동생이 상상 속 방랑을 떠나게 된 계기가 어린 시절, 회색 하늘 아래 내리는 비 너머의 "닿을 수 없는 언덕을 바라본" 일이었을까?

아일랜드가 "에메랄드 섬"인 이유는 비가 많이 내리고 안개도 많이 끼는 날씨 때문이다. 덕분에 그곳의 토양은 촉촉하고 푸른 풀이 무성하다. 비에 갇힌 어린 시절의 느낌을 바탕으로 나중에 루이스는 비 때문에 노교수의 저택에 꼼짝없이 갇혀 바깥을 탐험할 수 없게 된 네 아이의 심정을 자연스럽게 이야기할 수 있었다. "끝도 없이 억수같이 내리는 비 때문에, 창밖을 내다봐도 산도 숲도, 정원을 흘러가는 물줄기도 보이지 않았다."[24] 『사자와 마녀와 옷장』(The Lion, the Witch and the Wardrobe)에 나오는 교수의 집은 리버러를 모델로 한 것이었을까?

리틀리에서 어린 루이스는 저 멀리 캐슬레이 언덕을 볼 수 있었다. 그것은 안타깝지만 닿을 수 없는 곳에 놓인, 가슴이 터질 듯 의미심장한 무엇인가를 말해 주는 듯했다. 그것은 그에게 경계선의 상징, 새롭고 더 깊고 더 만족스러운 사고방식과 생활방식을 앞두고 문턱에 서 있는 상징이 되었다. 그 언덕을 생각하노라면 마음속에서 이루 말할 수 없는 강렬한 갈망이 솟아올랐다. 그는 자신이 갈망하는 대상이 **무엇**인지 정확히 말할 수가 없었다. 그저 마음속에 어떤 공허감이 있었는데, 신비로운 언덕이 그 공허감을 오히려 더 강하게 부추긴 듯했다. 이 언덕은 『순례자의 귀향』(The Pilgrim's Regress, 1933)에서 알 수 없는 갈망의 상징으로 다시 등장한다. 루이스가 뭔가 놀랍고 매혹적인 것의 문턱에 서 있었다면, 그 신비로운 영역으로 들어갈 방법은 무엇이었을까? 누가 문을 열어 그를 들여보내 줄까? 이후 루이스가 인생의 더 깊은 질문들을 가지고 펼친 사색에서 문의 이미지가 점점 더 중요해진 것은 어쩌면 자연스러운 일이었는지 모른다.

실제로는 꽤 가까웠던 캐슬레이 언덕의 낮고 푸른 능선은 이렇게 해서 도달할 수 없을 만큼 멀리 떨어진 어떤 것의 상징이 되었다. 이 언덕은 루이스에게 머나먼 갈망의 대상이었고, 그가 아는 세상의 끝이었다. 그곳으로부터 떠날 줄 모르는 "요정나라의 뿔피리 소리"의 속삭임이 들려왔다. "그 덕분에 나는 동경, 젠주흐트^{Sehnsucht}라는 것을 알게 되었다. 좋든 나쁘든 여섯 살도 되기 전에 미지의 푸른 꽃$^{Blue Flower}$의 숭배자가 된 것이다."[25]

이 말을 좀 더 생각해 봐야 한다. 루이스가 말하는 '젠주흐트'는 무엇일까? 이 독일어 단어는 많은 감정과 연관이 있고 문학작품에도 많이 등장하는데, 시인 매튜 아널드$^{Matthew Arnold}$가 이것을 두고 "아쉽고 부드럽고 눈물이 나는 갈망"이라고 묘사한 것이 유명하다. 그럼 '푸른 꽃'은 무엇일까? 노발리스Novalis, 1772-1801와 요세프 폰 아이헨도르프Joseph von Eichendorff, 1788-1857 같은 대표적인 독일 낭만파 작가들은 인간 영혼의 방랑과 열망의 상징으로, 특히 채워지지 않는 동경의 감정이 자연의 무엇인가를 통해 생겨났을 때 그 상징으로 '푸른 꽃'의 이미지를 사용했다.

루이스는 어린 나이임에도 자신의 세계의 한계를 살피고 묻고 있었던 것이다. 저 지평선 너머에는 무엇이 있을까? 그러나 루이스는 이 동경이 어린 마음에 도발적으로 제기한 질문들에 답할 수 없었다. 이 동경은 무엇을 가리키는가? 입구가 있을까? 만약 있다면, 어디서 찾을 수 있을까? 그 문은 어디로 이어질까? 이 질문들에 대한 답을 찾는 일이 향후 25년간 루이스의 생각을 사로잡게 된다.

외로움: 형 와니가 잉글랜드로 가다

지금까지 알려진 자료들에 따르면, 1905년 무렵의 루이스는 친구가 없는 외롭고 내향적인 소년이었다. 그는 혼자서 책을 읽으며 기쁨과 만족을 얻었다. 그는 왜 혼자였을까? 가족을 위한 새 집을 마련한 알버트 루이스는 아들들의 성공적인 미래를 보장하는 일에 관심을 기울였다. 벨파스트 개신교 기득권층의 주축이던 알버트 루이스는 아들들을 잉글랜드의 기숙학교에 보내는 것이 그들에게 가장 유익한 일이라고 생각했다. 알버트의 형 윌리엄은 이미 아들을 잉글랜드의 학교로 보냈는데, 그것이 출세를 위한 용인된 경로라고 보았기 때문이다. 알버트 역시 같은 판단을 내리고 아들에게 적합한 학교를 알아보려고 전문가의 조언을 구했다.

　런던의 교육알선업체 가비타스 & 스링은 1873년에 설립되어 잉글랜드의 유명 학교와 적합한 교사를 연결시켜 주었고, 자녀들을 최고로 키우기 싶어 하는 부모들에게 학교를 안내했다. 그들이 적합한 자리를 찾도록 도와준 교사들 중에는 향후 유명인사가 된 오든W. H. Auden, 존 베처먼John Betjeman, 에드워드 엘가Edward Elgar, 이블린 워Evelyn Waugh, 웰스H. G. Wells도 있었는데, 그들이 한때 교사였기 때문에 유명한 것은 아니라는 말을 덧붙여야겠다. 회사 설립 50주년을 기념하던 1923년 무렵, 12만 개가 넘는 교사 자리를 놓고 협상이 이루어졌고, 5만 명의 부모들이 자녀의 학교를 위해 상담을 받았다. 알버트 루이스도 그중 한 사람이었다.

　그들이 보낸 추천서는 제때 도착했다. 나중에 그것은 놀랄 만큼 엉터리 조언이었던 것으로 드러난다. 1905년 5월, 알버트 루이스는 저명한 변호사에게 기대할 법한 보다 비판적이고 철저한 조사 없이 짐을 꾸려 아홉 살배기 워렌을 런던 북쪽 왓퍼드에 있는 윈야드 스쿨로 보냈다. 그는 아마도 첫 번째였을 그 실수를 필두로 하여 이후 아들들과의 관계에서 숱한 실수를 저지르게 된다.

　잭스—그 무렵 루이스는 그렇게 불러 주길 바랐다—와 형 와니가 리틀리로 이사 와 구불구불 뻗은 새 집의 꼭대기 층에 있는 '작은 끝방'을 함께 쓴 지 한 달밖에 안 되었을 때의 일이었다. 졸지에 둘은 헤어졌다. C. S. 루이스는 집에 남았고, 어머니와 여교사 애니 하퍼가 그를 가르쳤다. 그러나 그에게 최고의 교사는 아마도 점점 더 늘어나는 책들이었을 것이다. 그에게 금지된 책은 없었다.

　외로운 루이스는 2년 동안 엄청난 양의 책을 동반자 삼아 큰 집의 길고 삐걱거리는 복도와 널찍한 다락방을 누볐다. 루이스의 내면세계는 형태를 갖추기 시작했다. 또래의 다른 사내아이들은 거리나 벨파스트 주변의 들녘에서 뛰어놀았지만, 루이스는 자기만의 세계를 만들어 내고 거기 살면서 그 세계를 탐험했다. 그는 본의 아니게 외톨이가 되었는데, 그런 신세가 그의 상상의 세계를 키우는 촉매가 되었을 것이다. 와니가 사라지자 루이스에겐 꿈과 동경을 함께 나눌 영혼의 친구가 전혀 없었다. 그때부터 그에겐 학교 방학이 가장 중요해졌다. 와니가 집으로 돌아오는 때였던 것이다.

기쁨(Joy)과의 첫 번째 조우

이 무렵의 어떤 시점에, 그렇지 않아도 풍부하던 루이스의 상상력이 새로운 전기를 맞았다. 나중에 루이스는 어린 시절의 세 가지 경험이 인생의 주된 관심사 중 하나를 형성했다고 말한다. 첫 번째는 리틀리의 정원에서 "꽃이 핀 까치밥나무 덤불"의 향기를 맡으며 "옛 집", 곧 알버트 루이스가 친척에게서 빌린 던델라 빌라에 살 때의 기억을 떠올린 일이었다.[26] 루이스는 일시적이고 즐거운 갈망을 느끼고 거기 압도되었다고 말한다. 그가 무슨 일이 벌어졌는지 깨닫기도 전에 갈망은 사라졌고, 그는 그 자리에서 "막 사라진 동경을 동경하고" 있었다. 그 일은 루이스에게 더없이 중요해 보였다. "그에 비하면 그때까지 내게 일어난 다른 일은 모두 별 의미가 없었다." 그러나 그 일이 어떤 의미가 있었을까?

두 번째는 베아트릭스 포터$^{Beatrix\ Potter}$의 『다람쥐 넛킨』(*Squirrel Nutkin*, 1903)을 읽고 있는데 찾아왔다. 이 무렵 루이스는 포터의 책을 두루 좋아했지만, 『다람쥐 넛킨』의 어떤 것이 그가 '가을의 개념'$^{Idea\ of\ Autumn}$

이라고 표현할 수밖에 없던, 무엇인가를 향한 강렬한 갈망을 불러일으켰다.[27] 다시 한 번, 루이스는 예전과 동일한 형태의 "강렬한 갈망"을 경험했다.

세 번째는 헨리 워즈워스 롱펠로 Henry Wadsworth Longfellow가 스웨덴의 시인 에사이아스 텡나르 Esaias Tegnér, 1782-1846의 스타일로 쓴 시를 보고 있을 때 찾아왔다.[28]

> 외치는 소리가 들렸네.
> 아름다운 발데르가
> 죽었도다, 죽었도다—

루이스는 이 부분에서 강한 충격을 받았다. 마치 그로서는 존재하는지도 몰랐던 문을 열고, 그의 경험 너머에 있는 새로운 세계를 보여준 것 같았다. 그는 그 세계로 들어가 그것을 소유하기를 간절히 바랐다. 한 동안 다른 것은 전혀 중요해 보이지 않았다. 루이스는 당시를 이렇게 회상했다. "나는 발데르에 대해 아는 바가 전혀 없었다. 그러나 그 부분을 읽는 즉시 광활한 북쪽 나라 하늘 위로 둥실 떠올라, 말로 묘사할 길이 없는(차갑고 광활하고 혹독하고 창백하고 멀리 있다는 것 외에는) 어떤 것을 가슴이 아플 정도로 간절히 갈망하게 되었다."[29] 하지만 무슨 일이 벌어진 것인지 깨닫기도 전에 그 갈망은 사라졌고, 그는 그것을 다시 경험할 수 있기를 열망했다.

이 세 경험을 뒤돌아본 루이스는 깨달았다. 이것들은 동일한 것의 다른 측면 내지 표현이었다. 그것은 "충족되지 않는 갈망, 만족감보다 그 갈망 자체를 더 갈망하게 만드는 갈망"이었다. "나는 그것을 '기쁨'이라고 부른다."[30] 이 기쁨을 향한 탐색이 루이스의 생애와 글쓰기의 중심 테마가 된다.

루이스의 성장, 특히 그의 "내면생활"의 형성에 그토록 중요한 역할을 한 이 경험들을 어떻게 이해해야 할까? 고전적인 연구서 『종교적 경험의 다양성』(The Varieties of Religious Experience, 1902)의 도움을 받을 수 있을 것 같다. 하버드의 심리학자 윌리엄 제임스(William James, 1842-1910)는 이 책에서 수많은 종교 사상가들의 삶의 중심에 놓여 있는 복잡하고도 강력한 경험들을 이해하려고 시도했다. 제임스는 광범위한 출간 저작들과 개인적인 기록들을 활용해 그런 경험 속에 있는 네 가지 고유한 특징을 찾아냈다.[31] 첫째, 그런 경험들은 "형언할 수 없다." 표현이 불가능하고 말로 묘사할 수도 없다.

둘째, 제임스는 그런 경험을 한 사람들이 "논리적인 지성으로는 헤아릴 수 없는 깊은 진리를 꿰뚫는 통찰"을 얻는다고 말한다. 다시 말해, 그런 경험들은 "의미심장하고 대단히 중요한 조명이요 계시"다. 그런 경험들은 "내적 권위를 얻고 조명을 받았다는 엄청난 느낌"을 갖게 하고, 그 경험을 한 사람의 생각을 바꿔 놓고, "깊은 진리를 새롭게 계시 받았다는" 심오한 느낌이 들게 한다. '기쁨'에 대한 루이스의 초기 묘사에는 이런 테마들이 분명하게 깔려 있다. "그에 비하면 그때까지 내게 일어났던 다른 일은 모두 별 의미가 없었다"는 그의 말을 생각해 보라.

셋째, 제임스는 이 경험들이 일시적이라고 강조한다. 이 경험들은 "오래 지속될 수가 없다." 대체로 몇 초에서 길어야 몇 분간 이어지고, 그 경험이 다시 찾아오는 경우 인지할 수는 있지만 어떤 경험이었는지 정확히 기억하지는 못한다. "사라지고 나면 그 특성이 기억 속에서 불완전하게 재생될 수밖에 없다." 제임스가 말한 종교적 경험의 이런 측면은 루이스의 글에 분명히 반영되어 있다.

끝으로, 제임스는 그런 경험을 한 사람들은 자신들이 "우월한 힘에 의해 붙들리고 사로잡힌" 것 같은 느낌을 받는다고 말한다. 그런 경험들은 능동적인 주체가 만들어 내는 것이 아니라 압도적인 힘으로 사람들에게 들이닥친다.

자신이 경험한 '기쁨'에 대한 루이스의 유창한 묘사는 제임스가 제시한 종교적 경험의 특징과 잘 들어맞는다. 루이스의 경험들은 대단히 의미심장하여 또 다른 세계의 문을 활짝 열어젖힌 것 같은 인상을 주었다. 그러나 그 문은 거의 곧바로 다시 닫혔고, 루이스는 벌어진 일에 희열을 느끼면서 그것을 되찾기를 갈망했다. 그런 경험들은 일시적이고 순간적인 깨달음과도 같아서, 그것이 나타난 순간에는 갑자기 세상이 또렷해지고 분명하게 초점이 맞춰지는 것 같다가, 다음 순간 빛이 희미해지면서 환상은 물러나고 기억과 갈망만 남는다.

루이스는 그런 경험 뒤에 상실감, 심지어 배신감마저 느꼈다. 하지만 비록 좌절과 당혹감을 맛보았어도 그 경험을 통해 그는 보이는 세계가 신비로운 대양과 섬들이 펼쳐지는 미지의 광대한 영역을 가리는 커튼에 불과할지도 모른다고 생각하게 되었다. 그 생각은 한번 머리에 들어오면 그 상상적 호소력이나 감정에 미치는 힘이 결코 사라지지 않았다. 그러나 앞으로 보겠지만, 루이스는 곧 그것이 환각에 불과하고 어른이 되어 합리성을 갖추면 여지없이 깨어질 잔인한 망상이요, 유년기의 꿈이라고 믿게 된다. 초월적 영역이나 신의 개념이 "은을 통해 속삭이는 거짓말"일지 모르지만 거짓말이기는 마찬가지라고 본 것이다.[32]

어머니 플로라 루이스의 죽음

1901년 빅토리아 여왕이 죽은 후, 에드워드 7세가 잉글랜드의 왕좌에 올라 1910년까지 통치했다. 오늘날 에드워드 시대는 긴 여름의 오후가 이어지고 우아한 정원파티가 펼쳐지던 황금시기로 그려지는데, 1914-1918년의 세계대전으로 이런 상태가 산산조각 났다고 보는 것이다. 에드워드 왕 시대를 이렇게 대단히 낭만적으로 보는 견해는 대체로 전후(戰後) 1920년대에 생겨난 이전 시대에 대한 향수 탓이지만, 당시 많은 이들이 그 시대를 안정되고 안전한 시대로 여겼던 것은 분명하다. 당시의 상황은 염려스러운 방향으로 펼쳐지고 있었다. 무엇보다 독일의 군사력과 산업능력이 커지고 미국의 경제력이 팽창하고 있었다. 일부 사람들은 그것이 대영제국의 이익을 상당히 위협하고 있다는 것을 감지했다. 하지만 대부분의 사람들은 역사상 최강의 해군이 무역로를 지키는 대영제국은 여전히 안정되고 강력하다고 생각했다.

이런 안정감은 루이스의 유년기에 잘 드러나 있다. 1907년, 루이스는 와니에게 편지를 보내어 가족 휴가의 일부를 프랑스에서 보내게 될 것 같다고 말했다. 외국으로 나가는 것은 루이스 가족에게 큰 변화였다. 그들은 대체로 캐슬록이나 포트러쉬 같은 북아일랜드의 휴양지에서 길면 6주 정도의 여름 휴가를 보냈기 때문이다. 일이 많았던 아버지는 휴가의 일부만 함께했고, 프랑스에는 아예 따라가지 않았다.

그때 루이스는 형과 어머니와 함께 달콤하고 평화로운 휴가를 즐겼다. 1907년 8월 20일, 플로라 루이스는 두 아들과 함께 디에프에서 멀지 않은 노르망디의 소도시 베른발르그랑의 판숑르프티발롱 가족호텔에서 9월 18일까지 머물렀다. 1900년대의 사진엽서를 보면 플로라가 왜 그곳

프랑스 센마리팀 주 베른발르그랑의 판송르프티발롱(작은 골짜기 펜션). 1905년경의 우편엽서.

을 선택했는지 알 수 있을 것 같다. 에드워드 왕 시대의 한 가족이 호텔 앞에서 행복하게 휴식을 취하는 사진 위에 "영어 사용"이라는 든든한 구절이 눈에 확 띄게 박혀 있다. 그곳에서 프랑스어를 배울 수 있으리라는 루이스의 희망은 다른 손님들이 모두 영국인이라는 사실을 발견함과 동시에 산산이 깨어졌다.

닥쳐올 참화에 대한 어떤 암시도 없는, 에드워드 시대 후기의 목가적인 여름이었다. 이후 제1차 세계대전 기간에 루이스는 베른발르그랑에서 동쪽으로 고작 29킬로미터 떨어진 프랑스 병원에 입원했는데, 그때 그는 다시 돌아오지 않을 소중한 유년기를 안타까운 마음으로 회상했다.[33] 프랑스에서 휴가를 보내던 시기에는 누구도 그런 전쟁의 가능성과 그것이 불러올 파멸을 예측하지 못했다. 루이스 가족 역시 그 시간이 그들이 함께 보내는 마지막 휴가가 되리라는 것을 몰랐다. 일 년 후, 플로라 루이스는 세상을 떠났다.

1908년 초, 플로라가 중병에 걸렸다는 사실이 분명해졌다. 복부암이었다. 알버트 루이스는 몇 달 전부터 리틀리에서 함께 살고 있던 아버지 리처드에게 방을 비워 달라고 요청했다. 플로라를 간호할 간호사들이 지낼 공간이 필요했기 때문이다. 리처드 루이스에게 그것은 받아들이기 힘든 요구였다. 그는 3월 말에 뇌졸중을 일으켰고 다음 달에 죽었다.

플로라의 상태가 위중해지자 알버트 루이스는 잉글랜드의 학교에 있던 와니를 집으로 불러 마지막 몇 주 동안 어머니와 함께 있게 했다. 어머니의 병은 루이스 형제를 더더욱 가깝게 뭉치게 했다. 이 당시에 찍은 애틋한 사진 중 하나에는 와니와 C. S. 루이스가 1908년 8월 초, 리틀리 근처의 글렌마칸 하우스 바깥에서 각자의 자전거 옆에 서 있는 모습이 나와 있다. 루이스의 세상은 돌이킬 수 없이 근본적으로 달라지려 하고 있었다.

플로라는 1908년 8월 23일, 알버트 루이스의 마흔다섯 번째 생일에 그녀의 침실에서 죽었다. 그녀의 침실 달력에는 장례식에 낭송될 법한 셰익스피어의 『리어왕』(*King Lear*)에 나오는 글이 적혀 있었다. "사람은 죽음을 견뎌야 한다." 알버트의 남은 평생 동안 그 달력이 그대로 펼쳐져 있었다는 것을 와니는 나중에 알게 되었다.[34]

당시의 관습에 따라 루이스는 뚜껑이 열린 관에 누워 있는 어머니의 시신을 봐야 했는데, 병이 그녀의 몸에 남긴 섬뜩한 흔적이 너무나 역력했다. 루이스에게는 충격적인 경험이었다. "어머니의 죽음과 함께, 안정된 행복과 평온하고 듬직하던 모든 것들이 내 삶에서 사라져 버렸다."[35]

『마법사의 조카』(*The Magician's Nephew*)에는 죽음을 앞두고 침상에 누운 디고리 커크의 어머니의 모습이 애정을 담은 묘사로 그려지는데, 그 장면은 어머니에 대한 루이스의 기억을 그대로 보여주는 듯하다.

에와트 가족의 집이던 클렌마칸 하우스 앞에서 루이스와 와니, 1908년 8월.

"엄마는 디고리가 수없이 보았던 모습 그대로 누워 있었다. 베개에 기댄 창백하고 여윈 얼굴을 보자 눈물이 날 것 같았다."³⁶ 이 구절에서 루이스는 어머니의 죽음, 특히 뚜껑이 열린 관에 누워 있던 여윈 시신을 보고 느낀 고통을 떠올렸던 게 분명하다. 루이스는 나니아에서 가져온 마법의 사과로 디고리 어머니의 병을 치료하는 장면을 넣음으로, 자신의 깊은 마음의 상처를 상상의 힘으로 치료하는 듯하다. 다른 가능성을 상상함으로써 실제로 벌어진 일이 주는 아픔을 덜어 보려 한 것일까.

어머니의 죽음은 루이스를 고통스럽게 했지만, 이 어두운 시기에 대한 그의 기억은 어머니의 죽음이 가족에게 미친 더 큰 영향에 초점을 맞추고 있다. 알버트 루이스는 아내의 병을 받아들이려 노력했지만, 두 아들에게 필요한 애정과 관심은 완전히 손을 놓아 버린 것 같다. C. S. 루이스는 어머니의 죽음이 그의 가족생활의 종말을 예고했고, 이때 소외의 씨앗이 뿌려졌다고 말한다. 아내를 잃은 알버트 루이스는 두 아들까지 잃을 위험에 처했다.[37] 플로라가 죽고 2주 후, 알버트의 형 조지프가 죽었다. 루이스 가족은 위기에 처했다. 아버지와 두 아들은 제각각 상황에 대처했다. "이제 바다에는 몇 개의 섬만 떠 있을 뿐이었다. 거대한 대륙은 아틀란티스처럼 가라앉고 없었다."[38]

당시의 상황은 아버지의 사랑이 다시 세워지고 자녀들의 효성이 불붙을 계기가 될 수도 있었지만, 그런 일은 벌어지지 않았다. 이 중요한 시기에 알버트는 판단력을 제대로 행사하지 못했다. 어린 두 아들이 위기에 처했을 때 그들의 미래에 대한 결정을 내렸다는 데서 이 사실이 분명히 드러난다. 어머니의 충격적인 죽음을 겪은 지 고작 2주 후, C. S. 루이스는 와니와 함께 벨파스트의 부둣가에 서서 랭커셔 항구로 가는 야간증기선 플릿우드호에 오를 준비를 하고 있었다. 인간의 정서에 무지했던 아버지는 정서적으로 방치된 두 아들에게 정서적으로 부적절한 작별인사를 했다. 어린 루이스에게는 그동안 안정감과 정체성을 제공하던 모든 것이 한꺼번에 사라지는 듯했을 것이다. 그는 아일랜드와 그의 집과 책들을 떠나 이상한 곳으로 가야 했다. 그곳에서 그는 형 와니를 유일한 동반자로 삼아 이방인들 사이에서 살게 된다. 그는 『예기치 못한 기쁨』에서 '벨젠'Belsen이라 부른 윈야드 스쿨로 떠났다.

2

흉한 땅 잉글랜드
: 학창시절

1908-1917

1962년, 뉴욕에 사는 여학생 프랜신 스미스라인이 C. S. 루이스에게 편지를 보내어 나니아 시리즈를 정말 잘 봤다고 말하고, 그의 학창시절 얘기를 들려달라고 청했다. 답장에서 루이스는 어릴 때 세 군데의 기숙학교를 다녔고, "그중 둘은 대단히 끔찍했다"고 썼다.¹ 거기에 이런 말도 보탰다. "제 인생에서 그렇게 싫었던 것은 없었습니다. 제1차 세계대전 당시 최전선 참호에 있을 때도 그보다는 나았지요." 『예기치 못한 기쁨』을 대충 읽어 본 독자들도 루이스가 잉글랜드에서 다닌 학교들을 지독히 혐오했다는 느낌을 받고 그 학교들이 세계대전 당시의 처참한 참호보다도 못했다는 말은 믿기 어렵다고 생각하게 된다.

1950년대 후반, C. S. 루이스와 그의 형 사이에 있었던 갈등 요인 중 하나는 루이스가 『예기치 못한 기쁨』(1955)에서 몰번 칼리지를 묘사한 내용이 크게 잘못되었다는 와니의 믿음이었다. 루이스의 가까운 친구이자 그의 많은 면모를 보여준 통찰력 있는 전기를 집필한 조지 세이어George Sayer, 1914-2005의 회상에 따르면, 나중에 루이스는 몰번에서 보낸 시간에 대한 기록이 "거짓말"이었음을 인정하면서 당시 그를 형성한 두 흐름(지쳐 버린 반항아의 삶과 행복했던 순간들로 이루어진 상상의 삶―옮긴이) 사이의 복잡한 상호작용이 잘 드러나는 부분이라고 말했다.[2] 세이어의 글을 참고할 때, 『예기치 못한 기쁨』의 독자들은 루이스가 과거를 어느 정도나 재구성했으며 그렇게 한 이유가 무엇일까 궁금해진다.

어쩌면 잉글랜드에 대한 초기의 지독히도 부정적인 인상 때문에 루이스의 판단력이 흐려진 것일 수도 있다. 그 부정적인 인상은 그의 학교생활 내내 영향을 미쳤고, 나중에 그가 밝힌 것처럼, "그 혐오감을 치유하기까지는 몇 년이 더 흘러야 했다."[3] 잉글랜드 학교들에 대한 반감은 당시 루이스가 느꼈던 잉글랜드 자체에 대한 깊은 문화적 혐오를 반영한 것일 수도 있다. 이 부분은 그가 쓴 몇몇 편지로 분명히 알 수 있는데, 예를 들어 1914년 6월에 쓴 편지에서 그는 다운 카운티의 시원하고 짙푸른 시골길을 누볐을 법한 시점에 "이 덥고 흉한 잉글랜드 땅에 갇혀 있어야" 한다고 불평했다.[4]

하지만 여기에는 보다 깊고 본능적인 요소가 작용하고 있다. 루이스에게는 에드워드 시대의 사립학교 문화가 맞지 않았던 것 같다. 맘에 들지 않는 구석이 있어도 다른 사람들은 현실세계의 혹독한 삶을 대비하는 데 필요한 준비라고 여겼던 과정을 루이스는 무가치하다고 일축하고 "강제수용소"라고 불렀다. 그를 성공적인 시민으로 만들어 주기를 바라며 아버지가 보냈던 곳이 하마터면 그를 부숴 버릴 뻔했다.

어머니가 죽은 후 루이스가 경험한 영국 학교는 다음과 같이 요약할 수 있다.

왓퍼드 소재 원야드 스쿨(벨젠): 1908년 9월-1910년 6월

벨파스트 소재 캠벨 칼리지: 1910년 9월-12월

몰번 소재 셔버그 스쿨(샤르트르): 1911년 1월-1913년 6월

몰번 칼리지(와이번): 1913년 9월-1914년 3월

그레이트 부컴에서 개인교습: 1914년 9월-1917년 3월

루이스는 그가 싫어했던 세 개의 잉글랜드 학교, 원야드 스쿨, 셔버그 스쿨, 몰번 칼리지에 대해 가명을 쓴 것으로 보인다. 앞으로 보겠지만, 그레이트 부컴 시절에 대한 그의 기억은 훨씬 긍정적이고, 그 시절이 그의 지성의 형성에 끼친 영향도 스스로 긍정적으로 평가했다.

왓퍼드의 원야드 스쿨(1908-1910)

루이스가 잉글랜드에서 처음 경험한 학교는 원야드 스쿨이었다. 랭글리가에 있는 두 채의 따분한 노란 벽돌주택을 개조한 건물이었다. 이 자그마한 사립 기숙학교는 1881년 로버트 올디 캐프런이 설립했고 초기 몇 년간은 어느 정도 성공을 거두었던 모양이다. 하지만 루이스가 도착했을 무렵에는 사정이 나빠져 기숙생이 여덟아홉 명에다 '통학생'의 숫자도 비슷했다. 그의 형은 이미 이 년째 그곳에서 공부했고, 잔인한 체제에 상대적으로 쉽사리 적응했다. 리틀리라는 부드러운 보호막 바깥 세계를 경험한 적이 없었던 루이스는 캐프런의 잔혹함에 충격을 받았고, 나중에 악명 높은 나치의 강제수용소 이름을 본 따 그곳을 '벨젠'이라 불렀다.

처음에는 어떻게든 잘 적응해 보려 했지만, 루이스는 금세 원야드

를 싫어하게 되었고 그곳에서 보낸 시기를 시간낭비로 여겼다. 와니는 1909년 여름에 윈야드를 떠나 몰번 칼리지로 갔고, 덕분에 동생 루이스는 수명이 다한 기미가 역력한 학교에서 혼자 살아남아야 했다. 루이스는 윈야드에서의 교육을 "배우고 돌아서면 잊어버리는 것들이었을 뿐 아니라 기억해 봤자 전혀 쓸모가 없는, 정글처럼 뒤얽힌 연도와 전쟁과 수출품, 수입품 등"을 강제로 주입하고 암기시키는 형태였다고 회상했다.[5] 와니는 루이스의 평가에 동의했다. "나는 윈야드에서 받은 가르침을 단 하나도 기억할 수 없다."[6] 그곳에는 루이스가 상상력을 키울 도서관도 없었다. 결국 그 학교는 캐프런이 정신질환자로 판명된 1910년 여름에 문을 닫았다.

알버트 루이스는 막내아들을 위한 교육환경을 재검토할 수밖에 없었다. 와니는 몰번 칼리지에서 공부를 계속했지만 루이스는 리틀리에서 1.6킬로미터 떨어진 곳에 있던 벨파스트 시의 기숙학교 캠벨 칼리지로 보내졌다. 루이스가 나중에 말한 바에 따르면, 캠벨은 "얼스터의 소년들이 아이리시 해를 건너는 수고를 감수하지 않고도 사립학교 교육의 이익을 다" 누리게 해주려고 설립되었다.[7] 그의 아버지가 아들을 계속 이 학교에 보낼 생각이었는지는 분명하지 않다. 그러나 루이스는 캠벨에 있는 동안 심각한 호흡기질환에 걸렸고 그의 아버지는 마지못해 아들을 집으로 데려와야 했다. 루이스에게는 나쁘지 않은 시기였다. 아니, 루이스는 캠벨에 계속 다니고 싶어 했던 것 같다. 하지만 아버지는 다른 계획을 세워 두고 있었다. 불행히도, 썩 좋지 못한 계획이었다.

몰번의 셔버그 스쿨(1911-1913)

알버트는 '가비타스 & 스링'사와 추가 상담 후 루이스를 잉글랜드의 빅토리아풍 온천마을 그레이트 몰번에 있는 셔버그 스쿨(『예기치 못한 기쁨』에는 '샤르트르'로 등장)로 보냈다.[8] 19세기 내내 몰번은 온천수 때문에 수(水)치료로 유명해졌다. 19세기 말에 이르러 온천 관광이 쇠락하자 이전의 많은 호텔과 휴가용주택이 작은 기숙학교로 개조되었는데, 셔버그도 그 중 하나였다. 루이스 당시 여덟 살부터 열두 살까지의 남학생 스무 명 정도가 다녔던 이 작은 예비학교 옆에는 와니가 다니고 있는 몰번 칼리지가 있었다. 적어도 두 형제는 간간이 얼굴은 보고 지낼 수 있게 되었다.

    루이스가 셔버그에서 이룬 가장 중요한 결과물은 장학생으로 몰번 칼리지에 입학할 자격을 얻은 것이었다. 하지만 루이스는 이때 그의 내면에 많은 일이 벌어졌다고 회상한다. 셔버그의 학교생활은 그런 일들의 본질적인 원인이나 자극제가 되었다기보다는 배경 정도로 봐야 할 것이다. 가장 중요한 일 중 하나는 소위 '북방성'(北方性)의 발견이었다. 이 일은 셔버그 생활을 시작한 지 "그리 오래되지 않아" 일어났고, 루이스의 말을 빌면 그는 이 발견으로 영광스럽게 변화했다. 비유컨대 조용하고 황량한 북극의 빙원(氷原) 같은 경치가 "풀이 돋고 앵초가 피고 과수원에 꽃이 만발한 풍경으로, 새들의 노랫소리에 귀가 멍멍하고 개울물 흐르는 소리가 요란한 풍경으로" 바뀐 것 같았다.[9]

    이 변화에 대한 루이스의 기억은 문학적인 상상력에서 보면 정확하지만 연대기적으로 볼 때는 모호하다. "나는 그 순간에 대해 정확히 이야기할 수 있다. 날짜까지는 몰라도 그때의 정황만큼은 너무나 잘 기억하고 있다."[10] 그를 자극한 것은 교실에 누군가 남겨 두고 간 '문예잡지'였다. 이 잡지는 1911년 12월에 간행된 성탄절판『북맨』이었다. 거기에 마거릿 아머^{Margaret Armour}가 번역하여 그해 초에 출간된 아서 래컴^{Arthur Rackham}의 삽화 30점 중 일부가 실려 있었다. 그 삽화들은 리하르트 바그너^{Richard Wagner, 1813-1883}의 오페라「지그프리트와 신들의 황혼」(Siegfried and The Twilight of the Gods)의 대본 영역본에 실렸었다.¹¹

래컴의 대단히 암시적인 삽화들은 루이스의 상상력을 크게 자극했고, 그는 갈망의 경험에 다시금 사로잡히게 되었다. 그는 "순수한 북방성, 대서양 너머 북쪽의 여름, 그 가없는 황혼에 펼쳐진 광대하고 맑은 창공의 환영(幻影)"에 붙들렸다.¹² 영원히 잃어버린 줄 알았던 것을 다시 경험하면서 그는 전율을 느꼈다. 그것은 "소망충족이나 공상"이 아니었다.¹³ 다른 세계의 문턱에 서서 그 안을 들여다보는 환영이었다. 그 경이감을 되찾고 싶은 마음에 루이스는 바그너에게 점점 더 몰입했고 용돈을 털어 바그너의 오페라 음반을 샀으며, 래컴의 삽화가 들어 있던『지그프리트와 신들의 황혼』을 사기까지 했다.

몰번 시절에 쓴 루이스의 편지들은 그의 면모를 드러내기도 하고 상당히 가리기도 했지만, 이후 그의 삶과 글에서 거듭 나타나게 되는 주제 중 일부를 분명하게 암시했다. 그중 하나는 낯선 땅에 유배된 아일랜드 사람이라는 자의식이다. 루이스는 낙원을 잃어버린 정도가 아니라 에덴동산에서 쫓겨난 자였다. 그는 잉글랜드에서 살면서도 자신을 잉글랜드 사람으로 여기지 않았다. 셔버그에서 마지막 나날을 보낼 때도 "문학적 감정이 풍부하고 자신의 언어를 통달한 민족 가운데 태어난" 것을 점점 더 많이 인식하게 되었다.¹⁴ 1930년대에 루이스는 고향 아일랜드의 지형이 자신의 문학적 상상력에 자극제가 된다는 사실을 발견했고, 시인 에드먼드 스펜서 같은 이들도 같은 경험을 했음을 알게 되었다. 이런 호름의 씨앗은 1913년에 그가 집에 보낸 편지들에서 볼 수 있다.

루이스가 밝힌 이 시기의 중요한 지적 변화는 기독교 신앙의 잔재를 완전히 잃어버린 것이다. 『예기치 못한 기쁨』에 나오는, 신앙이 최종적으로 사라지는 과정에 대한 루이스의 기록은 이후 그의 인생에서 신앙이 차지하는 중요성을 생각할 때 그리 만족스럽지 않다. 루이스는 자신의 "더딘 배교"에 대한 "정확한 연대기"를 제시하진 못했다. 그러나 자신을 그런 방향으로 이끌어 간 많은 요소들을 밝혔다.

이후의 저작들에 계속 등장하는 것으로 보아, 베르길리우스 및 기타 고전작가들의 작품을 읽은 것이 가장 중요한 영향을 끼친 듯하다. 루이스는 학자와 교사들이 그 작가들의 종교적 개념들을 "순전한 미망"으로 취급했다고 말했다. 그런 태도를 접하고 루이스는 묻게 되었다. '오늘의 종교적 개념들은 어떨까? 그저 고대의 미망들의 최신판, 현대의 미망들에 불과하지 않을까?' 루이스는 종교가 "완전히 거짓"은 아니더라도 "자연스럽게 생겨난 현상"에 불과하며, "인간이 혹하기 쉬운 고질병 같은 헛소리"라는 견해를 갖게 되었다.[15] 그에게 기독교는 하나같이 참이라고 주장하는 수많은 종교 중 하나에 불과했고, 다른 것들은 다 틀렸고 이 종교만 옳다고 믿어야 할 이유가 없었다.

1913년 봄, 그는 서버그를 졸업한 뒤 가고 싶은 학교를 결정했다. 1913년 6월에 아버지에게 보낸 편지에서 루이스는 서버그에서 보낸 시간이 처음에는 "어둠 속에서 도약하는 것처럼 막막했지만" 결국엔 "성공"이었다고 선언했다.[16] 그는 그레이트 몰번이 마음에 들었고 '콜'^{Coll}로, 다시 말해 형 와니와 함께 다닐 수 있는 몰번 칼리지로 가길 원했다. 5월 말에는 와니가 군인이 되고 싶다고 밝히면서 1913년 가을 학기 동안 몰번 칼리지에서 샌드허스트 육군사관학교 입학시험을 준비하기로 했다.

하지만 일은 뜻대로 풀리지 않았다. 6월에 루이스는 몸이 아픈 바람에 셔버그의 병실에서 시험을 치렀지만 9월부터 장학생으로 몰번 칼리지에 다닐 수 있는 자격을 획득했다. 그러나 와니는 더 이상 그곳에 있을 수 없게 되었다. 학교 구내에서 담배를 피우다 걸려 퇴학을 당했기 때문이다(이 무렵 루이스 형제는 평생 이어질 흡연 습관을 몸에 익히게 된다). 알버트 루이스는 몰번 칼리지 교사들의 도움 없이 와니가 샌드허스트 입학시험을 준비할 수 있는 방법을 찾아내야 했다. 그는 결국 답을 찾아냈다. 그리고 그것은 일 년 후 그의 막내아들에게도 중요하고 긍정적인 영향을 끼치게 될 멋진 해결책이었다.

알버트 루이스는 1877년부터 1879년까지 아일랜드의 아마 카운티 County Armagh에 있는 러건 칼리지에 다녔고, 당시 교장이던 윌리엄 톰슨 커크패트릭을 크게 존경했다.[17] 커크패트릭은 1879년에 러건 칼리지에 왔는데, 당시 학생 수는 열여섯 명에 불과했다. 그러나 십 년 후 그곳은 아일랜드의 일류 학교로 입지를 굳혔다. 커크패트릭은 1899년 은퇴하여 아내와 함께 체셔의 노던덴에 있는 샤스턴하우스로 이사했다. 맨체스터 패트리크로프트의 엔진제조업체 브라윗, 린들리 사에서 일하는 아들 조지 근처에 있기 위해서였다. 하지만 커크패트릭의 아내는 산업화된 잉글랜드 북서부가 전혀 마음에 들지 않았던 모양이다. 그들 부부는 곧 남부 서리 카운티 "교외의 고급주택지"로 이사했고, 그곳에서 커크패트릭은 개인 지도교사로 자리를 잡았다.

알버트 루이스는 커크패트릭의 사무변호사로 일했고, 자녀의 수업료 지불을 거부하는 부모들에 대한 대처방안을 놓고 커크패트릭과 서신 교환을 했다. 과거 알버트 루이스는 교육 문제로 몇 번 커크패트릭의 조언을 구한 적이 있었는데, 그즈음에는 보다 구체적이고 개인적인 요청을 했다. 와니의 샌드허스트 입학시험 준비를 도와달라는 것이었다. 계약은 성사되었고, 와니는 1913년 9월 10일에 그레이트 부컴에서 공부를 시작했다. 그리고 팔 일 후, 그의 동생은 멘토이자 친구인 형 없이 몰번 칼리지(『예기치 못한 기쁨』에서 '와이번'으로 등장)에서의 생활을 시작했다. 루이스는 혼자였다.

몰번 칼리지(1913-1914)

루이스에게 몰번 칼리지는 재앙이었다. 『예기치 못한 기쁨』은 전체 15장 가운데 세 장을 할애해 '콜'에서의 경험을 하나하나 짚어 가며 그곳을 비난한다. 하지만 흥미롭게도, 그가 생생하고 혹독한 기억들을 죽 펼쳐 가는 일은 기쁨을 모색하는 전체 이야기의 진행에 별 도움이 되지 않는다. 그는 고통스럽고 주관적인 기억들을 이야기하는 데 왜 그렇게 많은 시간을 쓴 걸까? 더구나 다른 이들(와니를 포함해)은 루이스의 기억이 왜곡되고 편협한 것이라고 비판하지 않았던가? 『예기치 못한 기쁨』의 이 대목을 집필하면서 루이스는 그 일을 일종의 카타르시스 행위로 보았던 것 같다. 몰번에서의 일을 필요 이상으로 길게 적으면서 과거의 아픈 기억을 씻어 낸 게 아닐까? 하지만 이 작품을 호의적으로 읽는 독자의 눈에도 몰번에 할애된 세 장 때문에 책의 진행속도가 느려지는 것이 역력히 보인다. 시시콜콜한 이야기들이 전체 줄거리를 흐리고 있다.[18]

루이스는 자신이 상급생('왕족'[Bloods])이 하급생을 사환처럼 부리는 종복제도 fagging system의 피해자였다고 선언한다. 또래와 선배들에게 미움 받는 소년일수록 찍혀서 이런 식으로 노동착취를 당했는데, 이것은

1920년, 그레이트 부컴의 자택에서 윌리엄 톰슨 커크패트릭(1848-1921). 루이스 가족은 그를 "위대한 노크 선생님"이라고 불렀다. 워렌 루이스가 군대에서 휴가를 나왔다가 그를 찾아와 찍은 것으로, 커크패트릭의 남아 있는 유일한 사진이다.

당시 잉글랜드 사립학교의 관행이었다. 대부분의 소년들이 성인이 되기 위한 전통적인 통과의례 정도로 여겼던 이 일을 루이스는 강제노동의 한 형태로 보았다. 루이스는 하급생들이 상급생들에게 제공해야 하는 서비스 중에 성적(性的) 봉사도 있다는 소문을 들었(지만 입증된 적은 없었)는데, 그에게는 정말 소름끼치는 일이었다.

더 심각한 일은 몰번 칼리지의 가치체계에서 루이스의 설 자리가 없었다는 사실이다. 당시 그곳에서는 잉글랜드 사립학교 제도를 지배하던 교육철학인 운동제일주의athleticism가 최고의 가치판단 기준으로 자리 잡고 있었다.[19] 에드워드 시대 말엽, '운동경기 숭배'는 잉글랜드 사립학교 교육의 축으로 건드릴 수 없는 위치를 차지하고 있었다. 운동제일주의라는 이데올로기에는 더 어두운 면이 있어서 운동경기에 능하지 못한 남학생들이 또래의 조롱과 괴롭힘을 당했다. 지적 예술적 성취를 평가 절하하는 운동제일주의 때문에 많은 학교가 육체적 능력을 최고로 여기는 합숙훈련소와 다를 바 없는 곳이 되었다. 당시 영국의 여러 교육이론이 하나같이 핵심 과제로 추켜올렸던 '기개'character를 기르기 위해서는 '남성다움'manliness의 배양이 필수적이라는 인식이 있었다.[20] 몰번은 이 모든 조건이 잘 구축되어 있는 에드워드 시대의 전형적인 학교였다. 몰번은 학생들에게 필요하다고 믿었던 것, 부모들이 분명히 원했던 것을 제공했다.

그러나 그것은 루이스가 원했던 바는 아니었다. 양손 엄지손가락에 관절이 하나씩밖에 없었던 루이스는 "원래 손재주가 없었고" 몸으로 하는 일을 잘하지 못했다.[21] 루이스는 학교 문화에 적응하기 위해 노력하지 않았던 것 같다. 순응을 거부하다 보니 사람들과 어울리기를 싫어하게 되었고 공부 쪽으로는 잘난 체한다는 인상을 주었다. 루이스는 한 편지에서 몰번 덕분에 자신이 싫어하는 것이 무엇인지 알게 되었다고 비꼬는 투로 썼다. "이 거칠고 무식한 잉글랜드 학생들이 만들어 내는 끔찍한 광경을 보지 않았다면, 나도 저렇게 됐을지 몰라."[22] 많은 사람들에게 이 말은 그저 오만한 학생의 거들먹거림으로 들릴 것이다. 하지만 루이스는 몰번이 준 몇 안 되는 유익 중 하나가 자신의 오만함을 깨닫게 한 것이었음을 분명히 밝혔다.[23] 그것은 그가 앞으로 처리해야 할 부분이었다.

루이스는 학교 도서관을 피난처로 삼아 책에서 위로를 얻었다. 그는 고전담당 교사 해리 웨이클린 스미스 Harry Wakelyn Smith(스뮤기[Smewgy])와 친해졌다. 스미스는 루이스에게 라틴어를 가르쳤고, 그의 도움으로 루이스는 그리스어를 본격적으로 공부하게 되었다. 그는 루이스에게 시를 적절히 분석하는 법을 가르쳐 그 미적 특성을 음미할 수 있게 해주었는데, 언어보다 이것이 더 의미 있었는지도 모른다. 그의 도움으로 루이스는 시를 읽을 때 그 리듬과 음악적 특성을 음미할 수 있어야 한다는 것을 깨닫게 되었다. 나중에 루이스는 고전 시에 담긴 "지중해의 운율"을 사랑하는 법을 가르쳐 준 "꿀처럼 달콤하고 노래하는 듯한 목소리를 가진 노인"에 대한 시를 지어 그에게 감사의 마음을 표현했다.[24]

이런 긍정적인 만남들은 이후 루이스가 학자와 문학비평가로 성장하는 데 중요한 역할을 했겠지만, 당시의 루이스에게는 견딜 수 없는 학교 문화를 잠시나마 잊게 해주는 지적 기분전환 거리에 불과했다. 와니는 동생이 "자신과 안 맞는 곳에 있었을 뿐"이라고 생각했다. 지나고 하는 말이지만, 와니는 루이스를 사립학교로 보낸 결정이 잘못된 것이었다고 보았다. 운동신경이 부족하고 지적 성향이 강한 루이스는 "단체의식과 표준화된 행동을 양산하는 사립학교 제도 안에서 금세 부적응자, 이단자, 의혹의 눈길을 받는 대상"이 되었다.[25] 그러나 당시에 와니는 학교가 아니라 루이스에게 문제가 있다는 생각을 분명히 밝혔다.

루이스가 왜 『예기치 못한 기쁨』의 그렇게 많은 부분을 몰번에서 보낸 시간을 다루는 데 할애했는지는 여전히 분명하지 않다. 1929년, 그는 몰번 칼리지의 운영위원을 맡아 달라는 요청을 받았는데, 그 요청을 받고 상당히 재미있어 했다.[26] 하지만 재학 당시 루이스가 그곳에서의 처지에 절망하고, 보다 마음에 맞는 곳으로 갈 수 있게 해달라고 아버지에게 여러 차례 절박하게 호소했다는 사실은 분명하다. "제발 저를 여기서 최대한 빨리 꺼내 주세요." 1914년 3월, 방학을 맞아 벨파스트로 돌아갈 준비를 하면서 그는 아버지에게 간청의 편지를 썼다.[27]

알버트 루이스는 막내아들의 학교생활이 순탄치 않다는 것을 마침내 깨달았다. 그는 당시 샌드허스트에서 영국군 장교로 두 달째 훈련을 받고 있던 와니와 상의했다. 와니는 동생의 상황이 악화되는 데는 본인의 탓이 크다고 생각했다. 그는 몰번에서 동생이 "그의 경우처럼 무덤까지 가져갈 행복한 시간과 추억과 친구들"을 얻게 되길 바랐다고 아버지에게 말했다. 그러나 결국 그렇게 되지 않았고, 루이스에게 몰번은 "더 이상 붙어 있을 수 없는 곳"이었다.[28] 근본적인 재검토가 필요했다. 와니는 자신이 커크패트릭의 개인교습에서 도움을 얻었으니, 루이스도 그에게 보내 보는 것이 어떠냐고 제안했다. "잭이 약간 모아 둔 지적 폭죽들을 노(老) K(커크패트릭) 선생님 앞에서 터뜨리며 즐겁게 지낼 수는 있을 것"이라는 구절에서 동생에게 느끼는 그의 답답함이 드러난다.[29]

그러자 알버트 루이스는 커크패트릭에게 편지를 써서 조언을 구했다. 처음에 커크패트릭은 루이스가 캠벨 칼리지에서 공부를 다시 시작하는 게 낫지 않겠느냐고 제안했다. 그러나 두 사람이 이 문제를 가지고 씨름을 하면서 결국 다른 선택을 하게 되었다. 커크패트릭은 알버트의 설득을 받아들여 1914년 9월부터 루이스의 개인 지도교사가 되기로 했다. 커크패트릭은 이런 찬사가 감격스럽다고 털어놓았다. "아버지에 이어 두 아들까지 다 가르치는 교사가 된다는 건 정말 특별한 경험이 아닐 수 없다." 위험요소는 있었다. 와니는 몰번을 사랑했지만 루이스는 그곳을 혐오했다. 와니에게는 커크패트릭이 아주 잘 맞았지만 루이스에게도 그럴까? 커크패트릭의 노력에 힘입어 와니는 치열한 경쟁률을 뚫고 육군사관학교 입학시험에 합격한 이백 명이 넘는 후보생 중 20등을 차지했다. 와니의 군대생활 기록을 보면 1914년 2월 4일에 '사관후보생'이 되었고 '우수사관생도상'을 받았다. 이만하면 순조로운 출발이었다.

한편, 루이스는 방학을 맞아 벨파스트의 집에 와 있었다. 1914년 4월 중순, 마지막 학기를 위해 몰번 칼리지로 돌아가기 직전에 그는 전갈을 하나 받았다. 아서 그리브즈(1895-1966)가 병으로 앓아누웠다가 회복하는 중인데 방문을 환영한다는 내용이었다. 와니와 같은 나이였던 그리브즈는 벨파스트에서 가장 부유한 아마 방직업자로 손꼽히던 조지프 그리브즈의 막내아들이었다. 그의 가족은 리틀리 맞은편의 큰 집 '버나'에서 살았다.

『예기치 못한 기쁨』에서 루이스는 그리브즈가 그와 친구가 되어 보려고 한동안 시도를 했지만 두 사람이 만난 적은 없었다고 회상한다.[30] 하지만 루이스의 이 기억이 부정확하다는 증거가 있다. 남아 있는 편지 중 아주 이른 시기에 해당하는 1907년 5월에 쓴 편지를 보면, 리틀리에 방금 전화를 설치했다고 와니에게 알려 주는 대목이 나온다. 그는 이 새로운 기기를 사용해 아서 그리브즈에게 전화를 걸었지만 그와 이야기를 나눌 수는 없었다.[31] 이것을 보면 두 사람이 어린 시절에 어떻게든 알고 지냈음을 짐작할 수 있다. 루이스와 그리브즈가 이 무렵 친구 사이였다

1910년 여름, 리틀리에서 가까운 에와트 가족의 집 글렌마칸 하우스에서의 테니스 파티. 아서 그리브즈는 뒷줄 맨 왼쪽에 있고, C. S. 루이스는 오른쪽 끝에 있다. 아서의 누나 릴리 그리브즈는 루이스 앞, 오른쪽에서 두 번째 자리에 앉아 있다.

면, 루이스가 잉글랜드의 학교로 진학하면서 벨파스트를 떠나야 했기 때문에 둘의 관계가 시들해진 것으로 볼 수 있다.

루이스는 약간 주저하면서 그리브즈를 찾아갔다. 그는 침대에 앉아 있었는데 옆에 책이 한 권 놓여 있었다. 거버 H. M. A. Guerber의 『북유럽인의 신화』(Myths of the Norsemen, 1908)였다. '북방성'을 한없이 사랑하던 루이스는 놀라서 그 책을 바라보았다. "너 저 책 좋아하니?" 그렇게 물은 루이스는 신이 난 그리브즈의 대답을 듣게 되었다.[32] 루이스가 마침내 소울메이트를 찾은 것이다. 그들은 이후 루이스가 죽을 때까지 50년이 넘도록 꾸준히 연락하는 사이가 된다.

몰번에서의 마지막 학기가 끝나 갈 무렵, 루이스는 그리브즈에게 첫 번째 편지를 보내 같이 산책할 계획을 세웠다. 그는 "뜨겁고 흉한 잉글랜드 땅"에 "갇혀 있지만" 돌아가면 함께 홀리우드 언덕 너머로 솟아오르는 해를 보고 벨파스트 호수와 케이브힐을 볼 수 있을 거라고 말했다.[33] 하지만 한 달 후, 잉글랜드에 대한 루이스의 생각은 달라졌다. "스 뮤기" 선생님이 그와 또 다른 소년을 차에 태우고 "몰번의 평평하고 단조롭고 흉한 구릉지"를 떠나 시골로 드라이브를 갔던 것이다. 그곳에서 루이스는 "완만한 언덕과 골짜기"가 펼쳐지고 "신비로운 숲과 곡물밭"이 있는 "마법에 걸린 땅"을 발견했다.[34] 그때 루이스는 잉글랜드가 그렇게 나쁜 곳은 아닐지도 모른다고 생각했다. 어쩌면 거기서 오랫동안 머물게 될지도 모르겠다고 생각했다.

부컴과 "위대한 노크 선생님" (1914-1917)

1914년 9월 19일, 루이스는 "위대한 노크 선생님" 커크패트릭을 만나기 위해 그레이트 부컴에 도착했다. 하지만 루이스를 둘러싼 세상은 그가 몰번을 떠난 이래 돌이킬 수 없이 달라져 버렸다. 6월 28일, 오스트리아의 프란츠 페르디난트 대공Archduke Franz Ferdinand이 사라예보에서 암살당해 긴장과 불안정의 파문이 생겨났고, 그 파문은 점점 커져 갔다. 여러 나라들이 동맹을 결성했다. 큰 나라 하나만 전쟁에 돌입하면 모두가 따라갈 판이었다. 그로부터 한 달 후인 7월 28일, 오스트리아가 세르비아 공격을 개시했다. 그러자 독일이 즉시 프랑스를 공격했다. 브리튼의 전쟁 참여는 불가피한 일이었다. 브리튼은 8월 4일, 마침내 독일과 오스트리아·헝가리제국을 상대로 선전포고를 했다.

　이런 사태진전으로 즉시 영향을 받은 사람은 와니였다. 그가 최대한 빨리 군복무를 할 수 있도록 훈련기간이 18개월에서 9개월로 줄어들었다. 그는 1914년 9월 29일에 소위로 영국육군병참단에 배치되었고,

"조국이 당신을 원한다!" 영국의 선전포고 직후, 1914년 9월 5일판 잡지 「런던오피니언」지 표지에 실린 포스터. 화가 앨프레드 리트(Alfred Leete, 1882-1933)가 그린 키치너 경(Lord Kitchener)의 모습은 금세 영국군의 아이콘이 되어 1915년부터 영국군 모병 캠페인에 수없이 등장했다.

11월 4일에는 영국 해외파견군과 함께 프랑스에서 복무했다. 한편, 전쟁부 장관 키치너 경(1850-1916)은 영국 역사상 최대 규모의 의용군을 모집하러 나섰다. "조국이 당신을 원한다!"고 선언하는 그의 유명한 모병 포스터는 제1차 세계대전의 가장 친숙한 이미지 중 하나가 되었다. 루이스도 입대를 종용하는 이런 압박에서 자유롭지 않았을 것이다.

잉글랜드는 제대로 준비도 갖추지 못한 채 전쟁에 돌입했지만, 루이스는 그레이트 부컴에 있는 커크패트릭의 집 '게스턴즈'에 자리를 잡고 있었다. 그와 커크패트릭과의 관계는 이후 대단히 중요한 의미를 갖게 되는데, 형과 아버지와의 관계가 다소 틀어지고 멀어지면서 더욱 그러했다. 루이스는 중기선을 타고 벨파스트에서 리버풀로 간 다음, 거기서 런던행 기차를 탔다. 워털루 역에서 내려 그레이트 부컴으로 가는 기차를 갈아타고 부컴에 도착하자 커크패트릭이 기다리고 있었다. 그들은 역에서 커크패트릭의 집으로 함께 걸어갔는데, 루이스는 그저 서먹한 분위기를 깨고 대화를 시작해 보려고 별 생각 없이 써리의 풍광이 생각보다 훨씬 더 "야생적"이라고 말했다.

루이스는 대화의 물꼬를 트고 싶었을 뿐이었지만, 커크패트릭은 그것을 기회로 삼아 소크라테스식 문답법의 미덕을 생생하게 보여주는 공격적이고 쌍방향적인 토론을 시작했다. 커크패트릭은 루이스의 말을 끊고는 무슨 뜻으로 "야생적"이라고 말한 것인지, 어떤 근거에서 써리가 야생적이지 않을 거라고 생각한 것인지 따져 물었다. 그 지역의 지도를 살펴본 적이 있는가? 그에 대한 책을 몇 권이라도 읽어 봤는가? 그곳 경치가 담긴 사진을 본 적이 있는가? 루이스는 그 어느 것도 한 적이 없음을 인정했다. 그의 견해는 어떤 근거도 없었다. 커크패트릭은 그렇다면 그가 이 문제에 대해 어떤 의견을 가질 권리가 전혀 없다고 말했다.

1924년 그레이트 부컴 스테이션 로. C. S. 루이스와 커크패트릭은 철도역에서 이 길을 따라 커크패트릭의 집 게스 턴즈로 걸어갔을 것이다.

어떤 사람들은 그런 접근방식에 기가 질렸을 테고, 어떤 사람들은 그것이 예의에 어긋나고 상대를 배려하지 않은 처사라고 생각할 것이다. 하지만 루이스는 개인적인 직관이 아닌, 증거와 이성에 근거한 비판적 사고력을 길러야만 한다는 것을 금세 깨달았다. 그는 이런 접근법이 "신선한 고기와 진한 맥주"처럼 느껴졌다고 말했다.[35] 루이스는 이런 비판적 사고를 먹고 쑥쑥 자랐다.

커크패트릭은 주목할 만한 인물이다. 그는 루이스의 지적 발달에, 특히 개념과 출처에 비판적으로 접근하는 자세를 기르는 데 크게 기여했다.[36] 커크패트릭은 벨파스트 퀸스 칼리지에서 우수한 성적을 거두었는데, 1868년 7월에 영어, 역사, 형이상학에서 1등급을 받으며 졸업했다.[37] 퀸스 칼리지 마지막 학년을 다닐 때에는 '테머레인'이라는 필명으로 영어에세이 상을 받았다. 아일랜드 왕립대학에서는 이중 금메달을 땄는데, 커크패트릭은 그해에 그런 우수한 실력을 인정받은 유일한 학생이었다.

그는 러건 칼리지가 1873년에 문을 열었을 때 교장 자리를 지원했는데, 성공하지 못했다. 그 명예로운 자리를 원했던 지원자가 스물두 명이나 되었고 학교의 운영위원들은 커크패트릭과 더블린의 E. 본 보울거를 최종후보로 놓고 고심했다. 그들은 결국 보울거를 선택했다.

커크패트릭은 위축되지 않고 다른 곳에서 일자리를 찾았다. 그는 코크의 유니버시티 칼리지 영어정교수 최종후보에 올랐다. 하지만 1875년 말에 다시 기회가 찾아왔다. 보울거가 코크의 유니버시티 칼리지 그리스어정교수로 임명을 받았던 것이다. 커크패트릭은 러건 칼리지의 교장으로 다시 지원했고, 1876년에 교장으로 임명이 되었다. 학생들을 격려하고 의욕을 불어넣는 그의 능력은 전설이 되었다. 알버트 루이스는 잉글랜드에서 막내아들을 교육시키는 문제에서 많은 실수를 저질렀지만, 전문업체인 가비타스 & 스링의 허점투성이 조언 대신 본인의 판단에 근거하여 내린 가장 중요한 결정은 그야말로 최고의 결정이었다.

가장 의미 있는 두 스승에 대한 루이스의 극히 압축된 요약은 음미해 볼 만하다. "스뮤기 선생님은 내게 문법과 수사학을, 커크 선생님은 논리dialectic를 가르쳐 주었다."[38] 루이스는 말을 사용하는 법과 논증을 개발하는 법을 점차 배워 나갔다. 하지만 커크패트릭의 영향력은 논리적 기술 분야에만 국한되지 않았다. 교장 출신인 그는 단순한 방법으로 루이스가 여러 현대언어와 고전어를 배울 수밖에 없게 만들었다. 그 언어들을 실제로 사용하게 만든 것이다. 루이스가 도착한 지 이틀 후 커크패트릭은 그와 함께 앉아 그리스어로 된 호메로스의 『일리아스』(Iliad)를 펼쳤다. 그는 벨파스트 억양으로 첫 스무 줄을 읽어 주고(호메로스라면 알아듣기 어려웠을 것이다) 번역을 해준 다음, 루이스에게 그 부분까지 혼자 힘으로 읽고 해석해 보라고 했다. 얼마 후 루이스는 그리스어로 『일리아스』를 유창하게 읽을 수 있을 만큼 자신감을 얻게 되었다. 커크패트릭은 이런 접근법으로 라틴어를 가르쳤고, 나중에는 독일어와 이탈리아어 등의 현대어로 그 범위를 넓혔다.

이런 교수법이 구식에다 말도 안 된다고 생각할 사람들도 있을 것이다. 또, 많은 학생들은 그것을 통해 굴욕적인 실패와 자신감 상실을 겪었을 것이다. 하지만 루이스는 그것을 흥미로운 도전으로 받아들여 더 높이 바라보고 목표치를 높였다. 그것은 그의 능력과 필요에 가장 잘 맞는 교수법이었다. 루이스는 그의 가장 유명한 설교로 손꼽히는 '영광의 무게'(The Weight of Glory, 1941)에서, 소포클레스를 공부하는 기쁨을 맛보기 위해 그리스어를 배운 어린 소년을 상상해 보라고 말한다. 루이스는 그 소년이었고 커크패트릭은 그의 스승이었다. 1917년 2월에 루이스는 아버지에게 신나게 편지를 쓰며 단테의 『신곡』(Divine Comedy) 중 '연옥'편의 첫 200줄을 "상당히 성공적으로" 읽어 냈다고 말했다.[39]

하지만 커크패트릭의 합리주의는 루이스가 아버지에게 알리고 싶어 하지 않았던 또 다른 결과들을 낳았다. 그중 하나는 무신론이었다. 그는 무신론에 점점 더 확신을 갖게 되었다. 루이스는 그가 부컴에 가기 전에 무신론이 "완전히 형성되었다"고 분명히 밝혔다. 커크패트릭이 기여한 바가 있다면 무신론을 뒷받침하는 추가적인 논증을 제공한 것이라고 볼 수 있다. 1914년 12월, 루이스는 1899년 1월에 세례를 받았던 던델라의 세인트마크 교회에서 견신례를 받았다. 당시 그는 아버지와 사이가 너무나 안 좋았기 때문에, 자신은 신을 믿지 않으니 견신례를 받지 않겠다는 말을 하지 못했다. 루이스는 나중에 커크패트릭을 모델로 맥피라는 캐릭터를 만들어 낸다. 『그 가공할 힘』(That Hideous Strength)에 나오는 맥피는 지적이고 자기 생각이 확실하며 그것을 분명하게 전달하는 스코틀랜드 출신의 아일랜드인이다. 그는 종교적 믿음의 문제에 대해 회의적인 견해를 갖고 있다.

루이스는 이 문제에서 커크패트릭과 뜻을 같이하고 싶었던 것은 아닐까? 루이스가 종교적 믿음에 대해 마음을 열 수 있다고 느낀 유일한 상대는 아서 그리브즈였다. 그즈음 아서는 루이스와 마음을 나누고 비밀을 털어놓는 친구로 와니의 자리를 완전히 대체한 상태였다. 1916년 10월, 루이스는 그리브즈에게 종교적 믿음에 대한 자신의 분명한 입장을 밝혔다. "나는 어떤 종교도 믿지 않아." 그는 모든 종교가 흔히 자연현상이나 정서적인 욕구에 따라 인간이 만들어 낸 신화일 뿐이라고 쓰고, 이것이 "종교의 성장에 대한 공인된 과학적 기록이다"라고 선언했다. 그는 종교와 도덕의 문제가 별 관련이 없다고 보았다.[40]

이 편지를 계기로 루이스와 그리브즈 사이에 치열한 논쟁이 벌어졌는데, 당시 그리브즈는 신실한 그리스도인이자 생각하는 그리스도인이었기 때문이다. 그들은 한 달이 안 되는 기간 동안 이 주제로 적어도 여섯 통의 편지를 주고받다가 결국 서로 견해가 너무나 달라 토론을 계속하는 것이 별 의미가 없겠다고 선언하는 데까지 이르렀다. 나중에 루이스는 이 일을 회상하면서 "열일곱 살 합리주의자의 빈약한 대포로 [그리브즈를] 폭격"했지만 별 효과는 없었다고 말했다.[41] 루이스가 볼 때는 신의 존재를 믿을 만한 충분한 이유가 없었다. 자신을 "영원히 고문할 태세인 귀신 같은 존재"를 믿고 싶어 할 지성인은 없을 거라고 생각한 것이다.[42] 루이스가 볼 때 종교를 지지하는 합리적 논거는 완전히 파산상태였다.

하지만 루이스는 상상력과 이성이 각기 전혀 다른 방향으로 그를 끌어당기는 것을 발견했다. 그는 강렬한 갈망의 느낌을 계속 경험했고, 거기에다 '기쁨'Joy이라는 이름까지 붙여 놓은 상태였다. 그중에서도 가장 중요한 경험은 1916년 3월 초, 조지 맥도널드[George MacDonald]의 판타지 소설 『판타스테스』(Phantastes)를 우연히 구입하면서 찾아왔다.[43] 루이스는 그 책을 읽어 가면서 자기도 모르게 그 내용에 이끌려 상상의 국경을 뛰어넘었다. 그 책을 읽은 후 그의 모든 것이 달라졌다. 그는 "새로운 특질", "밝은 그림자"를 발견했는데, 그것은 마치 세상 끝에서 그를 부르는 목소리 같았다. "그날 밤, 어떤 의미에서 나의 상상력은 세례를 받았다."[44] 그의 인생에 전혀 새로운 차원이 펼쳐지기 시작했다. "나는 『판타스테스』를 사들고 오면서 내가 무슨 일을 벌인 것인지 전혀 알지 못했다." 루이스가 맥도널드의 기독교와 그의 상상력이 빚어낸 작품들 사이의 연관관계를 알기까지는 좀 더 시간이 걸렸다. 하지만 씨앗은 뿌려졌고, 싹이 트는 것은 그야말로 시간문제였다.

징집의 우려

어두운 그늘이 루이스와 수많은 청년들의 인생에 드리웠다. 전쟁 첫해의 참화로 인해 영국군은 자원입대로 충당할 수 있는 정도보다 더 많은 병력충원이 필요해졌다. 1915년 5월, 루이스는 아버지에게 편지를 써서 자신이 처한 상황을 이렇게 정리했다. 그는 열여덟 살이 되기 전에 전쟁이 끝나거나, 강제징집되기 전에 자원입대할 수 있기를 바랄 수밖에 없었다.[45] 시간이 지남에 따라 루이스는 자신이 전쟁에 나가야 한다는 사실을 깨닫게 되었다. 그것은 시간문제일 뿐이었다. 전쟁이 일찌감치 승리로 끝날 조짐은 보이지 않았고 루이스의 열여덟 살 생일은 빠르게 다가오고 있었다.

1916년 1월 27일, 병역법이 발효되고 자원입대가 중지되었다. 열여덟 살부터 마흔한 살까지의 모든 남자는 1916년 3월 2일에 입대한 것으로 간주되어 필요시마다 소집에 응해야 했다. 하지만 병역법 조항은 아일랜드에는 해당되지 않았고, 중요한 예외조항이 있었다. 이 연령대의 남자들 중 "순전히 교육을 목적으로 영국에 거주하는" 이들은 병역에서 면제된다는 내용이었다. 하지만 루이스는 이 면제조항이 일시적인 것임을 알고 있었다. 그의 편지를 보면 군복무가 불가피하다는 결론을 내렸음을 알 수 있다.

3월 시한이 지난 직후, 루이스는 셰익스피어가 『헨리 5세』(Henry V) 프롤로그에 구사했던 이미지를 원용하여 그리브즈에게 편지를 썼다. "11월에는 내 열여덟 번째 생일과 더불어 프랑스의 '광대한 들판'이 펼쳐지겠지. 난 그곳을 마주할 야심이 없어."[46] 7월에는 몰번 칼리지에서 같이 공부했던 도널드 하드맨의 편지를 받았다. 하드맨은 자기는 성탄절에 징집될 거라며 루이스는 어떻게 되느냐고 물었다. 루이스는 아직 모른다고 답장을 보냈다. 하지만 1916년 5월, 알버트 루이스가 커크패트릭에게 보낸 편지를 보면, 루이스가 자원입대를 하기로 결정했지만 그 전에 옥스퍼드에 들어가고 싶어 한다는 사실을 알 수 있다.[47]

그런데 이때 아일랜드에서 일련의 사건들이 벌어지면서 루이스에게 또 다른 가능성이 열리게 된다. 1916년 4월의 아일랜드는 부활절 봉기Easter Rising로 동요하고 있었다. 아일랜드공화동맹Irish Republican Brotherhood의 군사위원회Military Council가 아일랜드 영국 통치의 종언과 독립 아일랜드 공화국의 수립을 목표로 더블린에서 조직한 봉기였다. 부활절 봉기는 1916년 4월 24일부터 30일까지 지속되다가 7일간의 싸움 끝에 영국군에 의해 진압되었다. 봉기 지도자들은 군사재판을 받고 처형되었다. 그리고 질서유지를 위해 아일랜드로 더 많은 병력을 보내야 했다. 루이스가 징집된다면 프랑스 대신 아일랜드로 보내질까?

한편, 커크패트릭은 루이스의 장래를 숙고하고 있었다. 스승으로서 루이스의 장래를 진지하게 고민했던 커크패트릭은 그가 파악한 루이스의 성격과 능력을 곰곰이 따져 보았다. 그는 알버트 루이스에게 편지를 보내 루이스가 "문학적 기질"을 타고났고, 주목할 만큼 성숙한 문학적 식견을 보여준다고 말했다. 루이스는 의미 있는 성과을 이루어 낼 능력을 타고난 것이 분명했다. 하지만 과학이나 수학에서는 전혀 역량을 보여주지 못했기에 샌드허스트에 들어가기에는 역부족이었다. 커크패트릭은 루이스가 법률가가 되는 것이 어떨까 생각했지만, 루이스는 아버지의 발자취를 따라가는 데에는 아무런 흥미가 없었다. 그는 옥스퍼드에 마음을 두고 있었다. 옥스퍼드 대학 뉴 칼리지에 들어가 고전학을 공부해 볼 생각이었다.

루이스, 옥스퍼드 대학 지원

루이스가 넓게는 옥스퍼드 대학, 좁게는 뉴 칼리지를 선택한 이유는 분명하지 않다. 커크패트릭도 루이스 가문의 누구도 옥스퍼드 대학이나 뉴 칼리지에 아무런 연고가 없었다. 징집에 대한 루이스의 걱정은 이 무렵 진정되었고 더 이상 이전처럼 그의 마음을 어지럽히지 않았다. 그는 커크패트릭의 제안에 따라 복잡한 병역법에 대해 변호사에게 문의했고, 변호사는 길퍼드에 있는 지역 담당 병역책임관에게 편지를 쓰라고 조언했다. 12월 1일, 그는 아버지에게 편지를 써서 바로 신고를 하면 병역법에서 공식적으로 면제된다는 사실을 알렸다. 그리고 지체 없이 그 요구 조건에 따랐다.

1916년 12월 4일, 징집문제가 해결된 상태로 루이스는 칼리지 입학시험을 보기 위해 옥스퍼드로 갔다. 미리 길안내를 받았지만 기차역에서 방향을 잘못 잡는 바람에 옥스퍼드 교외의 보틀리 쪽으로 나왔다. 집이 없는 시골 지역이 펼쳐지는 것을 보고서야 뒤로 돌아, "첨탑들과 높은 건물들이 모여 있는 전설적인 경치"를 보았다.[48] (길을 잘못 드는 이미지는 이후 그에게 계속 남아 있게 된다.) 루이스는 기차역으로 되돌아가 2륜 마차를 타고 뉴 칼리지 맞은편에 있는 맨스필드 가 1번지로 갔다. 그곳에서 에테리지 부인이 운영하는 여관으로 들어갔다. 그는 또 다른 수험생과 방을 같이 썼다.

다음 날 아침에는 눈이 내렸다. 입학시험은 오리엘 칼리지 홀에서 치렀다. 낮 시간인데도 홀이 어찌나 추웠는지 루이스와 수험생들은 두꺼운 외투에 스카프를 둘렀고, 일부는 장갑을 낀 채로 시험문제에 답을 썼다. 루이스는 시험 준비에 몰두한 나머지 아버지에게 정확한 시험날짜를 말하는 것도 잊어버렸다. 그는 여러 날 이어진 시험 도중 짬을 내어 아버지에게 편지를 썼다. "이곳은 제가 상상했던 것보다 훨씬 좋아요. 이렇게 아름다운 곳은 처음이에요. 서리가 내리고 달빛이 비치는 밤이 정말 아름다워요."[49] 시험을 모두 마치고 12월 11일에 벨파스트로 돌아온 루이스는 떨어진 것 같다고 아버지에게 말했다.

그 말은 옳았지만 부분적으로만 그랬다. 그는 뉴 칼리지에서 자리를 얻지 못했다. 그러나 그의 시험지를 본 다른 칼리지의 교수들이 깊은 인상을 받았다. 이틀 후, 루이스는 유니버시티 칼리지의 학장 레지널드 메이컨[Reginald Macan, 1848-1941]의 편지를 받았다. 뉴 칼리지가 그를 받아 주지 않기로 결정한 터라, 유니버시티 칼리지에서 그를 장학생으로 뽑았으니 괜찮다면 칼리지로 연락을 해서 수락의사를 알려 주겠느냐는 내용이었다. 루이스의 기쁨은 비할 바가 없었다.

하지만 그 행복에 한 조각 먹구름이 끼어들었다. 얼마 후 메이컨이 다시 편지를 보내와, 징집에 대한 상황이 달라졌기 때문에 열여덟 살이 넘는 건장한 남자가 옥스퍼드에서 공부를 계속하는 것이 "도덕적으로 불가능할" 거라고 분명히 밝힌 것이다. 그 연령층의 모든 사람은 입대하는 것이 당연시되고 있었다. 알버트 루이스는 걱정이 되었다. 막내아들이 자원입대를 하지 않는다면 징집이 될 텐데, 그러면 장교가 아니라 사병이 된다는 뜻이었다. 어떻게 해야 할 것인가?

1917년 1월, 루이스는 옥스퍼드로 돌아가 메이컨과 상황을 더 의논했다. 그 후, 그는 아버지에게 편지를 썼다. 곤란한 상황의 해결책을 찾은 것 같았다. 루이스가 영국군에서 장교임관을 받을 확률이 가장 높은 길은 옥스퍼드 대학 학생군사교육단에 들어가 훈련을 받고 임관 지원을 하는 것이었다.⁵⁰ 학생군사교육단은 영국군 "임관 후보생 양성을 위해 표준화된 기초 군사훈련"을 제공할 목적으로 1908년 옥스퍼드 및 기타 영국의 유명 대학들에 설립되었다. 루이스는 옥스퍼드에 도착하는 즉시 학생군사교육단에 입단함으로써 장교 임관으로 가는 **빠른** 길에 들어서게 될 것이었다.

하지만 옥스퍼드 대학 학생만이 옥스퍼드학생군사교육단에 입단할 수 있었다. 당시 옥스퍼드 대학 입학과정은 두 단계로 이루어졌다. 첫째, 옥스퍼드의 칼리지 중 한 곳에서 자리를 확보해야 했다. 루이스는 뉴 칼리지에서 자리를 얻지 못했지만 유니버시티 칼리지의 장학생 자리를 받았으니 첫 번째 절차는 완료된 것이었다. 하지만 옥스퍼드의 한 칼리지에서 받아 주었다고 해서 자동적으로 옥스퍼드 대학 학생이 되는 것은 아니었다. 칼리지 전체에 걸쳐 고루 높은 수준을 유지하기 위해, 학교 당국에서는 신입생들에게 '학사후보시험'^{Responsions}이라 알려진 추가 시험 합격을 요구했다. 기본적인 수학능력을 갖춘 학생들을 뽑기 위한 조치였다.[51] 학사후보시험에는 기초수학도 들어 있었는데, 불행히도 수학은 루이스가 사실상 재능이 없는 과목이었다.

알버트 루이스는 다시 한 번 커크패트릭의 도움을 받기로 했다. 커크패트릭이 루이스의 고대 그리스어 공부를 도왔으니, 초보적인 수학도 가르칠 수 있으리라 생각한 것이었다. 그래서 루이스는 시험 준비를 위해 그레이트 부컴으로 돌아갔다. 3월 20일, 루이스는 시험이 끝나면 곧 군 생활이 시작될 거라는 예상과 함께 옥스퍼드로 돌아가 추가 시험을 치렀다. 그리고 얼마 후, 4월 26일부터 공부를 시작할 수 있다고 알리는 유니버시티 칼리지의 편지를 받았다. 옥스퍼드로 가는 문이 열린 것이다. 그러나 활짝 열린 것은 아니었다.

루이스가 옥스퍼드에서 공부를 마치기 위해서는 먼저 전쟁터에 나가야 했다.

3

프랑스의 광활한 들판
: 전쟁

1917-1918

프랑스의 황제 나폴레옹 보나파르트^{Napoleon Bonaparte, 1769-1821}는 어떤 사람을 이해하는 가장 좋은 방법은 그가 스무 살 때 세상에 어떤 일이 일어났는지 알아보는 것이라고 재치 있게 말했다. 루이스가 스무 살이 되던 1918년 11월 29일을 몇 주 앞두고 세계대전이 마침내 끝이 났다. 많은 이들이 전우를 대신하여 살아남았다는 죄책감에 시달렸다. 참호전에 투입되었던 이들은 전쟁의 폭력과 파괴와 참상으로 지울 수 없는 상처를 입었다. 루이스의 스무 번째 해는 한마디로 무력분쟁의 직접적인 경험이었다. 그는 열아홉 번째 생일에 프랑스 북서부의 아라스 근처 참호에 도착했고, 스무 번째 생일에도 전쟁의 상흔에서 완전히 회복하지 못했다.

중요하지 않은 전쟁

나폴레옹의 말이 옳다면, 루이스의 사고와 경험의 세계는 전쟁과 트라우마와 상실로 회복할 수 없을 만큼 결정적인 영향을 받았을 것이다. 우리는 전장에서 여러 번의 죽을 고비를 넘긴 루이스의 내면이 깊은 충격을 받았을 거라고 짐작할 수 있다. 하지만 루이스의 말은 다르다. 그는 전쟁 경험이 "어떤 면에서는 나에게 별로 중요하지 않았다"고 말한다. 그에게는 잉글랜드 기숙학교에서의 경험이 프랑스의 참호에서 보낸 시간보다 훨씬 불쾌했던 듯하다.[1]

루이스는 1917년과 1918년, 두 해에 걸쳐 프랑스의 전장에서 복무하며 현대전의 참상을 겪었지만, 『예기치 못한 기쁨』에는 그에 대한 언급이 별로 없다. 루이스에게는 몰번 칼리지 기간의 괴로움이 전쟁터에서 겪은 일보다 훨씬 중요했고, 전쟁에 관한 이야기를 할 때도 당시에 읽은 책과 만난 사람들에게 초점을 맞추었다. 주변에서 벌어졌던 말할 수 없는 고통과 참사는 체로 걸러 낸 듯 보이지 않는다. 그는 전쟁 이야기라면 다른 사람들이 충분히 쓰고도 남았으니 자신이 굳이 뭔가를 보탤 필요가 없다고 말한다.[2] 그가 이후에 쓴 방대한 저작 속에도 전쟁에 대한 언급은 거의 없다.

여기서 뭔가 균형이 맞지 않는다고 느끼는 독자들이 있을 것이다. 『예기치 못한 기쁨』의 세 장을 할애해 몰번 칼리지에서의 상대적으로 사소한 어려움들을 시시콜콜 기록한 그였다. 훨씬 더 중요한 세계대전의 폭력과 트라우마와 참상에는 왜 그렇듯 무관심했을까? 루이스의 저작을 전부 다 읽어 보면 이런 불균형의 느낌이 더욱 강하게 드는데, 제1차 세계대전은 거의 언급하지 않고, 간혹 언급하는 경우에도 다른 사람에게 벌어진 일처럼 다룬다. 루이스는 전쟁의 기억과 거리를 두거나 거기에서 자신을 분리시키고 싶어 한 듯하다. 왜 그랬을까?

가장 단순한 설명이 가장 설득력이 있는데, 루이스는 전쟁의 상처를 다시 떠올리는 일을 감당할 수 없었던 게 아닐까? 전쟁의 비합리성을 겪으면서 크게는 우주에 과연 의미가 있는지, 작게는 루이스 개인의 존재가 과연 의미가 있는지 의문을 품게 된 것은 아닐까? 제1차 세계대전과 그 여파를 다룬 문학은 전쟁을 겪은 사람들이 이후 어떤 신체적, 심리적 손상을 입었는지 강조한다. 전쟁이 끝난 후 옥스퍼드 대학으로 돌아온 많은 학생들이 일상에 적응하는 데 큰 어려움을 겪었고 자주 신경쇠약에 시달렸다. 루이스는 제정신을 유지하기 위한 방편으로 삶을 "분할"했거나 "구획"했던 것 같다. 전쟁의 충격으로 삶의 다른 영역들까지 흔들리는 일이 없도록 고통의 기억들을 세심하게 통제했다. 문학, 특히 시(詩)가 그의 방화벽 역할을 하여 혼란스럽고 무의미한 외부세계로부터 안전한 거리를 확보하게 했고, 전쟁을 겪은 다른 이들처럼 실존적으로 무너져 내리지 않도록 그를 지켜 주었다.

이 과정을 『예기치 못한 기쁨』에서 볼 수 있는데, 여기서 루이스는 전쟁의 가능성과 일부러 거리를 둔다. 그가 전쟁의 참화라는 미래의 가능성을 생각하는 방식은 전쟁이 끝난 후 지나간 전쟁을 대하는 모습과 매우 흡사하다.

이렇게 함으로써 나는 전쟁을 마음 한쪽으로 어느 정도 밀어 낼 수 있었는데, 어떤 이들은 이것을 수치스러운 행동이라 할 것이고 어떤 이는 믿을 수 없는 행동이라고 할 것이다. 현실도피라고 말하는 사람도 있을지 모르겠다. 그러나 나는 오히려 현실과의 협약 내지는 경계 짓기였다고 말하고

싶다.[3]

루이스는 조국을 위해 몸을 내어 주었지만 정신까지 맡길 생각은 없었다. 그는 정신세계에 경계를 설정하고 순찰을 돌면서 거슬리고 불편한 생각들이 넘어오지 못하게 했다. 그는 현실을 부정할 뜻은 없었다. 다만 "협약"을 통해 현실을 길들이고 적응시키고 제한하려 했을 뿐이다. 그것은 특정한 생각들이 그의 마음을 침범하지 못하게 막는 "경계"가 되었다.

이 "현실과의 협약"은 루이스의 성장에서 핵심 역할을 하게 되는데, 이후 여러 장에 걸쳐 이것을 살펴보게 될 것이다. 현실에 대한 루이스의 정신지도에는 세계대전의 트라우마가 들어설 자리가 마땅치 않았다. 수많은 이들이 그랬듯, 그도 에드워드 시대의 많은 이들이 당연하게 여기던 안정된 세계관이 이제껏 알려진 것 중 가장 잔혹하고 파괴적인 전쟁으로 산산조각 나는 것을 보았다. 전후 몇 년 동안 루이스는 의미추구에 전념했다. 그것은 개인적인 성취감과 안정감을 찾기 위한 시도였을 뿐 아니라, 불안에 사로잡힌 그의 탐구하는 정신이 만족할 수 있도록 내면과 외부세계를 둘 다 제대로 이해하려는 시도였다.

옥스퍼드 도착(1917. 4)

제1차 세계대전에 대한 루이스의 태도를 이해하려면 그가 전투에 투입된 경위부터 살펴야 한다. 1917년의 첫 몇 달을 그레이트 부컴에서 보내며 수학정복을 시도한 후(이 시도는 실패로 돌아간다), 루이스는 4월 29일에 옥스퍼드 유니버시티 칼리지로 갔다. 1643년, 찰스 1세가 옥스퍼드 시에 군사본부를 세웠던 잉글랜드 내전 이후 처음으로, 옥스퍼드는 군주 둔지가 되어 있었다. 옥스퍼드 학내 공원들은 연병장과 훈련장소로 바뀌었고, 젊은 교수들과 칼리지 사환들은 전쟁터로 나갔다. 강의가 있는 경우에도 듣는 학생은 별로 없었다. 흔히 강의 및 교원임용 공고로 채워지던 「옥스퍼드 대학 신문」(Oxford University Gazette)에는 우울하게 긴 전사자 명단이 실렸다. 검은 테두리가 둘린 그 명단들은 전쟁의 대학살을 불길하게 증언하고 있었다.

1917년 무렵에는 사실상 학생이 없었기 때문에, 옥스퍼드의 칼리지들은 급격한 수입 감소에 대처할 방법을 찾아내야 했다. 평소엔 북적거리던 유니버시티 칼리지였지만 이제는 재학생 수가 한 줌밖에 되지 않았다.[4] 1914년에는 148명의 학부 재학생 수를 뽐냈는데, 그 숫자는 1917년에 7명으로 곤두박질쳤다. 1917년, 트리니티 학기(Trinity Term, 영국의 옥스퍼드 대학에서는 일 년을 두 학기가 아닌 10주짜리 세 학기로 나눈다. 마이켈마스 학기[Michaelmas Term, 10월 초-12월 중순], 힐러리 학기[Hilary Term, 1월 중순-3월말], 트리니티 학기[4월 말-6월말]이라 불리는 각 학기 사이에는 약 3주간의 방학이 있음—옮긴이)에 찍은 희귀한 칼리지 단체사진에는 학생이 열 명밖에 없다. 1915년에 도입된 비상학칙에 따라, 유니버시티 칼리지는 아홉 명의 개인지도 펠로 중 일곱 명을 직위 해제했다. 그들이 할 만한 일도 없는 상태였다.

학생 수가 폭락하는 상황에서 유니버시티 칼리지는 자금이 절실히 필요했다. 내부 수입원은 1913년의 8,755파운드에서 1918년 925파운드로 뚝 떨어졌다.[5] 많은 여타 칼리지들처럼, 유니버시티 칼리지도 육군성War Office에 수입을 의지하게 되었다. 유니버시티 칼리지는 강의실과 시

1917년 트리니티 학기의 유니버시티 칼리지 학부생들. 루이스는 뒷줄 맨 오른쪽에 서 있다. 사진의 중앙에 있는 칼리지 교수는 1908년부터 1918년까지 스토웰 법학 펠로로 있었던 존 비안(John Behan)이다. 그의 고용계약은 "비상시기 동안 이어졌다."

설물들을 임대하여 부대막사와 군병원으로 쓰게 했다. 다른 칼리지들은 학교 건물을 벨기에와 세르비아 등 전쟁으로 피폐해진 유럽 국가들에서 온 피난민들에게 숙소로 제공했다.

    루이스가 도착했을 당시, 유니버시티 칼리지는 시설의 상당 부분을 군병원으로 내어 준 상태였다. 루이스는 래드클리프 사각형 안뜰의 12번 계단 5번 방을 배정받았다. 루이스의 몸은 그곳에 가 있었지만 그 시점에 옥스퍼드 교육을 시작했다고 말할 수는 없다. 그를 개인 지도해 줄 만한 사람도 없었고, 옥스퍼드 대학 전체에서도 개설된 강의가 한 손에 꼽을 정도였다. 칼리지에 대한 루이스의 초기 인상은 무엇보다 "광대한 고독"이었다.[6] 1917년 7월의 어느 저녁, 그는 조용한 계단과 빈 통로를 거닐며 그 "이상한 우아함"에 경탄했다.[7]

루이스가 1917년 여름 학기에 학교로 들어온 목적은 무엇보다 옥스퍼드 대학 학생군사교육단에 입단하기 위해서였다.[8] 그는 옥스퍼드에 도착하기 전이었던 4월 25일에 신청서를 제출했다.[9] 그의 신청서는 닷새 후 문제없이 접수되었는데, 이런 긍정적인 반응은 몰번 스쿨의 합동사관후보부대 Combined Cadet Force에 있었던 루이스의 경력이 반영된 덕분이었다.[10] 칼리지 학생처장은 옥스퍼드 대학 학군단 군사과정에 참여하면 남는 시간이 없을 거라고 말하며 개인지도 수업을 제공하지 않았다. 루이스는 여기에 굴하지 않고 하트퍼드 칼리지의 존 에드워드 캠벨 John Edward Campbell, 1862-1924에게 개인적으로 부탁해 대수학을 배우기로 했는데, 캠벨은 수업료를 받지 않겠다고 말했다.[11]

수학은 고전세계의 생활과 사상을 연구하는 데 그리 도움이 안 될 것 같은데, 왜 갑자기 수학을 잘하고 싶은 마음이 간절해졌을까? 루이스 본인이 학사후보시험에 통과하고 싶은 마음도 있었겠지만, 무엇보다 아들이 수학을 잘해 포병장교가 된다면 전쟁에서 살아남을 가능성이 훨씬 높아질 거라는 알버트 루이스의 정확한 상황판단 능력 때문이었다.[12] 이미 수많은 이들의 생명을 앗아 간 치명적인 참호전에 투입되는 것보다는 전선 후방에서 독일군에게 포격을 가하는 쪽이 훨씬 나았다. 하지만 포병대는 장교들에게 수학지식, 특히 삼각법에 대한 지식을 요구했는데, 당시 루이스는 그것을 갖추지 못했다. 루이스는 자신이 그 분야를 결코 숙달하지 못할 것이라는 사실을 곧 뼈아프게 분명히 깨달았다. 그는 "포대로 들어갈 확률이" 낮다고, 포대에서는 "특별한 수학지식을 입증할 수 있는" 장교들만 뽑는다고 아버지에게 우울하게 알렸다.[13]

유니버시티 칼리지에 머문 짧은 기간은 루이스에게 깊은 인상을 남겼다. 그는 당시에 느끼고 경험한 바의 일부를 아서 그리브즈에게 털어

놓았고, 아버지나 형에게는 조금만 밝혔다. 그리브즈에게 쓴 편지에서는 "수영할 때 성가신 것들을 걸치지 않아도 되는" 기쁨과 옥스퍼드유니언(Oxford Union Society, 옥스퍼드 토론 클럽)의 끝내주는 도서관 이야기를 꺼냈다. "평생 이렇게 행복한 적이 없어."[14] 그는 아버지를 위해 다른 사건들을 만들어 내기도 한 것 같은데, 점점 더 굳어지는 무신론을 감추고 싶은 조바심 때문일 것이다. 그는 알버트 루이스에게 쓴 편지에서 이런저런 교회 이야기를 썼지만 실제로 교회에 다니지는 않았다.

루이스는 자신이 참호전 대비 훈련을 받고 있음을 분명히 알게 되었다. 학군단 훈련이 끝날 무렵 아버지에게 편지를 보내어 프랑스에서 치를 전쟁 준비 상황을 알리고, "대피호와 포탄구멍-자갈"까지 완비한 모형 참호에 대해 설명했다.[15] 당시 옥스퍼드 대학 학군단 부관이던 G. H. 클레이폴 중위는 루이스의 기록을 살펴본 후 이렇게 썼다. "쓸 만한 장교가 될 것 같지만 6월 말까지 장교교육대에 들어갈 만한 훈련을 충분히 받기는 어려울 듯. 보병." 루이스의 운명은 정해졌다. 그는 보병부대로 보내질 터였다. 프랑스의 참호에서 싸우게 될 것이 거의 확실했다.

키블 칼리지의 장교후보생

제1차 세계대전은 생명을 앗아 가고 꿈을 산산조각 냈다. 많은 이들이 조국에 봉사하기 위해 미래의 희망을 포기해야 했다. 루이스는 군인이 될 마음이 없었던 군인의 전형적인 사례이다. 문학도와 학자의 이상과 포부를 지닌 젊은이가 자신의 힘으로 어찌해 볼 수 없고 저항할 수도 없는 외부의 힘에 의해 삶의 방향과 모습이 달라져 버린 것이다. 유니버시티 칼리지에서는 770명의 학생이 제1차 세계대전에 참전했고 175명이 전사했다. 1917년 여름, 유니버시티 칼리지에 머물렀던 짧은 기간에도, 루이스는 칼리지의 학생들이 얼마나 많이 전쟁에 나갔다가 돌아오지 못했는지 알고 있었을 것이다. 위니프레드 메리 레츠[Winifred Mary Letts, 1882-1972]가 1916년에 쓴 시 「옥스퍼드의 첨탑」(The Spires of Oxford)은 이 시기 수많은 학생들의 운명을 담아내고 있다.[16]

길을 가다가
옥스퍼드의 첨탑들을 보았다.
청회색 하늘을 배경으로 솟은
옥스퍼드의 회색 첨탑들.
내 마음은 해외에서 전사한
옥스퍼드인들과 함께 있다.

루이스는 이상과 포부를 지닌 다른 젊은이들과 나란히 훈련을 받게 된다. 그들 중 많은 이들은 전시 강제복무를 조국을 위해 "제 몫을 다하는 일"로 보았고, 전쟁이 끝나면 이전 생활로 돌아가 다시 시작할 수 있기를 바랐다. 루이스의 보병 복무를 결정지은 운명의 추천자, 옥스퍼드 대학 학군단의 부관도 그들 중 하나였다.

제럴드 헨리 클레이폴[Gerald Henry Claypole, 1894-1961]은 왕립소총대 5대대에서 중령으로 복무하다가 1919년 2월 8일에 건강악화로 퇴역했다.[17] 제리 클레이폴은 영문학을 사랑했고, 그로 인해 결국 1941년 셰필드 소재 킹에드워드 7세 학교의 수석교사가 되었다. 그는 1958년에 은퇴했고 1961년 1월에 죽었다. 학교잡지에 실린 부고는 "문학은 경험하고 누려야 할 대상이지 이론화와 논증의 주제가 아니다"라는 그의 강한 믿음을 소개했다. 이것은 루이스가 이후 발전시키고 옹호했던 입장이기도 했다.[18] 클레이폴은 루이스의 저작을 일부 읽었을 것이고 『실낙원 서문』은 틀림없이 읽었을 것이다. 클레이폴은 자신이 이후 루이스의 인생에 나타난 우여곡절에 얼마나 중요한 역할을 했는지 알았을까? 우리로선 알 도리가 없다.

우리가 아는 것은 1917년 5월 7일, 루이스가 영국군 보병장교 후보생으로 훈련을 시작했다는 사실이다. 그는 이제 돌이킬 수 없는 현역 군 복무에 접어들었다. 그러나 하늘이 도왔는지, 그는 브리튼 전역에 흩어져 있는 수많은 훈련소로 옮겨지지 않았다. 루이스는 옥스퍼드 키블 칼리지에 주둔한 장교교육대 4대대 E중대로 배속받았다.[19]

장교로 임관될 옥스퍼드 학생들을 위한 '군사학교'는 1915년 1월에 세워졌다. 3,000명 정도의 장교후보생이 이 학교를 졸업했다.[20] 1916년 2월, 전쟁총력체제의 필요를 염두에 둔 영국군은 장교후보생에 대한 규정을 바꾸었다. 18세 6개월이 넘은 사람들 중에서 이미 사병으로 복무하고 있거나 장교훈련을 받은 사람들에게만 신청자격이 주어졌다. 루이스는 학군단에 들어간 지 몇 주밖에 안 되었지만, 장교교육대대 중 한 곳에서 장교 후보로 훈련을 받기에는 충분한 조건이었다.

옥스퍼드 안에는 그런 부대가 둘 있었는데, 장교교육대 4대대와 6대대였다. 두 대대 모두 정원이 750명이었고 비어 있던 옥스퍼드 칼리지들을 숙소로 배정받았다. 장교교육대 4대대는 A부터 E까지 5개 중대로 구성되었다. 루이스는 E중대로 배속 받았고 숙소는 키블 칼리지였다. 루이스는 옥스퍼드에 남아 있게 되어 안도했지만 키블 칼리지에서의 생활은 쉽지 않았다.

옥스퍼드 키블 칼리지. 1907년 헨리 톤트(Henry W. Taunt, 1860-1922)가 촬영한 것으로 키블 칼리지의 특징적인 벽돌건물이 선명하게 보인다. 이 시기의 다른 옥스퍼드 칼리지들은 석조건물이었다.

키블은 옥스퍼드에 편입된 지 얼마 되지 않은 칼리지 재단 중 하나였는데, 고교회적 입장과 상당히 스파르타적인 생활조건 때문에 평판이 좋지 않았다.[21] 1870년에 키블 칼리지를 설립한 후원자들은 "알뜰하게 살기 원하는 신사들"도 옥스퍼드 교육을 받을 수 있게 한다는 목표를 세웠다. 그 결과, 키블 칼리지의 생활조건은 형편이 아주 좋을 때도 검소하고 금욕적이었다. 그런데 전쟁으로 인한 궁핍함이 더해졌으니 키블 칼리지가 불행한 거주자들에게 제공하는 편안함의 수준은 그야말로 최소한에 그칠 수밖에 없었다.

루이스는 유니버시티 칼리지의 편안한 숙소를 떠나 "이불도 베개도 없는 침대 두 개에 카펫도 안 깔려 있는 키블의 작은 감방"으로 가야 했다.[22] 루이스는 이 한심한 방을 동년배였던 에드워드 프랜시스 코트니 (패디) 무어 Edward Francis Courtenay [Paddy] Moore와 함께 썼는데, 두 사람은 같은 날

장교교육대 4대대 E중대에 배속 받았다.²³ 장교교육대 과정을 통해 옥스퍼드를 거쳐 간 장교후보생의 다수는 옥스퍼드 대학생이 아니었다. 케임브리지에서 온 이들도 있었고, 무어처럼 고등교육을 거의, 또는 전혀 받지 못한 이들도 있었다. 무어는 브리스틀에서 옥스퍼드로 왔지만, 더블린 카운티의 킹스타운 Kingstown(현재 던 레어리) 태생이었다. 이 부분에서, 잉글랜드에 있으면서도 아일랜드 출신 사람들(시어볼드 버틀러와 네빌 코그힐)과 가깝게 지낸 루이스의 면모를 엿볼 수 있다.

루이스는 무어뿐 아니라 토머스 케리슨 도이, 데니스 하워드 드패스, 마틴 애슈워스 소머빌, 알렉산더 고든 서튼 등 E중대의 다른 네 젊은 이와도 친구가 되었다. 그때로선 알 수 없었겠지만, 열여덟 달 후 루이스는 동료들의 죽음을 애도하게 된다. "키블에 있을 때 다섯 친구와 친하게 지냈는데, 그중에서 저만 살아남았어요."²⁴

이 시기에 쓴 편지를 보면, 처음에 루이스가 룸메이트였던 무어보다 소머빌에게 더 끌렸던 것 같다. 4대대에 들어간 지 며칠 후 아버지에게 보낸 편지에서 소머빌이 "제일 친한 친구"라며 과묵하지만 "책을 좋아하고 흥미로운 면이 있다"고 썼다. 반면 무어는 "진짜 우정을 쌓기에는 좀 유치하다"고 표현했다.²⁵ 하지만 이제 루이스는 책 읽을 시간이 거의 없었다. 참호를 파고 강행군을 하는 나날이 이어지면서 책을 읽기가 어려워졌다. 주말에야 겨우 쉴 수 있었지만 그때는 유니버시티 칼리지의 방으로 돌아와 밀린 편지를 썼다.

시간이 지남에 따라 루이스는 무어와 점점 더 가까워졌던 것 같다. 루이스와 몇몇 친구들은 근처에 있는 패디의 어머니, 제인 킹 무어 부인 Mrs. Jane King Moore의 거처로 자주 놀러 갔다. 아일랜드 라우스 카운티 출신의 무어 부인은 더블린의 토목기사였던 남편과 별거 중이었고, 아들 곁에 있

1917년 여름 옥스퍼드에서. C. S. 루이스(왼쪽)와 패디 무어(오른쪽).

기 위해 열두 살배기 딸 모린과 함께 옥스퍼드에 와 있었다. 당시 그녀는 키블 칼리지에서 멀지 않은 웰링턴 스퀘어에 방을 구해 살고 있었다. 루이스가 무어 부인을 처음 만났을 때 그녀는 마흔 다섯이었는데, 1908년에 죽을 당시 루이스의 어머니 플로라와 비슷한 나이였다.

주고받은 서신을 보면 루이스와 무어 부인이 서로에게 매력과 호감을 느낀 것이 분명하다. 루이스는 6월 18일에 아버지에게 보낸 편지에서 이 "아일랜드 부인"을 처음 언급했다.[26] 이후 무어 부인은 같은 해 10월 알버트 루이스에게 보낸 편지에서, 아들의 룸메이트인 루이스가 "대단히 매력적이고 호감이 가는 젊은이이고 만나는 모든 사람에게 칭찬을 받는다"고 썼다.[27]

J. G. 스테닝 중령이 장교교육대 4대대에 하달한 전시 대대명령서들이 누렇게 변색된 대형인쇄용지에 복사본의 형태로 남아 있다.[28] 1916년

부터 1918년까지의 자료가 담긴 이 문서는 내용이 불완전하고, 이 훈련 부대의 성격과 활동내용을 다 밝히고 있지도 않다. 장교후보생들의 명단도 일부만 나와 있고, 그중에는 틀리게 기입된 것들도 있다. 예를 들어, 패디 무어는 처음에 "E. M. C. Moore"라고 적었다가 일주일 후에 "E. F. C. Moore"로 정정되었다.[29]

그러나 불완전하고 오류가 있긴 해도, 이 기록을 보면 루이스가 어떤 훈련을 받았을지 능히 짐작할 수 있다. "루이스식 기관총" 사용법 훈련, 가스공격 생존법, 일요일의 의무적인 예배출석, 민간인과 군사문제를 이야기할 때의 규칙, 칼리지 대항 크리켓 경기 참여, 체력훈련 등이었다. 다른 기록들을 보면 루이스가 무기 사용, 특히 소총 사용을 위해 어떤 훈련을 받았을지 잘 알 수 있다.[30]

이 기록에는 1917년 여름에 키블 칼리지에서 두 명의 C. S. 루이스가 훈련을 받고 있었다는 놀라운 사실도 나와 있다. 우리의 주인공 C. S. 루이스는 1917년 5월 7일에 E중대에 합류했고,[31] 1917년 7월 5일에 옥스퍼드와 버킹엄서 경보병대에 배속 받은 또 다른 C. S. 루이스가 C중대에 합류했다.[32] 3개월 후, 이 루이스는 그곳을 떠나 미들섹스 6연대로 "배속되었다".[33]

루이스가 1917년 7월에 쓴 편지를 보면 당시 키블 칼리지에서 또 다른 C. S. 루이스가 훈련받고 있다는 사실을 인지하고 있음을 알 수 있다. 그는 주소에 'E중대'를 꼭 적어야만 C중대의 다른 C. S. 루이스에게 편지가 가는 일을 막을 수 있다고 강조했다.[34] 그럼 이 두 번째 C. S. 루이스는 누구였을까? 다행히, 기록이 꽤 잘 남아 있어서 이 질문에 대한 답을 얻을 수 있었다.

종전 직후, 당시 중대장이던 F. W. 매서슨 대위가 장교교육대대 4

대대 C중대에서 훈련받은 모든 장교후보생의 목록을 작성하고 1918년 12월의 영국군 공식 명부와 대조 확인했다. 그리고 주소가 알려진 중대원 모두에게 편지를 보내고 답장을 참고하여 최신 주소록을 작성했다. 1920년에 키블 칼리지에서 사적으로 인쇄한 이 희귀문서에는 다음과 같은 내용이 들어 있다.[35]

>애버라본 펜텔라 브리나월
>미들섹스 6연대 C. S. 루이스 소위.

주석에 따르면 매서슨이 종전 후 C 중대의 이 루이스와 연락이 닿아 사우스 웨일스의 주소를 확인할 수 있었던 것으로 보인다. 육군성에서 이 무렵 루이스에게 줘야 할 월급을 지급하지 않은 것은 이 두 C. S. 루이스를 혼동했기 때문이었을 가능성이 있다.[36]

루이스가 전시에 경험한 옥스퍼드

루이스는 세계대전이 끝난 후 마틀릿츠Marlets라는 칼리지 문학협회가 재결성되는 데 중요한 역할을 했다. 1922년 10월 24일, 그는 마틀릿츠 모임 참석차 유니버시티 칼리지로 돌아왔다. 이날 루이스는 모임이 1917년에 자신이 배정받았던 숙소에서 열리고 있었다는 것을 알게 되었다. 흥미롭게도 이날의 일기장에는 5년 전 있었던 세 가지 중요한 일이 적혀 있다.

처음으로 술 취한 나를 누군가 이곳으로 데려다 주었다. 여기서 나는 『구속된 영혼』(Spirits in Bondage)에 수록된 작품 일부를 썼다. D가 이 방에 있었다.[37]

이 기억 하나하나가 1917년 여름에 옥스퍼드에 있던 루이스에게 벌어진 중요한 일들을 주목하게 한다. 이 중 문학과 관련된 것은 하나뿐이다.

첫 번째 문장은 1917년 6월의 디너파티에 대한 것인데, 당시 그는 "엉망으로 취했다." 루이스는 파티 장소를 엑시터 칼리지로 기억하지만, 남아 있는 증거에 따르면 실제 장소는 브레이즈노즈 칼리지였던 것으로 보인다. 그날 저녁 루이스가 얼마나 취해 있었는지 짐작하게 하는 대목이다. 과음을 하는 바람에 자제력을 상실한 루이스는 전에 아서 그리브즈에게 다소 수치심을 느끼며 털어놓았던, 사도마조히즘에 대한 관심을 사람들 앞에서 털어놓고 말았다.[38] 그때 루이스는 보는 사람마다 "한 대당 1실링을 줄 테니 매질을 해달라"고 간청했다고 회상한다.[39] 이 외에 루이스가 그 어지러운 저녁에 대해 기억하는 내용은 다음 날 아침 유니버시티 칼리지의 숙소 방바닥에서 깨어났다는 것뿐이다.

젊은 루이스의 이 흥미로운 일면은 그해 초부터 나타났던 듯하고, 그로 인해 그는 마르키 드 사드Marquis de Sade, 1740-1814의 관능미 넘치는 저작들을 탐구하기에 이르렀다. 이 무렵 루이스는 장 자크 루소Jean-Jacques Rousseau의 『고백록』(Confessions, 1770)에서 매질의 쾌락을 다룬 부분을 읽으며 즐거움을 얻었고, "막대기의 특별한 애호가"로서 자신을 윌리엄 모리스William Morris, 1834-1896에 비유했다. 한번은 "무릎에 뉘어 놓고" 편지를 쓴 것을 그리브즈에게 사과한 적이 있는데, 그때 그는 그 표현이 관능적인 장면을 연상시켜 머리를 어지럽히는 것을 알게 되었다.

"무릎에 뉘어 놓고"라는 표현은 물론 매질하는 자세를 떠올리게 하지. 매질이 아니라면(매를 제대로 휘두를 수가 없을 테니) 간지럼 고문을 위한 것일 수도 있겠지. 어린 시절 유아방에서 혼날 때를 연상시키는 이 자세는 당하는 사람에게 상당한 친밀감과 함께 대단한 굴욕감을 안겨 주었을 거야.[40]

루이스의 매질 공상의 대상은 주로 아름다운 여인들(그리브즈의 누나 릴리도 그중 하나일지 모른다)이었지만,[41] 옥스퍼드 시절에 쓴 편지들을 보면 젊은 남자들로 대상을 확대하려는 조짐이 보인다.

루이스가 1917년 초에 아서 그리브즈에게 보낸 편지 중 세 통은 "필로매스틱스"(그리스어, "매 애호가")라고 서명이 되어 있다.[42] 이 편지들에서 루이스는 "학대의 관능성"에 점점 매료되는 자신의 상태를 설명하려 한다. 그리브즈는 그것에 관심이 없었고 너그러이 이해하지도 않았기 때문이다. 루이스는 "이렇게 이상한 방식으로 영향을 받는 이들은 극소수"라는 점을 인정했고,[43] 그리브즈는 분명 그중 하나가 아니었다. 사실, 루이스는 1915년 봄부터 1918년 여름까지 그리브즈를 "갤러해드"Galahad라고 불렀다. 절친한 친구의 순결함과 루이스에게 문제가 되는 유혹에 휘둘리지 않는 힘을 가리킨 표현이다.

루이스가 이런 식으로 그리브즈를 놀린 것에는 그럴 만한 근거가 있었다. 이 무렵에 쓴 그리브즈의 일기에는 순결함에 대한 뚜렷한 관심이 드러나 있다. 1917년 6월 10일, 아일랜드성공회에서 견진성사를 받은 후에는 이 관심이 더욱 두드러진다. 견진성사는 그리브즈의 종교적 "성인식"이기도 했으며, 그는 이 일을 자신의 영성을 규정하는 획기적 사건으로 여겼다. 그의 일기에는 "순결한 마음을 간직하기" 원하는 기도와 인생의 무의미함에 대한 우려가 뒤섞여 있다.[44] "얼마나 끔찍한 인생인가! 여기에 무슨 목적이 있을까? 하나님을 믿으라."[45] 일기장이 보여주는 그리브즈는 외로운 청년이다. 그는 루이스와의 우정과 하나님에 대한 신앙을, 우울하고 불안정한 하늘을 비추는 항성으로 여겼다.

두 번째 문장은 시인으로 기억되고 싶은 루이스의 포부와 관련이 있다. 이 무렵, '전쟁 시인'이라는 범주가 점차 인정을 받고 있었다. 여기에 해당하는 작가로는 지그프리드 서순Siegfried Sassoon, 1886-1967, 로버트 그레이브즈Robert Graves, 1895-1985, 루퍼트 브루크Rupert Brooke, 1887-1915 등이 있었는데, 세 번째 시인은 「군인」이라는 시에 등장하는 세 구절로 특히 명성을 얻었다.

> 만약 내가 죽는다면, 이것만은 기억해 주오.
> 이국땅 어느 모퉁이에
> 영원히 잉글랜드인 장소가 있음을.

브루크는 1915년 4월 23일 갈리폴리전투에 참전하러 가던 중 모기에게 물린 상처가 감염되어 패혈증으로 죽었다. 그는 그리스령 스키로스 섬의 올리브 숲, "이국땅 모퉁이"에 묻혔다.

이런 사례들에 영감을 얻은 루이스는 옥스퍼드에서 전투훈련을 받는 동안 나름의 전쟁시를 쓰기 시작했다. "클라이브 해밀턴"Clive Hamilton(해밀턴은 어머니의 처녀 시절 성이었다)이라는 가명으로 1919년 3월에 출간된 이 시들은 좋은 평가를 받지 못했고 재출간되지도 않았다. 루이스가 원래 생각했던 제목은 '수감된 영혼'(Spirits in Prison: A Cycle of Lyrical

Poems)이었다. 그런데 사람들이 생각하는 정도보다 훨씬 많은 책을 읽은 알버트 루이스가 1908년에 로버트 히친스가 출간한 동명의 소설이 있음을 알려 주었다. 루이스는 아버지의 충고를 받아들여 제목을 『구속된 영혼』으로 바꾸었다.[46]

하지만 『구속된 영혼』을 과연 전쟁시로 분류할 수 있는지는 의문의 여지가 있다. 내가 볼 때 이 시집에 실린 시의 절반 이상은 루이스가 프랑스로 가서 실전에 참가하기 전에 쓰인 것 같다. 이런 초기의 시들은 전장에서 멀찍이 떨어진 안전한 곳에서 전쟁에 대한 다소 추상화된 사색을 펼친다. 살육의 들판에 난무하는 여러 감정, 절망, 잔인함에 물들어 있지 않다. 지적으로 흥미롭기는 하지만, 서순이나 브루크 등이 보여주는 시적 비전과는 차이가 있다.

그러면 이 시들은 루이스에 대해 무엇을 말해 주는가? 이 시들은 그의 펜에서 흘러나온 최초의 중요한 출간 작품이다.[47] 문체를 보면, 루이스의 생각이 성숙한 권위를 갖추기까지는 좀 더 시간이 필요하다는 것을 알 수 있다. 하지만 그의 확고한 무신론에 대한 증언이라는 면에서는 매우 흥미롭다. 이 시집의 가장 흥미로운 부분은 무심하고 침묵하는 하늘에 대한 항변이다. 1918년 1월, 프랑스 마을 아라스 근처에서 적의 공격을 받으며 쓴 「정월 초하루에 부치는 시」는 인간이 만들어 낸 존재에 불과한 신의 죽음을 선언한다. "붉은 신"이 고통 속에서 내지르는 인간의 울부짖음에 "귀를 기울일" 거라는 생각은 거짓으로 드러나 진흙탕 속에 버려진다. 신은 "존재하는 아름다움을 죽이고 부수는" 치욕적인 힘일 뿐이다.[48]

이 시구들은 중요하다. 이 무렵 루이스에게 깊이 새겨진 두 가지 테마를 드러내고 있기 때문이다. 하나는 신에 대한 경멸이다. 그는 신이 존재하지 않는다고 생각하면서도 주위에서 벌어지는 대학살과 파멸을 신의 탓으로 돌리고 싶어 했다. 또 하나는 안전하고 든든하던 과거에 대한 깊은 갈망이다. 그는 그 과거가 완전히 파괴되었다고 생각했다. 되찾을 수 없는 소중한 과거에 대한 아쉬움은 이후 루이스의 작품들에 계속 등장한다.

어쩌면 『구속된 영혼』이 루이스에 대해 알려 주는 가장 중요한 사실은 그의 포부일지 모른다. 루이스는 시인으로 기억되기 원했고, 이름 있는 시인이 되는 데 필요한 재능이 자신에게 있다고 믿었다. 오늘날 루이스는 문학비평가, 변증론자, 소설가로 기억되는데, 젊은 시절 그의 꿈과 장래의 소망 목록에는 이 중 어느 것도 없었다. 루이스는 글쓰기의 다른 분야에서 탁월한 실력을 보인, 실패한 시인이었다. 그러나 시인으로는 실패했지만 타고난 시적 재능으로 강력한 운율과 음악 같은 표현이 가득한 산문을 구사하는 산문 작가로 성공했다고 말하는 사람들이 있을 것이다.

그럼, 세 번째 문장은 무슨 의미일까? D는 누구일까?[49] 루이스는 1917년 D가 그의 방을 방문한 일에 왜 그리 큰 의미를 부여한 걸까? 이후의 일기를 보면 분명히 드러나지만, 여기서 D는 무어 부인을 말하는데, 당시 루이스는 그녀와 함께 살고 있었다. 이 복잡한 관계에 대해서는 적당한 때 다루게 될 텐데, 이 관계는 루이스가 키블 칼리지에서 장교후보생으로 훈련받던 시절에 시작되었다. 루이스가 무어의 어머니와 가까워지게 된 첫 번째 계기는 패디 무어였겠지만, 이후 두 사람의 관계는 패디와 상관없이 급속히 발전했다.

루이스가 패디 무어와 가까웠다는 사실은 의심의 여지가 없다. 두 사람의 관계는 대부분의 전기 작가들이 알고 있는 것보다 더 가까웠던 것 같다. 루이스와 무어는 키블 칼리지에서 같은 방을 쓰는 동안 깊은 유대감을 갖게 된 듯하다. 이 부분을 알아보려면 루이스가 복무하게 되는 영국군 연대의 문제를 따져 보아야 한다. 1917년 9월 26일, 루이스는 서머싯 경보병 3대대에 소위로 임시 배속을 받았고, 사우스 데번으로 추가 훈련을 받으러 가기 전에 한 달간 휴가를 받았다.[50] 패디 무어는 소총여단에 배속을 받아 솜^{Somme}으로 떠났다.

하지만 서머싯 카운티에 친인척이 아무도 없는 루이스가 왜 서머싯 경보병대로 갔을까? 대부분의 전기들은 이 일의 중요성을 헤아리지 못한다. 루이스에게는 분명 다른 대안이 있었다. 가장 확실한 대안은 옥스퍼드에 기지를 둔 옥스퍼드 & 버킹엄서 경보병대였는데, 장교교육대 4대대의 장교후보생 중 상당수가 그곳으로 배치되었다. 루이스는 벨파스트 출신이었으니 아일랜드 연대 중 한 곳으로 배속 받을 수도 있었을 것이다. 그런데 왜 그는 서머싯 경보병대를 선택했을까?

장교교육대 4대대의 대대명령서에 이 문제의 핵심 단서가 들어 있다. 이 문서에 장교교육생의 이름을 기록할 때는 입대 당시 임시로 배속된 연대 소속으로 표기하고, 훈련 과정에서 전문기술을 보여준다든지 해서 다른 곳으로 배속되지 않는 한 처음 배속 받은 곳에서 복무하게 된다. 예를 들어 "다른" C. S. 루이스의 기록을 보면, 원래 옥스퍼드 & 버킹엄서 경보병대로 배속되었다가 결국 미들섹스 6연대로 최종배정을 받았다. 같은 대대명령서에 1917년 5월 7일에 도착한 패디 무어의 기록이 있다.[51]

37072 Moore, E. M. C. Som L. I. 7.5.17
(37072 무어, E. M. C. 서머싯 경보병대 1917년 5월 7일)

루이스의 연대 선택의 핵심 단서가 여기 나와 있다. 무어가 배속된 연대가 서머싯 경보병대였던 것이다. 무어가 그곳으로 배정받은 것은 이상할 게 없었다. 무어의 집이 있던 브리스틀 교외의 도시 레드랜드는 군징집에 있어서 서머싯 카운티 권역으로 취급되었기 때문이다. 루이스의 대대 명령서를 보면 그가 원래 왕립스코틀랜드 국경수비대King's Own Scottish Borderers로 배속된 기록이 분명히 나와 있다.

그러므로 루이스가 절친한 친구 패디 무어와 나란히 복무할 생각으로 서머싯 경보병대 배속을 요청했을 가능성을 진지하게 고려해 봐야 한다. 두 사람은 전쟁터에서 서로를 보살펴 주기로 모종의 협정을 맺었을까? 이 가능성을 강력하게 지지하는 내용이 1917년 10월 17일에 제인 무어가 알버트 루이스에게 보낸 편지에 들어 있다. 여기서 그녀는 아들 패디가 서머싯 경보병대에서 루이스와 함께 복무할 수 없게 되어 크게 슬퍼한다고 썼다.⁵² 두 사람이 서머싯 경보병대에 함께 배속되어 전쟁의 어려움을 함께 견뎌 나가길 기대했다면 이 편지의 어조를 잘 이해할 수 있다.

우리가 알다시피, 루이스가 서머싯 경보병대로 배속된 지 며칠 후, 무어는 소총여단으로 임시 배정을 받았다는 통보를 받았다. 우리가 추측하는 바가 맞다면, 루이스는 친구와 함께 복무할 수 없다는 사실에 큰 충격을 받았을 것이다. 친구 없이 혼자서 전쟁터에 나가야 할 상황이 된 것이다.

브리스틀을 방문했던 바로 이 시기에 모린 무어는 루이스와 오빠가 약속하는 것을 듣게 된다. 둘 중 한 사람이 전사하면, 살아남은 이가 죽은 이의 남은 부모를 보살피기로 한 것이다. 이 약속을 맺은 시점이 무어가 소총여단으로 배속 받은 사실을 알기 전인지 후인지는 분명하지 않다. 여하튼 이 사건은 옥스퍼드에서 맺어진 두 사람의 유대가 더 깊어졌음을 말해 준다.

이 무렵 루이스와 가족과의 관계는 악화일로에 접어들었다. 알버트 루이스는 루이스가 벨파스트 리틀리에서 휴가를 보낼 거라고 예상했다. 하지만 루이스는 브리스틀의 무어 가족과 3주를 지낸 후 남은 기간 동안 형식적으로 아버지를 방문했다가(10월 12-18일) 플리머스 부근 "나무 오두막 마을" 크라운힐에 있는 연대로 합류했다.[53] 루이스는 브리스틀에서 아버지에게 보낸 다소 부정직한 편지에서 사정의 일부만 알렸다.[54] 자신이 '감기'에 걸렸는데 무어 부인이 간호해 주었다고 밝힌 것이다.

뭔가 상황의 진전이 있었던 것이 분명하다. 크라운힐로 돌아간 루이스는 아서 그리브즈에게 서둘러 편지를 써서 자신이 '어떤 사람'에 대해 한 어리석은 말을 잊어 달라고 말했다.[55] 정황상 이것이 점점 가까워지던 무어 부인과의 관계를 두고 한 말일 가능성이 높지만, 그렇다고 단정할 수는 없다. 그래도, 이렇게 보면 루이스가 왜 아버지를 자꾸만 속이고 이야기를 지어내는지 이해할 수 있다. 문제가 있지만 자신에게 특별한 이 관계를 아버지에게 숨기려고 했던 것이다. 루이스는 아버지가 진실을 알게 된다면 안 그래도 껄끄러운 부자관계가 완전히 끊어져 버릴 수 있음을 잘 알고 있었다. 루이스가 1917년 12월 14일에 그리브즈에게 보낸 편지를 아버지가 보게 된다면 어떻게 될까? 그 편지에서 그는 그리브즈와 무어 부인이 "세상에서……가장 중요한 두 사람"이라고 밝히지 않았던가?[56]

프랑스로 배치 (1917. 11)

패디 무어는 소총여단 소속이 되어 10월에 프랑스로 떠났다. 루이스 부자는 루이스도 프랑스로 배치될까봐 걱정했다. 하지만 한순간에 모든 것이 달라졌다. 11월 5일자 편지에서 루이스는 "잔뜩 흥분하여" 소속 대대가 아일랜드로 배치를 받게 되었다는 소식을 아버지에게 전했다.[57] 부활절 봉기 이후의 불안이 가라앉지 않으면서 아일랜드의 정치적 긴장이 나날이 높아졌기 때문이다. 아일랜드로 배치되어도 나름의 위험이야 있겠지만, 그래도 프랑스 전선보다는 훨씬 나은 상황이었다. 결국, 서머싯 경보병대 3연대는 1917년 11월에 아일랜드의 도시 런던데리로 들어갔고, 그 다음 1918년 4월에는 벨파스트로 옮겼다.

하지만 루이스는 벨파스트로 가지 않았다. 그는 서머싯 경보병대 1연대로 전출되었는데,[58] 그 부대는 1914년 8월부터 프랑스에 주둔하고 있었던 전투연대였다.[59] 새로 보충되는 군인들은 광범위한 추가 훈련을 받은 후 투입될 것으로 예상했다. 하지만 이번에도 상황이 급변했다. 11월 15일 목요일 이른 저녁, 루이스는 아버지에게 긴급 전보를 쳤다. 프랑스행을 위해 사우샘프턴으로 출두하기 전 48시간의 휴가를 받았고, 현재 브리스틀에서 무어 부인과 함께 머물고 있으니 그곳으로 와서 자신을 만날 수 있는지 묻는 내용이었다.[60] 알버트 루이스는 무슨 말인지 모르겠으니 다시 전보를 보내라는 내용의 회답전보를 쳤다.

루이스는 11월 16일 금요일 오전에 아버지에게 정신없이 다시 전보를 쳤다. 프랑스로 가라는 명령을 받았고 다음 날 오후에 떠날 예정인데, 그 전에 아버지가 찾아올 수 있는지 묻는 내용이었다. 하지만 루이스가 시(詩)에서 항변했던 침묵의 하늘처럼, 알버트 루이스는 회신하지 않았다. 결국, 루이스는 아버지에게 작별인사도 못한 채로 프랑스로 떠났다. 당시 미숙한 초급장교들의 사망률은 끔찍하게 높았다. 루이스는 돌아오지 못할 수도 있었다. 알버트 루이스는 그 결정적인 순간의 중요성을 헤아리지 못함으로써 아들과의 삐걱대는 관계를 회복할 기회를 놓쳐 버렸다. 그 일로 인해 부자관계가 완전히 깨어졌다고 말하는 사람들도 있을 것이다.

11월 17일, 루이스는 사우샘프턴에서 배를 타고 노르망디의 르아브르Le Havre로 가서 소속 연대에 합류했다. 19살 생일에 그는 친구 하나 없이 참호로 들어갔다. 그의 참호는 벨기에 국경에 인접한 프랑스 마을 아라스 동쪽 몽쉬르프뢰Monchy-le-Preux 근처에 있었다. 그 사이 알버트 루이스는 루이스를 포병연대로 전출시키려고 다시 시도했다. 하지만 그는 전출 요청은 루이스 본인이 해야 하고, 루이스 부대 부대장의 서면 허가가 있어야 한다는 답변을 들었다.[61] 루이스는 "전선 배후 어딘가의 낡은 마을"에서 쓴 편지에서 이 기회를 거부했다.[62] 그는 보병연대에 머무르겠다고 밝혔다.

12월 13일자 루이스의 편지를 보면 전선 후방에 안전하게 있는 것처럼 느껴지지만, 사실은 그렇지 않았다. 당시 루이스는 이미 참호에 투입된 상황이었는데, 아마도 아버지의 불안을 덜어 줄 요량으로 그 사실을 숨겼던 것 같다. 그는 1918년 1월 4일자 편지를 쓰면서 겨우 아버지에게 사실을 밝혔다. 그때도 그의 상황이 대수롭지 않은 것처럼 썼다. 자신이 딱 한 번 위험했었는데 용변을 보고 있을 때 근처에 포탄이 하나 떨어졌다고 말했다.[63]

루이스가 참호전의 참상을 거의 언급하지 않는 것은 그 객관적 현실("참혹하게 뭉개졌으면서도 짜부라진 딱정벌레처럼 움찔거리던 사람들, 앉아 있는 시체나 서 있는 시체, 풀 한 포기 없는 맨땅의 전경")과 그가 경험한 바로부터 주관적으로 거리를 유지하고 있음(이 일은 "드문드문 흐릿하게 기억날 뿐"이고 "나의 다른 경험들과 너무 분리되어 있다")을 짐작하게 한다.[64] 이것은 루이스가 시도한 "현실과의 협약"의 가장 두드러진 특징이라고 할 수 있다. 그 핵심은 "참혹하게 뭉개진 사람들" 같은 충격적인 이미지로부터 자신을 보호하고 그 참상이 다른 사람의 일인 것처럼 삶을 이어 갈 수 있도록 일종의 경계와 방어막을 설치하는 것이었다. 루이스는 자신의 주위에 고치를 지어 썩어 가는 시체와 죽음을 부르는 기술들이 그의 뇌리에 파고들지 못하게 했다. 세상이 가까이 오지 못하도록 저지하는 가장 효과적인 수단은 바로 독서였다. 그는 저자들의 말과 생각에 힘입어 주위에서 벌어지는 일로부터 자신을 지킬 수 있었다.

　루이스는 가장 기술집약적이고 비인간적인 전쟁을 문학적 프리즘을 통해 걸러내고 완화시켜 경험했다. 루이스에게 책은 잃어버린 과거의 축복을 기억하게 하는(감상에 젖어 과장되긴 했어도) 연결고리이자, 현재의 트라우마와 절망을 다독여 주는 고약이었다. 몇 달 후 그는 아서 그리브즈에게 편지를 쓰면서 행복하던 시절을 안타깝게 회상했다. 그 시절 그는 "작은 도서관"에 둘러싸여 있었고 "이 책 저 책을 넘나들었다."[65] 그러나 서글프게도 그 시절은 사라져 버렸다.

　유니버시티 칼리지를 졸업하고 나중에 영국 수상이 된 클레멘트 애틀리Clement Attlee는 옥스퍼드를 산책하는 상상으로 제1차 세계대전의 포화 아래 예민해진 신경을 다스렸다.[66] 루이스는 같은 결과를 얻기 위해 책을 읽었다. 탐욕스럽게 책을 읽고 시(詩)를 썼다. 그의 시집 『구속된 영혼』에는 전쟁의 현실을 직접 경험하고 쓴 시들이 있다. 「프랑스 야상곡」(몽쉬르프뢰)이 그런 시다. 루이스는 독서뿐 아니라 감정을 글로 옮기는 일에도 사람을 차분하게 만들고 상황에 의연하게 대처하게 해주는 힘이 있음을 알고 있었다. 문장을 만들어 내는 정신 작용이 그 문장을 불러일으킨 감정들을 완화시키고 길들이는 것 같았다. 그는 막역한 친구 아서 그리브즈에게 이렇게 조언했다. "사는 게 지긋지긋해지거든 글을 써. 잉크는 모든 병의 훌륭한 치료제라는 걸 난 오래전에 발견했지."[67]

루이스는 1918년 2월 대부분을 프랑스 해안에 있는 디에프 근처 르 트레포르의 제10영국적십자병원에서 보냈다. 많은 다른 군인들처럼 그도 '참호열'에 시달렸는데, P. O. U.[pyrexia origin unknown](원인불명열)라고 불린 이 증상은 이가 옮긴다고들 믿었다. 루이스는 아버지에게 편지를 쓰면서 그곳에서 불과 29킬로미터 떨어진 디에프 근처 베른발르그랑에서 어머니, 형과 함께 보냈던 1907년의 행복했던 시간을 회상했다.[68] 이 무렵 루이스가 그리브즈에게 보낸 편지들에는 그동안 읽은 책 이야기와 벤베누토 첼리니[Benvenuto Cellini] 자서전처럼 앞으로 읽을 계획인 책 이야기로 가득하다. 그는 신들이 자기에게 호의적이라면 병이 재발하여 병원에 좀 더 오래 있게 될 거라고 썼다. 하지만 곧이어 신들은 자기를 미워한다고 씁쓸하게 덧붙였다. 신들에 대한 자신의 적대감을 생각한다면 무리도 아니라고 말했다.[69] 일주일 후 루이스는 퇴원했다. 그의 중대는 전투지대에서 나와 왕케텡에서 추가 훈련을 받았다. 당시 계획 중이던 대공격에 대비하여 '분할 공격' 기술을 익힌 후 3월 19일에 아라스 근처의 팜포 전선으로 복귀했다.

전투 중 부상: 리에 뒤 비나쥬 공습(1918. 4)

아서 그리브즈가 3월과 4월에 쓴 일기를 보면 자신의 외로움과 루이스에 대한 염려가 자주 등장한다. "친구를 지켜 달라고 하나님께 기도한다. 그 없이 내가 어떻게 살 수 있을지 모르겠다."[70] 1918년 4월 11일, 그리브즈는 무어 부인의 편지를 받고 그 내용을 일기에 적었다. 그녀의 "소중한 아들"이 "전사했다".[71] 그리브즈는 패디 무어의 죽음으로 인한 슬픔과 전쟁터에 있는 친구 걱정으로 제정신이 아니었다. 이틀 후, 그는 루이스에 대해 바라는 바를 일기에 적었다. "잭이 부상만 입고 그곳을 빠져나올 수 있다면. 그는 하나님의 손에 있다. 그분이 그를 안전하게 지켜 주실 줄 믿는다."[72] 그리브즈는 루이스가 중상을 입어 전선에서 빼내어지고, 가능하면 잉글랜드로 돌아오길 간절히 바랐다. 그리고 그 일이 실제로 일어났다.

서머싯 경보병대는 4월 14일 저녁 6시 30분에 독일군이 점령한 작은 마을, 리에 뒤 비나쥬에 대한 공격을 개시했다. 영국군 중포가 이동 탄막을 퍼부었고, 그 뒤에서 보병이 전진했다.[73] 하지만 탄막은 독일군의 저항을 제압할 만큼 강하지 않았고, 전진하던 보병들은 기관총의 집중포화를 받았다. 그때 부상을 입은 사람 중 하나가 로렌스 존슨 소위였는데, 그는 다음 날 아침에 죽었다. 옥스퍼드 퀸스 칼리지의 장학생이던 존슨은 1917년 4월 17일에 입대했고, 경보병대 안에서 루이스와 친구로 지낸 몇 명 중 한 사람이었다.[74]

하지만 루이스는 중대원들과 함께 리에 뒤 비나쥬에 안전하게 도착했다. "나는 60명의 포로를 '생포'했다. 독일 군복을 입은 한 무리의 사람들이 불쑥 나타났는데, 다 손을 들고 있는 것을 발견하고 얼마나 안도했는지 모른다."[75] 작전은 저녁 7시 15분에 끝났다. 리에 뒤 비나쥬는 서머싯 경보병대의 수중으로 들어왔다.

독일군은 즉시 반격에 나서 마을에 포격을 퍼붓고 보병돌격을 벌였는데, 영국군이 잘 막아냈다. 독일군이 쏜 포탄 하나가 루이스 근처에서 폭발해 그는 부상을 당했고 옆에 서 있던 해리 에어즈 하사는 죽었다.[76] 루이스는 에타플 근처의 제6영국적십자병원으로 실려 갔다. 간호사가 쓴 것으로 추정되는 편지 한 통이 즉시 알버트 루이스에게 발송되어 그의 아들이 "경상을 입었다"는 소식을 전했다. 곧이어 육군성에서 보낸 유사한 내용의 전보가 알버트 루이스에게 도착했다. "서머싯 경보병대 C. S. 루이스 소위, 4월 15일 부상."[77]

알버트 루이스는 아들이 크게 다쳤다고 생각하고, 당시 대위로 진급했던 와니에게 편지를 보내 걱정을 토로했다.[78] 와니는 중상을 입은 동생이 얼마 못 살지도 모른다는 불안감에 당장 그를 방문하러 나섰다. 하지만 동생은 80킬로미터 떨어져 있었다.

와니의 병적을 보면 그 다음에 일어난 일을 이해하는 데 도움이 된다. 그즈음 와니의 진급 전망을 평가했던 장교는 그가 "훌륭한 기수는 아니지만 괜찮은 오토바이 운전자"라고 선언했다. 여기서 조금만 창의력을 발휘하면 예측할 수 있다시피, 와니는 오토바이 한 대를 빌렸고, 중간에 한 번도 쉬지 않고 울퉁불퉁한 지형을 달려 야전병원에 있는 동생을 보러 갔다. 그는 동생의 상태가 나쁘지 않은 것을 확인하고 안도했다.[79]

파편을 맞은 루이스의 상처는 잉글랜드로 후송될 정도로 심각했지만 생명을 위협할 정도는 아니었다. 영국군의 많은 이들이 "영국행 부상"이라 부르던 상태였다. 루이스는 다른 사람들에 비해 부상 정도가 가벼웠다. 얼마 후 그는 친구 패디 무어가 실종되었고 전사한 것으로 짐작된다는 사실을 알게 되었다.

　바로 이 무렵 그리브즈는 루이스에게 편지를 써서 자신이 동성애자임을 깨달았다고 털어놓았는데, 루이스는 아마 이 사실을 짐작하고 있었을 것이다.[80] 루이스는 그리브즈의 고백에 놀라울 만큼 관대한 반응을 보였는데, 이것은 전통 도덕에 대한 그의 의심과도 관련이 있다. "축하해, 오랜 친구. 옛 금기에 저항하고 (독립적으로) 자신의 견해를 형성하는 그 용기가 반갑다."[81] 그리브즈는 루이스와의 우정이 깨어지지 않았다는 데 안도하면서도, 그의 편지를 받고 "좀 슬펐다"고 일기장에 털어놓았다.[82] 루이스의 편지를 꼼꼼히 읽어 본 그리브즈는 루이스가 동성애에 관심이 없음을 살짝 암시한 대목을 알아차렸을 가능성이 있다.

　그러면 그리브즈는 루이스가 자신의 성적 지향을 공유하기를 바랐던 걸까? 이 무렵 그리브즈의 일기를 보면 루이스에 대한 강한 정서적 애착을 느낄 수 있다. 그리브즈의 생애에서 루이스만한 애착 상대는 찾아볼 수 없다. 그의 일기장에 적힌 내용으로 판단해 보건대, 둘은 거의 늘 떨어져 있었지만 남녀를 막론하고 그에게 루이스만큼 중요한 역할을 한 사람은 없었다. 루이스가 편지를 보내지 않으면 그리브즈는 우울해했다. "잭을 생각하면 너무 불행하다. 내가 싫증난 걸까? 한 마디 연락도 없다."[83] 1918년에 그가 마지막으로 적은 글은 특히 많은 것을 말해 준다. "J[잭] 없이 어떻게 사나?"[84] 여러 증거를 살펴보면, 그리브즈의 애정의 주된 대상이 루이스였음을 짐작할 수 있다(단언할 수는 없다).

　이것은 두 젊은 청년에게 심각한 문제가 될 수 있었을 것이다. 결국, 그리브즈는 상황을 있는 그대로 받아들인 것 같다. 이 시점에 있었던 두 사람 사이의 어색함은 상당히 수월하게 해소된 듯하며 둘 사이의 언쟁거리로 번지지 않았다.[85] 루이스는 계속해서 그리브즈를 가장 절친하고 막역한 친구로 여겼고, 1963년 죽기 몇 주 전까지 그와 연락을 이어 갔다. 하지만 그리브즈와의 복잡한 관계는 우정의 초점과 한계에 대한 루이스의 사색에 영향을 끼쳤음이 분명하다. 『네 가지 사랑』(*The Four Loves*, 1960)의 독자들이 꼭 알아야 할 것은 그 책에서 루이스가 무엇보다 남자들 사이의 친밀함, 애정, 존경의 경계를 탐색하고 있다는 사실이다.

한편, 루이스는 잉글랜드로 돌아와 1918년 5월 25일 엔드슬레이팰리스 장교병원에 입원했다. 이 건물은 원래 런던의 호텔이었는데, 본국으로 돌아오는 부상 장교들의 물결에 대처하기 위해 육군성에서 징발한 것이었다. 루이스는 오페라를 보러 가고(그는 바그너의 「발키리」 공연을 보고 느낀 기쁨을 아서 그리브즈에게 전했다) 그레이트 부컴에 있는 "위대한 노크 선생님"을 방문할 만큼 상태가 괜찮았다. 루이스는 아버지에게 애정이 담긴 장문의 편지를 써서 이 "순례길"을 설명했고 런던에 있는 자기를 만나러 와 달라고 했다.[86] 하지만 알버트 루이스는 이 기간에 아들을 방문하지 않았다.[87] 무어 부인은 그를 방문했다. 아니, 아예 그의 곁에 있기 위해서 브리스틀에서 이사해 나왔다.

루이스와 무어 부인: 관계의 진전

그러면 루이스와 무어 부인 사이엔 무슨 일이 있었던 걸까? 상황을 어느 정도나마 이해하려면 몇 가지 요소를 고려해야 한다. 첫째, 개인적인 기록을 포함해 신뢰할 만한 결론의 근거가 될 수 있는 문서가 남아 있지 않다. 생애 후반에 무어 부인은 루이스에게 받은 편지를 모두 파기했다. 루이스가 무어 부인과의 관계를 털어놓았을 법한 사람은 아서 그리브즈뿐인데, 그 역시 이 문제를 파악하는 데 도움이 될 만한 증거는 남겨 놓지 않았다.

하지만 이 관계가 어떤 맥락에서 발전했는지는 어느 정도 알 수 있다. 루이스는 일찍 어머니를 잃었고, 집과 친구들로부터 떠나 있던 어려운 시기에 어머니의 사랑과 이해가 필요했을 것이다. 더욱이, 그는 전쟁터에 나갈 준비를 하고 있었다. 다시 돌아올 수 없을지도 몰랐다. 제1차 세계대전에 대한 여러 연구는 그 전쟁이 영국의 사회적 도덕적 관습을 파괴하는 영향을 끼쳤음을 강조한다. 전선 투입을 앞둔 젊은이들은 나이와 상관없이 모든 여자들의 동정의 대상이었고, 그 결과 종종 열정적이고 일시적인 불륜이 생겨나기도 했다. 아서 그리브즈에게 보낸 편지에서 잘 드러나듯, 루이스는 성적 호기심이 많은 젊은이였다. 1917년 유니버시티 칼리지 루이스의 숙소에서 무어 부인이 무엇을 하고 있었는지는 모르지만, 1922년 루이스의 일기를 보건대 그는 그 기억을 매우 소중히 간직했다.

루이스는 무어 부인 안에서 보살피고 지지하고 공감해 주는 어머니와 매력적인 연인이라는 이상화된 두 요소가 결합된 존재를 발견했을 가능성이 있다. 나는 루이스가 1920년대 초에 쓴 것으로 짐작되는 「이성」 Reason이라는 소네트에서 깊은 인상을 받았다. 많은 이들이 이 작품을 C. S. 루이스의 가장 기억에 남는 시로 꼽는다. 루이스는 이 시에서 이성(시에 '처녀'로 등장하는 아테나가 상징)의 명료성과 힘, 그리고 상상(데메테르, 대지의 어머니)의 따스한 어둠과 창의성을 대조한다. 루이스에게 핵심 질문은 이것이다. '내게 "처녀이자 어머니"가 되어 줄 수 있는 사람이 있을까?'[88]

정반대의 성질을 갖고 있는 이 두 가지의 결합을 누가 이루어 낼 수 있을까? 지적인 차원에서 루이스는 이성과 상상력의 참된 결합을 추구했는데, 젊은 시절에는 도저히 그 일을 이룰 수 없었다. 그가 볼 때 자신의 정신생활은 두 개의 반구로 완전히 양분된 것처럼 보였다. "한쪽은 많은 섬이 떠 있는 시와 신화의 바다, 다른 한쪽은 입담 좋고 피상적인 합리주의."[89] 그러나 루이스가 이후 발견한 기독교 신앙은 이성과 상상력의 통합을 가능하게 했고, 그는 생애 끝에 이를 때까지 그것을 설득력 있고 참된 것으로 여겼다.

루이스가 의도했건 아니건, 이와 같은 루이스의 이미지와 말에는 더 깊은 의미가 있지 않을까? 마음과 몸 모두에 양분을 제공해 줄 수 있는 여자에 대한 갈망의 암시가 있지 않을까? 무어 부인은 과연 루이스가 상실했던 "어머니"이자 그가 갈망한 "처녀"였을까?

정황증거를 볼 때, 1917년 여름에 루이스는 무어 부인과 복잡한 관계를 발전시킨 것 같다고 꽤 자신 있게 말할 수 있다. 루이스의 가까운 친구였고 그의 전기를 통찰력 있게 써낸 조지 세이어는, 두 사람의 관계에 양면성이 있지만 궁극적으로 볼 때는 정신적인 관계였다고 보았다. 상대적으로 최근에 나온 조지 세이어의 주요 연구서 『루이스와 잭』(Jack, 1988)을 포함해 루이스에게 호의적인 이전의 연구서들은 루이스와 무어 부인이 연인이었을 가능성을 거부했다. 하지만 지금은 대체적인 견해가 바뀌었다. 세이어가 이런 변화를 잘 보여준다. 1996년에 고쳐 쓴 『루이스와 잭』의 도입에서 세이어는 루이스와 무어 부인이 연인이었음을 "상당히 확신한다"고 밝혔고, 더 나아가, 당시 루이스의 깊고 해소되지 않은 정서적 욕구와 갈등을 생각할 때 두 사람의 관계가 그렇게 발전한 것은 "놀랍지 않다"고 밝혔다.[90] 하지만 두 사람의 관계에서 성적인 것이 전부였다고 생각하면 곤란하다. 모성적인 면과 낭만적인 요소 둘 다, 그 관계에 큰 영향을 미친 것 같다.

루이스가 다시 돌아오지 못할 수도 있는 전선 투입을 앞둔 상황에서 그런 관계가 생겨났다는 것은 이해하기가 어렵지 않다. 그러나 이 관계가 이후에도 그토록 오랫동안 이어졌다는 것은 이해하기 어려운 일이다. 이런 부류의 전시 연애는 대부분 오래 이어지지 못했고(종종 전장으로 떠나는 군인의 죽음 때문에), 개인적인 애정과 신뢰에 뿌리를 두기보다는 대체로 동정과 편의에 근거하여 이루어졌다. 무어 부인과 루이스 관계의 본질을 이해하려면 루이스와 패디 무어의 "협약"을 중요한 요소로 고려해야 할 것 같다. 그 협약은 둘의 관계를 합리화할 수 있는 환경을 조성했고, 모종의 도덕적 정당성도 마련해 주었을 것이다. 이 무렵 루이스는 무신론자였고 가치관과 실천은 개인이 임의로 설정하면 된다고 보았다. 이 주제는 다음 장에서 다시 다룰 것이다.

1918년 6월 25일, 루이스는 무어 부인의 집에서 가까운 브리스틀의 클리프턴에 있는 요양병원 애슈튼 코트$^{Ashton\ Court}$로 옮겼다. 루이스는 아버지에게 편지를 보내 아일랜드에서 적당한 병원을 찾아봤지만 여의치가 않았다고 썼다.[91] 이즈음에 그는 맥밀런 출판사에서 『수감된 영혼』(당시 그가 생각했던 제목)의 출간을 거절했다는 소식과 하이네만에서 수락했다는 소식을 들었다. 루이스는 "클라이브 스테이블즈"라는 필명으로 시집을 출간할 것을 제안했다. 11월 18일, 그는 필명을 "클라이브 해밀턴"으로 바꿔 어머니의 처녀적 성을 빌어 자신의 정체를 숨기려 했다.[92] 그 책은 1919년 3월에 출간되었다.

한편 루이스는 10월 4일에 솔즈베리 평원$^{Salisbury\ Plain}$에 있는 퍼럼 다운스 캠프로 이송되었다. 무어 부인은 때맞춰 그를 따라갔고 인근의 오두막에 짐을 풀었다. 루이스는 퍼럼 다운스 캠프에서 혼자 방을 쓰는 보기 드문 호사를 누렸다. 그리고 11월 11일, 세계대전이 마침내 끝났다. 루이스는 다시 이송되었는데, 이번에는 서식스 이스트본에 있는 장교요양소였다. 무어 부인은 이번에도 그를 따라갔다. 루이스는 이런 상황을 더 이상 비밀로 여기지 않았기에 아버지에게 사실대로 밝혔고, 1월 10일에서 22일 사이에 휴가를 받아 벨파스트에 들르겠다고 알렸다. 프랑스에서 잠시 휴가를 받을 예정이었던 와니는 1918년 12월 23일에 벨파스트에 도착해 아버지와 함께 성탄절을 축하할 수 있게 되었다.

그 다음에는 상황이 예상치 못한 속도로 전개되었다. 루이스는 12월 24일에 퇴원하여 제대했다. 미리 가족에게 알릴 수 없었던 그는 사전 통보도 없이 벨파스트의 집으로 향했다. 12월 27일자 와니의 일기장을 보면 이때의 일이 나와 있다.[93]

오늘은 빨간 날. 오전 11시경 아버지와 서재에 앉아 있는데 택시 한 대가 도로에 나타났다. 잭스였다! 잭스가 제대를 하고 돌아왔다.……점심을 먹은 뒤 우리 셋은 함께 산책을 나갔다. 4년간의 나쁜 꿈이 사라져 버리고 우리는 여전히 1915년에 머물러 있는 듯했다.

1919년 1월 13일, 루이스는 세계대전으로 인해 눈물을 머금고 중단해야 했던 대학 공부를 다시 시작하기 위해 옥스퍼드로 돌아갔다. 이후 그는 그곳에서 35년간 머물게 된다.

2부

옥스퍼드

4

기만과 발견

: 옥스퍼드 교수의 탄생

1919-1927

세계대전의 종전과 함께 옥스퍼드에는 새로운 학생들이 밀려들었다. 전쟁에 복무했던 1,800명이 넘는 학생들이 전쟁이 끝난 첫해에 공부를 시작하거나 재개했다. 그중 한 사람이었던 C. S. 루이스도 유니버시티 칼리지에서 장학생으로 공부하기 위해 1919년 1월 13일에 옥스퍼드로 돌아왔다. 놀랍게도, 칼리지 짐꾼(아마도 전설적인 인물 프레드 비커턴이었을 것이다[1])은 대번에 그를 알아보고 1917년 여름에 그가 지내던 래드클리프 쿼드랭글로 바로 데려다 주었다. 옥스퍼드 대학은 육군이나 해군 복무를 마치고 밀려오는 학생들을 맞이하기 위해 입학요구조건을 상당히 양보했다. 영국군 임관 장교로 복무하고 돌아온 루이스도 전쟁 전에는 반드시 합격해야 했던 학사후보시험을 면제받았다.[2] 이제 기초적인 수학 실력 부족 때문에 옥스퍼드 학위 취득이 어려워질 일은 없게 되었다.

루이스는 너무나 아름다운 건축물과 풍부한 지적 유산을 지닌 옥스퍼드와 진작에 사랑에 빠졌다. 그곳의 기반은 브리튼의 제국주의적 식민지 착취나 주변 경치를 훼손하는 산업화가 아닌, 문화와 학문이었다. 루이스가 『구속된 영혼』에서 표현한 대로, 옥스퍼드는 몇 안 되는 훌륭한 도시 중 하나였다.

> 추악한 물질적 이익이나 매서운 늑대 같은 권력,
> 제국의 배부른 잔치를 위해 세워지지 않은 곳.

이후에도 마찬가지였지만 학부생 루이스에게 옥스퍼드는 지성의 제국을 격려하고 인정하는 아름다운 도시였다. 그는 그곳을 이렇게 노래했다.

> 오래된 개울들이 유유히 흐르는 깨끗하고 상쾌한 도시
> 비전의 장소이자 사슬이 느슨해지는 곳,
> 선택받은 자들의 피난처, 꿈의 탑.[3]

루이스가 볼 때, 옥스퍼드의 비전과 꿈을 가장 잘 발전시키고 거기에 양분을 공급하는 길은 서양문명의 근원인 고대 그리스 로마 문화로 돌아가는 것이었다. 그는 "지성을 넓히는" 과정의 일환으로 고전 시대의 언어와 문학에 몰두하게 된다.

유니버시티 칼리지의 래드클리프 쿼드랭글. 1917년 여름, 헨리 톤트가 촬영한 사진이다. 루이스는 1917년 4월에 유니버시티 칼리지에 도착하여 이 쿼드랭글에 숙소를 배정받았고, 1919년 1월에 같은 숙소로 돌아갔다.

고전학 학생: 유니버시티 칼리지(1919)

루이스는 옥스퍼드에서 학자로 살아가겠다는 가장 중요한 결정을 이미 내렸다.[4] 사실상 차선책은 없었다. 루이스는 자신의 꿈을 알았고 그러한 선택에 따라오는 요구사항도 알았다. 그는 고전어와 고전문학을 공부하기로 했는데 옥스퍼드에서는 이것을 "리테라이 후마니오레스"*Literae Humaniores*라 부른다. 이것은 빅토리아 시대 옥스퍼드의 학문이라는 왕관의 다이아몬드였고, 1920년대 무렵까지도 옥스퍼드 학부 학위들 중에서도 지적 최고봉으로 여겨졌다.

1912년, 유명한 고전학자이자 옥스퍼드 뉴 칼리지의 학장(애초에 그의 명성 때문에 루이스가 뉴 칼리지를 지원하게 되었을 수도 있다)이던 윌리엄 아치볼드 스푸너^{William Archibald Spooner, 1844-1930}는 리테라이 후마니오레스의 목적을 "고대세계의 문명과 사상에 잠기는 것"이라고 요약했다. 흔히 Lit. Hum.이라고 줄여 부르는 이 라틴어 용어는 영어로 번역하기가 쉽지 않다. 문자 그대로 풀이하자면 "더 인간적인 학문"^{more humane letters}이라는 뜻의 이 용어에 담긴 르네상스 인문주의자들의 비전은, 과거의 부요한 지적 문화적 유산에 직접 참여함으로써 정신을 확장하고 문명화시키는 교육을 펼친다는 것이었다.

옥스퍼드의 리테라이 후마니오레스의 기원은 멀리 1800년경으로 거슬러 올라갈 수 있지만, 그 사회적 뿌리는 보다 이른 18세기의 관심사에 확고하게 자리를 잡고 있다. 잉글랜드는 17세기의 내전과 혁명을 겪고 큰 상처를 입었지만 무너지지 않았다. 이후 이성과 자연과 질서의 미덕을 강조함으로써 국내의 안정된 사회질서를 회복하기 위한 노력이 끊임없이 이루어졌다. 영국인들은 고전시대가 영국의 정치·사회적 안정을 강화하고 공통의 문화적 기준과 표준의 등장을 독려해 줄 지혜의 풍부한 근원이라고 보았다.

리테라이 후마니오레스를 공부하는 옥스퍼드 학부생들은 고전시대의 풍부한 문학적, 철학적, 역사적 유산을 원어로 직접 접했다. 그들은 그 내용을 학문적 관심을 끄는 주제 정도가 아니라 잉글랜드의 생존과 번영을 보장해 줄 수단으로 여겼다. Lit. Hum.은 단순한 지식의 축적이 아니라 지혜로 가는 문이었고, 그 핵심은 사실적인 정보의 습득이 아니라 삶에 필요한 도덕적 문화적 준비였다. 다른 교육과정의 목표가 학부생들의 정신을 채워 주는 것이었다면, 이 과정은 그들의 정신을 형성하는 것이었다.

Lit. Hum.은 언어학적으로 공부해야 할 분량이 많았기 때문에 3년이면 되는 다른 과정과 달리 4년(곧 12학기)이 필요했다. 이 과정은 크게 두 부분으로 나누어졌다. 다섯 학기가 지나면, 학생들은 '학사자격 1차 시험'(Honours Moderations, 흔히 줄여서 "모즈"라고 불렀다)을 쳐야 했다. 이 시험을 통과한 학생들은 "그레이츠"Greats라고 부르는 나머지 과정을 계속 공부하여 7학기 후에 최종시험을 치렀다. 두 시험 모두 "등급별로 나뉘어" 있어서 학생들은 1·2·3·4등급 중 하나의 등급을 받았다.[5] 뛰어난 학생들은 "리테라이 후마니오레스에서 두 개의 1등급"을 받았는데, 이 말은 학사자격 1차 시험과 최종시험 모두에서 1등급을 받았다는 뜻이다. 즉 학위를 두 개 땄다는 말이 아니라, 이 단일 학위 과정에서 두 번의 평가를 치르고 모두 최고 등급을 달성했다는 뜻이다.

루이스가 도착했을 때는 옥스퍼드의 1918-1919학년이 이미 시작된 후였다. 그는 첫 번째 학기를 놓쳤다. 옥스퍼드에서는 한 학년을 8주 과정의 세 학기로 나누어 각각 마이켈마스(10-12월 초), 힐러리(1-3월), 트리니티(4-6월)라 불렀다. 하지만 1917년에 이미 트리니티 학기 학생으로 등록했던 루이스는 정상적인 2학기 학생으로 인정을 받았다. 호메로스 공부가 뒤떨어졌겠지만 곧 다른 사람들을 따라잡았다.

1919년 1월 19일 일요일에 학기가 공식적으로 시작되었고,[6] 강의는 다음 날부터 열렸다. 루이스는 열정적으로 공부하기 시작했다. 한 주가 지난 후, 루이스는 아서 그리브즈에게 보낸 편지에서 하루 일과를 이렇게 적었다.

> 7시 30분에 부르는 소리에 깨어 씻고 예배참석, 아침식사……아침식사 후 공부하거나(도서관이나 강의실에서. 둘 다 따뜻해) 강의를 듣는다. 1시, 자전거를 타고 무어 부인 댁으로 가……점심식사 후에는 티타임까지 공부. 티

타임 후 다시 저녁식사 때까지 공부. 저녁식사 후에는 공부를 좀 더 한 뒤 이야기를 나누거나 게으름을 부리거나 브리지게임을 한다. 11시, 자전거로 다시 칼리지로 돌아가 불을 켜고 공부를 하거나 책을 읽는다. 12시, 잠자리에 누워 푹 잔다.[7]

루이스는 옥스퍼드 대학의 의무적인 거주규정에 따라 칼리지에서 살아야 했다. 아침식사 시간에 자리를 비우면 의심을 받고 금세 조사에 들어가기 때문에 거북한 결과를 초래하게 된다.

그나저나 7시 30분에 누가 루이스를 "불렀을까?" 이 시점에서 옥스퍼드 대학의 "스카우트"scouts를 언급해야겠다. 루이스는 편지에서 이들을 "사환"servants이라고 부르는데, 아마도 옥스퍼드의 은어를 아버지나 아서 그리브즈에게 설명하는 수고를 피하기 위해서였을 것이다. 유니버시티 칼리지의 스카우트들은 모두 남자였고 장시간 일했다.[8] 각 스카우트는 하나의 계단이나 몇 묶음의 계단을 맡아 거기 자리 잡은 숙소들을 관리하고 그 사용자들을 보살피는 일을 했다. 스카우트들은 보통 오전 6시에 일을 시작했다. 6시 45분 무렵 학생들(늘 "신사 분"이라고 불렀다)을 깨우고 홀이나 숙소에서 학생들을 위해 아침식사를 차리고 학생들의 숙소를 청소하고 마지막으로 홀에 저녁식사를 차렸다. 대학의 학기가 끝나면 대부분의 스카우트들은 잉글랜드 해변호텔에서 일자리를 구했다. 루이스는 편지나 일기에서 스카우트들을 별로 언급하지 않지만, 다른 학생들은 담당 스카우트들과 친하게 지내며 연락을 계속했다.

루이스의 옥스퍼드 학생 시절은 이렇게 공부와 (다소 은밀하게) 무어 부인을 중심으로 돌아갔다. 오전 공부를 마치면 루이스는 자전거를 타고 모들린 다리를 건너고 헤딩턴힐을 넘어 헤딩턴 마을로 갔다.[9] 무어 부인은 원퍼드 28번가에 숙소를 잡았는데, 그 집의 소유주는 미스 애니 알마 페더스톤이었다. 루이스는 오후와 저녁 시간을 무어 부인과 보낸 후 학교로 돌아가 칼리지에서 밤을 지냈다. 이런 패턴은 통상적인 옥스퍼드 학부생의 생활과는 거리가 멀었고, 루이스는 절친한 친구 아서 그리브즈 외에는 누구에게도 이 이야기를 하지 않았던 것 같다(루이스가 그리브즈에게 가족[the family]이라고 말할 때는 무어 부인과 모린을 뜻했다).[10] 1919년 7월부터 루이스는 그리브즈에게 편지를 쓸 때 무어 부인을 "민토"the Minto(정관사에 주목하라)라고 불렀는데, 이 흥미로운 별명이 어디서 나온 것인지는 설명하지 않았다.[11] 이 별명은 모린이 어머니를 부르던 애칭 "미니"의 변형일 수도 있다. 어쩌면 1912년 동커스터의 당과제조업자 윌리엄 너틀이 만들어 당시 엄청난 인기를 끌었던 사탕 "민토"와 관련이 있을지도 모른다.[12]

루이스는 여러 가지 꾀를 내어 자신의 이중생활을 아버지에게 숨겼다. 예를 들자면, 루이스가 가끔 아버지를 방문할 때 무어 부인은 매일 루이스에게 편지를 썼는데, 수신인을 근처에 사는 아서 그리브즈로 적었다. 덕분에 루이스가 벨파스트로 여행을 갈 때면 오랜 친구를 방문할 이유가 하나 더 추가되었다.

막내아들에 대한 알버트 루이스의 걱정

루이스가 옥스퍼드에서 이중생활을 하고 있을 때, 알버트 루이스는 아들을 대신해 육군성을 상대로 싸움을 벌였다. 그는 전쟁터에서 부상을 입은 아들이 보상금을 받을 자격이 있다고 주장했다. 알버트의 집요함과 강력한 논증에 밀려 육군성은 마침내 항복했다. 아마도 그의 집요함이 더 큰 역할을 한 것으로 추정된다. 육군성은 루이스에게 145파운드 16실링 8펜스의 '부상 위로금'을 마지못해 지급했다. 이 일로 기쁨과 힘을 얻은 루이스의 아버지는 육군성을 더욱 압박했다. 결국 그들은 울며 겨자 먹기로 104파운드 3실링 4펜스의 '추가 부상 위로금'을 지불했다.

하지만 루이스 부자의 관계는 좋지 않았고 나날이 악화되었다. 알버트는 고향 아일랜드와 문화적으로 멀어지는 아들, 『구속된 영혼』에서 무신론을 드러내고 무엇보다 자신에 대한 애정이 없어 보이는 아들이 걱정되었다. 루이스는 아버지에게 편지를 많이 쓰지 않았고 방학 때도 아버지와 함께 있고 싶어 하지 않았다. 그는 아버지의 상황에 사실상 전혀 관심이 없었다. 1919년 6월에 루이스는 그리브즈에게 보내는 편지를 끝맺으며, "한동안 고명하신 아버지" 소식을 듣지 못했는데 "자살이라도 하신 건 아닌지" 궁금하다고 썼다.[13]

이런 염려들을 제외하면, 둘째 아들에 대한 알버트 루이스의 주된 걱정거리는 무어 부인과의 복잡한 관계였다. 처음에는 자신의 의혹을 과도한 상상력 탓으로 여겼지만 점차 뭔가 심각한 일이 진행 중임을 감지하게 되었다. 그에게는 참으로 내키지 않는 일이었다. "잭의 연애"가 재정적인 면에서 어떤 의미가 있었을까?[14] 루이스를 재정적으로 지원하고 있던 알버트는 자신이 부양하는 대상이 아들만이 아님을 깨닫게 되었다. 무어 부인의 남편(그녀가 "짐승"이라고 불렀던 사람)이 그녀에게 보내오는 돈은 일정하지 않았다. 그녀의 주된 수입원을 알아내기는 어렵지 않았다. 직접적인 출처는 물론 루이스였지만, 그 돈은 결국 알버트 루이스의 지갑에서 나왔다.

대결은 불가피했다. 방학이 되자 루이스는 잉글랜드에서 형 와니와 한 주를 보내고 1919년 7월 28일에 벨파스트로 돌아왔다. 신경이 곤두선 대화 가운데 알버트 루이스는 아들에게 재정상황을 설명해 보라고 말했다. 루이스는 은행에 15파운드가 남아 있다고 대답했다. 많은 전직 장교들처럼, 루이스도 런던 채링크로스 가에 있는 콕스 & 코 은행과 거래했다. 그 은행은 나폴레옹 전쟁 기간에 군인들의 급료를 지불하고 영국군 각 연대의 재정관리 대행업무를 위해 설립되었다. 당시 알버트 루이스는 콕스 & 코 은행에서 루이스에게 보낸 편지가 개봉되어 있는 것을 보았고 은행에 12파운드의 빚이 있다는 사실도 알고 있었다. 그는 아들에게 따졌고, 아들은 자신이 거짓말을 했음을 실토했다.

격렬하고 불쾌한 대화가 오가는 가운데 루이스는 아버지를 더 이상 존경하지 않으며 아무 관심도 없다고 말해 버렸다. 알버트 루이스는 일기장에 이 일을 기록했다. "둘째가 나를 속였고 끔찍하고 모욕적이고 경멸적인 말을 했다. 내 인생이 끔찍한 시기로 접어들었다."[15] 알버트 루이스가 아들이 전에 아서 그리브즈에게 보낸 편지를 보지 못한 것은 다행이었다. 그 편지에서 루이스는 자신이 "상습적인 거짓말쟁이"라며 자신의 "거짓말을 곧이곧대로 믿는" 그리브즈가 너무 순진하다고 점잖게 타박했다.[16]

하지만 루이스가 아무리 아버지를 거부해도, 그에게는 스스로를 부양할 능력이 없었고 재정 독립을 주장할 처지도 아니었다. 다행히, 아버지는 지원을 철회하지 않았다. 둘 사이는 아주 멀어졌지만, 알버트 루이스는 아들이 그 돈을 어디에 쓸지 다 알면서도 계속 아들을 부양했다. 이 무렵 아버지에게 보내는 루이스의 편지는 정중했다. 하지만 얼마 안 가서 둘의 관계는 다시 이전으로 돌아가게 된다.

1919-1920학년에 루이스는 칼리지 바깥, 무어 부인이 헤딩턴의 원

드밀 로에 구해 놓은 새 거처에서 지냈다. 학부생들이 칼리지에서 1년을 지낸 후 '셋방'에서 사는 것은 일반적인 일이었기에, 루이스는 무어 부인이 주인아주머니라는 핑계를 쉽사리 댈 수 있었다. 2학년이 된 그의 생활의 중심은 다가오는 학사자격 1차 시험이었다. 시험은 3월에 있었고 루이스의 학문적 역량을 보여줄 첫 번째 지표가 될 터였다. 결국 루이스는 다른 서른한 명과 더불어 1등급에 뽑혔다. 루이스는 아버지에게 편지를 보내 좋은 소식을 알렸고 자신은 "진작부터 같이 도보여행"을 가자던 "어떤 남자"와 휴가를 보내고 있다고 무심하게 한마디 했다.[17] 루이스는 여전히 아버지를 속이고 있었다. 그는 무어 부인, 모린과 함께 휴가를 보냈다.

학문적 성취: 총장배 에세이 공모전 수상(1921)

1920년 트리니티 학기에 루이스는 그레이츠 공부를 시작했다. 고대 역사는 조지 스티븐슨George H. Stevenson, 1880-1952에게, 철학은 에드거 캐릿Edgar F. Carritt, 1876-1964에게 배웠다. 이때 루이스는 새로운 프로젝트에 눈을 돌리게 된다. 1921년 4월에 그는 "총장배 에세이 공모전에 응모해 보라는 추천"을 받았다. 정해진 논고를 주제로 최고의 영어 에세이를 쓴 학부생이 상을 받게 되는데, 당시의 주제는 '낙관주의'Optimism였다. 루이스는 그 상을 탈 수 있다면 "멋진 광고"가 될 거라고 아버지에게 편지를 썼지만, 경쟁이 "매우 치열할" 것임을 알고 있었다.[18]

루이스는 만천 단어 분량의 원고를 썼고, 아버지에게 보낸 편지에서 원고를 타이핑 맡기는 데 든 비용과 결과물에 나타난 수많은 타이핑 오류에 대해 몹시 불평했다. 결과 발표가 미뤄지면서 루이스의 신경은 예민할 대로 예민해졌다. 5월 24일, 마침내 루이스의 글이 뽑혔다는 발표가 났다. 그는 창립기념제, 곧 셸도니언 극장Sheldonian Theatre에서 열린 명예학위수여식에서 시학 교수와 대표연설자가 뽑은 발췌문을 읽게 되었다. 이 의식에 참석한 주빈 중에는 1917년부터 1920년까지 프랑스 수상을 역임한 조르주 클레망소Georges Clemenceau가 있었다. 루이스는 총 2분 동안 발언을 했고, 형에게 보내는 편지에 그 큰 건물에서 자기 목소리를 낼 수 있어서 기뻤다고 썼다.¹⁹

옥스퍼드 출판업자이자 서적상인 바질 블랙웰이 루이스에게 즉시 연락해 에세이 출판을 상의하자고 제안했다. 하지만 그 에세이는 출간되지 않았고 원고는 이제 사라지고 없다. 어쨌거나, 루이스는 그 원고의 문학적 가치를 그리 믿지 않았던 것 같다. 그는 아버지에게 보낸 편지에서 그것이 "곧 잊힐 것"이라고 썼다. 중요한 것은 그 에세이 자체가 아니라 상을 탔다는 사실이라는 게 그의 생각이었다.²⁰ 우리로선 루이스의 말이 옳기만 바랄 뿐이다. 루이스 가족 문서에도, 옥스퍼드 대학 기록보관소에도 사본이 남아 있지 않다.²¹ 루이스가 '낙관주의'에 대해 무슨 말을 했는지, 그 내용을 어떻게 표현했는지 우리는 모른다. 우리가 아는 거라곤 그 원고가 심사위원단에게 깊은 인상을 주었고 루이스가 옥스퍼드의 창공에 떠오르는 별 중 하나라는 인식을 형성하는 데 도움이 되었다는 것뿐이다.

루이스의 학문적 경력은 촉망받는 유망주의 모습을 보여주고 있었지만, 아버지와의 관계는 여전히 멀고 긴장된 상태였다. 그리고 무어 부인을 둘러싼 부자간의 극심한 견해차이가 자칫하면 폭발할 수 있는 위기 상황이 찾아왔다. 1921년 7월, 알버트 루이스는 아들에게 편지를 보내

옥스퍼드 대학 학위수여식 장소인 셸도니언 극장의 1922년 모습. 이 극장은 크리스토퍼 렌 경(Sir Christopher Wren)의 설계에 따라 1668년에 완공되었다.

잉글랜드를 여행할 생각이라고 밝혔다. 그는 옥스퍼드를 방문해 루이스와 그의 칼리지 숙소를 보고 싶어 했다. 아버지와 무어 부인이 마주칠 거라는 생각에 깜짝 놀란 루이스는 아버지가 숙소로 오지 못하게 막을 "친구"를 만들어 냈다. 루이스는 숙소를 "칼리지 바깥으로 옮겼는데", 룸메이트가 "공부에 혈안이 된" 사람이라 방문자가 있으면 몹시 불편해할 거라고 써 보냈다.[22]

루이스는 연극에나 나올 법한 거창한 속임수를 썼다. 서둘러 무어 부인의 집 뒷방을 "학부생 셋방"처럼 보이게 꾸며 놓은 것이다. 그는 동급생인 로드니 페이즐리를 설득해 달갑지 않은 아버지의 방문 기간 동안 자기와 함께 살면서 사교성 없는 공부벌레 룸메이트 노릇을 하도록 했다. 하지만 결국 그의 아버지는 옥스퍼드의 콘마켓 거리에 있는 클래런던 호텔에서 충실한 점심식사를 하는 것으로 만족해했다. 그는 루이스

의 숙소나 칼리지를 보는 일에 아무런 관심을 보이지 않았다.[23]

성공과 실패: 학문적 성취와 실업

유니버시티 칼리지에서 그레이츠를 공부했던 마지막 학년(1921-1922)에 루이스는 두 가지 목표에 초점을 맞추었다. 6월에 치를 학사자격 최종시험에서 좋은 성적을 거두는 것과 그후 일자리를 구하는 것이었다. 이 기간에 그의 일기장에는 그동안 읽은 엄청난 분량의 책들에 대한 기록, 집안 허드렛일, 대화를 나눴던 무어 부인의 친구와 친지들, 알아본 일자리, 학계에서 일자리를 구하는 일에 대한 끊임없는 염려 등이 담겨 있다.

일자리에 대한 걱정은 최종시험을 한 달도 남겨 두지 않은 1922년 5월에 거의 현실이 되었다. 칼리지 철학 개인지도교수였던 에드거 캐릿은 앞으로 한동안은 그에게 맞는 일자리가 학교 안에 없을 거라고 분명하게 말했다. 그는 루이스가 학자로서 뜻이 있다면 옥스퍼드에서 일 년을 더 보내면서 "시험을 하나 더 보라"고 제안했다.[24] 제2의 학사자격시험을 준비하여 채용가능성을 최대한 높이라는 것이었다. 그것이 현실적으로 유일한 대안이었다. 루이스는 그레이츠를 넘어서 영문학을 추가로 공부하여 학문적 역량을 갖춘 분야를 넓혀야 했다.

같은 달 후반에 만난 유니버시티 칼리지의 레지널드 메이컨 학장도 비슷한 조언을 했다. 메이컨은 미국인 동료로부터 일 년 과정 장학생으로 뉴욕의 코넬 대학에서 공부할 촉망받는 젊은 학자를 추천해 달라는 요청을 받아 놓고 있었다. 그는 루이스를 첫 번째 후보로 생각했다. 하지만 약소한 급료는 루이스의 여행비용을 대기에도 부족할 것이고 루이스

옥스퍼드에서 가장 붐비는 쇼핑 구역 중 하나인 콘마켓 거리(Cornmarket Street)의 1922년 모습. 거리 왼쪽에 클래런던 호텔(Clarendon Hotel)이 선명하게 보인다.

의 사생활에 큰 부담을 주게 될 것이었다. 루이스는 첫 번째 요점을 강조하며 학장의 제안을 거절했다.

메이컨은 루이스에게 졸업 후의 계획을 물었다. 루이스가 옥스퍼드에서 펠로 자리를 얻었으면 한다고 말하자, 메이컨은 그에게 시대가 바뀌었다는 사실을 열심히 설명했다. 총명한 학생들이 학사자격 최종시험을 치르고 나서 칼리지 펠로 자리를 제안 받았던 전쟁 이전의 상황은 이미 끝난 지 오래였다. 1919년 11월에 설립된 '옥스퍼드와 케임브리지 대학에 대한 왕립위원회', 통칭 '애스퀴스 위원회'Asquith Commission는 전후 시대의 필요에 부응하도록 옥스퍼드를 현대화하기 위한 많은 권고안을 내놓았다. 유니버시티 칼리지는 이 개혁안을 실행에 옮기는 것 외에 다른 선택의 여지가 없었고, 개혁안에는 특정 유형의 펠로직 폐지도 들어 있었다.[25] 루이스는 학계의 새로운 현실에 적응해야 했다. 그는 학위를 하나 더 받아서 실력을 입증하고 또 다른 대학 공모상에 도전할 필요가 있었다. 메이컨은 루이스가 그렇게 한다면 칼리지 측에서 다시 장학생 자격을 부여하겠다고 넌지시 말했다. 그러면 수업료 걱정은 할 필요 없을 것이었다.

루이스는 아버지에게 편지를 써서 자신이 어떤 조언을 받았으며 그것이 어떤 의미가 있는지 설명했다. 그리고 전후 세계가 이전과 많이 달라져서 고전어와 고전문학, 고전철학이라는, 점점 더 난해하게 여겨지는 분야의 전문가들은 설 자리가 없을지도 모른다고 상황을 차분히 설명했다. 그가 옥스퍼드에서 교수자리를 얻지 못할 경우 현실성 있는 대안은 '교사직'뿐이었는데, 그것은 그야말로 최후의 방책일 뿐 루이스가 전혀 의욕을 느끼지 못하는 일자리였다. 어쨌건, 루이스는 자신이 잉글랜드 사립학교에서 좋아할 만한 교사후보가 아니라는 사실을 알고 있었다. 그의 몰번 시절을 비참하게 만들었던 '운동경기 능력 부재'는 결정적인 약점이 되어 그에게 불리하게 작용할 터였다. 그가 진지하게 임할 수 있는 유일한 선택지는 옥스퍼드 교수가 되는 것이었다. 옥스퍼드 교수에게 탁월한 운동실력을 기대하는 사람은 없었다. 하지만 채용 가능성을 높이려면 그가 그레이츠에서 보인 일반적인 탁월성을 특정 분야의 전문지식으로 보완할 필요가 있었고, 그 사실은 갈수록 분명해졌다. 루이스는 이 추가 학문이 무엇이 되어야 할지 이미 확신하고 있었다. 옥스퍼드에 "떠오르는 학문", 바로 영문학이었다.[26]

그러나 이 문제는 일단 뒤로 미루어야 했다. 학사자격 최종시험 준비에 모든 시간을 다 쏟아야 했기 때문이다. 6월 8일부터 14일까지 루이스는 로마 역사, 논리, 그리고 처음 접하는 필로스트라토스^{Philostratus}의 그리스어 글과 키케로의 라틴어 글 번역 문제가 나열된 시험지들을 상대했다. 떨어지지는 않겠다는 자신은 있었지만 성적이 어떻게 나올지 확신할 수 없었다.

최종시험은 끝났고 루이스는 결과를 기다리는 동안 마음을 진정시키기 위해 시 「다이머」(Dymer)의 몇몇 칸토를 썼다. 그는 「다이머」를 호메로스, 밀턴, 테니슨의 전통을 이어받은 서사시로 구상했다. 기본 구상은 그레이트 부컴 시절에 시작했지만, 본격적인 구상 시점은 1922년이었다. 1922년부터 1924년까지 루이스의 일기에는 "오늘 오후에는 「다이머」를 썼다"는 식의 짧은 언급이 자주 등장한다. 1926년에 출간된 이 작품에 대해서는 나중에 다시 다루기로 하자.

시험결과를 기다리는 동안 루이스는 다소 위태로운 재정상황을 해결하기 위해 몇 가지 시도를 했다. 돈을 벌어 볼 요량으로 지역신문 「옥스퍼드타임스」(The Oxford Times)에다 8월과 9월에 초중고 남학생이나 학부생에게 고전 개인교습을 해줄 수 있다는 광고를 냈다. 옥스퍼드에서 기차로 30분 거리에 있는 레딩 대학의 고전학 강사 자리도 알아봤다. 하지만 인터뷰를 해보니 그 자리를 얻으려면 레딩으로 이사를 가야 했다. 루이스는 집안 사정상 그럴 수가 없었다. 헤딩턴 스쿨에서 잘 지내는 모린의 학교공부나 교우생활을 망치고 싶지 않았던 것이다. 그는 강사직 지원을 포기했다. 물론, 아버지에게는 상황을 다르게 설명했다. 자신은 레딩에서 찾고 있던 "순수" 고전학자가 아니라는 것이었다.[27]

그때 또 다른 가능성이 나타났다. 모들린 칼리지(Magdalen College)에서 고전학 펠로직 공고가 나온 것이다. 루이스는 지원해 봐야 안 될 거라는 말을 이미 들은 터라, 채용가능성이 있어서라기보다는 의무감에서 지원서를 냈다. 결과는 9월의 경쟁시험으로 판가름이 날 터였다. 그때까지 채용가능성을 높이기 위해 루이스가 할 수 있는 일은 없었다.

어쨌건, 루이스에겐 그 외에도 걱정할 일들이 있었다. 7월 28일, 그는 구두시험을 치르러 옥스퍼드의 하이스트리트에 있는 이그재미네이션 스쿨Examination Schools을 찾았다. 그의 회상에 따르면 구두시험은 5분도 안 걸렸다. 그는 "가엾은 늙은 플라톤"이라는 지혜롭지 못한 언급을 포함해 시험문제지에 적은 진술 중 일부에 대해 시험관들 앞에서 해명해야 했다. 며칠 후, 무어 부인은 여름을 지낼 새 집(힐스버러)을 찾아 헤딩턴 웨스턴 2번로로 다시 이사를 했는데,[28] 그곳에서는 임대료를 따로 내지 않아도 되었다. 무어 부인은 루이스 못지않게 재정상황 때문에 불안해했고, 완퍼드 로의 집은 로드니 페이즐리 부부에게 재임대하여 세를 받고 웨스턴 로의 집에도 하숙생을 들였다. 한 푼 한 푼이 아쉬운 상황이었다. 그녀는 돈을 벌기 위해 바느질 일감도 받았다. 그해 11월 무렵에는 그녀가 일감을 너무 많이 맡는다고 루이스가 일기장에 적었다.[29] 위태로운 재정상황 때문에 감당하기 힘든 긴장감이 쌓여 갔다.

8월 4일, 루이스는 학사자격 최종시험 결과가 언제 공고되는지 알아볼 참으로 이그재미네이션 스쿨로 갔다. 놀랍게도, 결과는 이미 나와 있었다. 그는 1등급을 확보한 19명의 명단에서 자신의 이름을 발견하고 안도했다. 그런데 이제 그는 무엇을 해야 할까?

결국, 루이스는 모들린 칼리지에서 채용공고를 낸 고전학 펠로직을 얻기 위해 모든 노력을 쏟았다.[30] 그 자리는 그해 모들린 칼리지가 채용공고를 낸 세 개의 펠로직 중 하나이고, 장시간의 지필시험을 거쳐 공개경쟁으로 선발될 터였다. 9월 29일, 루이스는 다른 열 명의 후보자들과 함께 1차 시험을 치르러 모들린에 나타났다.[31] 그는 다른 후보들의 역량을 깨닫고 낙심했다. 후보자 중에는 유잉A. C. Ewing, 1899-1973과 도즈E. R. Dodds, 1893-1979도 있었다(도즈는 1936년에 옥스퍼드 대학 그리스어 흠정교수가 되었다). 자신이 뽑힐 확률이 대단히 낮다는 것을 인식한 루이스는, "펠로직 지원에 떨어진 것으로" 여기고 영문학 공부를 준비할 거라고 일기장에 적었다.[32] 10월 12일이 되어서야 루이스는 다른 후보가 해당 모들린 펠로 자리를 얻었다는 사실을 알게 되었다.[33] 그 무렵, 루이스는 이미 개별 지도교수의 조언을 따라 영문학 공부에 전념하고 있었다.

모들린 칼리지 학장 허버트 워렌 경 Sir Herbert Warren, 1853-1930은 11월에 루이스에게 친서를 보내 그가 고전학 펠로직에 선출되지 못했음을 공식적으로 알리고 몇 가지 의견을 제시했다. 모들린은 그 무렵 3명의 신임 펠로를 선출했는데, 워렌은 루이스가 유력한 후보였다고 설명했다. 하지만 모들린 칼리지가 해당 고전학 펠로 자리를 다른 후보에게 제의했다는 사실은 변함이 없었다.

> 무슨 이유인지는 모르나, 귀하가 역량을 충분히 다 발휘하지 못했다고 봅니다. 귀하는 충분한 소양을 갖추었고 펠로직 기준에 도달한 여섯 사람 중 한 사람으로 특히 언급되었으며 펠로로 선출될 자격이 충분했습니다. 그러나 최종추천을 받은 세 명 중 한 사람은 아니었습니다.[34]

워렌의 편지에는 인정과 비판이 비슷한 비율로 섞여 있었다. 하지만 편지를 꼼꼼히 읽어 보면 숨은 메시지는 결국 격려임을 알 수 있다. 재능은 있지만 때가 무르익지 않았다, 또 다른 기회가 있을 것이다, 라는 내용이었다.

1920-1922년 사이의 루이스의 일기와 편지를 보면 장래, 특히 구직을 둘러싼 그의 불안과 계획을 알 수 있다. 고전학 교수자리를 정 얻지 못할 경우, 대신 철학을 가르치는 자리는 얻을 수 있지 않을까 궁리해 보았

다. 학부 시절 공부한 내용으로 철학은 확실히 파악하고 있었기 때문이다. 루이스는 장래문제에 몰두한 나머지 다른 문제들, 특히 고향 아일랜드에서 일어나는 심각한 정치적 긴장에 신경 쓸 여유가 없었던 것 같다. 루이스는 정치적 혼란으로 아일랜드를 뒤흔들어 놓았던 1920-1923년의 중대한 사건들을 흥미로울 만큼 거의 언급하지 않는다. 제1차 세계대전으로 새로운 추진력을 얻은 아일랜드 독립을 위한 정치투쟁은 1919년의 폭력사태로 터져 나왔다. 영국은 아일랜드공화군$^{\text{Irish Republican Army, IRA}}$에게 시골 지역의 지배권을 빼앗기기 시작했다. "피의 일요일"(1920년 11월 21일)에는 IRA가 더블린에서 열네 명의 영국측 정보요원들과 밀고자들을 죽였다. 같은 날, 영국 당국이 크로크 공원에서 복수를 감행하면서 열네 사람이 죽었다. 폭력사태는 북쪽도시 런던베리와 벨파스트로 퍼져나갔고, 개신교 공동체는 아일랜드공화군 무장세력에게 위협을 느꼈다.

    1920년, 영국정부는 아일랜드에 제한적인 자치를 허용했다. 그러나 아일랜드인들은 위임통치가 아니라 정치적 민족적 독립을 원했다. 폭력 사태는 계속 이어졌다. 1921년 7월 11일, 휴전이 선언되었지만 벨파스트의 폭력사태는 멈추지 않았다. 1922년 12월 6일, 마침내 영국정부는 아일랜드자유국$^{\text{Irish Free State}}$ 설립에 동의했다. 개신교도들이 주류를 이룬 북쪽의 여섯 개 카운티는 아일랜드자유국의 일부로 남을지 영국으로 다시 합류할지 결정할 한 달의 유예기간을 받았다. 다음 날, 북아일랜드 의회는 다시 영국의 일부가 되게 해달라고 요청했다. 아일랜드는 그렇게 분할되었다.

    루이스는 아일랜드의 가족과 친구들에게 중요한 의미가 있었던 이런 상황전개에 이상할 만큼 무관심했고, 남의 일처럼 여기는 듯 보였다. 역사적인 날, 1922년 12월 6일의 일기를 보면, 루이스의 마음속에 있던 큰 질문은 아일랜드의 독립도 벨파스트의 정치적 미래도 아버지의 안전도 아니었다. 아침식사breakfast라는 단어를 "여덟 시의 차 한잔"으로 봐야 할지 "11시의 로스트비프"로 봐야 할지 여부였다.[35] 그는 왜 자신의 생애에 벌어진 아일랜드 최대의 정치·사회적 격변에 그렇듯 무관심했던 걸까? 가장 뻔한 대답이 가장 설득력 있는 대답일 것이다. 루이스는 자신이 더 이상 그곳 사람이 아니라고 생각했던 것이다. 그의 집도 진짜 가족도 마음도 모두 옥스퍼드에 있었다. 그의 가정생활의 중심축은 아버지 알버트 루이스가 아니라 무어 부인이었다.

무어 부인: 루이스 생애의 초석

이 시점에 루이스와 무어 부인의 관계를 좀 더 자세히 살펴볼 필요가 있다. 루이스의 특이한 가족관계는 옥스퍼드에 잘 알려져 있지 않았다. 1930년대에 그를 알았던 대부분의 사람들은 루이스가 헤딩턴에서 '어머니'와 같이 사는, 전형적인 미혼남 교수라고 생각했다. 친어머니는 그가 어릴 때 세상을 떠났고 남아 있는 '어머니'는 루이스의 인생에서 더 복잡한 역할을 했다는 사실을 아는 사람은 거의 없었다.

 루이스의 사생활에 대한 많은 기록들은 무어 부인과의 관계를 상당히 부정적으로 그리고 있다. 와니가 무어 부인에 대해 털어놓은 반감을 사실로 받아들였기 때문이다. 그녀는 고압적이고 이기적이고 요구사항이 많은 사람, 루이스를 종이나 심부름꾼 다루듯 하면서 지적인 자극은 전혀 제공하지 못한 사람으로 그려진다.

 1940년대 후반에는 그런 평가를 받아들일 만한 합당한 이유가 있다. 그 무렵 무어 부인의 건강이 나빠졌고, 치매가 시작되면서 점점 더 까다로워졌기 때문이다. 하지만 그때 루이스를 힘들게 만든 원인은 병든 무어 부인의 고약한 요구뿐 아니라 와니의 알코올 중독도 있다. 그리고 무엇보다, 20년 후의 상황을 앞 시점에 집어넣어 이해해서는 안 된다. 젊은 시절 무어 부인은 외롭고 힘든 루이스가 가족 누구에게도 정서적 지지와 위로를 받지 못할 때, 곁에 있어 주었다. 프랑스의 전쟁터로 떠날 때(이때 아버지가 곁에 없었던 것은 루이스에게 큰 상처가 되었다), 전쟁의 상처에서 회복되는 기간에, 그리고 옥스퍼드에서 교수 자리를 구하던 시절에 그와 함께했던 것이다. 무어 부인은 전장에서 돌아온 그에게 상당히 안정되고 체계가 잡힌 환경을 조성해 주었고, 덕분에 그는 학교생활에 순탄하게 적응할 수 있었다.

루이스는 어머니와 일찍 사별했고 아버지의 (의도는 좋았지만) 신중하지 못한 결정에 따라 가족과 떨어져 잉글랜드의 기숙학교로 떠나야 했다는 사실을 기억해야 한다. 1951년, 영국의 심리학자 존 볼비 John Bowlby, 1907-1990는 전쟁으로 인해 살던 곳을 떠나야 했던 아동들의 정신건강 문제를 다룬 세계보건기구 보고서를 내놓았다. 그가 내린 결론은 유년기의 대인관계 경험이 심리발달에 중대한 영향을 준다는 것이었다.[36] 볼비는 더 나아가 "안전기지"secure base라는 개념을 발전시켰는데, 안전기지에서 아이는 어려움에 맞서고 독립심을 기르고 정서적으로 성숙하는 법을 배운다. 그러나 알버트 루이스의 결정에 영향을 끼치기에는 볼비의 연구 결과가 너무 늦게 나왔다. 어린 시절의 루이스는 분명 그런 안전기지를 확보하고 있었다. 하지만 그것은 어머니의 죽음과 본의 아니게 적응해야 했던 기숙학교 생활로 산산조각 났다.

루이스는 『예기치 못한 기쁨』에서 어머니의 죽음이 끼친 영향에 대해 썼는데, 자세히 살펴볼 가치가 있다. "이제 바다에는 섬들만 떠 있을 뿐이었다. 거대한 대륙은 아틀란티스처럼 가라앉고 없었다."[37] 루이스는 지리적 이미지를 구사하는 유려한 언어로 안정과 안전을 상실하고 장래의 회복을 갈망하는 정서를 표현해 냈다. 그는 안전하고 영구적인 항구를 찾지 못해 바다를 항해해야 할 운명에 처한 사람과 같았다. 1920년대에 쓴 루이스의 글을 보면 무어 부인의 가족이 그에게 안전기지를 제공했다는 강력한 증거를 찾을 수 있다. 그녀는 루이스가 일자리를 구하려 애쓰는 기간에 그를 응원하고 격려해 주었다. 하지만 그녀는 교육을 많이 받은 사람이 아니었고 그와 학문적으로 마음을 나눌 상대가 될 수가 없었다. 이 점을 염두에 두면 루이스가 이후 제대로 된 책을 쓸 수 있는 지적인 여성들에게 끌리는 모습을 이해할 수 있다. 하지만 무어 부인은 루이스가 학자로서 첫걸음을 내딛던 이 시기에 중요한 환경을 제공해 주었다고 할 수 있다.

분명한 것은 무어 부인이 루이스에게 맞춤형 가족을 제공했다는 점이겠다. 1922년부터 1925년 사이의 일기를 보면 그가 리틀리에서 어머니의 죽음을 겪으며 잃어버렸다고 생각했던 것, 곧 안정되고 든든한 가정생활을 누리고 있음을 알 수 있다. 모린은 그에게 여동생이 되었고 그는 그녀에게 오빠가 되었다. 루이스의 성장에 대한 기록들은 모린을 대개 무시해 버리는데, 루이스의 일기를 보면 많은 이들이 생각하는 것보다 훨씬 호의적으로 그녀를 언급하고 있다.

루이스가 집안의 온갖 시시콜콜한 허드렛일을 했다는 것은 분명하다. 동네가게에 마가린을 사러 가고, 버스정류장으로 뛰어가 무어 부인이 두고 온 지갑을 찾아오고, 무어 부인의 침실 커튼레일이 떨어지면 즉시 달아야 했다. 그는 집안의 유일한 남자였고 가족을 위해 기꺼이 제 몫

루이스, 모린, 무어 부인, 1927년 콘월의 세인트아그네스만에 있는 찻집 발코니에서.

을 감당하려 했던 것 같다. 루이스는 해야 할 일을 한 것이다. 루이스는 그런 임무들이 '궁정풍 연애' 전통에 따라 능히 감당할 수 있는 일들이라 보았다. 그는 궁정풍 연애가 고결하고 명예로운 행동강령이라고 선언했다. 청년이 그에 따라 "그의 귀부인의 분부대로 어떤 위험도 감수하고 어떤 일이라도 떠맡게" 된다는 것이었다.[38] 루이스는 집안의 허드렛일을 품위 있는 궁정풍 연애의 표현방식으로 생각함으로써 거기에 위엄과 의미를 부여했다.

무어 부인은 루이스가 어울리는 사람들의 범위를 넓혀 주기도 했다. 그녀는 지나칠 정도로 손님 대접을 자주 했는데, 가족과 친구들을 꾸준히 저녁식사에 초대했다. 덕분에 루이스는 유니버시티 칼리지의 벽에만 갇혀 지냈다면 결코 습득하지 못했을 인간관계의 기술과 정서지능을 계발할 수 있었다. 본인도 기꺼이 인정했겠지만, 루이스가 어울리는 친구들은 상당히 제한되어 있었다. 그는 아버지에게 보낸 편지에서 자신이 "주로 어울리는 문학청년들을 표준적이고 전형적인 사람들로 여기는 경향이 있다"고 썼다.[39] 루이스는 그레이츠를 공부하는 동안 친구를 별로 사귀지 않았는데, 다른 학생들은 그를 "대하기가 쉽지 않다"고 여겼기에 "무거운 루이스"Heavy Lewis라는 별명을 얻었다(호의적이지 않은 이 별명은 제1차 세계대전 당시 쓰였던 루이스경기관총을 두고 한 말장난이었을 것이다).[40] 루이스가 사람들과 어울리는 능력을 늦게나마 계발할 수 있었던 것은 그가 속한 집단보다는 무어 부인이 초청한 사람들 덕분이었을 것이다.

무어 가정에는 헤딩턴 스쿨에 다니던 모린의 친구들이 정기적으로 놀러 왔다. 그중 한 사람, 메리 위블린이 1920년대 초 루이스의 일기장에 자주 등장한다. 위블린("스머지"라는 애칭으로 자주 등장한다)은 모린의 음악 교사였다. 루이스는 수업료 대신 그녀에게 라틴어를 가르쳐 주었다. 그녀와 루이스 사이에 로맨스가 싹틀 조짐이 있었다는 여러 암시가 있다. 하지만 결국 아무 일도 생기지 않았다. 어쩌면 루이스와 무어 부인의 복잡한 관계가 장애물이 되었을지도 모른다.

영어영문학 장학생(1922-1923)

옥스퍼드는 진지한 연구 주제로 영문학의 중요성을 인식하는 데 발 빠르지 못했다. 유니버시티 칼리지 런던과 킹스 칼리지 런던에서는 1830년대부터 영문학 학부과정을 개설했다. 영문학이 중요성을 띄게 된 데는 많은 요인이 촉매로 작용했다. 빅토리아 여왕의 장기통치에 힘입어 영국에는 국가적 정체성에 대한 강한 의식이 생겨났다. 많은 기민한 정치가들이 영국의 풍부한 문학적 유산을 강조하는 일의 중요성을 깨달은 것도 중요한 요인이다. 여기에다 1882년, 옥스퍼드가 획기적으로 영어영문학 정교수직을 제정했다. 하지만 영문학부는 꾸준한 설립 요구가 있었음에도 1894년이 되어서야 개설되었다.[41]

간단히 말해, 옥스퍼드는 그런 일체의 사태 변화에 저항했다. 1894년의 영문학부 설립은 그야말로 논쟁과 불만에 휩싸였다. 어떤 이들은 영문학부 도입이 실력이 떨어지는 학생들에게 수월하고 부질없는 공부거리를 주는 방편이라고 조롱했다. 이류로 보일 법한 새로운 학위를 만들어 내는 일이 위험하다고 우려하는 이들도 있었다. 그레이츠는 내용이 풍부하고 방대했다. 영문학이 과연 소설과 시에 대한 주관적인 사색거리 이상의 학문 주제가 될 수 있을까? "셸리에 대한 단순한 잡담"이 진지한 학문의 대상이 될 수 있을까?[42] 그것은 인상에 근거한 피상적인 활동으로, 옥스퍼드 대학이 권장하는 공부가 아니었다.

그럼에도 불구하고, 영문학을 학문적으로 연구해야 한다는 압력은 높아졌다.[43] 옥스퍼드의 많은 전통주의자들이 볼 때, 영문학은 여전히 잉글랜드의 사립학교 교사 수준의 조금 떨어지는 남학생들이나 여자들에게나 어울리는 만만한 학문이었다. 과학과 인문학 연구에서 배제된 옥스퍼드의 많은 여성이 영문학을 학계 진출을 위한 소수의 길 중 하나로 보았다. 옥스퍼드 여성고등교육증진협회 Association for Promoting the Higher Education of Women in Oxford는 1892년부터 학생들을 위한 연속강연과 강의를 조직했는데, 영문학 강좌가 주종을 이루었다.

빅토리아 시대 후반에 영문학 공부를 중요하게 여기게 된 두 번째 그룹은 공무원들이었다. 인도총독부 Indian Civil Service는 최고의 인재를 채용하고 승진시키고자 1855년부터 영문학 시험을 도입했다. 옥스퍼드 학부생 중에서 제국의 공무원이 되기를 바란 이들은 이러한 시대의 흐름에 주목하고 영문학 공부를 시작했다. 하지만 옥스퍼드의 강조점은 분명히 **영문학**보다는 **영어**에 있었다. 영국의 제국주의가 빅토리아 시대 후기와 에드워드 시대에 위세를 떨치면서 영문학 공부는 급부상하는 미국인들과 반역을 일삼는 식민지 주민들에게 영국의 문화적 우월성을 내세우고 확증하는 수단으로 여겨지게 되었다.

잉글랜드가 제1차 세계대전에서 독일에 승리하면서 민족주의가 약간 기세를 얻었고, 그에 따라 영문학 공부에 애국적 동기가 더해졌다. 하지만 옥스퍼드에서의 영문학 공부가 늘어난 데는 민족주의 재등장 말고도 다른 요인들이 더 있었다. 문학은 생각이 깊은 많은 이들에게 전쟁의 트라우마와 참화를 다루는 길을 제시했고, 새로운 방식으로 질문을 제기하여 기성체제의 단순하고 맹목적인 애국주의를 넘어서는 영적 해결책을 찾게 해주었다.

"전쟁 시인들"의 등장이 이러한 사태 변화에 중요한 역할을 했다. 많은 이들이 글을 쓰면서 위로를 발견했고, 전쟁의 악몽을 새롭고 유용한 방식으로 볼 수 있었다. 그런가 하면 어떤 이들은 이 시인들이 폭력과 전쟁의 허무함에 대해 정당한 분노를 표현한다고 보았고, 그 분노를 정치사회 분야에서 건설적으로 분출할 방법을 찾았다. 전쟁 직후의 시대에서 영문학 공부의 동기는 복잡했을 것이다. 하지만 그런 동기들은 매우 실질적이었고, 한때 고전학 공부보다 문화적 지적으로 열등하다고 여겨졌던 분야에 대한 새로운 관심을 낳았다.

1920년대가 되면서 옥스퍼드의 영어영문학부는 전후 이 과목에 대한 관심이 되살아난 데 힘입어 점차로 규모를 갖추었다. 앞에서 거론한 역사적인 이유들로 인해 여학생들과 인도총독부에서 일하는 데 관심이 있는 사람들이 영문학부의 주류를 이루었다. 옥스퍼드 영어영문학부가 커짐에 따라, 칼리지들이 이런 흐름에 주목하여 영어영문학 개별지도 담당 펠로 자리가 생겨나기 시작했다. 루이스가 이런 상황변화를 몰랐을리 없다. 고전학이나 철학에서 자리를 잡을 수 없다면 이제 다른 가능성이 있었다.

루이스는 1922년 10월 13일에 영어영문학 공부를 시작했는데, 그날 그는 유니버시티 칼리지의 파커슨 A. S. L. Farquharson 을 만나 무엇을 공부할지 상의했다. 파커슨은 그에게 독일로 가서 독일어를 공부하라고 조언했다. 유럽문학에 미래가 있고 일자리도 잡을 수 있을 거라고 본 것이다. 그러나 루이스는 여러 이유들로 인해 이 조언을 따르지 않았다. 무어 부인과 모린은 루이스가 적국이었던 나라를 방문하는 것이나 집 안팎에 할 일이 쌓여 있는데 오랫동안 집을 비우는 것을 달가워하지 않았을 것이다.

영문학 공부는 만만치 않았다. 방대한 문학작품에 푹 잠겨야 했고, 일부 고전 텍스트들을 읽는 데 필요한 언어학적 기술을 습득해야 했다. 그러나 진짜 문제는 3년에 걸쳐 공부하도록 설계된 과정을 루이스가 아홉 달 안에 해내고 있다는 점이었다. 보통의 학부생은 1학년 때 기본적인 내용을 공부한 다음 나머지 2년에 걸쳐 보다 자세한 공부로 넘어가게 된다. 그런데 루이스는 이미 옥스퍼드 학위를 하나 취득한 "상급 지위"의 보유자였기에 첫해 과정은 면제를 받았다. 그러나 마지막 2년 과정을 1년에 몰아서 공부해야 했다. 그러지 않으면 "우등과정을 받기엔 너무 오래 머무른" 것이 되어 보통 졸업학위만 받게 될 터였다. 학계에 이름을 알리고 교수 자리를 얻기 위해서는 1등급 우등학위를 꼭 따야 했다.

이 무렵 잉글랜드의 오래된 두 대학에서 영문학에 대한 접근방식이 크게 갈라지기 시작했다. 옥스퍼드 영문학부가 1920년대와 1930년대 내내 문학작품의 역사적인 질문, 본문상의 질문, 문헌학적 질문에 초점을 맞춘 반면, 리처즈[I. A. Richards, 1893-1979]와 리비스[F. R. Leavis, 1895-1978] 같은 학자들이 주도한 케임브리지 영문학부는 보다 이론적인 접근방식을 채택해 문학작품들을 과학적인 문학비평을 할 수 있는 "텍스트"나 "대상"으로 취급했다. 루이스에겐 옥스퍼드의 방식이 잘 맞았다. 그는 본문과 저자에 초점을 맞추었고 문학이론에 반감을 갖게 되었는데, 이것은 이후 그의 학술저작에 줄곧 나타나는 특징이 되었다.

루이스는 촌각을 아껴 가며 영문학 공부에 전념했다. 1922-1923학년에 그는 평소보다 편지를 적게 썼다. 이때 쓴 여러 편지에서 그는, 고(古)영어(앵글로색슨어)에 대한 관심이 커지고 있고 이 언어를 습득하는 데 적잖은 부담이 있다고 밝히고 있다. 그는 그레이츠 동료 학생들과 영문학과 학생들 사이에 명확한 사회학적 구분이 존재한다는 것도 인식하게 되었다. 그는 일기에다 영문학과는 주로 '여자, 인도인, 미국인'들로 이루어져 있고 그들은 그레이츠 학생들에 비해 "아마추어 같은 모습"이 있다고 적었다.[44] 1922년 마이켈마스 학기에 쓴 일기에는 생생한 지적 고독감이 풍겨나는데, 이따금 그것을 진정시켜 주는 흥미로운 강의와 지적인 자극을 주는 대화가 기록되어 있다. 그러나 대부분의 경우, 루이스는 책에서 정신적 즐거움을 얻었고, 독서 목록에 있는 책을 다 읽기 위해 자정까지 공부하는 일이 많았다.

그리고 새로운 친구들이 나타나 아서 그리브즈와의 오랜 우정을 보완하기 시작했다(결코 대체하지는 못했다). 그들 중 두 사람이 특히 중요하다. 루이스가 오언 바필드[Owen Barfield, 1898-1997]를 처음 만난 것은 1919년이었다. 당시 바필드는 워덤 칼리지에서 영문학을 공부하고 있었다. 루이스는 그가 지적이고 책을 많이 읽은 사람임을 금세 알아봤지만 두 사람은 거의 모든 것에 대해 의견을 달리했다. "나의 지식은 바필드가 잊어버린 지식에 못 미친다." 루이스는 일기장에 유감스럽게 털어놓았다.[45]

루이스는 바필드가 "내 비공식적 스승 중 가장 지혜로운 사람"이라고 말했고,[46] 그가 잘못을 지적하면 기꺼이 수용했다. 그중 한 가지 사례로 루이스는 철학을 "과목"이라고 부른 실수를 들었다. 바필드는 이렇게 응수했다. "플라톤에게 철학은 과목이 아니었어. 삶의 방식이었지."[47] 바필드는 1924년에 루돌프 슈타이너Rudolf Steiner의 강의를 듣고, 과학적 방법론을 인간의 영적 체험에도 적용하려고 했던 그의 '인지학'anthroposophy에 관심을 갖게 되었다. 인지학은 당시 무신론자였던 루이스와 그 사이에서 주된 논쟁거리가 되었다. 루이스는 두 사람 사이에 이런저런 문제들로 "대전"(大戰)이 벌어졌다고 농담조로 말했다. "내 인생에서 몰아내려고 그토록 애를 썼던 모든 것들이 갑자기 기세를 올려, 내 가장 친한 친구들을 통해 덤벼드는 것 같았다."[48] 루이스는 바필드가 제기하는 질문들이 자신을 궁지에 몰고 위협한다는 느낌을 받았는데, 스스로 생각하기에도 이 질문들에 만족스럽게 대답하지 못했기 때문이다.[49]

루이스는 바필드와 많은 점에서 달랐지만, 바필드 덕분에 자신의 생각에서 두 가지 근본적인 변화가 일어났다고 말한다. 첫 번째는 루이스의 표현대로 "연대에 관한 속물적 태도"를 허물어 버린 것이었다. 루이스는 그것을 "우리 시대에 통용되는 지적 풍토를 무비판적으로 수용하는 태도와 '무엇이든 시대에 뒤떨어졌다는 것만으로 신빙성이 없음이 드러났다'고 보는 가정"으로 정의했다.[50]

두 번째 변화는 실재에 대한 루이스의 생각과 관련이 있었다. 루이스는 당시 대부분의 사람들과 마찬가지로 "감각에 의해 드러나는 우주"를 "가장 근본적인 실재"로 가정했다. 루이스는 이것이 만물에 대한 가장 경제적이고 상식적인 사고방식이자 철저히 과학적인 방식이라고 여겼다. "나는 자연이 인간의 관찰과 독립적으로 존재하기를 바랐다. 무언가 다른 것, 무심한 것, 스스로 존재하는 것이기를 바랐다."[51] 그러나 인간의 도덕적 판단은 어떻게 봐야 할까? 즐거운 기분은? 아름다움의 경험은? 그런 주관적인 사고와 경험들이 이런 사고방식과 어떻게 조화를 이룰 수 있을까?

이런 의문은 쓸데없는 생각이 아니었다. 옥스퍼드의 학부생 시절 루이스는 그가 "새로운 외양"New Look이라 이름 붙인 합리적 사고방식에 영향을 받았고, 일시적인 "기쁨"의 경험이 인생의 깊은 의미를 푸는 실마리라는 일체의 생각을 버려야 한다고 믿게 되었다.[52] 루이스는 시대의 흐름에 몸을 맡겼고 당시 유행하던 이런 사고방식에 푹 빠져들었다. 소년 시절의 갈망, 동경, 경험은 결국 무의미한 것이었다고 믿게 되었다. 루이스는 자신이 "그 모든 것과 결별했다"고 생각했다. "그것들을 꿰뚫어" 보았기 때문이다. "다시는 속지 않을" 작정이었다.[53]

하지만 바필드는 이런 식의 논증이 일관성이 없다고 루이스를 설득했다. 루이스는 소위 '객관적인' 세계에 대한 지식을 확보하기 위해 내쳐버린 바로 그 내면의 사고패턴에 여전히 의지하고 있었기 때문이다. "감각으로 드러난 우주"만 일관성 있게 믿으려면 "논리와 윤리와 미학의 영역에서 행동주의 이론"을 받아들여야 했다. 하지만 루이스는 그런 이론을 믿을 수가 없었다. 대안은 인간의 도덕적 미적 직관을 과소평가하거나 무시하지 않고 그 중요성을 온전히 인정하는 것이었다. 루이스가 볼 때 이런 입장의 결론은 하나뿐이었다. "우리의 논리logic가 우주적인 로고스Logos에 동참하는 것이었다."[54] 그런 사고노선을 따라가면 어디에 이르게 될까?

이 테마를 다룬 작품이 「날 때부터 눈먼 남자」(The Man Born Blind)라는 짧은 이야기다.[55] 이 이야기가 특히 중요한 이유는 성인 루이스의 작품으로 살아남은 가장 초기의 산문픽션으로 보이기 때문이다. 썩 잘 쓴 작품은 아니고 루이스의 성숙한 문체와 강력한 상상력과 비전도 보이지 않는다. 기독교로 회심하기 전에 쓴, 2천 단어 분량에도 못 미치는 우화다. 기본 테마는 눈먼 채로 태어났다가 시력을 되찾는 사람의 이야기다. 그는 빛을 보기를 기대하지만, 빛이란 보이는 대상이 아니라 보는 것을 가능하게 해주는 무엇이라는 것을 이해하지 못한다. 우리는 빛을 보는 것이 아니라 **빛을 통해** 다른 것을 본다.

루이스가 볼 때 인간의 사고는 '우주적인 로고스'에 의지하며, 우주적인 로고스 자체는 보이거나 이해되는 대상이 아니고 보이거나 이해될 수도 없다. 그러나 그럼에도 인간의 시력과 이해에 필요한 조건이다. 이런 생각은 플라톤 식으로 해석될 수 있다. 하지만 히포의 아우구스티누스Augustine of Hippo, 354-430처럼 플라톤 전통에 푹 잠겼던 초기 기독교 저술가들은 이런 생각이 기독교적 사고방식에 맞게 쉽사리 각색될 수 있음을 보여주었다. 실재를 비추어 주고 인류가 실재의 특징을 분별할 수 있도록 힘을 주는 존재가 하나님이라고 이해했던 것이다.

루이스가 영문학을 공부하던 시절에 사귄 두 번째 친구는 네빌 코그힐Nevill Coghill, 1899-1980이었다. 그는 제1차 세계대전에 참전했던 아일랜드 출신의 학생이었다. 코그힐은 엑시터 칼리지에서 역사로 1등급 학위를 취득한 후 영문학을 공부하기로 결정했다. 그리고 루이스처럼 그도 영문학 과정을 일 년 만에 마치려 하고 있었다. 그들은 조지 고든 교수가 가르치는 토론수업에서 처음 만나 자신들이 다루는 텍스트에 대한 서로의 통찰력을 높이 인정하게 되었다. 코그힐의 회상에 따르면 이런 텍스트 읽기는 "발견이 주는 도취감의 연속"이었고,[56] 옥스퍼드서 시골길을 오랫동안 걸으며 펼치는 긴 토론과 논쟁으로 이어졌다. 코그힐은 루이스가 이후의 생각들을 형성하는 데 중요한 역할을 하게 된다.

일 년간에 걸친 힘든 공부가 끝나고 루이스는 1923년 6월에 학사자격 최종시험을 치렀다. 이때 루이스가 쓴 일기에는 좌절감이 드러나 있다. 바랐던 것만큼 시험을 잘 보지 못했던 것이다. 그는 잔디를 깎으며 마음을 달랬다. 7월 10일에는 구술시험이 있었다. 루이스는 검은 가운, 검은 정장, 하얀색 나비넥타이로 구성된 옥스퍼드 예복 sub fusc 을 갖춰 입고 다른 응시자들과 함께 시험장에 나타났다. 시험관들은 다른 응시자들을 다 돌려보내고 시험답안에 대해 몇 가지 추가 질문을 하고 싶은 여섯 명을 남겼다. 루이스는 뒤에 남아 구술시험의 시련을 감당해야 할 응시생 중 하나였다.

두 시간 후, 루이스는 마침내 시험관들을 만났다. 그들은 그의 시험답안지에 대해 몇 가지 우려를 제기했다. 한 가지 질문에 대한 답으로 'little-est'라는 단어를 썼는데, 그런 이상한 단어를 쓴 것을 어떻게 정당화할 수 있겠느냐고 시험관이 물었다. 루이스는 눈 하나 깜빡하지 않고 대답했다. "새뮤얼 테일러 콜리지 Samuel Taylor Coleridge 와 토머스 풀 Thomas Poole 이 주고받은 서신에서 볼 수 있습니다."[57] 드라이든에 대한 평가가 너무 가혹한 것은 아닌가 하는 질문도 나왔다. 루이스의 생각은 달랐고 그 이유를 대답했다. 삼 분도 걸리지 않아 루이스는 시험장을 나왔다. 구술시험은 끝났다. 루이스는 이그재미네이션 스쿨을 떠나 집으로 돌아왔다. 그에겐 걱정거리가 많았다. 무엇보다 돈을 벌어야 했다. 남은 여름 기간 내내 그는 고등학교졸업자격시험 채점관을 맡아 고교생들이 쓴 수백 편의 대체로 지루한 에세이를 채점했다. 한편 무어 부인은 생활비를 벌기 위해 하숙생을 받았다.

　7월 16일, 시험 결과가 발표되었다. 시험에 응시한 90명의 학생 중에서 1등급 우등학위를 받은 사람은 여섯 명뿐이었는데, 그중에는 다음 두 사람의 이름도 있었다.

코그힐, N. J. A.(엑시터)

루이스, C. S.(유니버시티)

　루이스는 이제 '3중 1등급'을 확보했는데, 옥스퍼드에서 보기 드문 성취였다. 하지만 루이스의 취업전망은 여전히 좋지 않았다. 그는 충분한 자격을 갖추었고 박식했지만, 이후 아버지에게 털어놓은 것처럼 "실업상태로 표류했다."[58] 경기침체가 서구 세계의 여러 나라들을 괴롭히고 있었다. 상황은 암울했다. 루이스는 가르칠 수 있는 학생이나 신문이나 저널에 쓸 기삿거리를 절실한 마음으로 이리저리 찾아다녔다. 그는 돈이 필요했다.

　그러면 유니버시티 칼리지는 왜 이 시기에 영문학 개별지도 담당 펠로 자리를 개설하지 않았을까? 1896년, 옥스퍼드에서 처음으로 어니스트 드 셀린코트 Ernest de Sélincourt를 강사로 임명한 학교가 유니버시티 칼리지 아니었던가?[59] 하지만 셀린코트는 유니버시티 칼리지의 개별지도 담당 펠로로 임명되지 못했고 결국 1908년에 버밍엄 대학으로 자리를 옮겨 새로 개설된 영어영문학 정교수직을 맡았다. 제1차 세계대전이 끝난 후, 영문학을 공부하고 싶어 하는 학생들이 점점 더 많아졌다. 게다가, 유니버시티 칼리지에는 그 일을 맡을 능력을 넉넉히 갖춘 뛰어난 재능의 소유자 루이스가 있었다.

칼리지 펠로였던 로버트 마이노스$^{Robert Mynors, 1817-1895}$가 칼리지에 맡긴 유산에 그 답이 있었다.⁶⁰ 성공한 법정변호사였던 마이노스는 유니버시티 칼리지에 "사회과학을 연구하고 가르칠" 펠로 자리를 개설할 자금을 남겼다. 해당 자금이 마침내 칼리지로 전달되었고, 칼리지 측은 1924년에 '경제학과 정치학 펠로직'을 개설하기로 결정했다. 그러나 이들은 이렇게 펠로 자리를 하나 늘리는 것 이상의 여력은 없다고 생각했다. 1949년 피터 베일리가 영문학 펠로로 임명되기 전까지 이 상태는 그대로 이어졌다.

루이스가 옥스퍼드 내의 다른 곳에서 일자리를 구할 기회는 꾸준히 생겨났다가 번번이 사라졌다. 세인트존스 칼리지는 철학 개별지도교수를 원했다. 루이스는 기대를 품었지만 그 자리를 얻지 못했다. 1924년 5월 무렵, 루이스는 여전히 실업상태였고 찔끔찔끔 들어오는 일시적인 수입에 기대어 살았다. 당시 아버지에게 보낸 편지들에는 지출을 줄여 최소한의 것만 하고 산다는 이야기가 나온다. 그는 트리니티 칼리지에서 펠로 자리를 구하기를 바라고 있었다. 하지만 이제까지 그랬던 것처럼, 그것 역시 뜻대로 안 될 수 있었다.

그때 운명의 기회가 찾아왔다. 1923년 4월에 레지널드 메이컨이 유니버시티 칼리지 학장직을 사임하고 마이클 새들러 경이 그 자리를 이어받았다.⁶¹ 새들러는 1923년 여름에 루이스의 글을 읽고 나서 매우 훌륭하다고 판단했고, 여러 문학 동료들에게 그를 심사자 후보로 추천한 바 있었다. 1924년 5월 11일, 루이스는 상당히 흥분한 상태로 아버지에게 이런 내용의 편지를 보냈다. "유니버시티 칼리지 재학 시절 철학 개별지도교수였던 에드거 캐릿이 일 년 동안 미시건 주 앤 아버에서 가르치게 되었어요. 유니버시티 칼리지는 임시로 그 일을 대신할 사람이 필요해요. 새들러는 제게 200파운드의 급료로 그 자리를 제안했어요. 큰돈은 아니지만 아무것도 없는 것보다는 낫지요. 개별지도교수였던 파커슨의 관리를 받으며 일해야 할 거예요. 때가 되면 상황이 나아지겠지요. 트리니티에서 펠로 자리를 얻게 된다면, 유니버시티의 임시강사 자리는 그때 가서 물러도 될 거예요."62

트리니티 칼리지는 루이스를 좋아했다. 펠로들이 그를 저녁만찬에 초대했는데, 이것은 가능성 높은 후보자들을 모든 펠로들이 평가할 기회를 갖는 옥스퍼드의 전통적인 방식이었다. 그러나 그들은 더 맘에 드는 후보자가 있다는 결론을 내렸다. 루이스는 다시 기회를 놓쳤다. 하지만 이번에는 물러날 자리가 있었다.

루이스는 이제 일할 곳이 있었다. 하지만 그 자리는 그의 깊은 갈망을 채워 주지 못했다. 루이스는 시인이 되고 싶은 마음이 간절했지만 철학을 가르칠 수밖에 없었다. 「다이머」는 그가 시인의 열정을 쏟은 작품이었고 그에게 명성을 가져다줄 기반이었다. 그는 생계를 유지하기 위해 철학을 가르칠 수밖에 없어 답답해하는 시인이었다. 그런 처지에 놓인 시인은 그만이 아니었다. 엘리엇T. S. Eliot, 1888-1965은 런던 로이즈 은행의 식민지 및 해외 부서에서 일하면서 시를 썼다. 그런데 루이스는 그의 시가 도무지 맘에 들지 않았다.

엘리엇을 싫어한 나머지 몇 년 뒤 루이스는 연배가 높은 그 시인을 상대로 짓궂은 장난질을 시도했다. 엘리엇이 『뉴크라이티리언』(New Criterion)지의 편집장을 맡고 있던 1926년 6월, 루이스는 엘리엇의 문체를 흉내 낸 몇 편의 패러디 시를 그 저널로 보내면 좋겠다는 생각을 하게 되었다. 저널에서 그 패러디를 알아보지 못하고 출간하기를 바란 것이다. 루이스의 공모자 중 하나였던 헨리 요크가 멋들어진 첫 문장을 내놓왔다. "내 영혼은 창 없는 허울이다."[63] 불행히도, 그 다음 루이스가 간신히 지어낸 문장은 마르키 드 사드를 언급하여 사기행각의 실체를 드러내고 말았다. 결국, 그 장난질은 아무 성과 없이 끝났다.

 시를 쓴다고 해서 취직의 가능성이 높아지는 것은 아니었지만, 긴장을 푸는 데는 도움이 되었다. 1926년에 출간된 루이스의 시 『다이머』는 이전에 쓴 산문작품을 시로 고쳐 쓴 작품이었다. 이 시는 상업적 성공을 거두지도, 평단의 찬사를 받지도 못했다. 『다이머』의 실패가 잉글랜드 시인이든 아일랜드 시인이든 시인으로 인정받고 싶었던 루이스의 꿈에 종지부를 찍었다고 말해도 무방할 것 같다. 루이스가 아일랜드의 정서를 대변하는 시를 쓰게 될 가능성은 늘 있었다. 하지만 초기 옥스퍼드에서의 경험을 통해 그는 아일랜드 시의 호소력이 보편적인 것이 아님을 깨닫게 되었다. 예이츠(W. B. Yeats)는 왜 옥스퍼드 문학계에서 좀 더 존경을 받지 못하는 걸까? 그는 의아했다. "어쩌면 그의 목소리는 너무 아일랜드적인지도 몰라." 그는 이렇게 밝혔다.[64] 하지만 루이스는 자신의 목소리가 "아일랜드적"인 것으로 여겨지지 않을 것이라는 사실도 이해하게 되었다. 그는 무신론자였고, 보다 정확히 말하면 얼스터 개신교 출신의 무신론자였다. 이것은 '아일랜드인'의 강한 가톨릭 이미지와 들어맞지 않았다. 그리고 어쨌거나 그는 잉글랜드에서 교육을 받기 위해 어릴 때 아일랜드를 떠나 아일랜드인으로서의 생득권을 포기한 사람(이라고 비판자들은 말할 것)이었다. 게다가, 루이스는 딱히 아일랜드적인 테마로 글을 쓴 적이 없었다. 루이스는 아일랜드 시인을 자처하는 이들이 전통적으로 받아들인 주제가 아니라, 고전적이고 보편적인 주제들에 끌렸다. 루이스의 작가적 목소리는 고국 아일랜드의 영향을 받았을지 몰라도, 그 뿌리를 분명하게 밝히지 않았다.

나는 『다이머』를 읽으면서 몇몇 산발적인 시구나 시행에 깃든 언어적 우아함과 철학적 혜안에 기쁨을 얻었다. 하지만 그런 즐거운 순간은 드물고 희귀하다. 작품 전체의 수준은 거기에 미치지 못한다. 소수의 반짝이는 파편들이 드문드문 나타났다 사라지고, 광활하게 펼쳐지는 활기 없고 단조로운 시행들에 묻혀 버린다. 하나의 시로만 보자면 『다이머』는 신통치 않다. 오언 바필드의 친구 중 한 사람은 이렇게 평한 바 있다. "운율을 잘 맞춰 냈고, 어휘는 풍부하지. 하지만 시로 보자면 한 행도 쓸 만한 게 없어."[65]

루이스가 시인으로서의 한계를 마침내 받아들인 시점이 언제인지는 분명하지 않다. 그는 이후에도 사적인 즐거움을 위해, 그리고 머리를 맑게 하는 수단으로 계속 시를 썼다. 1926년 출간된 『다이머』의 실패로 그가 정체성의 위기를 겪거나 자신감을 잃지는 않았던 것 같다. 루이스는 자연스럽게 산문 작가로 거듭났다. 역설적이게도, 『다이머』는 루이스가 널리 인정받고 명성을 얻게 된 이유를 잘 보여준다. 시적 전망이 어려 있는 산문 구사 능력, 상상력을 사로잡아 뇌리에 맴도는 유려한 산문 구절 등이 그것이다. 단어가 주는 느낌에 대한 이해, 풍부하고 암시성 짙은 비유와 이미지, 생생한 묘사, 서정적 감각 등, 우리가 좋은 시를 생각할 때 떠올리는 특성들을 루이스의 산문에서 볼 수 있다.

모들린 칼리지의 펠로 자리

1924-1925학년에 루이스는 유니버시티 칼리지의 학부생들에게 철학을 개별지도하고 대학 전체를 대상으로 철학적 주제들에 대해 강의를 했

다. 그는 일에 치여 살았다. 1924년 8월 3일부터 1925년 2월 5일까지는 일기장의 기록이 없다. 그는 16회에 걸쳐 '가치기준 가운데 선(善)이 차지하는 지위'에 대해서 학부생 강의를 했다. 유니버시티 칼리지에서 10월 14일 화요일에 진행한 첫 번째 강의의 참석자는 네 명에 불과했다(같은 시간대에 프리차드[H. A. Pritchard]의 강의가 있었고, 대학 강의를 알리는 목록에는 루이스의 강의가 엉뚱하게도 펨브록 칼리지에서 열린다고 잘못 나와 있었다).[66]

루이스는 강의와 더불어 칼리지 학생들의 철학 과목을 개별지도했고 수입을 보충하기 위해 추가 일거리를 맡았는데, 주로 학교시험지를 채점하는 일이었다. 하지만 당장에 아무리 바빠도 곧 실직 상태로 돌아간다는 사실에는 변함이 없었다. 그의 일자리는 해당 학년이 끝나면 기한이 만료되는 임시직이었다. 1925년 여름부터는 실업자가 될 처지였다. 그때 그는 인생의 전환점이 될 소식을 접했다.

1925년 4월, 모들린 칼리지는 영어영문학 개별지도 담당 펠로를 뽑는다고 발표했다. '영문학 개별지도 담당 공식 펠로직' 공고에는 해당 펠로가 맡게 될 역할이 나와 있었다.

> 영어영문학부 우등과정에서 공부하는 모든 모들린 칼리지 학부생들을 튜터로 개별지도하고, 옥스퍼드 영문학부의 칼리지 대표로서 대학 전체를 대상으로 강의를 진행하고, 영문학부 일반과정에서 공부하는 학부생의 학업을 지도한다.[67]

모들린 칼리지 펠로들은 루이스의 이름을 이미 알고 있었고 펠로에게 요구되는 지적 기준을 충족시키는 인재로 보고 있었다. 그는 지체 없이 지원했다. 하지만 그가 다소 낙담한 채 아버지에게 쓴 편지에 나와 있듯, 선출가능성은 별로 없었다.[68] 그의 영어영문학 개별지도교수였던 프랭크 윌슨도 지원했다는 소문이 돌았는데, 이것은 모들린이 대부분의 옥스퍼드 칼리지들보다 재정형편이 좋다는 사실을 반영하는 것이었다. 루이스가 훨씬 경험이 풍부한 윌슨을 물리치고 뽑힐 가능성은 별로 없었다. 하지만 그는 먹구름 사이로 희미하게 비추는 한 가닥 희망을 볼 수 있었다. 윌슨이 이번에 펠로로 뽑힌다면 유니버시티 칼리지와 엑시터 칼리지 학생들을 가르치는 일은 그만두어야 할 테고, 그 학생들에겐 다른 교수가 필요하게 될 것이었다. 그 사람이 루이스가 되지 말라는 법은 없었다.

그러다 뜻밖의 상황이 벌어지면서 그는 희망에 부풀었다. 윌슨이 지원하지 않을 거라는 소식이었다! 힘과 용기를 얻은 루이스는 윌슨과 영문학 교수 조지 고든에게 자신을 모들린 펠로 자리에 추천해 달라고 편지를 썼다. 하지만 두 사람 모두 거절했다. 네빌 코그힐을 지지하기로 이미 약속했다는 것이었다. 그들은 루이스가 영문학에 관심이 있는지 몰랐고 철학 과목 일자리만 찾고 있는 줄 알았다고 알려 왔다. 둘 다 매우 미안해했지만 코그힐을 지지하기로 한 약속을 철회할 수는 없었다.

루이스는 큰 충격을 받았다. 모들린 칼리지의 진지한 고려대상이 되기 위해서는 윌슨과 고든의 지지가 대단히 중요했다. 그들의 뒷받침이 없이 선출될 가망은 희박했다. 그는 "누구라도 절망할 수밖에 없는" 상황이라고 아버지에게 써 보냈다. 그런데 또다시 뜻밖의 일이 벌어졌다. 네빌 코그힐이 모교인 엑시터 칼리지의 펠로 자리를 제의받은 것이다. 코그힐은 즉시 모들린 경쟁에서 빠졌고 윌슨과 고든 모두 루이스에 대한 전폭적인 지지를 약속할 수 있게 되었다. 영문학 정교수인 고든은

1910년 겨울, 눈이 쌓인 옥스퍼드 모들린 칼리지의 탑.

신청자 목록에 대한 모들린 칼리지의 문의를 받고 루이스를 최고로 여긴 다는 점을 분명히 밝혔다.

오랜 전통에 따라 모들린 칼리지는 펠로 전체의 평가가 가능하도록 가능성 높은 후보들을 저녁만찬에 초대했다. 루이스는 동료 파커슨에게 모들린의 복장규정에 대해 물었다. 파커슨은 자신만만하게 틀린 대답을 했다. 모들린은 이런 행사를 철저히 공식적으로 진행한다며 연미복 차림에 흰색 넥타이를 매라고 한 것이다.

그래서 루이스는 과도하게 공식적인 복장을 하고 제시간에 도착했다. 당혹스럽게도, 다른 사람들은 모두 훨씬 덜 공식적인 디너재킷과 검정 넥타이 차림이었다. 그러나 그는 부적절한 복장에도 불구하고 좋은 인상을 주었다. 루이스는 두 명의 후보가 경합 중이라는 소문을 듣게 되었는데, 한 명은 그였고 다른 사람은 아일랜드 출신의 존 브라이슨이었다.

그 다음 토요일, 루이스는 우연히 길에서 모들린 칼리지의 학장 허버트 워렌 경을 만나 몇 마디를 나누었다. 월요일에 워렌은 루이스에게 편지를 보내 다음 날 아침에 보고 싶다고 전했다. "대단히 중요한" 일이라고 했다. 루이스는 걱정이 되었다. 뭔가 잘못된 걸까? 모들린 펠로들이 그에게 문제가 될 만한 점을 발견해 탈락한 걸까?

루이스는 불안한 마음을 안고 모들린의 학장 숙소에 도착했다. 워렌은 다음 날 아침에 표결이 있을 거라고 말했다. 그는 루이스가 그들이 염두에 둔 후보라며, 그가 펠로의 의무와 책임을 제대로 이해하고 있는지 확인하고 싶다고 했다. 무엇보다, 그는 루이스가 영문학뿐 아니라 철학도 가르칠 수 있는지 분명히 확인해 두고 싶어 했다. 크게 안도한 루이스는 그렇게 하겠다고 분명하게 말했다. 그것이 전부였다. 워렌은 모임이 끝났음을 알렸고 다음 날 오후 유니버시티 칼리지에서 전화연락을 받을 수 있게 대기하라고 말했다.

기다리던 전화가 왔다. 루이스는 멀지 않은 모들린으로 걸어갔고, 그가 선출되었다는 워렌의 통고를 받았다. 조건은 500파운드의 급료, 칼리지 내의 숙소, 저녁식사 제공, 그리고 연금이었다. 계약기간은 처음에 5년으로 시작하지만 별다른 문제가 없으면 갱신될 거라고 했다.[69] 루이스는 우체국으로 달려가 아버지에게 전보를 보냈다. "모들린 펠로로 선출. 잭." 보다 자세한 공고는 5월 22일 「런던타임스」에 실렸다.

모들린 칼리지의 학장과 펠로들은 오는 6월 15일부터 5년 임기로 영어영문학 튜터를 담당할 칼리지의 공식 펠로직에 문학석사(유니버시티 칼리지) 클라이브 스테이플스 루이스 씨를 선출했다. 루이스 씨는 몰번 칼리지에서 처음 교육을 받았다. 1915년 유니버시티 칼리지 고전학 장학생이 되었고, (전쟁 복무 후) 1920년 고전학사 후보시험에서 1등급을 받았고, 1921년 영어 에세이 총장상을 탔으며, 1922년 리테라이 후마니오레스에서 1등급을, 1923년 영어영문학부 우등과정에서 1등급을 받았다.[70]

루이스는 더 이상 아버지에게 손을 벌리지 않아도 되었다. 그의 삶이 갑자기 안정되고 자리를 잡은 것처럼 보였다. 그는 6년이라는 긴 세월 동안 아무 불평 없이 격려와 "관대한 지원"을 계속한 아버지에게 감사를 전했다. 루이스는 목표를 이루었다. 마침내 옥스퍼드 교수가 된 것이다.

5

펠로직, 가족, 우정
: 모들린 칼리지에서의 초기 몇 년

1927-1930

옥스퍼드 모들린 칼리지는 윈체스터 주교이자 잉글랜드 대법관이던 윌리엄 웨인플리트$^{William\ Waynflete,\ 약\ 1398-1486}$가 1458년에 설립했다. 부유한 교구의 주교이고 가족이 없었던 웨인플리트는 모들린 칼리지를 키우는 일을 본인의 과업으로 여겼다. 그는 새 칼리지를 위해 20년에 걸쳐 여러 건물을 세우고 자산을 마련했다. 웨인플리트가 모들린의 첫 번째 학칙을 작성했던 1480년, 칼리지는 40명의 펠로, 30명의 장학생, 예배당 성가대를 뒷받침할 수 있을 정도로 부유해졌다. 옥스퍼드나 케임브리지 전체에서도 그렇게 여유가 많은 칼리지는 드물었다. 루이스가 펠로 자리를 잡았을 때도 많은 이들이 모들린을 여전히 세인트존스와 더불어 옥스퍼드에서 가장 부유한 칼리지로 여기고 있었다.

펠로직: 모들린 칼리지

루이스는 1925년 8월에 임명식을 통해 공식적으로 펠로가 되었다. 오랜 전통에 따라 모들린 칼리지의 펠로 전체가 모여 그의 임명식을 지켜보았다. 장문의 라틴어 문구가 낭송되는 동안 루이스는 학장 앞에 무릎을 꿇어야 했다. 그 다음, 학장은 루이스를 일으켜 세우고 그에게 "기쁨이 있기를"이라고 말했다. 루이스가 가운 자락을 밟고 흉하게 넘어지는 바람에 행사의 위엄이 다소 훼손되었지만, 그는 행복한 마음으로 일어나 행사장을 천천히 돌았고, 장내의 모든 사람이 '기쁨'이 있기를 바란다는 인사를 건넸다. 하지만 그들이 정말 바라는 바는 그 자리를 떠나 각자의 볼일을 보는 것임을 루이스는 알 수 있었다.[1] 독자는 '기쁨'이라는 단어가 루이스에게 의미하는 바를 생각하며 그 단어를 주목하여 보았을지도 모르겠다.

    루이스가 실제로 펠로로 일한 시점은 10월 1일이었다. 그 사이 루이스는 벨파스트에서 아버지와 두 주 이상을 보내고, 모들린의 뉴 빌딩(1733)에 있는 숙소로 이사했다. 위엄 있는 18세기 팔라디오풍 건물인 뉴 빌딩은 원래 새로운 쿼드랭글^{quadrangle}(네 개의 건물이 사각형 안뜰을 둘러싼 형태의 건축물로 대학에서 많이 볼 수 있다—옮긴이)의 북쪽 면으로 설계되었지만, 결국 단독건물로 지어져 홀로 멋진 경관을 만들어 냈다. 루이스는 3번 계단 3호실을 배당받았는데, 침실 하나와 거실 둘로 이루어진 숙소였다. 큰 거실은 사슴 떼의 서식지인 모들린 숲$^{\text{Magdalen Grove}}$ 북쪽으로 창이 나 있었다. 침실과 작은 거실은 남향이어서, 잔디밭 너머에 있는 모들린 칼리지의 주요 건물들과 유명한 탑이 한눈에 들어왔다. 루이스는 옥스퍼드에서도 손꼽힐 만큼 아름다운 풍경의 주인이 되었다.

모들린 칼리지의 학장과 펠로들, 1928년 7월. 칼리지 학장이던 허버트 워렌 경(앞줄 가운데)의 퇴임을 기념하며 찍은 사진이다. 루이스는 워렌 경 오른편 뒷줄에 서 있다.

당시에 있던 모들린 칼리지만의 독특한 문화를 만든 장본인은 펠로들이 "삼보"라는 애칭으로 부르던 허버트 워렌 경이었다. 그는 1885년에 서른두 살의 나이로 칼리지 학장으로 선출되었고 1928년에 가서야 은퇴했는데, 42년 동안 학장으로 있으면서 칼리지를 그의 입맛에 맞게 만들어 놓았다. 워렌이 확립해 놓은 모들린의 가장 두드러진 학교문화로 "펠로들 간의 과장된 관계와 공동생활"을 빼놓을 수 없을 것이다.[2] 펠로들은 가능하면 점심과 저녁식사를 함께해야 했다. 루이스처럼 칼리지 안에서 사는 독신 펠로들은 아침식사도 같이하게 되어 있었다.[3] 루이스는 이렇게 학자 공동체의 일원이 되었다.

일부 칼리지들은 펠로들이 점심이나 저녁식사를 숙소에서 따로 할 수 있게 허용했지만, 워렌은 펠로들이 식사를 같이해야 한다는 주장을 굽히지 않았다. 그에게 공동식사는 칼리지의 공동체성을 돈독히 하고 위계

질서를 강화하는 길이었다. 칼리지 저녁식사 시간에는 가운 차림의 펠로들이 서열 순으로 교수휴게실에서 나와 식당으로 입장하게 되어 있었다. 그들이 앉는 하이테이블의 좌석 역시 펠로들의 서열에 따라 배정되었고, 서로 친숙하게 이름을 부르는 것도 피해야 했다. 펠로들은 서로를 "부학장님", "시니어펠로", "과학 튜터" 같은 식으로 성이나 직위로 불렀다.[4]

당시 옥스퍼드 대학이라는 복잡한 사회적 지적 기계가 부드럽게 돌아가게 해준 윤활유는 다량의 알코올이었다. 모들린은 옥스퍼드의 칼리지 중에서도 유난히 술을 좋아하는 곳이었고, 칼리지에 거주하는 펠로들은 특히나 그랬다. 1924년과 1925년 사이, 교수휴게실은 2만4천 병의 포트와인을 판매하여 벌어들인 4,000파운드로 빚을 청산했다.[5] 내기를 할 때면 펠로들은 현금이 아니라 클라레나 포트와인 상자(12병)로 액수를 정했다. 오전 11시에 교수휴게실 집사가 브랜디와 시가가 가득 담긴 은쟁반을 들고 칼리지 회랑을 지나는 모습이 목격된 적이 있었다. 무슨 일이냐는 질문에 집사는 펠로 한 사람에게 아침식사를 전달하는 길이라고 대답했다. 루이스도 동료와 학생들에게 대접하기 위해 숙소에 맥주통을 두었지만, 전쟁 이전과 달리 과도한 알코올은 피했던 것 같다.

펠로들의 공동체 관계를 강조하는 워런 학장의 확고한 입장에 맞추어 루이스의 일주일 일정이 정해졌다. 1927년 1월이 되면서 루이스의 일상은 확고히 자리를 잡았다. 학기가 끝나면 힐스버러에서 지내면서 버스를 타고 칼리지로 출근했고, 일과시간에는 칼리지에서 머물며 점심식사도 거기서 했다. 학기 중에는 칼리지에서 지냈다. 수업이나 행정업무가 없을 때는 버스를 타고 집으로 가서 오후 시간을 '가족'과 함께 보내고, 오후 늦게 모들린으로 돌아가 동료들과 저녁식사를 같이했다.

루이스는 공식적인 개별지도 담당 펠로로서 연 500파운드를 받았다. 관대한 급료였고 모들린 칼리지 펠로가 받을 수 있는 최고 수준이었다. 시험을 봐서 선출되었다면 급료가 절반에 불과했을 것이다.[6] 하지만 모들린에서의 생활은 예상보다 돈이 많이 든다는 사실이 곧 드러났다. 우선, 루이스의 칼리지 숙소에는 가구와 카펫이 없었다. 숙소에 비치된 물건이라고는 침실의 세면대와 작은 거실의 리놀륨이 전부였다. 자비를 들여 숙소를 꾸며야 했다. 결국 루이스는 카펫, 테이블, 의자, 침대, 커튼, 석탄상자와 난로용 철기구를 구입하는 데 당시로선 엄청난 금액인 90파운드를 썼다. 절약하느라 최대한 중고품을 구입했지만, 뜻밖의 엄청난 지출이었다.[7]

더욱이, 칼리지 회계부서는 루이스에게 정기적으로 '배틀'Battels 지급 청구서를 보냈다. 배틀이란 식사와 음료처럼 칼리지에서 발생한 비용을 가리키는 옥스퍼드의 은어다. 무어 부인이 처음 생각했던 것보다 실수령액이 적다는 것을 알게 되자 전혀 기뻐하지 않았다는 얘기가 그의 일기장에 나와 있다. 모들린 칼리지의 회계담당자 제임스 톰슨과 상당히 어색한 대화를 나눈 후, 루이스는 공제액을 빼고 나면 집으로 가져갈 수 있는 수입이 연 360파운드 정도 된다는 것을 알게 되었다.[8] 그리고 그 금액에서 소득세도 내야 했다.

루이스는 1925년 9월부터 1926년 4월까지 오랫동안 일기를 쓰지 않았다. 그 이유를 짐작하기는 어렵지 않다. 그는 새로운 생활방식에 적응하고 있었다. 새로운 동료들을 만나고 새로운 조직의 운영방식도 이해해야 했다. 새로운 강의를 준비하고 개별지도도 해야 했다. 철학 개별지도 일은 부담이 없었지만 재미도 없었다. 모들린의 철학 교수 해리 웰던은 뛰어난 학생들은 본인이 맡고 흥미와 역량이 떨어지는 학생들을 루이스에게 넘기는 경향이 있었다. 하지만 루이스의 일은 대부분 영문학

모들린 칼리지의 뉴 빌딩, 1925년.

분야의 강의와 개별지도였고, 연구생들에게 본문비평을 가르치기도 했다. 당시 모들린에서 영어영문학을 공부하는(따라서 개별지도가 필요한) 학생은 적었다. 그러나 루이스는 대학 전체를 대상으로 한 새로운 영문학 강좌를 만들어 내야 했는데, 그것은 대단히 부담스러운 일이었다.

    루이스는 모들린 칼리지(그리고 협의에 의해 다른 칼리지들)의 학부생들을 개별지도했다. 잉글랜드의 "유서 깊은 두 대학" 옥스퍼드와 케임브리지의 특징이라 할 이 교수법은 한 학생이 개별지도교수 앞에서 준비해 온 에세이를 읽은 후에 토론과 비판이 이어지는 방식이었다. 루이스는 금세 가혹하고 요구사항이 많은 개별지도교수라는 평판을 얻었는데, 이런 면모는 시간이 지나면서 부드러워졌다. 대체로 1930년대를 옥스퍼드에서 가르치는 면에서 루이스의 황금기로 보는데, 그 무렵에 그는 강의와 개별지도 기술을 완벽하게 습득했다.[9]

하지만 펠로 시절 초기 몇 년 동안 그는 게으르고 감수성이 부족한 존 베처먼[John Betjeman, 1906-1984] 같은 학생들을 도무지 참기 어려워했다. 그런 학생들 중 상당수는 중고생 시절의 외설적이고 게으른 생활에다 술까지 보태어 대학생활을 이어 가는 것 같았다. 작가 우드하우스[P. G. Wodehouse, 1881-1975]가 대단히 호감이 가는 (하지만 그에 못지않게 게으르고 머리 나쁜) 캐릭터 버티 우스터[Bertie Wooster](소설 속 가상의 여성지 『마님의 안방』에서 '멋쟁이 남자들이 입는 옷' 코너를 쓰는 인물)를 루이스가 모들린에 오기 직전의 그곳 학부생으로 설정한 것은 우연의 일치가 아니었다.

가족의 파괴: 아버지 알버트 루이스의 죽음

1908년의 어머니의 죽음은 루이스의 인생에서 전환점이 되었다. 루이스는 그의 인생의 닻이자 토대였던 어머니를 흠모했다. 그러나 앞에서 우리가 본 것처럼, 시간이 가면서 그는 아버지를 경멸하고 속이게 되었다. 1929년 7월 26일, 알버트 루이스의 엑스레이 검사 결과를 받아 든 의사들은 우려를 표명했고, 루이스의 아버지는 수첩에 이런 메모를 남겼다. "검사 결과가 다소 불안하다."[10] 1929년 9월 초, 알버트 루이스는 벨파스트 어퍼크레센트 7번가의 요양원에 입원했다. 진찰수술 결과 암으로 드러났지만 당장 걱정할 정도로 진전된 상태는 아니었다.

루이스는 아버지와 같이 있을 요량으로 벨파스트로 떠나 8월 11일에 도착했다. 아버지와 함께 있는 것은 지루했다. 그는 가까운 친구 오언 바필드에게 편지를 보내 아버지에 대한 부정적인 감정을 거북할 정도로 분명히 드러냈다. "나는 지금 아무 애정도 느낄 수 없는 사람, 여러 해 동안 가끔 함께 있을 때마다 불편하기만 하고 전혀 좋지 않았던 사람, 별로 아픈 것 같지도 않은 사람의 병상을 지키고 있어."[11] 그는 아버지에게 애정이 없었지만, 병세가 악화되는 것을 보는 일은 견디기 힘들었다. 이때 그는 정말 사랑하는 사람의 임종을 지키는 일에 대해 생각하게 된다.

9월 21일, 루이스는 아버지가 충분히 안정을 되찾았다고 판단하고 옥스퍼드로 돌아가기로 했다.[12] 아버지와 함께 있고 싶지 않았고 굳이 그럴 필요도 없을 듯했다. 새로운 학년의 시작을 앞두고 옥스퍼드에서 준비할 것도 많았다. 이 결정은 이해할 만한 것이었지만 결국엔 오판으로 드러났다. 이틀 후, 그의 아버지는 의식을 잃었고 뇌출혈로 세상을 떠났다. 암 자체보다는 수술 후유증이 원인이었던 것 같다. 루이스는 아버지의 상태가 악화되었다는 소식을 듣고 서둘러 벨파스트로 돌아갔지만 제때 도착하지 못했다. 결국 알버트 루이스는 1929년 9월 25일 수요일, 곁에 아무도 없이 홀로 요양원에서 죽었다.[13]

벨파스트의 두 주요 일간지 「벨파스트 텔레그래프」와 「벨파스트 뉴스레터」는 알버트 루이스의 부고를 길게 싣고 그의 직업적 명성과 문학에 대한 깊은 사랑을 회상했다. 아버지의 임종을 지키지 못한 와니의 상황은 이해할 만했다. 군인인 그는 당시 멀리 상하이에 주둔해 있었기 때문이다. 그가 아버지의 임종 전에 돌아올 수 있는 방법은 없었다.

대부분의 사람들은 루이스가 억지로나마 아버지에 대한 의무를 다했다고 보겠지만, 그렇지 않은 이들도 있었다. 잉글랜드에서 공부를 한답시고 아일랜드를 떠난 것도 모자라 아버지의 임종도 지키지 않았으니, 아버지를 이중으로 버린 것이나 다름없다는 것이었다.

일부 벨파스트 사람들은 무려 6년 동안이나 막내아들을 재정적으로 지원한 알버트 루이스가 그에 합당한 대접을 받지 못했다고 생각했

알버트 루이스의 생전 마지막 사진, 1928년.

던 것 같다. 1929년 9월 27일, 던델라의 세인트마크 교회에서 그의 장례식이 열렸다. 그 교회의 부목사로 있었던 성당 참사회원 존 베리^{John Barry, 1915-2006}의 회고에 따르면, 벨파스트의 특정 집단들 사이에서는 나중에도 C. S. 루이스의 이름이 나오면 "냉기"가 돌았다고 한다. 루이스의 불효막심한 처사에 대한 불쾌감이 좀처럼 가시지 않았기 때문인 듯하다.[14] 벨파스트 사람들은 그것을 오래도록 기억했다.

루이스는 남은 생애의 상당 기간 동안 아버지의 죽음에 대해 고통과 죄책감을 느꼈다. 그가 남긴 편지들의 여러 대목에서 그런 암시가 담겨 있는데, 대표적인 것이 1954년 3월에 쓴 편지의 극적인 첫 문장이다. "저는 제 아버지를 형편없이 대했고, 이제 와 생각하니 제 평생에 그보다 심각한 죄는 없지 싶습니다."[15] 루이스의 이런 생각에 동의하는 사람들도 있겠지만, 지나친 평가라고 느끼는 이들도 있다.

이 사건을 생각할 때는 당시 벨파스트의 문화적 배경, 특히 잉글랜드에서 성공하기 위해 부모를 떠난 아들들에 대한 우려를 염두에 둬야 한다. 하지만 루이스는 잉글랜드에서 교육을 받기로 선택하지 않았다. 아버지가 그를 위해 그런 결정을 내렸고, 그것이 루이스가 옥스퍼드에서 자리를 잡을 수 있는 토대가 되었던 것이다. 이 무렵 루이스의 편지를 호의적인 자세로 읽어 보면, 애정이 있고 없고를 떠나 무엇보다 아버지에 대한 의무감에 충실했다는 사실이 드러난다. 루이스는 1929년 여름에 6주라는 긴 기간 동안 '가족'을 떠나 아버지와 함께 있었고, 덕분에 옥스퍼드 대학의 새로운 학년을 준비할 여유가 없었다. 그는 옥스퍼드로 돌아가야 했고, 아버지의 상태는 위험에서 벗어났다고 믿을 만했다. 또, 루이스는 상황이 악화되었음을 알자마자 아일랜드로 돌아갔다.

아버지의 장례식을 치르기 위해 벨파스트에서 잠시 머무르는 동안,

루이스는 몇 가지 결정을 내렸다. 아버지의 유언장은 두 아들을 유산 집행자와 유일한 유산 수령인으로 지정해 놓았지만, 와니가 중국에 있었기 때문에 루이스는 두 사람 모두를 대표해 여러 법적인 결정을 내려야 했다. 가장 중요한 것은 리틀리를 파는 일이었는데, 루이스는 그 일을 미루었다. 우선 정원사와 가정부만 해고하고 "엔돌의 마녀"라는 애정 어린 별명으로 불렀던 메리 컬른은 집이 팔릴 때까지 관리자로 머물게 했다. 집을 파는 시점을 미룬 것은 경제적으로 손해가 나는 결정이었다. 집이 겨울을 나게 되면 상태가 나빠져 매각가액이 떨어질 것이었기 때문이다. 하지만 루이스는 집의 매각과 관련된 최종결정을 내리기 전에 우선 형을 기다려야 한다고 생각했다.[16]

1930년 4월 16일, 마침내 와니가 상하이에서 휴가를 받아 돌아왔고 옥스퍼드에서 루이스, 무어 부인과 함께 머물렀다. 리틀리는 그때까지 구매자가 나타나지 않았다. 루이스와 와니는 벨파스트로 가서 아버지의 무덤을 둘러보았고, 추억이 가득한 집을 마지막으로 함께 돌아보았다. 리틀리로 들어서자 두 형제 모두 우울해졌다. 쇠락한 집의 상태 때문이기도 했고 돌아오지 않을 추억들 때문이기도 했다. 집안의 "스산한 적막감"과 "지독한 무기력감"에 질려 버린 두 형제는 옛날에 가지고 놀던 장난감들을 들고 나가 채마밭에 엄숙하게 묻었다.[17] 그것은 그들의 유년과 한때 만들어 내고 거처로 삼았던 상상의 세계와의 쓸쓸한 작별이었다. 결국 리틀리는 1931년 1월에 예상보다 훨씬 싼 값인 2,300파운드에 팔렸다. 그렇게 한 시대가 끝났다.

알버트 루이스의 지속적인 영향

루이스는 법적, 재정적인 면에서는 아버지와의 문제를 정리했을 것이다. 하지만 나이가 들면서, 노쇠해 가던 아버지에 대한 자신의 처신을 부끄럽게 여기게 되었다. 루이스는 이 문제도 집필이라는 전형적인 방식으로 정리했다. 『예기치 못한 기쁨』은 그의 과거와 내면의 성장에 대한 기억이 풍부하게 담긴 영적 자서전으로 읽을 수 있지만, 분명 또 다른 역할도 했다. 루이스가 자신의 과거 행동과 화해할 수 있는 기회를 마련해 준 것이다.

루이스는 1956년, 『예기치 못한 기쁨』 출간 직후 비드 그리피스 수사에게 보낸 편지에서 인생의 패턴을 분별하는 일의 중요성에 대해 말했다. "자신의 인생이 서서히 **읽히는 것**, 패턴이 눈에 들어오는 것이 우리 나이에 얻게 되는 커다란 깨달음이지 싶네."[18] 루이스의 자전적 사색을 읽다 보면 이 점을 떠올리게 된다. 루이스에게 자신의 이야기를 털어놓는 것은 의미의 패턴을 파악하는 일이었다. 그는 이 일을 통해 "큰 그림"을 파악하고 모든 일이 모여 만드는 "장대한 이야기"를 분별할 수 있었다. 그리고 그의 생애 속 장면과 사연들은 한층 깊은 의미로 다가왔다.

그 다음에 이어진 문장은 루이스가 중요하게 여긴 더 깊은 관심사를 드러낸다. "과거를 구조물로 파악함으로써 과거에서 부분적으로 자유로워지는 것." 『예기치 못한 기쁨』을 꼼꼼히 읽은 독자는 루이스 인생 후반의 상당 기간 동안 그의 마음을 힘들게 한 세 가지 큰 문제가 아예 빠져 있거나 가볍게 다뤄지고 있음을 눈치챘을 것이다.

첫 번째가 아마 가장 유명할 것이다. 그는 자신의 인생에서 엄청난 역할을 했던 무어 부인을 언급하지 않는 것이 명예로운 일이라고 생각한다는 점을 분명히 밝히고 있다. "설령 내가 자유롭게 그 이야기를 할 만한 입장이라 해도, 이 책의 주제와는 큰 상관이 없지 않나 생각한다."[19]

두 번째 주목할 만한 특징. 루이스는 수많은 이들의 마음과 영혼에 혼란을 일으킨 제1차 세계대전의 고통과 파괴상에 대해 별로 언급하지 않는다. 앞에서 다룬 바 있는 이 사실은 루이스가 학자와 기독교 변증가로 성장한 과정을 이해하는 데 중요하다. 어떤 이들은 정신분석학적 이야기의 틀 안에서 루이스의 성장을 일관되게 볼 수 있으니 그가 기독교 신앙을 재발견한 사건도 그 안에서 봐야 한다고 주장했지만, 그런 결론을 뒷받침하는 증거는 없다. 현대 전쟁이 일으킨 끔찍한 대량 살상의 기억이 사라지지 않고 남아, 굳건한 줄 알았던 이전 세대의 확실성, 가치, 염원을 파괴한 것이야말로 진짜 중요한 문제였다. 이 테마는 1920년대 많은 영국의 문학작품 곳곳에 스며 있다.

셋째, 루이스는 아버지 알버트 루이스의 죽음에 대해 말을 아꼈다. 그는 그 일이 "지금 이 이야기에 끼워 넣을 만하지 못하다"고 선언했다.[20] 그것이 정말 부적절하다고 여겼을 수도 있고, 다루기에 너무 고통스러운 일이었을 수도 있다. 루이스는 이후에 쓴 에세이 「용서」(1941, 『영광의 무게』에 실려 있다―옮긴이)의 한 대목에서 우리 자신이 용서받을 수 없다는 생각이 들어도 이미 용서받았다는 사실을 받아들여야 한다고 강조한다. 이 부분을 자전적 기록으로 봐도 좋을까? 여기서 루이스는 우리가 용서해야 할 사람들의 결점을 거론하면서, 거듭 용서해야 하는 반복적인 행동들의 몇 가지 사례를 제시한다. 그중에 루이스의 개인사를 아는 사람의 눈에 확 들어오는 한 가지 사례가 있다. "거짓말쟁이 아들"이다. "그리스도인이 된다는 것은 양해할 수 없는 일들을 용서한다는 뜻입니다. 하나님이 우리의 양해할 수 없는 부분을 용서하셨기 때문입니다."[21]

루이스가 쓴 가장 심오한 소설작품이라 할 만한 『우리가 얼굴을 찾을 때까지』(Till We Have Faces, 1956)의 한 가지 주요 주제는 우리 자신을 있는 그대로 알게 되는 일의 어려움과 그 지식과 함께 따라올 수밖에 없는 깊은 고통이다. 우리는 이 부분을 염두에 두고 『예기치 못한 기쁨』을 읽어야 할 것이다. 루이스 자신의 성장에 대한 기록에서 특정 주제들이 빠진 것은 부정직의 증표가 아니라 그 기억이 만들어 내는 고통의 증표이다.

아버지가 죽을 무렵 루이스가 쓴 편지를 보면 읽는 이를 어리둥절하게 만드는 한 가지 문제가 드러난다. 『예기치 못한 기쁨』에서 루이스는 옥스퍼드의 '1929년 트리니티 학기' 중 어떤 시점,[22] 즉 그의 아버지가 죽기 적어도 3개월 전, 어쩌면 5개월 전부터 하나님을 적극적으로 믿기 시작했다고 말한다. 하지만 아버지가 죽을 무렵에 쓴 편지 어디에도, 심지어 이후 6개월간 쓴 글의 어느 부분에서도 루이스는 이 믿음에 대해 언급하지 않고, 그로부터 어떤 위안을 얻었다는 말도 없다.

루이스는 아버지에게 그다지 애정이 없었고 아버지의 죽음을 통해 트라우마를 겪기보다는 오히려 안도했던 것 같다. 하지만 하나님에 대한 언급이 전혀 없다는 것은 흥미롭고 눈길을 끄는 일이다. 이것은 루이스가 제시한 회심의 연대표와 잘 들어맞지 않는다. 혹시 루이스가 신에 대한 믿음에 비추어 아버지의 죽음을 해석한 것이 아니라, 아버지의 죽음이 원인이 되어 신의 문제를 본격적으로 탐구하게 된 것은 아닐까? 아버지의 죽음을 계기로 인생에 대해 더 깊은 질문을 던지고 더 만족스러운 답을 추구하게 된 것은 아닐까? 이 부분은 다음 장에서 다시 다룰 것이다. 그리고 루이스가 무신론에서 기독교로 넘어가는 과정에 대한 전통적인 견해에 대해서도 문제를 제기해 보려 한다.

가족의 재결합: 와니가 옥스퍼드로 이사 오다

1930년, 루이스의 집안 사정은 크게 달라졌다. 앞에서 본 것처럼, 1929년 9월 아버지의 죽음 이후 루이스 형제는 리틀리의 유일한 상속자로 남겨졌다. 루이스는 1930년 1월, 당시 상하이에 있던 형 와니에게 편지를 보내 그들이 유년기를 보낸 집을 팔려고 하니 마음이 괴롭다고 털어놓았다. 와니는 집이 팔리기 전에 마지막으로 한번 방문하고 싶다고 했다. 루이스는 그 집을 최대한 빨리 팔고 싶었지만, 그렇게 되면 형이 원하는 감상적인 옛 집 방문이 곤란해질 거라는 부담도 있었다.[23]

이때 루이스는 한 가지 가능성을 생각하고 있었다. 형제가 함께했던 어린 시절 리틀리의 '작은 끝방'을 옥스퍼드로 옮겨 오는 일이었다. 그는 와니가 제대한 후 그와 함께 살면 어떨까 생각했다. 모들린 숙소의 방 하나를 형이 쓸 수도 있고, 아예 무어 부인과 집을 합쳐 힐스버러보다 더 큰 집을 구해 볼 수도 있었다. 형에게는 무어 부인이 보다 야심찬 두 번째 가능성을 적극 지지한다는 점을 부각시켜야 했다. 환대를 베풀기를 좋아하는 그녀의 타고난 성품을 생각할 때 자연스러운 반응이었다. 와니는 그들의 손님이 아니라 가족으로 함께하게 될 것이었다.

루이스는 형에게 이 가능성을 제안하면서 안 좋은 부분도 있을 것임을 강조했다. 그저 그런 '요리', 모린의 잦은 '토라짐', '민토의 과민반응'은 문제가 될 수 있었다. 하지만 와니가 가족이 되기를 원하는 루이스의 마음은 숨길 수 없었다. "난 선택을 내렸고 후회하지 않아. 형도 나와 같은 생각이었으면 좋겠어. 정말 그랬으면 좋겠어."[24]

1930년 5월, 와니는 두 가지 결정을 내렸다. 첫째, 부모에게 존경을 표하는 뜻에서 루이스 가족 문서를 편집하기로 한 것. 둘째, 최대한 빨리

1930년 여름 킬른스에서. 루이스, 무어 부인, 와니.

힐스버러로 이사해 동생의 가족과 함께 사는 것. 와니의 결정은 또 다른 가능성을 만들었다. 더 큰 새 집을 구입하는 것이었다. 이 시점까지 루이스와 무어 부인은 함께 집을 빌려서 살고 있었다. 그러나 루이스의 펠로직이 첫 번째 5년을 마치고 갱신된 상태였고 어느 정도 재정적으로 안정된 상황이었다. 직장생활을 계속하는 한 규칙적인 수입을 보장받게 된 것이다. 리틀 리가 팔리면 그와 와니는 상당한 액수를 손에 쥐게 될 것이고 와니에겐 예금까지 있었다. 무어 부인은 오빠 존 애스킨스 박사가 죽으면서 신탁자금을 유산으로 물려받았다. 그들이 자금을 모은다면 모두가 살기에 충분한 큰 집을 살 수 있을 것이었다.

1930년 7월 6일, 루이스, 와니, 그리고 '가족'은 처음으로 '킬른스'를 보았다. 헤딩턴 쿼리에 있는 수수하고 나지막한 건물이었는데, 루이스가 산책을 즐기던 숏오버힐 기슭에서 가까웠다. 3만2천 제곱미터의 대지에 들어선 집은 네 사람을 수용하려면 확장이 필요했다. 손봐야 할 곳이 많은데도 일을 벌이기로 나선 세 사람 모두 그 집이 맘에 든다고 했다. 호가는 3,500파운드였는데, 협상 끝에 3,300파운드로 깎았다. 와니가 300파운드의 계약금을 현금으로 지불하고 나중에 500파운드를 더했다. 무어 부인의 신탁자들은 1,500파운드를 선불로 지불했고 루이스도 1,000파운드를 보탰다.[25] 얼마 후 그들은 두 개의 방을 더 만들어 군복무를 마치고 돌아올 와니를 맞이할 준비를 마쳤다.

집의 소유권은 무어 부인의 명의로 하고 두 형제는 각기 영구거주권을 갖기로 했다. 엄격하게 말하면 킬른스는 루이스의 집이 아니었다. 그는 거기 살았지만 소유권은 없었다. 그러나 죽을 때까지 본인과 형의 영구거주권을 보장하는 "종신" 임대권을 갖게 되었으니 부족함은 없었다. 1951년 1월에 무어 부인이 죽으면서 집의 소유권은 그녀의 딸 모린에게 넘어갔고, 루이스 형제는 여전히 영구거주권을 보장받았다(결국 1973년 와니가 죽으면서 그 집과 대지의 완전한 재산권이 모린에게 넘어갔다).[26]

킬른스는 루이스의 삶이 든든히 자리를 잡는 데 중요한 역할을 하게 된다. 그곳은 특히 그의 형에게 안정된 거처가 되어 주었기 때문이다. 와니는 1932년 10월 22일 SS 오토메던 호를 타고 상하이에서 출항했다. 그는 12월 15일에 항구도시 리버풀에 도착했고 남쪽으로 여행해 옥스퍼드로 왔다. 그 사이에 루이스는 형에게 이렇게 써 보냈다. "상황이 너무 좋아서 사실이 아닌 것 같아! 형이 신발을 벗고 킬른스에 들어가 한두 주 정도만 지나면 '여긴 내게 꼭 맞을 거야. 평생'이라고 말할 수 있을 거야. 정말이지 믿을 수 없을 만큼 좋아."[27] 와니는 12월 20일 예비군 명단에 적을 둔 채 마침내 제대했다.[28] 형과의 관계가 이렇게 정리된 것은 좋

은 쪽이든 나쁜 쪽이든(대부분 좋은 쪽이었다) 루이스의 남은 평생에 대단히 중요한 의미를 띠게 된다.²⁹

이 무렵, 루이스에게 중요한 의미를 띠게 되는 또 다른 사람이 나타나는데, 그를 언급하지 않을 수 없다. 바로 존 로널드 로웰 톨킨^{John Ronald Reuel Tolkien, 1892-1973}이다.

우정: J. R. R. 톨킨

루이스의 교수 책임은 모들린 칼리지에만 한정된 것은 아니었다. 그는 옥스퍼드 대학 영어영문학부의 일원이었고, "18세기에 나타난 낭만주의 운동의 일부 전조들"처럼 영문학의 여러 측면을 다룬 강의를 대학 전체를 대상으로 진행했다. 그는 영문학부 교수 모임에도 참석했는데, 모임은 주로 가르치는 문제와 행정적인 문제를 협의하는 과정으로 이루어졌다. 오후 4시에 열린 이 모임은 옥스퍼드의 두 영문학 머튼 석좌교수의 근거지인 머튼 칼리지에서 오후 티타임 직후에 이루어졌는데, 종종 "영문학 티타임"이라고 불렸다.³⁰

루이스가 J. R. R. 톨킨을 처음 만난 시점은 1926년 5월 11일 영문학 티타임 자리였다. "부드럽고 창백한 얼굴에 거침없는 언변을 구사하는 조그만 사내"³¹ 톨킨은 그 전해에 앵글로색슨어 롤린슨 & 보스워스 석좌교수로 옥스퍼드 영문학부에 합류했다. 톨킨은 고대 영어와 중세 영어 텍스트에 긴밀히 초점을 맞춘 교과과정을 옹호했고, 루이스는 영어를 가장 잘 가르치는 길은 제프리 초서^{Geoffrey Chaucer, 약 1343-1400} 이후의 영문학에 초점을 맞추는 것이라고 믿었다.

톨킨은 자신의 입장을 변호할 준비가 되어 있었고 잊혀진 언어들의 연구를 장려하고자 열심히 노력했다. 그는 자신의 주장에 힘을 보태기 위해 콜비타^Kolbitar라는 이름의 스터디그룹을 결성했는데, 모임의 목표는 고대노르드어와 관련 문학에 대한 이해를 높이는 데 있었다.[32] '콜비타'라는 흥미로운 용어는 아이슬란드 말에서 따온 것으로, 문자적으로는 "석탄을 물어뜯는 사람들"^coal-biters이라는 뜻이었다. 사냥에 참가하거나 전투에 나서기를 거부하고 집안에 머물면서 안전하고 따뜻한 불기운을 즐기는 노르인들을 조롱하는 용어였다. 루이스의 표현을 빌면, 그 용어(루이스는 이 단어를 "코울-비-테어"라고 발음해야 한다고 주장했다)는 "불가에 너무 바싹 다가앉아 마치 석탄을 물어뜯고 있는 것처럼 보이는 늙은이들"을 말한다.[33] 이 "작은 아이슬란드어 클럽"은 루이스의 상상력을 엄청나게 자극했고 그를 "북구 하늘과 발퀴리 음악의 허황된 꿈" 속으로 다시 던져 놓았다.[34]

톨킨은 루이스의 사생활과 공적인 생활에서 매우 중요한 사람이었다. 두 사람은 문학적 관심사는 물론, 제1차 세계대전의 전장 경험에서도 공통점이 많았다. 하지만 1929년 후반까지 루이스의 편지나 일기에 등장하는 톨킨에 대한 언급은 짧고 부수적인 정도에 그쳤다. 그러다 두 사람의 관계가 깊어지고 있음을 알리는 증거가 나타나기 시작한다. 루이스는 아서 그리브즈에게 보낸 편지에 이렇게 썼다. "월요일 새벽 2시 30분까지 깨어 있었어. (앵글로색슨어 교수 톨킨과 이야기를 나누었지. 우리는 모임을 마치고 함께 칼리지로 돌아와 세 시간 동안 신들과 거인들과 아스가르드[북유럽 신화의 여러 신들이 머무는 천상의 거처―옮긴이]에 대한 이야기를 했어)."[35]

그날 저녁 루이스가 했던 어떤 말에 용기를 얻은 모양인지 톨킨은 자기보다 젊은 루이스에게 자신만의 비밀을 털어놓았다. 그는 옥스퍼드

1970년대 머튼 칼리지의 연구실에서, J. R. R. 톨킨. ⓒ Billett Potter, Oxford.

에 와서부터 짓고 있었던 장문의 서사시 「레이시엔의 노래」(The Lay of Leithian)를 읽어봐 달라고 했다.[36] 톨킨은 문헌학 분야에서 명성이 높은 옥스퍼드의 고위 학자였지만, 개인적으로는 아무도 모르게 신화에 대한 열정을 갖고 있었다. 톨킨은 은밀한 내적 자아의 커튼을 걷고 루이스를 내실로 초대한 것이다. 연장자 톨킨으로서는 개인적, 직업적인 위험을 감수한 일이었다.

루이스가 알았을 리 없지만, 이 시점에서 톨킨은 '결정적인 친구'가 필요했다. 그의 글을 격려하고 비판하고 인정하고 개선시켜 줄 멘토, 무엇보다 그가 글을 마칠 수 있도록 밀어붙여 줄 멘토가 필요했다. 한때 그에겐 그런 '결정적인 친구'가 있었다. 학창시절에 알게 된 제프리 배시 스미스Geoffrey Bache Smith, 1894-1916와 크리스토퍼 루크 와이즈먼Christopher Luke Wiseman, 1893-1987이었다.[37] 하지만 스미스는 랭커셔 소총연대에 투입되어 솜 전투에서 부상을 입고 전사했다. 와이즈먼은 1926년에 잉글랜드의 웨스트컨트리(남서부 지역) 톤튼에 있는 퀸스 칼리지 교장으로 임명받은 후 톨킨과 멀어졌다. 톨킨은 세부사항에 집착하는 완벽주의자였고, 본인도 그 사실을 잘 알고 있었다. 그가 나중에 발표한 소설『니글이 그린 나뭇잎』(Leaf by Niggle)은 그림의 완성도를 높이고 싶은 멈추지 않는 욕망 때문에 나무 그림을 완성하지 못하는 화가를 다루고 있는데, 글쓰기에서 느끼는 어려움에 대한 자기 패러디적 비판으로 볼 수 있다. 그가 완벽주의를 극복하려면 누군가의 도움이 필요했다. 톨킨은 그것을 루이스에게서 발견했다.

루이스가 그 시에 열광적인 반응을 보였을 때 톨킨은 아마도 깊은 안도의 한숨을 내쉬었을 것이다. 루이스는 톨킨에게 이렇게 써 보냈다. "솔직히 말하는데, 그렇게 즐거운 저녁시간은 참으로 오랜만이었네."[38] 지면상 이 이야기는 여기서 마쳐야 하지만, 루이스가 20세기의 가장 위대한 문학작품 중 하나인 톨킨의『반지의 제왕』의 주된 산파였다고 말해도 과장은 아닐 것이다.

하지만 어떤 의미에서는 톨킨도 루이스를 돕는 산파역할을 했다. 루이스가 기독교 신앙을 재발견하는 여정에서 마지막 장애물을 제거해 준 사람이 바로 톨킨이었다고 할 수 있다. 이것은 복잡하고 중요한 이야기이므로 따로 한 장을 할애하여 다룰 필요가 있다.

6

가장 내키지 않는 회심

: 순전한 그리스도인의 탄생

1930-1932

오늘날 루이스는 기독교 작가로 기억되고 있다. 하지만 1920년대 초기에 그가 쓴 글을 보면 의문의 여지없이 무신론적이다. 종교 전반과 특히 기독교에 대해서는 완전히 무시하는 정도까지는 아니라도 대단히 비판적이다. 그럼 그는 어떻게, 왜 마음을 바꾸었을까? 이번 장에서는 루이스의 회심을 살펴보려 한다. 그의 회심은 기존의 무신론에서 1930년 여름, 신에 대한 확고한 지적 믿음으로 넘어갔다가 1932년 여름, 마침내 기독교에 대한 분명한 헌신으로 연결되는 느린 과정이었다. 이 복잡한 이야기는 그 자체로 흥미로운 기록이지만, 영문학계와 대중문화라는 전혀 다른 두 세계에서 루이스가 기독교적인 목소리로 명성을 얻게 된 과정으로서도 깊이 다룰 가치가 있다.

1920년대 영문학의 종교부흥

1930년, "초현대적 소설"이라는 평을 받은 『타락한 사람들』(Vile Bodies)을 발표한 유명작가 에블린 워$^{\text{Evelyn Waugh, 1903-1966}}$가 문학계에서 폭탄선언을 했다. 본인이 가톨릭 신자가 되었음을 밝힌 것이다. 이 사건은 너무나 뜻밖이고 의미심장했기에 발표 즉시 영국의 주요 일간지 「데일리 익스프레스」(Daily Express)의 전면을 장식했다. 신문 편집장은 "초현대적인 것을 열정적으로 고수한" 유명 작가가 어떻게 가톨릭 신앙을 받아들일 수 있었는지 물었다. 그 다음 주, 그 신문의 칼럼란은 이해할 수 없는 이 뜻밖의 현상에 대한 논평과 추측으로 채워졌다.

하지만 문화계가 워의 회심에 비상한 관심을 보인 것은 그가 유행의 첨단에 서서 베스트셀러 풍자소설들을 써낸 유명한 젊은 작가였기 때문이다. 워는 가톨릭 신앙을 받아들인 문학계 인물들의 긴 줄에 최근에 선 사람일 뿐이었다. 체스터턴$^{\text{G. K. Chesterton, 1874-1936}}$은 1922년에, 그레이엄 그린$^{\text{Graham Greene, 1904-1991}}$은 1926년에 회심했다.[1] 기독교 문예부흥이 일어나는 것이 아닌지 묻는 사람들이 나타나기 시작했다.

짧지만 강렬했던 이 기독교 부흥의 시기에 기독교로 회심한 문학계 인물들이 모두 가톨릭을 받아들인 것은 아니다. 1927년, 지금도 20세기의 가장 빼어난 시이자 가장 많이 논의된 시 중 하나로 손꼽히는 「황무지」(The Waste Land, 1922)의 저자 T. S. 엘리엇이 잉글랜드 성공회 신자가 되었다. 엘리엇의 회심은 에블린 워의 경우처럼 신문의 헤드라인을 장식하지는 않았지만, 시인이자 문학비평가로서 명성이 드높던 그였기에 많은 토론과 논쟁을 불러일으켰다. 엘리엇은 인간 자아 바깥에 위치한 질서와 안정의 원리를 기독교 안에서 발견했는데, 그것은 세상과 상대할 수 있는 든든한 자산이 되어 주었다.

　루이스는 그로부터 4-5년 후 그리스도인이 되었다. 엘리엇과 마찬가지로, 그는 잉글랜드 성공회의 일원이 되기로 선택했다. 하지만 사람들은 루이스가 누군지 몰랐고, 당연히 이 사건에 관심을 기울이지도 않았다. 1931년의 루이스는 무명의 인물이었다. 클라이브 해밀턴이라는 가명으로 두 권의 시집을 출간했지만, 둘 다 비평적으로나 상업적으로 성공을 거두지 못했다. 루이스의 대중적 인기는 1940년이 되어서야 시작되었는데, 당시 『고통의 문제』(The Problem of Pain)가 출간되면서 만들어진 흐름이 몇 단계를 거치면서 결국 전시 변증가라는 유명인사의 지위까지 이어졌다고 볼 수 있다. 에블린 워가 소설가로 쌓은 명성 때문에 그의 종교적 신앙이 주목을 얻었다면, 루이스의 경우는 신앙이 이후 작품들의 토대가 되면서 대중적인 찬사를 이끌어 냈다.

　루이스의 회심은 당시에 존재하던 더 광범위한 패턴, 곧 문학계 학자와 저자들이 **문학적 관심사를 계기로** 기독교로 회심하는 패턴에 딱 들어맞는다. 루이스의 문학사랑은 그의 회심의 배경이 아니라, 기독교가 인간의 이성과 상상력에 발휘하는 호소력을 발견하게 하는 필수요소였다. 루이스는 『예기치 못한 기쁨』 곳곳에서 이것을 암시한다. "무릇 건전한 무신론자로 남아 있고자 하는 젊은이는 자기의 독서생활에 매우 주의를 기울여야 한다. 어디에나 덫이 있기 때문이다."[2] 루이스는 영문학 고전들을 읽으면서 그 작품들이 구현하고 표현한 사상과 태도들을 평가할 수밖에 없었다. 그리고 유감스럽게도, 기독교적 시각에 근거한 사람들이 제공하는 "현실과의 협약"이 가장 탄력적이고 설득력이 있음을 깨달았다.

　같은 시기에 많은 유명 저술가들이 문학적 사안들을 숙고함으로

써 신앙을 갖게 되었다. 예를 들어, 그레이엄 그린은 버지니아 울프^{Virginia} $^{\text{Woolf, 1882-1941}}$와 포스터$^{\text{E. M. Forster, 1879-1970}}$ 같은 현대주의 작가들이 "종이처럼 얇은 세계 안에 판지로 만든 상징물들처럼 방황하는" 캐릭터들을 만들어 낸다고 비판했다. 그린은 그들의 글에 **현실감**이 전혀 없다고 주장했다. 그들은 "종교적 감각"을 놓쳤고 인간 행동의 중요성에 대한 감각도 함께 잃었다.³ 위대한 문학은 실세계에 열정적으로 뛰어들어야 나올 수 있는데, 그린이 볼 때 이것이 가능하려면 하나님의 본성과 뜻에 근거한 사물의 질서에 토대를 두고 있어야 했다.

에블린 워도 비슷한 주장을 했다. 하나님을 배제한 작가는 캐릭터들에 현실감과 깊이를 부여할 수 없었다. "하나님을 빼버리면 등장인물들은 추상적 존재로만 남는다."⁴ 좋은 소설은 인간 본성에 대한 이치에 맞는 설명에서 나오는데, 워가 볼 때 그런 설명은 세상 일반과 특히 인간 본성을 이해하게 해주는 기독교 신앙의 놀라운 능력에서 나왔다. 그는 기독교 신앙이라는 렌즈를 통해서 주위의 왜곡된 세상을 또렷하게 볼 수 있었고, 비로소 세상을 제대로 이해할 수 있었다. 워는 1949년에 쓴 편지에서, 현실과 만나는 새로운 방법을 발견한 기쁨을 이렇게 표현했다.

> 회심은 벽난로 위 선반을 가로질러 거울세계 바깥으로 나오는 것과 같다. 모든 것이 우스꽝스러운 캐리커처였던 거울세계에서 하나님이 만드신 진짜 세계로 나와 그 세계를 무한히 탐험하는 신나는 과정을 시작하는 것이다.⁵

루이스가 기독교 신앙에 관심을 갖게 된 과정에서도 이와 비슷한 관심사가 촉매 역할을 했던 것 같다. 『예기치 못한 기쁨』에서 루이스는

1920년대에 기독교 신앙에 근거하고 그 영향을 받은 한 문학가의 놀라운 깊이를 발견한 일을 적어 놓았다. 조지 버나드 쇼$^{George Bernard Shaw, 1856-1950}$와 웰스$^{H. G. Wells, 1866-1946}$ 같은 현대주의 작가들은 "다소 얄팍하고, 깊이가 없어" 보였다. "너무 단순"했다. 그들의 작품에는 "삶의 고르지 않은 면과 밀도"가 제대로 표현되지 않았다.[6]

그에 반해, 루이스가 본 기독교 시인 조지 허버트$^{George Herbert, 1593-1633}$는 "우리가 살면서 순간순간 실제로 느끼는 인생의 참맛을······누구보다 잘 전달하고" 있었다. 하지만 허버트는 "그것을 직접 전달하는" 대신, 루이스가 "기독교적 신화"라 부르던 것을 통해 "전하기를 고집"했다.[7] 1920년대 초까지만 해도 루이스는 기독교가 참이라는 결론을 내리지 않고 있었다. 그것이 세계와 자아를 이해하는 데 끼칠 수 있는 잠재적 영향력을 점차 파악해 가고 있었지만, "실제로 책을 읽으면서 경험한 바와 나의 인생관이 명백하게 상충되고 있다는 사실"이 의미하는 바를 제대로 인식하지는 못했다.[8]

여기서 우리가 보게 되는 것은 신의 존재를 발견하는 고전적인 접근법일까? 17세기의 블레즈 파스칼$^{Blaise Pascal, 1623-1662}$은 그것을 기억에 남는 방식으로 잘 정리해 주었다. 파스칼은 종교적 신념이 옳은 것이라고 사람을 **설득하는** 시도는 부질없다고 보았다. 중요한 것은 그것을 통해 실재를 훨씬 풍부하고 만족스럽게 볼 수 있음을 알게 해주고 그것이 옳기를 **바라게** 만드는 것이라고 주장했다. 그런 갈망이 사람의 마음에 일단 자리 잡으면, 마음은 결국 그 안의 더 깊은 직관을 따라잡게 된다는 것이다. 루이스는 시인 조지 허버트와 토머스 트러헌$^{Thomas Traherne, 1636-1674}$의 설득에 넘어가 하나님을 믿게 된 것이 아니었다. 다만 그들을 통해 그런 믿음이 훌륭하고 건강한 인생관을 만들어 냄을 알게 되었고, 결국 그들의 사고방식에도 뭔가 좋은 부분이 있을 거라고 생각하게 된 것이다.

　루이스의 회심 이야기를 엮어 내기 위해서는 무엇보다 그의 내면세계의 발달 과정을 살펴보아야 하는데, 불행히도 루이스 아닌 다른 사람이 그것을 직접 검토할 수는 없다. 우리는 이 발달 과정에 대한 많은 단서들을 일관성 있는 통일체로 묶어 내야 한다. 이제부터 이 복잡하지만 매혹적인 이야기 속으로 들어가 보자.

현실을 담아내는 상상력: 루이스, 신을 재발견하다

1930년대 초에 루이스가 쓴 글을 보면, 삶에 질서를 부여하는 근본원리, 곧 고대 그리스 철학자들이 '아르케'라고 이름 붙인 원리를 찾고 있었음을 알 수 있다. 그 원리는 인간이 만들어 낸 것이 아니라 사물의 더 깊은 질서에 근거한 원리였다. 그런 통합적인 실재관을 어디서 찾을 수 있을까?

　루이스가 중세 문학 공부에 끌렸던 이유 중 하나는 그것이 세계대전의 트라우마로 인해 서구에서 사라진, 세상의 더 깊은 이치에 대한 이해를 보여준다는 인상을 받았기 때문이다. 루이스가 볼 때 중세 문화는 통합된 우주와 세계질서에 대한 상상력 넘치는 시각을 제공했고, 그것이 단테의 『신곡』 같은 시에 표현되어 있었다. 실재의 세부 내용 하나하나를 모두 담아낼 수 있는, 실재에 대한 "큰 그림"이 있었다. 『신곡』 같은 작품들은 중세 예술이 그에 딸린 극히 다양한 세부사항을 품어 내기 때문에 최고 수준의 통일성을 달성한다는 것을 보여준다고 루이스는 주장했다.[9] 여기서 우리는 문학적으로 표현된 근본적으로 신학적인 생각, 곧 실재를 바라볼 때 그것을 가장 또렷이 보게 해주어 그 그늘진 부분을 비추고 내적 통일성을 드러내는 방식이 따로 있다는 생각을 엿볼 수 있다. 루이스가 볼 때 이것은 "현실을 담아내는 상상력", 곧 세상의 실제 모습에 맞게 실재를 보거나 "그려 내는" 방식이다.[10]

루이스의 문학적 사색은 진리와 의미에 대한 그의 내적 추구를 그대로 담고 있다. 중세의 문학작품들에 대한 루이스의 깊은 사랑에는 현대성이 잃어버린 그 무엇, 그가 되찾기를 갈망한 그 무엇이 그 작품들 안에 있다는 믿음이 반영되어 있다. 세계대전으로 드러난, 깨어진 통일성과 연속성이 치유될 수 있을까? 세상을 다시 통합시킬 방법이 있을까? 그의 이성과 상상력이 화해할 길이 있을까?

이 직소퍼즐의 조각들은 서서히 맞춰지기 시작했고 마침내 충격적인 비추임의 순간이 임했다. 그리고 초점이 맞춰지듯 모든 상황이 또렷하게 보였다. 『예기치 못한 기쁨』에서 루이스는 체스판 비유를 들어 어떤 수들이 차곡차곡 쌓여 하나님을 믿는 자리로 그를 몰아갔는지 설명해 나간다.[11] 그중에 논리적으로나 철학적으로 결정적인 수는 없었다. 기껏해야 암시적인 의미가 있을 뿐이었다. 하지만 그것들의 위력은 수 하나하나의 개별적인 중요성이 아니라 누적된 무게에 있었다. 루이스는 그것들을 **자신이** 둔 몇 수가 아니라 **자신을 상대로** 둔 맞수의 몇 수로 묘사한다. 『예기치 못한 기쁨』은 루이스가 하나님을 발견한 이야기가 아니라, 하나님이 참을성 있게 루이스에게 다가간 이야기다.

루이스가 『예기치 못한 기쁨』에서 말하는 바는 'A, 그러므로 B, 그러므로 C', 이런 식의 논리적 추론이 아니다. 그보다는 결정화 과정과 비슷해서, 이제까지 아무 관계없이 동떨어져 있던 것들이 더 큰 구조 속에서 딱 들어맞는 것으로 갑자기 드러나, 그것들의 타당성이 확인되고 상호연관성도 밝혀진다. 모든 것이 제자리를 찾는다. 사물을 올바른 방식으로 보게 되면서, 이론과 관찰 사이의 근본적인 조화가 드러난다.

이것은 서로 무관한 듯 보이는 많은 관찰 사례들을 앞에 놓고 고민하던 과학자가 그 모두를 설명해 주는 이론을 발견하고 한밤중에 깨어나는 경우와 같다(위대한 프랑스의 물리학자 앙리 푸앵카레[Henri Poincaré]는 "증명을 할 때는 논리를, 발견을 할 때는 직관을 사용한다"고 말했다[12]). 여러 단서를 놓고 고민하던 문학작품 속 탐정이 그 단서들을 더 큰 이야기 속의 적절한 위치에 배열한 후 어떤 일이 벌어진 것인지 깨닫는 것과도 같다. 여러 가지 경우에서 같은 패턴이 보인다. **이것**이 옳다면, 나머지 것들도 자연스럽게 제자리를 찾는다는 깨달음이다. 억지로 밀어 넣거나 구겨 넣지 않아도 된다. 진리를 사랑하는 사람이라면 이것에 동의할 수밖에 없다. 루이스는 새로운 실재관을 받아들일 수밖에 없었다. 그것이 옳았으면 하는 마음도 없었고 그가 그것을 옳게 **만든** 것도 아니었지만 다른 선택의 여지가 없었다.

루이스의 회심을 이야기하려면 그의 외부와 내면에서 벌어진 사건들을 연결시켜야 한다. 루이스는 『예기치 못한 기쁨』에서 이 작업을 진행하면서 서로 이어져 있지만 상당히 다른 두 세계, 곧 옥스퍼드 대학 및 영문학부라는 외부세계와 합리성과 상상력 사이의 갈등 때문에 오랫동안 괴로워하며 '기쁨'을 향한 동경에 사로잡혔던 내면의 이야기를 들려준다.

한쪽에는 시와 신화의 다도해(多島海)가 있었고, 다른 한쪽에는 그럴듯하기는 하지만 사실은 얄팍한 '합리주의'가 있었다. 나는 내가 사랑하는 것들은 거의 모두 상상의 영역에 속해 있다고 믿었다. 그리고 내가 실재라고

믿고 있던 것들은 거의 모두 냉혹하고 무의미하다고 생각했다.[13]

하지만 루이스의 내면에서 벌어진 사건들과 외부에서 벌어진 역사적 사건들의 연관성을 보이기가 어려울 때도 있다. 예를 들어 외부세계에서 루이스는 모들린 칼리지에서 나와 구(舊) 헤딩턴 마을(얼마 전 옥스퍼드 시로 통합되었던)에 있는 집으로 가는 버스에 앉아 헤딩턴힐을 오르고 있었다. 그런데 내면세계에서는 만나기는커녕 인정하고 싶지도 않은 신의 접근에 대비하여 세운 정신적 방어물이 무너지는 것을 경험했다.[14] 전혀 다른 두 개의 여행이 그날의 버스 안에서 하나로 모였다.

『예기치 못한 기쁨』을 읽을 때의 난점 중 하나는, 루이스의 내면과 외부에서 벌어진 사건들을 제대로 정확하게 연결 짓는 지도, 루이스의 발달과정을 보여주는 지도를 만들기가 어렵다는 점이다. 이 두 세계의 관계에 대한 루이스 본인의 기록은, 가능한 정도에서 판단하자면 늘 정확한 것은 아니다. 이번 장에서 나는 루이스가 하나님을 다시 발견한 시점이 본인이 『예기치 못한 기쁨』에서 밝힌 1929년 여름이 아니라 1930년 늦봄이나 초여름이 거의 확실하다고 주장할 것이다. 하지만 루이스의 기억에 남아 있는 주관적인 실체를 의심해서는 안 된다. 루이스는 그의 정신 구조의 재배치와 그것을 초래한 요인들을 명확하게 밝히고 있다. 그 재배치의 역사적 시점을 밝히는 것이 어려울 뿐이다.[15]

신에 대한 믿음을 둘러싼 결정화(結晶化) 과정은 오랜 기간에 걸쳐 이루어졌다가 극적인 결단의 순간에 마무리된 것으로 보인다. 어떤 것이 옳다는 사실을 점점 깨닫게 되는 상황에서 언제까지 그것을 거부할 수는 없었다. 그것은 그가 추구한 대상이 아니라 그를 찾아 나선 것으로 보이는 주체였다.

루이스의 산문을 보노라면, 온건하고 무심한 "철학자들의 신"과 불같이 살아 있는 "아브라함, 이삭, 야곱의 하나님"을 나누었던 블레즈 파스칼의 유명한 구분이 떠오른다. 루이스가 기껏해야 추상적이고 철학적 개념으로 여겼던 것이 나름의 생명과 의지를 가진 존재로 드러났다.

에스겔의 해골 골짜기에서 마른 뼈들이 움직여 서로 들어맞아 벌떡 일어섰듯이, 지적인 장난 거리에 불과하던 철학이론이 울룩불룩 움직이기 시작하더니 수의를 벗어던지고 벌떡 일어나 산 존재가 되어 버렸다. 나는 더 이상 철학을 가지고 놀 수 없게 되었다.[16]

루이스가 쓴 편지들을 꼼꼼히 읽어 보면, 『예기치 못한 기쁨』에 나오는 이 대목에서 그가 말하는 바가 무엇인지 알 수 있다. 그가 온전히 인정하지 않았던 신을 집적거렸던 지난 일이다. 1920년, 루이스는 옥스퍼드의 친구 리오 베이커에게 보낸 편지에서 '물질의 존재'라는 철학적 문제에 대해 생각할 때 "가장 반론의 여지가 적은 이론이 모종의 신을 가정하는 것"이라는 결론을 내렸다고 썼다. 그는 이것이 "은혜의 증표"일지 모른다고 생각했다. 그는 "하늘에 저항하기를 그쳤다."[17] 하늘에 저항하는 것이 루이스가 말한 "철학을 가지고 노는 것"이었을까?

『예기치 못한 기쁨』에 나오는 이 대목의 핵심은 루이스가 정신의 구성물이나 철학적 놀이 정도가 아니라 주도적으로 행동하고 **찾아 나서는** 하나님을 묘사하고 있다는 점이다. 하나님이 루이스의 마음과 생활의 문을 두드리고 있었다. 실재가 그의 앞에 당당하게 나타나 힘차고 공격적으로 반응을 요구하고 있었다. "상냥한 불가지론자들은 '하나님을 찾는 인간의 탐색'에 대해 쾌활하게 이야기할 수도 있을 것이다. 그러나 그 당시 나는 고양이를 찾는 쥐의 탐색이라고 말하는 편이 낫겠다는 생각이 들었다."[18]

『사자와 마녀와 옷장』에는 마녀의 마력이 깨어지고 아슬란의 귀환이 임박했음을 보여주는 강력한 시각적 이미지가 등장하는데, 바로 눈이 녹는 장면이다. 루이스는 『예기치 못한 기쁨』에서 자신의 회심을 돌아보며 이 이미지를 생각했고, 다가오는 하나님에게 저항하는 힘이 점점 빠져 가는 자신의 모습을 그려 냈다. "나는 마침내 녹기 시작한 눈사람 같은 느낌이 들었다. 등부터 녹기 시작해서 물이 뚝뚝 떨어지더니, 이윽고 줄줄 흐르기 시작했다. 그 느낌은 다소 불쾌했다."[19]

루이스가 1916년에 맺었던 '현실과의 협약'이 사방에서 무너지고 있었다. 그는 자기 앞에 불려 나온 우월한 힘 앞에서는 예전에 설치한 마음의 국경을 더 이상 유지할 수 없음을 깨달았다. "협약 같은 것으로 관리가 불가능한 현실이 밀어닥쳤다."[20] 여기서 루이스가 제시하는 요점이 너무 쉽게 무시되는 경향이 있다. '현실과의 협약' 이미지는 사고(思考)에 대한 급진적이고 포괄적인 구획화를 보여주는데, 이런 구획화를 하면 거북하고 불편한 생각들이 일상생활을 방해하지 못하도록 그 생각들을 안전한 곳에 가두어 둘 수 있다. 우리는 루이스가 바로 이 전략을 사용해 세계대전의 참화에 대처했음을 보았다. 그는 현실을 사고에 종속시키고 현실에다 생각의 그물을 던져, 사람을 기습해 꼼짝 못하게 만드는 그 힘을 빼앗았다. 그런데 루이스는 더 이상 현실을 길들일 수 없다는 사실을 깨달았다. 호랑이처럼, 현실은 인위적인 우리에 갇혀 있기를 거부했다. 현실은 우리를 부수고 나와 사람을 꼼짝 못하게 만들었다.

루이스는 불가피한 것으로 인식했던 현실에 마침내 굴복했다. "1929년 트리니티 학기에 나는 드디어 항복했고, 하나님이 하나님이라는 사실을 인정했으며, 무릎을 꿇고 기도했다. 아마 그날 밤의 회심은 온 영국을 통틀어 가장 맥 빠진 회심이자 내키지 않는 회심이었을 것이다."[21] 루이스는 하나님을 믿게 되었다. 아직 그리스도인은 아니었지만 유신론적 신앙에 대한 공적인 표현으로 칼리지 채플에 나가기 시작했고, 집에서 멀지 않은 헤딩턴 쿼리의 홀리트리니티 교회에 정기적으로 나가 예배를 드렸다.[22]

루이스가 1929년 옥스퍼드의 트리니티 학기(곧 1929년 4월 28일부터 6월 22일 사이)에 벌어진 일로 기록한 이 행동의 변화는 루이스의 내면세계와 외부세계를 이어 주기 때문에 대단히 중요하다. 루이스는 생각이 변하자 공적 행동이 달라졌다. 다른 사람들도 알아볼 수 있을 만큼 생활의 변화가 나타난 것이다.

루이스가 채플에 나가기 시작한 일은 1930년대 초 다른 모들린 교수들 사이에서 많은 토론과 흥미를 불러일으켰다. 1933년에 모들린을 방문했던 미국인 철학자 폴 엘머 모어 Paul Elmer More는 루이스의 변화를 둘러싸고 칼리지에서 열띤 뒷담화가 있었다고 적었다.[23] 하지만 루이스는 이 단계의 예배 출석은 "그저 상징적이고 잠정적인 실천"이었을 뿐, 기독교에 대한 구체적인 헌신을 뜻하지 않으며 헌신을 가능하게 만든 것도 아니었다고 주장한다.[24] 하지만 이것은 그가 유신론을 받아들인 날짜를 알려 주는 표지는 된다. 루이스가 채플에 출석하기 시작한 시점을 파악할 수 있다면, 그가 언제 신을 믿기 시작했는지 단서를 잡은 셈이다.

더 중요한 변화로, 루이스는 자신을 새로운 방식으로 보기 시작했다. "또 하나는, 유일신을 믿게 되면서 처음 나타난 결과 중 하나인데, 나 자신의 견해의 추이와 마음의 상태에 오랫동안 기울여 왔던 자질구레한 관심이 눈에 띄게 줄어들었다는 것이다."[25] 이런 자기도취적 내성(內省)

에서 벗어나면서 불가피한 결과가 따라왔다. 1927년 3월부터 일기를 꾸준히 쓰지 못했던 루이스는 꾸준히 일기를 쓰겠다는 생각을 완전히 접었다. "일기를 쓰느라 시간을 낭비하는 어리석은 습관을 고쳐 준 것만으로도 나는 유신론을 고맙게 생각할 것이다."[26]

1927년 이후 일기 쓰기를 그만두었기 때문에, 그날 이후 벌어진 일들에 대한 루이스의 기억은 그리 신뢰할 만하지 못하다. 1957년에 밝힌 바 있듯, 그는 이제 "날짜를 기억할 수가 없었다".[27] 형의 증언은 더욱 가혹하다. 루이스가 "평생 동안 어떤 일이 있었던 날짜를 도통 기억하지 못했다"는 것이다.[28] 『예기치 못한 기쁨』은 주로 루이스의 내면에서 벌어진 변화의 기록이고, 그 변화들이 외부세계의 사건들과 어떻게 연결되는지는 다소 불확실하다. 그 책은 "지독하게 주관적"이며,[29] 루이스가 겪은 사고와 경험의 재배열을 주로 다룬 자기성찰적인 글이다.

루이스가 제시한 바에 따라 그가 하나님을 믿게 된 시기를 1929년 초여름으로 보는 것이 전통적인 입장이다. 하지만 날짜를 이렇게 잡으면 몇 가지 곤란한 의문이 생겨난다. 예를 들어, 루이스가 그 무렵 정말 하나님을 믿게 되었다면, 왜 아버지가 죽을 무렵부터 이후 몇 달에 걸쳐 쓴 편지들에 신에 대한 믿음을 암시하는 어떤 내용도 없을까? 정서적 혼란을 겪던 그에게 아버지의 죽음이 **오히려** 자극제가 되어 신의 문제를 보다 깊이 숙고하게 된 것은 아닐까?

이 전기를 준비하면서 나는 루이스의 모든 출간 저작물을 집필 순서에 따라 읽었다. 1929년에 쓴 루이스의 글 어디에도, 그가 『예기치 못한 기쁨』에서 묘사하는 극적인 변화의 조짐은 볼 수 없었다. 1930년 1월까지 기록한 어떤 글에도 어조나 박자의 변화는 암시되어 있지 않다. 더욱이, 루이스는 회심의 결과로 교회와 칼리지 예배당에 나가기 시작했다고 분명히 밝혔는데, 1929년에 그가 쓴 편지에는 그렇듯 중요하고도 눈에 잘 띄는 습관의 변화가 있었다는 흔적이 전혀 없다. 거론되지도 논의되지도 않는다. 루이스가 자기노출을 꺼렸다는 점을 감안한다 해도, 이 시기 그가 쓴 글만 보면 1929년에 모종의 회심 경험이 있었다고는 생각할 수가 없다. 하지만 앞으로 살펴보겠지만, 1930년에 쓴 글들로 넘어가면 얘기가 전혀 달라진다.

그러면 『예기치 못한 기쁨』에 나와 있는 루이스의 회심 시기에 대한 기록이 옳은 것일까? 이 시점에 대한 루이스의 기록이 잘못된 것일 수도 있을까? 루이스가 그의 내면에서 벌어진 회심 경험을 회상하고 그것을 주의 깊게 그려 낸 것은 의심의 여지가 없다. 하지만 이것이 여러 해, 여러 달에 걸쳐 외부에서 벌어진 사건들과 어떻게 연결될까? 루이스가 실수를 저질렀을 수도 있지 않을까? 『예기치 못한 기쁨』의 기록에는 다른 역사적인 오류들도 있으니 말이다(예를 들어, 루이스는 조지 맥도널드의 『판타스테스』를 읽은 시기가 1915년 8월이라고 회상하지만, 그 시기는 1916년 3월이 되어야 맞다).

이 일의 중요성을 생각할 때, 이 부분을 보다 깊이 검토해 볼 필요가 있다.

루이스의 회심 날짜: 재검토

앞에서 본 것처럼, 『예기치 못한 기쁨』에서 루이스는 회심의 순간을 1929년 트리니티 학기로 잡고 있다. 여기서 말하는 옥스퍼드의 트리니티 학기는 1929년 4월 28일부터 6월 22일까지에 해당한다.[30] 지금까지 나온 루이스의 모든 주요 전기들은 이 날짜를 그대로 받아들였다. 루이스가 기독교로 회심한 과정은 보통 다음의 다섯 가지 주요 사건을 중심으로 묘사된다.

1. 1929년 4월 28일-6월 22일: 하나님을 믿게 되다.
2. 1931년 9월 19일: 톨킨과 대화를 나누고 나서 기독교가 '참된 신화'임을 깨닫게 되다.
3. 1931년 9월 28일: 윕스네이드 동물원으로 가는 길에 그리스도의 신성(神性)을 믿게 되다.
4. 1931년 10월 1일: 아서 그리브즈에게 자신이 신에 대한 믿음에서 그리스도에 대한 믿음으로 "넘어왔다"고 밝히다.
5. 1932년 8월 15-29일: 벨파스트에서 『순례자의 귀향』을 써서 하나님께로 가는 자신의 지적 여행을 묘사하다.

나는 이 연대표가 일차 자료에 담긴 증거를 가장 잘 설명한다고 보지 않는다. 상당한 수정이 필요하다. 내가 볼 때 루이스의 영적 여행은 기존의 견해보다 1년이 짧다. 일차 자료를 꼼꼼히 읽은 것을 토대로 나는 다음과 같은 연대표를 제안하고자 한다.

1. 1930년 3-6월: 하나님을 믿게 되다.
2. 1931년 9월 19일: 톨킨과 대화를 나누고 나서 기독교가 '참된 신화'임을 깨닫게 되다.
3. 1931년 9월 28일: 윕스네이드 동물원으로 가는 길에 그리스도의 신성을 믿게 되다.

4. 1931년 10월 1일: 아서 그리브즈에게 자신이 신에 대한 믿음에서 그리스도에 대한 믿음으로 "넘어왔다"고 밝히다.
5. 1932년 8월 15-29일: 벨파스트에 머물며 『순례자의 귀향』을 써서 하나님께로 가는 자신의 지적 여행을 묘사하다.

이런 수정안을 제안하는 근거를 하나하나 살펴보자. 우선, 루이스가 유신론을 받아들인 날짜, 곧 그가 언제 하나님을 믿기 시작했는지 따져 보자. 이 문제에 관한 한 루이스가 1929년, 그러니까 아버지가 죽은 해에 그가 쓴 글 어디에도 마음의 변화가 있었다는 증거는 없다. 하지만 1930년이 되면 상황이 달라진다. 그리고 오직 두 사람만 그 사실을 알게 된다.

1931년 아서 그리브즈에게 보낸 편지에서 루이스는 그의 친구들을 '일급'과 '이급'으로 나눈다고 썼다. 일급에 해당하는 친구는 오언 바필드와 그리브즈, 이급에 해당하는 친구는 J. R. R. 톨킨이라고 했다.[31] 루이스가 인생의 새로운 변화에 대해 다른 누군가에게 말한다면, 그 대상은 '일급' 친구인 바필드와 그리브즈일 것이다. 하지만 1929년에 이 두 사람과 주고받은 어떤 편지에도, 그해 어떤 시점에 뭔가 의미심장한 일이 벌어졌음을 암시하는 내용은 전혀 없다.

하지만 1930년에는 사정이 많이 달라 보인다. 루이스가 바필드와 그리브즈에게 보낸 편지를 보면, 『예기치 못한 기쁨』에서 루이스가 묘사한 변화가 1930년 트리니티 학기에(혹은 그보다 약간 전에) 있었음을 알 수 있다. 이제 우리는 루이스가 '일급' 친구 두 사람에게 각각 보낸 중요한 편지 두 통을 살펴볼 것이다. 두 편지 모두 1929년이 아니라 1930년에 쓴 것이다.

우선, 1930년 2월 3일에 오언 바필드에게 보낸 짧은 편지를 보자. 이 편지에서 루이스는 자신의 내면을 다루고 있는데, 짤막한 인사말에 이어 이렇게 적고 있다.

> 내게 끔찍한 일이 벌어지고 있네. "영"(靈) 또는 "진짜 나"가 훨씬 더 인격적인 존재가 되는 불길한 조짐이 보이고, 공세를 취하면서 하나님처럼 행동하고 있어. 늦어도 월요일에는 이리로 와 주면 좋겠네. 안 그러면 나는 수도원에 들어가고 없을지 몰라.[32]

이 시점에 헨리 와일드 Henry Wyld 교수가 방문하는 바람에 루이스의 생각의 흐름이 끊어졌다. 1797년 새뮤얼 테일러 콜리지의 위대한 시 「쿠블라 칸」(Kubla Khan)의 집필을 방해한 '펄록에서 온 사람'처럼, 와일드 때문에 루이스는 이 문제를 바필드에게 더 이상 말할 수가 없었다. 하지만 그가 이미 말한 내용만으로도 충분하다. 루이스가 『예기치 못한 기쁨』에서 1929년 트리니티 학기에 벌어진 일로 묘사한 바로 그 사태가 벌어진 것이다. 하나님이 그에게 더 실질적인 존재가 되고 있었다. 루이스는 자신이 그 강한 힘에 제압될 거라고 느꼈다. 『예기치 못한 기쁨』에서 적은 대로, 그는 "문 안으로 끌려" 들어가고 있었다.[33]

루이스가 바필드에게 써 보낸 글은 그의 회심을 예고하는 것이 분명하다. 이 글이 회심 일 년 후에 등장해 과거의 경험을 가리킨다고 볼 수는 없다. 바필드 본인도 1998년에 가진 인터뷰에서 이 편지가 루이스에게 중요한 의미를 갖는다고 분명히 밝혔다. 이 편지는 "그의 회심의 시작"을 알렸다.[34] 하지만 이때 바필드를 인터뷰했던 사람(킴 길넷)은 1930년에 쓴 것이 분명한 이 편지의 기록시기를 1929년으로 보는 실수를 저질러 루이스가 『예기치 못한 기쁨』에서 제시한 시간표 안에 끼워 넣었다. 이 편지는 루이스가 무시무시한 회심의 순간에 한꺼번에 이루어졌다고 밝힌 여러 테마들을 정확히 예견하고 있다. 이 편지에서 회심의 순간은 이미 **지난** 일이 아니라 그의 **앞에** 놓여 있었다.

두 번째 중요한 편지는 1930년 10월 29일에 루이스가 아서 그리브즈에게 쓴 것이다. 앞에서 밝힌 바 있듯, 루이스는 회심 이후 모들린 칼리지의 채플에 다니기 시작했다고 분명히 적고 있다. 그런데 루이스가 1929년, 또는 1930년 전반기에 쓴 편지에는 칼리지 채플에 정기적으로 참석한다는 암시가 전혀 없다. 하지만 1930년에 그리브즈에게 보낸 이 편지의 대단히 중요한 대목에서 루이스는 "오전 8시 채플에 참석하기 시작했다"고 적고 있는데,[35] 이 시간에 채플에 참석하려면 전보다 훨씬 일찍 잠자리에 들어야 했을 것이다. 이것은 분명히 새로운 일이다. 일상에 이렇게 큰 변화가 있었다면 1930-1931학년 초부터 일하는 습관도 달라졌을 것이다.

루이스가 밝힌 회심의 연대기가 옳다면, 그는 1929년 10월부터 칼리지 채플에 참석하기 시작했을 것이다. 그런데 그 시기에 그가 쓴 편지에는 그런 변화를 알리는 내용이 없다. 더욱이, 1930년 10월자 편지에서 칼리지 채플 참석에 대해 언급하고 있는 대목을 보면 **그때까지 규칙적인 일상의 일부가 아니었던 일**을 새로이 하고 있음을 분명히 암시하고 있다. 루이스가 1929년 트리니티 학기에 정말 회심했다면, 그는 왜 일 년을 기다린 후에 칼리지 채플에 참석하기 시작했을까? 이해하기 힘들다.

기존에 알려진 루이스의 회심 날짜는 재고가 필요한 듯 보인다. 루이스가 자신의 내면에서 벌어진 것으로 제시하는 사건의 내용은 받아들이되 그가 제시한 사건의 배열 순서에는 착오가 있었다고 보면 증거를

모들린 칼리지 예배당 내부, 1927년. 루이스는 1930년 10월부터 정기적으로 채플에 참석하기 시작했다.

가장 잘 이해할 수 있다. 루이스의 회심의 본질이나 실체는 의문의 여지가 없다. 문제는 이 사건이 벌어진 무대로 루이스가 제시하는 외부세계의 시간과 장소에 대한 정보가 정확하지 않아 보인다는 것이다. 루이스의 회심은 1929년이 아니라 1930년 트리니티 학기에 일어났다고 보는 것이 전후 상황과 가장 잘 들어맞는다. 1930년 트리니티 학기는 4월 27일부터 6월 21일까지였다.

하지만 이런 과정을 거쳐 하나님을 재발견한 루이스가 이른 곳은 최종목적지가 아니라 휴게소였다. 그가 넘어야 할 또 다른 이정표가 있었는데, 루이스가 의미심장하게 여겼던 이 이정표는 신에 대한 일반적인 믿음('유신론'이라고 종종 불렸다)에서 기독교라는 구체적인 믿음으로 투신하는 과정이었다. 이것은 길고 복잡한 과정이었는데, 이 일을 위해 여러 사람이 산파 역할을 했다. 조지 허버트 같은 과거인물들의 목소리가 루이스에게 생생하게 전달되었고, 당대인물 중에서도 특별히 한 사람의 이야기가 루이스에게 영향을 주었다. 이제 우리는 루이스와 J. R. R. 톨킨이 나눈 대화를 살펴볼 것이다. 그 대화는 기독교를 바라보는 루이스의 시각을 완전히 바꿔 놓았다.

톨킨과 밤에 나눈 대화(1931. 9)

『예기치 못한 기쁨』의 마지막 장은 루이스가 "순수하고 소박한" 유신론에서 기독교로 넘어간 과정을 간략하고 감질나게 다루고 지나간다. 루이스는 이 회심이 욕망이나 갈망과는 무관했음을 애써 밝혔다. 그가 1930년 트리니티 학기에 항복했던 하나님은 "완전히 비인격적인 신"이었다. 그는 "하나님과 '기쁨' 사이에 무슨 연관성이 있는지, 그런 연관성이 가능한지" 전혀 아는 바가 없었다.[36] 루이스의 회심은 본질적으로 이성적인 것이었고, 그를 오랫동안 매료시켰던 '기쁨'과는 관련이 없었다. "거기에는 어떤 종류의 갈망도 없었다."[37] 그가 유신론을 받아들인 것은 어떤 면에서 순전히 이성적인 행위였다.

이 대목을 설명한 루이스의 수사법은 신앙을 '소망충족'wish-fulfilment으로 희화화하는 오래된 무신론자들의 공격을 미연에 방지하기 위한 것으로 이해할 수 있다. 지그문트 프로이트Sigmund Freud, 1856-1939의 저작에 잘 표현된 '소망충족'이라는 개념은 지적 계보를 따지자면 아주 오래전으로 거슬러 올라갈 수 있다. 이 견해에 따르면 하나님은 인생의 패배자들에게 위안을 주는 꿈이요, 적응을 못하고 뒤쳐진 이들을 위한 영적 목발이다.[38] 루이스는 그런 생각으로부터 거리를 둔다. 루이스는 하나님이 존재하기를 바라지 않았다고 주장한다. 그런 바람을 품기에는 그의 독립의지가 너무 컸다. "내가 언제나 가장 원했던 바는 누구에게도 '방해받지' 않는 것이었다."[39] 루이스는 사실이 아니기를 바랐지만 사실로 인정할 수밖에 없는 신의 존재 앞에 섰다.

이 이성적인 하나님은 루이스의 상상력과 갈망의 세계는 물론 나사렛 예수라는 사람과도 거의, 어쩌면 아무런 관련이 없었다. 그렇다면 루이스의 성숙한 저작의 두드러진 특징인 이 두 쌍의 연결은 언제 어떻게 이루어진 것일까? 『예기치 못한 기쁨』은 아무런 답도 제시하지 않는다. 루이스는 "유신론에서 기독교"로 넘어가는 영적 여행의 이 마지막 단계에 대해 자신도 "거의 아는 바가 없다"고 털어놓고 있으니,[40] 완전하고 정확한 기록을 그로부터 기대하기는 어려울 것이다.

우리가 볼 수 있는 것은 그가 글로 남긴 이어지지 않은 생각과 기억들의 자취뿐이다. 이런 생각과 사건들을 일관된 통일체로 엮어 내는 일은 독자의 몫으로 남겨진 셈이다. 하지만 루이스의 편지들을 살펴보면 오랜 시간에 걸쳐 이루어진 한 번의 대화가 그의 변화에 결정적인 역할을 했다는 것을 알 수 있다. 이제 그 중요한 대화를 자세히 살펴보려 한다.

1931년 9월 19일 토요일, 루이스는 J. R. R. 톨킨과 인근 레딩 대학의 영문학 강사 휴고 다이슨Hugo Dyson, 1896-1975을 모들린 칼리지의 저녁만찬에 초대했다.⁴¹ 다이슨과 톨킨은 엑시터 칼리지의 동기로 같이 영문학을 공부했던 터라 이미 아는 사이였다. 고요하고 따뜻한 저녁이었다. 저녁식사 후 그들은 애디슨 산책로를 따라 긴 산책에 나섰다. 그들은 칼리지 구내에서 처웰강을 따라 빙 둘러 오는 그 오솔길을 걸으며 비유와 신화의 본질을 논했다.

바람이 불어와 나뭇잎들이 빗방울처럼 후드득 소리를 내며 땅에 떨어진 후, 세 사람은 루이스의 숙소로 돌아와 토론을 이어 갔는데, 이미 화제는 기독교로 넘어간 뒤였다. 새벽 3시가 되자 톨킨은 마침내 양해를 구하고 집으로 돌아갔다. 루이스와 다이슨은 한 시간 동안 더 이야기를 나누었다. 이날 저녁 두 동료와의 대화는 루이스의 진전에 결정적인 역할을 했다. 바람의 이미지가 그에게는 하나님의 신비로운 임재와 활동을 암시하는 듯했다.⁴²

그즈음 루이스는 일기를 쓰지 않았지만, 그 일이 있은 직후 그리브즈에게 두 통의 편지를 써서 그날 밤에 있었던 사건들과 그 일들이 종교적 신앙에 대한 그의 생각에 미친 영향을 설명했다.⁴³ 10월 1일자로 되어 있는 첫 번째 편지에서 루이스는 저녁 토론의 결과만 알려 주고 그 내용은 밝히지 않았다.

애디슨 산책로, 1937년. 모들린 칼리지의 펠로였던 조지프 애디슨(Joseph Addison, 1672-1719)의 이름에서 따왔다.

나는 신을 믿는 자리에서 그리스도를 확실히 믿는 자리, 즉 기독교를 믿는 자리로 이제 막 넘어갔거든. 이 부분에 대해서는 다음번에 설명해 보겠네. 다이슨과 톨킨과 밤늦도록 나눈 긴 대화가 많은 영향을 주었네.[44]

그리브즈는 당연히 이 흥미로운 변화에 대해 더 알고 싶어 했다. 루이스는 10월 18일자로 된 다음번 편지에서 그날 저녁에 있었던 일을 자세히 설명했다. 루이스가 기독교를 믿기 어려웠던 이유는, "2천 년 전에 살았던 누군가(누구이건 간에)의 삶과 죽음이 지금 여기서 우리를 어떻게 도울 수 있는지" 이해할 수 없었기 때문이다. 바로 그것 때문에 루이스는 "일 년 이상" 주저해야 했다. 그는 그리스도가 우리에게 좋은 본이 된다는 사실은 받아들일 수 있었지만 그것은 기독교의 핵심이 아니었다. 루이스는 신약성경이 그와 전혀 다른 견해를 갖고 있으며, '화목제물'propitiation, '희생'sacrifice 같은 용어들을 써서 이 사건의 참된 의미를 나타내고 있음을 깨달았다. 그러나 루이스는 이런 표현들이 "우스꽝스럽거나 충격적"으로 보였다고 말했다.⁴⁵

루이스와 '밤늦도록 나눈 긴 대화'에는 다이슨과 톨킨이 모두 참여했지만, 루이스가 기독교 신앙을 전혀 새로운 방식으로 바라볼 수 있도록 문을 열어 준 것은 톨킨의 접근법이었다. 루이스가 유신론에서 기독교로 어떻게 넘어갔는지 이해하기 위해서는 J. R. R. 톨킨의 생각들을 깊이 숙고해 봐야 한다. 중세의 저술가, 바그노레지오의 보나벤투라Bonaventura, 1221-1274가 이름 붙인 "하나님에게 이르는 정신의 여정"의 마지막 단계를 걸어가도록 도와준 사람은 바로 톨킨이었기 때문이다. 톨킨의 도움으로 루이스는 이론을 이해하지 못하는 **이성적** 실패가 아니라, 의미를 파악하지 못한 **상상력의** 실패가 문제임을 깨닫게 되었다. 핵심은 **진리**가 아니라 **의미**에 대한 것이었다. 기독교의 이야기를 이해하려면 상상력의 가장 깊은 직관까지 열어 놓고 있어야 하는데 루이스는 이성으로만 다가갔던 것이다.

톨킨은 루이스가 전문적으로 연구하는 이교의 신화들을 읽을 때처럼 신약성경을 대할 때 상상력을 열어 놓고 기대를 품고 읽어야 한다고 말했다. 그러나 둘 사이에는 결정적인 차이점이 있다고 톨킨은 강조했다. 그 내용은 루이스가 그리브즈에게 보낸 두 번째 편지에 나와 있다. "그리스도의 이야기는 한마디로 참된 신화일세. 다른 신화들과 똑같은 방식으로 우리에게 영향을 끼치지. 하지만 엄청난 차이점이 있네. 이 신화는 **실제로 벌어진** 일이라는 걸세."⁴⁶

독자는 여기서 '신화'라는 단어가 '동화'를 말할 때의 느슨한 의미나 '속이기 위해 일부러 지어낸 거짓말'이라는 경멸적인 의미로 쓰이고 있지 않음을 파악해야 한다. 루이스도 한때 신화라는 말을 그렇게 이해하고 '은을 통과한 거짓말'이라고 표현한 바 있다. 루이스와 톨킨의 대화에서 쓰인 '신화'라는 용어는 문학전문용어의 의미로 이해해야만 두 사람의 대화에 담긴 의미를 파악할 수 있다.

톨킨에게 신화는 "근본적인 의미"를 전달하는 이야기, 다시 말해 세상의 근본적인 구조를 알리려는 이야기이다. 최고의 신화는 일부러 지어낸 거짓이 아니라, 더 깊은 진리의 메아리를 포착하기 위해 사람들이 엮어 낸 이야기이다. 신화는 진리의 전체가 아니라 파편을 보여준다. 신화 하나하나는 참된 빛의 부서진 조각들과 같다. 하지만 온전하고 참된 이야기를 통해 조각난 세계의 그림에 담긴 온갖 옳고 지혜로운 것들을 구현할 수 있다. 톨킨은 기독교의 **의미심장함**을 받아들이는 것이 그 **진리**보다 우선한다고 보았다. 기독교는 파편적이고 불완전한 통찰들을 통합하고 뛰어넘는 온전한 그림을 보여주었다.

톨킨의 사고방식이 어떻게 이 무렵 루이스의 마음을 한껏 헤집어 놓은 어지러운 생각들에 명료함과 일관성을 부여했는지 이해하기는 어렵지 않다. 톨킨은 신화가 사람들의 이해력이 미치지 않은 무엇인가에 대한 갈망을 일깨워 준다고 보았다. 신화는 사람들의 의식을 확장시키는 내재적인 능력을 갖고 있어서 그들이 스스로를 초월할 수 있게 해준다. 최고의 신화들은 루이스가 나중에 "초점은 흐려 희미하지만 분명히 실재하며, 인간의 상상력 위에 쏟아져 내리는 신적 진리의 빛"이라 이름 붙인 것을 제공한다.[47] 이처럼 기독교는 다른 많은 신화들과 나란히 선 하나의 신화가 아니라, 이전의 모든 신화적 종교들을 온전히 구현한 신화이다. 기독교는 인류에 대한 참된 이야기를 들려주며, 이 이야기를 통해 인류는 자신에 대해 말하는 모든 이야기를 이해할 수 있다.

톨킨의 사고방식은 루이스에게 깊이 있게 다가온 것이 분명하다. 그것은 십대 시절부터 루이스를 괴롭혔던 질문, '어떻게 다른 종교가 다 틀렸고 기독교만 옳단 말인가'에 답을 주었다. 루이스는 이교 시대의 위대한 신화들이 **완전히 틀렸다**고 선언할 필요가 없음을 깨달았다. 그 신화들은 기독교 신앙 안에서, 기독교 신앙을 통해서만 알려진 온전한 진리의 메아리 혹은 예고였다. 기독교는 인간의 문화 속에 널리 흩어져 있는, 실재에 대한 불완전하고 부분적인 통찰들을 온전히 구현하고 완성해낸다. 톨킨은 루이스에게 하나의 렌즈, 세상을 보는 법을 제공했고, 그것을 통해 루이스는 기독교가 인간의 탐색과 동경에서 솟아나는 진리의 메아리와 그림자들을 온전히 구현한다고 볼 수 있었다. 톨킨이 옳다면, 기독교와 이교 종교들 사이의 유사성은 "존재해야 **마땅했다**."[48] 그런 유사성이 존재하지 **않는** 경우야말로 문제가 될 것이다.

어쩌면 더 중요한 것은, 톨킨 덕분에 루이스가 이성의 세계와 상상력의 세계를 다시 연결시킬 수 있었다는 사실일지 모른다. "새로운 외양"이 요구했던 것, 루이스가 유신론의 필연적 귀결로 생각했던 것과는 달리, 갈망의 영역은 더 이상 옆으로 치우거나 억압해야 할 대상이 아니었다. 그것은 톨킨이 제시한 더 큰 실재의 이야기 속에 자연스럽고 설득력 있게 엮어 넣을 수 있었다. 톨킨이 나중에 이야기한 대로, "사람들의 마음이 세계 너머를 추구하고 세계 안에서는 안식을 찾지 못하는 것"이 하나님의 뜻이었다.[49]

루이스는 기독교가 실재에 대한 합리적인 설명을 제시하면서도 갈망과 동경의 중요성을 인정할 수 있게 해준다는 것을 깨달았다. 하나님은 "어린 시절 이후 계속 내 마음에 날아와 박혔던 '기쁨'의 화살들"의 참된 "근원"이었다.[50] 이렇게 해서 기독교의 실재관은 이성과 상상력을 인정하고 화해시켜 주었다. 루이스는 톨킨 덕분에 '이성적' 신앙이 상상력과 정서의 영역에서 메마른 것이 될 필요가 없음을 깨닫도록 도와주었다. 올바로 이해한 기독교 신앙은 이성과 갈망과 상상력을 통합할 수 있었다.

그리스도의 신성(神性)에 대한 루이스의 믿음

루이스는 톨킨, 다이슨과 대화를 나누고 나서 기독교가 상상력에 미치는 호소력을 파악할 수 있었다. 하지만 그렇다고 해서 기독교의 개별적인 요소들, 예를 들어 사도신경에 나오는 핵심 교리 같은 것들을 다 이해하게 된 것은 아니었다. 그저, 기독교 신앙 안에서 발견한 포괄적인 실재관을 제대로 인식하게 되었을 뿐이다. 하지만 루이스는 자신의 발견의 여정을 묘사하면서 나사렛 예수가 누구인가를 포함한 핵심 교리들을 놓고 고민한 것을 구체적으로 밝히고 있다. 그렇다면 이런 지적 탐색의 과정은 언제 이루어졌을까?

루이스는 지적으로 명료해지고 확고해지는 과정을 회상했는데, 그 과정에서 신학적 측면들이 마침내 제자리를 찾았다. 그는 『예기치 못한 기쁨』에 이 변화과정을 기록하면서 윕스네이드 동물원으로 가는 중에 그 일이 있었다고 분명히 밝혔지만 구체적인 날짜는 기록하지 않았다.

마지막 한 걸음을 내딛게 된 과정은 잘 기억이 나지 않지만, 그 시점만큼은 아주 잘 기억하고 있다. 어느 화창한 아침, 윕스네이드 동물원으로 가는 길이었다. 출발했을 때는 예수 그리스도가 하나님의 아들이라는 사실을 믿지 않았지만, 동물원에 도착했을 때에는 믿고 있었다. 그렇다고 해서 가는 길 내내 그 생각에 잠겼던 것도 아니었는데.[51]

여기서도 루이스가 어딘가로 가는 길에 문제를 생각하다 보니 과도한 정신적 수고 없이 조각들이 자연스럽게 제자리로 맞춰지는 패턴이 거듭되고 있다. 하지만 이 "마지막 한 걸음"을 내디딘 시점은 언제였을까?

루이스의 전기 작가들은 이 마지막 한 걸음의 날짜를 1931년 9월 28일로 보았다. 그날 안개 낀 아침에, 와니가 오토바이 사이드카에 루이스를 태우고 베드퍼드셔에 있는 윕스네이드 동물원으로 갔다. 루이스의 전기 작가들은 일반적으로 이날이 루이스가 기독교로 회심한 날짜라고 본다.[52] 1931년의 바로 이 '외출'이 있던 날, 루이스가 다시 교회에 합류하기로 결정했다는 와니의 발언이 이 사실을 뒷받침한다.[53]

이 해석이 옳다면, 루이스가 신을 믿는 자리에서 기독교로 투신하게 된 마지막 단계들을 다음과 같이 정리해 볼 수 있을 것이다.

1. 1931년 9월 19일: 톨킨, 다이슨과 대화를 나누고 나서 기독교가 '참된 신화'임을 깨닫게 되다.
2. 1931년 9월 28일: 형 와니가 모는 오토바이를 타고 윕스네이드 동물원으로 가는 길에 그리스도의 신성을 믿게 되다.
3. 1931년 10월 1일: 아서 그리브즈에게 자신이 신에 대한 믿음에서 그리스도에 대한 믿음으로 "넘어왔다"고 밝히다.

이 시나리오에 따르면, 루이스가 기독교로 회심하는 과정은 그 핵심 요소들이 열흘 만에(1931년 9월 19-28일) 이루어지는 상당히 급속한 것이었다. 이것은 루이스가 서서히 기독교를 재발견하게 된 과정에 대한 전통적인 이해이고 그의 저작들에 담긴 증거와도 잘 들어맞는다.

루이스는 톨킨, 다이슨과 나눈 대화를 통해 기독교 이야기가 갖고 있는 상상력에 호소하는 힘을 엿보게 되었고, 한동안 고민했던 질문들에 대한 실마리를 얻었다. 기독교의 '상상력에 대한 포용력'을 체험한 후, 루이스는 그 풍경을 이성적으로 탐험하기 시작했다. 이 이성적 탐험은 기독교의 이미지와 이야기들을 통해 상상력이 매혹된 상태에서 기독교의 교리들을 검토하는 방식으로 이루어진다.

자주 지적된 사실이지만, 루이스는 이론을 실재에 종속된 것,[54] 주로 상상력을 통해 무엇인가를 파악하거나 인식한 이후에 생겨나는 지적 설명으로 본다. 루이스는 상상력을 통해 기독교의 실재를 파악한 후, 자신의 상상력이 포착하고 받아들인 것을 이성적으로 이해하려는 노력을 시작했다. 루이스의 회심에 대한 전통적인 설명에 따르면 이 과정이 열흘 만에 끝났다는 말이다. 하지만 루이스의 편지를 보면 그것이 며칠이 아니라 몇 달에 걸친 보다 길고 복잡한 과정이었을 것임을 짐작할 수 있다.[55] 그럼 그리스도의 신성에 대한 루이스의 깨달음이 1931년 9월, 윕스네이드 동물원으로 가는 길에 벌어졌다는 것이 확실한 일일까?

루이스가 『예기치 못한 기쁨』에서 밝힌 윕스네이드 동물원 방문길에 대한 기록은 일반적으로 1931년 9월 28일, 와니가 모는 오토바이 사이드카에 타고 윕스네이드로 간 일을 가리킨다고 여겨졌다. 루이스가 이날 윕스네이드를 방문한 것은 분명하다. 하지만 이날 그리스도에 대한 그의 견해가 완성된 걸까? 『예기치 못한 기쁨』의 이야기가 와니도, 오토바이도, 9월도, 1931년도 언급하지 않는 것에 주목해야 한다. 더욱이, 루이스는 9월 28일 직후 형에게 장문의 편지를 써서 윕스네이드에서 보낸 시간을 간략하게 회상하지만, 어떤 종교적 변화나 중요한 신학적 입장조정에 대해서는 특별한 언급이 없다.[56]

1931년 9월 그날에 대한 와니의 기억을 보다 꼼꼼히 살펴봐도 전통적인 날짜 해석에 몇 가지 의문이 일어난다.[57] 그날 루이스가 기독교로 회심한 것 같다는 와니의 생각의 근거는 동생에게 따로 들은 개인적인 이야기가 아니라, 『예기치 못한 기쁨』에 나오는 일화와 1931년 9월의 여행을 그가 임의로 연결 지은 것임이 분명하다. 일부 사람들이 해석한 바와 달리, 그것은 루이스와 나눈 대화에 대한 와니의 기억이 아니라 어떤 사건에 대해 와니가 이후 덧붙인 해석임이 분명하다. 그리고 이제 살펴보겠지만, 이 해석은 의문의 여지가 있다. 루이스가 다른 날, 와니 없이 다른 교통수단으로 윕스네이드에 갔다면 어떻게 될까? 그때 그의 신학적 명료화가 이루어졌다면 어떻게 될까?

윕스네이드 동물원 가던 날에 대한 루이스의 기록에는 "머리 위에서 새들이 노래하고 발밑에는 블루벨이 만발했다"는 서정적인 구절이 있다. 그리고 '왈라비 숲'의 이 광경은 이후에 이루어진 윕스네이드 동물원의 건축공사로 크게 망가졌다고 언급한다.[58] 잉글리쉬 블루벨^{Hyacinthoides} $^{non\text{-}scripta}$은 (날씨에 따라) 4월 말부터 5월 말 사이에 꽃이 피고, 늦여름에는 잎이 지면서 사라진다.[59] 지대가 좀 높아 기온이 다소 서늘했던 윕스네이드 동물원에서는 블루벨 꽃이 조금 늦게 핀다.[60] 그러나 9월에는 "발밑의 블루벨"이 자취도 없었을 것이다. 5월과 6월 초쯤이라면 블루벨이 흐드러지게 피어 있었을 것이다.

이 사실의 중요성을 일부 사람들이 간과했을지도 모른다. 잉글리쉬 블루벨을 스코틀랜드에서 말하는 블루벨$^{Campanula\ rotundifolia}$(잉글랜드에서는 '헤어벨'로 알려져 있다)과 혼동했을 가능성도 있다. 헤어벨은 9월까지 꽃이 피기 때문이다. 『예기치 못한 기쁨』에 기록된 새들이 노래하고 블루벨이 만발해 "에덴동산 같은" 윕스네이드 동물원의 모습은 초가을이 아니라 늦봄이나 초여름의 어느 날인 것이 분명하다.

루이스가 블루벨을 유난히 주목했던 것은 이 깨달음의 순간과 상징적으로 연관되어 있기 때문일 수도 있다. 루이스는 오래전부터 "푸른 꽃의 숭배자"로 자처하지 않았던가.[61] 독일 낭만주의에서 '푸른 꽃' 모티프는 복잡한 역사적 뿌리를 갖고 있다. 이 모티프는 노발리스의 사후에 출간된 미완성 소설 『하인리히 폰 오프터딩엔』(Heinrich von Ofterdingen, 1802)에 처음 등장했고, 이성과 상상력, 그리고 정신 바깥의 세계와 정신 내면의 주관적인 세계 간의 머나먼 화해를 바라는 갈망을 상징하게 되었다. 밝은 파란색의 유럽 수레국화가 이 상징의 원조였다고 종종 언급된다.[62] 이 상징은 블루벨로도 쉽게 확장된다.

잘 따져 보면 『예기치 못한 기쁨』의 '푸른 꽃' 대목이 가리키는 사건은 1931년 가을이 아니라 1932년 6월 첫째 주에 있었던 두 번째 윕스네이드 방문 때 이루어졌다는 것이 거의 분명하다. 이때도 루이스는 무엇인가를 얻어 타고 윕스네이드 동물원으로 갔는데, 에드워드 푸드켈시 Edward Foord-Kelcey, 1859-1934가 모는 차였다. 이 여행 직후인 6월 14일에, 루이스는 형에게 편지를 보내 윕스네이드 방문 도중에 봤던 '흐드러지게 만발한 블루벨'을 구체적으로 묘사하고 '왈라비 숲'의 상태에 대해 한마디 했다.[63] 그 편지 속의 표현은 『예기치 못한 기쁨』에 나오는 핵심 구절의 표현과 아주 비슷하다. 루이스는 이 두 번째 방문에서 마침내 성육신을 기독교 신앙탐색의 정점으로 여기고 믿게 된 것은 아닐까? 만약 그렇다면, 신앙에 대한 내면의 이해가 더 깊어졌다는 뜻일 것이다. 이 무렵 루이스는 분명히 그리스도인으로 자처하고 있었다. 이렇게 되면 루이스의 회심 관련 사건들의 전통적인 연대표를 다음과 같이 수정해야 할 것이다.

1. 1931년 9월 19일: 톨킨, 다이슨과 대화를 나누고 나서 기독교는 '참된 신화'임을 깨닫게 되다.
2. 1931년 10월 1일: 아서 그리브즈에게 자신이 신에 대한 믿음에서 그리스도에 대한 믿음으로 "넘어왔다"고 밝히다.
3. 1932년 6월 7(?)일: 에드워드 푸드켈시가 모는 차를 타고 윕스네이드 동물원으로 가는 길에 그리스도의 신성을 믿게 되다.

루이스의 불안하고 탐색하는 정신은 톨킨과 대화를 나눈 지 한 주가 지난 1931년 9월, 윕스네이드 동물원으로 가는 길에 마침내 모든 것을 정리했을까? 아니면 사색과 구체화의 과정이 더 길게 이어지다가 이후 1932년 6월에 완성되었을까? 루이스가 1931년 10월 1일자 편지에서 그리브즈에게 자신이 이제 "분명하게 그리스도를 믿는다"고 말한 것은 그리스도의 중요성에 대해 막 깨닫기 시작했다는 뜻으로 해설할 수 있을 것이다. 그 초기 단계의 깨달음은 더 긴 탐색과 형성과정을 거친 끝에 1932년의 온전한 깨달음으로 연결된 것이다. 하지만 1932년 6월 14일에 와니에게 쓴 편지를 포함해 이후 그가 쓴 편지에는 그런 새로운 변화가 명시적으로 언급되어 있지 않다. 루이스가 『예기치 못한 기쁨』을 쓰면서 두 번의 윕스네이드 방문에 있었던 일을 혼동했을 가능성도 배제할 수 없다. 그의 기억 속에서 두 방문을 **뭉뚱그려** 별도의 이미지와 테마들을 하나로 묶어 냈을 수도 있다. 그러면 이 두 방문 중 언제가 진정한 깨달음의 순간일까? 앞에서 우리는 날짜 기억에 관한 한 루이스를 완전히 신뢰할 수 없음을 살펴보았고, 『예기치 못한 기쁨』의 서술은 유사한 사건들 사이의 경계를 넘나들며 이루어졌을 가능성이 있다.

　루이스의 저작 중에서도 가장 감질나는 이 작품의 많은 부분이 그렇듯, 여기서도 우리는 주어진 정보를 가지고 추측할 수밖에 없는 처지에 있다. 현재로서 최선의 해결책은 루이스의 기독교 회심 시점을 전통적인 입장에 따라 1931년 9월 그대로 두되, 그 주위의 모호성과 불확실성에 주목하는 것이다. 루이스가 1931년 10월 1일에 그리브즈에게 보낸 편지가 앞뒤가 맞으려면 그리스도의 신성을 인정하는 결정적인 발걸음을 이미 내디뎠다고 봐야 한다. 물론 이 깨달음의 온전한 전개와 탐색은 다음 해에도 이어졌을 것이다.

　하지만 루이스가 깨달음을 얻은 날짜를 언제로 잡건, 그날은 오랜 기간 몇 단계에 걸쳐 사색하고 발을 들여온 과정이 마침내 결론에 이른 시점 정도로 생각해야 한다. 우리는 어느 한 순간을 딱 집어서 바로 그때, 루이스가 순식간에 기독교로 "회심"했다고 말할 수 없다. 다만, 상승 곡선을 그리는 사색의 궤적을 추적할 따름이다. 이 궤적을 볼 때 톨킨과의 대화는 상상력의 결정적인 전환을 불러온 지점이고, 윕스네이드 여행길은 그 전환의 논리적 귀결에 해당한다.

　기독교인이 되어 가는 이 상승곡선에서 한 지점이 특히 언급할 만하다. 1931년 성탄절에 루이스는 헤딩턴쿼리의 홀리트리니티 교회에서 유년 시절 이후 처음으로 성만찬에 참여했다. 형에게 보낸 장문의 편지에서 그는 그날 헤딩턴 쿼리의 홀리트리니티 교회에서 "이른 예식",[64] 다시 말해 성찬식에 참석했다고 짧지만 분명하게 언급하고 있다. 루이스는 당시 잉글랜드 성공회의 전통을 잘 아는 형이니 이 사건의 의미를 이해할 거라고 보았을 것이다.

　이 시점까지 루이스는 '말씀 예배'에 해당하는 아침예배Matins에 참석

옥스퍼드 헤딩턴 쿼리에 있는 홀리트리니티 교회. 남쪽에서 본 광경으로 입구가 보인다. 1901년, 헨리 톤트 촬영.

했다가 예배가 다 끝나기 전, 마지막 찬양 도중에 자리를 떠서 윌프리드 토머스 목사를 불편하게 했다. 하지만 루이스는 아침예배는 누구나 참석할 수 있지만 성찬식은 헌신된 신자들만을 위한 것이라고 믿었다. 그는 그런 성찬예식에 참석한 결정을 알림으로써 자신이 신앙의 여정에서 상당한 진전을 보였음을 형에게 알리고 싶었던 것이다.

그런데 루이스가 몰랐던 사실이 있었다. 와니도 비슷한 믿음의 여행을 했고 상하이의 버블링웰 교회에서 유년 시절 이후 처음으로 성찬식에 참석했는데, 역시 1931년 성탄절이었던 것이다.[65] 두 형제는 서로가 모른 채 정확히 같은 날에 기독교인이 되었음을 공적으로 고백했다.

결국, 정말 중요한 문제는 루이스가 기독교로 회심한 정확한 날짜가 아니라 그 일이 향후 그가 쓴 글에 미친 영향이다. 그의 회심은 내면의 사건으로 정리되어 그의 문학작품에는 눈에 보이는 영향을 주지 못했을 수도 있었다. 예를 들어, T. S. 엘리엇은 1927년에 기독교로 회심해 사람들의 많은 관심을 끌었다. 하지만 엘리엇이 이후에 쓴 글을 본 많은 이들은 기대했던 것만큼 회심으로 인해 큰 영향을 받지 않은 것 같다고 말할 것이다.

루이스는 다르다. 그는 기독교가 옳다면 젊은 시절부터 그를 당혹스럽게 했던 지성과 상상력의 수수께끼를 해결할 수 있다는 것을 처음부터 알았던 것 같다. 젊은 시절 그가 만든 "현실과의 협약"은 혼란스러운 세상에 자의적인(하지만 편리한) 질서를 부과하려는 나름의 시도였다. 그러나 회심 이후 그는 세상에는 하나님의 본성에 근거한 더 깊은 질서가 존재하며, 알아보는 것이 가능한 그 질서를 일단 파악하면 문화, 역사, 과학, 그리고 무엇보다도 그가 너무나 가치 있게 여겼고 평생의 학문 주제로 삼은 문학창작 행위의 의미를 이해할 수 있게 된다는 것을 깨달았다. 믿음을 갖게 되면서 루이스는 문학 독서에 대한 이해를 얻었을 뿐 아니라 문학창작에서도 의욕과 이론적 근거를 갖게 되었다. 이것은 그의 노년의 작품 『우리가 얼굴을 찾을 때까지』에서 가장 잘 볼 수 있지만 『나니아 연대기』에도 분명히 드러나 있다.

학자와 작가로서 루이스의 활동을 이해하려면 그의 내면세계의 조직 원리들을 파악해야 한다. 그 원리들은 배양과 사색의 시기를 거친 후 1931년 초가을에 마침내 제자리를 찾기 시작해서 1932년 여름에 최종적으로 완성되었다. 1932년 8월 15-29일, 루이스는 아서 그리브즈와 휴가를 보내면서, 기독교 신앙이 주는 새롭고 본질적으로 완성된 비전을 작품 속에 그려 낼 준비가 되어 있었다. 그렇게 탄생한 글이 『순례자의 귀향』이다(다음 장에서 다룬다). 루이스는 이후에도 신앙의 영역에서 이성과 상상력의 관계를 계속 탐구하지만, 기독교에 대한 그의 확고한 이해를 보여주는 근본 특징들은 이미 자리를 잡았다.

이번 장에서 우리는 루이스가 기독교로 회심하기까지의 복잡하고 긴 궤적을 살펴보았고, 그 변화의 과정에 있었던 몇몇 사건들에 대한 전통적인 시기결정과 해석에 우려를 제기했다. 하지만 루이스의 회심이 회심의 대표적인 사례나 전형적인 사례인 것처럼 그리는 일은 피해야 한다. 이후 루이스가 말한 바 있듯, 그가 신앙에 이른 길은 "사람들이 거의 다니지 않는 길"이었다.[66] 결코 표준적인 것으로 봐서는 안 된다. 그는 자신의 회심에 대해 기록할 때 본질적으로 사적인 일로 제시하면서 말을 아꼈고, 극적인 제스처나 선언을 주의 깊게 피했다. 하지만 루이스의 믿음은 점차 세상에 알려지고 두드러져 보이는데, 이 부분에 대해서는 변증가로서 그가 전시에 감당한 역할을 살필 때 다루려 한다.

그러나 먼저 옥스퍼드 교수로서의 루이스에 대해, 특히 문학에 대한 그의 접근법에 대해 해야 할 말이 많다. 이것이 다음 장에서 다룰 주제이다.

7

학자

: 문학연구와 문학비평

1933-1939

1933년 무렵, 루이스가 속한 옥스퍼드는 안정된 곳으로 보였다. 그는 영문학 개별지도 담당 펠로 자리에 재선출되었고, 1954년 12월 케임브리지로 옮길 때까지 그 자리를 지켰다. 가정생활도 안정되었다. 킬른스는 건물을 확장했고 대지는 갈아엎어 새로운 식물을 심었다. 영국군에서 제대한 와니는 루이스, 무어 부인과 킬른스에서 완전히 자리를 잡았다. 루이스의 '옛 나날'이 회복된 것처럼 보였다. 와니가 도착한 후, 루이스는 점점 더 킬른스를 재창조된 리틀리, 확장된 리틀리로 보게 되었다. 1914년부터 1932년 사이에 벌어진 모든 일을 되돌려 놓은 것 같았다.¹

그러다 와니가 루이스 가족의 편지, 문서, 일기를 편집하고 분류하고 옛날에 쓰던 타자기로 타이핑하여 정리하기로 결정했는데, 지난 나날들과 이어져 있는 듯한 느낌을 더욱 강화해 주는 일이었다. "이름 없는 평범한" 사람들의 기록 정도로 생각하고 와니가 시작한 일의 결과물

은 11권에 이르는 『루이스 가족문서: 루이스 가족의 회고록, 1850-1930
년』이 되었다. 이후 이 자료는 루이스 학자들에게 필수적인 연구 자료가
되었다.
　　이렇게 해서 루이스는 어머니의 죽음 이후 가족이 흩어지면서 빼앗
겼던 "안전기지"를 다시 확립했다. 1933년 후반에 루이스가 그리브즈에
게 써 보낸 것처럼, '안정'은 이제 그의 강점이었다.[2] 시인으로 명성을 얻
지 못하리라는 것을 깨달은 루이스는 문학연구에 초점을 맞추었고 이 분
야에서는 뛰어난 성과를 거둘 수 있을 거라고 보았다. 어쩌면 명성도 얻
을 수 있을지 몰랐다.

교사 루이스: 옥스퍼드 개별지도

1927년부터 1954년까지 루이스가 맡은 주된 책임은 개별 학생지도와
대학 강의였다. 그는 모들린에서 맡은 개별지도 담당 펠로 직책에 의해
영문학부 교수진의 일원이었고, 영문학부 교수로서 옥스퍼드 대학 전체
학생을 상대로 강의를 할 수 있었다. 동료였던 J. R. R. 톨킨과 달리, 루
이스는 옥스퍼드 대학에서 '정교수'professor가 되지 못했다. 모들린 칼리지
뉴 빌딩의 계단에 붙어 있는 칼리지 명판이 말해 주듯, 그는 늘 그냥 "미
스터 C. S. 루이스"였다. 루이스의 학교생활에서 개별지도 수업과 강의
가 차지한 중요성을 고려할 때, 이 두 가지에 대한 내용을 정리해 볼 필
요가 있다.
　　19세기에 옥스퍼드 대학은 교수법의 토대가 되는 주 1회 개별지도
수업을 개발했다. 칼리지들은 특히 '리테라이 후마니오레스'에서 학문의

수준을 높이기 위해 '개별지도 담당 펠로직'을 개설했다. 대개 개별지도 수업은 한 시간으로 이루어졌다. 우선 학생이 작성해 온 에세이를 소리 내어 읽고 나머지 시간은 학생의 생각과 논증에 대한 심도 있는 토론으로 채워졌다.

8주로 이루어진 옥스퍼드의 학기 중 평일의 일과에 대한 루이스의 기록을 보면, 신앙이 생활의 일부로 자리 잡은 것과 수업 부담이 컸다는 것을 알 수 있다. 1931년부터 월요일과 토요일을 제외한 학기 중 평일 일과는 다음과 같았다.

오전 7시 15분: 스카우트가 차를 가지고 와 깨워 줌

8시: 채플

8시 15분: 채플 목사 및 여러 사람과 아침식사

9시: 개별지도 수업 시작. 오후 1시까지 이어짐

오후 1시: 헤딩턴 집으로 차를 타고 감(루이스는 운전을 안 했다)

오후: 정원 일, 개 산책시킴, '가족'과 보내는 시간

4시 45분: 차를 타고 칼리지로 돌아감

5시: 개별지도 수업 재개. 오후 7시에 끝남

7시 15분: 저녁식사[3]

그레이트 부컴에 있을 때 루이스는 하루 일과의 틀을 잡았는데, 이 일과는 상황에 따라 적절히 조절되면서 평생 동안 이어졌다. 오전에는 일을 했고, 이른 오후에는 혼자 산책을 나가고, 늦은 오후에는 일을 더했다. 저녁에는 대화를 나누었다. 킬른스에서 산책할 때는 엄밀히 말하면 혼자가 아닌 경우가 많았다. 대체로 그 무렵에 무어 부인이 기르는 개를

데리고 산책을 나가야 했으니까. 하지만 틀이 잡힌 일과는 잘 돌아갔고, 루이스는 그것을 바꿀 이유가 없었다.

1930년대 초 모들린에서 루이스의 개별지도 수업을 받은 학생들은 문 뒤에서 타이프라이터의 '철커덕' 소리가 들렸다는 이야기를 종종 했는데, 큰 거실에서 개별지도가 진행되는 동안 작은 거실에서 와니가 『루이스 가족문서』를 작업하고 있었기 때문이다. 루이스는 타이핑을 배우지 않았고 언제나 펜을 사용했다. 엄지손가락 관절이 하나뿐이다 보니 "손재주가 없어" 타자기를 제대로 쓸 수 없었기 때문이었다.

하지만 이유는 또 있었다. 루이스는 타자기를 쓰지 않기로 선택했는데, 기계를 이용한 글쓰기 방식이 창작과정을 방해한다고 믿었기 때문이다. 타자기 자판의 철컥대는 소리가 영어의 리듬과 운율에 대한 작가의 감각을 무디게 만든다는 것이었다. 밀턴이나 다른 시인의 시를 읽거나 자기 작품을 쓸 때 그 글이 어떻게 소리 나는지 반드시 음미해야 한다는 것이 루이스의 지론이었다. 그는 글쓰기를 진지하게 생각하는 사람에게 늘 이렇게 조언했다. "타자기를 쓰지 마세요. 타자기 소음 때문에 리듬감이 망가지고 말 겁니다. 리듬감을 얻는 데만도 여러 해 훈련이 필요하거든요."[4]

1930년대 중반이 되면 루이스의 개별지도 업무량이 많아진다. 1930년대 루이스의 개별지도 방식에 대한 기록이 많이 남아 있는데, 그의 대단히 비판적인 질문, 시간을 허비하지 않으려는 마음, 실력이 떨어지거나 게으른 학생들을 잘 참아 주지 못하는 모습을 잘 보여준다. 루이스는 학생들에게 정보를 전달하는 것을 자신의 책임으로 보지 않았다. 그는 당시 일부 사람들이 '축음기' 모델이라 불렀던 수업 방식, 곧 학생이 스스로 발견하지 않은 지식을 개별지도교수가 단순히 전달하는 수업 방식에 분개하고 반대했다.

　루이스는 학생이 스스로 지식을 발견하고 평가하는 데 필요한 기술을 계발하게 해주는 것을 자신의 임무로 보았다. 예를 들어, 조지 세이어는 루이스가 1930년대 중반의 개별지도 수업 때 대단히 소크라테스적인 교수법을 사용했다고 회상하는데, 아마도 커크패트릭 밑에서 공부하던 그레이트 부컴 시절의 경험이 본이 되었을 것이다. "'감상적'이라는 단어는 정확히 어떤 의미로 한 말인가요, 세이어 씨?······그 단어의 의미를 모르고 자신이 어떤 의미로 그 단어를 쓰는지도 잘 모르겠다면, 아예 쓰지 않는 것이 훨씬 낫지 않겠어요?"[5]

　많은 이들이 존 롤러John Lawlor, 1918-1999의 설명을 이 무렵 개별지도교수 루이스에 대한 가장 통찰력 있는 묘사로 여긴다. 롤러는 1936년 10월에 모들린 칼리지에서 영문학을 공부한 딱 두 학생 중 한 명이었다. 루이스의 개별지도 수업을 예리하게 관찰한 롤러의 설명은 루이스라는 사람과 그의 교수법의 중요한 점을 포착해 냈다. 그의 회상에 따르면, 검은색 가운 차림에 조잡한 에세이를 움켜쥔 학생이 초조하게 계단을 올라와 루이스 연구실의 문을 노크하면 유쾌하고 낭랑한 목소리가 크게 들려왔다. "들어와요." 학생이 준비해 온 에세이를 이십 분에 걸쳐 읽는 동안, 불그레한 얼굴의 대머리 남자가 헐렁한 재킷과 바지 차림으로 낡고 편안한 안락의자에 앉아 담배를 피우면서 뭔가를 끼적이고 가끔씩 메모를 했다. 낭독이 끝나면 에세이를 꼼꼼하게 검토하는 불가피한 과정이 이어졌다. 루이스는 주저 없이 에세이의 부족한 부분을 지적했고, 표현되지 않은 부분도 지적했다. 어쩌면 이 부분에 대한 지적이 더 중요할 것이다.[6]

　롤러는 루이스가 개별지도 수업을 썩 좋아하지 않는다는 것을 어렵지 않게 알 수 있었다. 따라서 그 시간을 흥미롭게 만들어 주는 학생들은 루이스에게 매우 반가운 존재였다. 롤러가 정리한 바와 같이, 최고의 옥스퍼드 개별지도 수업은 "비할 바 없는 지적 흥분의 경험, 머릿속에서 지평선이 넓게 펼쳐지고……한 가지를 제대로 통달해 간다는 느낌"을 선사했다.[7] 개별지도 수업의 목적은 지식의 축적만이 아니었다. 비판적 사고의 계발, 곧 중요한 개념과 신념들을 분석하고 평가하는 정신을 배양하는 것이었다. 이것은 각 개념과 신념들의 특성을 파악하고 그 내용을 개선하려는 노력, 당연하게 전제된 가정들을 발견하고 그 가정들에 문제를 제기하려는 노력 가운데 이루어졌다.

학기가 진행되면서 루이스에 대한 롤러의 생각은 달라졌다. 그는 서서히 "비호감과 적의에서 확고한 애정으로, 그 다음에는 매주 상대를 조금도 봐주지 않고 전력을 다해 펼치는 대결과도 같았던 개별지도 수업에 대한 감사로 넘어갔다." 그런데 루이스가 온갖 방식으로 따져 묻고 탁월한 언변을 구사해 학생들과 진행한 개별수업에 대해, 롤러는 상당히 중요한 한 가지 사실을 회고한다. "루이스 교수님에 대한 기억을 떠올려 보면 그분이 결코 하지 않았던 것이 하나 있다. 그분은 기독교 신앙에 의거해 논증을 진행하지 않았다."

1940년대가 되면서 루이스는 유명해졌다. 존 웨인 John Wain, 1925-1994의 회고에 따르면, 그 시기의 학생들은 "명성이 울려 퍼지는 복도"를 지나 루이스의 방으로 들어가 "뻐끔뻐끔 피워 대는 담배나 파이프담배의 짙은 연기"와 "힘차게 따지고 들어오는 비판"과 무엇보다 "논쟁 사랑"을 경험했다.[8] 하지만 루이스의 개별지도 수업에서 학생들이 가장 두드러지게 기억하는 부분은 그의 외모일 것이다. "허름한", "추레한", "헝클어진" 같은 용어들이 개별지도교수 루이스에 대한 학생들의 설명에서 자주 등장한다. 와니는 동생이 낡은 트위드 소재의 스포츠재킷, 상당히 낡은 카펫 슬리퍼 등 본인의 복장에 "완전히 무관심했다"고 말한 적이 있다. 루이스는 골초였는데 개별지도 수업 시간에 파이프담배를 뻐끔뻐끔 피워 방안에는 담배연기가 자욱했다. 루이스는 카펫을 재떨이로 썼기 때문에 결혼할 뜻이 전혀 없이 혼자 사는 독신자의 초라한 이미지에 그야말로 딱 들어맞았다.

하지만 학생들은 루이스의 추레한 모습을 애정 어린 눈으로 바라봤다. 그것은 더 깊고 중요한 문제들을 알고 사랑하여 외적 문제들에 무관심하게 되었다는 일종의 증표였다. 더욱이, 그런 모습은 당시 옥스퍼드의 전형적인 교수 이미지에 딱 들어맞았다. 옆에 있는 여자라고는 노쇠한 어머니가 전부인 독신자 교수. 루이스로서는 이런 식으로 비치는 것이 딱 좋았다. 그의 특이한 가족구성의 실체로부터 관심을 돌릴 수 있었기 때문이다.

여기서 루이스의 한 가지 능력을 지적하고 싶다. 작가로서의 재능과 관련이 있는 것이 분명한 놀라운 기억력이다. 루이스의 옥스퍼드 강의가 성공을 거둔 데는 르네상스 시대의 '기억술'을 완전히 익힌 그가 인용문을 암송하곤 했던 것이 큰 도움이 되었을 것이다. 1940년대에 루이스의 개별지도 수업을 받았던 1960년대의 "성난 젊은이" 케네스 타이넌 Kenneth Tynan, 1927-1980은 루이스와 기억력 놀이를 했던 일을 떠올린다. 타이넌은 루이스의 서재에서 아무 책이나 한 권 뽑아서 내키는 대로 펼치고 그중 한 문장을 소리 내어 읽었다. 그러면 루이스는 책의 제목을 맞추고 그 구절이 어떤 문맥에서 나온 것인지 설명했다.[9]

루이스가 텍스트들을 기억할 수 있었던 것은 주로 그 깊숙한 내적 논리를 흡수했기 때문이었다. 그의 일기장을 보면 엄청나게 많은 양의 텍스트를 읽는 습관이 있었음을 알 수 있다. 그의 서재에 있는 책에는 처음 읽은 날짜, 다시 읽은 날짜가 적혀 있었다. 그는 복잡한 개념들을 다른 사람들에게 설명하는 것에 능했는데, 그 개념들을 먼저 자신에게 설명했기 때문이었다. "저는 전문 교사이고, 설명은 제가 배워서 할 줄 아는 것 중의 하나입니다."[10] 루이스가 이런 위업을 거둘 수 있었던 것은 일간신문 같은 다른 읽을거리를 소홀히 했기 때문이다. 그 결과, 친구들도 때로는 그가 너무 시사에 무지해서 걱정할 정도였다.

유명한 문학평론가 윌리엄 엠프슨^{William Empson, 1906-1984}은 밀턴에 대한 루이스의 견해에 전혀 동의하지 않았지만 그럼에도 "그는 당대 가장 많이 읽은 사람이었다. 모든 것을 읽었고 읽은 것을 모두 기억했다"고 선언했다.[11] 그것은 표가 났다. 그의 강의를 들은 학생들은 그가 주요 문학작품, 무엇보다 밀턴의 『실낙원』(Paradise Lost)의 텍스트를 꿰고 있을 뿐 아니라 그 내적 구조를 더 깊이 파악하고 있는 것에 깊은 인상을 받았다. 대학 강의가 정보와 영감을 동시에 주는 경우는 드물었다. 하지만 이 두 가지는 루이스의 강의 스타일을 이루는 주요 특징으로 금세 자리 잡았다.

교사 루이스: 옥스퍼드 강의

탁월한 기억력을 갖고 있는 루이스가 강의록 없이 강의를 하는 것은 필연적인 일이었을 것이다. 루이스가 옥스퍼드에서 첫 번째 강의를 한 시점은 1924년 10월이었다. 그때 이미 그는 강의록을 다 써 놓지 않기로 결심한 터였다. 강의록을 그대로 읽는 강의는 "청중을 재우기 십상"이라고 아버지에게 설명하기도 했다. 그는 강의록을 읽어 내려가는 것이 아니라 청중에게 말하는 법을 배워야 했다.[12] 그저 정보를 쏟아 내는 것이 아니라 청중의 관심을 사로잡아야 했다.

    1930년대 말이 되면서 루이스는 옥스퍼드의 뛰어난 강사라는 명성을 얻었고, 그의 강의에는 다른 강사들이 생각도 못할 만큼 많은 청중이 모였다. 어떤 사람이 "포트와인과 플럼푸딩 음성"이라고 묘사했던 그의 힘차고 울림이 깊고 또렷한 발성은 강연에 이상적이었다. 루이스는 간략한 메모만 들고 강의를 했는데, 메모에는 써야 할 인용문과 강의의 요점이 적혀 있었다. 그의 유창한 강의에 대부분의 청중이 넋을 잃었다. 이것이 오히려 다행인 면도 있었다. 루이스는 강의가 끝난 뒤 질문 시간을 따로 내지 않았기 때문이다. 그의 강의는 나름의 완결성을 갖는 수사학적 이벤트이자 극장 공연이었다. 그는 르네상스 시대의 예술가처럼 더 넓은 경치를 볼 수 있는 창문을 열어젖혔고,[13] 청중의 시야를 넓혀 주었다.

    옥스퍼드 대학 측에서는 루이스의 역량을 공식적으로 인정할 수밖에 없었다. 루이스는 모들린의 영문학 개별지도 담당 펠로라는 하나의 칼리지 보직만 갖고 있었지만, 대학 측에서는 학교 내에서 넓어져 가는 그의 역할을 인정해 추가 직함을 제공했다. 1935년부터 그는 옥스퍼드 대학 공식 간행물에 '영문학부 교수진 강사'로,[14] 1936년부터는 '영문학 담당 옥스퍼드 대학 강사'로 실린다.[15] 루이스는 모들린 칼리지에 계속 적을 두었지만, 대학 전체에서 점점 널리 인정받고 있었다. 1936년 『사랑의 알레고리』의 출간은 그의 입지를 더욱 강화해 주었다.

    루이스의 가장 유명한 옥스퍼드 강좌는 '중세연구 서론'과 '르네상스연구 서론'이라는 제목이 붙은 두 세트의 16회분 강좌였다. 이 강좌들은 루이스가 폭넓게 읽은 일차 자료들을 이해하기 쉽고 흥미롭게 배치하고 설명하는 방식으로 진행되었다. 여러 해에 걸쳐 발전된 이 두 강좌의

이그재미네이션 스쿨. 루이스는 옥스퍼드 대학에서 일하는 동안 모들린 칼리지와 가까운 이곳에서 많은 강의를 했다. 1892년에 완공된 이 건물은 이 사진을 찍었을 당시 옥스퍼드 대학 전체의 시험장과 계단식 강의실로 쓰였다.

내용은 결국 그의 책 『폐기된 이미지』(The Discarded Image, 1964)에 실리게 된다. 루이스는 이 두 가지 옛 사고방식에 깊이 만족했다는 사실을 숨기지 않았다. "우리 선조들에게 기쁨을 주었을 옛 모델이 내게도 기쁨을 줍니다."[16]

하지만 루이스를 옛날만 돌아보는 골동품 애호가 정도로 치부하는 것은 불공평한 일이다. 앞으로 살펴보겠지만, 과거를 공부하면 우리 시대의 사상과 가치관이 지난 시대의 그것들 못지않게 잠정적이고 일시적인 것임을 인식하게 된다는 것이 그가 하려는 말이다. 지난 시대의 사상을 지적으로 파악하고 숙고하다 보면 '연대에 관한 속물적 태도'는 결국 무너지게 된다. 과거의 텍스트를 읽으면 우리가 지금 "과거"라 부르는 것이 한때는 "현재"였음이 분명히 드러난다. 지난날의 "현재"는 선조들이 파악하지 못했던 지적 해답이나 도덕적 가치관을 발견했다며 뿌듯

해했지만 그것은 잘못된 생각이었다. 루이스는 그것을 이렇게 표현했다. "영원하지 않은 모든 것은 영원히 시대에 뒤떨어진다."[17] '영원의 철학'*philosophia perennis*—모든 시대 모든 것의 근본을 알게 해주는 더 깊은 실재관—의 추구가 루이스를 이끌어 기독교 신앙을 재발견하게 한 요인이기도 하다는 점은 의문의 여지가 없다.

하지만 이 무렵 옥스퍼드의 몇몇 사람들은 루이스가 개별지도와 강의의 의무를 본인이 정말 하고 싶은 책 쓰는 일을 가로막는 방해물로 여긴다는 인상을 받았다. 개별지도 수업과 강의가 그 일의 기초가 될 수는 있겠으나, 루이스는 학생들이 책의 의미에 대해 늘어놓는 다소 아마추어적이고 무식한 평가에 귀를 기울이는 것보다는, 책을 읽고 그 내용을 유식한 동료들과 토론하는 자리를 더 좋아했다. '잉클링즈' 모임이 바로 그런 자리가 되겠다. 이제 루이스의 첫 번째 산문작품을 들여다보고 그 작품이 어떻게 그의 과거를 비춰 주는지, 그리고 어떻게 그의 미래의 전조가 되는지 살펴보자.

『순례자의 귀향』(1933): 믿음의 풍경을 그려 내다

1933년 1월, 루이스는 런던의 J. M. 덴트 출판사의 편집자 가이 포콕에게 편지를 보내 방금 집필을 끝낸 원고가 있는데 혹시 책으로 출간하는 데 관심이 있는지 물었다. 그는 그 책이 "현대판 버니언의 작품"에 해당한다고 말했는데,[18] 존 버니언*John Bunyan*의 고전『천로역정』(*Pilgrim's Progress*, 1678-1684)을 염두에 둔 표현이었다. 이 편지에 주저하는 말투가 담긴 것은 이전 작품『다이머』의 저조한 판매수치 때문이라고 보면 되겠다. 그는 포콕에게 이 새 책은 실명으로 출간할 생각이라고 서둘러 덧붙였다. 3주 만에 포콕은 『순례자의 귀향』을 출간하기로 결정했다.

　루이스는 첫 번째 소설 『순례자의 귀향』을 절친한 친구 아서 그리브즈를 방문했던 1932년 8월 15일부터 29일까지, 벨파스트에 있는 아서의 집 버너(루이스가 어린 시절을 보낸 집 리틀리의 도로 맞은편에 있었다)에서 일거에 폭풍같이 써냈다. 루이스의 첫 번째 산문작품은 상상력을 발휘해 믿음의 풍경을 그려 낸 지도로 이해하는 것이 가장 낫다. 책 제목과 포콕에게 보낸 편지가 암시하는 대로, 이 책은 버니언의 『천로역정』에서 영감을 얻은 작품으로 생각할 수 있다. 하지만 이 작품은 그 자체의 구조와 내용으로 파악해야지, 버니언의 알레고리 작품을 현대에 맞게 풀어 쓴 이야기나 루이스의 회심 과정을 이야기화한 것 정도로 생각해서는 안 된다. 루이스의 주요 관심사는 "루이스가 하나님을 만나는" 개인적인 이야기가 아니라 기독교의 실재관 안에서 이성과 상상력이 어떻게 인정되고 통합될 수 있는지 탐구하는 것이었다.

　『순례자의 귀향』은 여러 층위에서 읽을 수 있다. 가장 그럴 듯한 독법은 이 책을 통해 루이스가 생각을 정리하려 했다고 보는 것이다. 즉 지난 3년에 걸쳐 그의 안정된 지적 세계를 산산조각 냈던 사고의 과정들을 글과 이미지로 표현하려 했다고 보는 것이다. 루이스는 회심으로 인해 지성의 지도를 다시 그리고 '현실과의 협약' 내용을 재조정할 수밖에 없었다. 이 초기 작품에 제시된 새로운 "현실과의 조약"은 질서 잡힌 세계 안에서 이성과 상상력이 공존할 자리를 확보해 낸다. 의미 있는 규범과 평가기준을 제시하면서도 낭만주의의 극단적인 형태인 반(反)지성주의로 전락하거나, 초월적인 것을 원천적으로 배제하는 메마른 합리주의로 치우치지 않는다.

루이스는 시각적인 이미지를 대단히 잘 활용하는 사상가였는데, 시각적 이미지로 중요한 철학적 신학적 요점을 제시하곤 했다. 어두운 작업실로 비쳐드는 빛줄기 이미지를 사용해 '나란히 보는 것'과 '바라보는 것'을 구분한 사례가 대표적이다. 『순례자의 귀향』은 철학적인 신앙 옹호서가 아니라, 거의 중세적인 방식으로 제작된 세계지도 mappa mundi라고 할 수 있다. 즉 인류가 처해 있는 상황을 이해하고 그 참된 목표와 운명의 길을 찾아가는 인류의 투쟁을 우주구조학적으로 설명한 지도이다. 루이스는 그 지도에 힘입어 인간 경험을 제대로 이해할 수 있으니 신뢰할 만한 지도라고 본다.

오늘날 많은 독자들에게 이 작품은 어려운 인용문이 불필요하게 많이 등장하여 모호하고 복잡해 보인다. 어려운 텍스트라는 이런 느낌(루이스도 나중에 이 책의 "불필요한 모호함"을 인정했다[19])은 루이스가 원래 구상했던 책의 제목이 '위(僞) 버니언의 여행기: 기독교, 이성, 낭만주의에 대한 알레고리적 옹호서'라는 말을 들으면 더 강해진다. 루이스는 이 원고의 교정쇄를 검토하면서 제목을 줄이는 지혜를 발휘했다. 많은 독자들이 자신의 첫 번째 책을 읽을 때 경험한 어려움을 뒤늦게나마 깨달았던 듯하다. 이후의 저작들을 보면 이때의 경험에서 교훈을 얻었음을 짐작할 수 있다.

대부분의 현대 독자들에게 『순례자의 귀향』은 암호로 된 십자낱말풀이로 보인다. 1920년대와 1930년대 초 영국의 지성계와 문화계의 인물들과 그때 일어난 여러 운동에 대한 난해한 단서들을 해독하고 풀어내야 한다. 그는 누구를 염두에 두고 '신(新)앵귤러'Mr. Neo-Angular를 등장시킨 것일까? 루이스는 T. S. 엘리엇을 사정권에 두고 있다. 하지만 대부분의 독자들은 웬 호들갑이냐고 의아해할 것이다. 루이스가 당대의 지적 문화적 운동들에 초점을 맞추는 바람에, 거기 나오는 인물이나 운동들의 중요성은 물론이고 그 이름들조차 생소한 후대의 독자들은 루이스의 말을 이해하기 어렵게 되어 버렸다.

루이스도 문제가 있음을 깨달았다. 이 책이 출간되고 10년이 지나 1943년이 되자, 루이스는 그동안 사상의 패턴에 "심오한 변화"가 있었고,[20] 그가 묘사한 운동들이 많은 독자들에게 더 이상 친숙하지 않다는 점을 시인했다. 세상이 달라진 것이다. 옛날의 위협은 역사 속으로 사라졌고 새로운 위협들이 생겨났다. 어떤 의미에서 『순례자의 귀향』은 지성사를 연구하는 학자들에게나 흥미가 있을 것 같다. 이 책은 지금 루이스의 저작 중에서 가장 안 읽히는 작품 중 하나이다.

하지만 이 책은 외부세계와의 대응을 찾는 작업 없이도 읽을 수 있다. 오히려 루이스는 "암호문을 해독하는 식으로 알레고리를 읽는 유해한 습관"을 성토한 바 있다.[21] 이 책을 인간 갈망의 참된 기원, 목적, 목표를 추구하는 탐색으로 보면 그 내용을 가장 잘 이해할 수 있다. 이런 책에서 "가면 안 되는 길들"을 지목하고 비판하는 작업은 불가피한데, 루이스가 이 작업을 너무 꼼꼼하게 진행하는 바람에 독자들이 흥미를 잃어버린 것이다. 이제 루이스가 펼치는 분석의 세부내용에 빠져들지 말고 이 작품의 주요 테마들을 살펴보자.

『순례자의 귀향』의 주인공은 순례자 '존'이다. 그는 강렬하지만 일시적인 동경을 불러일으키는 섬의 환상을 여러 번 보게 된다. 존은 자신을 압도하는 이 동경을 이해하려고 애써 보지만 여의치가 않다. 이것은 어디서 오는 것일까? 그가 동경하는 대상은 무엇일까? 여기서 부수적이지만 중요한 다른 테마는 도덕적 의무감이다. 이런 의무감은 어디에서 오는 것일까? 이것이 만약 무엇인가를 나타낸다면 그것은 무엇일까? 루이스가 볼 때 인간의 경험, 곧 도덕적 미적 경험은 이 갈망을 **이해하기** 위한 잘못된 시도들 및 이 갈망의 진정한 대상에 대한 오해로 점철되어 있다. 『순례자의 귀향』은 기본적으로 가면 안 되는 이 길들을 탐험하는 책이다.

이전의 많은 이들이 그랬듯, 루이스도 이 철학적 탐색을 여행의 용어로 그려 내기로 했다. 그는 신비한 섬으로 가는 도로의 이미지를 사용하는데, 도로 양쪽에는 불모지가 펼쳐져 있다. 도로 북쪽에는 이성에 근거한 객관적인 사고방식이 놓여 있고, 남쪽에는 감정에 근거한 주관적인 사고방식이 있다. 존이 중앙 도로에서 멀리 떨어질수록 이런 입장은 점점 더 극단으로 치닫는다.

루이스에게는 이성과 상상력의 관계가 결정적으로 중요한 문제인 것이 분명하다. 『순례자의 귀향』은 감정에만 근거한 논증에 맞서 합리적 사고를 옹호하면서도, 믿음에 대한 철저한 합리적 접근법도 거부한다. 루이스는 이성과 상상력을 조화시키는 입장이 있어야 한다고 봤는데, 이런 생각은 1920년대의 작품으로 보이는 그의 소네트 「이성」(Reason)에 드러나 있다. 이 시는 이성의 명료성('처녀' 아테나로 상징됨)과 상상력의 창조성(대지의 모신[母神] 데메테르)을 대비시킨다. 정반대로 보이는 이 힘들이 어떻게 화해할 수 있을까? 이것이 루이스의 의문이었다.[22]

『순례자의 귀향』의 이야기가 진행되어 감에 따라, '마더 커크'Mother Kirk(어머니 교회)만이 그런 화해를 이룰 수 있음이 분명해진다. 어떤 사람들은 알레고리적 인물인 마더 커크를 딱 집어 가톨릭 신앙으로 해석했지만, 루이스는 교파를 초월한 기독교의 이미지로 생각한 것이 분명하다. 그것은 "순전한 기독교"였다. 1940년대에 루이스는 점점 더 순전한 기독교의 해설자가 되어 가는데, 그 명칭을 처음 쓴 사람은 청교도 저술가 리처드 백스터$^{Richard\ Baxter,\ 1615-1691}$였다.

존은 도로 북쪽으로 여행하면서 감정, 직관, 상상력을 대단히 의심스러워하는 사고방식들을 만난다. 차갑고 병적으로 "이성적인" 북쪽 지역은 "엄격한 체계"의 영역이다. 경직된 정통에 해당하는 이들은 "편협하고 선험적인 근거를 가지고 오만하고 성급한 취사선택을 하고" 그로 인해 "모든 느낌은……의심의 대상"이라는 잘못된 결론을 내린다. 하지만 도로의 남쪽에서 그는 모든 사람에게 "밤이고 낮이고 문을 열어 놓는 물러 터진 사람들"을 만난다. 그들은 감정의 도취상태나 신비한 '도취상태'를 선사하는 사람들을 더욱 환영한다. "느껴진다는 사실만으로 모든 느낌이 정당화된다."[23] 계몽주의의 합리주의 철학, 낭만주의 예술, 현대예술, 프로이트주의, 금욕주의, 허무주의, 쾌락주의, 고전적 인문주의, 종교적 자유주의가 모두 이 지도에 등장하여 시험을 거쳐 부족한 부분이 있는 것으로 밝혀진다.

'북쪽성'과 '남쪽성'의 변증법을 통해 루이스는 이성과 상상력의 올바른 관계를 탐구할 수 있는 틀을 확보하고, 그 안에서 특별히 동경의 테마에 초점을 맞춘다. '갈망'^{Desire}이 별것 아니라고 말하는 이들도 있고, 엉뚱한 것들을 갈망의 대상으로 제시하는 이들도 있다. 루이스는 자신이 두 가지 실수를 모두 저질렀었다고 말한다. "저는 잘못된 생각에 차례로 속아 넘어갔고 하나하나를 열심히 숙고한 끝에 속임수임을 알아냈습니다."[24]

그럼 '강렬한 동경', '갈망'의 궁극적 대상은 무엇인가? 루이스가 여기서 제시하는 답변은 '갈망으로부터의 논증'을 예고하는 듯하다. 이 논증은 10년 후 그가 전시(戰時) 라디오 방송을 하면서 더욱 발전시킨 것인데, 이후 『순전한 기독교』(Mere Christianity)라는 책으로 묶여 나오는 기독교 변증의 핵심이다. 루이스는 프랑스 철학자 블레스 파스칼이 처음 제시했던 생각, 곧 인간 영혼에는 오직 하나님만 채울 수 있는 거대한 '심연'이 있다는 생각을 가져와 더욱 발전시킨다. 이미지를 바꿔 표현하면, 인간의 영혼에는 아직 오지 않은 어떤 손님을 위한 '의자'가 놓여 있다는 것이다. "세상에 헛되이 만들어진 것이 없다면, 이 의자에 앉을 수 있는 분은 분명 존재할 것입니다."[25]

이 '갈망'에 대한 우리의 경험은 우리가 진정 누구인지 드러내고 우리의 참된 목표를 암시한다. 처음에 우리는 이 '갈망'이 세상에 있는 어떤 대상에 대한 동경이라고 생각한다. 그러다가 이 세상의 어떤 것도 우리의 갈망을 채워 줄 수 없음을 깨닫는다. 순례자 존은 처음에 어떤 섬을 갈망한다. 하지만 자신이 참으로 동경하는 대상은 '지주'Landlord(하나님을 가리키는 루이스의 호칭이다)라는 것을 점차 깨닫게 된다. 이 동경에 대한 다른 여러 설명과 제시된 동경의 대상들은 지적으로도, 실존적으로도 만족스럽지 않다. 그것들은 '갈망'의 "거짓 대상"이다. 그 거짓됨은 인간 안에 있는 깊은 열망을 채워 주지 못하면서 결국 폭로된다.[26] 인간의 영혼에는 참으로 의자 하나가 있고, 거기 앉을 분은 하나님이다.

> 저는 이 갈망을 계속 추구하면서 거짓 대상들을 하나하나 밝히고 거짓임이 드러나면 단호히 내버리는 과정을 통해 갈망의 정체를 마침내 알게 되리라 생각합니다. 인간의 영혼은 우리에게 주어진 주관적이고 시공간적인 배경 안에서는 결코 온전히 경험할 수 없는, 경험할 수 있다고 상상조차 할 수 없는 어떤 대상을 누리도록 만들어졌다는 것을 말입니다.[27]

루이스의 깊어진 사고방식에 비추어 볼 때, 한 가지 흥미로운 특징이 드러난다. 『순례자의 귀향』은 떠나는 여행과 돌아오는 여행, 이렇게 **두 가지** 여행을 묘사하고 있다. 순례자는 그 섬의 참된 의미를 깨달은 후, 갔던 길을 되짚어 온다. 그런데 이 책의 제목대로 순례자가 신앙을 갖게 된 **후** 갔던 길을 되돌아올 때, 그는 주변의 경관이 달라졌음을 발견한다. 그는 새로운 방식으로 그것을 보고 있다. 안내자는 이제 그가 "그 땅을 있는 모습 그대로" 보고 있다고 설명한다. 세상의 진짜 상황을 알게 되면서 그는 세상을 다르게 보게 된 것이다. "이제는 두 분의 눈이 달라졌어요. 이제 두 분은 실재가 아닌 것은 보지 못해요."[28] 여기서 루이스는 이후 저작들의 주요 테마 하나를 살짝 보여준다. 기독교 신앙은 우리가 사물을 있는 모습 그대로 보게 해준다는 것이다. 여기에는 눈이 열린다거나 베일이 벗겨지는 것 같은 신약성경의 몇몇 이미지가 강하게 암시되어 있다.[29]

『순례자의 귀향』에 믿음과 이성과 상상력의 관계에 대한 루이스의 명확한 이해가 녹아 있다고 생각해서는 안 된다. 일부 저자들은 루이스의 성숙한 사상이 초기 저작들부터 거의 만개한 상태로 나타난다고 말하지만, 그것은 그렇게 간단한 문제가 아니다. 1930년대와 1940년대에 걸쳐 루이스는 이성과 상상력의 관계, '참된 것'과 '실재하는 것'의 관계, 특히 합리적 논증과 상상력을 동원한 이야기의 관계를 탐구했다. 이 단계에서 루이스는 상상력이 기독교 신앙에 진지한 이성적 관심을 기울이도록 이끄는 주된 수단일 뿐, 그 신앙으로 들어가는 수단이 된다고 보지는 않았다.

루이스가 이런 생각들을 개선하게 된 것은 부분적으로 동료들과 어울려 서로 영향을 주고받은 덕분이었다. 그들은 그가 생각을 벼리고 정교하게 다듬는 데 도움을 주었다. 루이스의 사상과 그의 문학적 표현들을 개선하고 발전시키는 데 도움을 준 가장 중요한 그룹은 '잉클링즈'^{Inklings}로 알려진 소규모 문학모임이었다.

잉클링즈: 우정, 공동체, 논쟁

1929년부터 시작된 톨킨과 루이스의 정기적인 만남은 두 사람이 동료와 친구로 가까워짐에 따라 깊이를 더해 갔다. 톨킨은 월요일 오전에 친구의 숙소에 들러 차 한잔을 하면서 잡담(대체로 교수진 사이의 정치 문제)을 나누고 서로의 문학작품에 대한 소식도 교환하는 습관이 생겼다(루이스가 부추긴 감이 있다). 그 만남은 "한 주 중 가장 유쾌한 시간"이라고 루이스는 밝혔다.[30] 우정이 깊어져 감에 따라 두 사람은 두 개의 영문학 머튼 석좌교수 자리를 함께 차지하여 옥스퍼드 영문학부 교육과정을 바꾸어 보자고 꿈꾸기도 했다.[31] 당시 톨킨은 앵글로색슨어 정교수이자 펨브로크 칼리지의 펠로였고, 루이스는 모들린 칼리지의 펠로일 뿐이었다. 하지만 둘 다 더 낫고 밝은 미래를 꿈꾸었다. 그리고 문학 활동이 꽃을 피우는 조짐이 그때부터 보였다. 1933년 2월, 루이스는 그리브즈에게 보낸 편지에서 방금 톨킨이 쓴 "어린이 이야기를 즐겁게 읽었다"고 적었다.[32] 이 작품은 물론 『호빗』(The Hobbit)이었고, 1937년에 출간되었다.

루이스와 톨킨은 둘 사이의 우정을 키웠을 뿐 아니라 이 무렵 옥스퍼드에 있었던 많은 문학 클럽, 협회, 서클에도 함께 참가했다. 모임들이 특정 칼리지에 몰려 있는 경우도 있었다(예를 들면, 네빌 코그힐과 휴고 다이슨 모두 1920년대 학부생 시절 엑시터 칼리지 에세이 클럽 소속이었다). 특정한 문학적 언어학적 주제들에 초점을 맞춘 모임도 있었다(고대노르드어와 그 언어로 된 문학에 대한 이해를 높이기 위해 톨킨이 만든 '콜비타'처럼). 루이스와 톨킨은 옥스퍼드 내의 다양한 문학네트워크에서 적극 활동했지만, 둘의 우정은 이런 모임들에 한정되지 않았고 1931년 루이스가 기독교로 회심하면서 더욱 깊어졌다. 톨킨은 『호빗』의 일부를 루이스에게 읽어 주었고, 루이스는 『순례자의 귀향』의 일부를 톨킨에게 읽어 주었다.

두 사람을 중심으로 생겨난 그룹 잉클링즈는 이후 거의 전설적인 지위를 갖게 된다. 이 모임을 신앙과 문학의 문제들을 다루는 엘리트 토론그룹으로 만들 의도는 누구에게도 없었다. 잉클링즈는 어쩌다 보니 "급속히 성장한" 모임이었다. 하지만 1933년에 잉클링즈가 탄생한 것은 태양이 떠오르는 것처럼 필연적인 일이었다. 루이스와 톨킨은 그렇게 지평을 넓혀 나갔다. 책을 통해, 친구를 통해, 책을 토론하는 친구들을 통해.

루이스-톨킨이라는 축에 처음으로 추가된 사람은 루이스의 형 와니였는데, 당시 그는 17세기 프랑스 역사에 대한 열정을 키워 가고 있었다.[33] 루이스와 톨킨과 마찬가지로, 와니도 제1차 세계대전 기간에 영국군에서 복무한 바 있었다. 처음에 톨킨은 와니가 끼어드는 것을 마지못해 묵인했지만 차츰 마음이 열렸던 것 같다. 그리고 시간이 가면서 다른 사람들도 합류하기 시작했다. 초기 멤버들은 이미 루이스와 톨킨이 어울리던 사람들로 오언 바필드, 휴고 다이슨, 네빌 코그힐 등이었다. 그 외 다른 사람들은 초대를 받거나 상호 동의에 의해 참가했다. 공식적인 회원자격 같은 것은 없었고 새로운 멤버를 뽑는 합의된 방법도 없었다.

톨킨의 『반지의 제왕』에 나오는 전설적인 '반지원정대' 창설 때와 같은 엄숙한 모임 가입식 같은 것 역시 없었다. 어떤 맹세도, 충성 서약도 없었다. 사실은, 모임이 만들어지고 한참이 지날 때까지 이름조차 없이 모였다. 톨킨의 표현을 빌자면 "분명하지 않고 누가 뽑은 적도 없는 친구들의 모임"이었다.[34] 잉클링즈는 기본적으로 관심사를 공유하는 친구들의 모임이었다. 초대도 받지 않고 불쑥 참석한 사람들은 다시 오라는 말을 듣지 못했다. 모임의 집단적인 정체성은 서서히 생겨났고 시간이 가면서 달라졌다. 정체성이라는 것을 말해 본다면 초점은 기독교와 문학에 맞춰져 있었고 두 용어 모두 폭넓게 해석되었다.

어떤 시점에(혹은 누구에 의해) 이 모임이 잉클링즈라 불리게 되었는지는 분명하지 않다. 톨킨에게 그것은 언제나 "문학 클럽"이었다. 1939년부터 1945년까지 모임의 회원이었던 찰스 윌리엄스Charles Williams는 아내에게 보낸 편지에서 이 그룹을 얘기할 때 잉클링즈라는 용어를 쓰지 않는다. 그것은 그냥 "톨킨-루이스 그룹"이다.[35] 톨킨은 루이스가 '잉클링즈'라는 명칭을 지었다고 말하는데, "모호하고 설익은 암시와 생각을 가진 이들, 그리고 글을 끼적이는 사람들"을 뜻했다.[36] 이 이름은 독창적인 것이 아니었다. 루이스가 이전에 참석했던 문학토론그룹이 더 이상 모이지 않게 되자 그 이름을 빌려 온 것 같다.

원래의 잉클링즈는 향후 영화감독이 되는 데이비드 린David Lean의 동생 에드워드 탕예 린Edward Tangye Lean, 1911-1974의 유니버시티 칼리지 숙소에 학부생들이 모여 미출간 글들을 읽고 토의와 비판을 진행하는 모임이었다. 모임을 시작하고 조직했던 린은 '잉클링즈'라는 용어를 선택해 글쓰기에 손을 댄다는 생각을 암시했다. 루이스와 톨킨 둘 다 학부생들이 주축이 된 이 모임에 초청을 받았다. 1933년 6월에 린이 옥스퍼드를 떠나자 모임은 중단되었다. 그래서 루이스는 당시 그와 톨킨을 중심으로 모이기 시작한 새로운 그룹에 그 이름을 가져다 써도 무방할 거라고 생각한 것 같다.

잉클링즈라는 이름은 1936년 3월 11일 루이스가 찰스 윌리엄스에게 쓴 편지에 처음으로 등장한다. 루이스가 윌리엄스의 소설 『사자가 있는 곳』(The Place of the Lion, 1931)을 즐겁게 읽고 난 후였다. 그 책은 루이스가 쓰고 싶어 했을 법한 철학적 소설이었다. 플라톤이 말한 원형(原型)들이 동물의 형태로 지상에 강림한다는 내용이었다. 당시 옥스퍼드 대학 출판부는 성경이나 학습교재처럼 상업성 높은 책들은 세인트폴 대성당에서 멀지 않은 런던의 아멘하우스에서 출간했고, 학술적인 출판물들은 옥스퍼드에서 냈다. 루이스는 아멘하우스에서 일하던 윌리엄스에게 옥스퍼드로 와서 그 책을 읽은 사람들을 만나 달라고 초청했다. 본인과 형, 톨킨과 코그힐 등이 그 책을 읽고 "감탄과 흥분에 입을 다물지 못하고" 있으며, 지금 "잉클링즈라는 비공식 모임"을 갖고 있는데,[37] 글쓰기 및 기독교 신앙과 관련된 문제에 초점을 맞추고 있다고 전했다.

　실제로 루이스와 톨킨을 중심으로 모인 그룹은 집필 중인 작품들을 논의하고 진행시켜 나가는 데 있어서 "결정적인 친구들" 역할을 했다. 잉클링즈는 엄밀한 의미에서 '협업 집단'이 아니었다. 모임의 기능은 진행 중인 작품의 낭독을 듣고 비판하는 것이지 작품 자체를 계획하는 것이 아니었다. 유일한 예외에 해당하는 경우가 찰스 윌리엄스를 기린 에세이 모음집이다. 하지만 이것은 루이스가 주도하고 추진한 프로젝트임이 분명했다. 잉클링즈 회원 중에서 필진으로 참여한 사람은 루이스를 제외한 네 명뿐이었고, 외부 필자로 도로시 세이어즈Dorothy L. Sayers, 1893-1957가 참여했다(이 에세이집이 유명하다 보니 세이어즈도 잉클링즈의 일원이었다는 오해가 생겨난 것 같은데, 그것은 사실이 아니다).

　루이스 연구자가 잉클링즈와 관련해서 저지를 수 있는 두 가지 기본적인 실수가 있다. 첫째, 당시에는 존재하지도 않았던 의미와 내적 통일성을 소급해서 부여하는 것이다. 둘째, 루이스가 문학적으로 접촉한 대상과 영향을 주고받은 이들을 잉클링즈 회원들로 한정하는 것이다.

잉클링즈는 계속 모이기는 했지만 1947년을 넘기면서 문학적인 기능은 상실했다. 하지만 루이스는 잉클링즈를 넘어서는 글쓰기 공동체의 일원이었고 1947년 이후로 그 범위는 더욱 넓어졌다. 이 문인공동체는 잉클링즈의 분명한 결점을 메워 주었다는 점에서 중요한 의미가 있었다. 잉클링즈의 결점은 여성 회원이 없다는 점이었는데, 당시의 역사적 상황으로 볼 때 놀라운 일은 아니었다. 1930년대에도 옥스퍼드 대학은 여전히 확고하게 남자들의 조직이었고 신흥 여성 학자들은 세인트힐다 칼리지, 소머빌 칼리지, 레이디마거릿 홀 같은 소수의 여성 칼리지들에 한정되어 있었다(도로시 L. 세이어즈의 1935년 소설 『대학축제의 밤』[Gaudy Night]은 가상의 여자 칼리지를 무대로 하고 있고, 당시 여자들에 대한 대학의 분위기를 잘 보여준다).

이 부분에는 더 깊은 문제가 있는데, 오늘날 많은 이들이 문제가 있다고 여기는 루이스의 여성관이 반영되어 있다는 사실이다. 루이스의 후기 저작들, 그중에서도 『네 가지 사랑』(The Four Loves, 1960)은 남자들의 우정과 여자들의 우정은 본질적으로 다르다는 생각을 드러낸다. 이것으로 짐작컨대 잉클링즈의 참가자가 남자뿐이었던 것은 우연이 아니라 의도적인 것이었을 것이다.

그렇지만 루이스는 캐서린 파러Katharine Farrer, 루스 피터Ruth Pitter, 페널로피 수녀Sister Penelope, 도로시 세이어즈 등 중요한 여성 작가들과 문학을 매개로 우정을 나누었다. 레이디마거릿 홀의 영문학 개별지도교수였던 재닛 스펜스에게 보낸 편지에는 그녀의 책 『스펜서의 선녀여왕』(Spenser's Faerie Queene, 1934)에 대한 꼼꼼한 찬사가 담겨 있고, 거기에

옥스퍼드 근처 갓스토에 있는 선술집 '트라우트'에 모인 잉클링즈 사람들. 왼쪽부터 제임스 던더스그랜트(James Dundas-Grant), 콜린 하디(Colin Hardie), 로버트 하버드(Dr. Robert. E. Havard), 루이스, 피터 하버드(잉클링즈 회원 아님).

다 몇 가지 세밀한 학문적 지적이 곁들여져 있다. 이것은 학문연구의 영역에서는 루이스가 성별에 개의치 않았다는 사실을 보여주는 많은 증표 중 하나이다.[38]

잉클링즈 회원들은 실제로 글을 쓰는 이들과 논평만 하는 이들이 명확히 구분되어 있었고 가끔 그것이 긴장의 원인으로 작용했다. 모든 회원이 모임에 참석한 것도 아니었다. 잉클링즈의 역사를 통틀어 열아홉 명의 이름이 거론되지만,[39] 진지한 문학토론은 목요일 저녁 저녁식사 후 모들린 칼리지의 루이스 숙소에서 모인 여섯 명 가량의 사람들끼리만 이루어졌던 것 같다.

1930년대의 이 목요 모임에 대한 기록은 많이 남아 있는데, 한결같이 그 유쾌함과 비격식성을 강조하고 있다. 여섯 사람이 루이스의 연구실에 모이면, 와니가 진한 차를 만들어 돌리고 파이프담배들에 불이 붙는다. 그러고 나면 루이스가 읽을거리를 가져온 사람이 있는지 묻는다. 토론용으로 텍스트를 나눠 주는 일은 없었고, 집필 계획을 제시하는 일도 없었던 듯하다. 잉클링즈는 각자 준비되는 대로 글을 가져와 낭독하고 논평과 비판을 받았다. 이런 진행방식 때문에 신사들 사이에 다소 어색함이 흐르기도 했는데, 톨킨의 낭독이 신통하지 못했기 때문이다. 아마 그것이 그가 진행한 대학 강의의 참석률이 저조했던 이유일 것이다. 이 문제는 그의 아들 크리스토퍼가 모임에 참석해 또렷하고 매력적인 목소리로 아버지의 작품을 읽기 시작하면서 마침내 해결되었다.

　잉클링즈는 목요일 저녁 모임과 더불어 화요일 점심시간에 세인트 자일스 가에 있는 '독수리와 아이'(많은 잉클링즈 멤버들에게 '새와 아기'로 알려진 선술집)의 '래빗룸'에 모여 한잔씩 하는 모임을 가졌다. 그곳은 주인장 찰스 블래그로브가 그들에게 내어 준 안쪽 전용휴게실이었다. 화요일 모임은 문학모임이 아니라 주로 사교모임이라는 것을 다들 잘 알고 있었다. 이 모임 외에도 여름철에는 가끔 옥스퍼드 북쪽 갓스토의 강변 선술집 '트라우트' 같은 다른 선술집을 찾기도 했다.

　1930년대 내내 모임의 중심인물은 분명했다. 잉클링즈는 루이스와 톨킨(톨킨은 '톨러스'라는 별명으로 불렸다)이라는 두 태양을 중심으로 행성들이 돌아가는 남자들의 태양계였다. 그러나 둘 중 어느 쪽도 그 기능이나 자산의 주인인 것처럼 모임을 지배하거나 좌우하지는 않았다. 두 사람이 잉클링즈의 자연스러운 축이라는 암묵적인 가정은 무리 없이 받아들여졌고 그들의 문학적 명성이 높아짐에 따라 더욱 강화되었다.

　루이스가 1944년에 「내부패거리」(The Inner Ring, 『영광의 무게』에 실려 있다—옮긴이)에서 지적한 바 있듯, 모든 집단은 '내부패거리'가 되거나 '중요한 사람들', 또는 '뭔가 아는 사람들'로 자처하게 될 위험이 있다. 잉클링즈가 이런 함정에 빠졌을까? 그렇게 의심하는 이들이 있었다. 그리고 이런 의심이 전혀 근거 없는 것은 아님을 보여주는 사건이 하나 있다.

옥스퍼드 대학은 5년마다 '시학 정교수'를 선출한다. 가끔은 매튜 아널드Matthew Arnold 같은 진짜 시인들이 뽑히기도 했지만, 당시 그 자리는 대개 시적 능력보다는 대학 정치로 결정되었다. 학내 주류세력은 에드먼드 체임버스 경Sir Edmund Chambers 쪽으로 기울어 있었다. 그런데 잉클링즈 회원 중 한 사람이 이것을 터무니없는 일이라고 보았다. 어느 날 애덤 폭스Adam Fox, 1883-1977는 모들린 칼리지 아침식사 시간에 차라리 자기가 그보다는 나을 거라고 말했다. 그것은 제안이라기보다는 수사적인 발언이었다. 폭스는 시인이 아니었고 그 자리를 바라서가 아니라 체임버스를 비판하려는 의도로 한 말이었다. 그러나 이유는 지금까지도 분명하게 밝혀지지 않았지만, 루이스는 이 기이한 제안을 진지하게 받아들였다. 폭스의 이름은 루이스와 톨킨의 지지를 받아 세 명의 후보 명단에 올라갔다. 루이스는 다른 두 후보를 제치고 폭스를 당선시키기 위해 저돌적인 선거운동을 벌였고 잉클링즈 회원들과 그들의 친구들을 동원해 폭스를 지지했다. 결국 루이스와 그의 무리는 폭스를 당선시키는 데 성공했다. 톨킨은 이것을 잉클링즈의 유명한 승리로 보았다. 그는 "**현역 시인들로 이루어진 우리 문학 클럽**"이 주류세력의 힘과 특권을 이겼다고 썼다![40]

하지만 그것은 현명하지 못한 행동이었다. 폭스가 시를 한 편 쓴 것은 사실이었다. "길고 유치한" 「늙은 왕 콜」(Old King Cole)이라는 시였다. 폭스의 강연을 들은 후 루이스는 자신과 동료들이 실수를 저질렀음을 깨달았던 것 같다. 그는 그것이 문학적 오류라고 생각했으나 그렇지 않았다. 그것은 정치적인 실수였다. 루이스는 옥스퍼드 주류세력의 미움을 샀다. 그리고 옥스퍼드는 지난 일을 좀처럼 잊지 않는다.

잉클링즈는 1947년에 마침내 기울기 시작했다. 큰 언쟁이 있었던 것도 아니고, 예술적 사명을 달성했다는 합의 하에 고상한 해단식을 가진 것도 아니었다. 문학토론집단의 특성은 서서히 약화되었지만, 회원들은 여전히 서로 어울리며 학내 정치와 문학 같은 사안들로 이야기를 나누었다. 그러나 문학토론 모임이 지속되는 동안, 잉클링즈는 문학적 창의성과 활력의 도가니였다. 존 웨인은 이렇게 지적한 바 있다. "옥스퍼드가 활력이 없던 시기에, 루이스와 그의 친구들이 생명의 약동을 선사했다."[41] 어떤 결점이 있었건 간에, 잉클링즈는 여러 괜찮은 작품들과 영문학사의 대표적인 고전작품의 모태가 되었다. 여기서 고전이라 함은 톨킨의 『반지의 제왕』을 말한다.

루이스에 대한 대중적인 책들에는 다르게 나와 있는 경우가 많지만, 『나니아 연대기』가 잉클링즈 회원들에게 논의의 대상이 된 적은 없다. 1950년 6월 22일, 루이스는 한잔 하려고 독수리와 아이에 모인 이들에게 『사자와 마녀와 옷장』 교정쇄를 돌렸다. 하지만 그날은 공식 토론이나 논쟁을 하는 자리가 아니었다. 집필 중인 작품을 진지하게 비평하는 시간이 아니라, 교정 단계의 작품을 "가져와 보여준" 것에 불과했다.

하지만 이것은 이 책의 흐름을 한참 건너뛴 이야기다. 우리는 이제 문학연구자로서 루이스의 명성을 확고히 해준 작품이자 오늘날까지 널리 읽히고 있는 작품, 1939년의 고전 『사랑의 알레고리』(The Allegory of Love)를 살펴봐야 한다.

『사랑의 알레고리』(1936)

1935년, 오랜 친구에게 쓴 편지에서 루이스는 당시 상황을 간단한 세 문장으로 요약했다. "머리가 벗겨지고 있네. 그리스도인이고. 직업적으로는 주로 중세연구자야."[42] 첫 번째 문장에 대해서는 별로 할 말이 없다. 이 시기 루이스의 사진들을 보면 그의 진단이 옳음을 알 수 있다는 말만 덧붙이기로 하자. 두 번째 문제에 대해서는 이미 한 장을 할애하여 다루었다. 그럼 세 번째 문장은 무슨 말일까? 『사랑의 알레고리』는 루이스의 전문적인 활동 분야를 다룬 최초의 주요 저작이다. 이 작품은 다룰 만한 가치가 충분한데, 무엇보다 이후 루이스의 수많은 저작들에서 종교적으로 변환되어 나타나는 문학적 테마들을 다루고 있기 때문이다.

루이스는 『사랑의 알레고리』의 집필을 계획하고 있었지만 시험관 임무를 수행하느라 시간을 낼 수가 없었다. 그는 1928년 7월에 '중세 연애시와 중세의 연애관'을 다루는 1장의 초고 집필을 시작했다.[43] 보들리언 도서관의 가장 오래된 구역인 듀크 험프리 열람실에서 몇 시간씩 보냈는데, 집중력이 떨어질 때마다 담배 생각이 간절했다. 하지만 보들리언 도서관을 이용하는 다른 모든 사람과 마찬가지로 루이스는 "도서관에 화기를 가져가거나 그 안에서 불을 피우지 않고, 담배도 피우지 않겠다"고 약속해야 했다. 집필은 진척을 보지 못했다.

그런데 1933년 2월이 되면서 일의 속도가 빨라진 듯하다. 루이스는 가이 포콕에게 편지를 보내 『순례자의 귀향』을 낼 때 덴트 출판사와 계약한 조건 중 일부를 변경해 달라고 요청했다. 그는 '임의조항'을 변경해 다음번 책을 옥스퍼드의 클래런던 출판사에서 낼 수 있기를 원했다.[44] 이 작품은 학술서가 될 테고 알레고리라는 주제를 다룬 것이어서 포콕이

듀크 험프리 열람실(Duke Humfrey's Library), 1902년. 옥스퍼드 보들리언 도서관(Bodleian Library)의 가장 오래된 구역이다. 필사본과 고서들이 있는 이 열람실은 루이스 시대 이래 거의 달라지지 않았다.

나 그의 독자들은 관심을 가지지 않을 거라고 설명했다. 그는 임의조항 문구를 자신의 "다음 책"이 아니라 "다음 번 대중적 저작"으로 고치자고 제안했다.[45]

포콕은 이 제안에 동의했던 듯하다. 루이스는 『사랑의 알레고리』의 타자본을 옥스퍼드 대학 출판부 서기보로 일하던 영문학자 케네스 시샘에게 보냈다. 출판부는 예상대로 그 작품을 출간하기로 했고, 이후 런던의 아멘하우스 지사의 편집자가 홍보문구를 쓸 수 있도록 교정쇄 한 부를 그리로 보냈다. 루이스는 몰랐지만 그 일을 맡은 편집자는 찰스 윌리엄스였다. 1936년 3월, 윌리엄스의 소설 『사자가 있는 곳』을 읽고 난 루이스가 그에게 편지를 보내 책이 얼마나 좋았는지 알려야겠다고 생각한 바로 그날에, 윌리엄스도 루이스의 『사랑의 알레고리』를 보고 너무나 감탄했다는 내용의 편지를 쓰기로 마음먹고 있었다. "교수님의 책은 사랑과 종교라는 매우 독특한 주제에 대한 일말의 이해를 보여주는, 단테 이후로 제가 만난 사실상 유일한 책입니다."[46]

루이스는 『사랑의 알레고리』를 오언 바필드에게 헌정했는데, "과거를 우습게 여기지 않고, 현재를 하나의 '시기'로 바라보는" 법을 그로부터 배웠다고 선언한다. 이 책의 첫 쪽에서 루이스는 그의 저작들에 거듭 나타나는 한 가지 테마를 제시한다.

> 인간은 열차가 기차역들을 통과하듯 여러 시기를 통과하지 않는다. 살아 있는 인간은 언제나 움직이지만 어떤 것도 뒤에 남겨 두지 않는다.[47]

어떤 사람들은 현대과학과 사회적 태도의 조합을 과거의 '미신'에 대비되는 '진리'로 받아들여야 한다고 주장하지만, 루이스는 그렇게 하면 당대의 지배적인 문화적 분위기와 지적 관습에 완전히 사로잡힌 그 시대의 부산물이 될 뿐이라고 선언한다. 그는 "연대에 대한 속물적 태도"라는 얄팍한 자기만족에서 벗어나 과거로부터 뭔가를 배워야 한다고 주장한다. 과거는 동시대의 문화와 사상의 독재에서 우리를 해방시켜 주기 때문이다.

『사랑의 알레고리』의 초점은 '궁정풍 연애'courtly love인데, 루이스는 그것을 "대단히 특화된 사랑으로서 겸손, 공손함, 간음, 그리고 사랑의 숭배를 그 특징으로 한다"고 정의한다.[48] '궁정풍 연애'의 출현은 11세기 말에 시작되었고 이 무렵 생겨난 기사도의 이상에 영향을 받은, 여자들에 대한 태도 변화를 반영하고 있다. 궁정풍 연애는 사람을 정화시키는 하나의 이상에 대한 고결하고 기사도적인 숭배의 표현으로, 여기서는 '사랑받는 여성'이 그런 이상의 화신으로 등장했다.

궁정풍 연애는 이런 사랑의 행위가 사람을 고결하게 만들고 정화시키며 인간 본성의 가장 깊은 가치와 미덕의 일부를 표현하게 해준다고 여겼다. 12세기에는 중매결혼이 대세이다 보니 낭만적 사랑을 표현할 모종의 수단이 필요했을 수도 있다. 그런 사랑은 봉건적인 형식과 종교적인 방식으로 표현되었다. 봉신이 영주를 존경하고 섬겨야 했던 것처럼, 연인은 절대 복종으로 자신의 숙녀를 섬기고 그녀의 명령에 따라야 했다. 궁정풍 연애는 사람을 고결하게 만드는 사랑의 잠재력, 사랑하는 자보다 사랑을 받는 자의 우월성을 인정했고, 사랑을 결코 채워지지 않고 커져만 가는 갈망으로 묘사했다.

하지만 루이스가 역사적인 사실로 묘사한 것을 일부 사람들은 문학적 허구로 보았다. 1970년대에 많은 학자들은 '궁정풍 연애'를 19세기의 발명품으로 해석하기 시작했다. 이후 시대인 19세기의 열망을 중세에 투영시킨 결과물이라는 것이었다. 이런 해석에 따르면, 윌리엄 모리스William Morris, 1834-1896 같은 빅토리아 시대 중세 부흥주의자들의 저작을 즐겨 읽었던 루이스도 빅토리아 시대의 안경을 쓰고 중세의 작품들을 읽은 것으로 보일 수 있었다.[49]

하지만 보다 최근의 연구 결과들이 분명히 드러낸 것처럼, 상황은 비판자들의 말했던 것처럼 그리 단순하지 않았다.[50] 어쨌건, 루이스는 '궁정풍 연애'라는 개념 자체보다는 그것을 표현하기 위해 발달된 시적 관습에 더 관심을 가졌다. 루이스의 책이 다루는 핵심 내용은 역사가 아니라 텍스트이다.

『사랑의 알레고리』에서 가장 빛나는 대목은 엘리자베스 시대의 시인 에드먼드 스펜서Edmund Spenser, 약 1522-1599를 다룬 장이다. 이 책으로 스펜서의 『선녀여왕』에 대한 비평가들의 인식이 완전히 달라졌고, 중세 전통에서 '궁정풍 연애'와 알레고리 장르의 역할과 의미를 둘러싼 토론과 논쟁이 새로운 힘을 얻었다. 루이스는 알레고리의 사용을 철학적 필연성의 문제로 제시했고, 인간 언어의 본질과 한계를 반영하는 것이지, 이전 시대의 문학적 관습에 양식상의 장식이나 감상적 첨가물을 덧붙이려는 헛된 욕망의 산물이 아님을 보여준다. '교만'과 '죄' 같은 복잡한 개념들을 나타내는 데에는 추상적 관념들보다 알레고리가 훨씬 더 좋은 위치에 있다고 루이스는 주장한다. 알레고리는 그런 실체들을 다룰 수 있는 손잡이를 제공하고, 그런 손잡이가 없이는 삶의 근본적인 테마들을 다루기가 어려워진다.

오늘날의 관점에서 보자면, 루이스가 『사랑의 알레고리』로 이루어낸 성취는 궁정풍 연애에 대한 해설이라기보다 대단히 통찰력 있게 스펜서를 논한 것이라고 할 수 있다. 34,695행에 달하는 스펜서의 장시 『선녀여왕』, 특히 그 이미지의 본질과 지위에 대한 그의 분석은 지금 보아도 재치와 설득력이 느껴진다. 20세기의 스펜서 수용 문제를 거의 완벽하게 다룬 최근의 연구서는 이렇게 밝히고 있다. "『사랑의 알레고리』에서 루이스가 스펜서를 다룬 장은 자료조사, 출전학, 철학, 기획, 모든 면에서 스펜서에 대한 19세기의 모든 비평 작업을 더한 것보다 더 독창적인 논평을 하고 있다."[51]

일부 루이스 전기에는 『사랑의 알레고리』가 "최고의 상상문학 작품"을 쓴 영국 작가에게 매년 수여되는 영국의 가장 오래된 문학상 호선든 상 Hawthornden Prize을 수상했다고 나와 있지만 그것은 사실이 아니다. 하지만 이 책은 1937년, 이스라엘 걸랜스 경 기념상을 수상했다.[52] 영국학술원에서 수여하는 이 명예로운 상은 "앵글로색슨어, 초기 영어와 영문학, 영어 문헌학, 영어 역사와 관련된 주제로" 출간된 뛰어난 저작이나,

"영문학의 역사나 영어 저자(특히 이른 시기의)의 작품과 관련한 독창적인 연구 성과"를 대상으로 했다. 이것은 루이스에게 상당히 영예로운 일이었고 『사랑의 알레고리』는 전도유망한 젊은 학자가 펴낸 탁월한 연구서로 두각을 나타내게 되었다. 이 작품에서 돋보이는 것은 요약하고 설명하고 종합하고 독자를 사로잡는 루이스의 놀라운 능력이다. 루이스의 옥스퍼드 동료 헬렌 가드너가 지적한 바 있듯, 이 작품을 쓴 사람은 "문학을 사랑하는 사람, 독자들에게 호기심과 열정을 불어넣을 수 있는 비범한 능력의 소유자"였다.[53]

메시지를 전달하고 열정을 불어넣고 자극하는 강연자로서의 재능에다 이런 능력까지 더해졌기에 1930년대와 1940년대의 옥스퍼드 강의실에서 그가 그렇게 많은 청중을 모을 수 있었을 것이다. 루이스는 텍스트에 대한 박식하고 열정적인 해석을 제시하고, 무지로 인해 무시되었거나 선입견 때문에 평가 절하되었던 저자, 텍스트, 테마들을 "되살리려" 작업에 독자들을 동참시킨다.[54] 간단히 말해 루이스는 문학 및 문학이 인간 문화와 학문에서 차지하는 위치를 옹호하는 대변자였다.

문학의 위치와 목적에 대한 루이스의 입장

루이스는 학문연구 기간 내내 문화를 풍요롭게 하는 것, 종교적 감수성의 배양, 개인적인 지혜와 성품의 연마 등과 관련된 문학의 위치와 목적에 대해 많은 생각을 하고 많은 글을 썼다. 문학에 대한 루이스의 생각은 1940년대와 1950년대를 거치면서 일부 더욱 발전했지만, 대부분의 생각은 1939년에 확고하게 자리를 잡았다.

문학에 접근하고 이해하는 방식에 대한 루이스의 생각은 당시의 주류 문학이론의 견해와 상당히 달랐다. 루이스에게 문학을 읽는 것, 특히 고전 문학작품을 읽는 것은 "연대에 대한 속물적 태도"에서 나온 일부 설익은 판단들의 문제점을 지적할 중요한 기회였다. 오언 바필드를 통해 루이스는 현재가 과거보다 우월할 수밖에 없다고 주장하는 이들을 수상쩍게 여기는 법을 배웠다.

루이스는 「옛날 책의 독서에 대하여」(1944년, 『피고석의 하나님』에 실려 있다—옮긴이)라는 에세이에서 이 점을 강력하게 내세운다. 이 글에서 루이스는 옛날 문학을 잘 아는 독자는 비판적 거리를 두고 당대의 문학을 바라볼 수 있는 관점을 얻게 된다고 주장한다. 그렇게 해서 옛날 책이 "당대의 논쟁들을 균형 잡힌 시각에서 볼 수 있게" 해준다는 것이다.[55] 옛날 책을 읽으면 "지나간 수 세기의 깨끗한 바닷바람이 우리의 정신에 계속 불어오게" 만들어 시대정신의 포로가 되는 것을 피할 수 있다.[56]

여기서 루이스는 현재를 풍요롭게 해주고 자극해 주는 과거의 신학 자료의 중요성에 대해 적고 있는데, 기독교 신학논쟁을 염두에 둔 것이 분명하다. "새 책은 여전히 시험대에 올라 있는데 아마추어는 그것을 감정할 입장이 아닙니다."[57] 우리는 미래의 책들을 읽을 수 없다. 그나마 과거의 책들을 읽고서 그 속에서 현재의 책들이 당장 눈에 보이는 것만큼 궁극적인 권위를 가진 것은 아니라는 암묵적이지만 강력한 문제제기를 발견할 수 있다. 조만간에 현재는 과거가 될 것이고, 현재의 사상들의 자명해 보이는 권위도 허물어질 것이다. 물론 그 권위의 근거가 단지 연대기상의 위치가 아니라 각 사상 안에 있는 본질적인 탁월함이라면 얘기가 다를 것이다.

20세기의 여러 이데올로기의 발흥을 염두에 두고 루이스가 지적한 바 있듯, "여러 곳에서 살아 본" 사람은 "고향 마을의 지역적인 오류"를 그대로 받아들일 가능성이 낮다. 루이스의 선언에 따르면, 학자는 "여러 시대를 살아 봤기" 때문에 현재의 판단과 흐름에 내재한 '최종적인 것이라는 자동적인 추정'에 문제를 제기할 수 있다.

> 우리는 과거에 대한 정통한 지식이 있어야 합니다. 과거에 무슨 마법의 힘이 있어서가 아니라, 미래를 연구할 도리가 없는 상황에서 현재와 비교할 대상은 과거밖에 없기 때문입니다. 현재와 과거를 비교해 봐야만 각 시기마다 기본 가정들이 달랐고, 교육받지 못한 사람들의 눈에 확실해 보이는 많은 사실들이 일시적인 유행에 불과함을 기억할 수 있습니다.[58]

루이스는 고전 시기나 르네상스 시기의 문학을 이해하려면 "현대 문학을 읽음"으로써 생겨나는 "대부분의 반응들을 유예하고, 대부분의 습관을 일부러 잊어야" 한다고 주장한다.[59] 현대의 상황이 본질적으로 더 우월하다는 자동적인 가정이 그 예가 될 수 있다. 루이스는 이 논점에 대한 이해를 돕고자 전형적인 사례를 제시한다. 포스터[E. M. Foster]의 『전망 좋은 방』(Room with a View, 1908) 같은 작품들에서 강력히 비판하고 있는, 해외여행을 나선 영국인이다. 루이스는 상상을 해보라고 한다. 야만적인 서유럽보다 영국의 문화적 가치가 우월하다고 절대적으로 확신하는 한 영국인이 해외여행에 나섰다. 그는 여행지의 문화를 탐구하고 그곳 음식을 즐기고 자신의 전제가 도전받는 일을 허용하지 않는다. 대신, 다른 영국인 여행자들과만 어울리고, 한사코 영국 음식만 찾아먹고, 어떤 대가를 지불해서라도 자신의 '영국인다움'을 보존해야 한다고 여긴다. 이렇게 그는 '영국인다움'을 지니고 여행을 떠났다가 "그것을 변함없이 간직한 채 고국으로 돌아온다."[60]

그런데 외국을 방문하는 또 다른 방법이 있고, 옛날 책을 읽을 때도 비슷한 방법이 있다. 여행자는 여행지 음식을 먹고 여행지에서 생산된 포도주를 마시고 "여행자의 눈이 아니라 그곳 거주자들의 눈에 보이는 외국의 모습"을 본다. 그 결과, 그 영국인 여행자는 "달라진다." 다른 방식으로 "생각하고 느끼며" 고국으로 돌아온다. 여행은 그의 시야를 넓혀 놓았다.

여기서 루이스가 제시하는 주장은 문학을 통해 우리가 세상을 다르게 바라볼 수 있다는 것이다. 문학은 우리의 눈을 열어 주어 평가와 사색의 새로운 시각을 갖게 한다.

나는 내 눈만으로 충분하지 않다. 다른 이들의 눈을 통해서도 볼 것이다.……위대한 문학작품을 읽다 보면 나는 여전히 나이면서도 수많은 다른 이가 된다. 어느 그리스 시에 나오는 밤하늘처럼, 나는 수많은 눈으로 보지만 보는 사람은 여전히 나다.[61]

루이스가 볼 때 문학작품은 우리가 "우리의 눈과 상상력과 가슴만이 아니라 다른 이들의 눈으로 보고, 다른 이들의 상상력으로 상상하고, 다른 이들의 가슴으로 느낄" 수 있게 해준다.[62] 문학은 우리가 보는 현실과 다른 현실을 상상을 통해 보게 한다.

문학작품을 이렇게 읽으려면 변화의 가능성에 자신을 열어 놓아야 한다. 새로운 생각에 열려 있어야 하고, 전에는 거부하는 것이 옳다고 생각했던 이들을 다시 찾아가야 한다. 랄프 왈도 에머슨Ralph Waldo Emerson은 이렇게 말했다. "모든 천재의 작품에서 우리는 스스로 거부했던 생각들을 보게 된다. 그 생각들은 소외된 존재 특유의 위엄을 띠고 우리에게 되돌아온다."[63] 그래서 루이스는 텍스트가 우리에게 정보를 제공할 뿐 아니라 시비를 걸어온다고 주장한다. 텍스트가 우리의 추정, 우리의 사고방식에 맞아야 한다는 요구는 그것을 우리가 만든 틀에 억지로 끼워 넣는 일이요, 우리를 변화시키고 풍요롭게 하고 달라지게 만들 기회를 빼앗는 일이다. 문학 독서의 핵심은 다른 사람들의 "의견 속으로, 그들의 태도와 감정과 총체적 경험 속으로 깊이 들어가는" 일이다.[64] 이것은 플라톤이 말한 프쉬카고기아^{Psychagogia}, 곧 "영혼의 확장"이다.

루이스는 말한 사람에게 몰두하기보다는 그가 말한 내용에 주목하는 것이 더 중요하다고 보았다. 그런 그에게 문학 '비평'의 핵심은 저자의 의도를 이해하고, 작품을 수용하고, 그리하여 내면의 확장을 경험하는 것이었다. 우리는 그것이 가장 잘 표현된 사례를 그의 책 『실낙원 서문』에서 볼 수 있는데, 이 책은 밀턴의 서사시 『실낙원』의 배경을 탁월한 솜씨로 제시하고 그 의미를 검토한다. 루이스는 시에서 중요한 것은 시인이 아니라 시라고 강력하게 주장했다. 정반대의 견해를 내세운 사람이 케임브리지 학자 틸리야드$^{E.\,M.\,W.\,Tillyard,\,1889\text{-}1962}$였다. 틸리야드가 볼 때 『실낙원』의 핵심은 "그 시를 쓸 당시 밀턴의 진정한 정신상태"였다.

이런 입장 차이는 흔히 "개인적 이설"$^{The\,Personal\,Heresy}$이라 불리는 1930년대의 유명한 논쟁으로 이어졌다. 복잡한 논쟁을 단순화하기 위해, 루이스는 객관적이고 비인격적인 관점을 내세웠다. 시가 다루는 것은 "저기 바깥에" 있다는 것이었다. 반면 틸리야드는 주관적이고 인격적인 관점을 제시했는데, 시의 핵심은 시인의 내면에 있다는 것이다. 나중에 루이스는 이런 견해를 "주관주의의 해독"이라고 부르게 된다. 루이스가 볼 때, 시의 작동방식은 시인이 아니라 **시인이 보는 것**에 관심을 기울이게 하는 것이다. "시인은 자기를 보라고 말하는 사람이 아니라 '저길 봐'라고 말하며 손가락으로 어딘가를 가리키는 사람이다."[65] 시인은 우리가 다른 방식으로 사물을 볼 수 있게 해주는 사람, 그가 없었다면 절대 주목하지 않았을 것들을 주목하게 해주는 사람이다. 다시 말해, 시인은 관찰대상이 아니라 **관찰기구**다.

이 모든 내용은 이렇게 요약할 수 있다. "루이스는 문학 독서를 대안적 세계를 상상하고 그 안으로 들어가는 과정으로 이해한다. 그 세계는 우리가 몸담고 살아가는 경험적 세계를 비추어 줄 수 있다." 루이스는 그런 순례 길에 들어선 많은 이들에게 정기적으로 여행 가이드를 자처했다. 그는 스펜서와 밀턴을 처음 만나는 독자들에게 최고의 가이드가 된다는 것이 많은 이들의 공통된 증언이다.

하지만 루이스는 다른 작가들의 상상의 세계를 분석하기만 한 것이 아니었다. 그 역시 그런 세계의 창조자가 되었는데, 그 이전 사람들의 생각과 이미지에 분명히 영향을 받은 세계였다. 위대한 문학작품을 읽으면 그런 작품을 직접 쓰고 싶은 마음이 생길 수 있고, 과거의 지혜와 위트와 우아함을 적절히 통합해 내어 현재를 다루고 싶은 마음도 들 수 있다. 루이스는 두 가지 모두 썩 잘해 냈는데, 나니아의 창조 과정을 살펴보고 루이스가 가상의 세계를 사용해 우리가 사는 세계를 어떻게 조명했는지 살펴보면 이 점이 잘 드러날 것이다.

그러나 나니아는 아직 미래의 일이었고, 이 시기의 현실은 불안한 방향으로 흘러가기 시작했다. 1939년 9월 1일, 독일군이 폴란드를 침공했다. 영국의 수상 네빌 체임벌린Neville Chamberlain은 독일과 폴란드 사이에서 평화협정의 조건을 놓고 협상을 시도했다. 그러나 이 조치에 대한 의회의 반발을 겪은 후, 히틀러에게 최후통첩을 했다. 폴란드에서 병력을 철수하라고 경고한 것이다. 9월 3일, 아돌프 히틀러가 어떤 반응도 보이지 않자, 영국은 독일에 선전포고를 했다. 이렇게 제2차 세계대전이 시작되었다.

8

전국적 찬사

: 전시(戰時)의 변증가

1939-1942

1939년 10월 22일 일요일, 옥스퍼드의 세인트메리 대학 교회는 학생과 교수들로 가득 찼다. 청중은 많았고 다들 귀를 기울이고 있었다. 분위기는 가라앉아 있었고 어두웠다. 설교의 주제는 '다른 신들은 없다: 전시의 문화'였고, 설교자는 C. S. 루이스였다. 그 자리에 참석했던 사람들에 따르면, 그 설교는 싸움과 불확실성과 혼란을 앞에 두고 이루어지는 학문 활동에 대한 강력한 옹호였고, 청중에게 깊은 인상을 남겼다. 전쟁의 발발로 세상의 실상이 명백히 드러났고 우리 자신과 세상에 대한 낙관적인 환상을 버릴 수밖에 없게 되었다고 루이스는 주장했다. 현실주의가 왕좌에 복귀했다. "우리가 줄곧 살아온 우주가 어떤 곳인지 분명히 알게 되었으니 그것을 있는 그대로 받아들여야 합니다."[1]

1914-1918년의 세계대전 기간에 옥스퍼드에 있었던 사람이라면 그 전쟁이 대학에 미쳤던 파괴적인 영향을 떠올리지 않을 수 없다. 학생

수는 급감했고, 학자들은 전쟁터로 나갔고, 칼리지와 대학 건물은 전시 용도로 쓰였다. 제2차 세계대전이 터지자 규모는 다르지만 같은 일이 되풀이되었다. 그리고 새로운 문제가 더해졌다. 루프트바페Luftwaffe(독일공군)의 폭격 위협이었다. 전시의 등화관제로 도시 전체가 중세 이후로 알지 못했던 새까만 어둠 속에 빠져들었다. 학생들은 종이 부족으로 개별 지도 수업에 필요한 책의 사본을 얻을 수 없었다.

킬른스에도 즉각적인 변화들이 있었다. 독일의 폴란드 침공 다음 날인 9월 2일, 와니는 현역 군인으로 다시 부름을 받았다(와니는 1932년 12월 21일에 퇴역한 이후 정규예비군장교 명단에 있었다). 그는 즉시 요크셔의 캐터릭으로 떠나라는 지시를 받았다. 2주 후, 그는 소령 계급으로 영국 원정군의 병력 수송과 군수품 관리 임무를 맡아 프랑스로 떠났다.

와니가 떠나고 몇 시간 후, 킬른스에 네 명의 새로운 입주자가 들어왔는데, 런던에서 대피해 온 여학생들이었다. 런던 공습 위협 때문에 킬른스로 '피난민'들이 끊임없이 왔는데, 몇 달씩 머무는 경우도 종종 있었다. 당시 루이스의 편지를 보면 할 일이 없다고 끊임없이 불평하는 그들을 흥미롭다는 듯 적고 있다. 저들은 **읽을** 줄 모르나? 루이스는 의아해했다.

그러나 루이스는 전쟁 발발 초 몇 주 동안 다른 더 중요한 문제들로 고민했다. 1939년 9월 3일자로 발효된 국민[군]복무법The National Service [Armed Forces] Act에 따르면 영국에 거주하는 18세에서 40세 사이의 모든 남자는 의무적으로 군복무를 해야 했다. 당시 마흔 살이던 루이스는 불안해졌다. 그도 소집될까? 두 번째 전쟁에서도 싸워야 하는 걸까? 독일의 폴란드 침공 다음 날, 그는 모들린 칼리지의 조지 고든 학장과 면담을 했는데, 학장은 그에게 걱정할 것 없다고 말했다. 루이스는 두 달 후인 11월

1940년, 옥스퍼드 국토방위군의 가두행진. 이 가두행진은 플레인(The Plain)을 지나고 있는데, 여기서부터 모들린 다리를 건너 옥스퍼드 도심으로 가게 된다.

29일이면 마흔한 살이 될 터였다. 학장은 염려할 것 없다고 그를 안심시켰다.[2]

결국 루이스는 전쟁의 직접 참가자가 아니라 구경꾼이 된다. 그는 1940년 여름에 향토의용군Local Defence Volunteers(나중에 '국토방위군[Home Guard]'으로 개칭)의 일원이 되어 9일마다 하루씩 "옥스퍼드의 가장 우울하고 악취 나는 지역을 어슬렁거리며 돌아다녔다."[3] 그는 소총을 어깨에 메고 새벽 1시 30분에서 4시 30분까지 순찰을 도는 자신의 모습을 다소 우스꽝스럽게 느꼈고, 셰익스피어의 『헛소동』(Much Ado about Nothing)에 나오는 야경꾼 도그베리에 비유했다.[4] 하지만 여름철 이른 새벽에 옥스퍼드의 시원하고 인적 없는 거리를 순찰하는 평온함과 호젓함을 소중히 여기게 되었다.

　1940년대 초 루이스의 편지를 보면 절약의 필요성, 음식과 필수물자의 부족, 피난민 수용, 미래에 대한 깊은 불안 등 전시 영국의 모든 학생들에게 친숙한 상황이 등장한다. 이런 문제들에 대한 루이스의 대처방안은 때로 우습다. 예를 들어 친구들과 단테를 논할 때 마데이라 와인 대신 차를 마시면서 '전시의 절약'을 실천하는 식이다. 와니가 떠난 이후, 루이스는 모들린 칼리지의 두 거실 중 작은 곳에서 일했다. 석탄이 덜 들어 난방비를 아낄 수 있었기 때문이다.[5]

찰스 윌리엄스와 루이스의 우정

제2차 세계대전으로 인해 루이스에게 가장 중요한 친구 중 한 사람과의 우정이 꽃피었다. 1939년 9월 7일, 옥스퍼드 대학 출판부는 전쟁 기간 동안 런던 사무소를 소개(疏開)시키고 직원들을 옥스퍼드로 옮기게 했다. 이렇게 해서 찰스 윌리엄스는 아내와 아들을 햄프스테드에 남겨 두고 옥스퍼드로 거처를 옮겼다. 윌리엄스는 루이스의 격려와 지원에 힘입어 이제 옥스퍼드에 안착했고 잉클링즈에도 정기적으로 참여하게 되었다. 영문학부는 강사가 부족했던 터라 윌리엄스가 그들의 기도에 대한 응답이라는 루이스의 주장을 순순히 받아들였다. 결국, 윌리엄스의 강의는 선풍을 불러일으켰고 많은 청중을 모으고 찬사를 이끌어 냈다.

　윌리엄스가 도착한지 일 년 만에 잉클링즈는 돌이킬 수 없을 만큼 달라졌다. 그 전까지 주요 인물은 루이스와 톨킨이었다. 그러나 이미 여러 편의 소설, 시집, 희곡, 전기들을 써낸 윌리엄스가 참여하면서 두드러

소설가이자 시인이었던 찰스 윌리엄스(Charles Williams, 1886-1945).

진 역할을 하게 되어 다소 위태롭던 평형상태를 흔들어 놓았다. 이것은 필연적인 일이었다. 1925년부터 1940년까지 루이스를 가장 친한 친구로 생각했던 톨킨은 둘 사이에 윌리엄스가 끼어들었음을 깨달았고 이것을 자신과 루이스가 멀어진 증표로 해석했다.[6] 하지만 이 모든 것을 감안해도, 윌리엄스가 잉클링즈에 유익했고 잉클링즈가 윌리엄스에게 유익했던 것은 의심의 여지가 없다.

킬른스의 사정도 달라지고 있었다. 모린은 노팅엄셔의 중고교 워크숍 칼리지의 음악교사였던 레너드 블레이크Leonard Blake와 1940년 8월에 결혼했다. 루이스는 블레이크를 싫어했고 "아주 작고, 까무잡잡하고, 못생겼고 거의 한마디도 하지 않는 말 없는 사람"이라며 무시했다.[7] 하지만 이후 레너드와 모린 블레이크 부부는 루이스의 인생에서 결정적인 순간마다 그에게 상당한 친절을 보여주는데, 무어 부인의 생애 마지막 몇 년 동안 힘이 되었고, 1950년대 후반에 조이 데이빗먼의 두 아들을 보살피는 일도 도와주었다.

1940년 8월 16일, 당시 카디프 소재 웬보캠프의 보급기술훈련 및 동원센터에 있던 와니가 현역 명단에서 빠지고 정규예비군장교로 복귀했다. 와니의 군 생활 중에 어떤 일이 있었는지는 분명하지 않지만, 영국군이 재난에 가까웠던 됭케됫르크 철수작전의 피해상을 회복하려고 하면서 전력 재건을 도울 경험 있는 장교들을 모으던 시점에 일어난 일이었다. 와니의 병적에는 그가 제대한 분명한 이유가 나와 있지 않지만, 그 간결한 기록을 보노라면 무슨 일이 있었던 것인지 궁금할 수밖에 없다. 이후 있었던 일을 고려할 때, 많은 이들이 알코올 중독과 모종의 관련이 있었을 거라고 짐작했다. 와니는 옥스퍼드로 돌아왔고 사병 계급으로 옥스퍼드 국토방위군에 합류했다. 루이스 형제는 다시 뭉쳤다.

그즈음 루이스 주변에서는 또 다른 변화들이 일어나고 있었다. 옥스퍼드 대학은 "전쟁기간 동안" 대학 전체를 대상으로 하는 강의를 하는 이들에게 강의료를 지급하기로 한 계약을 모두 해지했다. 당혹스럽게도, 루이스의 한 해 수입은 200파운드나 삭감되었다. 물론 급료는 받지 못해도 늘 하던 강의는 계속해야 했다.

모들린 칼리지는 전시 체제로 들어가 최대한 절약을 했다. 모들린 숲의 사슴 떼는 도살되었고, 칼리지 측은 사슴고기의 뒷다리와 허리 부위를 펠로들에게 사적으로 제공했다. 무어 부인이 사슴고기 요리를 시도했는데 "집 전체에 도저히 참을 수 없는 악취가 가득 찼다." 하지만 루이스는 결과물은 "훌륭하다"고 선언했다.[8]

1939년 11월에 와니(당시 프랑스에 있던)에게 쓴 편지를 보면 잉클링즈가 계속해서 모여 서로의 작품을 논하고 있었음을 분명히 알 수 있다. 회원들은 이스트게이트 호텔(모들린 건너편에 위치)에서 저녁식사를 마치고 각자 진행 중인 세 편의 작품에 대해 "진정한 최고급 저녁대화"를 나눴다.

> 이후의 차림표는 톨킨의 새로운 호빗 책의 한 부분, 윌리엄스의 성탄 희곡 하나(그의 작품들 중 보기 드물게 이해하기 좋았고 모두들 좋다고 말했어), 그리고 고통의 문제에 관해 내가 쓰고 있는 책의 한 장이었어.[9]

여기 언급된 첫 번째 책은 『반지의 제왕』한 대목의 초기 원고이고, 두 번째는 찰스 윌리엄스의 희곡 「마구간 옆의 집」, 세 번째는 이 무렵 루이스가 초고를 쓰기 시작한 작품 『고통의 문제』이다.

톨킨의 "새로운 호빗 책"의 집필에서 루이스의 역할을 간과할 수 없다. 루이스는 작가로서만 조명을 받는 경우가 많은데, 영문학의 고전이 된 『반지의 제왕』이 완성된 이야기를 들여다보면 루이스를 전혀 다른 측면에서 보게 된다. 그는 이때 다른 사람을 격려해 명작을 쓰게 하는 문학적 산파 노릇을 했다. 일부 평론가들에 따르면, 이때 루이스는 그가 쓰게 될 어떤 작품보다 위대한 고전의 탄생을 도왔다.

문학작품의 산파 루이스: 톨킨의 『반지의 제왕』

가능성을 인정받는 시기든, 글을 마무리하는 시기든 모든 작가에게는 격려가 필요하다. 예를 들어, 찰스 윌리엄스는 아내 플로렌스의 격려에 힘입어 글쓰기에 계속 집중할 수 있었다. 그런데 전쟁 기간 동안 옥스퍼드로 대피하면서 글쓰기를 자극해 줄 사람이 없어져 버렸다. 1945년 4월, 윌리엄스는 플로렌스에게 편지를 써서 그녀가 없는 옥스퍼드 유배생활을 탄식했다. "내게 차 한 잔을 갖다 주고 글을 쓰게 격려해 줄 당신이 왜 여기에 없는 거요? 난 글쓰기에 무한한 혐오감을 갖게 되었소."[10] 윌리엄스 전후(前後)에 살았던 수많은 이들처럼, 그에게도 글쓰기를 도와줄 멘토가 필요했다.

톨킨에게도 비슷한 문제가 있었다. 그는 엄청난 창의성의 소유자였지만 그가 쓰는 내용을 인정해 주고, 더 중요하게는 글쓰기를 마무리하도록 채근해 줄 사람이 여전히 필요했다. 톨킨은 시험관으로서 하는 일이 너무 많았고 그 일에 자꾸 시간을 빼앗겼다. 톨킨의 첫 번째 소설 『호빗』의 앞부분 초고는 1930년부터 1931년 사이에 빨리 썼는데, 용 스마우그의 죽음을 다루는 대목에 이르러 문제가 생겼다. 리하르트 바그너가 「니벨룽의 반지」(Ring of the Nibelungs)를 작곡하다 지그프리트를 보리수 아래 두고는 거기서부터 이야기를 어떻게 풀어 가야 할지 몰라 한참을 고생했던 것처럼, 그만 창작의 기운이 빠져 버린 것이다. 톨킨은 결말 부분의 거친 초고를 썼고 그 상태로 내버려 두었다. 그러다 루이스와 친해지면서 용기를 내어 원고를 내밀었고, 읽고 난 후 의견을 말해 달라고 청했다. 루이스는 결말 부분이 좀 불안하긴 하지만 마음에 든다고 대답했다.

마침내 『호빗』이 출간된 것은 행운의 사건들이 이어진 결과였다. 톨킨은 『호빗』의 타자본을 학생 중 한 사람이던 일레인 그리피스Elaine Griffiths, 1909-1996에게 빌려 줬다. 그리피스는 그 텍스트를 옥스퍼드를 졸업하고 런던의 조지 앨런 & 언윈 출판사에서 일하고 있던 수잔 대그널에게 소개했다. 대그널은 타자본을 한 부 확보한 후, 원고가 어떤지 보라는 뜻에서 출판업자 스탠리 언윈에게 넘겼다. 언윈은 그 원고를 열 살배기 아들 레이너에게 주며 읽어 보라고 했다. 레이너가 읽고 너무나 열광적인 반응을 보이는 바람에 언윈은 출간을 결정했다. 계약서상의 원고 마감 시한은 톨킨이 글을 마무리하는 데 절실히 필요한 동기가 되어 주었다. 1936년 10월 3일, 원고는 완성되었다.

『호빗』은 1937년 9월 21일에 출간되었다. 초판 1,500부는 금세 매진되었다. 호빗의 새로운 시장 잠재력을 깨달은 앨런 & 언윈 출판사는 톨킨에게 또 다른 '호빗 책'을 빨리 쓰라고 재촉했다. 톨킨은 그 책의 후속편을 쓸 생각이 전혀 없었기 때문에, 이 요구는 큰 부담으로 다가왔다.

첫 장 '오래 기다린 잔치'를 상당히 쉽게 써낸 후, 톨킨은 추진력과 열정을 잃어 가기 시작했다. 플롯은 더 복잡해졌고 분위기는 더 어두워졌다. 더 정교하고 신화적인 작품을 써내고 싶은 포부가 자꾸만 끼어들었다. 결국, 집필은 중단되었다. 자전적인 캐릭터 니글처럼, 톨킨은 자신이 나무보다 나뭇잎을 더 잘 그린다는 사실을 알게 되었다. 그는 세부내용을 꼼꼼하게 채워 넣는 일, 특히 새로운 신화와 낯선 단어들을 만들어 내는 일이 기뻤다. 넓은 서사구조를 만드는 작업에는 지친다기보다 **질려 버리기** 시작했다.

톨킨의 바쁜 학교생활은 새로운 호빗을 쓸 열정을 유지할 수 없게 했다. 거기에다 그의 완벽주의, 가정과 학교에서 맡은 일의 부담, 산문을 쓰기보다는 직접 만들어 낸 언어를 사용한 말놀이를 더 좋아하는 성향이 더해지면서 새로운 '호빗 책'은 지연되고 미뤄졌다. 낙심한 그는 다른 문제에 매달렸다.

그 외의 오직 한 사람, 루이스만이 그 작업에 관심이 있는 듯했다. 루이스가 죽은 후, 톨킨은 자신이 『반지의 제왕』을 완성하기까지 루이스가 결정적인 역할을 했다는 사실을 이렇게 강조했다.

나는 그에게 갚을 길 없는 큰 빚을 졌습니다. 그것은 흔히 말하는 '영향'이 아니라 아낌없는 격려였습니다. 오랫동안 그는 나의 유일한 청중이었지요. 내 '글'이 개인적 취미 이상의 작품이 될 수 있다고 생각하게 된 것은 오로지 루이스 덕분이었습니다. 그의 끊임없는 관심과 다음 이야기를 들려 달라는 재촉이 없었더라면, 나는 결코 『반지의 제왕』을 끝마치지 못했을 것입니다.¹¹

이 무렵 루이스는 톨킨이 문학적 시도를 계속하도록 격려하기 위해 수고를 아끼지 않았다. 1939년 12월, 톨킨의 아내 이디스가 수술을 받고 애클랜드 요양원에서 회복하는 동안, 루이스는 밤중에 옥스퍼드 북부에 있는 톨킨의 집을 방문했다. 전시 등화관제 때문에 이 여행길은 위험했다. 루이스는 롱월 가와 홀리웰 가를 따라 북쪽으로 걸어갔는데, "어두운 방에 있을 때처럼" 방향을 찾느라 애를 먹었다. 키블 칼리지를 지나가자 길 찾기가 쉬워졌고 마침내 노스무어 로 20번지에 있는 톨킨의 집에 도착했다. 그날 저녁 그들은 "진과 라임주스를 마시며" 톨킨의 '새 호빗'과 루이스의 '고통의 문제'를 논했다.[12] 자정 즈음 루이스가 모들린으로 돌아가려고 나섰을 때는 달이 떠서 올 때보다 길을 가기가 훨씬 쉬웠다.

    1944년 초, 톨킨의 글쓰기는 다시 멈추었다. 니글처럼 세부사항의 늪에 빠져 버렸던 것이다. 그는 새 호빗에 대해서도, 그 작품을 끝낼 수 있는 자신의 능력에 대해서도 자신감을 잃어버렸다. 이 시점의 루이스와 그의 상황은 주목할 만하다. 루이스는 주로 이야기꾼으로, 나니아의 이미지들을 상상하면서 이야기를 써 나갔다. 능숙한 작가인 루이스는 『나니아 연대기』에 가득한 비일관성을 해소하기 위해 지나치게 염려하지 않았다. 톨킨도 이야기꾼이었지만, 그는 '하위 창조자'subcreator로서의 자신의 역할을 대단히 진지하게 받아들였다. 그는 복잡한 역사와 언어들을 만들어 내고, 소설 곳곳에 등장하는 캐릭터들에게 중간계의 이야기에 깊이 뿌리내린 개인사를 부여했다.

    톨킨은 일관성을 유지하고, 그의 복잡하고 자세한 배경 이야기와 기록된 이야기 사이에 적절한 상관관계를 부여해야 한다는 생각에 압도되었다. "이야기들의 나무"에 달린 나뭇잎 하나하나가 제대로 되어야 했다. 이 과정에 충실하다 보면 일관성의 성취에 집착하느라 상상력을 발휘하는 하위 창조작업이 위축되고 만다. 톨킨은 자신이 만들어 낸 복잡한 세계에 갇혀 버렸고, 이미 적어 놓은 내용이 모순투성이에 일관성이 없을까봐 염려한 나머지 더 이상 이야기를 진행할 수 없는 상태에 이르렸다. 그의 까다로움 때문에 창의성이 질식될 지경이었다.

1944년 3월 29일에 톨킨이 루이스와 점심식사를 하면서 전환점이 찾아왔다. 루이스는 편지에서 이 만남의 자세한 내용을 밝히고 있지 않지만, 톨킨에게는 새로운 에너지와 활력의 자리였음이 분명하다. 톨킨은 월요일 오전마다 루이스와 만나 써 놓은 글을 그에게 한 장씩 읽어 주기 시작했고, 루이스의 반응에 격려를 얻었다. 루이스는 몇 번이나 눈물을 쏟기까지 했다.[13] 『반지의 제왕』의 일부가 잉클링즈 모임에 정기적으로 등장했고, 종종 일부 참석자들의 찬사를 받기도 했다. 그러나 모두가 그 작품을 좋아한 것은 아니었다. 휴고 다이슨은 그 책을 매우 싫어했고 툭하면 그 원고가 낭독되지 못하게 막았다 결국 루이스가 종종 개입해 이렇게 말해야 했다. "입 닥치게, 휴고! 읽어봐, 톨러스!"

이 책이 톨킨을 다루는 책이라면 『반지의 제왕』의 기원과 발전에 대해 할 말이 훨씬 많지만, 그렇지 않으니 여기에서 내용을 정리해야겠다. 요점은 루이스가 다른 사람들의 격려를 받은 것처럼, 다른 사람들을 적극적이고 헌신적으로 지지하고 격려하는 사람이었다는 것이다. 잉클링즈가 '고통의 문제'에 대한 루이스의 생각을 논했다는 사실은 이미 지적했다. 많은 이들은 이 책이 루이스가 기독교 변증가로서 얻은 명성의 출발점이라고 본다. 그렇다면 이 책은 어떤 책이며 어떻게 해서 세상에 나왔을까?

『고통의 문제』(1940)

『고통의 문제』는 루이스가 처음 출간한 "기독교 변증"Christian apologetics서이다. 기독교 변증이란 보통 사람들이 기독교 신앙에 대해 어떤 부분에서 관심을 갖는지, 어떤 부분을 어렵게 여기는지 포착하고 이해하고 대답하는 일이다. 기독교 변증은 인간이 처한 상황을 설명하고 인간의 가장 깊은 갈망을 채워 주는 기독교 신앙의 힘을 보여준다. 『고통의 문제』에서 가장 유명한 다음 문장은 이 책의 전체 논증을 제대로 드러내지 못한다. "하나님은 쾌락 속에서 우리에게 속삭이시고, 양심 속에서 말씀하시며, 고통 속에서 소리치십니다. 고통은 귀먹은 세상을 불러 깨우는 하나님의 메가폰입니다."[14] 이것은 부수적인 요점에 불과한데, 고통에 대한 루이스의 생각의 전부인 것처럼 잘못 제시되는 경우가 많다.

    루이스는 자신이 무신론자였을 때를 회고하며 책을 시작한다. 나중에 그는 "다른 사람들에게 무엇인가에 대해 경고"하려면 본인이 "한때 그것을 사랑한 적"이 있어야 한다고 말한 바 있다.[15] 이 책의 1장에는 『구속된 영혼』과 『다이머』에서 제기한 바 있지만 해결되지 않은 테마, 곧 귀먹은 것처럼 보이는 하늘과 침묵하는 신 앞에서 인간이 당하는 고통의 테마가 곳곳에 암시되어 있다. 루이스는 한때 자신이 믿었던 우주를 어둡고 차갑고 비참하고 고통이 가득한 덧없는 곳으로 간략하게 그려 낸다. 그는 여러 문명이 부질없이 등장했다 사라지는 모습과, 과학에 따르면 결국 멸종할 수밖에 없는 인류의 상황을 생각해 보라고 한다. 20년 전에 말한 바 있는 내용을 이야기하며 그는 이렇게 결론을 내린다. "우주의 배후에는 어떤 영(靈)도 존재하지 않거나, 선과 악에 무관심한 영이 존재하거나, 악한 영이 존재하거나 셋 중 하나라는 것입니다."[16]

    '하지만 상황이 정말 그렇게 단순할까?' 하고 그는 골똘히 생각한다. "만약 우주가 그토록 나쁜 곳이라면, 아니 제가 말한 바의 반만큼이라도 나쁜 곳이라면, 사람들은 어떻게 그처럼 나쁜 것을 지혜롭고 선한 창조자가 만들어 냈다고 생각하게 되었을까요?" 신앙의 본질적 합리성에 대해 논증한 후, 루이스는 고통이 제기하는 문제를 다룬다. "하나님이 선하다면 자신이 만든 피조물들에게 완전한 행복을 주고 싶어 할 것이며, 하나님이 전능하다면 자신의 소원대로 할 수 있을 것이다. 그런데 지금 피조물들은 행복하지 않다. 그러므로 하나님은 선하지 않은 존재이거나 능력이 없는 존재, 또는 선하지도 않고 능력도 없는 존재일 것이다."[17] 하지만 루이스는 특징적인 스크라테스식 접근법에 따라, 여기서 쓰이는 용어들, 곧 '선하다', '전능하다', '행복하다' 등을 주의 깊게 검토해 봐야 한다고 지적한다. 이 단어들이 일상 언어의 의미밖에 갖고 있지 않다면 그때는 정말 문제가 심각해진다. 그러나 그렇지 않다면 어떻게 될까? 우리가 그 특수한 의미들을 배워야 하고 그 의미들에 비추어 상황을 봐야 한다면 어떻게 될까?

루이스는 사람들이 '선함'과 '친절함'을 쉽사리 혼동하고 잘못된 시각에서 고통의 문제에 접근한다고 본다. 하나님의 '선함'은 우리가 자신을 하나님이 벌이는 사심 없는 복지사업의 수혜자가 아니라, 그가 진정 사랑하는 대상으로 보아야 함을 의미한다. 루이스는 우리를 향한 하나님의 사랑에 대해 생각하는 네 가지 방식이 있다고 제시한다. 자신이 창조한 예술품에 대한 예술가의 사랑, 동물에 대한 인간의 사랑, 아들에 대한 아버지의 사랑, 여인에 대한 남자의 사랑. 인류에 대한 하나님의 사랑을 죽 살핀 후, 루이스는 "피조물이, 더욱이 우리 같은 피조물이 창조주에게 그렇듯 엄청난 가치를 지닐 수 있다는 것"에 경이감을 토로한다. 우리의 문제는 이렇게 열정적인 사랑의 대상이 되지 않고 홀로 남겨지기를 바라는 데 있다. "여러분은 사랑의 하나님을 만나고 싶어 했습니다. 그 하나님이 여기 계십니다."[18]

루이스는 이런 개념들을 기독교적 사고방식의 틀에서 이해해야 한다고 주장한다. 루이스가 볼 때(그 이전의 아우구스티누스와 밀턴도 같은 생각이었다) 기독교적 사고방식에는 인간의 악함과 반역에 대한 인정이 들어 있다. 독립을 향한 집착을 물리치는 것이 핵심이었던 루이스 자신의 영적 여행이 이러한 분석에 그대로 반영되어 있다. 어떤 대목에서는 그가 볼 때 모든 것이 너무나 잘 들어맞아 독자에게 보다 자세히 설명할 필요를 느끼지 못하기도 한다. 이것을 생각하면 논증이 가끔 중단되고, 분위기와 속도가 달라지고, 논리적으로 질러가고, 논증 대신 상상력을 발휘해 도약하는 대목을 이해하는 데 도움이 될 것이다.

그 다음 루이스는 본질적으로 기독론적인 전환을 꾀한다. 이런 접근법은 책 서두에 인용한 조지 맥도널드의 경구에 암시되어 있다. "하나님의 아들은 인간의 고난을 면해 주기 위해서가 아니라, 그들의 고난이 자신의 고난과 같은 것이 되게 하기 위해 죽기까지 고난 받았습니다." 루이스는 그리스도를 통해 이루어진 하나님의 성육신이 고통의 문제에 대한 기독교의 답변의 초점이 되어야 한다고 보았다.

> 세상은 하나님에게서 내려오는 선이 창조물에게서 올라오는 악에 의해 교란되는, 그러나 악 때문에 고통 받는 자연을 하나님이 떠맡으심으로써 그 교란으로 인한 갈등이 해결되는 일종의 춤입니다. 인간이 자유의지로 타락했다는 교리는, 이처럼 복잡한 이차적 선의 연료 혹은 원료를 만들어 내는 악을 제공한 주체가 하나님이 아닌 인간이라고 단언합니다.[19]

이 책의 뒷부분에서 루이스는 고통으로부터 배울 수 있는 것을 따져 본다. 이것은 고통 앞에서 하나님을 변호하려는 시도가 아니라 고통을 가지고 무엇을 할 수 있는지 고민하는 시도로 봐야 한다. 우리가 잘못된 길로 들어서거나 나쁜 일을 할 때 고통이 그 사실을 알려 준다. 고통은 우리 존재의 허약함과 무상함을 실감나게 전하고, 혼자 힘으로 살아갈 수 있다는 믿음에 문제를 제기한다. 고통은 "만사가 잘 돌아가고 있다"는 환상을 깨뜨리는 데 도움을 주어 하나님이 "반항하는 영혼의 요새 안에 진실의 깃발"을 꽂을 수 있게 한다. 고통은 올바른 선택을 내리는 데도 도움이 된다. 이 말은 고통이 우리를 더 나은 사람으로 만들기 위한 모종의 "도덕적 도구"라는 뜻으로 받아들일 수 있는데(옥스퍼드 동료 오스틴 파레[Austin Farrer]가 나중에 그에게 제기한 다소 당혹스러운 비판), 본문을 잘 살펴보면 그런 의미가 아님을 알 수 있다.

이 책은 많은 강점을 갖고 있다. 우아한 문체, 명료한 설명, 소크라테스식 개념분석에서 출발한 '고통의 문제'의 형식화 등이 돋보인다. 하지만 독자는 저자의 지성과 감성이 분리된 것은 아닌지 묻게 된다. 이 책을 쓰는 도중 형 와니에게 보낸 편지를 보면 '실생활'에서 경험하는 고통은 이 책에서 논의한 고통이라는 지적인 문제와 본질적으로 아무런 관련이 없다고 말하는 듯하다.

> 주의. 고통에 대한 책을 쓰다가 실제 고통을 겪는다 해도……냉소가가 기대하는 것처럼 그 교리가 산산조각 나는 것은 아니고, 그리스도인이 바라는 것처럼 그 가르침을 실천에 옮기게 되는 것도 아니야. 둘 사이엔 아무 관련이 없고 그저 부적절한 일일 뿐이지. 책을 읽거나 글을 쓸 때 실생활의 다른 모든 문제의 경우도 마찬가지잖아.[20]

루이스는 고통의 경험은 고통의 의미에 대한 어떤 논의와도 관련이 없다고 말하는 것 같다. 지성적 사고는 경험의 세계와 동떨어진 것으로 제시된다. 이것은 신기한 생각이 반영된 신기한 말이다. 고통의 문제에 대한 루이스의 대단히 지적인 접근법은 고통의 경험에서 완전히 분리된 것처럼 보인다. 그렇다면 루이스가 직접 고통을 겪거나 사랑하는 사람이 고통을 겪어 그의 고통을 자신의 것처럼 느끼게 된다면 어떻게 될까? 그런 의미에서 『고통의 문제』는 『헤아려 본 슬픔』(A Grief Observed)에 나타나는 정서적 소용돌이의 기초 작업이었다고 볼 수 있다. 이 문제에 대해서는 뒷부분에서 좀 더 자세히 말하게 될 것이다.

루이스가 잉클링즈에 헌정한 『고통의 문제』는 고통의 문제에 대한 기독교의 고전적 답변으로 서서히 받아들여지게 되었다. 이 책의 결점, 곧 과장과 단순화와 생략은 잘 알려져 있다. 하지만 많은 독자들이 이 책을 읽으며 그들의 관심사에 공감하고 불안감을 없애 주는 목소리를 들었다. 이 책으로 루이스는 많은 팬이 생겼지만 유명해지지는 않았다. 하지만 이 책은 얼마 후 그가 얻게 되는 명성의 중간 고리 역할을 했다. 그리고 루이스는 명성이 사람을 망가뜨릴 수 있다는 것을 알고 있었다.

루이스는 그런 사태를 예견했을까? 더 중요하게는, 그것을 **두려워했을까?** 그는 유명인사의 지위를 감당할 수 있을까, 아니면 그것을 통해 "자기중심주의 잔치판"에 **빠져** 망가져 버릴까? 이 무렵 루이스의 인생에서 일어난 중요한 전환은 이런 우려와 관련이 있을 것이다. 1941년, 루이스는 탁월한 영적 지도자이자 고해신부로 유명한 영국성공회 고교회파 월터 애덤스 신부 Father Walter Adams, 1869-1952에게 편지를 보내 영적 지침과 지도를 청했다. 애덤스는 모들린 칼리지에서 걸어서 10분 거리에 위치한 '사도요한수도회' The Society of St. John the Evangelist(종종 '카울리 신부들'[Cowley Fathers]이라 불렸다) 소속이었다.

1930년대 초, 루이스는 그리브즈가 자신의 "유일한 참 고해신부"라고 선언한 바 있었다.[21] 루이스의 회심 전에 기록된 것으로 보이는 이 표현은 다른 누구에게도 말할 수 없는 개인적인 비밀을 그리브즈에게 털어놓는 그의 오래된 습관을 드러낸다. 하지만 루이스의 인생에서 기독교가 큰 역할을 하게 되면서, 비밀을 털어놓을 상대로 영적으로 보다 분별력 있는 인물이 필요하다고 느꼈던 것 같다. 내가 볼 때, 그리브즈는 애덤스의 존재를 알지 못했다.[22]

1941년 10월 마지막 주, 루이스는 "자기중심주의의 잔치판"에 대한 우려를 안고 애덤스에게 첫 번째 고해를 했다.[23] 이후 두 사람은 매주 금요일에 만났다. 두 사람이 나눈 대화에 대해 알려진 바는 하나뿐이다. 애덤스가 "세 가지 인내, 곧 하나님에 대한 인내, 이웃에 대한 인내, 자신에 대한 인내"를 끊임없이 강조했다는 점이다.[24]
애덤스는 루이스가 아일랜드 성공회에서 배운 저교회파 신앙에 매이지 않고 전례(典禮)의 중요성과 꾸준한 시편 강독이 개인경건에 도움이 된다는 사실을 발견하는 데 중요한 영향을 준 숨은 인물이다.[25] 루이스는 애덤스가 "로마에 너무 가깝고" "어떤 부분에서는 그의 영적 조언을 따를 수 없었다"고 처음부터 분명히 밝혔다.[26] 하지만 애덤스는 루이스의 중요한 영적 친구가 되어 그가 명성과 그 여파에 대처하도록 눈에 띄지 않게 도왔다.

루이스의 전시 방송 강연

전쟁으로 인해 영국의 여러 기관에 변화가 찾아왔는데, 국영방송사 영국방송협회^British Broadcasting Corporation, BBC도 그중의 하나였다. 1940년 중반이 되면서 BBC가 국민의 사기를 진작시키는 핵심 역할을 맡게 될 것이라는 사실이 분명해졌다. 신문인쇄용지가 부족했던 터라 점점 더 많은 사람이 정보와 오락을 얻기 위해 BBC 라디오 방송을 듣게 되었다. 1939년 9월 1일, BBC는 지역라디오 방송을 중단했고,[27] 지금은 '국내방송'^Home Service 이라 불리는 단일 본국라디오방송 서비스에 모든 역량을 집중했다. 종교는 영국 사회의 필수적이고 중요한 측면이었고, BBC는 전쟁의 어두운 순간들을 비출 종교적 가르침과 감화를 제공해야 할 의무가 있다고 보았다.

라디오가 부상하면서 몇몇 '목소리'들이 인기를 얻기 시작하더니 모르는 사람이 없을 정도가 되었다. 미들턴^C. H. Middleton, 1886-1945은 BBC의 "원예의 목소리"가 되었고 전시의 베스트셀러 『승리의 삽질』(Digging for Victory)을 썼다. '라디오 의사' 찰스 힐^Charles Hill, 1904-1989은 "의술의 목소리"가 되었다 그러나 "믿음의 목소리", 곧 확신과 애정을 불러일으키는 분별력 있고 매력적이고 권위 있는 목소리는 없었다.

대중은 그런 목소리를 절실히 필요로 했다. 당시 BBC 종교프로그램 부서는 종교적인 테마로 새로운 연속 '방송 강연'을 추진하고 있었는데, 이것은 프로그램 편성 문제를 해결하기 위한 조치이기도 했다. 그런데 누가 그런 강연을 맡을 수 있을까? 1941년 초, BBC의 섭외책임자 제임스 웰치^James Welch 박사가 전시 영국 국민들의 영적 불안과 관심사에 답해 줄 목소리를 찾기 시작했다. 어려운 일이었다.

한 가지 두드러진 문제는 당시 BBC와 여러 기독교파의 지도부 사이에 긴장감이 조성되기 시작했다는 것이었다.[28] BBC는 대영제국 국민 전체를 상대로 하는 국민방송사라는 인식이 있었을 뿐, 영국국교인 성공회의 목소리를 대변할 뜻은 없었다. 그런데 기존 교파들은 자신들의 이익을 지키는 데 관심을 갖고, 교회 출석수와 사회적 지위의 문제에 몰두하는 경향을 보였다. 윌리엄 템플William Temple, 1881-1944 캔터베리 대주교 같은 국가적인 교회지도자들은 BBC의 연사로 적격이었지만, BBC는 특정 교단의 관심사나 입장을 염두에 두지 않고 나라 전체를 대상으로, 교단을 초월하는 기독교의 비전을 제시할 연사를 선호했다. 하지만 누가 이 일을 할 수 있단 말인가?

그러던 중 웰치는 어느 옥스퍼드 교수가 쓴 책을 접하게 되었는데, 저자는 다행히 평신도였다. 읽어 보니 내용이 맘에 들었다. 『고통의 문제』였다. 당시 루이스는 알 수 없었지만, 그가 옹호하고 있었던 '순전한 기독교'(당시에 그 이름을 쓰지 않았다)가 바로 BBC가 찾고 있던 것이었다.²⁹ 루이스는 평신도였고, 따라서 기독교파들의 권력구조(와 권력투쟁) 바깥에 있는 인물로 볼 수 있었다. 웰치는 루이스가 글을 잘 쓴다는 사실은 알 수 있었다. 하지만 말도 잘할까? 마이크 앞에서는 어떤 모습을 보여줄까? 말투만 들어도 내용을 더 알고 싶은 마음이 싹 가시는, "교회 냄새 풀풀 나는" 장황하고 가식적인 또 하나의 목소리로 끝나고 마는 것은 아닐까?

알아낼 방법은 하나뿐이었다. 웰치는 루이스를 만난 적이 없었지만 모험을 해보기로 했다. 그는 루이스에게 편지를 써서 『고통의 문제』에 찬사를 보내고 BBC에서 강연을 해달라고 초청했다. '한 평신도가 보는 기독교 신앙' 같은 주제면 어떻겠느냐고 제안했다. 그는 "백만 명이 넘는 상당히 지적인 청중"이 들을 거라고 확신 있게 말했다.³⁰

루이스는 조심스러운 답장을 보냈다. 연속강연을 하고 싶은 생각은 있지만 학교가 방학을 할 때까지 기다려야 할 거라는 내용이었다.³¹

그 다음 웰치는 동료 에릭 펜$^{Eric Fenn, 1899-1995}$에게 루이스를 소개했고, 그 시점부터 펜이 루이스와 강연에 관해 협의했다.[32]

이즈음, 루이스는 공군 기지들을 돌며 강연하는 또 다른 전시노역(戰時勞役)에도 참가하고 있었는데, 이 제안의 출처는 런던 세인트폴 대성당의 매튜스$^{W. R. Matthews}$ 주임사제였다. 당시 그는 확보하고 있던 기금으로 방문 강연 기회를 만들자고 말했다. 당시 공군에는 영국에서도 가장 우수한 젊은이들이 일부 모여들고 있었고, 매튜스는 그들에게 기독교의 가르침과 격려를 주고 싶었다. 그는 이 일의 적임자로 루이스를 점찍어 두고 일을 벌여 나갔다.

공군 군종감 모리스 에드워즈$^{Maurice Edwards}$가 루이스에게 제안을 하는 역할을 맡아 옥스퍼드로 가서 그와 그 문제를 논의했다. 그러나 에드워즈는 루이스가 적임자라는 확신이 들지 않았다. 루이스는 브리튼 최고의 대학생들을 가르치는 데 익숙한 사람이었다. 열여섯 살에 학교를 떠나 학교 공부와는 아예 담을 쌓은 '군인들'을 그가 어떻게 감당할 것인가? 루이스도 아마 비슷한 불안을 갖고 있었을 것이다. 그렇지만 그는 제안을 수락했다. 자신의 생각을 "학식이 없는 이들의 언어"로 번역하는 경험이 유익할 거라고 믿었다.

루이스의 첫 번째 강연은 옥스퍼드에서 차로 15분 떨어진 애빙턴의 전략폭격사령부 공군훈련기지 제10작전훈련부대에서 있었다. 루이스는 강연결과를 비관적으로 평가했다. "제가 볼 때는 완전히 실패였습니다."[33] 그러나 그렇지 않았다. 공군에서는 더 강연을 해달라고 요청해 왔다. 루이스는 한 번도 만난 적이 없는 청중의 필요에 맞게 표현방식과 어휘를 조절하는 법을 배워 갔다.

강사는 "청중의 언어를 배워야" 한다는 루이스의 생각은 1945년 성직자와 청년 지도자들을 대상으로 한 중요한 강연에 담겨 있다. 그 강연에는 통찰력과 지혜가 가득한데, 경험을 통해 어렵게 배운 것들임이 분명하다. 루이스는 두 가지를 특히 중요하게 여긴 듯한데, 보통 사람들이 어떻게 말하는지 알아내고, 자신의 생각을 그들이 말하는 방식으로 번역하는 일이었다.

> 우리는 청중의 언어를 배워야 합니다. 처음부터 분명히 말씀드립니다만, '보통 사람'이 무엇을 이해하고 무엇을 이해하지 못하는지 선험적으로 규정하는 것은 아무 소용이 없습니다. 경험적으로 찾아가야 합니다.[34]

루이스가 고집 세고 현실적이고 말을 가리지 않는 공군들과 토론을 하고 논쟁을 벌이면서 자신의 학구적 표현법이 그들에게 다가가지 못한다는 것을 배우는 모습, 그리고 필요한 조치를 취하는 모습을 상상하기는 그리 어렵지 않다.

> 결론적으로, 여러분은 신학의 모든 부분을 통속어로 번역하셔야 합니다. 그렇게 하려면 아주 골치가 아프고 주어진 삼십 분 안에 조금밖에 말할 수 없게 됩니다만, 그래도 꼭 필요한 일입니다. 이 작업은 여러분의 사고에도 큰 도움이 됩니다. 교육받지 못한 사람들의 언어로 번역할 수 없는 생각이라면 아직 정리되지 못한 생각이라고 저는 확신하게 되었습니다. 번역할 수 있는 힘은 자기 말의 의미를 진정 이해했는지 확인할 수 있는 시험대입니다.[35]

루이스는 공군을 대상으로 강연을 하면서 어렵게 배운 바로 그 생각들을 방송 강연을 통해 실행하게 된다.

한편, 방송 강연 조율은 순조롭게 진행되고 있었다. 루이스가 요청한 대로, 강연 시점은 그가 강연에 온전히 몰두할 수 있는 방학 기간, 1941년 8월로 정해졌다.[36]

5월 중순이 되자 루이스는 강연의 큰 골격을 정했다. 강연 형식은 복음전도가 아니라 변증이었고, 노골적으로 복음을 제시하기보다는 복음을 위한 토대를 마련하기로 했다. 루이스는 "복음"evangelium보다는 복음의 준비"praeparatio evangelica를 제시하여 "이 세상에는 도덕법이라는 것이 존재하는데, 우리는 그것을 어기고 있고, 따라서 입법자의 존재는 적어도 상당히 개연성이 있다는 것을 사람들에게 심어 주기로" 마음먹었다.[37] 하지만 루이스는 마이크 테스트라는 시험대를 통과해야 했다. 그의 목소리가 방송에서도 잘 전달될 것인가?

1941년 5월, 루이스는 마이크 앞에 앉아서 BBC의 '목소리 테스트'를 받았다. 그는 자신이 말하는 소리를 듣고 깜짝 놀랐다고 말했다. "그렇게 낯선 목소리를 듣게 될 줄은 생각도 못했네."[38] 그러나 BBC는 만족했다. 방송으로 나가는 루이스의 말을 이해하는 데는 어려움이 없을 것이었다. 그의 '옥스퍼드 억양'을 불평하면서 바꾸길 요청한 사람들이 있었지만 루이스는 자신에게 **특정한** 억양이 있는 줄 몰랐다고 응수했다. 억양을 바꾼다 한들, 그것 역시 **다른** 억양에 불과할 것인데, "단지 우연적인 현상"에 호들갑을 떨 이유는 없다고 본 것이다.[39]

하지만 변화는 계속해서 이루어졌다. 에릭 펜은 루이스가 제안한 강좌 제목이 "약간 따분하다"고 말했다.[40] 마침내 두 사람은 '내부정보'라는 다른 제목에 합의를 보았다. 네 차례 강연의 날짜와 제목은 이렇게 정해졌다.

8월 6일: '다 아는 바른 행동'

8월 13일: '과학법칙과 도덕법칙'

8월 20일: '유물론이냐 종교냐'

8월 27일: '우리는 이런 상황에 대해 무엇을 할 수 있는가?'[41]

그런데 여기서 두 가지가 변경된다. 첫째, 루이스에 이어 네 차례 강연을 하기로 되어 있었던 셰필드의 주교 레슬리 스태너드 헌터가 선약을 이유로 해당 강연을 한 주만 미룰 수 없겠느냐고 물어 왔다. 그렇게 되면 한 주간의 정규 종교 강연이 비게 되는데, 펜은 루이스에게 다섯 번째 강좌를 맡아 빈자리를 채워 줄 수 있는지 물었다. 그러나 루이스가 추가 강연원고를 쓰기에 시간이 너무 촉박함을 깨닫고서 펜은 청취자들의 질문에 대답하는 시간을 넣으면 어떻겠느냐고 다시 제안했다.[42] 루이스는 이 제안에 동의했다.

두 번째 변경사항은 강연 제목이었다. 7월의 한 BBC 내부제안서에서 '내부정보'라는 제목이 "다소 부적절하다"는 비판이 나왔다.[43] 성급한 상의 끝에 제목은 이렇게 바뀌었다. '옳고 그름, 우주의 의미를 푸는 실마리'[44] 많은 사람이 볼 때 바뀐 이 제목이 이전의 제목보다 월등히 나았다.

루이스는 모든 강연 원고를 직접 썼지만, 담당 프로듀서 에릭 펜과 대화를 나누면서 원고를 최종 수정했다. 이 과정에서 때로 두 사람 사이에 냉각기류가 흐르기도 했다. 펜의 수정 제안이 루이스의 마음에 들지 않을 때 특히 그랬다. 하지만 루이스는 결국 펜이 갖고 있는 숙련된 귀의 가치를 깨닫게 된 듯하다. 그 전까지는 라디오 강연이 책과 달리 한 번에 이해가 되어야 한다는 사실을 인식하지 못했던 것이다.

첫 번째 강연은 1941년 8월 6일 수요일 저녁 7시 45분에, 7시 30분

루이스의 전시 강연이 전송되던 런던의 브로드캐스팅 하우스, 1950년경. 사진의 오른쪽에 보이는 건물은 존 스토트(John Stott, 1921-2011)의 사역을 통해 유명해진 랭엄 광장의 올소울스 교회(All Souls Church)다.

의 15분 뉴스방송에 이어 런던의 BBC 본사건물 브로드캐스팅 하우스에서 생중계되었다. 방송관계자들은 다 알다시피, 인기프로 다음 코너일수록 청취자가 많을 가능성이 높은데 전시에는 뉴스방송의 팬들이 많았다. 루이스가 뉴스방송에 흔히 따라오는 많은 청취자의 덕을 볼 기대를 품었다면 실망했을 것이다. 그 뉴스는 나치 치하의 노르웨이 청취자들을 겨냥한 것이었고, 그들은 200kHz 장파방송으로 들을 수 있었다. 언어는 노르웨이어였다.

　이렇게 이상적인 상황과는 거리가 먼 조건으로 출발했지만 루이스는 많은 청취자를 확보하고 유지했다. 나머지는 흔히 하는 말로 역사다. 루이스는 영국을 위한 "믿음의 목소리"가 되었고, 그의 방송 강연은 고전의 반열에 올랐다. 펜은 강좌의 성공을 기뻐했다. 그는 두 번째 강연이 다소 "지루하고 어려웠다"고 말했지만, 1942년 1월과 2월의 일요일마다 영국 국내에서 방송될 두 번째 시리즈도 맡아 달라고 청하면서 슬쩍 쓴

소리를 하는 지혜를 발휘했다.[45]

루이스의 방송 강연은 다시 한 번 엄청난 성공을 거두었다. 1941년 12월에 초고를 읽은 펜은 원고 수준이 "일급"이라고 칭찬했다. 특히 표현의 "명료성"과 논증의 "엄밀성"을 높이 평가했다.[46] 루이스는 네 명의 성직자 동료들과 대화를 나누면서 이 강연을 준비했는데, 단순히 자기 생각을 말하는 데 그치지 않고 기독교 전체를 대변할 수 있기를 바란 조치였다. 대화에 참여한 성직자로는 에릭 펜(장로교), 비드 그리피스 수사(로마가톨릭), 조지프 도웰(감리교)이 있었고, 성공회 소속 성직자의 이름은 알려져 있지 않지만 당시 루이스의 옥스퍼드 동료였던 오스틴 파러일 가능성이 있다.

방송 강연을 통해, 루이스가 생각하는 '순전한 기독교', 곧 교파를 초월하여 모든 교회가 동의하는 평신도적인 기독교 신앙의 비전이 구현되었다.[47] 하지만 이 단계에서도 루이스가 생각한 기독교 신앙은 상당히 개인주의적이고, 심지어 고립적이기까지 했다. 교회, 신앙 공동체, 또는 사회와 관련을 맺는 기독교에 대한 내용이 거의 없다. 루이스가 묘사한 기독교는 개인의 사고방식, 더 나아가 그의 행동방식에 영향을 끼치는 그 무엇이다. 기독교가 공동체의 삶에 단단히 박혀 있는 것이라는 의식은 별로 없다. 루이스는 죄, 자연법, 성육신에 대해서는 아주 편안하게 이야기할 수 있었지만, 교회라는 기관에 대해서는 그다지 할 말이 없었는데, 일부 로마가톨릭 청취자들이 이 점에 대해서는 특히 우려를 표명했다.[48]

두 번째 시리즈의 방송 강연에서 루이스는 신앙의 합리성에 대한 잠정적 탐색에서 벗어나 '그리스도인은 무엇을 믿는가?'라는, 보다 명확한 기독교 신앙의 내용으로 넘어갔다. 이 강연이 나간 후 청취자들이 엄청난 편지를 보내왔기에, 루이스로서는 제대로 대처하기가 어려웠다. 무엇보다, 편지를 보낸 열렬한 찬미자들과 확고한 비판자들이 모두 당장 자세한 내용의 개인적인 답장을 기대하는 듯 보였기 때문이다.

1942년 7월 13일, 제프리 블레스 출판사는 『방송 강연』(Broadcast Talks)이라는 제목으로 두 강연시리즈의 내용을 책으로 펴냈다. 루이스는 짧은 서문을 썼는데, 이것은 1942년 1월 11일 방송 강연의 도입을 축약한 것이다. 이 도입에서 루이스는 청취자들에게 자신을 다시 한 번 소개한다.

> 제가 이 강연을 하게 된 것은 특별한 사람이라서가 아니라 요청을 받았기 때문입니다. 제가 요청을 받은 것에는 주로 두 가지 이유가 있다고 생각합니다. 첫째, 저는 성직자가 아니고 평신도이기 때문입니다. 둘째, 제가 오랫동안 비그리스도인으로 지냈기 때문입니다. 이 두 가지 사실로 인해 주최 측에서는 제가 이 주제에 대해 보통 사람들이 느끼는 난점을 이해할 수 있을 거라고 생각했던 것입니다.[49]

루이스는 이 두 번째 시리즈에 이어 8회에 걸친 강연을 더 했는데, 이번에는 BBC 영국군방송을 통해 방송이 나갔다.[50] 공군에서의 경험 덕분에, 루이스는 청중에 적합한 수준에서 강연 수위를 조절하는 데 익숙해져 있었다. 사실, 그는 첫 회 강연 전 한 주 동안 콘월의 한 공군기지에서 강연을 했다. 1940년 9월 20일부터 11월 8일까지 8번에 걸쳐 일요일 오후마다 '그리스도인의 행동'을 테마로 방송 강연이 이루어졌다. 그런데 문제가 생겼다. 루이스는 이전의 강좌처럼 8회의 강연이 각각 15분 분량이라고 생각하고 강연 원고를 작성했다가, 나중에 가서야 자신에게 주어진 시간이 한 회당 10분밖에 안 된다는 사실을 알게 된 것이다.[51] 내용을 덜어 내야 했다. 1,800단어가 1,200단어로 줄어들었다.

끝으로, 다시 방송을 해달라는 요청이 여러 차례 이어지자, 루이스는 1944년 2월 22일부터 4월 4일까지 BBC 국내방송에서 7회로 이루어진 네 번째 시리즈의 강연을 하기로 결정했다. 이번에 루이스는 강연 세 편을 사전 녹음할 수 있도록 허락을 받았고, 각 강연 내용은 방송 이틀 후 BBC의 주간지 『청취자』(The Listener)에 실렸다. 루이스가 강연 내용의 사전 녹음을 요청했던 이유는 저녁 10시 20분에 방송이 시작되는데, 그렇게 되면 그날 저녁에 옥스퍼드로 돌아갈 수가 없었기 때문이었다.

방송 강연이 끝날 무렵, 루이스는 전국적인 유명인사가 되어 있었다. 청취자들의 반응은 격찬부터 전적인 경멸에 이르기까지 다양했다. 그러나 루이스가 펜에게 지적한 바 있듯, 그것은 연사인 그가 아니라 그가 다룬 주제에 대한 반응이었다. "이것은 오래된 이야기예요. 그렇지 않나요? 사람들은 이 주제를 사랑하거나 증오하지요."[52]

네 차례의 시리즈로 진행된 루이스의 방송 강연은 나중에 고전 『순전한 기독교』(1952)로 나오게 되는데, 라디오 원고의 구조와 내용, 어조를 상당 부분 유지하고 있다. 『순전한 기독교』는 이제 루이스 최고의 기독교 변증서로 손꼽힌다. 그 중요성을 고려하여 다음 장에서 책의 내용을 보다 자세히 검토하려 한다. 그러나 루이스에게 영국의 더 많은 독자층을 확보해 주고 그를 북미 독자들에게 당당하게 소개시켜 준 또 다른 대중서, 『스크루테이프의 편지』(The Screwtape Letters)로 알려진 악마 패러디를 먼저 살펴보자.

9

국제적인 명성

: 순전한 그리스도인

1942-1945

루이스는 전시의 방송 강연을 통해 영국에서 유명세를 탔고 전국적인 명성을 얻었다. 하지만 라디오 강연 원고를 작성하는 동안에도 벌써 다른 작품 구상에 들어갔고, 이 작품이 결국 그에게 국제적인 명성을 안겨 주게 된다. 작품의 영감은 1940년 7월 헤딩턴 퀴리의 홀리트리니티 교회에서 유난히 지루했던 설교를 듣는 도중에 떠올랐던 것 같다.

예배가 끝나기 전―이런 생각들이 좀 더 적절한 시기에 찾아와 주면 얼마나 좋을까―유용하기도 하고 재미도 있을 것 같은 작품 구상이 떠올랐어. '악마가 악마에게'라는 제목의 이 책은 은퇴한 노령의 악마가 첫 번째 '환자'를 맡아 막 일을 시작한 젊은 악마에게 보내는 편지 모음집이 될 거야.[1]

그는 됭케르크에서 안전하게 철수하여 잉글랜드에 돌아와 있던 형에게 편지를 보내 책의 구상을 알리고 그 책을 통해 무엇을 얘기할지 밝혔다. "은퇴한 노령의 악마"는 '스크루테이프'라고 불리게 된다.

『스크루테이프의 편지』(1942)

나중에 루이스는 "그보다 더 쉽게 쓴 책은 없었다"고 회상했다.[2] 한 달을 꼭 채운 날수와 같은 31통의 '스크루테이프 편지들'이 1941년 5월 2일부터 『가디언』(The Guardian, 동명의 주요 영국 일간지와 혼동하지 말 것)이라는 성공회 주간지에 실리기 시작했다.

    이 편지들은 지옥을 관료조직으로 그리고 있다(루이스는 옥스퍼드 대학이 이런 조직으로 변질되고 있다고 생각했을 가능성도 있다). "경찰국가의 관료조직이나 아주 비열한 사업을 벌이는 사무실" 같은 곳으로 지옥을 묘사하는 것이 루이스에게는 너무도 자연스러운 일이었다. 그는 빈틈없는 스크루테이프가 초보악마 웜우드에게 그의 '환자'를 원수의 손에서 안전하게 떼어 놓기 위한 방법으로 내놓을 만한 조언을 생각하면서 큰 기쁨을 얻었다. 이 편지들에는 재치 있는 논평(특히 전시상황에 대한)이 가득하고, 가끔은 루이스가 싫어했던 부류의 사람들에 대한 잔인한 풍자가 등장한다. 그리고 인생의 신비와 수수께끼를 상대하는 법을 알려 주는 농익은 종교적 지혜가 담겨 있다.

    『스크루테이프의 편지』에는 자전적 요소가 얼마나 포함되어 있을까? 루이스는 점점 더 독재자가 되어 가는 무어 부인에 대한 감정, 평소에는 감히 드러내 놓고 표현하지 못했던 그 감정을 이 작품에서 표현하고 있을까? 예를 들어, 웜우드의 '환자' 중에는 "자기를 초대한 여주인들이나 하인들에게 공포 그 자체"가 된 노부인이 있다. 그녀의 많은 약점 중 하나는 "미식의 형태로 나타난 탐식"이다. 무엇을 내놓아도 그녀의 입맛을 절대 만족시키지 못한다. 그녀의 요청은 매우 소박한 것처럼 보이지만, 누구도 그 요청을 채워 주지 못하고 그녀는 결코 만족하는 법이 없다. "그 노인네가 원하는 건 잘 우려낸 홍차 한 잔, 제대로 익힌 달걀 하나, 또는 적절하게 구운 빵 한 조각이 전부다."[3] 하지만 이렇게 간단한 음식을 '제대로' 해내는 하인이나 친구는 없다. 늘 뭔가 잘못되고 뭔가 부족하다. 그리고 그녀는 자신의 기대에 부응하지 못하는 사람들에 대한 보복을 결코 잊지 않는다. 우리는 이 무렵에 무어 부인의 까탈과 집착에 대한 루이스의 우려가 점점 더 커져 가고 있었음을 안다. 그 우려가 이 책에 반영되어 있다고 볼 수 있을까?

　루이스는 문학이 사물을 새로운 방식으로 보게 해준다는 점을 두드러지게 강조했다. 『스크루테이프의 편지』는 전통적이고 건전한 영적 조언을 대단히 독창적인 틀로 재현하여 새롭게 바라보게 해주었다. 상상력이 빈곤한 설교자들이 회중에게 경험에 의지하지 말라고 촉구했을 만한 대목에서, 루이스는 관점을 뒤집어서 말한다. 스크루테이프는 자신의 제자에게 환자의 경험을 주물러 기독교가 "절대 옳을 리 없다"는 **느낌**을 심어 주라고 말한다. 조언의 내용이 아니라 루이스가 그 조언을 제시하기 위해 선택한 관점이 너무나 혁신적이다. 『스크루테이프의 편지』에 담긴 루이스의 참신한 영적 지혜를 접한 많은 독자들이 그에게 열렬한 감사와 호응을 보냈다.

　애슐리 샘슨은 『가디언』지에 실린 그 편지들을 보고 난 뒤 출판업자 제프리 블레스에게 소개했고, 제프리 블레스는 편지 모음집을 책의 형태로 출간할 것을 제안했다. 『스크루테이프의 편지』는 1942년 2월에 출간되었다. J. R. R. 톨킨에게 헌정된 이 책은 전시의 베스트셀러가 되었다(톨킨은 그런 가벼운 작품을 자신에게 헌정한 것을 그리 달가워하지 않았는데, 나중에 루이스가 "그 책을 전혀 좋아하지 않았다"는 사실을 알고 난 뒤에는 거부감이 더해졌다[4]).

『스크루테이프의 편지』는 대중적인 기독교 신학자로서의 루이스의 명성을 확고히 해주었다. 그는 기독교 신앙의 테마들을 재치 있고 이해하기 쉽게 전달할 수 있는 사람이었다. 1943년 7월, 옥스퍼드 대학의 신학흠정교수 올리버 체이스 퀴크 Oliver Chase Quick, 1885-1944는 캔터베리 대주교 윌리엄 템플에게 편지를 보내 루이스가 중요한 신학 저작을 낸 공로를 인정해야 하며, 옥스퍼드 최고학위에 해당하는 옥스퍼드 신학박사학위를 받을 자격이 있다는 견해를 밝혔다. 퀴크는 루이스가 도로시 세이어즈와 더불어 "보통 사람들에게 꽤 정통적인 형태의 기독교를 전달할" 능력이 되는 몇 안 되는 영국 작가 중 한 사람이라고 평했다.[5] 옥스퍼드 대학의 최고위 신학자와 잉글랜드 교회 최고위 성직자 간의 이 편지는 영국의 영향력 있는 학계와 교계에서 루이스가 높은 평가를 받고 있었음을 보여주는 중요한 증거이다.

일 년 후 『스크루테이프의 편지』가 미국에서 출간되었을 때, 루이스는 준비되지 못한 상태로 떠밀리다시피 국제적인 명성을 얻게 되었다. 이 책은 세련되고 재치 있고 상상력이 넘치고 철저히 정통적이었다. 한 미국인 서평자는 이 책을 두고 "암울한 하늘에 화려하고 만족스럽게 떠오른 신성(新星)"이라 평했다. 미국은 종교계에 새롭게 떠오른 이 별에 대해 더 알고 싶어 했다. 이전에 나온 루이스의 책들이 금세 미국판으로 출간되었다. BBC의 뉴욕 사무소에서는 런던의 BBC 본사 브로드캐스팅 하우스에 연락해 미국 방송시간을 루이스에게 더 할애하겠다고 제안했

고 "종교적 주제들에 대한 그의 새로운 접근"으로 인해 그에 대한 "상당한 관심"이 생겼다고 밝혔다.[6]

루이스에 대한 진지한 학문적 연구서를 처음 써낸 사람들이 미국인 학자들이라는 사실은 그리 놀랄 일이 아닐지도 모른다. 루이스의 작품을 연구한 최초의 박사학위논문은 시카고의 북침례교 신학교 학생이던 에드거 W. 보스가 완성했다. 일 년 후, 채드 월쉬의 선구적인 연구서 『회의자들의 사도』(*C. S. Lewis: Apostle to the Skeptics*)가 뉴욕에서 출간되었다.

하지만 옥스퍼드에서 루이스의 학문적 평판은 이만큼 좋지 못했다. 그는 이 책의 표제지에다 '옥스퍼드 모들린 칼리지 펠로'라고 밝혔는데 지혜롭지 못한 처사였다. 모들린의 교수 휴게실에서는 대중의 인기에 영합하는 책으로 학계의 수준을 떨어뜨려 놓았다며 많은 불평과 비난이 오갔다. 루이스는 이 책을 통해 많은 이들의 호의와 공감을 얻었지만, 장래에 옥스퍼드에서 정교수 자리를 얻는 데 도움이 될 많은 이들의 마음을 잃고 말았다.

『순전한 기독교』(1952)

루이스는 전시에 했던 방송 강연을 약간 편집해 책으로 출간했지만, 그 결과물에 썩 만족하지 못했다. 강연 내용들은 『기독교 옹호론』(*The Case for Christianity*, 1942), 『그리스도인의 행동』(*Christian Behaviour*, 1943), 『인격을 넘어서』(*Beyond Personality*, 1944), 이렇게 세 권의 소책자로 나왔다. 그는 이 책들의 표현과 초점을 훨씬 더 분명하게 다듬어야 할 필요가 있다고 보았다. 독자들이 이 책들을 서로 연관된 논증의 각 단계로 보지 못하고 별개의 책들로 보았기 때문이다. 더욱이, 한 세트의 강연 텍스트가 통째로 빠져 있었다. 루이스는 어떻게 하면 네 시리즈의 방송 강연을 일관성 있는 기독교 옹호론으로 엮어 낼 수 있는지 서서히 감을 잡았다. 전시 방송 강연의 최종판에 해당하는 『순전한 기독교』는 루이스의 가장 중요한 기독교 저작 중 하나로 손꼽힌다. 1952년에 출간된 작품이지만, 그가 전시에 쓴 원고를 편집한 결과물이기 때문에 이 대목에서 다루어 보고자 한다.

루이스는 작품의 제목을 이상하게 짓는다는 비판을 종종 받는데, 그럴 만도 하다. 예를 들어 1956년에 나온 걸작 『우리가 얼굴을 찾을 때까지』에 그가 원래 붙인 제목은 '맨얼굴'(Bareface)이었다. 하지만 네 시리즈의 방송 강연을 묶어 낸 책의 제목은 훌륭했다. 방송 강연은 전혀 언급하지 않고 책의 내용에만 초점을 맞춘다. 『순전한 기독교』라는 제목은 독자들의 관심을 확실하게 사로잡았다. 그럼 루이스는 이 제목으로 무엇을 말하고 싶었을까? 왜 이런 제목을 선택했을까?

루이스는 리처드 백스터의 저작들에서 이 표현을 발견했는데, 백스터는 루이스가 영어문헌을 폭넓게 읽는 과정에서 만난 청교도 저자이다. 1944년에 쓴 글에서 루이스는 최근에 출간된 책에서 만나는 신학적 오류에 걸려 넘어지지 않을 최고의 안전망은 "당대의 논쟁들을 균형 잡힌 시각에서 보게 해주는 명백하고 중심이 되는 기독교(백스터의 표현을 빌자면 '순전한 기독교')의 기준을 갖는 일"이라고 주장했다.[7]

그럼 백스터는 어떤 의미로 이 흥미로운 문구를 사용한 것일까? 그는 영국의 내전과 찰스 1세의 처형 등을 포함해 종교적 논쟁과 폭력으로 얼룩졌던 격동의 17세기를 살아오면서, 신학적 종교적인 꼬리표가 기독교 신앙을 왜곡하고 훼손한다는 결론을 내렸다. 후기 저작 『주교들과 주교회의가 다스린 교회의 역사』(Church History of the Government of Bishops and Their Councils, 1681)에서 백스터는 종교 논쟁의 분열성에 항의했다. 그는 "순전한 기독교, 신조, 성서"를 믿었다.[8] 그는 '순전한 그리스도인'으로 알려지기를 원했는데, 그에게 '순전한 기독교'란 논쟁과 신학적 당파성에 물들지 않는 기독교 신앙의 일반적 비전, 곧 "보편적 기독교"Catholick Christianity와 같은 것이었다.

루이스가 백스터의 이 문구를 어떻게 발견하게 되었는지는 분명하지 않다. 나는 제2차 세계대전 이전에 나온 루이스의 저작 어디에서도 백스터의 이 작품에 대한 언급을 찾아볼 수 없었다. 그렇지만 이 문구는 루이스가 생각하는, 일체의 교파적 의제나 교회 내 당파주의를 벗겨 낸 기본적인 정통 기독교를 잘 표현해 준다. 루이스는 잉글랜드 교회Church of England(잉글랜드 성공회)가 순전한 기독교를 가장 잘 구현한다고 보았는데, 여기서 말하는 잉글랜드 교회는 편협한 교파적 '성공회 신앙'Anglicanism(루이스는 이런 개념에 공감하지 않았다)이 아니라 잉글랜드에서 구현된 역사적인 정통 기독교 신앙(루이스는 이것을 대단히 존중했다)이다. 루이스가 올바르게 지적했듯, 잉글랜드 성공회의 최고의 변증가 중 한 사람으로 꼽히는 리처드 후커Richard Hooker, 1554-1600는 "성공회 신앙이라는 종교를 들어 본 적도 없었다."[9]

루이스는 자신이 속한 잉글랜드 교회를 비롯한 개별 기독교 교파를 아무 어려움 없이 인정하고 존중할 수 있다. 그러나 그는 이 교파 하나하나를 보다 근본적인 '순전한 기독교'의 구현이자 발현으로 봐야 한다고 주장했다. '순전한 기독교'는 하나의 이상(理想)이므로 교파라는 몸을 **입어야만** 제 역할을 할 수 있다. 그는 비유를 들어 이런 생각을 설명했는데, 이 비유는 시간의 시험대를 놀랄 만큼 잘 견뎌 냈다.

순전한 기독교는 여러 방으로 통하는 문들이 있는 현관 마루에 더 가깝습니다. 누군가를 이 마루로 인도할 수 있다면, 제 할 일은 다 한 것입니다. 그러나 불과 의자와 음식이 마련되어 있는 곳은 방 안이지 현관 마루가 아닙니다. 현관 마루는 기다리는 장소이자 여러 문을 열어 볼 수 있는 장소일 뿐, 계속 머물며 살 곳이 못 됩니다.[10]

이 비유에 힘입어 우리는 루이스가 말하고자 했던 핵심 요점을 파악할 수 있다. "교파를 초월하는 개념적 기독교가 있다. 우리는 이것을 소중히 간직하고 기독교 변증의 기본으로 삼아야 한다. 하지만 그리스도인이 되거나 그리스도인으로 살아가기 위해서는 이 기본적인 기독교의 **특정한 형태** 중 하나를 택해 투신해야 한다." '순전한 기독교'는 개별 교파들보다 우위에 있다고 할 수 있지만, 개별교파들은 그리스도인으로 살아가는 데 있어 꼭 필요하다. 루이스는 '순전한 기독교'를 제대로 된 형태의 유일한 기독교로 옹호한 것이 아니었다. 그의 논지는 순전한 기독교가 온갖 형태의 제대로 된 기독교의 밑바탕을 이루고 있고, 그것들 각각에 양분을 제공한다는 것이었다.

루이스는 변증서 『순전한 기독교』에서 바로 이 '순전한 기독교'를 설명, 변호하고자 했다. 1945년에 했던 강연 '기독교 변증론'에서 그는 변증론자의 임무는 소속 교파나 자신의 특수한 신학적 관점을 옹호하는 것이 아니라 기독교 신앙 자체를 옹호하는 것이라고 강조한 바 있다. 루이스는 순전한 기독교를 명확히 지지했기에 전 세계 기독교 공동체가 사랑하는 인물이 될 수 있었다.

루이스는 자신을 '순전한 그리스도인'으로 간단히 제시하는데, 독자들은 그를 각자의 교파적 의제나 관심사에 맞춰 읽거나, "불과 의자와 음식"이 마련된 자신들의 특정한 "방"으로 들어가는 입구로 내세우고 지지할 수 있다. 루이스는 기독교의 변증론자이다. 누군가 그를 '성공회 신앙'의 옹호자로 거론했다면 그는 그것을 끔찍하게 여겼을 것이다. 그가 교파적인 말다툼을 싫어하기 때문이기도 하지만, 무엇보다 '잉글랜드 교회'를 개념적으로 확장했을 때 '성공회 신앙'이라는 전 세계적 개념을 얻게 된다고 보지 않았기 때문이다.

루이스의 저작들, 특히 『순전한 기독교』는 세례, 주교, 성경에 대한 교파적인 논쟁에 거의 발을 들이지 않는다. 루이스는 그런 논쟁 때문에 기독교가 모든 교파적 차이를 초월하여 보여주는 원대한 실재관이 밀려나거나 가려져서는 결코 안 된다고 보았다. 그가 북미에서 가톨릭 신자들과 개신교 신자들 모두의 공감을 얻은 것은 그가 바라본 기독교의 넓고 깊은 비전 때문이었다.

루이스가 이런 기독교에 관심을 갖게 된 시기가 1940년대 초라는 증거가 있다. 1942년 9월, 콘월의 뉴키를 방문했을 때 루이스는 잉W. R. Inge의 개신교 연구서 한 부를 구입했다. 그 책의 한 구절이 루이스의 시선을 사로잡은 듯 밑줄이 진하게 쳐 있다. "단순하고 진정한 기독교 신앙의 비계들."[11] 이 구절은 루이스의 '순전한 기독교' 개념의 본질을 압축하고 있다.

하지만 교파주의의 까탈과 현학성에서 벗어난 기독교를 지지한 사람은 루이스만이 아니었다. 1941년, 루이스처럼 성공회 평신도였던 도로시 세이어즈가 이와 유사한 생각을 제시했다. 그녀의 생각은 결국 복잡한 교파 정치의 진창에 빠져 더 이상 진척되지 못했지만,[12] 루이스는 그런 정치와 교파 지도자들을 무시하고 평범한 그리스도인들에게 직접 말함으로써 성공을 거두었다. 평범한 그리스도인들은 다른 누구보다 그에게 귀를 기울였다.

그러면 루이스는 이 '순전한 기독교'를 어떤 식으로 지지했을까? 『순전한 기독교』에서 그가 구사한 변증전략은 복잡한데, 별도로 이루어진 네 차례의 강연 시리즈를 한 권의 책으로 합쳐 놓았기 때문일 수도 있다. 특히 두드러지는 대목은 『순전한 기독교』가 어떤 기독교적 전제도 없이 시작한다는 점이다. 루이스는 사람들에게 문젯거리가 되는 몇 가지 기독교 교리를 나열하고 그 내용을 변호하는 방식을 택하지 않는다. 그는 인간의 경험에서 출발하여 모든 것이 '신적 입법자' 같은 핵심 개념들에 딱 들어맞는 듯하다는 점을 보여준다. 그리고 그 개념들을 기독교 신앙과 연결 짓는다.

『순전한 기독교』는 하나님의 존재를 증명하는 연역적 논증을 제시하지 않는다. 오스틴 파러가 『고통의 문제』를 읽고 나서 예리하게 지적한 바 있듯, 루이스는 우리가 "하나의 논증에 귀 기울이고 있다"고 생각하게 만들지만 실상 "우리에게 제시되는 것은 하나의 비전이고, 이 비전에는 확신이 담겨 있다."[13] 이 비전은 진리, 아름다움, 선을 향한 인간의 갈망에 호소한다. 루이스는 우리가 관찰하고 경험하는 바가 하나님이라는 개념과 잘 "맞음"을 보여주는 성취를 이루었다. 그의 접근법은 연역적이지 않고 추론적이다.

루이스가 볼 때 기독교는 여러 경험과 관찰의 가닥들을 설득력 있는 패턴으로 엮어 내는 "큰 그림"이다. 『순전한 기독교』 1부의 제목은 '옳고 그름, 우주의 의미를 푸는 실마리'이다. 여기서 우리는 루이스가 신중하게 선택한 용어, '실마리'에 주목해야 한다. 루이스는 이 세상에 '실마리들'이 새겨져 있다고 말한다. 이 실마리 하나하나는 어떤 것도 증명하지 못하지만, 그 모두를 더해 놓고 보면 하나님을 믿을 만한 누적적인 논거가 된다. 이 '실마리'들은 우주라는 큰 패턴을 구성하는 실이다.

방송 강연이 그랬던 것처럼 『순전한 기독교』도 두 사람이 언쟁이 벌이는 가상의 상황에서 시작한다. 루이스는 누가 옳고 그른지 판단하려면 공통의 규칙이 있어야 하고, 말싸움을 벌이는 두 사람 다 구속력과 권위를 인정하는 모종의 기준이 있어야 한다고 주장한다. 일련의 논증 과정을 거쳐, 루이스는 우선 우리 모두 우리보다 "높은" 무엇의 존재를 인식한다고 주장한다. 그것은 사람들이 행위의 기준으로 삼고, 다른 사람들도 그것을 지킬 것이라고 믿는 객관적인 규범이다. 그리고 "우리가 만들어 낸 것이 아니지만 마땅히 지켜야 한다고 생각하는, 실재하는 법"이다.[14]

신이 존재한다면, 신의 존재는 객관적인 도덕적 가치가 존재한다는 인간의 깊은 본능과 직관에 확고한 토대를 제공하고, 윤리적 상대주의의 무책임한 진술에 맞서 도덕을 옹호할 근거가 되어 줄 것이다. 루이스는 우리의 깊은 도덕적 미적 직관을 통해 신을 알 수 있다고 본다.

> 만약 우주 밖에서 우주를 통제하는 힘이 있다면 그 힘은 우주 안에 있는 사실들 중 하나로 나타날 수가 없습니다. 집을 지은 건축가가 곧 그 집의 벽이나 계단이나 벽난로일 수 없듯이 말입니다. 그 힘은 오직 우리를 일정한 방식으로 행동하게 만드는 내면의 영향력이나 지배력으로서만 자기 존재를 드러낼 수 있습니다. 그런데 우리는 바로 우리 내면에서 그런 힘을 감지하는 것입니다.[15]

누구나 이 법칙을 알면서도 그것을 지키지 못한다. 루이스는 "우리 자신과 우리가 살고 있는 이 우주에 대해 명확하게 생각할 수 있게 해주는 토대"가 도덕법에 대한 지식과 그것을 지키지 못한다는 인식이라고 말한다.[16] 이 인식은 "우주를 지휘하고 있는 무언가가 존재하며, 그 무언가는 내 안에서 옳은 일을 하도록 재촉하고 그릇된 일에는 책임감과 불편함을 느끼게 만드는 하나의 법칙으로 나타난다"는 "생각을 이끌어 낸다."[17] 루이스는 이 과정을 통해 우주를 다스리고 질서를 부여하는 정신의 존재를 짐작할 수 있다고 말한다.

논증의 두 번째 노선은 우리가 경험하는 갈망과 관련이 있다. 루이스는 앞서 1941년 6월 8일에 옥스퍼드에서 했던 설교 '영광의 무게'에서 동일한 주제를 선보였다. 루이스는 방송 강연을 위해 이 논증을 손봐 이해하기 훨씬 쉽게 만들었다. 이 논증은 다음과 같이 요약할 수 있다. 우리 모두 무엇인가를 갈망하지만, 막상 그것을 이루거나 손에 쥐고 나면 희망은 부서졌고 갈망은 채워지지 않았음을 알게 될 뿐이다. "그 갈망을 처음 느낀 순간에는 잡을 수 있을 것 같았는데 결국은 현실 속에서 사라져 버리고 맙니다."[18] 그럼 이 공통적인 인간의 경험을 어떻게 해석해야 할까?

루이스는 먼저 그가 부적절하다고 생각하는 두 가지 경우를 제시한다. 하나는 우리가 엉뚱한 곳을 바라보기 때문에 이런 좌절감이 생겨난다고 보는 경우고, 또 하나는 깊이 탐색해 보았자 결국 실망할 따름이니 세상보다 더 나은 것을 찾아내려는 시도는 부질없다는 경우다. 하지만 루이스는 세 번째 접근법이 있다고 주장한다. 이 지상에 존재하는 갈망의 대상들이 우리의 참된 본향의 "복사판이나 메아리나 신기루에 불과함"을 아는 것이다.[19]

그리고 나서 루이스는 '갈망으로부터의 논증'을 전개한다. 모든 자연적 갈망은 그에 상응하는 대상이 있고, 그 대상을 얻거나 경험할 때 비로소 채워진다. 세상을 초월한 만족을 바라는 이 자연적 갈망은 이 세상의 어떤 것으로도 채워질 수 없으니, 현 세상 질서가 가리키는 다른 세상, 이 세상 너머에서만 충족될 수 있다는 결론으로 이어진다.

기독교 신앙은 이 갈망이 인간본성의 참된 목표를 알려 주는 실마리라고 본다. 이것이 루이스의 주장이다. 하나님은 인간 영혼의 궁극적인 목적, 인간의 행복과 기쁨의 유일한 원천이다. 물리적 굶주림이 음식으로 채워질 수 있는 진짜 욕구이듯, 이 영적 굶주림 역시 하나님을 통해서만 채워질 수 있는 진짜 욕구이다. "만약 이 세상에서 경험하는 것들로 채울 수 없는 욕구가 내 안에 있다면, 내가 이 세상이 아닌 다른 세상에 맞게 만들어졌기 때문이라는 설명이 가장 그럴듯할 것이다."[20] 루이스는 대부분의 사람들이 자기 안에 있는 깊은 갈망을 의식하고 있으며, 그 갈망은 일시적인 것이나 창조된 것으로는 채워질 수 없다고 주장한다. 이 갈망은 옳고 그름과 함께 우주의 의미를 푸는 "실마리"다.

이것만 보면 루이스가 하나님을 향한 사랑이나 인격의 변화 같은 기독교의 핵심 테마는 놓쳐 버린 채, 기독교를 '규칙'이나 '법칙'으로만 묘사하고 있는 것으로 오해할 수 있다. 그러나 그렇지 않다. 루이스가 밀턴의 『실낙원』 연구서에서 지적한 바 있듯, 우리의 실재관이 우리가 미덕을 이해하는 방식을 결정한다. 우리는 "밀턴이 어떤 완벽한 상태에 매료되어 하는 말을 어떤 규칙을 가르치는 것"이라고 생각해서는 안 된다.[21] 루이스는 하나님을 사랑하면 믿음으로 하나님을 더 잘 알아보게 되고, 그것이 행동의 변화로 이어진다고 보았다.

도덕과 갈망에서 출발한 논증에서 루이스는 우리가 관찰하고 경험하는 바를 "설명해 주는" 기독교의 역량을 기독교가 옳은 근거로 제시한다. 이 접근법은 루이스의 변증론 전략의 핵심인데, 기독교가 설득력이 크고 세상을 이해하는 데 유용한 도구임을 그 스스로가 발견했기 때문이다. 기독교 신앙은 우리가 주위에서 목격하는 바와 우리 내부에서 경험하는 바를 잘 "설명하는" 지도를 제공한다.

    루이스가 볼 때 기독교의 실재관이 제공하는 '의미파악'의 핵심은, 기독교가 제시하는 이론과 세상의 겉모습이 들어맞음을 파악하는 것이다. 이것은 체스터턴이 『영원한 사람』(Everlasting Man, 1925)에서 제시한 기독교 역사관에 루이스가 그토록 깊은 감명을 받은 한 가지 이유이기도 하다. 기독교 역사관은 실제 벌어진 일을 설명하는 것처럼 보였다. 루이스가 출간된 저작에서 음악적 유비를 사용한 경우는 매우 드물지만, 그의 접근법은 '신자가 우주의 하모닉스를 듣고 거기 담긴 미학적 조화를 깨닫게 해주는 것'으로 묘사할 수 있다. 물론 논리적으로 미진한 부분들이 있기는 하다.

    루이스는 종종 자신의 회심이 본질적으로 '지적'이고 '철학적'이었음을 강조하면서 논리와 상상력을 활용하여 실재를 이해하는 기독교의 역량을 부각시켰다. 기독교의 설명력을 강조하는 루이스의 이 접근법에 대한 가장 충실하고 만족스러운 진술은 1945년에 쓴 에세이 「신학은 시(詩)인가?」의 끝부분에서 볼 수 있다. 여기서 루이스는 현실의 경치를 비춰 주는 태양을 비유로 들어 하나님이 세상에서 **입증이 가능한** 동시에 **입증을 가능하게 하는** 설명이 되신다고 단언한다. 그는 과학, 예술, 도덕, 타 종교들을 "설명해 주는" 기독교 신학의 능력을 밝힌 후, 마지막으로 이렇게 선언한다. "저는 태양이 떠오른 것을 믿듯 기독교를 믿습니다. 그것을 보기 때문만이 아니라 그것에 의해 다른 모든 것을 보기 때문입니다."[22]

    『순전한 기독교』에 담긴 생각들이 너무 소박해서 살을 더 붙여야 하고 보다 엄격한 철학적 신학적 근거를 제시해야 한다고 말하기는 쉽다. 하지만 루이스는 다수의 청중을 위해 글을 썼고, 루이스가 어떤 사람들을 청중으로 생각했는지도 분명하다. 『순전한 기독교』는 학술서가 아니라 대중서이다. 학계의 신학자나 철학자들을 대상으로 쓴 책이 아니다. 여기서 루이스가 자세한 철학적 논쟁을 벌이기를 기대하는 건 부당한 일이다. 그랬다면 간결하고 술술 읽히는 이 책은 정교한 철학적 구분들이 가득한 수렁으로 바뀌었을 것이다. 『순전한 기독교』는 공식적으로 안면을 트고 대화를 이어 나가기에 앞서 나누는 비공식적인 악수에 해당한다. 해야 할 말은 책에 담긴 것보다 훨씬 많다.

하지만 『순전한 기독교』에는 정당한 비판을 받을 여지가 있는 대목도 많은데, 그중 몇 가지는 꼭 지적하고 넘어가야겠다. 가장 눈에 띄는 것은 '삼중딜레마'trilemma 개념이다. 루이스는 그리스도의 신성 교리를 옹호하기 위해 이것을 사용한다. 그는 하나님이 그리스도 안에서 자신을 온전히 드러냈다는 개념이 매우 획기적이고 중요하다고 보았다. 1944년, 그는 이 견해에 비판적이었던 아서 그리브즈에게 보낸 편지에서 이렇게 썼다.

그리스도의 신성 교리는 간단하게 떼어 낼 수 있는 덤이 아니라 기독교의 모든 면면에서 드러나기 때문에, 그것을 제거하려면 기독교라는 구조물을 전부 해체해야 할 걸세.……그런데 그리스도의 신성을 제거해 버리면 기독교에는 도대체 무엇이 남는가? 한 **인간**의 죽음이 어떻게 신약성경이 줄기차게 선포하는 엄청난 영향력을 모든 사람에게 발휘할 수 있겠는가?[23]

하지만 『순전한 기독교』에서 루이스가 이 교리를 옹호하는 대목을 본 많은 사람들은 그의 다른 저작에서 볼 수 있는 활력과 확신이 느껴지지 않는다고 생각한다. 소위 '삼중딜레마'는 나사렛 예수가 누구인지 이해함에 있어서 잘못된 경우를 배제하기 위해 제시한 것이다. 개념의 지도에서 그분을 어디에 두어야 할까? 루이스는 몇 가지 사안을 고려한 후 미친 사람, 악마 같은 존재, 하나님의 아들, 이렇게 세 가지로 가능성을 줄인다.

인간에 불과한 사람이 예수와 같은 주장을 했다면, 그는 결코 위대한 도덕적 스승이 될 수 없습니다. 그는 정신병자, 즉 자신을 삶은 계란이라고 말하는 사람과 수준이 똑같은 정신병자이거나, 아니면 지옥의 악마일 것입니다. 이제 여러분은 선택을 해야 합니다. 이 사람은 하나님의 아들이었고, 지금도 하나님의 아들입니다. 그게 아니라면 미치광이거나 그보다 못한 인간입니다.[24]

빈약한 논증이다. 원래 루이스는 방송 강연에서 이 주장을 상당히 길게 다루었지만, 출간을 위해 고쳐 쓰면서 내용을 과감하게 줄였다. 원래의 방송 원고에서는 다른 선택지들을 논의했고, 『순전한 기독교』의 축약된 논의보다 내용도 훨씬 부드러웠다. 많은 기독교 신학자들은 이 부분에서 루이스가 보다 최근에 이루어진 신약성경 비평연구의 관심사를 제대로 담아내지 못했고, 그의 단순화된 논증은 복음서에 대한 보다 비판적인 독해 앞에서 쉽사리 역효과를 낼 것이라고 주장할 것이다.

하지만 주된 문제는 이 논증이 **변증적인** 기능을 하지 않는다는 데 있다. 일부 그리스도인 독자들에게는 이 논증이 타당하게 보일 것이다. 그들은 자신이 왜 그런 결론에 도달했는지 이미 알고 있고, 루이스가 자신들의 입장에 힘을 실어 주는 것을 기쁘게 여길 것이다. 하지만 이 논증의 내적 논리는 기독교적 추론의 틀을 분명히 전제하고 있다. 루이스가 청중으로 생각한 불신자들은 이 논증을 설득력 있게 받아들이지 않았을 것이다. 당장 떠오르는 예를 하나 들자면, 그들은 예수가 종교 지도자로 사랑을 받다가 순교를 당했는데, 추종자들이 이후 그를 신적인 존재로 여기게 된 거 아니냐며 또 다른 가능성을 거론할 수 있을 것이다. 예수가 미치광이도 나쁜 사람도 아니고, 그저 그에 대해 잘못 생각했을 가능성은 진지한 대안으로 검토할 필요가 있다. 반론을 예상하고 주의 깊게 대답하는 데 능한 루이스가 이 시점에서는 청중을 오판했던 것 같다. 해당 항목 전체의 내용이 추가되고 보다 주의 깊게 단서를 달 필요가 있다.

또 다른 문제는 루이스의 방송 강연 내용 중 '구식'이 되어 버린 부분인데, 그중 상당수는 바뀌지 않고 『순전한 기독교』에 그대로 실렸다. 루이스의 유비, 표현방식, 관심사, 그리고 청중에게 다가가는 방식, 이 모두는 사라진 세계, 정확히 말하면 제2차 세계대전 당시 남부 잉글랜드 중산층 문화에 뿌리를 두고 있다. 그러나 현대 독자가 루이스의 글을 읽으며 느끼는 어려움은 루이스가 1940년대에 소통자로서 확실한 성공을 거두었음을 보여준다는 점을 지적해야 공평할 것이다. 이제는 지나가 버린 한 시대, 특정 지역의 사회에 맞춰 기독교 신앙을 너무 잘 "번역한" 루이스는 이후 다른 사회에서 『순전한 기독교』가 그만한 성공을 거둘 잠재력을 어느 정도 막아 버렸다고 할 수 있다.

21세기의 독자가 『순전한 기독교』에서 가장 받아들이기 어려워하는 부분은 루이스가 생각하는 사회적 개인적 윤리규범, 특히 여자에 대해 그가 당연하게 받아들이는 가정들일 것이다. 이런 가정들은 사라진 지 오래된 사회질서에 단단히 뿌리박고 있다. 루이스의 일부 진술은 당시의 기준을 감안해도 다소 기이해 보인다. 예를 들어, 다음의 무분별한 발언을 보자.

> 예쁜 여자가 가는 곳마다 남자들의 마음을 빼앗아 불행을 일으키는 이유가 무엇입니까? 분명히 성적 충동 때문은 아닙니다. 오히려 그런 여자들은 성적으로 냉랭하기 쉽습니다.[25]

여러 해 전에 한 동료와 이 세 문장을 놓고 대화를 나눈 기억이 난다. 우리는 『순전한 기독교』의 해당 페이지를 펴 놓고 있었다. 내가 첫 번째 문장을 가리키며 물었다. "**이 말을 왜 썼을까요?**" 그는 세 번째 문장을 가리키며 이렇게 대답했다. "**과연 그런지** 루이스가 어떻게 알았지요?"

루이스는 독자들이 결혼과 성 윤리 같은 문제들에 대해 자신의 견해에 동의하거나 적어도 그 가치는 인정할 것이라고 가정했고, 1940년대와 1950년대 초 영국에서는 이런 생각이 정당화될 수 있었을 것이다. 하지만 1960년대의 격변 이후 엄청나게 달라진 사회의 독자들에게는 루이스가 대단히 구식으로 보인다. 『순전한 기독교』가 교회 바깥에 있는 사람들에게 기독교 신앙을 전하는 변증서의 역할을 함에 있어서 루이스가 당연하게 전제했던 사회적 도덕적 가정들이 이제는 오히려 큰 장애물로 작용한다는 사실을 지적하지 않을 수 없다. 이것은 작가 루이스나 『순전한 기독교』에 대한 비판이 아니다. 급격한 사회변화를 거치면서 사람들이 이 작품에 표현된 루이스의 생각들을 받아들이는 방식이 어떻게 달라졌는지 관찰하고 밝힌 것뿐이다.

결혼에 대한 루이스의 견해는 보수적이었지만 톨킨의 눈에는 가망 없이 진보적인 것으로 보였다. 루이스는 '기독교적 결혼'과 '국가가 관리하는 결혼'을 날카롭게 나누며 기독교적 결혼만이 온전한 헌신을 요구한다고 주장했다(1956년 4월, 루이스는 옥스퍼드의 호적등기소에서 조이 데이빗먼과 민간예식으로 결혼을 하는데, 바로 이 구분을 근거로 삼았다).[26] 톨킨이 볼 때 이것은 기독교적 결혼 개념 자체에 대한 배신과도 같았다. 그는 1943년 어느 시점에 루이스를 통렬하게 비판하는 편지를 썼지만 보내지는 않았다.[27] 하지만 그 편지를 보면 톨킨과 루이스 사이에 깊은 골이 생기고 있다는 것을 분명히 알 수 있다. 안 그래도 두 사람 사이가 멀어지던 참에 톨킨이 대단히 중요하게 여기는 문제에 대한 의견 차이까지 더해진 것이다.

다른 여러 전시 프로젝트

1952년 『순전한 기독교』가 출간될 무렵, 루이스는 변증가로서 영국에서 상당한 추종자를 확보했고 미국에서도 명성이 높아지고 있었다. 이 분야에서 워낙 크게 성공했기 때문에 그가 전시에 이룩한 다른 중요한 성취들이 가려진 면이 있다. 세 번의 강좌가 특히 중요한데, 웨일스 뱅거에서 열린 발라드 매튜스 강좌, 더럼 대학의 리델기념강좌, 케임브리지 트리니티 칼리지의 클라크 강좌이다. 세 강좌 모두 간략한 논평이 필요하다.

1941년 12월 1일 월요일 저녁, 루이스는 웨일스의 해변도시 뱅거가 내려다보이는 언덕에 자리 잡은 노스웨일스 유니버시티 칼리지에서 밀턴의 『실낙원』을 주제로 첫 번째 강연을 시작했다. 이 발라드 강좌는 총 세 차례에 걸쳐 진행되었고, 루이스는 삼 일 동안 이루어진 세 번의 강연을 보다 충실한 저서집필을 위한 "예비적 구보"로 보았다.[28] 강연원고보다 더 두꺼운(그래도 상대적으로 얇은) 이 작품은 1942년 10월 옥스퍼드 대학 출판부에서 나왔다. 제목은 『실낙원 서문』이었고 찰스 윌리엄스에게 헌정되었다. 이 책은 지금도 고전적인 연구서로 남아 있고, 밀턴의 걸작 『실낙원』(1667)과 함께 읽어야 할 도서 목록의 상위에 자리 잡고 있다.

    루이스는 이 책을 『실낙원』을 어려워하고 읽을 엄두를 못 내는 이들을 위한 개론서로 생각했다. 이 책의 전반부에서 루이스는 『실낙원』의 구체적인 주제들을 제시하기에 앞서 일반적인 문제들을 다룬다. 그가 제시한 첫 번째 문제는, 이것이 어떤 작품인지 파악하는 것이다. "코르크 마개 따는 기구부터 대성당에 이르기까지 모든 작품을 판단하기 위해서는 무엇보다 그것이 무엇인지, 그것의 원래 용도가 무엇이며 어떻게 사용해야 하는지 알아야 한다."[29] 루이스는 『실낙원』을 서사시로 보았고, 따라서 서사시로 읽어야 한다고 생각했다.

    그러면서 루이스의 진짜 관심사가 분명하게 드러난다. 밀턴의 고전 작품에 초점을 맞추기는 하지만, 루이스는 보편적 중요성을 띤 한 가지 질문과 씨름한다. '밀턴의 고전 및 다른 모든 문학작품들 아래에 "변하지 않는 인간의 마음"이 놓여 있는가?' 루이스는 다음과 같은 생각에 반대한다는 입장을 분명히 밝힌다.

> 베르길리우스에게서 그의 로마 제국주의를 벗겨 내고, [필립] 시드니 [경]에게서 그의 기사도 정신을, 루크레티우스에게서 그의 에피쿠로스 철학을, 그리고 종교를 가진 모든 사람에게서 그들의 종교를 벗겨 내면 '변하지 않는 인간의 마음'을 얻게 될 것인데, 우리는 바로 이것에 집중해야 한다.[30]

루이스는 이것이 독자가 문학작품의 구체적인 내용을 제거하여 시인이 결코 의도하지 않았던 모양으로 작품을 "일그러뜨리는" 일이라고 주장한다.

루이스는 이런 시도를 용납할 수 없었다. 이것은 텍스트를 그것이 속한 역사적 문화적 배경과 분리시키는 일이었다. 텍스트 안에서 '보편적 진리'를 제공한다고 여겨지는 요소들을 찾아 "억지로 부각"시키고, 우리 시대에 걸맞지 않는다고 생각되는 대목들은 부적절하다는 평계를 대며 제쳐 버리는 일이었다. 루이스는 텍스트가 우리를 추궁하고 우리의 경험을 확장하도록 맡겨야 한다고 주장한다. 중세 기사의 갑옷을 벗겨 우리와 같게 만들려고 할 것이 아니라, 그 갑옷을 입는 것이 어떤 의미를 지니는지 알아내려고 해야 한다. 루크레티우스와 베르길리우스의 신념을 받아들이는 것은 무엇과 같을지 탐색하러 나서야 한다. 다른 안경을 통해 세상을 보도록 돕고, 사물을 이해하는 대안적인 방식을 제공하는 것이 문학 본연의 임무이다. 앞으로 보겠지만, 이 테마는 『나니아 연대기』에서 두드러지게 등장한다.

발라드 매튜스 강좌 2년 후, 루이스는 1943년 2월 24-26일까지 저녁마다 더럼 대학의 타인 캠퍼스 뉴캐슬에서 리델기념강좌를 했다.[31] 이 주목할 만한 강좌는 1943년 옥스퍼드 대학 출판부에서 『인간 폐지』(The Abolition of Man)라는 제목으로 출간되었다. 여기서 루이스는 현대의 도덕적 사고가 과격한 주관주의로 훼손되고 있다고 주장하는데, 그는 당대의 학교 교과서에서 그런 흐름을 감지한다. 이런 흐름에 대응해 루이스는 "객관적 가치가 존재한다는 교리, 곧 우주의 어떤 것 또는 우리의 어떤 면에 대해서 정말로 참된 태도가 있고 정말로 거짓된 태도가 있다는 믿음"에 근거한 도덕전통을 지켜 내자고 촉구한다.[32]

이 강의에서 루이스는 모든 가치 진술(예를 들면, "이 폭포는 멋지다")은[33] 그 대상에 대한 객관적인 진술이 아니라, 화자의 감정을 표현하는 주관적인 진술에 불과하다고 주장하는 이들을 비판한다. 루이스는 어떤 대상이나 행동은 긍정적이거나 부정적인 반응을 받아야 마땅하다고 말한다. 다시 말해, 어떤 폭포는 객관적으로 멋질 수 있고, 사람의 행동은 객관적으로 선하거나 악할 수 있다는 것이다. 그는 모든 문화에 공통적인 객관적 가치의 집합(그는 이것을 '도[道, the Tao]라고 명명한다)이 있다고 주장한다.[34] 지금은 『인간 폐지』가 어려운 책으로 여겨지지만, 이 논증은 여전히 대단히 중요한 의미를 갖고 있다.[35]

1944년, 루이스는 케임브리지 대학 트리니티 칼리지에서 클라크 강좌의 강연자로 초청을 받았다. 트리니티 칼리지의 학장 조지 매컬리 트리벨리언은 칼리지 평의회를 대표해 루이스를 초대하면서 주로 그의 이전 작품들, 특히 『사랑의 알레고리』에 찬사를 표했다.[36] 루이스가 1944년 5월에 했던 이 권위 있는 강좌는 '옥스퍼드 영문학사'Oxford History of English Literature(루이스는 친구들에게 이 이야기를 할 때는 장난으로 "오 헬"이라고 줄여서 불렀다) 시리즈 중에서 고전으로 자리 잡은 그의 책 『16세기의 영문학』의 토대가 된다.

끝으로, 루이스가 1944년에 지은 상상력 넘치는 책 『천국과 지옥의 이혼』을 빠뜨릴 수 없다. 톨킨은 이 책이 "레프리게리움Refrigerium이라는 중세의 상상에 근거한 새로운 도덕적 알레고리 내지 환상"이고, "잃어버린 영혼들이 낙원으로 휴가를 가는" 내용이라고 소개한다.[37] 카톨릭 신학자들은 루이스가 이 지점에서 중세 신학을 잘못 분석했다고 비판했다.[38] 『천국과 지옥의 이혼』은 다음과 같은 내용의 '가정'으로 보는 것이 가장 낫다. "지옥의 주민들이 천국을 방문하도록 초대를 받는다면, 어떤 일이 벌어질까?"

　루이스는 처음에 이 작품의 제목을 '누가 집으로 가는가?'(Who Goes Home?)로 정했지만 조언을 받아들여 제목을 선뜻 바꾸었다. 이 작품의 주목할 만한 점은 무엇보다 혁신적인 상상문학의 틀을 사용한 데 있다. 어떤 면에서는 『스크루테이프의 편지』와 비슷한 틀을 가져와 인간의 자유의지의 한계와 교만의 문제 같은 대단히 전통적인 질문들을 탐색했다.

　하지만 이 작품의 가장 중요한 특징은 루이스가 논증보다는 이야기 솜씨를 발휘해, 사람들이 어떤 사고방식에 갇혀 빠져나오지 못하는 상황을 보여주었다는 점이다. 천국을 다니러 온 지옥 사람들은 자신들의 왜곡된 실재관에 편안히 적응한 나머지 진실을 만나고도 그것을 받아들이지 않는다. 루이스는 전위예술에 집착하는 직업 화가나 지적 명성에 심취하여 자유주의 신학을 받아들인 주교처럼 당대에 친숙한 전형적인 인물들을 등장시켜, 인간이 진실과 마주하게 되면 그것을 알아보고 받아들인다는 계몽주의의 안일하고 근거 없는 가정에 문제를 제기했다. 인간의 본성은 이 진부하고 피상적인 합리주의가 허용하는 것보다 더 복잡하다고 루이스는 말하고 있다.

　전시(戰時) 루이스의 저작들은 증거에 기반한 추론을 활용하여 기독교의 근본개념을 옹호하고 탐색하는 경향이 있고, 이때 대단히 중요한 테마가 등장하기 시작한다. 진리를 구현하고 전달하는 데 있어서 가상의 이야기가 갖는 힘이라는 테마다. 이 테마는 루이스의 『나니아 연대기』를 이해하는 데 필수적이다. 이 부분의 중요성을 이해하기 위해, 1938년부터 1945년 사이에 출간된 세 작품으로 구성된 시리즈를 살펴보기로 하자. 흔히 『우주 3부작』으로 알려진 이 시리즈는 『랜섬 3부작』이라 부르는 것이 더 정확하다.

소설로의 전환: 『랜섬 3부작』

『순전한 기독교』는 루이스가 제2차 세계대전 기간에 발전시킨, 변증론에 접근하는 대단히 중요한 방식을 보여준다. 여기서 루이스는 기독교 신앙이 제공하는 실재에 대한 '지도'가 우리가 실제로 관찰하고 경험하는 바와 잘 들어맞는다고 주장한다. 『고통의 문제』와 이후에 나온 『기적』(Miracles, 1947) 같은 비슷한 유형의 책들은 근본적으로 이성에 호소한다. 루이스는 하나님의 존재를 '증명'할 수 있다고 믿기엔 너무 영민한 사상가였다. 그는 단테처럼 이성은 "날개가 짧다"는 사실을 알고 있었다. 하지만 기독교 신앙의 근본적인 합리성은 논증과 사색을 통해 보여줄 수 있다고 보았다.

그러면서도 루이스는 기독교 신앙에 대한 의문이나 비판에 답하거나 다른 사상들을 비판하는 방법은 논증 외에도 많이 있음을 깨닫게 된 듯하다. 1937년부터 루이스는 상상력이 인간영혼의 문지기임을 인식하게 된 것 같다. 처음에는 조지 맥도널드의 소설 같은 판타지 작품들을 즐겁게 읽는 것으로 만족하던 루이스는, 허구작품을 통해 지성과 상상력에 다양한 세계관이 미치는 힘을 탐색할 수 있음을 깨닫기 시작했다. 그가 그런 작품의 집필을 시도할 수 있을까?

어린 시절 루이스는 엄청난 양의 책이 쌓여 있는 리틀리의 여러 책장을 약탈하듯 누비며 폭넓은 분야의 책들을 게걸스럽게 읽어 댔다. 그렇게 해서 쥘 베른Jules Verne, 1828-1905과 웰스 같은 작가들을 만났는데, 그들의 소설들은 시공간 여행을 다루었고 과학이 세계에 대한 인간의 이해를 어떻게 바꿔 놓았는지 탐색했다. "'다른 행성'이라는 개념은 당시의 내게 독특하고 자극적인 유혹이었고, 내가 문학적으로 관심을 가지고 있었던

다른 것들과 사뭇 달랐다."³⁹

1935년경, 루이스의 유년기의 기억들에 새로운 절실함과 방향감각이 주어졌다. 데이빗 린지David Lindsay의 소설 『아크투르스로의 여행』(A Voyage to Arcturus, 1920)을 읽으면서부터였다. 린지의 책은 잘 썼다고 할 수는 없었지만 뛰어난 상상력이 빚어낸 매력은 문체상의 결점들을 보상하고도 남았다. 루이스는 최고 형태의 공상과학소설이 "우리 시대라는 특수 조건 하에서 만들어지는, 인류만큼이나 오래된 상상력의 충동"임을 깨닫기 시작했다.⁴⁰ 그렇지 못한 경우가 많기는 하지만, 제대로 쓰기만 한다면 공상과학소설이야말로 우리의 정신과 상상력의 지평을 넓혀 준다고 루이스는 분명히 말한다. "그런 작품들은 희귀한 꿈들처럼 이전에 겪어 보지 못한 감각을 제공하고, 가능한 경험의 범위에 대한 인식을 넓혀 준다."⁴¹ 루이스가 볼 때 올바른 공상과학소설을 쓰는 것은 영혼을 확장하는 일이었고, 옛날로 말하자면 최고의 시를 짓는 일에 비길 만했다.

그러면 루이스는 왜 공상과학소설이라는 문학 형태에 그토록 흥분했을까? 그의 관심사를 이해하고 그가 발견한 해결책의 가치를 음미하려면 1920년대 말과 1930년대 초 영국의 문화계에 대해 더 알아야 한다. 당시에 요즘으로 말하면 '과학주의'scientism라는 세계관이 등장했다. 이 견해의 대표주자는 홀데인J. B. S. Haldane, 1892-1964이었는데, 마르크스주의자였던 그는 혁명을 내세우던 열정과 기질을 그대로 발휘해 자신의 글에서 인류의 모든 불행을 해결해 줄 치료제로 과학이 갖는 장점을 공개적으로 소개하고 지지했다. 루이스는 과학을 비판하지 않았다. 하지만 그는 과학이 가져다주는 이득에 대한 과장된 기록과 그 적용에 대한 안이한 생각을 염려했다. 루이스는 과학의 대성공이 과학에 필요한 지식, 절제, 미덕을 제공할 윤리의 발전보다 너무 앞서 이루어진 것은 아닌지 염려했다.

루이스가 특히 우려한 것은 H. G. 웰스의 공상과학소설에 담긴, 과학주의를 암묵적으로 옹호하는 메시지였다. 그 소설들은 허구적인 이야기를 이용해 과학이 인류의 예언자이자 구원자이며, 무엇이 옳은지 말해 주고 인류를 곤경에서 구해 줄 거라고 주장한다. 웰스가 볼 때, 과학은 세속화된 종교이다. 이런 생각들은 서구 문화에 여전히 깊숙이 박혀 있지만, 오늘날에는 그런 생각들은 다른 목소리들과 연계하고 있다. 그러나 루이스는 웰스를 통해 과학주의를 만났다. 웰스가 공상과학소설을 사용해 그런 견해를 지지했다면, 공상과학소설을 사용해 그에 반대하는 주장을 펼치지 못할 이유가 있을까? 루이스는 '행성 간 여행이라는 착상'이 새롭고 신나는 신화라고 생각했지만, 그것이 '지독히 부도덕한 시각'에 갈수록 지배를 받는 상황을 염려했다. 이 장르가 구속(救贖)될 수 있을까? 대단히 도덕적인 우주관을 전파하는 매체가 될 수 있을까? 더 나아가 유신론적 변증론의 매체가 될 수 있을까?

1938년 12월, 루이스는 다양한 형태의 무신론과 유물론을 홍보하는 데 사용된 공상과학소설이라는 형식이 그런 관점을 비판하고 대안적인 사상을 옹호하는 데도 똑같이 쓰일 수 있다는 생각을 밝혔다.[42] 전혀 다른 "신화"(루이스가 여기서 말하는 신화는 '거대담론'[metanarrative]이나 '세계관' 같은 것이다)를 옹호하는 데 동일한 매체를 쓰지 못할 이유는 없다. 우리는 이 기법이 『침묵의 행성 밖에서』(Out of the Silent Planet, 1938), 『페렐란드라』(Perelandra, 1943), 『그 가공할 힘』(That Hideous Strength, 1945)에 사용된 것을 볼 수 있다. 이 작품들의 질은 다소 고르지 않고, 세 번째 작품은 특히 여기저기 어려운 부분들이 있다. 하지만 여기서 놓쳐서는 안 되는 것은 줄거리와 요점이 아니라 그 내용이 표현되는 매체, 곧 상상력을 사로잡고 대안적인 사고방식에 마음을 열게 하는 **이야기**다.

이 3부작의 가장 큰 특징이라 할, 풍부하게 펼쳐지는 상상력의 묘수와 지적 기교를 요약하기란 불가능하다. 정말 제대로 인식해야 할 것이 있다면, 이 시리즈에서 루이스 당대의 '과학주의'에 담긴 상당히 의심스러운 테마들을 전복하는 이야기가 펼쳐진다는 점이다. 이것을 잘 보여주는 사례를 하나 살펴보자. 루이스가 분명하게 다루는 테마 중 하나인 사회진화론social Darwinism이다. 홀데인은 그의 에세이 「우생학과 사회개혁」(Engenics and Social Reform)에서 이 개념을 옹호했다.[43] 1920년대와 1930년대의 많은 진보주의자들이 그랬듯, 홀데인은 특정 유형의 사람들의 생식을 막아 인간 유전자 풀을 최적화하는 것을 옹호했다. 그는 반(反)자유주의적인 이런 생각이 최고의 과학에 근거하고 있으며, 인류의 생존 보장이라는 최고의 동기에서 나온 것이라고 보았다. 루이스는 이것을 다루며 "하지만 어떤 대가를 감수해야 할까?" 하고 물었다.

버트런드 러셀Bertrand Russell은 『결혼과 도덕에 관한 10가지 성찰』(Marriage and Morals, 1929)에서 홀데인의 주장을 따라 정신적 결함이 있는 사람들의 강제 단종을 옹호했다. 러셀은 적법한 전문가들이 "정신적 결함이 있다고" 판단한 모든 사람에 대해 강제 단종을 집행할 권한을 국가에 부여해야 하며, 그로 인해 여러 문제점들이 생길 수 있지만 그럼에도 이 조치가 이루어져야 한다고 주장했다. 그는 바보, 백치, 정신박약자들의 수를 줄이는 것이 그런 조치의 오용에 따른 위험을 상쇄하고도 남을 만큼 큰 유익을 줄 거라고 말했다.

오늘날에는 이런 견해를 만나기 어려운데, 이후 나치의 우생학 이론들과 결부되면서 오명을 얻었기 때문이기도 하고, 그런 생각들이 자유

민주주의의 이상과 공존할 수 없다는 공감대가 있기 때문이기도 하다. 하지만 제1, 2차 세계대전 사이의 기간에 영국과 미국의 엘리트 지성인들은 이런 주장을 널리 내세웠다. 세 차례의 세계우생학대회 World Eugenics Conferences(1912년 런던, 1921년 뉴욕, 1932년 뉴욕에서 열렸다)는 '산아선택'('산아제한'과 반대로) 및 부적절한 사람들의 유전적 제거를 주장했다.[44]

루이스는 이런 견해들에 문제를 제기해야 한다고 느꼈다. 그의 대응법 중 하나는 『그 가공할 힘』이었다. 루이스는 주로 보수적인 견해를 갖고 있었지만, 이 작품은 당대의 사회적으로 용인된 지식에 도전장을 내미는 예언자적 목소리였다.

『그 가공할 힘』에서 루이스는 국가공동실험연구소 National Institute for Coordinated Experiments를 소개하는데, 초현대적인 이 기관은 과학적 진보를 이용해 인간 상태를 개선하는 데 매진한다. 여기에 등장하는 과학적 진보의 예로는 부적절한 사람들의 강제 단종, 뒤떨어진 인종들의 박멸, 생체해부를 이용한 연구 등을 들 수 있다. 루이스는 이 기관의 도덕적 파산 상태와 그것이 구현하는 인류의 미래에 대한 문제투성이 비전을 폭로하는 데 별다른 어려움을 겪지 않았다. 이 작품의 결론부에는 생체해부를 목적으로 우리에 갇혀 있던 동물들이 모두 풀려나는 극적인 장면이 나온다.

『고통의 문제』에서 '동물의 고통'을 다룬 장을 읽어 본 사람이라면 이해하겠지만, 홀데인과 달리 루이스는 생체해부를 반대했다. 뉴잉글랜드 생체해부반대협회 회장이던 조지 R. 파넘은 루이스의 언급에 담긴 중요성에 주목하고 그에게 이 주제로 에세이를 한 편 청했다. 루이스의 에세이 「생체해부」(Vivisection, 1947년, 『피고석의 하나님』에 실려 있다—옮긴이)는 생체해부에 대한 지적으로 가장 중요한 비판 중 하나로 남아 있는 반면, 아직까지 제대로 된 관심을 받지 못한 글이다.[45] 이 글은 루이스가 생체해부에 분명하게 반대한 이유가 감상주의에 빠져서가 아니라 엄격한 신학적 토대에 근거한 것임을 분명히 보여준다. 우리가 동물들을 잔인하게 대하면, 동료 인간들, 특히 우리보다 열등하다고 여기는 이들도 똑같이 잔인하게 대할 가능성이 높다

> 생체해부의 승리는 도덕에 매이지 않는 가차 없는 공리주의가, 윤리적 법이 지배하는 구(舊)세계를 상대로 거둔 대성공입니다. 이 성공 안에서는 동물뿐 아니라 우리도 이미 피해자입니다. 다카우(의 나치 강제수용소)와 히로시마(의 원자폭탄)는 이 공리주의가 보다 최근에 거둔 위업입니다. 동물에 대한 잔혹행위를 정당화하는 와중에 우리 자신도 동물의 수준에 놓이고 말았습니다.[46]

이 문제에 대한 견해로 인해 루이스는 옥스퍼드 및 여러 곳에서 많은 친구를 잃었다. 당시 많은 이들이 생체해부의 결과를 들어 그것이 도덕적으로 정당하다고 여겼기 때문이다. 그들에게 동물의 고통은 인간의 진보를 위해 지불해야 할 대가였다. 하지만 루이스는 여기에 자연주의가 간과한 심오한 신학적 질문이 놓여 있다고 보았다. "짐승들은 우리에 대해 어떤 의무도 인정하지 않지만" 우리는 "그들에 대한 의무를 인정함으로써 우리가 그들보다 나은 존재임을 입증해야" 한다.[47] 앞으로 살펴보겠지만, 동물들에 대한 그런 책임 있는 태도는 『나니아 연대기』에서 잘 표현된다.

『랜섬 3부작』에는 간략한 해설로는 전달할 수 없는 많은 내용이 담겨 있다. 이상한 세계들에 대한 서정적인 묘사, 상상력을 자극하는 이야

기 전개, 신학적으로 풍성한 주제들—아름답고 새롭게 창조되어 타락하지 않은 세계 페렐란드라의 운명처럼—의 탐색 등을 빠뜨릴 수 없다. 하지만 내용 못지않게 매체도 정말 중요하다. 루이스는 이야기를 통해 당대에 진리라고 받아들여지던 것들을 타파하고 허깨비와 연막에 불과한 실체를 폭로할 수 있음을 보여주었다. 제2차 세계대전 후에 영국의 문화적 엘리트층이 대대적으로 우생학을 철회한 모습은 한때 유행하던 생각과 가치들이 한 세대 만에 버려질 수도 있음을 말해 준다. 루이스가 우생학을 허무는 데 어느 정도 기여했는지는 여전히 밝혀져야 할 부분이지만, 그의 접근법에는 분명 잠재력이 있었다.

1938년부터 1945년 사이에 루이스는 학계에 갇혀 있던 이름 없는 학자에서 종교계와 문화계, 문학계의 주요 인사로 변신했다. 『실낙원 서문』 같은 뛰어난 학술서들을 계속 출간하면서도, 언론의 관심을 끄는 공적인 지식인으로 확고히 자리를 잡았고 국제적인 명성도 얻었다. 여기서 무엇이 잘못될 수 있단 말인가?

슬프게도, 이 질문의 답은 금세 분명해졌다. 상당히 많은 것이 잘못될 수 있었다. 그리고 정말 잘못되었다.

10

존경받지 못하는 예언자?
: 전후(戰後)의 긴장과 문제들

1945-1954

1945년 무렵, 루이스는 유명했다. 영국의 학계에서 학자의 지위를 평가하는 기준이 몇 가지 있는데, 그중 하나가 출판물의 개수와 그 중요성에 대한 평가다. 인문학 학자의 탁월함의 궁극적인 표지는 영국학술원 회원으로 선출되는 것이다. 루이스는 1955년 이 명예를 얻었다. 하지만 그의 전기 작가들이 볼 때는, 학계의 인정을 알리는 이 중요한 표지는 전혀 다른 청중의 인정에 비하면 아무것도 아니었다.

슈퍼스타 C. S. 루이스

1947년 9월 8일, 루이스는 『타임』지 표지에 실렸다. 이 잡지는, "옥스퍼드 대학의 가장 인기 있는 강연자"이기도 한 이 "베스트셀러 작가"가 "영어 사용권에서 가장 영향력 있는 기독교의 대변인 중 한 사람"이라고 선언했다. 『스크루테이프의 편지』는 영국과 미국을 단번에 사로잡았다(미국 사람들은 루이스의 BBC 방송 강연을 듣지 않았음을 기억해야 한다). 첫 번째 단락을 보면 해당 기사의 분위기를 파악하는 데 도움이 된다. "불그레한 얼굴에 우렁찬 목소리, 작은 키에 몸집이 큰" 별나고 기묘한 옥스퍼드 학자가 뜻밖에도 대성공을 거두고 있다.[1] 베스트셀러들이 더 나올까? 『타임』지는 한동안 기다려야 할 거라고 들뜬 독자들을 달랬다. "판타지건 신학서적이건, 그에겐 추가로 '대중서'를 쓸 계획이 당장에는 없다."

1947년 『타임』지 기사는 루이스가 더 넓은 문화계에 발을 내딛었음을 알리는 동시에 더 많은 이들이 그의 여러 작품에 관심을 갖도록 독자층을 넓혀 준 결정적인 계기가 되었다. 하지만 루이스는 소속된 조직으로 보나 기질적으로 보나 1942년부터 얻기 시작한 명성에 대처할 준비가 되어 있지 않았다. 유명세와 함께 과찬과 욕설이 쏟아졌고, 그때까지 보호해 왔던 그의 사생활도 공적인 관심사가 되어 버렸다. 그는 영국 신문이 다루는 인물이 되었고, 신문기사는 대체로 그를 실제와 다른 모습으로 그려 냈다. 톨킨은 "금욕주의자 미스터 루이스"라는 한 언론의 표현을 특히 재미있어 했다. 그가 아는 루이스의 모습과 완전히 달랐기 때문이다. 그날 아침, 톨킨은 아들에게 루이스가 "맥주 세 잔을 순식간에 비워 버렸다"고 말했다. 많은 그리스도인들이 자기부인의 시기로 삼는 사순절 기간이었기 때문에 톨킨은 주량을 줄인 터였다. 하지만 루이스는 그렇게 여기지 않았다고 톨킨은 불평했다.[2]

루이스에게는 추종자와 비판자들이 보낸 편지가 감당할 수 없을 만큼 밀려들었다. 편지들은 크고 작은 질문들, 더없이 부적절한 질문들에 대한 즉각적이고 제대로 된 답변을 요구했다. 옛날의 용감한 기사처럼, 와니는 동생을 돕고 나섰다. 1943년부터 그는 군대에서 쓰던 낡은 타자기를 독수리타법으로 두드려 동생에게 오는 늘어 가는 편지들에 답장을 썼는데, 그 내용을 루이스에게 확인받지 않고 보내는 경우도 많았다. 나중에 와니는 자신이 그런 편지를 1만2천 통은 썼을 거라고 추측했다. 와니는 집에 있는 루이스와 직접 통화하고 싶다는 자칭 거물들의 전화를 처리하는 상상력 넘치는 방법을 고안하기도 했다.[3] 톨킨의 기억에 따르면, 와니의 방법은 "수화기를 들어 '옥스퍼드 하수처리부서입니다'라고 말하고" 전화가 끊어질 때까지 그 말을 반복하는 것이었다.[4] 하지만 루이스가 명성을 얻으면서 와니가 전적으로 반겼던 뜻밖의 결과도 있었다. 맛본 지 오래된 호사스러운 먹을거리가 담긴 음식 꾸러미들이 꾸준히 도착했던 것이다. 미국에 사는 루이스의 부유한 지지자들이 보낸 선물이었다.

 증거를 살펴보면 루이스의 저작이 이 무렵 많은 미국인 그리스도인들에게 공감을 불러일으켰음을 알 수 있다. 평신도와 성직자를 가리지 않는 이런 반응은 달라진 미국의 문화적 분위기를 반영했다. 1920년대와 1930년대처럼 경제적 난국에 집중했던 시기는 지나가고 있었다. 1941년 12월에 미국이 제2차 세계대전에 참전한 후, 인생의 깊은 질문들에 대한 새로운 관심이 생겨났고, 사람들은 다시금 신에 대해 이야기했다. 종교 출판사들이 부흥을 맞이했다. 사람들이 종교적 질문에 새롭게 마음을 열게 된 이때, 마침 새로운 목소리가 등장한 것이다. 권위 있고 흥미롭기도 하며 무엇보다 보통 사람들의 종교적 질문에 관심을 갖는 목소리였다.

 전쟁이 제기한 큰 질문들을 고민하는 이들을 상대로 사역하는 칼리지나 대학의 교목 같은 사람들은 루이스의 강력하고 변증적인 어조를 환영했다. 미국의 전문 신학자들은 대체로 루이스를 좋게 보지 않았지만, 증거를 살펴보면 그가 종교적 이슈들을 새롭게 다룰 수 있는 접촉점의 역할을 한 것에 대해서는 대체로 환영했음을 알 수 있다. 루이스는 잠정적인 답변들을 제시했고, 그것을 바탕으로 신학교와 대학에서 더 깊이 있는 답을 모색할 수 있었다.

하지만 루이스의 대중적 명성을 상당히 짜증스러워한 학자들도 있었다. 『타임』지 기사의 한 줄은 일부 전문 신학자들의 신경을 특히 건드렸다. 그들은 "심각한 얼굴을 하지 않고도, 사람을 따분하게 하지 않고도 신학을 이야기할 수 있는 사람. 전쟁에 포위된 많은 영국인들은 바로 이런 사람을 원하고 있었다"라는 문장에 발끈했다. 지혜로운 이들은 대중이 루이스를 금세 잊어버리기를 바라면서 잠자코 있었다. 그러나 어리석은 이들은 신학적 공격을 거침없이 쏟아부어 루이스의 유명도와 호소력을 오히려 높여 놓았다.

그런 공격 중 하나는 미국 성공회 소속의 무명 신학자 노먼 피텐저Norman Pittenger, 1905-1997의 펜 끝에서 나왔다. 미국 최고의 기독교 변증가로 자처한 그의 '월등한 주장'을 『타임』지가 이해할 수 없는 이유로 무시한 것에 짜증이 난 피텐저는 루이스가 신학적으로 중량감 없는 이단자라고 선언했다. 본인이 대표하는 지성적인 기독교를 방해하는 골칫거리에 불과하다는 것이었다. 미국인들은 그의 자기홍보에 전혀 귀 기울이지 않았고 계속 루이스의 글을 읽어 나갔다.

1945년 여름, 제2차 세계대전이 끝날 무렵 루이스는 유명했다. 현대의 유명인 문화가 내세우는 단순한 인생철학이 타당하다면, 그 시점의 루이스는 행복과 성취감을 누렸어야 할 것이다. 하지만 이후 9년간 루이스의 개인사를 보면 전혀 그렇지 않았음을 알 수 있다. 루이스는 인지도가 높아지면서 유명세를 치러야 했다. 첫째, 루이스는 그의 종교적 신념을 싫어하던 사람들의 더욱 확실한 표적이 되었다. 둘째, 학계의 많은 동료들은 그가 명성을 얻기 위해 대중문화를 상대로 학자적 양심을 팔았다고 믿게 되었다. 학자로서의 장자권을 팔아 대중적 인기라는 팥죽을 얻은 사람으로 취급한 것이다. 루이스는 이런 변화를 깨닫지 못했던 것 같지만, 곧 거절과 불행, 개인적 시련의 시기를 겪게 된다.

명성의 어두운 면

1945년 5월 8일, 제2차 세계대전이 마침내 끝났다. 톨킨은 한동안 죽 사정이 나아지고 있었다고 느꼈다. "새"—톨킨은 '독수리와 아이'를 그렇게 불렀다—는 "기분 좋게 비어" 있고 맥주는 "나아졌고" 집주인은 "만면에 웃음을 띠고 우리를 환영했다." 그들의 화요일 모임은 다시 한 번 "이성의 잔치요 영혼의 흐름"이 되었다.[5] 유럽에서 전쟁이 끝난 후 열리는 잉클링즈의 첫 번째 모임은 5월 15일 화요일에 '독수리와 아이'에서 예정되어 있었다.

찰스 윌리엄스는 그날 모임에 참석할 수 없었다. 그 전주에 몸이 아파 래드클리프 요양원에 입원하여 회복 중이었기 때문이다. 요양원은 '독수리와 아이'에서 북쪽 방향으로 도보로 몇 분 거리에 있었다. 루이스는 전후에 열리는 잉클링즈 첫 모임에 가면서 도중에 윌리엄스에게 들러 친구의 인사를 다른 참석자들에게 전하려고 했다. 그런데 전혀 생각도 못했던 일이 그를 기다리고 있었다. 그는 윌리엄스가 방금 죽었다는 충격적인 소식을 들었다.

이 뜻밖의 소식에 모든 잉클링즈 회원이 망연자실했지만, 가장 충격이 컸던 사람은 단연코 루이스였다. 윌리엄스는 전쟁 기간 내내 루이스에게 문학적 영적 좌표의 역할을 했고 톨킨보다 더 소중한 존재가 되었다. 잉클링즈가 윌리엄스를 위해 계획했던 얇은 헌정 에세이집은 추모 에세이집이 되었다. 윌리엄스의 죽음은 루이스에게 심각한 타격이었다.

하지만 다른 이들은 곧 이 슬픈 사건을 잊었다. 종전의 기쁨을 술로 축하한 후에 톨킨은 또 다른 기쁜 소식을 들었다. 1945년 옥스퍼드 대학 영문학부의 두 머튼 석좌교수 중 한 사람으로 뽑혔다는 소식이었다. 머튼 석좌교수 한 자리에는 본인이 앉고, 나머지 자리에는 루이스가 앉는 것이 톨킨의 오랜 꿈이었다. 한 가지 목표가 이루어졌으니 두 번째 목표도 곧 손에 잡힐 것 같았다. 그는 루이스가 제정신을 유지하기 위해서라도 정교수 자리가 꼭 필요하다고 보았다.

왜 그랬을까? 전쟁이 끝난 후, 옥스퍼드 대학의 학생 수는 늘어나기 시작했다. 이것은 전시에 재정부족문제에 시달렸던 대학으로서는 재정 활성화를 불러 올 좋은 소식이었지만, 칼리지의 개별지도 담당자들에게는 상당한 부담을 안겨 주었다. 루이스의 개인 업무량은 크게 늘었고, 책을 읽고 글을 쓸 시간은 점점 줄었다. 루이스가 옥스퍼드의 정교수가 된다면, 학부생들에게 개별지도를 할 필요가 없게 될 것이었다. 영문학부를 대표해 학부생들을 대상으로 하는 강의를 진행하고 대학원생 감독을 해야 하지만, 이런 정도는 루이스를 짓누르기 시작한 엄청난 업무량에 비하면 가볍다고 할 수 있었다. 승진은 루이스에게 좋은 소식이 될 터였다.

그러던 어느 날 기회의 창이 열렸다. 1947년, 영문학부의 또 다른 머튼 석좌교수였던 데이빗 니콜 스미스가 은퇴했다. 루이스는 그 자리에 오르기를 기대했고 톨킨은 의당 그래야 한다고 확신했다. 선거인단의 일원이었던 톨킨은 루이스의 선출을 지원하기에 좋은 위치에 있었다. 그러나 톨킨은 루이스에 대한 옥스퍼드 내부의 적의를 모르고 있었던 듯하다. 그는 루이스를 지지하는 발언을 하던 가운데 영문학부 내에서 루이스에 대한 "놀라운 적대감"을 발견하고 깜짝 놀랐다.[6] 선거인단은 루이스가 최근에 펴낸 대중적 저작과 고등학위들에 대한 그의 부정적인 태도가 영문학부에 골칫거리가 될 수 있다고 여겼다. 톨킨은 선거인단 동료인 헬렌 다비셔, H. W. 개럿, C. H. 윌킨슨을 설득해 루이스를 후보로 진지하게 받아들이도록 하는 데 실패했다. 결국, 두 번째 머튼 석좌교수 자리는 F. P. 윌슨에게 돌아갔다. 학문적 역량은 충분하지만 다소 따분한 셰익스피어 학자였던 그의 미덕 중 하나는 C. S. 루이스가 아니라는 점이었다.

그러나 더 안 좋은 일이 남아 있었다. 1948년, 뉴 칼리지의 펠로 자리와 연계된 옥스퍼드 대학 영문학부의 골드스미스 석좌교수 자리가 공석이 되었다. 결국, 영문학부는 저명한 문학 전기 작가인 데이빗 세실 경Lord David Cecil에게 그 자리를 제안했다. 루이스는 무시당했다.

그 다음 1951년, 옥스퍼드 대학이 신임 시학 정교수를 뽑는 과정에서 루이스는 다시 한 번 거절의 아픔을 겪어야 했다. 투표용지에 적힌 이름은 둘뿐이었다. 그런데 두 이름이 너무 비슷해서 혼동의 소지가 있었고, 투표 오류는 충분히 가능한 일이었다. 루이스의 유일한 상대는 나중에 영국의 계관시인이 되는 세실 데이 루이스Cecil Day Lewis, 1904-1972였다(세 번째 후보자는 중도하차하여 반[反] C. S. 루이스 파의 표를 결집시켰다). 결국 194대 173으로 C. D. 루이스가 뽑혔다.

하지만 암울한 시간 속에서도 몇 가지 위안거리가 있었다. 1948년 3월 17일, 영국왕립문학협회 위원회는 루이스를 만장일치로 협회 펠로로 선출했다.[7] 하지만 루이스는 학계의 많은 동료들이 의심과 조롱의 눈길로 자신을 바라본다는 것을 알고 있었다. 그는 자신의 도시와 대학에서 존경받지 못하는 예언자 같았다.

루이스에 대한 노골적인 적의는 가끔 불합리한 증오로 나타나기도 했는데, 그가 속한 칼리지 내에서도 이런 일이 있었다. A. N. 윌슨은 1990년에 출간된 루이스의 전기를 준비하면서 당시 모들린의 펠로였던 노인과 루이스에 대해 이야기를 나누었다. 전직 교수는 루이스가 "이제껏 그가 만난 이들 중에서 가장 사악한 사람"이었다고 선언했다. 당연히 윌슨은 노인의 괴이한 판단의 근거를 알고 싶어 했다. 대답을 듣고 보니 루이스의 잘못은 신을 믿은 것과 "젊은이들을 타락시키는 데 그의 영리함을" 이용한 것이었다. 윌슨이 제대로 지적한 대로, 소크라테스도 동일한 죄목으로 고발을 당한 바 있었다.[8]

이런 터무니없는 태도는 지금까지도 종종 되풀이되지만 쉽사리 무시해 버릴 수 있다. 그러나 루이스에 대한 옥스퍼드 내부의 학문적 적대감이 전혀 불합리하거나 모두 앙심에서 나온 것은 아니었다. 변화의 바람이 불고 있었고, 루이스는 옥스퍼드 영문학부의 미래에 보탬이 되기보다는 방해가 되는 존재로 여겨지고 있었다. 대학원생들이 옥스퍼드로 밀려들기 시작했는데, 영문학 문학사[BLitt, Bachelor of Letters] 취득을 위해 공부하러 오는 이들은 개별 칼리지들과 대학 모두에게 꼭 필요한 수입원이었다. 이 학생들은 지도가 필요했는데, 루이스는 이 업무에 아무런 의욕을 느끼지 못했다. 그는 옥스퍼드에 지식과 관련해 박식한 사람, 무식한 사람, 그리고 문학사 지망생, 이렇게 세 부류의 사람이 있다는 말을 종종 했다. 개인적으로 그는 첫 번째 두 부류의 사람들에게 관심을 두었다. 전후 옥스퍼드 영문학부는 교수와 연구 프로그램을 재확립하기 시작했고, 그러면서 고등학위와 연구에 대한 루이스의 부정적인 태도는 변화하는 교육상황에 맞지 않으며 아무런 도움이 안 된다는 평가를 받게 되었다.

치매와 알코올 중독: 루이스의 '어머니'와 형

루이스의 문제는 학자의 범위를 넘어 사생활에까지 확장되었다. 암울한 전시 경제와 물자부족은 서서히 나아졌지만, 킬른스에서의 생활은 쉽지 않았다. 1940년대 말 루이스의 편지에는 무어 부인의 건강에 대한 우려와 집안의 상황이 어려워지고 있다는 분명한 암시들이 등장한다. 모린이 집을 떠난 지 오래였기에 루이스 혼자서 걱정스러운 상황에 대처해야 했다. 집안일을 순조롭게 꾸리기 위해 가정부들을 고용해야 했는데, 무어 부인(및 그들끼리)은 그들과 툭하면 다투었다. 루이스는 그런 상황에 대처하기가 힘들었다. 1946년 7월 스코틀랜드의 세인트앤드루스 대학이 루이스에게 명예학위를 수여했을 때, 그는 "스코틀랜드산 위스키 한 상자(12병)"를 받는 게 훨씬 더 좋았을 거라고 우울하게 말했다.⁹

그 말을 들었다면 루이스의 형 와니가 좋아했을 것이다. 이 무렵, 와니는 그 나름대로의 싸움을 벌이고 있었다. 알코올 중독에 맞선 승산 없는 싸움이었다. 1947년 여름 아일랜드로 휴가를 갔을 때, 와니는 지독한 폭음 끝에 의식을 잃고 드로이다의 병원으로 실려 갔다. 그는 그곳에서 치료를 받고 집에 가도 된다는 허락을 받았다. 그러나 앞으로 죽 되풀이되는 이 패턴이 언제 벌어질지 예측할 수 없었기 때문에 대처하기가 훨씬 더 힘들었다.

킬른스는 문제투성이 가정이 되었다. 루이스의 가정생활의 중심에는 이제 전형적인 치매 증상을 보이며 툭하면 짜증을 부리고 갈수록 혼란스러워하는 무어 부인과, 발끈하는 경우가 나날이 잦아지는 알코올 중독자 형이 있었다. 여기에다, 많은 일상용품에 대한 배급이 이어지는 등 전후의 긴축정책이 더해지면서 생활은 자꾸만 어려워졌다. 1947년, 루이스는 동료에게 편지를 보내 모임에 참석하기 어렵다고 말하고 사과했다. 그의 시간은 "간호사와 집안 하인으로서의 의무"를 감당하는 일로 "거의 꽉", "예측할 수 없이" 채워졌다.[10] 그는 자신이 감당해야 했던 어려움이 물리적인 것이자 정신적인 것이었다고 밝혔다. '어머니'를 꾸준히 보살피고 가끔씩 형까지 보살피는 처지가 되면서 킬른스에서의 생활은 감당하기 어려워졌다. 너무나 버거운 상황이었다.

모린은 루이스 형제가 그녀의 나이 든 어머니와 노쇠한 개 브루스를 돌보느라 고생하고 있는 것을 알고 있었고, 그들의 짐을 덜어 주고자 노력했다. 모린 부부는 잠시 킬른스로 들어와 루이스와 와니가 몰번에 있는 그들의 집에서 이 주 동안 지내게 했다. 하지만 그것은 잠시 숨을 돌리는 것에 불과했다. 1949년 4월, 루이스는 오언 바필드에게 편지를 쓰며 답장이 늦어 미안하다고 사과했다. 그는 "개의 대변과 인간의 토사물"을 처리하느라 바빴다.[11]

1949년 6월 13일, 루이스는 탈진 증세로 입원했는데, 연쇄구균 감염으로 세 시간마다 페니실린 주입이 필요하다는 진단이 나왔다. 그는 6월 23일에 마침내 귀가 허가를 받았다. 와니는 무어 부인을 돌보느라 동생이 그렇게까지 탈진했다는 사실에 격분했고, 루이스가 몸을 회복할 시간을 줘야 한다고 그녀에게 요구했다. 루이스는 감사한 마음으로 아일랜드에서 한 달을 보내며 아서 그리브즈와 함께 휴식을 취하고 에너지도 재충전할 생각이었다. 하지만 그가 떠나기도 전에, 와니는 술을 진탕 마시고 말았다(루이스는 형의 품위를 지켜 주기 위해 형의 문제를 '신경성 불면

증'이라 불렀는데, 친구 아서 그리브즈에게는 문제의 본질이 '술'임을 드러내고 말았다.[12] 결국, 루이스는 아일랜드 여행 계획을 취소하고 혼자서 무어 부인을 돌보았다.

이 어두운 시기에도 의심의 여지 없는 기쁨의 순간들이 있었다. 10월에 마침내 완성된 톨킨의 『반지의 제왕』 원고를 읽는 순간도 그랬다. 그러나 두 사람이 이제 거의 만나지 않는다는 사실은 그 기쁨을 방해했다. 루이스가 오랜 친구에게 보낸 편지에 담긴 비애감을 누가 놓칠 수 있겠는가. "자네가 많이 그립네."[13] 두 사람은 같은 도시에 살고 같은 대학에서 일했지만, 더 이상 가깝지 않았다. 이 무렵 루이스는 소설가 도로시 세이어즈와 활발하게 서신을 주고받았는데, 그것이 그나마 어느 정도의 지적 위안이 되어 주었다. 하지만 루이스의 삶의 지각판은 이동하고 있었다. 옛 친구들과의 우정은 약해졌고, 그와 더불어 한때 그들이 가져다 주었던 지적 자극과 격려도 사그라들었다.

이 어려운 시기 내내 무어 부인의 혼란과 불안은 갈수록 심해졌고 결국 요양원에 들어가야 할 정도로 상태가 악화되었다. 1950년 4월 29일 그녀가 침상에서 세 번 떨어진 후, 루이스는 옥스퍼드 우드스톡 230번로에 위치한 특수요양원 레스트홈에 그녀를 입원시켰다. 그는 매일 그녀에게 병문안을 갔고 곧 새로운 염려에 사로잡혔다. 요양비가 연 500파운드였다. 그 돈을 어떻게 감당할 것인가? 그가 은퇴하여 칼리지에서 나오는 소득이 사라지게 되면 어떤 일이 벌어질까?

이 문제는 1950년 12월말에 잉글랜드 북부의 항구도시 리버풀에서 독감이 대유행하면서 해결된다. 독감은 급속도로 퍼졌고 1951년 1월 중순쯤에는 절정에 이르렀다. 공식 수치에 따르면 당시의 독감은 제1차 세계대전 종전 후 영국에 큰 고통을 안겨 주었던 1918-1919년의 독감

대유행 때보다 치사율이 무려 40퍼센트나 높았다. 독감의 유행이 절정에 달했던 1951년 1월 12일, 무어 부인은 일흔아홉의 나이에 독감으로 목숨을 잃었다. 그녀는 1월 15일에 홀리트리니티 교회 경내에 묻혔다. 1939년 11월 6일에 그곳에 묻힌 오랜 친구 앨리스 해밀턴 무어와 같은 무덤이었다(교구의 매장 기록에 따르면 앨리스 무어가 죽기 전에 킬른스에서 살았는데, 그 무렵 그녀가 루이스 가족의 일원이었음을 짐작하게 해준다). 와니는 무어 부인의 목숨을 앗아 간 것과 같은 독감에 걸려 그녀의 장례식에 참석할 수 없었다.

루이스에 대한 옥스퍼드 내부의 반감

한편, 루이스는 개인적 어려움에 더해 옥스퍼드 대학 내의 집요한 집단적 반감과 거부로 어려움을 겪었다. 기독교를 정신질환이나 도덕적 부패의 징후로 본 소수의 예측 가능한 편견이 이런 반감의 부분적인 원인이었지만, 그야말로 어디까지나 부분적인 원인에 불과했다. 문제의 근원은 루이스가 받은 대중적 찬사와 학자로서의 전통적 규범을 무시하는 듯한 그의 태도였다. 대중서를 쓰느라 그가 학문연구와 학술서 집필에 집중하지 못했다느니, 그로 인해 학계의 중심에서 밀려나 주변부에 머무는 신세가 되었다느니, 하는 말들이 돌았다. 루이스의 비판자들은 그가 1942년 『실낙원 서문』 출간 이후 학문적 진지함과 무게를 겸비한 저작을 내놓지 못했다는 점을 지적했다. 루이스가 학문적 신뢰성을 회복하려면 이런 결손을 한시바삐 바로잡아야 했다.

루이스는 학내의 비판을 뼈아프게 인식하고 있었고, 그것은 근거

없는 비판이 아니었다. 전후 시기에 루이스가 쓴 편지를 보면, 자신의 상황에 대한 불편함과 불안과 우울감을 쉽사리 감지할 수 있다. 루이스는 1935년에 옥스퍼드 대학 출판부와 16세기 영문학에 대한 책을 쓰기로 계약했고, 이 책을 끝내야 한다는 압박감을 느끼고 있었다. 하지만 집안 상황이 혼란 그 자체였기에 이 책을 쓰는 데 필요한 엄청난 양의 일차 자료들을 읽을 시간을 낼 수가 없었다. 1949년 중반 무렵, 그는 탈진상태였다. 이 획기적인 책을 쓰기 위해 필요한 집중력을 발휘할 상태가 아니었다. 대중서들은 훨씬 힘이 덜 들었고 펜만 들면 술술 써졌다. 하지만 이 책은 달랐다.

무어 부인을 보살피는 동안, 루이스는 아무것도 할 수 없었다. 1951년 1월에 그녀가 죽은 후, 그는 모들린 칼리지에서 일 년간 안식년을 얻어 이 책의 집필에 전력을 다했다. 1951년 9월 무렵, 루이스는 편지를 주고받던 이탈리아인 조반니 칼라브리아 수사Don Giovanni Calabria, 1873-1954에게 건강이 좋아졌다고 알릴 수 있을 정도가 되었다. "이암 발레오"(Iam valeo, 이제 나아졌습니다).[14] 그 무렵, 그는 영국 수상 윈스턴 처칠Winston Churchill에게서 온 기분 좋은 편지를 받았다. 편지에서 수상은 왕이 수여하는 1952년 신년도 훈장 및 작위 수여 대상 명단에서 그를 C. B. E.(대영제국 기사단 훈장, 기사 작위보다 한 단계 낮은 등급) 후보로 추천하겠다고 제안했다. 루이스는 거절했지만,[15] 편지 덕분에 사기가 올라간 것은 분명했다.

그는 영문학 책의 집필에 전력을 다했다. 헬렌 가드너는 루이스가 듀크험프리 열람실에서 열심히 작업하는 모습을 꾸준히 보았다. 그는 보들리언 도서관에 소장된 옛 저자들의 작품을 단호하게 독파해 나갔다. 이차 자료를 절대 신뢰하지 않았던 루이스는 일차 자료를 집어삼켜 쓸모없는 것은 뱉어 내고 값진 것은 소화해 냈다.

루이스의 학문적 명성이 시들해지고 있었다면, 1954년 9월에 출간된 700쪽 분량의 이 저작은 그의 명성을 넉넉히 회복시키고도 남았다. 다음 해 그가 영국학술원의 펠로로 선출된 것도 이 묵직한 학술서와 직접적인 연관이 있었다. 그러나 그에 대한 옥스퍼드의 인상을 바꾸기는 쉽지 않았다. 루이스에 대한 인식이 이미 고착화되었기 때문이다. 1940년대 말과 1950년대 초, 많은 이들이 루이스를 뒷방 늙은이로 여겼다.

그를 압박하는 문제들은 또 있었다. 잉클링즈의 목요일 저녁 정기 모임은 전후에도 이어졌는데, 루이스의 미국 팬들이 보낸 음식 꾸러미들이 도착하면 한결 생기가 돌곤 했다. 루이스는 이 선물을 한사코 친구들과 나누었는데, 그들 모두가 전후의 긴축정책으로 식량부족을 겪고 있었기 때문이다. 하지만 잉클링즈 모임의 분위기가 좋기만 한 것은 아니었다. 구성원들 사이의 긴장이 점점 높아졌다. 서로를 향해 분통을 터뜨리기도 했고 열정은 시들해졌다. 참석자 수도 줄었다. 1949년 10월 27일, 와니는 마침내 일기장에 그 모임의 마지막을 적었다. "아무도 오지 않았다." 모임의 구성원들이 화요일마다 '독수리와 아이'에 계속 모여 어울리곤 했지만, 진지한 문학토론 모임으로서의 잉클링즈는 끝이 났다.

상황이 복잡해진 것은 무엇보다 톨킨과 루이스의 관계가 소원해졌기 때문인데, 톨킨은 그 이유의 상당 부분을 전시의 찰스 윌리엄스의 영향으로 돌렸다. 톨킨은 윌리엄스가 루이스의 마음에서 자신의 자리를 대체했다고 생각했는데, 그렇게 생각할 만도 했다. 톨킨은 그런 상황을 탄식했고 대단히 애석해했다. 그러나 이미 벌어진 일이었고 상황은 더욱 악화되어 갔다. 톨킨은 루이스의 과학소설 3부작에서 자신의 신화적인 개념들을 무단으로 빌려 쓴 것처럼 보이는 대목을 여럿 발견하고 짜증이 났다. 1948년 톨킨은 루이스에게 장문의 편지를 썼는데, 문학적 이

슈를 놓고 둘 사이가 크게 틀어진 이후에 쓴 것이 분명하다.[16] 두 사람의 우정은 식어 가고 있었지만, 톨킨은 루이스의 옥스퍼드 정교수 승격을 돕기 위해 모든 노력을 기울였다. 톨킨이 볼 때 그것은 단순한 정의의 문제였다.

설상가상으로, 톨킨과 루이스는 1940년대 옥스퍼드의 영문학부 교육과정의 변화를 촉구하는 심각한 도전에 직면했다. 그들이 볼 때, 1832년 이후의 영문학은 공부할 필요가 없었다. 하지만 전후 내핍 기간이 끝나면서, 영문학부는 그 논쟁을 다시 시작했다. 빅토리아 시대에 묵직하고 중요한 문학작품들이 많이 등장했다는 사실이 점점 분명해지고 있었다. 옥스퍼드 학생들은 앨프리드 테니슨 경Alfred, Lord Tennyson을 연구하면 안 되는가? 윌리엄 메이크피스 새커리William Makepeace Thackeray는? 왜 찰스 디킨스Charles Dickens나 조지 엘리엇George Eliot을 연구하면 안 된다는 것인가? 젊은 교수들은 교육과정 개혁의 논리를 강하게 내세웠고, 헬렌 가드너가 변화의 옹호자가 되어 중요한 역할을 감당했다. 영문학부의 장래는 루이스가 거북하게 여길 만한 방향으로 흘러갈 가능성이 높았다.

하지만 일부 전기 작가들은 이 무렵 루이스가 해결해야 했던 가장 중요한 사안은 철학계의 떠오르는 젊은 별, 엘리자베스 앤스콤Elizabeth Anscombe, 1919-2001이 그의 지적 권위에 도전한 일이었다고 주장한다. 이 이야기는 자세히 소개할 필요가 있다.

엘리자베스 앤스콤과 소크라테스 클럽

1893년, 잉글랜드 성공회 내의 복음주의자 그룹이 옥스퍼드 목사단Oxford

Pastorate을 설립했다. 옥스퍼드 학부생들이 의무적인 칼리지 채플에서 흔히 만나는 것보다 훨씬 생생하고 지적으로 매력적인 기독교 신앙을 접하게 하자는 것이 설립 취지였다. 1921년부터 목사단은 옥스퍼드 도심 바로 남쪽, 옥스퍼드 대학의 심장부에서 가까운 세인트올데이츠 교회에 본부를 두게 되었다. 옥스퍼드 목사단은 원래 목양과 복음전도 모두를 지향했지만, 지도부는 변증적 문제들의 중요성을 점점 더 인식하게 되었다. 어떻게 하면 그리스도인들이 당대의 주요한 지적 이슈들에 비판적, 적극적으로 참여할 수 있을까? 그리스도인 학생들이 늘 듣던 뻔한 신앙적 상투어에서 벗어나 지적인 확신과 진취성을 얻을 방법은 무엇일까?

1941년, 목사단의 여학생 담당 교목이던 스텔라 올드윙클Stella Aldwinckle, 1907-1989은 이런 문제들을 토론할 학생 포럼을 세울 때가 되었다고 판단했다. 소머빌 칼리지에서 동물학을 공부하는 학생 모니카 루스 쇼튼Monica Ruth Shorten, 1923-1993과 대화를 나눈 후 내리게 된 결론이었다. 쇼튼은 교회와 선교단체들이 "하나님의 존재, 그리스도의 신성 같은 정말 어려운 문제들을 다 해결된 것으로 그냥 받아들인다"고 불평했다. 하지만 학생들이 이런 믿음의 내용을 이해하고 옹호할 수 있으려면 도움이 필요했다. 옥스퍼드의 엄밀하고 비판적인 지적 환경 속에서는 그런 믿음들도 그냥 옳은 것으로 가정할 수가 없었기 때문이다. 나중에 영국 회색다람쥐의 권위자가 되는 쇼튼은 옥스퍼드 학생들에게 변증사역이 필요하다고 보았다.

소머빌 칼리지에서 불가지론자와 무신론자들을 위한 몇 차례의 토론회를 개최한 후, 올드윙클은 옥스퍼드 대학 전체를 대상으로 비슷한 포럼을 열기로 결정했다. 소크라테스 클럽Socratic Club은 옥스퍼드 대학의 학생서클로 설립되었다. 대학의 규정에 따르면 학생동아리나 서클에는

"상급 회원"이 있어야 하는데, 조직에 대해 책임을 질 교수를 말했다. 처음에 올드윙클은 소머빌 칼리지 출신의 소설가 도로시 세이어즈가 적절할 거라고 생각했다. 하지만 세이어즈는 런던에 살았기 때문에 모임에 꾸준히 참석할 거라고 기대할 수가 없었다.[17] 옥스퍼드 교수가 필요했다. 과연 누가 적임자일까?

올드윙클은 번뜩이는 생각에 이끌려 모든 안전한 선택지(칼리지 교목 같은)를 건너뛰고 옥스퍼드에 있는 변증론의 유망주 C. S. 루이스를 곧장 찾아갔다. 1942년, 클럽이 처음으로 모였을 때, 루이스는 전국적으로 유명한 인물이 되어 있었다. 소크라테스 클럽은 기독교 신앙과 관련된 문제들을 토의하는 가장 중요한 대학단체로 급부상했다. 모임은 학기 중 월요일 저녁마다 있었다. 루이스는 대개 모임에 참석했으나 한 학기에 한 번 정도 강연을 했을 뿐 모임의 주인공은 아니었다. 하지만 그의 존재감은 엄청났다. 강사 명단은 옥스퍼드의 철학 전문가들로 채워졌다. 클럽은 기독교적인 입장을 분명히 했지만, 강사의 범위는 아주 넓었다. 증거와 논증이 장사밑천이었다.『소크라테스 클럽 회보』창간호에 실린 글에서 루이스는 이것을 다음과 같이 표현했다.

경기장을 건설하고 도전장을 내민 쪽은 그리스도인들이었습니다. 우리는 공평하다고 주장하지 않았습니다. 그러나 논증은 다릅니다. 논증은 자체의 생명력을 가지고 있습니다. 논증이 어디로 가게 될지는 누구도 알 수 없습니다. 여러분이 우리의 공격에 노출되어 있듯, 우리도 우리 편의 가장 약한 사람들까지 여러분의 공격에 노출되어 있습니다.[18]

소크라테스 클럽의 한 가지 흥미로운 측면이 이제껏 주목을 끌지 못했다. 회원들이 대부분 여자라는 점이었다. 이것은 올드윙클의 개인적인 영향력을 반영한 것일 수도 있고, 소머빌 칼리지와의 태생적 연관성 때문일 수도 있다. 1944년 마이켈마스 학기의 회원명단에는 164명이 적혀 있는데, 그중 109명이 옥스퍼드의 다섯 개 여자 칼리지인 레이디 마거릿 홀(20명), 세인트앤스(19명), 세인트힐다스(18명), 세인트휴스(39명), 소머빌(13명) 칼리지의 학생들이었다.[19]

클럽 내에서 루이스의 주도적인 역할을 고려할 때, 방문 강연자들이 그의 생각에 문제를 제기하고 논쟁을 청하는 것은 자연스러운 일이었다. 그래서 1947년에 루이스가 『기적』을 출간했을 때, 이 책의 주제들이 토론과 논쟁의 대상이 될 것임은 충분히 예상 가능한 일이었다. 이 책의 가장 중요한 주제는 자연주의naturalism가 자기 반박적이라는 루이스의 주장이었다. 이 논증의 기본 논리는 『기적』의 3장, '자연주의자의 자기모순'에 제시되어 있다. 1948년 2월 2일, 젊은 가톨릭 철학자 엘리자베스 앤스콤이 루이스의 자연주의 비판에 대해 문제를 제기했다.

그럼 루이스의 자연주의 비판은 어떤 식으로 이루어졌을까? 루이스의 논증은 이전의 글들에서도 조짐을 볼 수 있는데, 1941년에 쓴 에세이 「악과 하나님」(『피고석의 하나님』에 실려 있다―옮긴이)에 나온 한 문장으로 요약할 수 있다. "사고가 뇌의 작용으로 뜬금없이 불쑥 생겨난 부산물이라면, 그 사고의 결과물을 신뢰할 근거가 어디 있습니까?"[20] 루이스는 그리스도인들이 믿는 내용이 하나님에 대한 믿음처럼 환경적 요인들이나 진화적 압력의 결과에 불과하다고 주장하는 사람들에게 맞섰다. 그는 그런 식의 접근은 결국 그 접근법들이 기반으로 삼고 있는 사고 작용 자체를 무효로 만들어 버린다고 주장했다. 인간의 모든 사고를 환경이 낳은 우연으로 제시하는 사람들은 자신들의 모든 생각도 무효로 만들고 있다. 그렇게 되면 사고가 환경에 의해 결정된다는 믿음 또한 무가치한 것이 되어 버린다.

루이스의 논리는 도발적이고 창의적이며, 당대의 '자연주의자' 사상가들이 표명한 우려와 일맥상통한다. 예를 들어 루이스와 몇 차례 논쟁을 펼쳤던 J. B. S. 홀데인은 다음과 같은 생각의 논리에 유물론자로서 당혹감을 느꼈다.

> 나의 정신작용이 순전히 뇌 속 원자들의 움직임으로만 결정되는 것이라면, 나의 소신이 옳다고 가정할 이유가 없어진다. 나의 신념들이 화학적으로 나오는 소리일 수는 있지만 논리적으로 타당한 소리일 수는 없다. 그렇게 되면 내 뇌가 원자로 구성된다고 생각할 근거도 없어진다. 내가 앉아 있는 나뭇가지를 톱으로 잘라 내는 이런 필연성에서 벗어나기 위해, 나는 물질이 정신을 온전히 결정하는 것은 아니라고 믿지 않을 수 없다.[21]

여기서 홀데인은 루이스가 이런 입장에 맞서 사용하게 될 논증을 미리 보여주고 있다. 『기적』에서 루이스는 자연주의가 이성적 사색의 결과라면, 그 사고 작용의 타당성을 가정해야만 자연주의라는 결론에 도달할 수 있다고 지적한다. 달리 표현해 보자. 루이스가 볼 때 자연주의의 기본 가정은 모든 사건이 '비이성적irrational 원인들'로 결정된다는 것인데, 그렇게 되면 이성적 사고 자체가 그런 비이성적 원인들의 부산물이 되어야 할 것이다. 이것은 자연주의적인 입장에 도달하기까지의 추론 과정의 핵심 가정을 부정하는 것이다. "어떤 생각이건, 비이성적 원인들로만 생겨난 결과로 완벽하게 설명이 된다면 타당하지 않다."[22]

이 분석에는 몇 가지 중요한 사고의 논리가 등장한다. 하지만 『기적』의 3장을 비판적으로 읽은 독자는 이 부분이 다소 급하게 쓰였다는 결론을 (타당하게) 내릴 수 있을 것이다. 논리적으로 질러간 부분들이 있는데, 아마도 루이스는 자신의 논증에 너무 익숙한 나머지 독자들에게 그 내용을 충분히 밝혔다고 생각했을 것이다. 그러나 그렇지 않았다. 엘리자베스 앤스콤이 이런 약점들을 찾아내 루이스를 비판하지 않았다면 다른 사람이 그 일을 했을 것이다.

문제는 루이스가 자연주의를 거부했다는 것이 아니었다. 앤스콤은 1948년 2월의 발표를 시작하면서 자연주의가 지탱될 수 없다는 루이스의 입장에 자신도 동의함을 분명히 밝혔다. 하지만 그녀는 『기적』 초판에 제시된 그의 구체적인 논증이 이런 결론을 정당화하기에 충분하지 않다고 보았다. 그녀의 주요 관심사는 자연주의가 '비이성적'이라는 루이스의 주장과 관련되어 있었다.[23] 앤스콤은 모든 자연적 원인들이 '비이성적'인 것은 아니라는, 전적으로 타당한 주장을 펼쳤다. 루이스의 『기적』 초판 3장을 읽은 학식 있는 독자들도 아마 같은 생각을 했을 것이다. 앤스콤은 많은(아마도 대부분의) 자연적인 원인들은 그저 '이성과 무관한'nonrational 것 정도로 묘사하는 편이 타당할 것이라는 정당한 지적을 했다. 이성적 사고가 자연적이고 '이성과 무관한' 원인들로 생겨난다면, 그 **이유로** 그 사고의 '타당성'을 의심할 필요는 없다는 것이다. 물론 그런 원인들이 있으면 이성적 사고가 거짓되거나 불합리한 신념이 된다는 것이 입증될 수 있다면 얘기가 달라진다.

이것은 루이스에게 거북한 지적이었다. 하지만 그 책의 3장을 고쳐 쓸 필요가 있다는 점은 분명했다. 3장의 결론이 잘못되어서가 아니라 그 결론에 도달하는 데 사용된 논증이 충분히 견고하지 않았기 때문이다. 루이스는 앤스콤이 철학분야의 잉클링즈 회원이라도 되는 듯 그녀의 비판에 대처했다. 그녀의 비판에 비추어 논증을 다시 쓴 것이다. 1960년에 처음 출간된 개정판 3장의 제목은 '자연주의의 근본 난점'이었다. 루이스는 앤스콤의 요점들을 고려해 첫 여섯 단락을 제외한 3장 전체를 완전히 새로 썼다. 고쳐 쓴 3장은 지적으로 훨씬 강력하고, 이 중요한 주제에 대한 루이스의 확정적 진술로 봐야 할 것이다.

앤스콤과의 다소 불편한 만남이 갖는 의미는 루이스의 향후 저술 방향과 관련해서 그 사건을 어떻게 해석하는가에 따라 달라진다. 일부 루이스의 전기 작가들, 특히 A. N. 윌슨은 이 사건을 계기로, 어쩌면 이 사건이 원인이 되어 루이스의 시각이 크게 달라졌다고 보았다. 그들은 루이스가 논증에서 패배한 이후, 신앙의 이성적 토대에 대한 자신감을 잃고 주도적인 변증가로서의 역할을 버렸다고 주장한다. 그가 『나니아 연대기』 같은 허구 작품을 쓰는 쪽으로 방향을 바꾼 것은 이성적 논증이 기독교 신앙을 뒷받침할 수 없다는 사실을 점차 깨닫게 되었기 때문이라는 것이다.

하지만 이 대결에 관한 기록이 많이 남아 있는데, 그 기록을 검토해 볼 때 그와 전혀 다른 결론을 내리게 된다. 부족한 부분을 지적받은 루이스는 자신이 (다소 성급하게) 구사한 논증의 약점을 인식하고 그것을 개선하는 작업을 벌였다. 루이스는 글 쓰는 학자였고, 학술서들은 논증과 증거가 최고의 모습을 갖출 때까지 동료들의 비판과 우려라는 시험대를 거쳐야 한다. 루이스는 같은 방식으로 문학작품에 대한 비판을 주고받는 일에도 이미 익숙했다. 잉클링즈가 그런 자리였고, 톨킨 같은 동료들과의 개인적인 토론도 그랬다.

앤스콤은 자신이 루이스의 대체적인 입장을 반박하는 사람이 아니라 그 입장의 지적 개선을 돕는 사람이라고 여겼을 것이다. 그녀는 루이스의 입장에 공감했음이 분명하기 때문이다. 루이스는 자신의 논증이 가진 약점이 공개적으로 드러난 것에 놀랐고 그 사건에 대한 우려를 몇몇 가까운 친구들에게 표명하기도 했던 것 같다. 하지만 루이스가 당황스러워했던 것은 개선 과정이 다소 공적으로 이루어졌다는 점이었지 그 과정 자체가 아니었다. 앤스콤의 개입이 낳은 긍정적이고 이로운 결과는 루이스의 개정된 논증에 분명히 드러나 있다.

    루이스가 앤스콤과 대결한 결과로 이성과 무관한 신앙주의나 이성을 벗어난 판타지로 물러났다는 증거는 없다. 이후 루이스의 저작들을 보면 기독교 신앙의 합리적 정합성과 당대의 사회적 맥락 속에서 변증론의 중요성을 여전히 확신하고 있음을 알 수 있다. 「유신론은 중요한가?」(Is Theism Important?, 1952, 『피고석의 하나님』에 실려 있다—옮긴이), 「신앙의 완고함에 대하여」(On Obstinacy in Belief, 1955) 등 이후에 쓴 에세이들에는 그가 변증론에서 이성적 추론의 중요성을 여전히 인식하고 있음이 잘 드러나 있다. 더욱이, 루이스가 1952년 『순전한 기독교』를 출간했을 때, 1940년대의 방송 강연에서 전개한 이성적인 변증 접근법을 크게 수정하지 않았다. 기회가 있었는데도 수정하지 않은 것이다.

    앤스콤의 비판이 루이스가 이성적 논증을 포기하고 상상력과 이야기를 활용한 변증적 접근법으로 돌아서는 결정적인 계기가 되었다는 판단 역시 타당하지 않다. 이 토론을 벌일 무렵 루이스가 '상상력과 이야기를 활용한 변증'이라 부를 법한 상당한 분량의 책을 세 권(『랜섬 3부작』)을 썼다는 사실을 기억해야 한다. 루이스는 변증에 있어서 이야기의 활용과 상상력에 호소하는 일의 중요성을 이미 확신하고 있었다. 그가 말한 바 있듯, 『랜섬 3부작』의 시작도 나니아처럼 개념이 아니라 이미지였다.

    나니아는 루이스가 이성적 변증에 실패하고 선택한 퇴로가 아니었다. 그것은 기독교의 실재관 안에서 그가 발견한 이성과 상상력의 유명한 화해가 가능하게 만든, 그의 통합적인 접근법을 이루는 여러 가닥 중 하나였다. 안타깝게도, A. N. 윌슨은 "『사자와 마녀와 옷장』은 루이스가 소크라테스 클럽에서 엘리자베스 앤스콤에게 패한 후 낙심하여 유년기로 퇴행한 과정에서 생겨났다"고 말해 놓고,[24] 그 말에 대해 어떤 설득력 있는 증거도 제시하지 않았다. 루이스가 앤스콤을 모델로 나니아의 하얀 마녀를 만들어 냈다는 윌슨의 흥미로운 주장도 따지고 보면 아무런 증거가 없다. 루이스가 스펜서의 요정 나라의 이미지들을 연상시키는 나니아의 풍부한 상상력의 실들을 한데 엮어 낸 타이밍이 앤스콤과 모종의 관련이 있을 거라고 짐작해 볼 수는 있지만, 그것은 어디까지나 짐작에 불과하다. 루이스는 1948년 앤스콤의 발표가 있기 전에 이미 나니아 이야기를 쓰고 있었다.

어쨌건, 그것은 '패배'가 아니었다. 불완전하게 제시된 건전한 논증에 대한 비판적 평가가 이루어진 자리였고, 그 결과 루이스의 논증은 1960년에 개선된 모습으로 제시될 수 있었다. 1960년대 후반 소크라테스 클럽의 한 모임에서 앤스콤과 루이스 논쟁의 재대결이 있었는데, 옥스퍼드의 철학자 루카스[J. R. Lucas]가 루이스의 논쟁을 다시 제시했다. 원래의 토론에 대한 그의 평가는 지금도 음미할 만하다.

미스 앤스콤의 논증의 토대가 된 것은 이유[reasons]와 원인[causes]의 구분이었다. 이것은 비트겐슈타인[Wittgenstein]이 처음 제시하고 비트겐슈타인주의자들이 중요하게 여긴 구분이었다. 『기적』을 쓸 당시 루이스는 이 구분에 대해 몰랐고, 알 수도 없었다. 사실 이것이 그의 논지와 관계가 있는지도 확실치 않다.[25]

보기 드문 평화로운 순간. 1949년 여름 아일랜드의 라우스 카운티의 아나가산에서, 루이스와 그의 형 와니. 무어 부인의 대녀 베라 헨리는 이 지역에 휴가용 집을 한 채 보유하고 있었는데, 루이스와 와니가 가끔 방문하여 휴가를 보내곤 했다.

루카스는 1948년 당시 루이스의 문제가 무엇이었는지, 그리고 본인이 이후 루이스를 대신해 그녀와 펼친 재대결에서 승리를 거둔 이유를 확신했다.

미스 앤스콤은 싸움꾼이었는데, 루이스는 신사였다. 그는 그녀에게 당한 대로 갚아 줄 수가 없었다. 그러나 나는 이전에 여러 번 그녀를 만났기에 그런 부담감이 없었다. 그래서 그 대결의 승패는 제시된 논증의 실제 설득력으로 결정되었다. 다시 말해, 내가 이겼다.

변증가로서의 역할에 대한 루이스의 회의(懷疑)

옥스퍼드 시절 후기에 앤스콤이 루이스에게 끼친 영향을 과장해서는 안 되겠지만, 루이스가 변증가로서 자신의 역할을 재고하게 되는 데 그녀가 일정한 역할을 했다는 것은 분명하다. 전문 철학자이자 나중에 옥스퍼드의 놀로스 종교철학 교수가 되는 바질 미첼$^{Basil\ Mitchell}$은 루이스가 케임브리지로 옮겨 간 후에 그의 뒤를 이어 소크라테스 클럽 회장이 되었다. 미첼의 견해에 따르면, 루이스는 자신이 당대의 철학논쟁에 대해 충분히 알지 못한다고 생각하게 되었고—앤스콤은 비트겐슈타인 전문가였다—그 일은 전문가들에게 넘기는 것이 최선이라고 판단했다. 그는 자신이 가장 잘 아는 일에 초점을 맞출 생각이었다.

루이스가 전시에 변증가 역할을 맡은 것은 그 시대의 필요에 반응한 행동으로 볼 수 있다. 그러나 전후의 시기에 나타난 세 가지 정황을 보면, 루이스가 최전방에 위치하는 변증가의 자리에서 물러나고 싶어 했던 것을 알 수 있다. 첫째, 루이스는 변증가의 자리가 사람의 진을 빼놓는다는 것을 알게 되었다. 이 점은 그가 1945년의 강연 '기독교 변증론'에서 분명하게 밝히고 있다. "저는 변증가의 활동만큼 개인의 신앙을 위협하는 것도 없음을 알게 되었습니다. 제게는 방금 공개논쟁을 통해 성공적으로 변호해 낸 교리가 기독교 신앙의 교리 중에서 가장 허깨비 같고 비현실적으로 보입니다."[26] 십 년 뒤, 케임브리지로 자리를 옮긴 후에도 루이스는 다시 한 번 변증이 "대단히 진 빠지는" 일이라고 썼다.[27] 루이스에게 변증은 일생의 목표나 정점이 아니라 그저 한 가지 중요한 부분이었던 것일까? 그의 편지를 보면 분명히 그런 것 같다. 게다가 그가 자신의 글에 이전과 같은 에너지와 활력이 없다고 믿었던 조짐들도 있다.

루이스는 조반니 칼라브리아 신부와 라틴어로 주고받은 편지에서 이런 우려를 분명하게 드러낸다. 이탈리아의 유명한 성직자 칼라브리아는 1999년 4월 18일 교황 요한 바오로 2세에 의해 시성된 바 있다. 1947년에 『스크루테이프의 편지』 이탈리아어 번역본이 나왔고 상당한 관심을 불러일으켰다.[28] 칼라브리아는 이 책을 읽고 저자에게 감사의 편지를 보냈다. 영어를 몰랐던 그는 루이스에게 라틴어로 편지를 썼다. 그들은 1947년부터 시작해 1954년 12월 칼라브리아가 죽을 때까지 라틴어로 편지를 주고받았다.[29] 1949년 1월에 쓴 편지에서 루이스는 자신의 글쓰기 능력에 점점 더 절망한다고 털어놓았다. 그는 글쓰기가 거의 무너진 상태라고 보았다. "글쓰기의 열정도, 글쓰기의 재주도 줄었습니다. 재주가 있긴 했던 걸까요?"[30] 라틴어로 쓰다 보니 영어 편지에서는 엄두도 못 냈을 내용을 거침없이 써내려 가기도 했다. 그는 작가로서의 기량을 아예 잃어버리는 것이 자신에게 더 유익할지도 모른다는 말까지 썼다. 글을 못 쓰게 된다면 헛된 야심이나 영광의 추구도 끝나지 않겠느냐는 것이었다. 1949년 6월, 루이스는 건강이 나빠져서 병원에 입원했다. 넉 달 후, 그의 상태는 더 안 좋아졌다. 1951년 후반이 되어서야 자신감과 의욕을 어느 정도 되찾기 시작했다. 하지만 1952년 5월에 그의 고해 사제였던 월터 애덤스가 죽자, 지혜로운 비판자이자 친구를 잃은 슬픔으로 크게 괴로워했다.

루이스가 변증가 자리에서 물러나게 된 또 다른 이유로는 가장 가까운 사람들이었던 아서 그리브즈와 무어 부인에게 변증가로서 실패했다는 뼈아픈 인식을 꼽을 수 있다. 무어 부인은 인생 후반부 내내 기독교에 적대적이었고, 그리브즈는 다소 엄격한 얼스터의 개신교에서 똑같이 엄격한 일신교Unitarianism로 넘어갔다. 심지어 와니도 『고통의 문제』가 변증적으로 설득력이 없다고 여겼다. 그런 개인적 실패를 맛보면서 그가 어떻게 공적인 변증가의 자리를 온전히 유지할 수 있었겠는가?

끝으로, 앞의 두 이유와 관련된 세 번째 이유를 생각할 수 있다. 루이스의 편지에는 자신이 변증가 역할을 감당할 때가 지나갔다고, 이젠 젊은 목소리들에게 자리를 내줘야 할 때라고 생각했음을 알 수 있는 강한 암시가 나와 있다. 이 부분에서 다소 다른 두 가지 테마를 읽을 수 있다. 첫째, 새로운 이슈들이 생겨났고 본인은 그 문제를 다루기에 최적의 위치에 있지 않다는 생각이다. 둘째, 변증가로서 자신의 능력이 정점을 지나 내리막에 있다는 믿음이다. 그는 종교적 신앙에 대한 증거를 다루는 BBC 토론에 참여하라는 로버트 월튼의 초청을 거절하면서 이렇게 썼다. "『정글북』에 나오는 이빨 없는 늙은 뱀처럼, 저는 논리적인 힘을 많이 잃어버렸습니다."[31]

루이스가 이런 결론을 내리는 데 앤스콤이 도움을 준 것은 분명해 보인다. 1950년 6월 12일, 소크라테스 클럽의 서기였던 스텔라 올드윙클은 루이스에게 편지를 써서 1950년도 마이켈마스 학기의 프로그램을 짜야 한다고 알려 주었다. 루이스는 강연자 후보로 유망주들의 목록을 작성했다. 신약성경의 역사적 가치를 다룰 오스틴 파러, 신앙과 경험을 다룰 바질 미첼, '나는 왜 신을 믿는가'를 다룰 엘리자베스 앤스콤 등이었다. 루이스는 앤스콤이 1번 후보라는 점을 분명히 했다. "변증가의 자리에서 나를 몰아냈으니, 그녀가 내 뒤를 이어야 하지 않겠어요?"[32]

루이스는 1955년 1월 케임브리지로 옮기는 일을 일종의 새 출발로 인식했던 것 같다. 이 시기에 그가 쓴 글 중에서 기독교 신앙을 명확하게 이성적으로 옹호한다는 의미에서 변증적 주제를 구체적으로 다룬 글이 아주 적다는 점은 주목할 만하다. 1955년 9월에 쓴 편지에서 루이스는 변증적인 글을 몇 편 써 달라는 미국 복음주의 지도자 칼 헨리[Carl F. H. Henry, 1913-2003]의 요청을 거절했다. 그동안에는 자신이 "정면공격의 방식으로" 일을 했었지만 이제 그러한 시절은 지났다고 "본다"고 설명했다. 그즈음 그는 '허구와 상징'에 호소하는 접근법 같은 기독교 변증에 간접적으로 다가가는 방식을 선호했다.[33]

전후 미국 복음주의 역사에서 가장 중요한 인물 중 한 사람인 칼 헨리에게 밝힌 이 부분은 나니아의 창조와 관련이 있는 것이 분명하다. 많은 이들이 '허구와 상징'에 대한 이 언급이 그의 『나니아 연대기』를 가리킨다고 볼 텐데, 이 작품은 이야기나 상상력을 활용한 변증 작품으로 쉽사리 분류할 수 있을 것이다. 그가 전시 방송 강연에서 채택했던, 연역적이거나 귀납적인 논증 위주의 접근방식에서 벗어나는 움직임에 해당한다고 할 수 있다. 루이스가 앤스콤을 통해 자신의 변증적인 접근법에 의심을 품게 되었다면, 그 의심은 내용보다는 매체에 대한 것이었을 것이다. '논리적인 힘'은 잃었을지 모르지만, 그의 상상력의 힘은 어떨까?

『나니아 연대기』는 루이스가 1930년대 중반 이후부터 펼쳐 온 철학적 신학적 개념들의 핵심을 상상력으로 풀어내되, 이성적 방식이 아니라 이야기로 펼쳐 낸 작품으로 볼 수 있다. 나니아 시리즈는 『기적』에서 개진된 철학적 신학적 논증들을 이야기의 형태로 표현한다. 허구는 변증적인 성격이 강한 작품들에서 루이스가 이미 제시했던 실재관을 독자들에게 구체적으로 보여주고, 더 나아가 그것을 즐길 수 있게 해주는 수단이 되었다.

이제 우리는 루이스가 어떻게 『나니아 연대기』를 썼는지 살펴보고, 그 이야기들이 어떻게 한 세대의 상상력을 사로잡았는지 이해해 보려 한다.

3부

나니아

11

현실의 재배치
: 나니아의 창조

2008년 런던의 출판사 하퍼콜린스는 전문 필적학자 다이앤 심슨을 불러 C. S. 루이스 필적 견본 몇 가지를 살피게 했다. 심슨은 자신이 조사하는 대상이 누군지 알지 못했다. 그녀는 "작고 깔끔한 필체"를 볼 때 "조심스럽고 신중한" 사람이라는 것과 날카로운 비판 능력의 소유자임을 알 수 있다고 말했다. 심슨은 다른 것도 보았다. "그는 모종의 정원 창고(아니면 어떤 다른 세계) 같은 것을 갖고 있어서 원할 때는 그리로 사라질 수 있는 것 같다."[1] 심슨의 말은 더없이 옳았다. 루이스에겐 참으로 "모종의 다른 세계"가 있어서 그리로 사라질 수 있었다. 지금 우리가 '나니아'로 알고 있는 상상의 세계다.

이 지점에서 잠시 멈추자. 나니아는 상상의imaginative 세계이지 가상의imaginary 세계가 아니다. 루이스는 이 두 가지를 구분해야 한다고 분명히 밝혔다. '가상의' 것은 현실에서 대응되는 것이 없는 것, 가짜로 상상해 낸 무엇이다. 루이스는 그런 식의 '지어낸 현실'은 망상으로 가는 문을 여는 것이라고 생각했다. '상상의' 것은 인간의 정신이 자기보다 큰 것에 반응하는 과정에서, 곧 그 실재에 적절한 이미지를 찾기 위해 발버둥치는 가운데 생겨난 산물이다. 상상의 요소가 강한 신화일수록 "실재를 보여주는" 능력도 더 크다.[2] 루이스에 따르면, 상상의 세계란 인간의 상상력을 합법적, 긍정적으로 사용하여 이성의 한계에 도전하게 하고 실재를 더 깊이 이해하게 하는 어떤 것이다.

그러면 루이스는 이 상상의 세계를 어떻게, 왜 만들어 냈을까? 혹시 개인적으로 직업적으로 힘들었던 시기에 안전했던 유년기로 퇴행한 것일까? 루이스는 피터팬처럼 정서적 발달이 지체되어 결코 어른이 되지 못하는 소년이었을까? 나니아는 그만의 꿈의 나라였을까? 이런 생각들에는 일말의 진실이 담겨 있을 수도 있다. 앞에서 본 것처럼, 루이스는 힘들 때 글을 썼고 글쓰기에서 위안을 얻었다. 하지만 여기에는 분명히 또 다른 요인이 작용하고 있다. 루이스는 아동문학이 악의 기원, 믿음의 본질, 하나님을 향한 인간의 갈망 같은 철학적이고 신학적인 질문들을 탐구하는 데 기막히게 좋은 방편이 된다는 것을 점차 깨닫고 있었다. 좋은 이야기는 상상력을 진지한 사고의 관문으로 삼아 이런 테마들을 한데 엮어 낼 수 있었다.

루이스는 나니아 이야기의 발단이 그의 상상력에 있다고 말한다. 그 모두가, 우산을 쓴 채 꾸러미들을 들고 눈 내리는 숲을 걸어가는 파우누스의 이미지에서 시작되었다. 창작 과정에 대한 루이스의 유명한 묘사가 있다. 루이스에게 창작은 머릿속에 떠오른 이미지들을 한데 이어 일관된 플롯으로 엮어 내는 일이었다. 톨킨의 소설 『호빗』의 발단에도 분명하고 중요한 유사성이 있다. 오든[W. H. Auden, 1907-1973]에게 보낸 편지에

파우누스 툼누스 씨가 우산을 쓰고 꾸러미를 든 채 루시와 나란히 눈 내리는 숲을 걸어간다. 폴린 베인즈가 「사자와 마녀와 옷장」을 위해 그린 유명한 삽화.

서 톨킨은 1930년대 초에 고등학교 수료시험지 채점을 하던 중에(그는 돈이 더 필요했다) 생긴 일을 회상했다. 당시 그는 지겨워서 죽을 지경이었는데, 뭔가 설명할 수 없는 이유로 머릿속에 한 가지 생각이 떠올랐다. "빈 종이에다 이렇게 갈겨썼네. '땅속 구멍에 호빗이 살았다.' 그때도 지금도 왜 그랬는지는 모르겠네."³

하지만 루이스는 자신이 나니아를 "창조한다"고 보지 않았다. 그가 한 차례 밝힌 바 있듯, '창조'는 "대단히 오해의 소지가 많은 용어"이다.

루이스는 인간의 사고를 "하나님이 불붙이신" 것으로,[4] 글쓰기 과정은 하나님이 제공하신 요소들을 재배치하는 것으로 생각했다. 작가는 "놓여 있는 것들"을 가져다 새롭게 사용한다. 정원을 가꾸는 사람처럼, "인과의 흐름"의 한 측면일 뿐이다.[5] 앞으로 살펴보겠지만, 루이스는 그가 문학에서 발견한 "여러 요소"를 폭넓게 활용했다. 그의 기술은 이런 요소들을 고안해 내는 것이 아니라, 그것들을 한데 엮어 우리가 『나니아 연대기』로 알고 있는 문학적 기념비를 만들어 내는 데 쓰였다.

나니아의 기원

"어린이 책을 쓸 거예요!" 어느 날 아침식사 시간, 아마도 1939년 9월 제2차 세계대전이 벌어질 무렵의 어느 아침일 것이다. 무어 부인과 모린은 루이스의 뜻밖의 발표를 듣고[6] 점잖게 놀랐다.[7] 루이스는 자녀가 없을 뿐 아니라, 대자대녀들과 가끔 만나는 것 외에는 아이들과 접촉하는 일도 거의 없었다. 그들의 웃음은 곧 잦아들었지만, 루이스의 생각은 사라지지 않았다. 나니아가 그의 머릿속에서 모양을 갖춰 가고 있었고, 아이디어와 여러 이미지들이 그의 유년기까지 거슬러 올라가면서 구체화되기 시작했다.

    시리즈의 집필은 대체로 순탄하고 수월했다. 개인적인 문제, 학교 안에서의 문제들이 커져 가고 있었지만, 루이스는 1948년 여름부터 1951년 봄 사이에 일곱 권의 소설 중 다섯 권을 쓸 수 있었다. 그 다음 잠시 쉬었다가 1952년 가을에 『마지막 전투』를 쓰기 시작해서 다음 해 봄에 끝마쳤다. 마지막 책은 『마법사의 조카』였는데, 이 책이 시리즈 중 다른 어떤 작품보다 문제가 많았다. 루이스는 『사자와 마녀와 옷장』을 탈고하고 얼마 후 이 작품의 초고를 쓰기 시작했지만 1954년 3월이 되어서야 완성할 수 있었다.

이렇게 쉽게 작품을 쓰는 것을 루이스의 천재적 창조력의 표시로 보는 이들도 있을 것이다. 그러나 J. R. R. 톨킨을 필두로, 그것을 피상성의 징표로 여기는 이들도 있었다. 나니아 이야기들은 배경이 되는 일관된 묵직한 이야기가 없고 여러 신화들을 뒤섞는 바람에 통일감이 결여되어 있었다. 나니아 이야기에다 산타클로스를 왜 집어넣는지 톨킨은 의아해했다. 그는 그 장면에 전혀 어울리지 않았다. 톨킨은 더 은밀한 생각도 품고 있었는데, 루이스가 자기 생각을 일부 빌려다가 『나니아 연대기』 안에 무단으로 엮어 넣었다는 의심이었다.

톨킨의 우려는 이해할 만하다. 하지만 루이스에 대한 최근의 연구를 통해 나니아 이야기들의 심오한 통일성이 드러났는데, 이 통일성은 루이스가 중세의 상징을 은밀하게, 좀 더 심하게 말하자면 **수수께끼처럼** 사용한 것과 관련이 있다. 이 점에 대해서는 다음 장에서 살펴보겠다.

그러면 '나니아'라는 이름은 어떻게 나온 걸까? 1914년부터 1917년 사이에 그레이트 부컴에서 윌리엄 톰슨 커크패트릭과 고대 그리스로마의 고전을 공부할 때, 루이스는 1904년에 출간된 고전 세계의 지도책을 한 권 구했다. 거기 실린 지도 중 하나에 고대 이탈리아의 도시가 나와 있었고, 루이스는 그 아래에 밑줄을 그어 놓았다. 그는 그 이름의 어감이 마음에 들었다.[8] 그 도시가 나니아였는데, 현대 이탈리아의 중간쯤에 위치한, 움브리아 주의 도시 나니에 해당한다(루이스는 그곳을 방문한 적이 없다). 나니의 거주민으로 가장 유명한 인물은 루치아 브로카델리[Lucia Brocadelli, 1476-1544]이다. 유명한 예언자이자 신비가였던 그는 그곳의 수호성인이 되었다. 하지만 이런 사실들은 현실 속 나니아의 역사에도, 고전고대 후기나 중세 초기에 그 도시가 감당한 문화적 역할에도 별 의미가 없고, 루시가 이야기 속 나니아에서 차지하는 중요성에 대해서도 말해 주는 바가 없다. 루이스는 그저 그 라틴어 이름이 마음에 들었고 그 이름을 기억했다. 그것이 지역이나 나라 이름이 아니라 도시 이름이라는 사실은 문제가 되지 않았다.

아이들이 나니아를 발견하는 장면은 아동문학에서 대단히 유명한 장면이 되었다. 런던에 살던 네 아이 피터, 수잔, 에드먼드, 루시는 제2차 세계대전 중에 적군의 폭격을 피하기 위해 피난을 온다.[9] 가족과 떨어진 아이들은 시골에 있는 낡은 집으로 가는데, 그 집의 주인은 다정하고 마음씨도 좋지만 다소 별난 교수이다(많은 이들이 이 사람을 마른 몸매로 가장한 루이스라고 생각한다). 비가 많이 내려 바깥세상을 탐험할 길이 막힌 아이들은 집 안, 책이 흩어져 있는 복도와 방들을 탐험하기로 한다(루이스가 오랫동안 매료되었던 '외부세계'와 '내부세계'의 구분과 비슷하다). 마침내, 그들은 "큰 옷장 하나만 빼면 거의 비어 있는 방"으로 들어간다.[10]

옷장 속으로 들어간 루시는 자신이 차갑고 눈 내리는 나라, "언제나 겨울이고 크리스마스는 절대로 오지 않는" 세상에 와 있음을 알게 된다. 그곳의 거주자들, 주로 파우누스와 비버들을 만나면서 루시는 나니아에 대한 이야기를 듣게 된다. 나니아의 참된 왕은 아슬란이라는 위대한 사자인데, 그는 오랜 세월 동안 떠나 있다가 이제 "다시 오고 있다." 루시의 오빠 에드먼드는 하얀 마녀로부터 전혀 다른 이야기를 듣는데, 그녀는 자신을 나니아의 참되고 적법한 통치자로 주장한다.

어떤 면에서 『사자와 마녀와 옷장』은 등장인물들과 그들이 나니아에 대해 들려주는 이야기를 시험하는 내용이다. 어느 쪽의 말을 믿어야 할까? 아이들은 자신들이 해야 할 일에 대해 올바른 판단을 내리기 위해, 자신들이 우연히 발을 들여놓은 세계, 그 안에서 운명적으로 중요한 역할을 맡아야 하는 신비한 세계의 진짜 이야기를 알아내고 그것을 믿어야 한다.

이전에 나온 몇몇 어린이 이야기들과는 상당히 차이가 있다. 예를 들면, 『오즈의 마법사』(The Wonderful Wizard of Oz, 1900)에서 도로시는 악한 마녀가 누구이고 착한 마녀가 누구인지 설명을 듣는다. 그러나 나니아의 등장인물들은 선악을 알리는 명찰을 달고 나오지 않는다. 아이들(과 독자들)이 스스로 진실을 알아내야 한다. 그들이 만나는 캐릭터들은 복잡하고 다면적이다. 그들이 선한 존재인지 악한 존재인지 알아내야 한다.

『나니아 연대기』는 인간이 자신을 어떻게 이해하는지, 자신의 약점을 어떻게 받아들이고 온전한 사람이 되어 가려 애쓰는지 잘 보여준다. 『나니아 연대기』는 설명과 이해를 추구하는 모색만이 아니라 의미와 미덕을 찾는 탐색이다. 이것이 이 이야기가 그토록 강력한 호소력을 갖는 한 가지 이유일 것이다. 이 이야기는 불가피한 선택에 대하여, 옳고 그름에 대하여, 직면해야 할 도전에 대하여 말해 준다. 하지만 이런 선과 위대함의 비전은 논리적 논증이나 추론된 논증의 형식으로 제시되는 것이 아니라, 상상력을 사로잡는 이야기를 통해 확증되고 탐색된다.

1940년대 초 찰스 윌리엄스의 영향을 통해, 루이스는 독자들이 도덕적 선(善)을 갈망하게 만드는 상상력의 힘을 발견했다. 그는 "옛 시인들은 자신이 가르치는 주제가 아니라 흠모하는 대상이던 미덕을 테마로 삼았고, 우리가 교훈의 세계라고 생각한 것이 실은 마법에 걸린 세계"임을 알려 준 사람이 윌리엄스였다고 선언했다.[11] 도덕적 개선을 이루는 열

네 아이는 교수의 집 빈 방에서 신비한 옷장을 발견한다. 『사자와 마녀와 옷장』에 실린 폴린 베인즈의 삽화.

쉬는 "용감한 기사와 영웅적 용기"를 들려주는 강력한 이야기들을 통해 사람들의 상상력을 사로잡는 것이다.[12] 그런 이야기들은 우리의 마음을 흔들어 놓고 고결하게 만들어 우리가 속한 세계에서도 같은 것을 갈망하게 한다.

문턱: 나니아의 핵심 테마

『나니아 연대기』의 한 가지 중심 테마는 다른 세계로 들어가는 문, 넘어서면 새롭고 멋진 영역으로 들어가 그곳을 탐험할 수 있게 해주는 문턱이다. 누가 봐도 종교적 의미가 함축되어 있다고 판단할 이 생각은 루이스가 1941년의 설교 '영광의 무게' 같은 이전의 저작들에서 논의한 바 있었다. 그가 볼 때 인간의 경험은 더욱 멋진 또 다른 세계가 존재한다고, 우리의 참된 운명은 그 세계에 놓여 있으나 현재 우리는 그 세계로 들어가는 문 "이쪽 편"에 있다고 말해 준다.

이상한 세계로 들어가는 문턱의 개념은 과거와 현재 할 것 없이 아동문학에서 친숙한 테마이다. 오늘날의 독자들은 롤링 J. K. Rowling의 『해리 포터』 시리즈에 나오는 런던의 킹스크로스 역의 9와 4분의 3 정거장을 떠올릴 것이다. 루이스를 포함한 이전 시대 독자들은 에드워즈 시대의 고전 소설 『철길의 아이들』(The Railway Children, 1906)과 『마법의 성』(The Enchanted Castle, 1907)으로 기억되는 네스빗 E. Nesbit, 1858-1924의 어린이 이야기들을 생각할 것이다.

루이스는 어린 시절 네스빗의 몇몇 작품들을 감명 깊게 읽었고, 특히 그녀의 3부작 『모래요정과 다섯 아이들』(Five Children and It, 1902), 『불사조와 카펫』(The Phoenix and the Carpet, 1904), 『부적 이야기』(The Story of the Amulet, 1906)에 매료되었다고 회상했다. 루이스는 『부적 이야기』가 자신에게 특히 중요하다고 지목했고, 지금도 여전히 "그 책을 즐겁게 다시 읽을 수 있다"고 말했다.[13] 세 이야기 모두에 주인공으로 등장하는 다섯 남매는 여러 이유로 집을 떠나야 했지만, 덕분에 이상하고 멋진 사람들 및 생물들과 만나 신나고 새로운 것들을 발견한다. 친숙한 환경에서 떨어지게 됨으로써 아이들은 새롭고 신비로운 세계와 생각들을 만나는데, 이것은 나니아 시리즈에서 반복되는 테마이다.

네스빗의 중심 테마 중 하나는 두 세계 사이에 연결고리 또는 다리가 있으며, 지혜로운 자들은 그것을 찾아내어 넘어갈 수 있다는 것이다. 그녀 이전의 조지 맥도널드(1824-1905)처럼, 평범한 세계와 마법의 세계,

일상과 마법의 영역 사이에 놓인 신비로운 문턱에 대해 썼다. 그녀는 『마법의 성』에서 자신의 생각을 이렇게 설명했다.

거미줄처럼 가늘고 유리처럼 투명하며 강철처럼 튼튼한 커튼이, 마법의 세계와 우리 눈에 진짜처럼 보이는 세계 사이에 영원히 드리워져 있다. 사람들이 그 커튼에서 마법 반지, 부적 등으로 표시되는 작고 약한 지점 하나를 발견하게 되면 거의 무슨 일이건 벌어질 수 있다.[14]

루이스가 네스빗에게 진 빚은 이상한 세계로 넘어가는 일반적인 문턱 개념뿐이 아니다. 네스빗의 이야기 모음집 『마법세계』(The Magic World, 1912)에는 나니아 이야기들의 줄거리와 묘하게 비슷한 여러 이야기를 볼 수 있다. '숙모와 아마벨' 이야기에서 어린 소녀 아마벨은 본의 아니게 숙모의 꽃밭을 망가뜨려 벌로 이층 침실에 가게 된다. 그곳에서 아마벨은 침대 하나, 큰 옷장 하나, 그리고 열차운행 시간표를 발견한다. 옷장 속에는 비밀의 기차역이 있고, 그녀는 거기서 다른 세계들로 갈 수 있다.[15]

문턱을 넘는 테마는 나니아 시리즈에서 상상력을 부추기는 중요한 역할을 한다. 독자는 문턱을 넘어 이상한 세계로 들어가게 되고, 주인공들의 활동과 모험을 통해 그곳을 탐험한다. 이 과정에서 폴린 베인즈 Pauline Baynes, 1922-2008의 삽화는 큰 도움이 되었다. 그녀는 앞서 톨킨의 『햄의 농부 자일즈』(Farmer Giles of Ham, 1949)의 삽화를 그린 바 있었다. 톨킨은 베인즈가 펜으로 그려 낸 삽화들이 글로 된 이야기의 정수를 완벽하게 포착해 냈다고 보았다. 그는 출판사에 편지를 보내 삽화가 더할 나위 없이 좋다고 기분 좋게 알렸다. "그냥 삽화가 아니라 부차적인 테마입니다." 톨킨은 삽화가 너무 좋아 친구들이 자신의 글을 "그림에 붙은 주석"으로 여기지 않을까 염려하기까지 했다.[16] 그렇게 해서 작가와 삽화가 사이의 서로 존경하는 관계가 시작되었고 오랫동안 이어졌다. 출판사에서 『사자와 마녀와 옷장』에 삽화를 꼭 넣자고 했을 때, 톨킨이 루이스에게 그녀를 추천한 것은 당연한 일이었다.

그러나 베인즈와 루이스의 관계는 다소 공식적이고 거리가 있었다. 두 사람은 통틀어 두 번 정도 만난 것 같다. 한번은 런던의 워털루 역에서 만나 대단히 의례적이고 짤막한 대화를 나누었는데, 그때 루이스는 기차를 놓칠까봐 몇 번이나 시계를 들여다봤다(그날 베인즈가 일기장에 이렇게 적었다는 소문이 돌았다. "C. S. 루이스를 만났다. 집에 왔다. 과일쿠키를 만들었다.") 두 사람의 관계는 편안하지 않았는데, 루이스가 그녀 앞에서는 삽화가 아주 좋다고 말해 놓고 뒤에서는 그림 실력을 안 좋게 말한 사실, 특히 사자를 잘 못 그린다고 말한 사실을 베인즈가 알고 난 후에는 더욱 그랬다.

루이스는 심각한 판단착오를 했던 것 같다. 독자들이 나니아를, 특히 고결하고 위엄 있는 아슬란의 모습을 시각화하는 데 베인즈의 삽화가 얼마나 큰 도움을 줄지 가늠하지 못한 것이다. 아서 래컴의 삽화를 통해 바그너를 사랑하게 된 유년기의 경험 때문에 상상력을 사로잡는 데 도움을 줄 수 있는 삽화의 중요성에 과민해진 것은 아닐까? 어쨌거나 루이스는 자신이 만든 상상의 세계를 완벽하게 시각화해 낸 삽화를 만나고도 그것을 깨닫지 못했다. 눈 내리는 숲에서 우산을 받쳐 든 파우누스와 팔짱을 끼고 걷는 어린 소녀의 삽화를 생각해 보라. 그만큼 나니아의 모습을 잘 담아낸 그림이 또 있을까?

"연령과 문화를 뛰어넘어 모든 사람이 책을 즐기도록 돕는" 영국의 교육단체 북트러스트Booktrust는 2008년 2월, 『사자와 마녀와 옷장』을 모든 시대를 통틀어 최고의 어린이 책으로 뽑았다. 루이스의 매력적인 이야기가 수상의 토대가 되었겠지만, 많은 이들이 베인즈의 삽화가 결정적인 마무리 역할을 했다고 말할 것이다. 그리고 루이스도 그 말에 동의했을 것이다. 『마지막 전투』가 1956년에 최고의 어린이 책에 수여하는 카네기메달을 수상했을 때, 루이스는 베인즈의 축하 편지를 받고 "이건 '우리의' 메달이 아닌가요? 텍스트뿐 아니라 삽화도 고려된 것이라 확신합니다"라고 답장을 써 보내 그녀의 공로를 인정했다.[17]

나니아 시리즈를 읽는 순서

루이스는 원래 『사자와 마녀와 옷장』을 독립적인 단권으로 구상했고, 그 작품은 지금도 그렇게 읽고 감상할 수 있다. 나머지 나니아 소설들은 이 작품에서 뻗어 나온 것인데, 연대기 순으로 그보다 앞서는 『마법사의 조카』도 다르지 않다. 루이스 덕분에 나니아 역사의 한복판에 들어서게 된 독자는 나니아의 미래뿐 아니라 과거도 알고 싶어진다. 『마법사의 조카』는 회상에 해당하고, 과거를 돌아봄으로써 현재를 비춰 주는 역할을 한다.

    나니아 시리즈의 일곱 권은 세 가지 다른 순서로 읽을 수 있다. 저작 순서에 따라서, 혹은 출간 순으로, 아니면 각 권에 담긴 사건들의 내적 연대순에 따라 읽을 수 있다. 이 세 가지 방식에 따라 순서를 매기면 다음에 나오는 표와 같다.

    하퍼콜린스 출판사가 2005년에 출간한 『나니아 연대기』 합본에는

저작 순서	출간 순서	내적 연대순
1. 사자와 마녀와 옷장	1. 사자와 마녀와 옷장(1950)	1. 마법사의 조카
2. 캐스피언 왕자	2. 캐스피언 왕자(1951)	2. 사자와 마녀와 옷장
3. 새벽 출정호의 항해	3. 새벽 출정호의 항해(1952)	3. 말과 소년
4. 말과 소년	4. 은의자(1953)	4. 캐스피언 왕자
5. 은의자	5. 말과 소년(1954)	5. 새벽 출정호의 항해
6. 마지막 전투	6. 마법사의 조카(1955)	6. 은의자
7. 마법사의 조카	7. 마지막 전투(1956)	7. 마지막 전투

이런 글이 실려 있다. "『마법사의 조카』는 C. S. 루이스가 처음 『나니아 연대기』를 쓰기 시작한 지 몇 년 후에 썼지만, 그는 독자들이 이 책을 시리즈의 첫 번째 책으로 읽기를 바랐다. 하퍼콜린스는 기쁜 마음으로 이 책들을 루이스 교수가 원했던 순서로 내놓는 바이다." 이 주장은 루이스의 견해를 그대로 반영한 것처럼 보이지만 실은 의심스러운 해석을 담고 있다.[18] 루이스는 이 시리즈를 어떤 순서로 읽어도 된다고 분명히 밝혔고 어떤 순서로 읽으라고 규정하는 것을 조심스러워했다.

루이스는 이후에 쓴 에세이 「비평에 대하여」(On Criticism)에서, 시리즈 작품을 해석할 때는 저작 순서를 확인하는 것이 중요하다고 강조하면서, 이 문제에서 혼란이 있었기 때문에 생겨난 톨킨의 『반지의 제왕』에 대한 영향력 있는 일부 오독 사례들을 제시했다.[19] 게다가 그는 책의 저자가 그 책을 읽고 해석하는 문제에 있어 "반드시 최고의 재판관은 아니며, 완벽한 재판관은 더더욱 아니다"라고 단호하게 주장했다.[20]

우리는 그의 발언을 충분히 고려해야 한다. 연대기적인 접근법은 독자들에게 상당한 난점을 제기하기 때문이다. 예를 들어, 『말과 소년』의 사건들이 벌어지는 시점은 『사자와 마녀와 옷장』의 사건들이 끝난 후가 아니라 그 도중이다. 엄격한 내적 연대기에 따라 나니아 시리즈를 읽으려고 하면 『말과 소년』을 언제 읽어야 하는지는 아주 곤란한 문제가 된다.

가장 큰 문제는, 시리즈 중에서 가장 끝에 집필했지만 나니아의 초기 역사를 기록하고 있는 『마법사의 조카』에 있다. 이 작품을 먼저 읽으면 아슬란의 신비로움을 강조하는 『사자와 마녀와 옷장』의 문학적 완결성을 완전히 놓치게 된다. 『사자와 마녀와 옷장』은 독자들이 이 위엄 있는 생물의 이름, 정체, 중요성을 전혀 모른다는 가정 아래, 기대감을 쌓아 가며 천천히 조심스럽게 아슬란을 소개한다. 『사자와 마녀와 옷장』 안에서 화자 역할을 맡은 루이스는 이렇게 선언한다. "아이들은 여러분보다 더 아슬란에 대해 모르고 있었다."[21] 하지만 『마법사의 조카』를 읽은 사람은 아슬란에 대해 많이 알게 된다. 『마법사의 조카』를 먼저 읽고 『사자와 마녀와 옷장』을 펼치면, 그 작품의 가장 인상적인 문학적 특징, 곧 나니아의 신비가 서서히 드러나는 과정이 완전히 훼손되게 된다.

또 중요한 점으로, 『나니아 연대기』의 복잡한 상징구조는 『마법사의 조카』를 나중에 읽어야만 잘 음미할 수 있다는 것이다. (출간 순서에 따라) 『마지막 전투』를 결론으로 하는 일곱 권 중 여섯 번째 책으로 읽을 때 가장 잘 이해할 수 있다.

톨킨의 『반지의 제왕』은 전편(前篇)에 해당하는 후속작 『실마릴리온』을 읽지 않고도 얼마든지 읽을 수 있다. 루이스의 『사자와 마녀와 옷장』(The Silmarillion)도 마찬가지다. 『사자와 마녀와 옷장』을 읽은 독자는 자연스럽게 그 다음에 어떤 일이 벌어지는지, 나니아는 어떻게 생겨나게 되었는지 살펴보고 싶어진다. 독자에게는 두 선택지가 다 열려 있다. 저자는 어느 쪽도 강요하지 않는다.

끝으로, 나니아 시리즈 중 세 권의 부제에 루이스의 진정한 의도를 알 수 있는 명확한 문학적 단서가 들어 있는데, 지금까지는 대체로 간과되었다. 이 부제들은 나니아 시리즈의 최신 판본에서 빠져 있다. 세 작품 중 하나가 『캐스피언 왕자』인데, 이 책의 전체 제목은 『캐스피언 왕자: 나니아로의 귀환』(Prince Caspian: The Return to Narnia)이다. 이해를 돕는 이 제목을 보면 『사자와 마녀와 옷장』 바로 다음에 이 작품을 읽어야 한다는 것을 알 수 있다. 루이스는 나니아 시리즈 중 『캐스피언 왕자』 외의 두 권에만 부제를 붙였는데 '어린이들을 위한 이야기'(A Story for Children)라는 똑같은 문구를 썼다. 의미심장하게도, 이 두 작품은 『사자와 마녀와 옷장』과 『마지막 전투』이다.

이것이 왜 중요할까? 영문학 전문 학자였던 루이스는 문학적 수사적 장치들에 대해 잘 알고 있었는데, 그는 이 부제를 인클루지오^{inclusio}로 쓴다. 인클루지오는 성경과 세속문학에서 두루 쓰이는 문학적 장치다. 저자는 인클루지오를 사용해 글에 "괄호를 쳐서" 그 안의 내용이 단일하거나 일관된 단위를 이룬다는 것을 알린다.[22] 괄호(또는 묶음표)가 시작되고 끝나는 부분은 기억에 잘 남는 동일한 용어나 문구를 반복하여 써서 표시한다. 루이스는 부제 '어린이들을 위한 이야기'를 『나니아 연대기』에서 두 작품에만, 곧 『사자와 마녀와 옷장』과 『마지막 전투』에만 사용한다. '어린이들을 위한 이야기'라는 문구가 루이스의 인클루지오다. 이렇게 되면 시리즈의 시작과 끝을 알리는 이 두 개의 북엔드로 나머지 다섯 소설을 아우르는 형국이 된다. 『나니아 연대기』의 최근 판본들에서 이 부제들을 표시하지 않음으로써 루이스가 사용한 이 문학적 장치의 용도가 불분명해졌고, 그리하여 그의 목적이 다소 가려졌다.

나니아의 동물들

나니아의 가장 두드러진 특징으로, 동물들이 이야기에서 차지하는 중요한 역할을 빠뜨릴 수 없다. 어떤 이들은 이 부분이 옷 입은 동물들이 말을 하는 나라, 루이스가 어린 시절에 창조한 세계 복센으로 회귀하는 유치한 짓거리로 치부한다. 하지만 루이스의 이야기에는 이보다 더 큰 의미가 있다.

『나니아 연대기』는 루이스 시대의 소위 "진보적" 사상계를 지배하던 태도들에 대한 비판을 담고 있다. 그중 하나가 실험실의 생체해부 관행을 널리 받아들이던 풍토였다. 오늘날에는 비인간적이고 부도덕하다는 이유로 거부당하겠지만 1930년대와 40년대에 유행했던 생각들, 예를 들면 H. G. 웰스가 열정적으로 옹호했던 우생학과 생체해부 같은 것들을 루이스는 주저 없이 비판했다. 그는 1947년의 에세이 「생체해부」(『피고석의 하나님』에 실려 있다―옮긴이)에서 19세기의 위대한 아동문학 작가 루이스 캐럴 Lewis Carroll, 1832-1898 의 주장에 힘을 보태 동물을 고문하는 것에 반대했다. 루이스는 생체해부의 관행이 다윈주의적 자연주의의 내적 모순을 드러낸다고 보았다. 다윈주의적 자연주의는 인간과 동물의 생물학적 근접성을 강조하면서도 내키는 대로 동물들을 다룰 수 있는 인간의 궁극적 권위를 내세웠다.[23]

뿐만 아니라, 우리가 앞에서 살펴본 대로, 루이스는 우생학과 생체해부를 지지하면 도덕적으로 불편한 결론에 이르게 된다는 점을 예리하게 지적했다. 1930년대 우학생 이론들은 서유럽의 진보적 집단들 사이에서 민망할 만큼 폭넓은 지지를 얻었는데, 이 이론들은 어떤 인간은 다른 인간보다 열등하고, 인류의 생존을 보장받으려면 "최고의" 인간들에게만 생식을 허용해야 한다고 주장했다. 양차대전 사이의 이 기간에 유럽의 진보적 엘리트들은 이러한 생각을 환영했다. 그러나 '이 위험한 생각을 따라가면 어떤 결론에 이르게 될까' 하고 루이스는 묻는다.

> 인간과 짐승이 질적으로 전혀 다르다는 오랜 기독교적 견해를 포기하면, 동물실험을 찬성하는 모든 논증은 곧 열등한 인간들에 대한 실험을 찬성하는 논증이 되고 맙니다.[24]

나니아 이야기들을 동물들이 말을 하고 감정을 느끼는 시늉을 하는 유치한 시도로 묘사하기는 쉽다. 하지만 루이스의 이야기는 자연 질서 안의 인류의 위치에 대한 다윈주의의 특정한 입장을 교묘하게 비판하고 교정책을 제시한다. 루이스가 나니아에서 그려 내는 동물 캐릭터들의 모습은 자연을 마음껏 주무를 수 있는 인류의 권리 운운하는 얄팍한 주장들에 대한 항의이기도 하다.

『나니아 연대기』에 나오는 동물들에 대한 풍부한 묘사는 중세시대 '동물우화집'의 영향을 부분적으로 받았다. 동물우화집은 창조질서 안에서 동물들의 구별된 개성과 역할을 강조하는, 동물의 삶에 대한 고전적인 기록으로서, 각 동물을 자연계의 복잡한 상호의존성을 증거하는 존재로 바라본다. 루이스는 여기서 더 나아가 동물들을 의식이 있는 도덕적 주체로 그려 냈다.

생체해부 옹호론자들은 생쥐 같은 동물들을 내적 감정이나 본질적 가치가 없는 실험실의 재료로 보았지만, 나니아에서 루이스는 그들을 적극적이고 의식이 있는 주체로 묘사한다. 가장 두드러진 사례는 리피치프인데, 고결하고 미덕을 갖춘 이 생쥐는 유스터스 스크러브에게 명예와 용기, 충성이 무엇인지 가르친다. 다원주의적 위계를 뒤집은 것은 비이성적 감상주의로 일탈한 결과가 아니며, 어린 시절 루이스가 만들어 낸 '옷 입은 동물들'의 세계 복센으로 퇴행한 증거도 아니다. 루이스는 인간이 동물보다 우월하다는 진정한 표시는 "동물들이 인간에 대해 인정하지 않는 의무를 인간은 동물에 대해 갖고 있다고 인정하는 것"이라고 보았다.[25] 프랑스어로 '노블레스 오블리주'Noblesse oblige다. 인간이 자신의 존엄을 지키려면 동물들을 존중해야 한다. 그뿐 아니라, 인간은 동물에 힘입어 동정과 배려를 배울 수 있다. 루이스는 창조신학에 따라, 인간과 동물의 관계를 통해 인간과 동물 모두 고결하게 되고 더 온전해질 수 있다고 주장했다. 물론 나니아에는 다른 어떤 동물보다 단연 돋보이는 동물이 등장한다. 신비롭고 고결한 존재 아슬란에 대해서는 다음 장에서 자세히 살펴보기로 하자.

실재를 보는 창, 나니아

루이스는 나니아 이야기가 마법이 풀린 세상에 다시 마법을 걸 힘이 있다고 보았다. 이 이야기는 우리가 우리 세계를 다른 방식으로 상상하도록 돕는다. 이것은 현실도피가 아니라 우리가 이미 아는 것 속에 들어 있는 더 깊은 차원의 의미와 가치를 분별하는 일이다. 루이스가 지적한 대로, 이런 어린이 책의 독자들은 "마법의 숲 이야기를 읽었다"고 해서 "진짜 숲을 경멸"하지 않는다. 오히려 사물을 새롭게 보게 된 그들은 "진짜 숲을 약간 마법에 걸린 곳으로 보게 된다."[26]

　루이스는 여러 글에서 몇 번이나 이런 "이중으로 보기"의 과정에 대해 말했다. 대표적인 사례를 꼽자면, 그가 1945년 옥스퍼드의 소크라테스 클럽에서 했던 강연의 결론을 들 수 있다. 당시 그는 이렇게 말했다. "저는 태양이 떠오른 것을 믿듯 기독교를 믿습니다. 그것을 보기 때문만이 아니라 그것에 의해서 다른 모든 것을 보기 때문입니다."[27] 태양 자체를 볼 수도 있고, 그 대신 태양이 비춰 주는 것들을 보고, 우리의 지적, 도덕적, 미적 시야를 넓힐 수도 있다. 우리는 진선미를 또렷이 보게 해주는 렌즈를 받아 참된 것, 선한 것, 아름다운 것을 더 분명하게 볼 수 있다. 나니아를 읽는다고 해서 그런 것들이 저절로 만들어지지는 않는다. 다만 옳은 것, 선한 것, 아름다운 것들을 알아보고 더욱 밝게 보고 더욱 또렷하게 볼 수 있게 된다. 올바른 렌즈를 통해 바라보면 **더 많이**, **더 멀리** 볼 수 있다.

루이스는 문학작품을 읽을 때 그 자체를 즐기면서 읽되 우리의 실재관을 넓혀 줄 대상으로도 인식하라고 말한다. 우리는 이 조언을 염두에 두고 나니아를 읽어야 한다. 루이스가 1939년 『호빗』에 대해 쓴 내용은 그가 쓴 나니아 시리즈에도 똑같이 적용된다. 그 책들은 우리가 "그 안의 고유한 세계"에 들어가게 해주는데, 일단 접하고 나면 그 세계는 "필수적인 것이 된다." "거기 가 보기 전에는 상상도 할 수 없는 곳이지만, 한번 가 보면 절대 그곳을 잊을 수 없다."[28]

일곱 권의 『나니아 연대기』를 '종교적 알레고리'로 보는 사람들이 종종 있다(하지만 루이스는 그렇게 말한 적이 없다는 것을 지적해야겠다). 루이스의 초기 저작 『순례자의 귀향』은 종교적 알레고리로 보는 것이 합당하다. 작품의 요소 하나하나가 표상성을 갖고 있다. 다시 말해, 모두 무엇인가로 가장하고 있지만 구체적으로 다른 무엇인가를 가리키고 있다. 그러나 루이스는 십 년 만에 이런 형태의 글쓰기에서 벗어났다. 나니아를 알레고리로 읽는 것은 가능하다. 하지만 루이스가 한때 지적한 바와 같이, "눈앞의 작품을 알레고리로 읽을 수 **있다는 것** 자체가 그 작품이 알레고리라는 증거는 아니다."[29]

1958년, 루이스는 '가정'supposal과 알레고리 사이의 중요한 구분을 제시했다. 가정은 상황을 다른 식으로 보도록 하되, 그것이 만약 사실이라면 일이 어떻게 풀릴지 상상해 보라는 권유이다. 이 말의 의미를 이해하려면 그가 이 개념을 어떻게 표현했는지 살펴봐야 한다.

『천로역정』에서 절망의 거인이 절망을 나타내는 것처럼 아슬란이 비물질적인 신을 나타낸다면, 아슬란은 알레고리적인 캐릭터가 될 겁니다. 하지만 사실 아슬란은 다음의 질문에 대한 가상의 답을 주는 발명품입니다. "나니아 같은 나라가 정말 존재하고, 그리스도께서 우리 세계에서 행하신 것처럼 그 세계에서 육신을 입고 죽고 부활하기로 선택하신다면 어떤 모습으로 나타나실까?" 이것은 알레고리가 아닙니다.[30]

이와 같이 루이스는 독자들을 가정의 세계로 초청한다. 하나님이 나니아 같은 세계에서 성육하기로 결정하신다고 가정해 보자. 그 일은 어떻게 이루어질까? 어떤 모습으로 나타날까? 나니아는 이런 신학적 가정을 탐색해 나가는 이야기다. 아슬란이라는 인물을 어떻게 해석해야 하는지에 대한 루이스의 설명을 보면, 『사자와 마녀와 옷장』이 가정, 곧 상상력을 발휘한 흥미로운 가능성을 탐색하는 이야기라는 사실이 분명히 드러난다. "나니아 같은 나라가 있고, 하나님의 아들이 우리 세계에서 사람이 되셨던 것처럼 그곳에서는 사자가 되신다고 가정해 보자. 그리고 무슨 일이 벌어질지 상상해 보자."[31]

『마법사의 조카』에서 루이스는 다른 세계로 가는 입구들이 가득한 숲을 그려 낸다. 이 출입구 중 하나가 나니아로 이어지는데, 새로운 세계 나니아에는 곧 인간과 동물을 아우르는 지각 있는 생물들이 살게 된다. 하지만 루이스는 나니아 너머에 다른 세계들이 있다는 것도 분명히 밝힌다. 나니아는 우리의 상황을 비춰 줄 수 있는 신학적 사례연구인 셈이다. 나니아는 질문에 답을 준다기보다는 생각을 자극한다. 미리 손질된 정답을 받을 생각 말고 스스로 답을 알아내라고 요구한다. 루이스는 나니아를 활용해 뭔가를 **보여줄 뿐**, 그것을 뒷받침하는 **논증을 펴지** 않는다. 뛰어난 형상화 능력과 이야기 구사능력으로, 우리가 이성을 통해 희미한 암시만을 얻는 대상을 상상력을 발휘해 생생하게 볼 수 있게 해준다.

나니아, 그리고 거대서사 다시 이야기하기

나니아가 갖는 심오한 매력을 이해하기 위해서는 이야기가 우리의 실재관에 미치는 영향과 그 실재 내에서 우리의 위치를 제대로 인식해야 한다. 『나니아 연대기』는 우리의 이야기가 더 거대한 어떤 이야기―일단 파악하고 나면 우리의 상황을 새롭고 의미심장하게 바라보게 해주는 이야기―의 일부라는 인간의 기본적인 직관에 강력하게 호응한다. 베일이 벗겨지고 문이 열리고 커튼이 걷히고, 우리는 새로운 영역에 들어간다. 『나니아 연대기』를 통해 우리는 자신의 이야기를 훨씬 더 큰 이야기의 일부로 보게 되는데, 이것은 더 큰 세상의 그림에서 우리가 어떤 자리를 차지하는지 이해하고, 우리가 변화시킬 수 있는 부분을 발견하고 그것을 귀히 여기는 데 도움이 된다.

루이스도 톨킨처럼 '신화'가 가진 상상의 힘을 깊이 인식하고 있었다. 여기서 신화란 우리가 누구인지, 어디서 우리 자신을 발견하는지, 세상의 무엇이 잘못되었는지, 그것을 바로잡기 위해 무엇을 할 수 있는지 이해하려 시도한 이야기들이다. 톨킨은 신화를 사용하여『반지의 제왕』에 신비로운 '타자성'을 가득 채워 넣을 수 있었는데, 타자성은 인간의 이성이 헤아릴 수 있는 영역 너머의 실재를 암시하는 신비감과 마법 같은 감각이다. 루이스는 선과 악, 위험, 고뇌, 기쁨 등이 "이야기 안에 담겨" 있을 때 더 또렷하게 보인다는 것을 깨달았다. 이 이야기들은 그 "제시적 사실주의"를 통해 상상력과 이성의 차원 모두에서 우리 세계의 더 깊은 구조를 파악하게 한다.[32]

루이스는 체스터턴의『영원한 사람』을 읽고 신화의 힘을 깨닫게 되었을 가능성이 있다. 그 책에서 체스터턴은 '가상의'imaginary 세계와 '상상의'imaginative 세계를 나누는 고전적 구분을 제시하고, 상상력이 어떻게 이성의 한계 너머에 이르는지 능숙한 분석을 내놓는다. 체스터턴은 "모든 참된 예술가는 자신이 초월적인 진리에 접촉하고 있고, 자신의 이미지들은 베일을 통해 들여다본 것들의 그림자"라고 느낀다고 말한다.[33]

루이스는 풍부한 중세와 르네상스 문학에 푹 잠겨 있었고 신화의 작동방식을 깊이 이해하고 있었다. 그런 그였기에 "논리적 지성의 깨어 있는 상상력"이 지닌 의심을 넘어 독자에게 다가갈 수 있는 적절한 목소리와 적절한 단어들을 찾을 수 있었다.[34] 나니아가 보여주는 세계는 우리가 경험적으로 아는 그 어떤 것보다 더 깊고, 밝고, 강력하고, 의미 있는 듯하다. 독자들은『나니아 연대기』가 허구작품이란 것을 알지만, 그럼에도 그 책들은 많은 '사실 작품들'보다 훨씬 더 사실에 가깝게 느껴진다.[35]

루이스는 같은 이야기가 어떤 독자에게는 '신화'이지만 어떤 독자에게는 그렇지 않을 수 있다는 것을 인식했다.³⁶ 어떤 사람들에게 나니아 이야기는 유치한 헛소리로 보인다. 그러나 그 이야기들을 통해 더없는 변화의 힘을 경험하는 이들도 있다. 이들에게 이 감동적인 이야기들은 다음과 같은 사실을 확증해 준다. '약하고 어리석은 자들이 어두운 세계에서 고결한 부르심을 받을 수 있다. 우리의 가장 깊은 직관이 세상의 참된 의미를 보게 하는 단서가 될 수 있다. 우주의 핵심에는 아름답고 멋진 뭔가가 참으로 존재하며, 이 대상을 찾고 받아들이고 흠모하는 일은 가능하다.'

여기서 『나니아 연대기』와 톨킨의 『반지의 제왕』의 차이점이 중요하다. 복잡하고 어두운 『반지의 제왕』 이야기의 핵심은, 모든 반지들을 지배하는 절대반지를 찾아내 파괴하는 것이다. 절대반지가 너무나 위험하고 파괴적이기 때문이다. 루이스의 『나니아 연대기』의 핵심은 다른 모든 이야기들을 이해하게 해주는 큰 이야기를 찾아내는 것이고, 그 이야기를 기꺼이 받아들이는 것이다. 그 안에는 삶에 의미와 가치를 부여하는 힘이 들어 있기 때문이다. 그렇지만 루이스의 이야기는 어두운 질문들도 예리하게 제기한다. 어떤 이야기가 진짜일까? 어떤 이야기가 진짜의 그림자나 메아리일까? 어떤 이야기가 날조된 것, 곧 함정에 빠뜨리고 속이기 위해 지어낸 이야기일까?

『사자와 마녀와 옷장』의 앞부분에서 네 아이는 나니아의 진정한 기원과 운명에 대한 여러 이야기를 듣게 된다. 당황한 그들은 어떤 사람들, 어느 이야기를 믿어야 할지 결정을 내려야 한다. 나니아는 정말 하얀 마녀의 영역일까? 아니면 그녀는 권력찬탈자에 불과하고, 아담의 두 아들과 하와의 두 딸이 캐어 패러벨 성의 네 왕좌에 앉을 때 힘을 잃게 되는 걸까? 나니아는 **정말** 언제라도 돌아올 수 있는 신비로운 아슬란의 영역일까?

　서서히 하나의 이야기, 아슬란의 이야기가 단연코 설득력 있는 이야기로 떠오른다. 나니아의 개별적인 이야기 하나하나는 이 큰 이야기의 일부로 밝혀진다. 『사자와 마녀와 옷장』은 나니아 시리즈 나머지 부분에서 확장되는 이 큰 그림을 암시한다(그리고 부분적으로 드러낸다). 맞물리는 이야기들이 엮어 내는 이 '거대 서사'를 통해 아이들은 자기들의 주위에서 보고 경험하는 수수께끼들을 이해하게 된다. 이 거대서사는 경치를 또렷하게 보게 해주는 카메라 렌즈처럼 아이들이 자신들의 경험을 새로운 명료함과 깊이로 이해하게 해준다.

　하지만 이 나니아 서사는 루이스가 만들어 낸 것이 아니다. 그는 자신이 이미 잘 아는 서사, 참되고 신뢰할 만하다고 믿게 된 서사, 곧 창조와 타락, 구속과 최종완성이라는 기독교의 서사를 빌려와 각색했다. 1931년 9월, 톨킨과 루이스는 다이슨과 함께 '기독교가 참된 신화'라는 주제로 밤늦도록 대화를 나누었다. 그후 루이스는 성육신 신앙에 담긴 설명력과 상상력의 힘을 파악하기 시작했다. 앞에서 본 것처럼, 루이스가 기독교를 믿게 된 부분적인 이유는 삶을 충실하고 현실적으로 그려내는 기독교의 능력 때문이다. 그것을 기독교의 문학적 안목에 담긴 특성이라고 말할 수도 있겠다. 이와 같이 루이스는 기독교를 지지하는 논증에 설득되었다기보다 그 강력한 실재관에 이끌렸고, 그것을 무시할 수 없었으며, 여러 사건이 보여주듯 그것에 저항할 수도 없었다.

　『나니아 연대기』는 루이스가 기독교의 거대서사에다가 기독교 문학전통에서 흡수한 여러 개념들로 살을 붙이고 상상력을 발휘해 다시 이야기한 것이다. 루이스가 『순전한 기독교』에서 정리한 기본적인 신학적 테마들이 나니아에서 독창적인 이야기 형태로 바뀌어 나타나자, 세상의 깊은 구조가 명료하고 멋들어지게 드러났다. '타락으로 인해 선하고 아름다운 창조세계가 망가지고 훼손되었는데, 이 세계에서는 창조자의 권력이 거부당하고 찬탈된다. 이후 창조자가 창조세계로 들어와 찬탈자의 힘을 부수고 구속적 희생을 통해 세상을 회복시킨다. 하지만 구속자가 온 이후에도 죄와 악에 맞선 싸움은 계속되고 만물의 최종적인 회복과 변화가 이루어질 때까지 싸움은 끝나지 않을 것이다.' 이 기독교적 메타서사―이전의 기독교 저자들은 이것을 '구원의 경륜'economy of salvation이라 불렀다―는 『나니아 연대기』 안에 한데 엮여 있는 여러 이야기들의 서사적 틀과 신학적 기초를 제공한다.

　루이스는 『나니아 연대기』를 통해 독자들이 이 메타서사 안에 잠기게 했다. 이는 주목할 만한 성취이다. 이야기 속으로 들어가 그 일부가 되는 경험을 선사한 것이다. 『순전한 기독교』가 기독교적 개념들을 이해하게 해주었다면, 나니아 이야기는 기독교 이야기 속으로 걸어 들어가 그 이야기를 **경험하게** 해주고, 세상을 이해하게 해주며, 진선미(眞善美)에 대한 우리의 가장 깊은 직관에 "부합하는" 기독교 이야기에 비추어 그 진위를 판단할 기회를 선사했다. 나니아 시리즈를 출간 순서대로 읽으면, 독자는 『사자와 마녀와 옷장』을 통해 이 이야기 속으로 들어가게 된다. 이 책은 구원자의 오심, 전문용어로 말하면 '도래'advent를 다룬다. 『마법사의 조카』를 통해서는 창조와 타락의 서사를 접하고, 『마지막 전투』에서는 옛 질서의 종말과 새 창조세계의 도래를 만나게 된다.

　나머지 네 소설(『캐스피언 왕자』, 『새벽 출정호의 항해』, 『말과 소년』, 『은의자』)은 이러한 두 도래의 중간 시기를 다룬다. 여기서 루이스는 아슬란이 왔던 과거와 그가 다시 올 미래 사이의 긴장 속에서 살아가는 믿음의 삶을 그린다. 이제 아슬란은 기억의 대상이자 소망의 대상이다. 루이스는 여러 가지를 이야기한다. 또렷이 보이지 않는 아슬란을 향한 강렬한 갈망. 냉소와 회의주의를 이기게 해주는 강하고 꿋꿋한 믿음. "거울로 보는 것처럼 희미하게" 보면서도 세상에 가득한 악과 의심에 대처하는 법을 배워 가며 그림자 나라를 믿음으로 걸어가는 기개 있는 사람들.

『스크루테이프의 편지』는 스승 악마와 그 제자라는 기발한 이야기 틀을 통해, 유혹과 의심에 맞선 그리스도인의 싸움을 새롭게 보게 해주었다. 그보다 훨씬 넓고 다양한 문제들을 다루는 『나니아 연대기』는 상상력을 발휘하여 다른 세계 안에 기독교의 이야기를 펼쳐 놓았고, 그로 인해 독자들은 신앙의 삶이 갖는 여러 모호함과 도전들을 이해하고 감당할 힘을 얻는다. 상상력을 발휘해 나니아를 만나고 나면 기독교의 거대 서사를 보다 이성적이고 성숙하게 내면화시키는 작업의 기초를 닦게 되거나 그 작업의 계기를 맞게 된다. 이만큼 서사의 힘, 영적 분별력, 교육적 지혜를 골고루 갖춘 문학작품은 드물다.

다음 장에서 우리는 나니아의 몇 개의 방을 살피고 몇 개의 창을 열어볼 텐데, 특히 나니아 시리즈의 첫 번째 작품이자 내가 볼 때 최고의 작품인 『사자와 마녀와 옷장』에 초점을 맞출 것이다.

12

나니아
: 상상의 세계 탐험

『나니아 연대기』를 탐험하는 두 가지 주된 방법이 있다. 더 쉽고 단연코 더 자연스러운 방법은, 시리즈의 각 권을 하나의 집에 있는 여러 개의 방으로 생각하는 것이다. 각 방과 그 내용물을 둘러보고 복도와 문으로 각 방이 어떻게 연결되어 있는지 즐겁게 감상한다. 우리는 새로운 도시나 나라를 누비면서 경치를 눈여겨보고 즐거운 시간을 보내는 여행자와 같다. 이런 방식에는 아무런 문제가 없다. 나니아는 다채로운 경치를 감상하듯 시간을 내어 탐험하고 알아 갈 만한 가치가 있다. 그리고 대부분의 여행자들처럼 우리에겐 나니아라는 지도가 있어, 우리 눈에 보이는 세상을 이해하는 데 도움을 얻을 수 있다.

나니아 시리즈를 읽는 두 번째 방법은 상상력이 주요 수단으로 등장한다. 이 방법은 첫 번째 방법을 무효화시키지 않고 그것을 기반으로 삼아 거기서 좀 더 뻗어 가는 것이다. 이번에도 나니아 소설들을 하나의 집에 있는 여러 개의 방으로 생각한다. 이번에도 집 안 이곳저곳을 돌아다니며 모든 것을 눈여겨본다. 그러나 이번에는 **이 집의 방들에는 창문이 있다**는 사실을 깨닫는다. 그 창들을 통해 바깥을 내다보면 새로운 방식으로 세상을 보게 된다. 창이 열어 보이는 경치를 통해 우리는 이전보다 더 멀리까지 볼 수 있다. 우리는 축적된 개별 사실들이 아니라, 그 배후에 놓인 더 큰 그림을 보게 된다. 이렇게 바라보면, 상상력을 발휘해 나니아를 경험하는 동시에 현실에 대한 인식도 넓어진다. 그리고 우리 세계에서 사는 일이 다르게 느껴지게 된다.

이와 같이 나니아 탐험의 핵심은 이 이상하고 멋진 나라에 진입하는 데만 있지 않고, 나니아에 힘입어 우리가 사는 세상과 우리의 삶을 다르게 보는 것까지 포함한다. 루이스의 표현방식을 빌리자면, 우리는 나니아를 하나의 **광경**spectacle으로 보고 연구의 대상으로 삼을 수 있다. 그리고 거기다 더해서건 그 대신이건, 나니아를 **안경**a pair of spectacles으로 삼을 수도 있다. 그렇게 되면 그 안경을 쓰고 다른 모든 것을 새로운 방식으로, 한층 또렷해진 모습으로 볼 수 있게 된다. 나니아 이야기는 우리를 매료시켜 세상을 나니아의 방식으로 보게 해준다. 평범한 세계를 한쪽으로 제쳐놓고 대신 비범한 세계를 보게 해준다.

그럼 이제 『사자와 마녀와 옷장』의 세계로 들어가 그 이상한 장소를 탐험하고, 그곳을 접한 사람이 누릴 수 있는 새로운 방식으로 세상을 바라보자. 이 일을 위해 나니아 이야기의 주인공, 위엄 있는 사자 아슬란보다 더 좋은 출발점이 있을까?

폴린 베인즈가 그린 나니아 지도.

아슬란: 마음의 소원

루이스는 나니아의 주요 캐릭터, 고결한 사자의 개념과 이미지를 어떻게 발전시켰을까? 이 대목에서 루이스는 자신에겐 특별한 통찰이 없다고 말하는 듯하다. 그는 이렇게 밝힌 적이 있다. "그 사자가 어디서 나왔는지, 왜 왔는지는 모르겠습니다. 하지만 일단 등장하자 그가 전체 이야기를 끌고 갔습니다." 하지만 아슬란이 루이스의 상상력 속으로 어떻게 "뛰어들었는지" 그럴듯한 설명을 내놓기는 어렵지 않다.[1] 루이스의 가까운 친구 찰스 윌리엄스는 『사자가 있는 곳』(1931)이라는 제목의 소설을 썼는데, 루이스는 그 책을 흥미롭게 읽었고 사자 이미지를 어떻게 발전시킬 수 있는지 감을 잡았을 것이다.

    사자를 주요 캐릭터로 사용하는 것은 루이스가 볼 때 문학적으로나 신학적으로 전혀 문제가 없는 타당한 일이었다. 기독교 신학전통에서는 그리스도를 "유다 지파의 사자, 다윗의 뿌리"(계 5:5)로 지칭한 신약성경을 본받아 사자를 그리스도의 이미지로 널리 쓰고 있었다. 게다가, 사자는 루이스가 어린 시절 다녔던, 벨파스트 외곽 던델라의 성공회 소속 세인트마크 교회와 전통적으로 관련이 있는 상징이다. 그리고 루이스가 어릴 때 자주 방문했던 세인트마크 교회 교구목사관의 대문 노커는 사자 머리 모양이었다. 사자 이미지의 사용은 상대적으로 이해하기 쉽다. 그럼 그 사자의 이름은 어떨까?

    루이스는 에드워드 레인이 번역한 『아라비안나이트』(*Arabian Nights*, 1838)의 주(註)에서 아슬란이라는 이름을 우연히 접했다. 이 이름은 오스만제국의 식민지 역사에서 특히 중요하다. 제1차 세계대전이 끝나기 전까지, 오스만제국(오늘날의 터키)은 중동의 여러 지역에 상당한 정치·경제적 영향력을 행사했다. 루이스는 이 이름을 『아라비안나이트』에서 접했다고 밝히고 있지만, 1838년에 나온 리처드 데번포트의 고전적 연구서 『성이 아슬란, 곧 사자였던 테펠레나 출신 에피루스의 고관, 알리 파샤의 생애』(The Life of Ali Pasha, of Tepeleni, Vizier of Epirus: Surnamed Aslan, or the Lion)를 통해 알게 되었을 가능성도 충분하다. 데번포트는 앞서 에드먼드 스펜서의 중요한 전기를 출간했는데(1822), 루이스는 그 시인에 대한 자료조사를 하는 가운데 이 책을 접했을 것이다. 오스만제국 출신의 이 사람을 통해, 루이스가 그의 위대한 사자에게 '아슬란'이라는 터키 이름을 붙여 주게 된 경위를 알 수 있다. "사자를 뜻하는 터키어입니다. 저는 '애슬란'이라고 발음하고요. 물론 유다의 사자를 뜻한 겁니다."[2]

루이스의 아슬란이 가진 가장 두드러진 특징은 **외경심과 경이감**을 불러일으킨다는 것이다. 루이스는 아슬란의 이런 모습을 보여주면서 그가 **야성적**이라는 사실을 강조한다. 가축화를 통해 길들여지거나 발톱이 뽑혀 무력해지지 않은, 외경심을 불러일으키는 위엄 있는 생물이다. 비버는 아이들에게 이렇게 속삭인 바 있다. "있잖아요. 그분은 야성적이에요. **길들여진** 사자와는 달라요."[3]

루이스의 아슬란 묘사가 가진 문학적 힘을 이해하려면 루이스가 이전에 읽은 루돌프 오토Rudolf Otto의 고전적인 종교서적 『성스러움의 의미』(The Idea of the Holy, 1923)의 중요성을 파악해야 한다. 루이스는 1936년에 이 책을 처음 접한 후 자신이 읽은 중요한 책 중 하나로 여러 번 거론했는데,[4] 이 책을 통해 그는 '누멘적인 것'the 'numinous'의 중요성을 확신하게 되었다. 누멘적인 것이란 실재하는 대상이건 상상의 대상이건, 어떤 사물이나 존재가 가진 신비롭고 외경스러운 특성을 말하는데, 루이스는 그것을 두고 "세계 너머에서 온 빛으로 비춰진 듯 보인다"고 표

현했다.[5]

루이스는 『고통의 문제』 첫 장의 상당 분량을 오토의 개념을 분석하는 데 할애하고, 그 중요성을 보여주는 구체적인 문학작품의 예를 제시한다.[6] 루이스는 케네스 그레이엄Kenneth Grahame의 『버드나무에 부는 바람』(The Wind in the Willows, 1908)에서 물쥐 래트와 두더쥐 모울이 목양신(牧羊神) 판에게 다가가는 대목을 소개한다.

"래트!" 모울이 떨면서 숨죽여 속삭였다. "무섭니?"
"무섭냐고?" 래트가 낮게 되물었다. 그 눈은 말할 수 없는 사랑이 담겨 반짝이고 있었다. "무섭냐고? 판이? 오, 아니야. 절대 아니야. 하지만, 하지만 모울, 무섭기도 해!"[7]

이 대목은 전체를 읽어 볼 만한 가치가 있다. 루이스가 나니아에서 아이들과 동물들이 아슬란에게 받는 느낌을 묘사하는 데 영향을 끼친 대목임이 분명하기 때문이다. 예를 들어, 그레이엄은 모울이 "자신을 강타하고 사로잡는 외경심을 경험했다"고, 그 느낌을 통해 "보지 않고도 어떤 위엄 있는 존재가 아주 가까이 있다는 것을 분명히 알았다"고 적고 있다.[8]

누멘적인 경험에 대한 오토의 해설은 두 가지 구별되는 테마를 담고 있다. 두려움과 떨림을 불러일으키는 신비mysterium tremendum와 매료시키고 마음을 끄는 신비mysterium fascinans다. 오토가 볼 때 누멘적인 것은 모울과 래트의 대화가 보여주듯 겁이나 활력을 주고, 두려움이나 기쁨을 불러일으킨다. 다른 작가들은 이 개념을 "낙원을 그리는 향수"로 재정의했는데, 자신이 어딘가 다른 세계에 속한 존재라는 강한 느낌을 의미한다.

"아슬란이 오고 있어요. 어쩌면 벌써 도착했는지도 몰라요." 비버가 확신을 담아 나지막이 속삭인 말을 듣고 아이들이 보여준 반응을 묘사하면서, 루이스는 누멘적인 것의 영향에 대한 훌륭한 문학적 진술을 내놓는다.

> 그때 아주 신기한 일이 벌어졌다. 아이들은 여러분 못지않게 아슬란에 대해 누군지 모르고 있었다. 그런데 비버가 그 이름을 말하자, 다들 각기 다른 느낌을 받았다. 어쩌면 여러분도 가끔 꿈속에서 그런 느낌을 받아 본 적이 있을 것이다. 누군가 하는 말이 이해는 안 되지만 뭔가 중대한 의미를 담고 있는 것 같은 느낌 말이다. 그 느낌은 꿈 전체를 악몽으로 바꾸어 놓는 무시무시함일 수도 있고, 말로 표현할 수 없을 만큼 멋진 어떤 것이어서 꿈이 너무나 아름다워질 수도 있다. 이렇게 되면 평생 그 꿈을 기억하고 다시 한 번 그 꿈속에 들어가 봤으면 하고 늘 바라며 살게 된다. 지금이 그와 같았다. 아슬란이라는 이름을 듣자마자 아이들은 저마다 마음속에서 뭔가가 솟아나는 것을 느꼈다.⁹

이어서 루이스는 이 "누멘적인" 실체가 네 아이에게 저마다 전혀 다른 영향을 끼치는 모습을 묘사한다. 어떤 이들에게 이 이름은 두려움과 떨림을 불러일으키고, 다른 이들에게는 말할 수 없는 사랑과 갈망을 불러일으킨다.

> 에드먼드는 정체 모를 공포를 느꼈다. 피터는 갑자기 솟구치는 용기와 모험심을 느꼈다. 수잔은 달콤한 향기나 감미로운 선율 같은 것이 스쳐 지나간 듯한 느낌을 받았다. 루시는 아침에 눈을 떠서 그날이 방학 첫날이라거나 여름이 시작되는 날이라는 걸 깨달았을 때에 찾아오는 그런 기분이 들

었다.[10]

수잔의 생각은 루이스가 1941년에 전한 설교 '영광의 무게'에서 특히 잘 드러난 '갈망'의 고전적인 분석에 근거하고 있다. 그 설교에서 루이스는 이 갈망이 "우리가 발견하지 못한 꽃의 향기" 또는 "우리가 들어 보지 못한 곡조의 메아리"라고 말했다.[11]

이 대목에서 루이스는 아슬란이 마음의 소원이라는 핵심 테마를 예비적이지만 강력하게 제시하고 있다. 아슬란은 경이감, 외경심, "말할 수 없는 사랑"을 불러일으킨다. 아슬란이라는 이름조차도 영혼 깊은 곳까지 다가간다. 그를 만나는 것은 무엇과 같을까? 루이스는 이 위엄 있는 사자에 대한 비버의 소개를 듣고 피터가 보여준 반응에서 갈망이 뒤섞인 복잡한 외경심을 포착해 낸다. 피터는 아슬란이 "숲의 왕이시며 바다 너머에 계신 위대한 황제의 아드님"이라는 비버의 선언을 듣고 이렇게 말했다. "난 그분을 만나고 싶어요. 무척 겁이 나긴 하지만요."[12]

여기서 루이스는 『순전한 기독교』 같은 저작들의 중심 테마들 중 하나를 상상의 세계에 옮겨 놓고 있다. 인간의 본성 안에 참으로 깊은 공허감, 오로지 하나님만 채워 줄 수 있는 갈망이 있다는 테마가 그것이다. 루이스는 아슬란을 하나님의 대리자로 삼아 동경과 안타까움의 이야기를 만들어 내고 그것이 궁극적으로 채워질 거라는 소망을 불어넣는다. 이것이 잘못된 전략이 아니라는 것을 강하게 암시하는 구절이 버트런드 러셀Bertrand Russell, 1872-1970의 저작에 등장한다. 무신론적 입장을 분명히 밝히고 많은 영향을 끼친 20세기 영국의 저술가 러셀은 이렇게 적었다.

내 중심은 언제나, 그리고 영원히 끔찍한 고통입니다.······세상의 한계 너머의 무엇, 거룩하고 무한한 무엇을 향한 추구. 지복의 직관, 신. 나는 그것을 찾지 못했고, 찾을 수 있다고 생각하지도 않습니다. 하지만 그것에 대한 사랑이 내 인생입니다.……그것이 내 안에 있는 생명의 샘입니다.¹³

『새벽 출정호의 항해』의 막바지에서 루시는 아슬란과 헤어지는 것을 견딜 수가 없다고 처량하게 말하는데, 여기서 우리는 하나님을 향한 인간 마음의 갈망이라는 이 테마의 메아리를 듣게 된다. 루시는 자신과 에드먼드가 자기 나라로 돌아가면 다시는 아슬란을 보지 못하게 될까 두려워한다.

루시가 흐느꼈다. "나니아 얘기가 아니에요. 아슬란 때문이에요. 거기서는 아슬란을 보지 못할 거예요. 다시 아슬란을 만날 수 없다면 우리는 어떻게 살까요?" "하지만 너희는 나를 만나게 될 거다, 사랑스런 아이야." 아슬란이 말했다. 에드먼드가 물었다. "거, 거기에도 계신 건가요?" "그래. 하지만 거기서는 다른 이름으로 존재하지. 너희는 그 이름으로 나를 알아 가야 한다. 그래서 너희를 나니아로 데려온 거다. 여기서 나를 조금 알게 해서 그곳에서 더 많이 알게 하려는 거지."¹⁴

아슬란을 그리스도 같은 인물 또는 그 모형으로 삼는다는 점에서 루이스는 문학과 영화에서 오랫동안 면면히 이어진 전통의 흐름 안에 서 있다. 어니스트 헤밍웨이Ernest Hemingway의 소설 『노인과 바다』(The Old Man and the Sea, 1952)에 나오는 '노인' 산티아고도 그런 인물이다.¹⁵ 그리스도 같은 인물은 아동문학을 포함해 모든 장르에서 볼 수 있다. 엄청난 성공을 거둔 『해리 포터』 시리즈도 그런 테마를 많이 포함하고 있다. 『반지의 제왕』에 나오는 간달프도 이런 인물 중 하나인데, 피터 잭슨의 최근 영화 「반지의 제왕」시리즈는 그리스도와 같은 그의 역할과 그리스도를 연상시키는 모습은 부각하고 있다.[16]

『나니아 연대기』에서 루이스는 그리스도를 가리키는 신약성경의 고전석인 진술을 많이 제시하는데, 대체로 아슬란의 모습을 그리는 데 집중된다. 하지만 고전적인 신학적 테마가 가장 흥미롭게 나타나는 부분은 『사자와 마녀와 옷장』에 등장하는 아슬란의 죽음과 부활일 것이다. 그럼 루이스는 대속(代贖)을 어떻게 이해하고 있을까?

더 심오한 마법: 나니아에서의 대속

기독교 신학의 사색에서 주요한 테마 하나는, 그리스도의 십자가 죽음을 인류의 구원과 관련해서 어떻게 해석할 것인가 하는 문제이다. 그리스도의 십자가를 해석하는 여러 방식은 전통적으로 "대속이론"으로 불리는데, 기독교 내부의 토론과 논쟁에서 오랫동안 중요한 역할을 해왔다. 아슬란이 하얀 마녀의 손에 죽임을 당하는 이야기는 이런 사상의 흐름에서 한 자리를 차지한다. 그럼 루이스는 어떤 대속이론을 전개할까?

이 질문을 살펴보기 전에, 루이스가 전문 신학자가 아니고 이 문제에서 기독교 전통 내부의 역사적인 논쟁들에 대한 전문가급의 지식을 갖고 있지 않다는 사실을 알아야 한다. 예를 들어, 어떤 이들은 루이스를 캔터베리의 안셀름(Anselm of Canterbury)과 피에르 아벨라르(Pierre Abélard)가 진행한 중세 논쟁에 연결시키려 했지만, 이런 접근법은 큰 유익을 얻기 힘들다. 루이스가 신학적 개념들을 접한 통로는 대부분 그것들을 문학적으로 구현해 낸 문학작품들이다. 그러므로 대속에 대한 루이스의 생각을 알아보려면 전문 신학자들을 찾아볼 것이 아니라 영문학의 전통을 살펴야 한다. 즉 『농부 피아즈의 꿈』(Piers Plowman, 장편종교시), 존 밀턴의 『실낙원』, 혹은 중세의 신비극을 찾아봐야 한다. 바로 여기서, 루이스가 나니아 이야기에 엮어 넣은 접근법들을 발견하게 될 것이다.

루이스가 대속에 대한 접근법을 처음 논한 것은 『고통의 문제』(1940)부터이다. 루이스는 대속의 사실성에 비하면 어떤 대속이론도 부차적이라고 주장한다. 그는 다양한 대속이론들이 어떤 이들에게는 유용할지 몰라도, "제게는 유익하지 않고, 그래서 다른 이론을 만들어 내지 않을 겁니다"라고 적었다.[17]

루이스는 1940년대의 방송 강연에서 이 테마를 다시 다루었다. 여기서 그는 자신이 그리스도인이 되기 전에 그리스도인이라면 그리스도의 죽음의 의미, 그중에서도 그것이 어떻게 구원을 가져오는지에 대해 특정한 입장을 취해야 한다고 생각했음을 밝혔다. 그 입장 중 하나가, 인간은 죄로 인해 벌을 받아야 마땅하지만 "그리스도가 자원하여 인간 대신 벌을 받았기에 하나님이 우리를 사면하셨다"는 것이었다. 하지만 회심 이후 루이스는 구원에 대한 이론들은 부차적인 중요성밖에 갖고 있지 않음을 깨닫게 되었다.

> 제가 나중에 알게 된 것은 이 이론뿐 아니라 다른 어떤 이론도 기독교 그 자체는 아니라는 점이었습니다. 기독교 신앙의 중심은, 그리스도의 죽음이 어떤 방식으로든지 간에 우리로 하여금 하나님과 바른 관계를 맺게 해 주었다는 데 있습니다. 어떻게 이런 일이 일어났느냐에 관한 이론들은 따로 살펴보아야 할 사항입니다.[18]

다시 말해, '대속의 이론들'은 기독교의 핵심이 아니고, 기독교의 작동원리를 설명하기 위한 시도들이라는 것이다.

여기서 신학적 문학적 사실보다 이론을 우위에 두는 입장을 거부하는 루이스 특유의 모습을 볼 수 있다. "그리스도가 하신 일이 어떻게 효력을 갖게 되는지 모르면서 그 일을 받아들이는" 일은 전적으로 가능하다. 이론들은 언제나 그것들이 나타내는 실재에 비해 부차적이다. 이것이 루이스의 주장이다.

우리는 그리스도가 우리를 위해 죽임을 당했으며, 그 죽음이 우리 죄를 씻어 주었고, 그가 죽음으로써 죽음의 세력이 힘을 잃었다는 말을 듣습니다. 이것이 공식입니다. 이것이 기독교입니다. 이것이 우리가 믿어야 하는 바입니다. 그리스도의 죽음이 어떻게 이 모든 효력을 갖게 되느냐에 대한 이론들은 제가 볼 때 아주 부차적인 것들입니다. 그 이론들은 도움이 되지 않을 경우 얼마든지 무시해 버릴 수 있을 뿐 아니라, 설령 도움이 된다 해도 실물 자체와 혼동해서는 안 되는 도식이나 도해에 지나지 않습니다.[19]

루이스의 주장은 구원이론 하나를 실제로 받아들이는 것과 전혀 모순되지 않는다. 오히려 그것이 "실물 자체와 혼동해서는 안 되는" 도식이나 도해 같은 것이라고 주장함으로써 하나의 이론을 균형감각을 갖고 볼 수 있게 해준다.

『사자와 마녀와 옷장』에서 가장 충격적이고 불편한 장면 중 하나는 아슬란이 죽는 대목이다. 신약성경은 그리스도의 죽음이 인류를 구속한다고 말하지만, 루이스는 아슬란의 죽음이 단 한 사람, 에드먼드에게만 유익을 주는 것으로 제시한다. 어리숙한 소년 에드먼드는 하얀 마녀의 손아귀에 들어간다. 나니아에 인간들이 나타난 것이 자신의 통치의 종말을 알리는 전조임을 인식하고 불안해진 하얀 마녀는, 에드먼드를 꼬드겨 대리인으로 삼고 그들을 제거하려 한다. 에드먼드는 그녀의 호의(와 더 많은 터키젤리)를 얻으려다 형제들을 속인다. 그리고 그의 기만행위는 신학적인 전환점으로 모습을 드러낸다.

하얀 마녀는 아슬란과의 만남을 요구한다. 그리고 그 자리에서 형제를 배신한 에드먼드가 자신의 권위 아래 있다고 선언한다. 그녀는 에드먼드의 목숨을 빼앗을 권리가 있었고 그 권리를 행사하려 한다. 바다 너머 황제가 나니아를 만들면서 심어 넣은 심오한 마법은 "모든 배신자는 나의 합법적인 포로로서 나한테 속하며, 죽일 권리도 내게 있다"고 규정했다.[20] 에드먼드는 하얀 마녀의 소유다. 그는 죽은 목숨과 같았다. 하얀 마녀는 그의 피를 요구했다.

그러다 비밀 계약이 체결되는데, 아이들은 그 내용을 전혀 알지 못한다. 아슬란은 에드먼드의 자리를 대신하기로 동의한다. 에드먼드를 살리기 위해 스스로 죽음을 선택한 것이다. 루시와 수잔은 무슨 일이 벌어질지 모르는 채로 아슬란을 따라간다. 그는 돌탁자 언덕으로 가서 묶이고 하얀 마녀의 손에 자신을 맡긴다. 이 장면은 끔찍하면서도 감동적인데, 겟세마네 동산에서 그리스도가 보낸 마지막 몇 시간, 그리고 이후의 십자가 처형에 대한 신약성경의 기록과 유사한 부분들이 있다(그렇지 않은 부분들도 있다). 아슬란은 최후의 고통 가운데 있는 그를 조롱하며 으르렁대는 무리에 둘러싸여 죽임을 당한다.

나니아 시리즈 전체에서도 손에 꼽을 만한 감동적인 장면은, 수잔과 루시가 죽은 사자에게 다가가 그의 앞에 무릎을 꿇고 "그의 차가운 얼굴에 입을 맞추고 그의 아름다운 털을 쓰다듬으며, 눈물이 바닥날 때까지 우는" 모습이다.²¹ 여기서 루이스는 최고의 상상력을 발휘해 고전적인 「피에타」(Pietà, 죽은 그리스도를 그의 어머니 마리아가 안고 있는 장면)와 「슬픔의 성모」(Stabat Mater Dolorosa, 갈보리 산에서 그리스도의 죽음을 보며 우는 마리아의 고통과 슬픔을 묘사), 그리고 중세의 경건이 담긴 이미지와 텍스트의 테마들을 다시 엮어 내고 있다.

그 다음 모든 상황이 갑작스레 변한다. 아슬란이 되살아난다. 이 극적인 순간의 증인들은 루시와 수잔 뿐인데, 부활한 그리스도의 첫 번째 증인들이 세 여인이었다는 신약성경의 주장과 유사하다. 그들은 놀람과 기쁨을 동시에 느끼며 아슬란에게 달려들어 입맞춤을 퍼붓는다. 무슨 일이 벌어진 것일까?

"그런데 이게 다 어떻게 된 거예요?" 마음이 좀 가라앉자 수잔이 물었다. 아슬란이 말했다. "마녀는 심오한 마법을 알긴 했지만 그보다 더 심오한 마법이 있다는 것은 몰랐지. 마녀는 시간이 시작된 이후부터만 알고 있을 따름이다. 하지만 마녀가 조금만 더 이전을 내다볼 수 있었다면, 시간이 시작되기 이전의 고요와 어둠을 들여다볼 수 있었다면, 거기서 다른 주문을 읽을 수 있었을 게다. 한 번도 배반한 적이 없는 이가 배신자를 대신해 스스로 목숨을 바치면 돌탁자는 깨지고 죽음 그 자체가 다시 원상태로 돌아간다는 것을 알았을 거야."²²

이렇게 아슬란은 다시 살아나고, 에드먼드는 하얀 마녀의 합법적인 권리주장에서 풀려나 자유를 얻는다.

이것이 끝이 아니다. 하얀 마녀 궁전의 뜰에는 하얀 마녀의 마법 때문에 돌이 되어 꼼짝도 못하는 나니아인들이 가득하다. 아슬란은 부활한 후 성문을 부수고 뜰로 뛰어들어 석상에 숨을 불어넣어 그들을 되살려 낸다. 마침내, 그는 해방된 군대를 이끌고 한때 튼튼했던 요새의 부서진 문을 지나 나니아의 자유를 위해 싸우러 간다. 극적이고 대단히 만족스러운 결말이다.

이런 생각들은 어디서 나온 걸까? 이 모두의 원천은 중세의 저작들인데, 시각적이고 극적인 접근법에 비판적이었던 학술 신학서적들이 아니라, 그리스도가 사탄의 허를 찌르는 강력한 이야기를 즐겨 다룬 당대의 대중적인 종교문학이다.[23] 이런 대중적인 대속이론들에 따르면, 사탄은 죄 많은 인간들에 대한 정당한 소유권을 갖고 있었다. 하나님은 그 어떤 수단으로도 사탄의 손아귀에서 인류를 되찾아 올 수 없었다. 그런데 만약 사탄이 자신의 합법적인 권한을 남용하여 죄 없는 사람, 곧 성육하신 하나님이신 예수 그리스도의 목숨에 대해 권리를 주장한다면 어떻게 될까?

중세의 위대한 성서극들 mystery plays — 예를 들면, 14세기와 15세기에 요크에서 공연되었던 사이클극 cycle(성경의 주요 사건이나 주제를 극 형식으로 엮은 것들이 성서극인데, 이 극들은 처음에는 서로 아무 연관도 없이 따로따로 공연되었으나 나중에는 합쳐지고 차례대로 연결되어 일종의 사이클을 이루게 되어 '사이클극'이라 부르게 되었다 — 옮긴이) — 은 영리하고 약삭빠른 하나님이 사탄을 속여 권한을 남용하게 만들고 모든 권한을 몰수한다는 내용으로 이루어졌다. 오만한 사탄이 응분의 벌을 받으면 극을 보러 모여든 마을 사람들이 꼴좋다고 소리를 질러 댔다. 이 위대한 대중적 대속론에는 '지옥의 정복' Harrowing of Hell이라는 주요 테마가 등장하는데, 부활한 그리스도가 지옥 문을 부수고 그 안에 잡혀 있던 모든 이들을 극적으로 해방시킨다는 것이다.[24] 그리스도의 죽음과 부활로 이처럼 전 인류가 해방되었다. 나니아에서는 에드먼드가 첫 번째로 아슬란에 의해 구원을 받고, 나머지 나니아인들은 아슬란이 마녀의 성에서 석상들에게 숨을 불어넣을 때 생명을 되찾는다.

루이스의 『사자와 마녀와 옷장』 이야기에는 중세 대속극의 주요 테마가 모두 담겨 있다. 사탄은 죄를 지은 인류에 대한 권리를 갖고 있다. 그리스도의 무죄함에 힘입은 하나님의 꾀에 사탄이 넘어간다. 지옥의 문이 부서지고, 그 안의 죄수들이 해방된다. 이 모든 이미지는 루이스가 흠모하며 즐겁게 읽었던 중세의 대중적 종교저작에서 나온 것들이다.

그러면 우리는 대속에 대한 이런 접근법을 어떻게 받아들여야 할까? 대부분의 신학자들은 대속을 이야기로 풀어낸 루이스의 결과물이 뒤죽박죽에다 혼란스러우며 우습기까지 하다는 반응을 보인다. 그러나 이것은 루이스가 활용한 자료와 그의 의도를 모두 오해한 처사이다. 위대한 중세의 성서극은 신학적 추상개념인 대속을 이해하기 쉽고 흥미로운 내용, 무엇보다도 재미있는 내용으로 만들어 내는 것이 목적이었다. 루이스는 자신만의 독특한 접근법으로 이 작업에 임하긴 했지만, 그 역사적인 뿌리는 명확하여 상상력에 강력한 호소력을 발휘한다.

일곱 행성: 나니아에 나오는 중세의 상징

일곱 권 『나니아 연대기』의 각 권은 나름의 독특한 문학적 특성, 곧 7부작 안에서 각 소설에 나름의 위치를 부여하는 '느낌' 내지 '분위기'가 있다. 루이스는 어떻게 각 권에 독특한 개성을 부여하면서도 나니아 이야기 전체의 통일성을 유지할 수 있었을까?

이것은 문학사에서 역사가 깊은 분야이다. 루이스는 리하르트 바그너가 방대한 오페라 모음극 「니벨룽의 반지」의 주제적 통일성을 유지한 방식을 알고 있었을 것이다. 바그너는 해당 극의 네 오페라 내내 반복되는 음악적 모티프를 가지고 그 전체 구조를 하나로 엮어 냈다. 그러면 루이스는 무엇을 했을까?

루이스는 엘리자베스 여왕 시대의 르네상스 시인 에드먼드 스펜서 Edmund Spenser, 약 1552-1599의 작품을 읽고 복잡하고 다양한 줄거리, 등장인물들, 모험들을 한데 묶어 내는 통합장치의 중요성을 인식하게 되었다. 스펜서의 『선녀여왕』(1590-1596)은 방대한 작품인데, 루이스는 스펜서가 탁월한 문학적 장치를 통해 작품의 통일성과 일관성을 유지했다는 것을 깨달았고 그도 이 장치를 『나니아 연대기』에서 사용하게 된다.

이 통합장치는 무엇일까? 루이스에 따르면, 간단히 말해 요정나라 Faerie Land이다. 그곳은 "더할 나위 없이 광활하고 넓어서" 통일성을 잃지 않고도 온갖 모험으로 가득 채워 넣을 수 있다. "'요정나라' 자체가 통일성을 제공한다. 줄거리의 통일성이 아니라 환경의 통일성이다."[25] 작품의 중심이 되는 이야기가 스펜서의 일곱 권짜리 책 각 권을 연결해 주고, 동시에 중심 구조에 종속되는 "느슨한 주변 이야기들"이 들어갈 자리를 만들어 낸다.

루이스의 이야기에 등장하는 나니아 나라는 스펜서의 이야기에서 요정나라가 맡는 역할과 비슷하다. 루이스는 하나의 복잡한 서사가 무관한 이야기들의 묶음으로 쉽사리 전락할 수 있음을 알고 있었다. 하지만 어떻게든 그 이야기들을 하나로 묶어 내야 했다. 『나니아 연대기』가 일곱 권으로 구성되어, 내용은 전혀 다르지만 스펜서의 『선녀여왕』의 구조와 유사한 것은 우연이 아닐지도 모른다. 나니아 나라 덕분에 루이스는 7부작 시리즈에 주제적 통일성을 부여할 수 있었다. 그렇다면 그가 나니아 시리즈의 각 권에 고유하고 독특한 문학적 분위기를 부여한 방법은 무엇일까? 『나니아 연대기』를 구성하는 각 부분이 나름의 일관성과 독자성을 가지게 만든 비결은 무엇일까?

루이스의 평론가와 해석자들은 7부작 나니아 소설의 의미를 해독하려고 많은 관심을 기울였다. 많은 논쟁이 있었지만, 가장 흥미로운 논쟁은 왜 일곱 권일까 하는 것이었다. 온갖 추측이 난무했다. 스펜서의 『선녀여왕』이 일곱 권으로 되어 있다는 점은 이미 지적했는데, 루이스가 엘리자베스 시대의 이 고전에 상응하는 작품으로 나니아 이야기를 썼다는 의미로 읽을 수도 있다. 하지만 그렇다 해도, 복잡한 서사를 통합하는 요정나라 같은 특수한 몇몇 측면에서만 그렇다. 혹시 일곱 권의 책이 칠성사(七聖事, 세례, 견진, 성체, 고해, 혼배, 병자, 신품)를 암시하는 것은 아닐까? 그럴 가능성이 있다. 하지만 루이스는 가톨릭 신자가 아니라 성공회 신자였고 두 가지 성사(세례와 성찬—옮긴이)만 인정했다. 혹시 칠대죄(七大罪, 교만, 탐욕, 시기, 분노, 음욕, 탐식, 나태)를 응용한 것은 아닐까? 그럴 가능성도 있다. 하지만 각 소설을 교만이나 음욕 같은 개별 죄에 대응시키는 것은 절망적일 만큼 작위적이고 부자연스럽게 보인다. 『나니아 연대기』의 어떤 책이 탐식을 다루고 있다고 말할 수 있을까? 설득력 없는 제안들이 난무하는 가운데 최근에 괜찮은 대안이 하나 등장했다. 17세기의 위대한 영국 시인 존 던[John Donne]이 "칠왕국[Heptarchy], 곧 일곱 행성의 일곱 왕국"이라 부른 것에 루이스가 영향을 받았다는 주장이다. 놀랍게도, 이것은 잘 들어맞는 것처럼 보인다.

이 생각은 2008년 옥스퍼드에서 루이스를 연구한 학자 마이클 워드[Michael Ward]가 처음 제시했다.[26] 루이스가 여러 중세 문학 연구서에서 일곱 행성을 중요하게 다루고 있음에 주목한 워드는, 나니아 시리즈가 "폐기된" 중세 세계관 중에서 일곱 행성과 연관된 특징적인 주제들을 되살려 구현하고 있다고 말했다. 코페르니쿠스 이전의 세계관은 지구가 고정되어 있고 일곱 '행성'이 그 주위를 도는 것으로 여겼다. 중세의 일곱 행성은 태양, 달, 수성, 금성, 화성, 목성, 토성이었다. 루이스는 천왕성, 해왕성, 명왕성은 여기에 포함시키지 않는다. 이 행성들은 각기 18세기, 19세기, 20세기에 와서야 발견되었기 때문이다.

그럼 루이스의 의중은 무엇일까? 워드는 루이스가 코페르니쿠스 이전의 우주론을 지향한다거나 불가사의한 점성술의 세계를 인정한다고 말하는 것이 아니다. 그의 요점은 훨씬 더 미묘하며, 상상력의 측면으로 볼 때 엄청난 잠재력을 지니고 있다. 워드는 루이스가 일곱 행성을 시적인 감수성과 상상력을 자극하는 상징체계의 일부로 여겼다고 생각했다. 그는 루이스가 중세 사람들이 일곱 행성 각각에 대해 연상했던 특징들, 곧 상상력 넘치고 감수성이 풍부한 특징들을 일곱 권의 나니아 이야기에 다음과 같이 할당했다고 보았다.

1. 『사자와 마녀와 옷장』: 목성
2. 『캐스피언 왕자』: 화성
3. 『새벽 출정호의 항해』: 태양
4. 『은의자』: 달
5. 『말과 소년』: 수성
6. 『마법사의 조카』: 금성
7. 『마지막 전투』: 토성

『캐스피언 왕자』를 예로 들면, 워드는 이 책이 화성Mars의 주제에 영향을 받았다고 주장한다.[27] 이것은 주로 두 가지로 나누어 볼 수 있다. 첫째, 마르스Mars는 고대 전쟁의 신이다(싸우러 나가는 마르스, Mars Gradivus). 이것은 이 소설에 등장하는 군사적인 용어, 이미지, 사안들과 곧장 연결된다. 페번시네 네 남매가 도착한 나니아는 "전쟁 한복판에" 있었다. 이후에는 이 전쟁을 "위대한 해방전쟁"이라 불렸고, 루이스의 '나니아 역사 개요'에는 "내전"이라고 나와 있다.

그런데 그리스 로마 고전 전통의 초기 단계에서 마르스는 자라나는 나무, 수풀, 숲과 연관된 농사의 신(숲의 마르스, Mars Silvanus)이기도 했다. 겨울이 지나고 초목이 되살아나는 북부 지방의 봄을 알리는 달 3월March은 이 신Mars의 이름에서 따온 것이다. 『캐스피언 왕자』를 읽은 많은 독자들은 이 책이 식물과 나무들을 강조하고 있다는 것에 주목했다. 워드는 이 책과 식물의 연관관계가 당혹스럽게 느껴질 수 있지만, 마르스와 연관되었던 중세의 개념의 틀 안에서 바라보면 쉽사리 이해할 수 있다고 주장한다.

워드의 주장이 옳다면, 루이스는 각 행성에 대한 중세 전통의 이미지를 활용하여 나니아 시리즈의 이야기 하나씩을 만들어 냈을 것이다. 그러나 이 이미지가 각 소설의 줄거리나 시리즈 전체의 줄거리를 결정한다는 뜻은 아니다. 다만, 이 부분을 염두에 두면 나니아 시리즈 각 권의 고유한 주제와 문체상의 특징을 잘 이해하는 데 도움이 될 것이다.

워드의 분석은 나니아 시리즈에 대한 새롭고도 중요한 시각으로 인정받고 있다. 물론 논의와 평가를 거치면서 세부내용은 좀 달라질 것이다. 루이스의 천재적 상상력은 이전의 해석자들이 인식한 것보다 더 많은 내용을 그려 냈다. 워드의 분석이 옳다면, 루이스는 자신의 전문 분야인 중세와 르네상스 문학에서 끌어낸 주제들을 사용하여 『나니아 연대기』 전체의 일관성을 확보하고 각 권마다 고유한 독자성을 부여했다고 말할 수 있다.

그림자나라: 플라톤의 동굴 비유 새로 쓰기

"플라톤 책에 다 나와. 플라톤에 다 나온다고. 나 원, 요즘 학교에선 뭘 가르치는지!"[28] 루이스는 『마지막 전투』에서 디고리 경의 입을 빌어 이렇게 말한다. 이 대사는 역사적인 시작과 끝이 있었던 "옛 나니아"가 실제로는 "언제나 여기 있었고 앞으로도 언제나 여기 있을 진짜 나니아의 그림자 혹은 복사품일 뿐"이라고 설명하는 과정에서 등장한다.[29] 루이스의 많은 저작을 아우르는 중심 주제는, 우리가 사는 세계가 더 크고 더 나은 세계의 "밝은 그림자"라는 것이다. 이 생각은 신약성경에서도 여러 가지 형태로 등장하는데, 특히 히브리서에서 볼 수 있다. 또 고대 그리스의 철학자 플라톤(기원전 약 424-348)의 영향을 받은 위대한 문학과 철학의 전통에서도 볼 수 있다.

이 테마는 나니아 서사시의 절정에 해당하는 『마지막 전투』에서 전개된다. 이 대목에서 루이스는 아름다운 골짜기나 광대한 바다풍경이 보이는 창이 달린 방을 하나 상상해 보라고 말한다. 그 창으로 밖을 내다보다가 이번에는 고개를 돌려 같은 모습이 거울에 비치는 광경을 상상하고 바라보라고 한다. 루이스는 사물을 바라보는 이 두 가지 방식의 관계가 무엇인지 묻는다.

거울에 비친 바다나 골짜기는 어떤 면에서 진짜 바다, 진짜 골짜기와 똑같지만 어떤 면에서는 다르다. 거울에 비친 바다와 골짜기가 더 심오하고 아름다우며, 한 번도 들어 본 적이 없지만 너무나도 알고 싶은 이야기 속의 장소와 같은 느낌을 준다. 옛 나니아와 새 나니아의 차이가 이와 같았다. 새 나니아는 더 심오한 나라였으며, 바위와 꽃과 풀잎 하나하나가 심오한 의미를 갖는 것처럼 보였다.[30]

우리는 그림자 나라에 산다. 그림자 나라에서 하늘의 음악의 메아리를 듣고, 하늘의 밝은 색깔을 보고, 호흡하는 공기를 통해 하늘의 달콤한 향기를 맡는다. 그러나 그것은 진짜가 아니다. 진짜로 너무나 쉽사리 오인되는 표지판이다.

거울의 이미지는 루이스가 옛 나니아(사라져 버릴 수밖에 없는)와 새 나니아의 차이점을 설명하는 데 도움을 주었다. 하지만 루이스가 사용한 가장 중요한 플라톤적 이미지는 『은의자』에 나오는 플라톤의 동굴일 것이다. 『국가』(The Republic)에서 플라톤은 독자들에게 '어두운 동굴'을 상상해 보라고 한다. 한 무리의 사람들이 그곳에서 태어났다. 그들은 평생 그곳에 갇혀 지냈고 다른 세상을 알지 못한다. 동굴 한쪽 끝에서 불이 밝게 타올라 온기와 빛을 제공해 준다. 피어오르는 불꽃이 동굴 벽에 그림자를 드리운다. 그곳 사람들은 눈앞의 벽에 비친 그림자들을 보고 그것들이 무엇을 나타내는지 궁금해한다. 동굴에 사는 이들이 볼 때, 그림자들이 깜빡거리는 이 세상이 그들이 아는 전부다. 그들이 파악하는 현실은 어두운 감옥에서 보고 경험하는 것으로 한정되어 있다. 동굴 너머의 세상이 있다면, 그것은 그들이 알지 못하고 상상할 수도 없는 곳이다. 그들이 아는 것은 그림자들뿐이다.

루이스는 『은의자』에서 '지상세계'와 '지하세계'를 구분함으로써 이 개념을 살펴본다. 지하세계의 거주자들은 플라톤의 동굴에 사는 사람들처럼 다른 현실은 없다고 믿는다. 나니아의 왕자가 태양이 비추는 지상세계에 대해 말하자, 마녀는 그가 지하세계의 실물들을 본떠 이야기를 지어낸다고 주장한다. 그러자 왕자는 비유를 들어 가며 마녀에게 자신의 말을 이해시키려 시도한다.

"저기 등불이 보이죠? 둥글고 노란 저것은 방 전체를 비춰 줍니다. 그리고 천장에 매달려 있지요. 우리가 태양이라고 부르는 것도 저 등과 같습니다. 다만 훨씬 더 크고 훨씬 더 환해요. 하늘에 매달려 온 지상세계를 비춰 주지요." 마녀가 물었다. "어디에 매달려 있다고요, 왕자님?" 그 질문에 모두가 설명할 말을 궁리하고 있을 때, 마녀는 부드러우면서도 은방울을 흔드는 듯한 특유의 웃음소리를 내며 덧붙였다. "거봐요. 태양이 어떤 것인지 정확하게 생각해 보려니까 설명할 수가 없잖아요. 그것이 등과 비슷하다는 말밖에 못하잖아요. 당신의 태양은 꿈이고, 그 꿈은 하나에서 열까지 모두 등에서 베낀 거예요. 등은 실제로 존재하지요. 태양은 이야기, 아이들의 동화일 뿐이에요."[31]

그때 질이 끼어든다. 그녀는 아슬란은 있다며 그는 사자라고 말한다. 마녀는 약간 자신감이 떨어진 듯 질에게 사자 이야기를 해보라고 한다. 어떻게 생겼는데? 음, 큰 고양이처럼 생겼어요! 그러자 마녀는 웃으며 사자는 진짜 고양이보다 더 크고 더 좋은 고양이를 상상해 낸 것뿐이라고 말한다. "너희가 말하는 상상 속의 세계에는 실제로 존재하는 이 세계, 유일한 세계인 나의 세계에서 본뜨지 않은 것이 하나도 없구나."[32]

『은의자』의 이 부분을 읽는 독자들 대부분은 이 주장에 미소가 나올 것이다. 세련된 철학적 논증으로 보이는 마녀의 주장이 터무니없는 엉터리임을 알기 때문이다. 하지만 루이스는 이 논증을 플라톤에게서 빌려 오고 캔터베리의 안셀름과 르네 데카르트$^{René\ Descartes}$를 중재자로 삼는 방식으로, 고전적 지혜가 본질적으로 기독교적 주장을 뒷받침하게 만들었다.

루이스는 플라톤을 해석하는 여러 개의 렌즈가 있음을 잘 알고 있었는데, 그에게는 플로티누스^{Plotinus}, 아우구스티누스, 르네상스^{Renaissance}의 렌즈가 특히 친숙했다. 루이스의 『사랑의 알레고리』, 『폐기된 이미지』, 『16세기 영문학』(English Literature in the Sixteenth Century), 『스펜서의 생명의 이미지』(Spenser's Images of Life)를 읽은 독자들은, 루이스가 플라톤과 이후 신(新)플라톤주의자들이 중세와 르네상스 시대의 기독교 문필가들에게 얼마나 광범위하게 영향을 끼쳤는지 자주 강조한다는 점을 기억할 것이다. 루이스의 성취는 플라톤의 주제와 이미지들을 아동문학 안에 자연스럽게 엮어 내어, 그의 책을 읽는 어린 독자들이 나니아가 어떤 철학자의 영향을 받았고 이전의 어떤 사상에 근거하고 있는지 잘 알아채지 못하게 했다는 것이다. 이것은 대단히 이해하기 쉽고 상상력 넘치는 방식으로 철학적 개념들을 아이들에게 제시하여 정신을 확장시키는 루이스의 전술이다.

나니아에서 과거의 문제

『사자와 마녀와 옷장』을 처음 대하는 사람은 궁전, 성, 기사 등의 중세적

이미지가 먼저 눈에 들어올 가능성이 높다. 그곳은 주인공 네 아이가 살던 1939년의 세상은 물론, 그 책을 읽은 독자들의 세상과도 별 관련이 없다. 그렇다면 루이스는 독자들에게 현실에서 벗어나 과거로 도피하라고 부추기는 것일까?

물론 루이스가 현재보다 과거가 더 낫다고 생각한 부분들은 있다. 예를 들면, 루이스의 전투장면들은 백병전에서의 대담성과 용기의 중요성을 강조하는 경향이 있다. 나니아에서의 싸움은 고결함과 위엄을 갖춘 적들이 서로 얼굴을 맞대어 대결하는 백병전이고, 살상은 안타깝지만 승리를 획득하기 위해 꼭 필요한 요소로 등장한다. 이런 전투는 루이스가 1917년 말부터 1918년 초까지 아라스 근처의 전장에서 경험한 전투와 전혀 다르다. 현대전에서는 비인간적인 기술을 동원해 원거리에서 폭발물을 쏘아 사람을 죽이고, 그 과정에서 종종 적군과 아군이 모두 궤멸된다. 현대의 대포와 기관총에는 용기나 대담성 같은 요소가 없다. 나를 죽인 상대를 볼 일도 없을 것이다.

하지만 루이스는 독자들이 향수에 사로잡혀 재창조된 가상의 중세로 물러나기를 바란 것이 아니다. 그 사상과 가치를 되살리라고 촉구하는 것은 더더욱 아니다. 그는 또 하나의 사고방식을 제시하여, 그것을 기준으로 우리가 스스로의 생각을 판단해 보고, 우리의 생각이 더 최근의 것이라는 이유만으로 반드시 "옳은" 것은 아님을 깨닫게 하려는 것이다. 나니아 시리즈에서 루이스는 하나의 사고방식과 생활방식을 제시하는데, 그에 따라 생각하고 살아가면 복잡하지만 조화를 이룬 단일 우주의 모델 안에서 모든 것이 딱 들어맞는 것을 경험하게 된다. 루이스가 "폐기된 이미지"라 부르며 후기의 학술서적에서 많이 탐구했던 우주 모델이다. 루이스는 나니아에서 이 모델을 제시하여 우리가 현재의 사고방식을 재검토하게 만든다. 또, 현재와 같이 생각하게 된 과정에서 잃어버린 것은 없는지, 그것을 되찾을 방법은 없는지 생각해 보라고 초청한다.

하지만 이 부분에는 문제가 있다. 오늘날 『나니아 연대기』를 읽는 독자들은 이중으로 상상력의 도약을 해야 한다. 나니아를 상상할 뿐 아니라, 네 아이가 원래 살았던 세상, 곧 제2차 세계대전 종전 후 브리튼의 사회적 전제와 희망과 두려움의 영향을 받아 형성된 세상도 상상해야 한다. 『사자와 마녀와 옷장』에서 에드먼드가 터키젤리의 유혹을 받는 대목을 읽으며 (이 신비로운 물질이 무엇일지 궁금해하면서) 미소 짓는 현대 독자 중에서, 이 책을 쓴 지 4년이 지난 1953년 2월이 될 때까지 단것을 배급제로 공급했다는 사실을 알고 있는 이가 얼마나 될까? 나니아의 웬만한 잔치도 전후 영국의 내핍 상태와 극명한 대조를 이룬다. 당시 영국에는 아주 기본적인 먹거리조차 부족했던 것이다. 나니아 시리즈가 당시의 독자들에게 어떤 느낌으로 다가왔을지 온전히 이해하려면, 상상의 세계뿐 아니라 지나간 세계 속으로 들어가려는 시도가 있어야 한다.

이 일은 몇 가지 부분에서 현대 독자들에게 쉽지 않다. 가장 두드러진 어려움은 『사자와 마녀와 옷장』에 나오는 아이들이 "이크, 어머나"(golly gosh) 같은 다소 잘난 체하는 표현들을 구사하는 영국의 중산층 백인 소년소녀라는 점일 것이다. 이들의 대사는 1950년대 초의 독자들에게도 부자연스럽고 잘난 체하는 것으로 들렸을 것이다. 피터가 학교에서 쓰던 은어 "Old chap(여보게)!", "By Jove(정말로)!", "Great Scott(맙소사)!"을 이해하려면 이제 문화사전이 필요하다.

더 문제가 되는 것은, 1930년대와 1940년대 잉글랜드 중산층의 사회적 태도 중 일부와, 루이스가 유년기를 보낸 1910년대의 사회적 태도가 나니아 이야기에 단단히 박혀 있다는 점이다. 그중에서도 여자들에 대한 태도가 가장 두드러진다. 이 문제에 대해, 루이스가 21세기 서구인의 생각을 따라잡지 못했다고 비판하는 것은 분명 불공평하다. 그렇지만 몇몇 사람들은 『나니아 연대기』 내내 루이스가 여자 캐릭터들에게 부차적인 역할만 맡기고 있다고 주장했고, 당대의 전통적인 성 역할에 매인 그의 고정관념을 아쉬워했다.

수잔의 사례가 종종 특별히 거론된다. 그녀는 『사자와 마녀와 옷장』에서 중요한 역할을 했지만, 시리즈의 마지막 권 『마지막 전투』에 등장하지 않는다. 최근 루이스의 가장 노골적인 비판자로 자처하는 필립 풀먼Philip Pullman은 수잔이 "옷과 남자애들에게 관심을 가졌기 때문에 지옥에 갔다"고 선언한다.[33] 그는 루이스에 대한 증오 때문에 증거를 조금이나마 객관적으로 분석하는 일조차 할 수 없게 된 모양이다. 나니아 시리즈의 모든 독자들이 알다시피, 루이스는 그 책 어디에서도 수잔이 "지옥에 갔다"고 말하지 않으며, 그 이유가 "남자아이들"에 대한 관심 때문이었다는 발언은 더욱이 한 적이 없다.

수잔은 최근 일부 평론가들이 나니아 시리즈에 대해 표명한 우려, 곧 남자 캐릭터들에게 특혜를 주는 경향이 있다는 우려의 사례는 될 수 있을 것이다. 루이스가 1930년대에 루스 피터나 조이 데이빗먼을 만났다면 나니아 이야기가 달라졌을까?

하지만 우리는 루이스를 공정하게 대우해야 한다. 그가 속했던 문화적 정황에서는 남자들의 역할이 두드러졌지만, 『나니아 연대기』에서 성별에 따른 역할의 비중은 상당히 균형을 이루고 있다. 『나니아 연대기』의 대표적인 주연급 인간 캐릭터도 여자다. 루시는 『사자와 마녀와 옷장』의 주인공이다. 루시는 나니아에 처음 들어가는 등장인물이고 아슬란과 가장 가까워지는 인간이다. 그녀는 『캐스피언 왕자』에서 주요 역할을 감당하고 『마지막 전투』의 끝부분에 나오는 인간들이 나누는 대화에서 마지막 대사들을 맡는다. 루이스는 『나니아 연대기』를 구상했던 1940년대 영국인들의 성 역할에 대한 견해를 앞질렀다. 지금과 비교하면 구식으로 느껴질 수 있으나, 그의 비판자들이 주장하는 것만큼 그렇게 많이 뒤떨어지지는 않았다.

이제 우리는 상상의 세계 나니아를 떠나 1950년대의 실제 세계 옥스퍼드로 돌아가야 한다. 앞서 지적한 바 있듯, 루이스는 적대자들에게 둘러싸여 점점 더 고립되고 있었다. 그는 이 상황을 어떻게 극복할까?

4부

케임브리지

13

케임브리지 모들린 칼리지로

1954-1960

친구들이 볼 때는 루이스가 전후 옥스퍼드에 쉽사리 적응하지 못하는 것이 분명했다. 루이스 본인도 자신의 고립된 상황을 뼈아프게 인식하고 있었다. 그는 고위 교수직 선출에서 적어도 세 번 밀렸고, 교수진 내부의 인간관계는 종종 까다롭고 불쾌했다. 루이스는 1954년 5월에 쓴 편지에서, 옥스퍼드 대학 영문학부 내의 "위기" 때문에 "하루에도 몇 번씩 증오와 씨름한다"고 드러내 놓고 적고 있다.[1]

일 년 전, 옥스퍼드 영문학부는 학부생 교육과정의 범위를 1830년에서 1914년으로 늘리기로 가결했다. 옥스퍼드 학생들이 빅토리아 시대의 문학도 공부할 수 있게 된 것이다. 빅토리아 시대의 문학적 창의성을 고려할 때 오늘날 많은 이들은 이것을 전적으로 합당한 결정이라고 생각할 것이다. 하지만 이것은 루이스가 완강하게 반대했던 일이며, 정도는 덜했지만 톨킨의 생각도 루이스와 같았다. 영문학부의 기조에 대한 교수들의 도전은 궁극적으로 성공하지 못했지만 루이스를 불안하게 만들기에는 충분했고 옥스퍼드에서 그가 느낀 고립감을 심화시켰다. 영문학부는 점점 더 '현대주의자들'을 중심으로 모였고 루이스는 위태로울 정도로 외톨이가 되어 갔다.

 루이스가 옥스퍼드의 마지막 몇 년에 해당하는 1949년부터 1954년 사이에 쓴 나니아 시리즈는 대단한 성공을 거두었지만, 그의 편지를 보면 1949년부터 1950년 사이에 예술적 활력이 뚝 떨어졌음을 알 수 있다. 여러 편지를 볼 때 1951년 말경에 이르러 창의력이 부분적으로나마 되살아나는 기미가 포착되지만, 문학적 상상력을 발휘하는 면에서 그는 한동안 정지 상태에 머물렀다. 『순전한 기독교』는 상업적으로나 그의 지명도를 높이는 데 있어서 상당한 성공을 거두었지만 새 책은 아니었고 1940년대에 쓴 네 번의 방송 강연 시리즈를 손본 작품이었다. 이 시기 루이스의 가장 중요한 저작은 『16세기 영문학』이었는데, 독창적인 창작물이 아니라 문학작품을 대상으로 한 묵직한 학술서였다. 더욱이, 이 엄청난 책을 쓰면서 완전히 탈진하여 젊은 시절의 특징이었던 활력과 창의성이 다 말라 버렸다.

 루이스의 업무가 과중한 탓도 있었다. 전후 옥스퍼드 대학으로 학생들이 몰려들면서 루이스의 개인지도 업무 부담이 크게 늘어났다. 모들린 칼리지의 학생 수가 급증했다. 1930년대에는 학부생 수가 사십 명 정도로 상당히 일정하게 유지되다가, 1939-1945년에는 뚝 떨어져서 그 수가 기록적으로 줄었다. 1940년에는 학부생이 열여섯 명이었고, 1944년에는 열 명이었다. 그런데 전쟁이 끝나자 그 숫자는 치솟았다. 1948년에 여든네 명의 학생이 있었고, 1952년에는 일흔여섯 명이었다.[2] 루이스의 업무량은 견딜 수 없을 정도가 되었고, 그의 학문연구와 저술활동을 방해했다. BBC가 그에게 라디오 프로그램을 제안했지만, 루이스는 과중한 업무 부담으로 거절할 수밖에 없었다.[3]

이런 상황에서 그가 무엇을 할 수 있을까? 어디로 갈 수 있을까? 어려운 상황에서 빠져나갈 길은 보이지 않았다.

새로운 케임브리지 정교수직

루이스는 몰랐지만, 옥스퍼드의 학문적 라이벌 케임브리지 대학에서 벌어진 일련의 사태는 그의 문제를 해결해 줄 대안을 만들어 내고 있었다. 언론에서는 1944년 5월 아서 퀼러카우치가 죽은 이후 케임브리지 영문학부의 킹에드워드 7세 석좌교수직 후보 중 하나로 루이스를 거론했다. 1944년 후반에는 그가 이 명예로운 교수직을 제의받았다는 소문이 무성했다.[4] BBC의 주요 인사가 그에게 편지를 보내 케임브리지 정교수직을 언제 받아들일 거냐고 묻기도 했다.[5] 하지만 이번에도 성과는 없었다. 결국 1946년에 그 자리를 차지한 사람은 존경받는 영문학자이자 지성사학자였던 배질 윌리 $^{\text{Basil Willey, 1897-1978}}$였다.

1950년대 초, 케임브리지 대학은 세계 최고 수준의 영문학 교수진을 확보하고 있었다. 주요 인물은 리비스$^{\text{F. R. Leavis, 1895-1978}}$였는데, 루이스는 문학비평에 대한 그의 입장을 혐오했다. 리비스는 케임브리지에서도 인기가 없었다. 그는 적을 많이 만들었는데, 그중에는 이매뉴얼 칼리지의 펠로이자 케임브리지 대학 강사였던 헨리 스탠리 베넷$^{\text{Henry Stanley Bennett, 1889-1972}}$도 있었다. 대학 정치와 치밀한 교섭의 달인이었던 베넷은, 케임브리지 영문학부에 기존의 킹에드워드 7세 정교수직을 보완할 두 번째 정교수 자리가 꼭 필요하다고 보았다. 베넷은 중세와 르네상스 영문학 전공자가 이 새 교수직을 맡아야 한다고 생각했고, 더 중요하게는 그 자리를 맡을 첫 번째 인물까지 점찍어 두었다. 리비스를 강력하고 설득력 있게 비판하는 옥스퍼드의 C. S. 루이스였다. 대학 정치에 훤했던 베넷은 이런 생각을 현실로 만들 능력이 있었다.

1954년 3월 31일에 광고가 실렸는데, 4월 24일을 신청마감일로 명시하고 있었다.[6] 5월 10일, 베넷은 다른 일곱 명의 고위 학자들과 함께 케임브리지의 첫 번째 중세 및 르네상스 영문학 정교수를 뽑는 모임에 참석했다. 모임의 의장은 케임브리지 부총장 헨리 윌링크 경$^{Sir\ Henry\ Willink,\ 1894-1973}$이었는데, 그는 모들린 칼리지의 학장이기도 했다. 선거인단 중 두 사람은 옥스퍼드에서 왔다. 유니버시티 칼리지 시절 루이스의 개별지도 교수였던 F. P. 윌슨과, 루이스의 가까운 동료이자 (여전히) 친구인 J. R. R. 톨킨이었다.[7] 하지만 루이스는 그 자리에 지원하지 않은 상황이었다. 선출위원회는 이 거북하고 형식적인 절차를 무시하고 그 자리를 루이스에게 제안하기로 만장일치로 결정했다. 당시 옥스퍼드 세인트힐다 칼리지의 영문학 펠로였던 헬렌 가드너는 제2의 후보가 되었다.[8]

윌링크는 직접 루이스에게 편지를 써서 그 자리의 중요성을 강조하고 그 자리를 맡아 달라고 제안했다. 그는 선거인단이 "케임브리지 대학에 더없이 값진 자리가 될 새로운 석좌교수직을 귀하에게 제안하기로, 더없이 열렬하고 진실하게 만장일치로 결정했다"고 전했다.[9] 그 자리는 루이스에게 여러 가지 이점을 주게 될 터였다. 케임브리지로 옮기게 되면 우선 다들 아는 어려운 상황에서 벗어날 수 있을 테고, 학부생 개별지도의 책임에서 벗어나 연구와 저술 활동에 전념할 수 있을 것이었다. 봉급도 세 배로 늘어날 것이었다.

그런데 루이스는 윌링크에게 바로 답장을 써서 그 자리를 거절했다.[10] 루이스의 답장은 회신의 속도 면에서도, 내용 면에서도 이해하기 힘들다. 그는 거의 무례할 정도로 성급하게 답장을 써서 설득력 없는 거절 이유들을 제시했다. 루이스는 케임브리지로 자리를 옮기면 정원사이자 잡일꾼인 프레드 팩스퍼드의 서비스를 받지 못할 텐데, 자신은 그럴 처지가 아니라고 밝혔다. 게다가 자신은 새로운 교수직을 맡기에 나이가 너무 많다며 그 자리에는 보다 젊고 활력이 있는 사람이 필요하다고 했다.

루이스는 새로운 교수직의 조건에 대해 물어보지 않았다. 케임브리지로 꼭 이사를 가야 하는지도 묻지 않았다. 케임브리지 선거인단이 그의 나이를 잘 알고 있다는 사실도 생각을 못한 것 같은데, 그 나이에 고위직에 뽑히는 경우는 드문 일이 아니었다.

윌링크는 루이스의 빈약한 거절 사유가 납득되지 않았다. 루이스가 케임브리지의 제안을 그렇게 신속하게 거절한 것에 다소 마음 상하기도 했을 것이다. 그는 루이스에게 다시 편지를 써서 입장을 재고해 줄 것을 촉구했다.[11] 그러나 루이스는 다시 한 번 거절했다. 이제 윌링크가 할 수 있는 일은 그 자리를 헬렌 가드너에게 제안하는 것밖에 없었다.

하지만 톨킨은 윌링크처럼 만만한 사람이 아니었다. 5월 17일 오전, 그는 와니가 있는 자리에서 루이스가 그 정교수직을 거절한 이유들을 정면으로 따지고 들었다. 진짜 문제는 루이스가 케임브리지 대학의 정교수 거주규정에 대해 오해했기 때문이라는 것을 톨킨은 곧 알게 되다. 루이스는 사랑하는 킬른스, 팩스퍼드, 와니를 남겨 둔 채 모든 것을 싸들고 케임브리지로 이사해야 한다고 생각했던 것이다.

톨킨은 이 부분에서 어느 정도 융통성이 있을 거라고 보았다. 톨킨은 루이스와 만난 후 두 통의 편지를 썼다. 윌링크에게 보낸 첫 번째 편지에서 그는, 루이스가 옥스퍼드에 거주했으면 한다는 것과 그의 책 대부분을 보관할 수 있을 만한 큰 칼리지 숙소가 케임브리지에 필요하다고 설명했다.[12] 그리고 베넷에게 비밀서한을 보내어 사태가 뜻밖의 방향으로 펼쳐지긴 했지만 케임브리지가 루이스를 붙잡을 수 있을 거라는 믿음을 표명했다. 인내심만 발휘하면 되었다. 5월 19일, 루이스도 윌링크에게 편지를 보내 상황을 분명하게 설명했다. 주중에 케임브리지에서 머물면서 옥스퍼드의 집에 오갈 수 있다면 제안을 다시 검토해 보겠다는 내용이었다.

하지만 너무 늦은 조치였다. 5월 18일, 윌링크가 케임브리지의 두 번째 후보였던 헬렌 가드너에게 편지를 보내 교수직을 제의했던 것이다.[13] 늦게나마, 그는 케임브리지 대학의 거주규정에 따라 학기 중에는 주말에, 학기가 끝나면 죽 옥스퍼드에서 지낼 수 있다고 확인해 주었다. 하지만 거취 문제는 더 이상 중요하지 않았다. 윌링크는 '두 번째 후보'(루이스는 그 사람이 누구인지 끝까지 알지 못했다)에게 교수직을 제안하는 편지를 이미 발송했다고 알려 주었다.[14] 이 문제는 사실상 종결된 것이었다.

그러나 상황은 다르게 전개되었다. 5월 19일, 새로운 정교수직의 케임브리지 선거인 중 한 사람이었던 배질 윌리 정교수가 윌링크에게 비밀서한을 보냈다. 헬렌 가드너가 방금 제의받은 자리를 "거절할 가능성이 대단히 높아 보인다"는 내용이었다.[15] 윌리는 정보의 출처를 밝히지 않았고 가드너가 케임브리지의 제안을 거절할 거라고 생각하는 이유도 설명하지도 않았다.[16] 하지만 그의 말은 옳았다.

헬렌 가드너는 루이스와 달리 자신이 그 제안을 심각하게 검토했음을 알릴 정도의 적당한 시간 동안 뜸을 들인 후, 6월 3일에 그 자리를 정중하게 거절했다. 그녀는 그 결정의 이유를 설명하지 않았다. 하지만 루이스가 죽은 후, 가드너는 루이스가 그 교수직을 원한다는 소문을 그 무렵에 접했고 그 자리는 그가 맡는 것이 이상적이라고 생각했다고 밝혔다.[17] 그녀는 자신이 그 자리를 거절하면 누가 그 교수직을 맡게 될지 알고 있었던 것이다. 가드너의 절묘한 처신에 안도한 윌링크는 다시 루이스에게 편지를 썼다. "두 번째 후보가 거절했습니다. 저는 케임브리지가 첫 번째 후보의 교수직 수락을 얻게 될 거라는 희망에 부풀어 있습니다." 그는 자신의 칼리지인 모들린 칼리지가 루이스에게 필요한 공간을 제공할 수 있을 것 같다는 사실도 함께 전했다.[18]

그것으로 충분했다. 합의는 끝났다. 루이스는 1954년 10월 1일부로 새로운 정교수로 임명을 받되 1955년 1월 1일부터 그 자리를 맡기로 하고, 그 사이에는 옥스퍼드에서의 일을 정리할 시간을 갖기로 했다.[19] 루이스가 모들린에서 떠나면 비게 될 펠로 자리를 채워야 했다. 칼리지 내의 루이스 지지자들은 후임으로 적당한 사람을 금세 생각해 냈다. 루이스 후임자로 오언 바필드보다 나은 인물이 있겠는가?[20] 하지만 이 제안은 받아들여지지 않았고, 루이스의 후임은 결국 엠리스 존스Emrys L. Jones로 정해졌다.

케임브리지로 옮긴 결정이 지혜로운 것이었을까? 그렇게 생각하지 않는 이들도 있었다. 루이스의 학생이었던 존 웨인은 그 일을 들어 "철 지나 방치된 장미꽃밭을 떠나 시베리아 평야에 있는 원예시험장으로 가는 것"과 같다고 말했다.[21] 웨인의 말은 기상학적인 것이 아니라 이념적인 것이었다. 겨울철 우랄산맥에서 불어와 케임브리지를 꽁꽁 얼리는 차가운 동풍을 말한 것이 아니라, 이 무렵 케임브리지 영문학부를 지배했던 문학을 대하는 차가운 태도를 지칭한 것이었다. 루이스는 사자굴에 들어가고 있었다. '비평이론'을 애지중지하고, 텍스트를 지적 즐거움과 확장을 선사하는 '대상'이 아니라 분석적 해부의 '대상'으로 다루는 교수진이 그를 기다리고 있었다.

학기 중에 통근을 하느라 루이스의 건강이 상하지 않을까 우려한 이들도 있었지만, 결과적으로 루이스는 새로운 일상을 잘 감당해 냈다. 주중에는 나무 패널을 댄 모들린 칼리지의 편안한 방에서 지냈고, 주말에는 케임브리지에서 옥스퍼드의 륨리로드 Rewley Road 역으로 가는 직통열차를 타고 킬른스로 돌아갔다. 이 열차는 흔히 "케임브리지 느림보" Cantab Crawler (모든 역에서 다 정차했고 128킬로미터를 가는 데 세 시간이 걸렸다)로, 이 노선은 "두뇌노선" Brain Line (케임브리지와 옥스퍼드 두 대학의 학자들이 자주 이용하는 노선이라 이렇게 불렸다)으로 알려져 있었다. 지금은 이 노선도 옥스퍼드의 륨리로드 역도 남아 있지 않다.

몇몇 사람들의 눈에는 루이스가 케임브리지 모들린 사람들과 잘 어울리려고 지나치게 노력하는 것으로 보였다. 아마도 새로운 칼리지에서 받아들여지지 못할까봐 긴장한 마음이 겉으로 어느 정도 드러난 것 같다. 1949년부터 1972년까지 모들린 칼리지의 펠로이자 페피스 도서관 사서였던 리처드 래드버러는 루이스가 모들린 사람들의 마음을 얻고자 너무 신경을 쓴다고 생각했다. 루이스는 수줍음과 불안을 감추려고 우렁찬 목소리를 내고 "유쾌한 농부처럼" 사람들에게 친밀하게 다가갔다. 수줍음을 감추려는 노력이 오히려 공격적인 모습으로 보인 걸까? 하지만 결국, 모들린 사람들은 기대 이상으로 루이스를 기꺼이 받아들였다.

케임브리지에서의 첫해가 끝나 갈 무렵, 루이스는 "케임브리지로 옮긴 것은 대성공이라고 선언할 수 있겠다"고 느꼈다. 케임브리지의 모들린 칼리지는 옥스퍼드 모들린 칼리지보다 "더 작고, 더 부드럽고 더 우

케임브리지 모들린 칼리지로 1954-1960

캠 강에서 바라본 케임브리지 모들린 칼리지, 1955년.

아한 장소"였다. 점차 산업화되어 가는 옥스퍼드 시와 달리, 케임브리지는 "기분 좋게 작은" 시장마을이었기에 루이스는 원할 때는 언제든 "진짜 시골길 산책"을 나갈 수 있었다. 이 무렵 그는 편지에 이렇게 썼다. "친구들이 다 저보고 젊어 보인답니다."[22]

르네상스: 케임브리지 취임 연설

케임브리지의 중세 및 르네상스 영문학 초대 정교수 취임 강연이 성공리에 끝난 것도 아마 루이스가 자신감을 갖는 데 도움이 되었을 것이다. 강연 시간은 오후 다섯 시였다. 장소는 케임브리지 안의 가장 큰 인문학 강의실이었다. 루이스의 쉰여섯 번째 생일이었던 1954년 11월 29일 월요일, 그가 아직 옥스퍼드에서 지내고 있을 때였다. 그날 강연에 대한 기록은 많이 남아 있는데, 루이스의 목소리를 들으려고 모인 엄청난 군중과 그의 탁월한 강연 능력을 강조하고 있다.[23] BBC 제3라디오에서 그 강연의 방송을 심각하게 고려했는데, 학술행사로서는 보기 드문 명예였다.[24]

취임 강연의 테마는 문학사의 시기구분이었다. 이것은 그가 이전에 케임브리지에서 했던 강연, 곧 1939년 렌트 학기에 르네상스 문학을 주제로 펼친 8주짜리 강연 시리즈와 1944년 트리니티 칼리지에서 했던 클라크 강연에서 살펴본 주제였다. 루이스는 '르네상스는 없었다'는 두 강연의 핵심 테마를 다시 다루었다. 그가 여러 해에 걸쳐 발전시켜 온 테마였다. 그는 1941년, 밀턴 전문가 더글러스 부쉬Douglas Bush에게 이렇게 써 보냈다. "저의 입장은 르네상스를 '현대의 저자가 15세기나 16세기에서 좋게 생각하는 모든 내용의 출처로 지목하는 가상의 실체'로 **정의**하는 것입니다."[25]

이 도전적이고 과감한 선언은 뉘앙스를 잘 읽어 내야 한다. 루이스가 근본적으로 반대하는 내용은, '르네상스라 불리는 시기가 중세의 단조롭고 고루한 방식들을 없애고 문학과 신학과 철학의 새로운 황금시대를 불러왔다'는 널리 퍼진 개념이었다. 그는 이것이 르네상스 옹호자들이 만들어 낸 신화라고 말했다. 그리고 이 신화를 그냥 방치하고 있기 때문에, 학문 연구가 진행될수록 영문학사를 이념적으로 읽는 경향이 굳어지고 있다고 주장했다. 그는 이 주장을 내세우면서 1944년에 그를 케임브리지 트리니티 칼리지의 클라크 강연 강사로 초청했던 케임브리지의 역사가 조지 매컬리 트리벨리언George Macaulay Trevelyan, 1876-1962의 말을 인용했다. "날짜와 달리, '시기'periods는 사실이 아니다. 시기는 지나간 사건들을 대상으로 우리가 만들어 내는 회고적 개념으로, 논의의 초점을 맞추는 데는 유용하지만 그로 인해 역사적 사고의 길을 잃어버리는 경우도

많다."²⁶

 루이스의 주장은 적어도 몇 가지 중요한 측면에서는 전적으로 옳다. 유럽 르네상스에 대한 최근의 연구 결과는 그 "실체에 대한 담론"이 그 의제를 강조하기 위해 의도적으로 만들어진 것임을 밝혀냈다. 르네상스 저술가들은 "중세"라는 용어를 만들어 내어, 그들의 시각에서 본 찬란한 고전문화와 그것이 재탄생하고 부흥한 르네상스 시기 사이의 따분하고 문화적으로 퇴보한 시기를 지칭하고 폄하하는 데 사용했다. 루이스는 논쟁의 여지가 있는 그런 의제들이 역사를 형성해 가도록 허용해서는 안 된다고 올바르게 지적했다. 그런 의제들은 중세와 르네상스 문화 사이의 연속성을 어떻게든 축소하려 했다. "그 두 시대를 나누는 장벽이 인문주의의 선전으로 만들어진 허구라 할 순 없겠지만, 크게 과장된 것만은 분명합니다."²⁷ 중세 문학은 르네상스 인문주의가 조장하는 것처럼 싸잡아서 무시할 대상이 아니다. 그것은 공감과 존경을 갖고 읽을 만한 가치가 있다.

 루이스의 취임 강연이 '르네상스'라는 주제를 다루었다는 것은 의미심장하다. 루이스는 이 강연을 방편으로 새로운 모습으로 거듭나려 했던 걸까? 케임브리지로 옮긴 일을 정체성의 변화, 개인적인 르네상스로 받아들이고, 변화된 모습으로 고치에서 나오는 것처럼 "다시 태어나려" 했던 걸까? 케임브리지의 루이스는 새로운 루이스가 될 생각이었을까? 그래서 옥스퍼드 시절 후기의 그를 규정하던 활동과 이슈들 중 일부와 선을 긋고 있는 것이었을까? 루이스가 케임브리지에 있는 동안 변증론 분야에서 비중 있는 글을 쓰지 않았다는 것은 의미심장하다. 이 시기에 그가 집필한 『시편사색』(*Reflections on the Psalms*)과 『네 가지 사랑』 같은 대중적인 저작들은 비판자들의 도전에 맞서 신앙을 옹호하는 것이 아니라, 신앙이 옳다고 가정하고 그 내용을 살피는 책들이었다.

루이스는 더 이상 교회 바깥의 비판자들을 상대로 기독교 신앙을 옹호하는 일에 관심을 기울이는 변증가로 자처하지 않았다. 그의 초점은 이미 믿는 자들, 또는 믿음에 가까운 자들의 유익을 위해 기독교 신앙의 깊이 있는 내용을 살피고 음미하는 쪽으로 옮겨 갔다. 이 새로운 전략은 『시편사색』의 서두에 분명하게 밝혀져 있다.

> 이 책은 소위 말하는 '변증서'는 아닙니다. 저는 이 책 어디에서도 비그리스도인들에게 기독교의 진리를 납득시키려 하지 않았습니다. 저는 이미 하나님을 믿고 있는 분들과, 책을 읽는 동안만이라도 잠시 자신의 '불신앙을 접어 둘' 준비가 되어 있는 분들을 대상으로 이 책을 썼습니다. 인간은 진리에 대해 변호만 하고 살 수는 없습니다. 진리를 양식으로 먹는 시간도 있어야 합니다.[28]

이 마지막 문장은 루이스가 거듭 언급했던, 기독교적 개념을 옹호하는 것은 진 빠지고 힘든 일이라는 주장에 비추어 읽어야 한다. 그는 자신이 기독교적 개념들을 지키기 위한 싸움터로 끊임없이 내몰리는 대신, 그런 개념들을 **누릴** 기회도 허용받아야 한다고 말하는 듯하다.

하지만 루이스가 케임브리지에서 펼친 활동은, 그가 기독교에 접근하는 종합적인 큰 틀 안에서 이루어진 초점의 변화로 볼 때 가장 잘 이해할 수 있다. 그의 기본적인 확신이 근본적으로, 혹은 상당히 변했다는 뜻으로 읽는 것은 무리가 있다. 루이스는 다양한 청중을 염두에 두고 지성과 마음, 이성과 상상력을 창의적으로 엮어 내어 기독교 신앙에 접근했다. 1940년대와 1950년대 초에 그는 『기적』과 『순전한 기독교』 등의 이성적인 변증서를 써서 기독교 신앙을 이성적으로 변호했다. 1950년대 후반에 이르러서는 『예기치 못한 기쁨』 같은 저서들을 내며 기독교인을 상대로 신앙의 상상적이고 관계적인 차원들을 살폈다. 염두에 둔 독자층이 달라진 것은 당대의 필요가 달라졌다는 루이스의 인식이 반영된 결과일 수도 있다. 하지만 루이스라는 인물의 가장 큰 특징이자 『순례자의 귀향』(1933)에서 처음 등장했던 기독교 신앙에 대한 포괄적인 비전은 전혀 달라지지 않았다.

루이스의 케임브리지 취임 강연은 지적 외관을 능숙하게 구성해 낸 것으로 읽을 수 있다. 뭔가 어설프고 기만적인 처사라는 의미가 아니라, 자신이 어떻게 보일지 스스로 규정한다는 의미에서 그렇다. 르네상스 인문주의가 그 실체에 대한 담론(루이스는 그것을 능숙하게 해체했다)을 개발했던 것처럼, 루이스는 자신이 어떻게 이해되기 바라는지 나름의 설명을 개발했다. 그는 자신이 당대의 "연대에 대한 속물적 태도"에 도전할 준비가 된 "지적 공룡"으로 여겨지기를 바란다고 도발적으로 선언했다. 루이스의 강연을 다른 방식으로 해석한 이들도 있기는 했다. 기독교를 활성화시키겠다, 그게 아니라면 적어도 문학연구에서 기독교의 영향력을 활성화시키겠다는 선언으로 본 것이다. 하지만 이 논쟁은 금세 가라앉았다.

'공룡', 곧 가치관과 일하는 방식에서 현대세계에 적응하지 못하는 거대한 짐승이라는 루이스의 자기인식은 1950년대 이래 나타난 학문연구 방식의 변화로 더욱 강화되었다. 루이스의 개인장서에는 본문과 치열하게 씨름한 흔적들이 보인다. 다른 색의 잉크로 표시된 주석과 밑줄을 보면 이미 친숙한 텍스트를 계속해서 다시 읽었음을 알 수 있다. 영국의 역사가 키스 토머스[Keith Thomas, 1933-]는 최근에 영국 르네상스 시대의 읽기 습관에 대해 언급하면서, 오랜 기간에 걸쳐 텍스트와 직접 씨름하면서 얻은 통찰들을 보호하는 수단으로 주석 달기의 중요성을 이야기했다.

르네상스 시대 독자들은 밑줄을 치거나 여백에 선을 긋거나 손가락을 그려 넣거나 해서 주요 구절에 표시를 하는 일이 흔했다. 현대로 말하면 노란색 형광펜을 칠하는 것과 같다. 제임스 1세 시대(1603-1625)의 교육저술가 존 브린슬리에 따르면, "가장 학식 있는 사람들과 유명한 학자들의 소중한 책들"을 보면 "위나 아래에 짧은 줄을 쳤거나" "화살표 표시나 내용을 기억하는 데 도움이 될 만한 문자나 표시"가 곳곳에 그려져 있었다.[29]

루이스처럼 일차 자료를 폭넓게 적극적으로 읽었던 토머스도 자신이 "공룡 비슷한 존재가 되었다"고 말했다. 현대의 연구자들은 책을 처음부터 끝까지 다 읽지 않고 검색엔진을 사용해 단어나 구절을 찾는다. 이런 접근법 때문에 연구자들은 자신들이 논의하는 텍스트의 깊은 구조나 내적 논리에 둔감해졌다. 거기에 더해, "우연히 뜻밖의 발견"을 하게 될 가능성도 훨씬 적어졌다. 토머스가 씁쓸하게 말한 것처럼, 한때 느리고 고통스럽게 축적해 가며 평생에 걸려 배웠던 내용을 이제 "어느 정도 부지런한 학생이라면 오전 안에 익힐 수 있게" 되었다.

루이스가 잔뜩 주석을 적어 넣은 개인 장서를 살펴본 사람이라면 그가 자신이 연구한 텍스트들과 얼마나 치열하고 밀도 있게 씨름했는지 의심할 수 없을 것이다. 루이스는 토머스가 찬사를 보낸 꼼꼼한 본문 해독과 개념파악의 정확한 사례이다. 그러나 기술의 발달로 인해 그것은 돌이킬 수 없을 만큼 쇠퇴했다. 그러면 문학에 대한 학문적 연구는 희망이 없는 기술인가? 루이스가 자신을 '공룡'이라 부른 것은 그의 연구 결과

뿐 아니라 연구 방법도 염두에 둔 발언일까? 루이스가 볼 때 당대에 기존 학문연구의 방법은 맥이 끊어지고 있었고, 특히 머릿속에 일차 자료를 넣어 두는 방법은 그의 세대를 마지막으로 사라지고 있었다.

루이스는 케임브리지에서 오랫동안 생산적인 시기를 보내다 건강이 나빠져 결국 1963년 10월부로 정교수직에서 물러났다. 계산해 보니, 루이스는 케임브리지에 있는 동안 열세 권의 저서와 마흔네 편의 논문을 썼다. 서평은 수없이 썼고 시도 몇 편 썼으며 세 편의 에세이집을 편집했다. 물론 여러 번의 논쟁에도 참여했는데, 가장 유명한 것은 1960년에 문학비평의 가치를 둘러싸고 F. R. 리비스 및 그의 지지자들과 벌인 논쟁일 것이다. 그렇지만 루이스가 케임브리지에 있던 시기는 (버니언이 『천로역정』에서 소개한 "안락 들판"과는 거리가 멀었지만) 분명 창의성의 오아시스였고, 이때 나온 중요한 작품들로는 『우리가 얼굴을 찾을 때까지』(1956), 『시편사색』(1958), 『네 가지 사랑』(1960), 『문학비평에서의 실험』(*An Experiment in Criticism*, 1961), 『폐기된 이미지』(1964, 유작) 등이 있다.

그러나 이 시기의 가장 중요한 특징을 거론하자면, 그의 사생활에서 벌어진 한 사건을 이야기할 수 있다. 이 사건은 당시 루이스가 쓴 작품들에 중요한 영향을 끼쳤다. 루이스는 만만찮은 새로운 문학적 자극제를 발견한 것이다. 바로 헬렌 조이 데이빗먼이었다.

소설 같은 로맨스: 조이 데이빗먼의 등장

1956년 4월 23일 월요일, C. S. 루이스는 어떤 사전 홍보나 공고도 없이 열여섯 살 연하의 미국인 이혼녀 헬렌 조이 데이빗먼 그레셤과 세인트자

일스 가에 있는 옥스퍼드 호적등기소에서 민사예식을 올림으로 결혼했다. 예식의 증인으로는 루이스의 친구 로버트 E. 하버드와 오스틴 M. 파러가 참석했다. 톨킨은 그 자리에 없었는데, 그는 한참이 지나서야 루이스의 결혼사실을 알았다. 루이스의 입장에서 이 결혼은 1956년 5월 31일자로 대영제국 체류 기간이 만료되는 그레셤 부인과 그녀의 두 아들이 옥스퍼드에 머물 수 있도록 법적 권리를 만들어 주기 위한 조치일 뿐이었다.

짧은 예식을 마친 후, 루이스는 기차로 케임브리지에 가서 평소와 같이 주중의 강의 일정대로 움직였다. 그는 결혼했지만 아무것도 달라지지 않은 듯 보였다. 루이스의 가까운 친구들은 이 사태를 전혀 알지 못했다. 그는 친구들을 속인 것이다. 친구들 대부분은 루이스가 평생 독신자로 살 줄 알고 있었다.

그럼 루이스의 비밀 결혼 상대였던 "그레셤 부인"은 누구였을까? 어쩌다 그런 결혼이 이루어졌을까? 이 사태를 이해하기 위해서는 루이스가 특정한 독자군, 곧 문학에 소양이 깊고 지적인 여성들에게 끼친 영향을 알아야 한다. 그들이 볼 때 루이스는 기독교 신앙을 효과적으로 변증하는 사람이자, 문학작품을 사용해 신앙의 테마들을 전개하고 전달하는 작업을 열정적이고 설득력 있게 옹호하는 사람이었다.

이들 지적인 여성 중 하나인 루스 피터Ruth Pitter, 1897-1992는 대단히 뛰어난 영국의 시인이었다. 그녀는 그 전해에 출간한 『무기의 트로피』(A Trophy of Arms)로 1937년 호손덴 상Hawthornden Prize을 수상했다. 제2차 세계대전 기간에 피터는 루이스의 BBC 방송 강연을 듣고 영적 영감과 지적 자극의 원천을 동시에 발견했다. 당시 피터는 절망에 빠져 있었고, 모두가 잠든 깊은 밤에 배터시 다리에서 뛰어내리고 싶은 유혹까지 느끼고 있었다. 하지만 루이스의 글을 읽고 그녀는 세상이 의미가 있다는 확신을 얻게 되었다. 그녀는 자신이 신앙을 재발견하게 된 것은 루이스 덕분이었다고 나중에 밝혔다.[30]

루이스의 큰 영향을 받은 피터는 자신과 루이스를 다 아는 친구들을 동원해 루이스를 만나 보려 했다.[31] 허버트 파머Herbert Palmer, 1880-1961가 만남의 주선자가 되었다. 1946년 10월 9일, 루이스는 그녀를 모들린 칼리지의 오찬에 초대했다. 그 만남을 시작으로 두 사람은 많이 만났고, 그 과정에서 서로 간의 깊은 우정과 상호존경이 생겨났다. 1953년, 루이스는 그녀에게 쓴 편지에서 자기를 '잭'으로 부르라고 했는데, 보기 드문 영예였다. 그의 친구이자 전기 작가인 조지 세이어에 따르면, 루이스는 그럴 리 없겠지만 만약 자신이 결혼한다면 시인 루스 피터와 할 거라고 말했다.[32] 피터가 루이스의 소울메이트라고 생각한 사람들이 있었지만, 두 사람 사이에 로맨틱한 관계는 싹트지 않았다.[33] 하지만 조이 데이빗먼의 경우에는 상황이 달랐다.

헬렌 조이 데이빗먼은 1915년, 뉴욕 시New York City에서 태어났다. 부모는 동유럽 출신의 유대인이었는데, 당시 그들은 유대교를 이미 버린 상태였다. 1930년 9월, 그녀는 열다섯 살의 나이에 뉴욕 시의 헌터 칼리지에 다니기 시작했고, 영문학과 불문학 수업을 들었다. 헌터에 다닐 때 데이빗먼은 나중에 소설가가 되는 벨 카우프만Bel Kaufman, 1911-(가장 유명한 작품은 1965년작 『내리막계단을 오르라』)과 친구가 되었는데, 카우프만은 데이빗먼이 그녀보다 "나이가 많은 남자들", 특히 "문학에 깊은 관심을 가진" 남자들과 데이트를 했다고 회상한다.[34] 데이빗먼은 글쓰기에 상당한 재능을 보였고, 어머니가 들려준 19세기 러시아에 대한 이야기를 바탕으로 「배교자」라는 작품을 써서 헌터 칼리지 재학 당시 버나드 코헨 단편소설상을 수상했다. 1935년 컬럼비아 대학에서 영문학 석사학위를 받은 후, 그녀는 전업 프리랜서 작가가 되기로 결심했다.

처음에는 일이 잘 풀리는 것 같았다. 1938년에는 시집 『동무에게 보내는 편지』(Letter to a Comrade)로 명예로운 '예일 젊은 시인 시리즈상'을 수상했다. 그때 할리우드에서 초청장이 날아왔다. 영화제작사 MGM에서 재능 있는 신인작가를 발굴하기 위해 6개월간 시험적으로 데이빗먼을 시나리오 작가로 채용한 것이다. 급료는 주급 50달러였다. 그 기간 동안 데이빗먼은 네 편의 시나리오를 썼다. MGM은 그중 어느 것도 채택하지 않았고 그녀를 뉴욕으로 돌려보냈다. 그곳에서 그녀는 열심히 생활비를 벌고 글 솜씨를 키우고, 공산당을 위해 일했다.

1930년대 대공황 시기의 많은 이들이 그랬듯, 그녀는 무신론자이자 공산주의자가 되었고, 급진적인 사회적 행동만이 미국의 경제 문제를 해결할 답이라고 믿었다. 그녀는 동료 공산주의자이자 작가였던 빌 그레셤Bill Gresham과 결혼했는데, 그는 스페인 내전에 참전해 사회주의자 편에서 싸운 바 있었다. 두 사람의 결혼생활은 불안정했다. 그레셤은 걸핏하면 우울증과 알코올에 사로잡혔다. 그리고 그에게는 다른 여자들도 있었다. 1951년 2월 무렵, 그들의 결혼생활은 큰 난관에 봉착했다.

그 전에 데이빗먼의 인생은 뜻밖의 전환점을 맞았다. "분유와 함께 무신론을 흡수했던" 데이빗먼이 1946년 초봄에 갑작스레 하나님을 만난 것이다. 이 극적인 사건에 대한 1951년의 기록에서, 데이빗먼은 하나님이 사자처럼 오랫동안 그녀에게 "몰래 접근해" 자신을 덮칠 절호의 순간을 기다렸다고 밝혔다. 하나님은 "너무나 조용하게 다가왔고 나는 그분이 거기 있는 줄도 몰랐다. 그러다 그분이 갑자기 덤벼들었다."[35]

데이빗먼은 하나님을 발견한 후 신앙의 새로운 영역을 탐험하기 시작했다. 그녀의 안내자는 얼마 전부터 미국에서 명성을 얻기 시작한 영국 작가 C. S. 루이스였다. 『천국과 지옥의 이혼』, 『기적』, 『스크루테이프의 편지』를 통해 그녀는 지적으로 풍성하고 확고한 신앙에 이를 수 있었다. 하지만 다른 이들은 루이스의 조언만을 구했지만, 데이빗먼은 그의 영혼까지 구했다.

1998년, 데이빗먼의 둘째 아들 더글러스 그레셤Douglas Gresham은 루이스의 출생 100주년을 기념해 신문에 연속해서 실린 여러 기사에서, 어머니가 잉글랜드로 간 목적이 "C. S. 루이스를 유혹하기 위해서"였다고 선언했다.[36] 당시 이 진술에 의문을 표시하는 이들이 있었지만, 연구자들 사이에서는 더글러스 그레셤의 상황평가가 상당히 정확하다는 합의가 이루어지고 있다.[37]

데이빗먼의 의도는 2010년, 잉글랜드에서 그녀와 가장 친하게 지냈던 진 웨이크먼Jean Wakeman이 메리언 E. 웨이드 센터(일리노이 주 휘튼의 휘튼 칼리지에 있는 루이스 연구소로, 최고의 자료를 갖추고 있다)에 기증한 문서 자료들로 확인되었다.[38] 이때 입수된 문서 중에는 1951-1954년 기간에 데이빗먼이 루이스를 위해 쓴 마흔다섯 편의 소네트가 들어 있다. 돈 킹Don King이 지적한 바 있듯, 이 소네트들을 보면 루이스와 처음 만나고 미국으로 돌아온 그녀가 잉글랜드로 되돌아가 그와 더 깊은 관계를 맺으려고 마음먹고 있음을 알 수 있다. 이 소네트 중 스물여덟 편은 데이빗먼이 그 일을 위해 어떤 시도를 했는지 자세히 적고 있다. 루이스는 빙하 같은 인물로 그려지는데, 데이빗먼은 짜릿한 지적 세련미와 육체적 매력의 조합으로 이 빙산을 녹일 생각을 하고 있었다. 진도를 너무 앞서 나가는 내용이긴 하지만, 이 사실을 염두에 두고 있으면 이후에 나타나는 사태의 본질을 제대로 볼 수 있다.

미국에서 데이빗먼과 가까웠던 사람들 중 몇몇은 무슨 일이 벌어지고 있는지 대략 감을 잡았다. 데이빗먼의 사촌 르네 피어스$^{Renée Pierce}$는 데이빗먼이 1950년경, 그러니까 루이스를 만나기는커녕 그를 본 적도 없는 상태에서 그를 사랑하게 되었다고 말했다.[39] 하지만 데이빗먼이 루이스를 "유혹"하려면 우선 그와 연락을 주고받고 그를 만날 필요가 있었다. 그녀는 어떻게 그를 만날 수 있었을까?

운 좋게도, 해답은 가까이에 있었다. 그 무렵, 채드 월시$^{Chad Walsh, 1914-1991}$는 미국의 대표적인 루이스 전문가로 자리를 잡았다. 월시와 친구가 된 데이빗먼은 그에게 루이스와 친구가 되는 법에 대해 조언을 구했다. 그 결과, 데이빗먼은 1950년 1월에 루이스에게 편지를 썼고, 조짐이 좋은 매력적인 답장을 받았다. 그녀는 계속 그에게 편지를 썼다. 그는 계속 답장을 보냈다.

기운을 얻은 데이빗먼은 배편으로 출발해 1952년 8월 13일, 잉글랜드에 도착했다. 두 아들 데이빗과 더글러스는 아이들 아버지에게 맡겼는데, 사촌 르네가 아이들 돌보는 일을 도왔다. 데이빗먼이 부모의 돈을 얻어 여행을 간 표면적인 목적은, 펜팔 친구 필리스 윌리엄스$^{Phyllis Williams}$를 만나 십계명을 현대적으로 해석한 책 『산 위의 연기』(*Smoke on the Mountain*)를 완성하는 것이었다. 하지만 진짜 목적은 루이스와 친구가 되는 것이었다.

장기간에 걸친 잉글랜드 방문 기간 동안, 데이빗먼은 편지를 주고받는 것으로 시작해 옥스퍼드에서 두 번이나 루이스 및 그의 친구 몇 명과 점심식사를 같이했다. 루이스는 조금이라도 알았을까? 데이빗먼이 무슨 생각을 하고 있는지? 자신이 그녀에게 얼마나 쉽게 빨려 들어갈지? 루이스가 그녀와 만난 두 번 모두 동료들과 함께였다는 사실이 흥미롭다. 샤프롱^{chaperone}(사교장에 나가는 미혼자를 보살펴 주는 보호자—옮긴이)이라는 단어는 나오지 않았지만, 그들은 루이스의 샤프롱이었다. 모들린 칼리지의 점심식사 자리에서 데이빗먼을 만날 때 사정상 와니가 참석할 수 없게 되자, 루이스는 서둘러 조지 세이어를 불렀다. 데이빗먼은 루이스와의 만남이 성공적이고 흥미로웠다고 판단했다. 루이스는 우정이 깊어가도록 내버려 두는 듯 보였다. 데이빗먼은 관계를 발전시키기 위해 모든 조치를 다 취했는데, 루이스는 상황이 흘러가는 대로 기꺼이 받아들였다. 이 시점까지, 데이빗먼과 루이스의 관계는 루스 피터와의 관계와 유사했다.

이 무렵 루이스는 친구들에게 "그레섬 부인"으로 소개한 이 여성 팬과 함께하는 자리가 안전하다고 느낀 모양이다. 데이빗먼은 12월 초에 런던에서 루이스와 단둘이 점심식사를 했고, 그것을 계기로 루이스의 초대를 받아 성탄절과 새해 기간을 킬른스에서 루이스와 와니와 함께 보냈다. 나중에 그녀가 윌시에게 말한 바에 따르면, 그 경험을 통해 그녀는 "완전히 영국 매니아"가 되어 그곳으로의 "이주"를 간절히 원하게 되었다.[40] 그녀에게 루이스는 그 이주를 가능하게 해줄 수단이었을까? 루이스는 고결한 궁정풍 연애 전통에 따라 사악한 남편의 손아귀에 있는 숙녀를 구해 낼, 번쩍이는 갑옷을 입은 기사가 될 것인가? 여러 증거를 보면 루이스는 어느 정도 그런 역할을 감당할 준비가 되어 있었음을 알 수 있다. 데이빗먼이 그녀의 사촌 르네와 결혼하고 싶다고 알려 온 남편의 편지를 보여줬을 때 특히 그랬다.

데이빗먼은 1953년 1월 3일 미국으로 돌아가 이 상황에 정면으로 맞섰다. 그리고 그해 2월 말, 그녀와 남편은 이혼에 합의하기에 이른다. 그녀는 그 사이에도 루이스와 계속 연락했다. 데이빗먼의 이민 서류에 따르면, 그녀는 1953년 11월 13일에 당시 여덟 살과 아홉 살이던 두 아들 더글러스와 데이빗을 데리고 잉글랜드로 돌아왔는데, 빌 그레셤은 이 결정에 깊은 상처를 입었다. 이런 사태진전에 대해서는 추가적인 언급이 필요하다. 그녀는 왜 친인척도 없는 잉글랜드로 이주했을까? 당시 그녀의 부모는 둘 다 건재했다. 그들은 1954년 10월에 그녀를 만나러 런던을 방문하기까지 했다. 그녀는 왜 생활비가 훨씬 적게 들고 고용전망도 밝은 미국에 있지 않았을까?

많은 이들이 설득력 있는 답변은 하나뿐이라고 주장했다. 데이빗먼은 루이스의 재정적 지원을 확신했다는 것이다. 그녀의 이민서류에는 "유급이건 무급이건 취직을 하지 않는다"는 조건으로 영국에 머물 수 있다는 문구가 분명히 나와 있다.[41] 그녀는 두 아이를 써리 카운티 퍼포드에 있는 데인코트 스쿨에 입학시켰다(이 학교는 1981년에 문을 닫았다). 그녀는 돈이 필요했다. (입증된 바는 없지만) 데이빗먼의 생활비와 아이들의 학비 대부분을 루이스의 인세 수입 일부를 관리하기 위해 오언 바필드가 1942년에 세운 공익신탁 '아가포니 기금'을 통해 루이스가 익명으로 대주었을 가능성이 높다.[42] 와니는 이런 정황을 전혀 알지 못했다.

하지만 이것이 상황의 전부는 아니다. 데이빗먼이 잉글랜드에 머물고자 했던 것은 미국에 돌아가면 취업이 어려울 거라는 염려 때문이기도 했다. 당시 냉전의 열기가 미국을 휩쓸고 있었는데, 소련의 핵실험과 한국전쟁(1950-1953)으로 상황은 더욱 극으로 치달았다. 데이빗먼은 자신이 과거에 적극적으로 공산주의 활동을 했다는 사실을 조금도 숨기지 않았는데, 그로 인해 할리우드나 언론계에서 직업을 구할 가능성이 희박해졌다는 것을 몰랐을 리가 없다. 미 하원의 조사위원회인 '하원비미(非 美)활동위원회'House Un-American Activities Committee가 공산주의를 신봉하고 영향력을 끼치는 사람들, 특히 언론계 사람들을 적극적으로 추적하고 있었다. 결국 공산주의에 찬동하거나 협력한 혐의로 영화감독, 라디오 시사해설가, 배우, 그리고 특히 시나리오 작가 등 삼백 명이 넘는 예술가들이 블랙리스트에 올랐고, 그들은 할리우드 스튜디오에서 일할 수 없게 되었다.[43]

데이빗먼의 과거가 그녀의 발목을 잡고 있었다. 그녀는 공산당 당원이었고 저널 『새로운 민중』(New Masses) 같은 공산당 간행물에 적극적으로 참여했다. 누가 이런 그녀의 과거를 눈감아 줄 것인가? 그녀가 할리우드 시나리오 작가로 일자리를 구하거나, 미국에서 작가로 성공해 영향력을 행사하며 살 수 있을 가능성은 없어 보였다. 당시 미국의 정치적 상황을 고려할 때, 데이빗먼이 작가로서 본인의 미래는 미국 바깥에 있다고 확신한 것은 전적으로 타당한 판단이었다.

1955년에 이르러 데이빗먼과 루이스의 관계는 새로운 활력을 얻었다. 그해 그녀와 두 아들은 헤딩턴의 올드하이스트리트 10번가의 방 세 칸짜리 집으로 이사했다. 그곳은 킬른스에서 멀지 않았다. 당시 임대계약을 체결한 사람도, 비용을 지불한 사람도 루이스였다. 그는 매일 데이빗먼을 찾아가 오랜 시간 머물렀는데, 그녀와 함께 있는 것을 좋아했음이 분명하다. 하지만 루이스에게 그녀는 같이 있으면 좋은 상대 이상의 존재였다. 그녀는 그의 문학적 상상력을 자극하는 데도 도움을 주었는데, 이 문제는 좀 더 깊이 다룰 필요가 있다.

처음에 루이스는 데이빗먼의 유머감각과 지적인 재능에 매력을 느꼈다. 그런데 그녀가 그 이상의 역할을 할 수 있다는 사실이 곧 분명해졌다. 루이스가 출판사들과 직접 상대하지 않고 저작권 대리인을 쓰기로 결정한 데는 데이빗먼의 영향력이 작용했을 가능성이 크다. 1955년

2월 17일, 루이스는 제프리 블레스 출판사의 전무이사 조슬린 깁^{Jocelyn} $^{Gibb,\ 1907-1979}$에게 향후 출판사와의 협상에서 대리인의 역할을 할 스펜서 커티스 브라운$^{Spencer\ Curtis\ Brown,\ 1906-1980}$을 고용했다고 알렸다.[44] 이 결정의 동기는 문학적인 고려라기보다는 재정적 고려였던 것 같다. 루이스는 자신에게 더 많은 수입이 필요하다는 것을 갑자기 깨달은 걸까?

데이빗먼은 루이스의 저작물로 돈을 더 벌 수 있는 방법을 알려 주는 데 그치지 않았다. 그녀는 루이스의 후기 저작 중 세 권의 산파였다. 그중 하나는 많은 이들이 루이스의 가장 중요한 소설 중 하나로 손꼽는 『우리가 얼굴을 찾을 때까지』(1956)였다. 데이빗먼은 자신을 '편집자 겸 협업자'였던 맥스웰 퍼킨스$^{Maxwell\ Perkins,\ 1884-1947}$에 비유하기를 좋아했다. 그는 어니스트 헤밍웨이, F. 스콧 피츠제럴드$^{Francis\ Scott\ Fitzgerald}$, 토마스 울프$^{Thomas\ Wolfe}$의 최고의 소설이 탄생하도록 도운 미국의 위대한 문학 편집자였다. 존경받는 저자이기도 했던 퍼킨스는, 다른 저자들이 그들의 작품을 개선하고 완벽하게 다듬을 수 있게 해주는 드문 재능을 갖고 있었다. 데이빗먼은 이미 빌 그레셤을 상대로 이런 역할을 한 바 있었고, 이제 그 재능을 루이스에게 쏟고 있었다.

1955년 3월, 데이빗먼은 킬른스에 머물게 되었다. 루이스는 오래전부터 로마의 프시케 신화에 관심을 갖고 있었고 1920년대에는 그 이야기를 새롭게 해석해 시로 쓴 적도 있었다. 하지만 그 작업은 좀처럼 진전을 보이지 않았다. 루이스는 그 구상을 어떻게 발전시켜야 할지 알 수 없었고, 데이빗먼이 협업 전략을 활용하기 시작했다. 그녀와 루이스는 "몇 가지 생각을 이리저리 논의했는데 그중 하나가 생명력을 얻었다."[45]

논의는 효과가 있었다. 루이스는 프시케 테마로 책을 한 권 쓸 수 있는 방법을 찾았고 열정에 불타올랐다. 다음 날 저녁 무렵, 루이스는 이

조이 데이빗먼 루이스, 1960년.

후 『우리가 얼굴을 찾을 때까지』가 되는 텍스트의 1장을 썼다. 루이스는 그 책을 데이빗먼에게 헌정했고 자신이 쓴 최고의 작품 중 하나라고 여겼다. 하지만 상업적으로 볼 때 그 책은 실패작에 가까웠다. 루이스가 1959년에 탄식조로 말한 것처럼, "내가 쓴 작품 중에서 단연 최고"라고 여겼던 작품이 "평단의 반응으로 보나 대중의 반응으로 보나 확실한 실패작"으로 드러난 것이다.[46] 그러나 이 작품은 『나니아 연대기』를 제외하고 루이스의 저작 중에서 평론가들이 가장 많이 다룬 작품이 되었다. 데이빗먼의 격려는 루이스의 후기 작품인 『시편사색』(1958)과 『네 가지 사랑』(1960)에도 스며들어 있다.

루이스는 옥스퍼드에 있을 때도 많은 저작물들을 협력에 힘입어 썼다. 잉클링즈 회원들은 이미 진행 중인 작품들을 시험하고 개선시키는 데 주로 관심이 있었지만, 루이스는 다른 사람들로부터 글을 쓸 창조적 자극을 얻었다. 대표적인 인물이 로저 랜슬린 그린Roger Lancelyn Green인데, 그는 『나니아 연대기』, 그중에서도 특히 『마법사의 조카』의 탄생에 중요한 역할을 했다. 데이빗먼은 이런 일반적인 패턴에 들어맞는다고 볼 수 있다. 하지만 데이빗먼은 루이스의 문학적 상상력을 자극한 인물 그 이상의 존재였다. 그녀는 그의 아내가 되었다.

조이 데이빗먼과의 "아주 이상한 결혼"

루이스와 조이 데이빗먼의 "아주 이상한 결혼"(톨킨의 표현인데, 그는 두 사람의 관계를 노골적으로 안 좋게 봤다)은,[47] 그녀가 헤딩턴 올드하이 10번가로 이사한 직후 표면화된 위기상황의 결과라고들 한다. 대부분의 전기에 나오는 대체로 모호하고 근거 없는 진술에 따르면, 1956년 4월에 내무부에서 데이빗먼의 영국 체류권을 취소했다. 이것이 루이스와 데이빗먼의 결혼에 촉매가 되었다는 것이다. 하지만 상황은 이보다 더 복잡하다.

데이빗먼은 원래 1955년 1월 13일까지 잉글랜드 체류 허가를 받았다. 하지만 이 날짜는 나중에 1956년 5월 31일까지로 연장되었다. 뭔가 '취소'되는 문제는 아예 없었다. 데이빗먼의 영국 체류 기간이 5월 말에 만료될 예정이었을 뿐이다. 민간예식에 의한 결혼은 아마 그녀와 그녀의 두 아들이 옥스퍼드에 머물 수 있게 하려는 최후의 전략으로 루이스가 생각해 둔 계획이었을 것이다.

또 다른 가능성도 지적하고 넘어가야 한다. 데이빗먼의 잉글랜드 체류는 조건부로 허락된 것이었다. 그녀는 급료를 받건 못 받건 어떤 일도 할 수 없게 되어 있었다. 와니 및 루이스의 많은 친구들은 데이빗먼이 글쓰기나 편집 일을 해서 생활비를 벌 수 있다고 생각했다. 그러나 그녀는 그런 일을 하는 것이 명확하게 금지되어 있었다. 그녀가 잉글랜드에 있는 동안 아무런 수입원이 없었던 것을 고려하면 데이빗먼에 대한 루이스의 은밀한 재정 지원은 그녀에게 꼭 필요한 일이었다고 주장할 수 있을 것이다. 루이스와 민법상 결혼을 한다면 이런 장애물이 제거될 것이고 데이빗먼은 생계활동을 할 수 있을 것이다. 아마도 루이스는 결혼을 데이빗먼이 영국에서 나름대로 살아갈 수 있게 보장해 주는 형식적인 법적 절차 정도로 여겼을 것이다.

하지만 이것은 갑작스럽게 진전된 사태가 아니었다. 루이스는 그 몇 달 전 1955년 9월에 북아일랜드의 친구 아서 그리브즈를 방문하면서 데이빗먼과의 민법상 결혼을 상의했던 것 같다. 그의 당황스러운 계획에 대한 그리브즈의 반응은 기록이 남아 있지 않지만, 그가 상당한 우려를 표명했고 루이스가 그것을 진정시킬 수 없었다는 것은 분명하다. 방문 한 달 후 그리브즈에게 보낸 편지에서 루이스는 데이빗먼과의 민법상 결혼을 변호한다. 그는 그것이 "형식적인 법적 절차"일 뿐, 종교적으로나 관계적으로 깊은 의미는 없다고 해명했다. 결혼 후, 내무부에서는 데이빗먼이 영국에 머물기 위해 지켜야 할 모든 조건을 없앴다. 그녀는 1957년 4월 24일에 영국 시민권을 신청했고, 1957년 8월 2일에 '영국과 식민지의 시민'으로 등록되었다.[48]

루이스는 앞서 방송 강연에서, 이후에는 『순전한 기독교』에서 민법상 결혼과 기독교적 결혼을 분리하는 견해를 개진하여 톨킨의 심기를 불편하게 한 바 있다. 루이스는 교회 혼례에 대해 대단히 전통적인 견해를 갖고 있었기에 데이빗먼과 "실체"인 교회 혼례를 올리는 것은 있을 수 없는 일이었다. 이혼녀인 그녀와의 그런 기독교적 "결혼"은 기독교적 입장에서 보면 간음에 해당할 것이었기 때문이다. 하지만 루이스는 이런 가능성이 거론되지도 않았다고 강조했다.[49]

루이스의 친구들 대부분은 데이빗먼이 루이스를 조종했다고 생각했다. 루이스에게 문학적 관심과 신앙적 관심뿐 아니라 금전적 관심까지 갖고 있던 그녀가 그에게서 도덕적인 부담을 이끌어 내어 원하지 않는 결혼을 하게 만들었다고 보았다. 그들에게 데이빗먼은 본인과 두 아들의 미래를 보장받기 위해 나선 꽃뱀이었다. 점잖았던 피터로서는 꿈도 꾸지 못할 일이었겠지만, 데이빗먼은 루이스를 상대로 노골적인 작업에 들어갔다. 루이스가 데이빗먼과의 관계를 비밀로 했기 때문에 가까운 친구들도 그에게 조언이나 도움을 줄 수가 없었다. 그 문제가 얼마나 심각해졌는지 알지 못했기 때문이다. 루이스가 결혼을 발표할 무렵, 그들이 뭔가 조치를 취하기에는 이미 너무 늦어 있었다. 이미 벌어진 골치

아픈 상황에서 최선을 다할 뿐이었다. 상황이 그 지경이 되고서야 친구들은 비로소 루이스가 데이빗먼과 참으로 깊숙이 얽혔다는 사실을 깨닫게 되었다.

물론 이 관계를 해석하는 다른 방식이 있다. 할리우드 시나리오 작가들이 선호하는 해석에 따르면, 두 사람의 관계는 루이스의 인생에서 늦게 피어난 연애 사건이요, 결국 비극으로 끝난 동화 같은 로맨스이다. 이런 낭만화된 상황이해─1993년작 영화 「섀도우랜즈」(Shadowlands)에서 그대로 답습한 유명한 견해이다─에서 루이스는 사교적으로 고립된 채 칙칙하게 살던 나이 든 독신남으로 등장한다. 그런 그가 진짜 세상을 아는 활기찬 뉴욕 여자를 만나 인생이 완전히 뒤집어진다. 자신만만하고 쾌활한 이 뉴욕 여성은 루이스의 지루한 인생에 새 바람을 불어넣고, 그가 인생의 좋은 것들을 발견하고 케케묵은 옛 습관들과 따분한 사회적 관습들을 떨쳐 버리게 도와준다.

두 사람의 관계에 대한 이 시각에는 여러 문제점이 있다. 데이빗먼에게 사회적, 정서적 지능이 부족했다는 점은 그녀 때문에 곤란을 겪은 당시의 많은 이들이 자주 지적한 내용이다. 그런 그녀가 루이스의 대인 관계 기술에 어떻게 보탬이 되었다는 건지 도무지 알 수 없다. 또한 루이스가 사교적으로 고립되었다는 말은 허튼소리다. 그의 친구들은 그를 사교적인 사람으로 기억한다. 때로는 실제 성격보다 더 친밀한 모습을 보여준 그는 커다란 웃음소리가 특히 매력적인 사람이었다.

루이스가 "미국인 이혼녀의 물주 아저씨"가 되었다는 말은 직설적이긴 하지만 정확한 표현이다.[50] 하지만 그는 기꺼이 희생자 역할을 맡았던 것 같은데, 데이빗먼과의 관계를 통해 그도 뭔가 이득을 얻었던 게 분명하다. 과정이 상당히 수상쩍긴 하지만, 그가 문학적인 의욕과 영감을 되찾게 된 것은 누가 봐도 분명한 이득이라고 할 수 있다. 루이스에겐 나름의 염려와 문제가 있었고, 데이빗먼은 그가 그 문제들을 상대하는 데 많은 도움을 주었다.

이 무렵 그가 다른 미국인 여성 작가들도 재정적으로 지원하고 있었다는 사실도 알아야 한다. 그중 가장 중요한 사람은 메리 윌리스 셸번 Mary Willis Shelburne, 1895-1975이었는데, 시인이자 비평가였던 그녀는 오랜 기간 동안 루이스와 연락을 주고받았으며 루이스에게 높은 평가를 받았던 것이 분명하다.[51] 처음에 루이스는 영국정부의 엄격한 외환규제 때문에 그녀를 도울 수가 없었다. (일개 영국시민이었던) 그는 미국으로 돈을 보낼 수 없었던 것이다. 1958년 성탄절에 셸번에게 보낸 편지에서 루이스는 외환규제가 완화되었다며 아가포니 기금에서 정기적인 지원금을 보낼 수 있게 되었다고 밝힌다.[52]

루이스가 데이빗먼과의 결혼을 배타적이고 열정적인 로맨스가 아니라 기사도적인 관대함의 문제로 여겼다는 것은 루이스의 삶에서 데이빗먼이 피터를 대체하지 못했다는 사실로도 짐작할 수 있다. 피터에 대한 루이스의 지속적인 존경과 애정은 1956년 7월에 보낸 편지에도 분명히 드러나 있다. 비밀 결혼 몇 달 후에 쓴 이 편지에서 루이스는 (데이빗먼이 아니라) 그녀를 버킹엄 궁에서 열린 왕실 가든파티에 초대했다.[53] 그러나 피터는 사정상 파티에 참석하지 못했고 결국 루이스 혼자 갔다. 한 주 후에 그는 피터에게 다시 편지를 써서 그 행사가 "끔찍했다"고 전했고, 조만간 점심식사나 같이 하면서 어떻게 사는지 소식을 나누자고 했다.[54] 루이스의 편지나 사람들과 만난 정황을 보면 데이빗먼이 그에게 중요했던 다른 여성들을 몰아내지 못했음을 분명히 알 수 있다.

루이스가 형식적인 법적 절차에 불과하다고 여겼던 데이빗먼과의 민법상 결혼은 사실 시한폭탄이었고, 데이빗먼은 분명한 법적 권리를 갖게 되었다. 하지만 루이스는 그녀가 그 권리를 사용하지 않을 거라고 생각했던 것 같다. 그는 결혼으로 인해 두 사람의 생활이나 관계가 달라지지 않을 거라고 믿었다. 하지만 루이스가 데이빗먼과 그녀의 두 아들에게 보낸 연대감의 표시는 트로이의 목마와도 같은 것이었다. 데이빗먼은 곧 자신의 권리를 주장하며 헤딩턴의 숙소에 머무는 것으로 만족할 수 없음을 분명히 했다. 그녀는 루이스의 분명한 초대 없이 속임수로 킬른스에 자리를 잡게 된다. 그녀가 루이스의 아내라면―법적으로는 분명한 사실이었다―그녀와 두 아들은 잉글랜드에 머무는 권리를 훌쩍 넘어서는 법적 권리를 갖게 된다. 우선, 그들은 남편 및 아버지와 같이 살 권리가 있었다. 루이스는 다른 선택의 여지가 없었다. 1955년 10월 초, 그는 데이빗먼과 그녀의 두 아들을 킬른스에 들이는 데 마지못해 동의했다.

    와니는 루이스의 민법상 결혼에 대해 듣고 나서 재산과 관련된 사태 변화가 있을 것임을 우울한 어조로, 그러나 정확하게 예견했다. 그는 데이빗먼이 "자신의 권리를 계속 요구할" 것임을 알고 있었다. 루이스의 아내라는 새로운 지위로부터 생겨나는 관심, 곧 루이스의 수입과 재산에 대한 관심을 신중하게 암시한 말이었다. 데이빗먼은 킬른스를 **자신의** 집으로 여겼다. 무어 부인의 유언장에 규정된 그 집의 복잡한 법적 소유 관계를 알지 못했기 때문이다. 그녀의 유언장에 따르면, 루이스는 킬른스의 입주자에 불과했다.

    이 사실은 모린 블레이크와 데이빗먼의 대결이라는 불쾌한 방식으로 드러났다. 데이빗먼은 루이스와 자신이 죽고 나면 자신의 두 아들이 킬른스를 물려받게 될 거라고 믿고 그렇게 말했는데, 그것이 대결의 계기가 되었다. 모린(그녀는 루이스가 결혼한 사실을 안 지 얼마 되지 않은 상태였다)은 재빨리 그녀의 생각을 바로잡아 주면서, 무어 부인의 유언장에 따르면 루이스와 와니가 죽은 후 그 집의 법적 소유권은 모린에게 넘어가게 된다는 점을 분명히 밝혔다.[55] 하지만 데이빗먼은 법적 세부사항에 전혀 개의치 않았다. "이 집은 나와 아이들 것이에요."[56] 물론 모린이 옳았다. 이 대화는 영국법에 대한 데이빗먼의 무지를 드러낸다기보다는 루이스와 결혼한 목적을 잘 보여준다는 점에서 중요하다. 데이빗먼은 모린을 밀어붙여 킬른스에 대한 권리를 포기하라고 요구했다. 데이빗먼이 강경하게 나오자, 모린은 남편과 상의해 보겠다고 했다. 후속 조치는 이루어지지 않았다.

　데이빗먼의 영향으로 킬른스에 꼭 필요하던 개보수 작업이 이루어졌다. 1940년에 설치된 암막 커튼이 1952년까지 남아 있던 상태였다.[57] 가구는 교체해야 했고, 목조부도 칠을 해야 했다. 무어 부인이 앓다가 죽고 난 이후, 루이스와 그의 형은 집을 그대로 방치했다. 데이빗먼은 이참에 집을 말끔하게 바꾸기로 마음먹었다. 집의 수리가 이루어지고 새 가구가 하나둘씩 들어왔다.

　하지만 결국 상황은 극적인 전환점을 맞게 된다. 데이빗먼의 다리에 통증이 있었는데, 루이스의 주치의 로버트 하버드는 그것을 가벼운 섬유조직염으로 오진했다(하버드는 여기서 '쓸모없는 돌팔이'라는 별명 값을 한 것 같다[58]). 1956년 10월 18일 저녁, 루이스가 케임브리지에 있을 때, 데이빗먼은 캐서린 파러가 걸어온 전화를 받으려다가 넘어졌다. 그녀는 인근 윙필드모리스 정형외과 병원에 입원했는데, 엑스레이를 찍어 보니 넙다리뼈가 부러진 것으로 나왔다. 그러나 부러진 넙다리뼈가 문제가 아니었다. 데이빗먼의 왼쪽 가슴에 악성 종양이 있었고 다른 곳에서 이차적인 징후들도 보였다. 그녀에게 남은 시간이 얼마 없었다.

조이 데이빗먼의 죽음

데이빗먼의 병이 밝혀지면서 그녀를 대하는 루이스의 태도가 달라졌던 것 같다. 루이스는 두 사람의 관계를 새로운 눈으로 보게 되었다. 루이스의 생각의 변화를 보여주는 가장 중요한 증거는 1957년 6월에 소설가 도로시 L. 세이어즈에게 보낸 편지일 것이다. 루이스는 그리스의 죽음의 신 타나토스Thanatos를 거론하며, 타나토스가 다가오는 것을 보니 자신의 감정이 우정에서 사랑으로 바뀌었다고 적었다.

> 제 감정이 변했습니다. 경쟁자가 나타나면 친구가 연인으로 바뀐다는 말이 있지요. 속도는 알 수 없지만 확실하게 다가오는 타나토스가 이 말에 딱 맞는 경쟁자였습니다. 잃어버릴 것이 분명한 대상은 금세 사랑하게 되는군요.[59]

데이빗먼을 곧 잃어버릴지 모른다는 사실을 깨닫자 루이스는 정신이 번쩍 들었다. 그는 오랫동안 편지를 주고받은 여성에게 보낸 편지에 자신이 "이제 곧 홀아비가 될 것 같다"며 "죽음을 앞둔 어떤 이와 결혼할 예정"이라고 썼다.[60] 하지만 다른 사람들에게는 좀 더 낙관적인 모습을 보여주었다. 11월 말에 아서 그리브즈에게 보낸 편지에서 그는 데이빗먼이 "(견딜 만한) 인생을 몇 년 더" 즐길 "가능성이 상당히" 있다고 밝혔다.[61]

루이스는 데이빗먼과의 "순수하고 작은 비밀"이라 불렀던 민법상의 비밀 결혼을 공개적으로 인정해야 한다는 것을 깨달았다.[62] 이 무렵 그와 관련된 몇 가지 다른 연애 소문이 돌았기 때문이기도 했다.[63] 1956년 12월 24일, 「타임스」지에 다음과 같은 뒤늦은 결혼 발표가 실렸다.

케임브리지 모들린 칼리지의 C. S. 루이스 교수와 현재 옥스퍼드 처치힐 병원에 입원 중인 조이 그레셤 결혼. 축하편지 사절.[64]

대단히 모호한 내용의 이 결혼 발표는 결혼 날짜는 물론이고 이 결혼이 순전히 민법상의 예식이었음도 밝히지 않았다.

한편 루이스는 교회에서의 혼례를 준비하고 있었다. 그렇게 하면 데이빗먼과의 관계가 확고한 기독교적 기반 위에 서게 될 거라 믿었기 때문이다. 1956년 11월 17일, 루이스는 키블 칼리지 학장을 역임한 옥스퍼드의 주교 해리 카펜터 박사 Dr. Harry Carpenter 에게 이 혼례가 가능하겠느냐고 물었다. 카펜터는 루이스의 처지가 안 됐다고 생각하면서도 옥스퍼드 교구 내에서 이것을 허락할 수는 없다고 분명히 밝혔다. 당시 잉글랜드 성공회는 이혼자들의 재혼을 허락하지 않았고, 카펜터는 루이스가 유명인이라고 해서 다른 이들과 달리 특권을 부여할 수는 없다고 보았다. 어쨌건, 루이스와 데이빗먼은 이미 결혼한 사이였다. 잉글랜드 성공회는 영국의 국교로서 일반혼례를 유효한 것으로 보았기 때문이다. 다만, 옥스퍼드 교구 내의 어떤 교회에서도 다시 결혼할 수는 없었다. 루이스는 이 결정에 분개했다. 그의 상황판단에 따르면, 데이빗먼과 빌 그레셤의 결혼은 그녀의 남편이 이전에 한 번 결혼했던 사람이라는 점에서 무효였다. 그러나 그의 옥스퍼드 성직자 친구 중 누구도 담당 주교나 당시 교회의 공식적인 입장에 맞서 그의 혼인예식을 치러 주려 하지 않았다.

1957년 3월, 데이빗먼의 상태가 악화되는 것처럼 보이자, 루이스는 1930년대에 자신의 강의를 들었던 한 학생에게로 생각을 돌렸다. 공산주의자였던 피터 바이드 Peter Bide 는 1936년부터 1939년까지 옥스퍼드에서 영어영문학을 공부했고 루이스의 강의를 들었다. 제2차 세계대전 동안 해병대에서 복무한 후, 그는 1949년 잉글랜드 성공회의 성직자가 되어 치체스터 교구에 자리를 잡았다. 1954년, 바이드는 서섹스의 소아마비 발발 기간에 목회활동을 열심히 했다. 당시에 소아마비로 죽어 가던 어린 소년 마이클 갤러거가 그의 기도를 받은 후 회복되었다. 루이스는 이 기적 이야기를 들었고, 바이드에게 연락하여 죽어 가는 아내를 위해 기도해 달라고 청했다.[65]

바이드는 이 초청이 편치 않았다. 한편으로는 자신이 "치유의 은사가 있는 성직자"로 여겨지는 상황이 마뜩치 않았고, 다른 한편으로는 자신이 루이스에게 "지적인 빚"을 졌다는 부담이 있었다. 옥스퍼드 재학시절 사상을 형성하는 데 있어 루이스의 영향을 받았던 것이다. 많은 생각 끝에, 그는 데이빗먼에게 "안수"하기로 했다. 그것은 하나님의 복을 구하며 사람의 몸에 손을 얹는 전통적인 기독교적 방식이었다. 그 다음에 벌어진 일에 대한 루이스의 기록은 석 달 후 도로시 L. 세이어즈에게 쓴 편지에서 볼 수 있다.

> 기적을 한 번 일으킨 적이 있는 바이드 신부(혹시 아시는지 모르겠습니다)가 자청해서 조이에게 안수해 주러 왔다가 상황을 전해 듣고는 그 자리에서 바로 혼례를 집전해 주겠다고 했습니다. 그래서 우리는 혼인성사로 병상 결혼을 했습니다.[66]

루이스의 상황묘사는 전적으로 옳은 것 같지가 않다. 바이드는 당시 잉글랜드 성공회의 입장을 인지하고 있었고, 그런 예식을 집전하는 것은 교회의 심각한 징계감이자 개인적으로도 매우 고민스러운 문제였다. 그런데 루이스의 상황설명을 듣고 있으면 바이드가 그런 문제들을 중요하지 않게 여겼고, 더없이 자연스러운 일인 양 루이스와 데이빗먼의 혼례를 자청하여 집전한 것처럼 보인다.

루이스의 상황설명과 그날 벌어진 일에 대한 바이드의 다소 다른 회상을 비교해 보면 많은 것을 알 수 있다.[67] 바이드에 따르면, 데이빗먼에게 안수하려고 킬른스에 도착한 그에게 루이스가 결혼예식 집전도 부탁했다는 것이다. "이보게, 피터. 이러면 안 되는 거 알지만, 우리를 결혼시켜 줄 수 있겠나?" 루이스는 옥스퍼드 교구 바깥에 있는 잉글랜드 성공회 성직자라면 옥스퍼드 주교의 결정에 꼭 따라야 하는 것은 아니라고 생각했던 것 같고, 자신이 바이드를 아주 곤란한 지경으로 몰고 있음을 깨닫지 못했던 것 같다.

바이드는 이 요청에 대해 생각할 시간을 달라고 했는데, 그가 볼 때 이것은 도리를 벗어난 요청이었다. 결국, 바이드는 예수 그리스도께서 하셨을 법한 쪽을 택하기로 했다. "그렇게 생각하자 논의가 끝났다." 그는 그들의 혼례를 집전하기로 결정했다. 그러나 그것은 자청한 일이 아니었고, 요청의 내용도 요청의 방식도 모두 부담스러웠다.

바이드가 부탁받지도 않았는데 자청해서 혼례를 집전해 주었다고 루이스가 믿게 된 이유는 분명하지 않지만, 변칙적이고 부적절한 일을 요청받았다는 바이드의 생생한 기억과는 모순된다. 증거를 따져 보면 바이드의 기억이 옳은 것 같다. 데이빗먼이 곧 죽을 거라는 루이스의 믿음이 바이드와의 대화를 그렇게 이해하게 만들었을지도 모른다.

하지만 루이스와 데이빗먼의 관계 전체가 속임수로 가려져 있다는 사실은 못 본 체할 수 없다. 이 일은 1918-1920년 사이에 루이스가 무어 부인과의 관계에 대해 솔직하지 못했던(특히 아버지에게) 일을 떠올리게 한다. 1956년 4월의 민간예식으로 시작해 1957년 3월의 종교혼례를 치르기까지, 루이스가 이 새로운 관계에 대한 진실을 친구들에게 말하지 않은 이유를 우리는 모른다. 톨킨을 필두로 한 가장 친한 친구들 몇몇은 루이스의 비밀을 몰랐다는 사실을 알고 나서 마음에 큰 상처를 입었다.

기독교식 혼례는 1957년 3월 21일 오전 11시 처치힐 병원의 데이빗먼 병실에서 와니와 병동 수녀가 증인으로 참석한 가운데 열렸다. 예식이 끝난 후, 바이드는 데이빗먼에게 두 손을 얹고 치유를 위해 기도했다. 루이스와 데이빗먼 모두에게 대단히 엄숙하고 의미심장한 순간이었다. 바이드에게도 대단히 중요한 순간이었다. 그는 소속 교파의 규율을 의도적으로 어기는 루비콘 강을 건넌 것이다. 할 수 없이 내린 선택 때문에 그의 경력이 위기에 처하게 되었다.

바이드는 교회 당국에 사실대로 털어놓기로 했다. 그는 옥스퍼드를 떠나기 전에 카펜터에게 가서 자신이 방금 한 일을 설명했다. 카펜터는 그의 노골적인 규약 위반에 분개했고, 소속 교구로 바로 가서 모든 것을 고백하라고 명령했다. 집으로 돌아온 바이드는 치체스터 주교 조지 벨George Bell이 자신을 호출했다는 사실에 불안해졌다. 최악의 상황을 우려한 바이드는 다음 날 벨을 만나 잘못을 털어놓았다. 벨은 그 일을 달갑게 여기지 않음을 분명히 했고 다시는 그런 일이 없을 거라는 확답을 요구했다. 그러나 그는 그 일로 바이드를 소환한 것이 아니었다. 그는 바이드에게 관할 주교구diocese에서 가장 좋은 교구 중 하나인 고링바이시Goring-by-Sea 교구목사 자리를 제안하고 싶었다고 했다. 그리고 그 제안은 여전히 유효하다고 바이드를 안심시켰다. "제안을 수락하겠는가?"[68]

데이빗먼은 4월에 킬른스로 돌아왔는데 다들 몇 주 안에 죽을 줄 알았다. 그리고 루이스가 골다공증에 걸려 두 다리에 큰 고통을 겪었고, 외과용 벨트를 착용하지 않고는 움직이기가 어려워졌다. 루이스는 자신

피터 바이드, 1960년 11월. 바이드는 1957년 3월 21일 옥스퍼드 처치힐 병원에서 루이스와 조이 데이빗먼의 "혼례식"을 집전했다.

의 고통이 늘어남에 따라 데이빗먼의 고통이 줄어든다고 생각하며 조금이나마 위안을 받았다. 그는 이것이 "찰스 윌리엄스가 말한 대속",[69] 곧 사랑하는 이의 고통을 감당하는 것이라고 선언했다. 윌리엄스와 후기의 루이스는 "사람이 그리스도의 사랑을 통해 다른 사람의 고통을 자기 몸에 받아들일 능력이 있다"고 여겼다.[70]

그리고 루이스가 기적이라고 표현한 상황이 벌어져 데이빗먼의 건강이 상당히 회복되더니 1957년 12월에는 다시 걷기 시작했다. 다음 해 6월, 그녀의 암이 보이지 않는다는 진단을 받았다. 1958년 7월, 루이스와 데이빗먼은 아일랜드로 날아가 열흘간 "뒤늦은 신혼여행"을 즐기며 루이스의 친지들을 방문했고, 그의 고향땅의 경치와 소리와 냄새를 한껏 즐겼다. "푸른 산들, 노란 해변, 짙은 색 후크시아, 부서지는 파도, 요란한 소리를 내는 당나귀, 토탄 냄새, 그리고 막 피어나기 시작한 헤더 꽃."[71]

인생의 늦여름을 맞은 루이스는 아내의 건강에 대해 한숨을 돌리고 다시 글쓰기를 시작할 수 있었다. 그의 책 『시편사색』(1958)과 『네 가지 사랑』(1960)은 둘 다 이 시기의 작품으로, 데이빗먼의 영향이 드러나 있다. 『네 가지 사랑』을 읽으면, 루이스와 데이빗먼의 깊어 가는 관계의 일면이 그 내용과 몇몇 우아한 구절들에 반영되어 있는 것을 짐작할 수 있다. "필요의 사랑은 우리의 빈곤에 대해 하나님께 부르짖습니다. 선물의 사랑은 하나님을 섬기려 하고 하나님을 위해 기꺼이 고난도 감수하려 합니다. 그런데 감상의 사랑은 하나님께 '당신의 크신 영광에 대해 감사를 드립니다'라고 말합니다."[72]

한편, 루이스는 익숙하지 않은 영국 조세제도 때문에 큰 골치를 앓고 있었다. 전후 기간에 영국정부는 인세를 통해 큰 수입을 벌어들인 사람들에게 최고 90퍼센트에 이르는 가혹한 세금을 부과했다.[73] 루이스와 톨킨 둘 다 각기 출간한 책의 성공으로 인해 엄청난 액수의 세금추징을 당했다. 루이스는 회계사를 고용하지 않았던 듯하며, 따라서 불시에 주어진 이 법률상의 의무를 감당해야만 했다. 1959년 3월, 루이스는 절친한 친구 아서 그리브즈에게 "2년 전에 벌어들인 인세 수입에 부과된 엄청난 부가세 때문에 완전히 나가 떨어졌다"고, 그 때문에 그와 데이빗먼이 지출을 급격히 줄일 수밖에 없다고 밝혔다.[74] 루이스는 돈 문제에 예민해졌고 새 가구를 사거나 킬른스를 수리하는 일을 망설이게 되었다. 국세청에서 또 엄청난 세금을 부과할 경우에 대비해야 한다고 생각한 것이다.

1959년 9월이 되면서 재정상황이 어느 정도 나아진 듯한데, 그 무렵 루이스와 로저 랜슬린 그린은 부부동반으로 그리스 유적지를 탐방하는 여행을 계획했다. 아마도 데이빗먼의 부추김이 있었던 것 같다. 그러나 몇 주 후에 벌어진 상황으로 계획에 차질이 생겼다. 통상적인 건강검진을 받으러 간 10월 13일, 데이빗먼의 암이 재발했다는 진단이 나왔다.[75]

하지만 그리스 여행은 그대로 강행했다.[76] 1960년 4월, 『네 가지 사랑』이 출간되고 한 주 후, 루이스와 데이빗먼은 로저와 준 랜슬린 그린 부부와 함께 그리스로 날아가 아테네, 로도스 섬, 크레타 섬에 있는 고대 세계의 유적지를 돌아보았다. 루이스가 제1차 세계대전 기간에 프랑스로 파병된 이후, 영국 땅을 벗어난 여행은 이때가 처음이었다. 루이스와 데이빗먼이 같이 떠난 마지막 여행이기도 했다. 루이스의 "아주 이상한 결혼"은 이제 곧 비극으로 끝나게 된다.

14

사별, 질병, 죽음
: 말년

1960-1963

1960년 7월 13일, 조이 데이빗먼은 옥스퍼드의 래드클리프 요양원에서 마흔다섯의 나이에 암으로 세상을 떠났다. 루이스는 그녀의 임종을 지켰다. 장례식은 그녀의 요청에 따라 7월 18일 옥스퍼드의 화장장에서 열렸다. 루이스의 친구들 중에 데이빗먼을 좋아하게 된 소수의 인물 중 한 사람인 오스틴 파러가 장례식 집전을 맡았다. 그녀의 추모명판은 지금도 그곳에 남아 있고, 오늘날까지 그 화장장에서 가장 유명한 명판이다.

　루이스는 엄청난 충격을 받았다. 그는 병간호를 하며 사랑하게 된 아내만 잃은 것이 아니었다. 문학적 격려와 영감의 원천이던 뮤즈도 함께 잃었다. 데이빗먼은 루이스의 후기 작품 세 권, 『우리가 얼굴을 찾을 때까지』, 『시편사색』, 『네 가지 사랑』의 집필에 중요한 영향을 끼쳤다. 그리고 죽음 이후, 그녀는 루이스의 속내를 잘 보여주는 가장 어두운 작품의 탄생에 중요한 역할을 하게 된다. 아내와 사별한 루이스에게 온갖 생각이 밀물처럼 밀려들기 시작했다. 처음에 그는 그 생각들을 주체할 수 없었다. 그래서 그 생각들을 추스르기 위해 글로 옮기기 시작했다. 그 결과물이 그의 가장 고통스럽고 부담스러운 책, 『헤아려 본 슬픔』이다.

『헤아려 본 슬픔』(1961): 믿음의 시험

데이빗먼이 죽은 후 몇 달 동안, 루이스는 슬픔과 함께 마음이 참혹하게 짓눌리는 경험, 가차 없는 지적 의문과 탐색을 피할 수 없었다. 그가 한때 '현실과의 협약'이라 불렀던 것은 해일처럼 밀려드는 원초적 감정의 혼란에 뒤덮여 버렸다. "현실이 닥쳐와 내 꿈을 산산조각 냈다."[1] 댐이 붕괴되었다. 침략군들이 국경을 넘어와 안전지대라 생각했던 곳을 일시적으로 점령했다. "슬픔은 두려움과도 같은 감정이라고 아무도 내게 말해 주지 않았다."[2] 대답 없는 질문, 대답할 수도 없는 질문들이 루이스의 신앙에 밀어닥쳐 그를 의심과 불확실의 벽 앞에 세웠다.

불편하고 불안한 어려움과 맞닥뜨린 루이스는 그가 1916년에 친구 아서 그리브즈에게 조언했던 방법을 사용했다. "사는 게 지긋지긋해질 때면 글을 써. 잉크는 모든 인간 불행의 탁월한 치료제야. 나는 그걸 오래전에 알아냈지."[3] 1960년 7월 데이빗먼이 죽은 지 며칠 후, 루이스는 자신의 생각을 적어 내려가기 시작했다. 의심과 영적 고뇌를 숨길 생각은 하지 않았다. 『헤아려 본 슬픔』은 루이스가 자기 검열이나 제한 없이 느낀 대로 적어 나간 기록이다. 그는 친구들과 팬들이 그에게 기대하는 생각이 아니라 실제로 생각한 내용을 적어 나가면서 자유와 해방감을 맛보았다.

1960년 9월, 루이스는 가까운 친구 로저 랜슬린 그린과 그 원고에 대해 상의했다. 고심 끝에 그들은 그 원고를 출간하는 것이 좋겠다는 데 합의했다. 루이스는 친구들이 느낄 당혹감을 생각해서 자신이 『헤아려 본 슬픔』의 저자임을 숨기기로 결정했다. 그는 이 작업을 네 가지 방식으로 진행했다.

1. 그가 오랫동안 책을 내 온 런던의 출판사 제프리 블레스 대신 유력한 문학 출판사 페이버 & 페이버를 택했다. 루이스는 문학 대리인 스펜서 커티스 브라운에게 건넸고, 그는 그 원고가 루이스의 것임을 밝히지 않고 페이버 & 페이버 출판사에 출간을 의뢰했다. 문학 탐정들의 추적을 피하기 위한 조치였다.

2. 'N. W. 클러크'라는 가명을 썼다. 처음에 루이스는 라틴어 가명 디미디우스("절반으로 잘린")를 제안했다. 페이버 & 페이버의 이사였던 T. S. 엘리엇은 커티스 브라운이 내놓은 원고를 읽고 박식한 저자의 정체를 바로 알아맞혔다. 그러고 나서 디미디우스보다는 좀 더 "그럴 듯한 영어 가명이 독자들의 추측을 더 잘 막아 낼" 거라고 말했다.[4] 루이스는 이전에도 시를 발표하면서 여러 개의 필명을 쓴 바 있었다. 그가 최종적으로 선택한 이름은 'Nat Whilk'("나도 누군지 모르는 사람"으로 번역할 수 있는 앵글로색슨어 표현)와 'Clerk'(읽고 쓸 수 있는 사람)였다. 루이스는 이 이름의 라틴어 형태인 나트빌시우스^{Natvilcius}를 1943년 소설 『페렐란드라』에서 인용되는 학자 이름으로 썼다.

3. 이야기의 중심인물에 대해 'H'라는 가명을 썼는데, '헬렌'^{Helen}의 약자인 것 같다. 데이빗먼은 헬렌이라는 이름을 거의 사용하지 않았지만 그 이름은 그녀의 결혼서류와 영국시민 귀화서류에 나와 있다. 그녀의 사망

진단서에는 '클라이브 스테이플스 루이스의 아내 헬렌 조이 루이스'라고 나와 있다.

4. 문체를 바꾸었다. 『헤아려 본 슬픔』은 그의 책을 읽던 독자들이 루이스를 떠올리지 못하도록 형식과 문체를 달리해서 썼다. 루이스는 이런 "사소한 문체상의 위장"을 통해 독자들의 추적을 따돌리기 바랐다.[5] 실제로, 이 작품을 읽은 초기 독자들은 루이스를 떠올리지 못한 듯하다.

『헤아려 본 슬픔』을 읽으며 루이스의 숨길 수 없는 표지 몇 가지를 알아본 사람들에게도, 이 작품은 그가 이전에 쓴 다른 어떤 글과도 다르게 보였다. 이 책의 핵심은 감정이고, 모든 '현실과의 협약'을 가혹하게 시험하는 감정의 힘이다. 이 시험만이 어떤 '현실과의 협약'이 그 위로 쏟아지는 무게를 감당할 수 있는지 입증해 줄 수 있다. 루이스는 사적인 기분과 감정에 관한 이야기를 불편해하는 것으로 유명했다. 이전에 쓴 작품 『예기치 못한 기쁨』의 도입에서 "지독히 주관적인" 접근방식을 택한 몇몇 부분에 대해 독자들에게 사과했을 정도였다.[6]

『헤아려 본 슬픔』은 루이스의 다른 어떤 작품에서도 볼 수 없었던 열정과 격렬함을 보여준다. 그가 이전에 쓴 『고통의 문제』(1940)는 대체로 객관적이고 냉정하게 접근할 수 있는 주제처럼 고통을 다루었다. 고통의 존재는 기독교 신학이 완벽하게 해명하지는 못해도 만족스럽게 풀 수 있는 지적인 퍼즐로 제시된다. 루이스는 이 책을 쓴 의도를 상당히 명확하게 밝혔다. "이 책을 쓴 유일한 목적은 고통이 야기하는 지적인 문제를 해결하려는 것입니다."[7] 루이스는 고통과 죽음이 제기하는 온갖 지적인 질문들과 씨름했을지 모르나, 데이빗먼의 죽음으로 불길처럼 일어난 감정의 폭풍 앞에서는 무방비 상태로 서야 했다.

안전한 거리를 두고 멀찍이 떨어진 채로 고통을 바라보는 사람에게는 고통이 논리적 수수께끼에 불과할 수 있다. 그러나 루이스가 어머니를 잃었을 때나 데이빗먼의 충격적인 죽음을 겪었을 때처럼 직접적으로 고통을 경험할 때, 그것은 신앙의 성문을 치고 들어오는 감정의 공성퇴와도 같다. 비판자들이 볼 때 『고통의 문제』는 현실에 나타나는 악과 고통의 실체를 회피한 작품이다. 악과 고통이 신앙의 직소퍼즐에 맞춰 넣어야 할 추상적인 개념 정도로 축소되는 것이다. 그러나 『헤아려 본 슬픔』은 다르다. 고통을 다소 불편한 이론적 문제가 아니라 개인적 현실로 마주할 때, 이성적 신앙이 산산이 부서질 수 있음을 깨닫게 된다.

루이스는 이전에 고통에 접근했던 방식이 삶의 표면만을 건드렸음을 깨닫게 된 듯하다.

> 하나님은 어디 계시는가?……다른 모든 도움이 헛되고 절박하여 하나님께 다가가면 무엇을 얻는가? 면전에서 쾅 하고 닫히는 문, 안에서 빗장을 지르고 또 지르는 소리. 그리고, 침묵.[8]

1951년 6월, 루이스는 페넬로피 수녀 Sister Penelope에게 편지를 써서 기도를 요청했다. 당시에는 모든 일이 순조로웠다. "저는 (버니언의 순례자처럼) '안락이라는 들판'을 지나고 있습니다." 상황이 달라지면 그는 기독교 신앙을 더욱 깊이 이해하게 될까? 그가 부분적으로만 이해하는 종교적 개념이 갑자기 새로운 의미를 띤 새로운 실체가 될 수 있을까? "이제 저는 무엇을 믿는다거나 이해한다고 말해서는 안 될 것 같습니다. 이미 내 것이 되었다고 생각했던 교리가 언제든지 이렇게 새로운 현실로 꽃필 수 있으니까요."[9] 이 대목을 읽으면 『고통의 문제』의 다소 피상적이었던 고통에 대한 해설이, 이후 『헤아려 본 슬픔』의 더 성숙하고 체험적이고 무엇보다 **지혜로운** 기록으로 "꽃피게" 될 거라는 생각을 떠올리게 된다.

우리는 『헤아려 본 슬픔』에 나오는 루이스의 강력하고 솔직하고 정직한 기록을 사별의 충격에 대한 정확하고 감동적인 기록으로 귀하게 받아야 한다. 이 책이 수많은 독자를 확보한 것은 놀라운 일이 아니다. 사랑하는 이의 죽음으로 생겨나는 정서적 혼란을 정확하게 묘사하고 있기 때문이다. 심지어 이 책의 저자를 알지 못한 채, 슬픔의 과정에 대한 탁월한 기록이라며 루이스에게 추천한 사람들도 있었다. 이 책은 또 다른 차원에서도 의미심장하다. 순전히 이성적인 신앙의 취약함과 허약함을 드러낸 것이다. 루이스는 아내의 죽음 이후 신앙을 회복한 것이 분명하지만, 『헤아려 본 슬픔』은 이 신앙이 그가 『고통의 문제』에서 제시했던 차갑고 논리적인 접근방식과는 상당히 다른 것임을 보여준다.

『헤아려 본 슬픔』은 기독교가 설득력이 없음을 암묵적으로 인정한 것이고, 루이스가 슬픔을 겪으며 불가지론자가 되었다는 잘못된 결론을 내린 이들도 있었다. 이것은 성급하고 피상적인 결론이자, 그 책의 본문과 이후에 나온 루이스의 저작을 제대로 읽지 않았다는 사실을 보여줄 따름이다. 『헤아려 본 슬픔』은 루이스가 시험 과정이라 여긴 것, 곧 **하나님**이 아니라 **루이스**를 시험하는 과정을 묘사한 책이라는 점을 기억해야 한다. "하나님은 우리 믿음이나 사랑의 자질을 알아보려고 시험을 하시는 게 아니다. 그분은 이미 알고 계시니까. 모르는 쪽은 오히려 나였다."[10]

루이스가 이 무렵 불가지론자가 되었다고 말하려는 사람들은 그 이야기의 흐름을 무시하고 원하는 장면이나 대목이 최종결론인 것처럼 제시해야 한다. 괴로움에 시달리던 루이스는 자신에게 열린 모든 지적 선택지를 살피러 나선다고 분명히 밝힌다. 모든 돌을 뒤집어 보고 모든 길을 다녀 본다. 하나님이 존재하지 않을 수도 있다. 신이 존재하기는 하는데 사디스트적인 독재자로 드러날 수도 있다. 믿음은 그저 꿈일 수도 있다. 시편 기자처럼, 루이스는 절망의 심연을 가차 없이, 철저히 파헤치고 그 어둠 속에 숨겨진 의미를 캐내기로 작정한다. 그리고 마침내, 영적 균형감각을 되찾고 지난 몇 주 동안에 일어난 충격적인 사건들에 비추어 자신의 신학을 다시 점검한다.

루이스는 죽기 몇 주 전에 쓴 편지에서 『헤아려 본 슬픔』 속의 논증의 흐름을 제시하고 그 결과도 정확하게 요약했다. 편지의 수신인은 1950년대 초부터 죽 서신을 교환해 온 저명한 중세 문학자이자 시인인 마델레바 울프 수녀Sister Madeleva Wolff, 1887-1964였다. 루이스가 이 편지를 쓸 당시, 그녀는 인디애나 주 사우스벤드의 노트르담 대학 세인트메리 칼리지의 학장 자리에서 물러난 직후였다. 루이스는 이 책이 "매일매일 슬픔을 있는 그대로 토해 내고, 악한 반응과 어리석음들"까지 표현한다고 말한다. 그리고 "믿음으로 끝나기는 하지만, 거기까지 이르는 도중에 온갖 어두운 의심을 제기"하는 책이라고 알려 준다.¹¹

이런 "악한 반응과 어리석음들"이 커다란 슬픔에 괴로워하던 루이스가 신에 대한 모든 가능성을 전면 검토한 끝에 얻은 최종결과인 것처럼 제시하기는 쉽다. 어떻게든 루이스가 불가지론자가 되었다고 말하고 싶은 사람이나 그를 제대로 읽을 시간이 없는 사람이라면 더욱 그럴 것이다. 하지만 이 책에 대한 루이스의 판단은 그 작품을 다 읽은 독자들이 내릴 결론과 동일하다.

슬픔에 사로잡힌 루이스의 사색에서 하나의 전환점이 되는 하나의 순간, 별개의 진술을 포착하기는 어렵기도 하거니와 상당히 부적절한 일이 될 것이다. 그런데 그의 생각의 변화를 알리는 분명한 요소가 있다.

아내 대신에 고통을 당할 수 있기를 바라는 마음이다. "그녀 대신에 고통을 감내할 수 있다면, 최악의 고통이라도, 아니 조금의 고통이라도 감내할 수만 있다면."[12] 루이스는 이것이 참된 연인의 표지라고 생각하게 된다. 사랑의 대상이 최악의 고통을 면할 수 있게 하고자 자신이 기꺼이 고통과 아픔을 짊어지려는 의지다.

이어서 루이스는 분명하고 결정적인 기독론적 적용을 이끌어 낸다. 이것이 바로 예수께서 십자가에서 하신 일이라는 것이다. 루이스가 다른 사람 대신 고통을 지겠다고 "실없는 소리를 지껄이는" 것이 허락될 것인가? 그래서 상대의 고통과 버림받은 느낌이 조금이라도 줄어들 수 있을까? 이 질문의 답은 십자가에 못 박힌 그리스도께 있다.

> 그런 일은 오직 한분에게만 허용되었다고 우리는 배웠으며, 그분이 우리 대신 감당할 수 있는 일이라면 무엇이건 그분이 대신 감당하셨음을 나는 이제 다시금 믿을 수 있다. 그분은 우리의 실없는 소리에 이렇게 응답하신다. "너희는 그렇게 할 수 없고 그런 시도를 해서도 안 된다. 나는 그리할 수 있었으며 과연 그렇게 했노라."[13]

이 대목에는 서로 연결되어 있으면서도 구분되는 두 생각이 다 드러나 있다. 첫째, 루이스는 자신이 아내를 많이 사랑했을지 몰라도 그 사랑에 한계가 있음을 깨닫고 있다. 그의 영혼에는 자기애가 여전히 남아서, 연인을 향한 사랑을 약화시키고 그 사람을 위해 기꺼이 고통을 감수함에 있어서 방해물로 작용한다. 둘째, 그는 하나님의 자기 비움을 인식하는 것에 그치지 않고(이런 신학적 개념은 그의 다른 글에서 얼마든지 찾아볼 수 있다) 인간의 고통에 그것이 실존적으로 의미하는 바를 깨닫고 있다.

하나님은 고난을 감당하실 수 **있었다**. 그리고 **정말** 감당하셨다. 하나님이 이렇게 믿음의 결과를 보장하시는 줄 알기에 우리는 믿음의 모호함과 위험을 감내할 수 있게 된다. 『헤아려 본 슬픔』은 믿음이 시험을 겪어 성숙해지는 이야기이지 단순히 믿음을 회복하는 이야기가 아니며, 믿음의 상실을 다룬 이야기는 더더욱 아니다.

그러면 루이스는 데이빗먼의 죽음에 왜 그렇게 격렬하게 반응했을까? 많은 요인들이 복합적으로 작용했음이 분명하다. 처음에는 두 사람의 관계에 상당히 의심스러운 구석이 있었지만, 데이빗먼은 루이스의 연인이자 지적 소울메이트가 되어 그가 글쓰기에 대한 열정과 의욕을 잃지 않도록 도왔다. 그녀는 루이스가 알고 지내던 여성들 중에서 독보적인 역할을 감당했다. 아니, 보다 정확히 말하자면 그런 역할을 감당하도록 허용되었다. 그녀를 잃은 것은 루이스에게 크나큰 아픔이었다.

결국 폭풍은 잠잠해졌고 루이스의 믿음의 집을 거세게 때리던 파도도 잔잔해졌다. 공격은 지독했고 시험은 가혹했다. 하지만 그 결과, 정련하는 불을 통과한 금과 같은 순수한 믿음이 드러났다.

루이스의 건강 악화 (1961-1962)

루이스의 믿음은 시련을 견디고 살아남았고 어쩌면 더 탄탄해졌을지도 모른다. 그러나 그의 건강은 그렇지 않았다. 1961년 6월, 루이스는 옥스퍼드에서 죽마고우 아서 그리브즈와 이틀을 보냈다. 나중에 그는 그때가 "가장 행복한 시간 중 하나"였다고 밝혔다. 하지만 자신을 찾아와 준 그리브즈에게 고마움을 전하는 루이스의 편지에는 어두운 소식도 들어

옥스퍼드 밴버리 로 25길에 위치한 애클랜드 요양원의 1900년 모습. 1882년에 설립된 이 요양원의 이름은 옥스퍼드 대학 의학흠정교수였던 헨리 애클랜드 경의 아내 새라 애클랜드에서 따온 것으로, 1897년에 이곳으로 자리를 옮겼다.

있다. 전립선 비대증 치료를 위한 수술을 받으러 곧 입원할 예정이라는 것이었다.[14] 그리브즈가 이 소식을 접하고 놀랐을 것 같지는 않다. 그가 6월에 만나 본 루이스는 "많이 아파 보였기" 때문이다. 그의 몸에 뭔가 문제가 있었다.

옥스퍼드 도심에서 가까운 국립보건소 바깥에 있는 사설 의료시설 애클랜드 요양원에서 7월 2일자로 수술날짜가 잡혔다. 하지만 루이스의 의료팀은 곧 수술이 불가능하다는 결론을 내렸다. 신장과 심장까지 문제가 있었다. 그의 몸은 수술할 수 없는 상태였다. 관리할 수 있을 뿐 치료는 기대할 수 없었다. 여름이 끝날 무렵, 루이스는 몸이 너무 아파 1961년 마이켈마스 학기를 위해 케임브리지로 돌아갈 수 없었다.

루이스는 시간이 얼마 남지 않았음을 깨닫고 유언장을 작성했다. 1961년 11월 2일에 작성한 이 서류에서 그는 오언 바필드와 세실 하우드Cecil Harwood를 유언 집행자 및 신탁자로 지정했다.[15] 루이스는 책과 원고들을 형에게 물려주었다. 형이 살아 있는 동안에는 루이스의 간행물에서 나오는 모든 수입이 형에게로 가게 했다. 와니가 죽은 후의 남은 재산은 그의 두 의붓아들이 물려받게 했다. 유언장에는 유작 관리자에 대한 조항이 없었다. 와니는 루이스의 간행물에서 나오는 수입을 받게 되지만, 그에 대한 법적 권리는 행사할 수 없었다.

루이스는 또 자신이 세상을 떠나는 시점에 은행구좌에 잔고가 있을 경우 네 사람이 100파운드씩 받도록 명시했다. 모린 블레이크와 세 대자 대녀 로렌스 하우드Laurence Harwood, 루시 바필드Lucy Barfield, 새라 네일란Sarah Neylan이었다.[16] 그 직후, 루이스는 킬른스에서 자신을 돌봐 준 이들에 대한 고마움을 표시하지 않았음을 깨달았던 것 같다. 1961년 12월 10일자로 작성한 유언보충서에서 그는 이 목록에 두 사람의 이름을 추가했다. 정원사이자 잡역부였던 프레드 팩스퍼드는 100파운드를, 가정부 몰리 밀러는 50파운드를 받도록 했다.

이 금액은 다소 약소해 보인다. 1964년 4월에 유언 검인을 받은 후, 루이스의 자산은 55,869파운드로 평가되었고 상속세만 12,828파운드가 나왔기 때문이다. 하지만 루이스는 자신의 재산 규모를 잘 알지 못했고, 국세청에서 엄청난 액수의 추징을 당해 파산하게 될까봐 늘 염려했다. 그의 유언장에는 상속세가 현금가능화자산을 초과할 경우 벌어질 일에 대한 불안도 드러나 있다.

루이스는 다음 학기인 1962년 1월에는 모들린 칼리지로 돌아갈 수 있기를 바랐다. 하지만 몇 달이 지나면서 루이스는 자신의 몸 상태로는 그럴 수 없다는 사실을 깨달았다. 그는 자신이 지도해야 하는 학생에게 편지를 보내 1962년 봄에는 자리를 비울 수밖에 없음을 사과하고 상황을 설명했다.

> 의사들이 내 심장과 신장을 바로잡기 전에는 전립선 수술을 할 수가 없네. 그들이 전립선 수술을 하기 전에는 심장과 신장을 바로잡아 줄 수 없는 것처럼 보이는군. 그래서 우리는 어떤 학생이 시험지에 잘못 써서 "끈적끈적한 순환"(viscous circle, 악순환(vicious circle)을 잘못 쓴 것—옮긴이)이라 부른 상태에 있네.[17]

1962년 4월 24일, 루이스는 마침내 케임브리지로 돌아가 가르치는 일을 재개할 수 있었다. 그는 스펜서의 『선녀여왕』에 대한 주 2회 강의를 시작했다.[18] 하지만 그는 다 나은 것이 아니었다. 세심한 식단과 운동 요법으로 상태가 안정된 것뿐이었다. 그 다음 달 루이스에게 헌정된 톨킨의 에세이집 출간을 기념하여 머튼 칼리지에서 축하만찬이 열릴 예정이었는데, 루이스는 그 자리에 참석할 수 없다고 사과하는 편지를 보내며 자신은 이제 "카테터를 착용하고, 저단백질 식사를 하고, 일찍 잠자리에 들어야" 한다고 설명했다.[19]

문제의 카테터는 여러 개의 코르크와 고무튜브가 달린 어설픈 기계였는데, 걸핏하면 내용물이 새는 것으로 악명이 높았다. 이 장치를 만든 사람은 루이스의 친구인 의사 로버트 하버드였다. 그가 데이빗먼의 암을 제때 진단하지 못하여 치료시기를 놓친 일이 있었으니, 의사로서의 그의 능력을 어느 정도 의심할 법도 했다. 루이스는 1960년에 쓴 편지에서 하버드의 결점을 불평하며 "우리가 결혼하기 몇 년 전에 조이에게 징후가 보여 그의 병원에 갔을 때 그녀의 문제를 진단할 수 있었을 것이고 마땅히 그랬어야" 했다고 썼다.[20] 하지만 이런 불안요인이 있는데도, 루이스는 여전히 전립선 문제에 대해 하버드의 조언을 받았고 카테터 제작도 그에게 맡겼다. 이 급조한 장치가 잦은 기능고장을 일으키는 바람에, 생활의 불편은 물론이고 가끔은 루이스의 사회생활이 혼란의 도가니가 되기도 했다. 한번은 평소 같으면 지루했을 케임브리지 셰리주 파티장에서 그의 오줌이 쏟아져 내려 활기가 돌기도 했다.

점점 쇠약해지던 루이스의 말년은 평화롭지 않았다. 와니는 점점 더 쉽게 폭음을 했고, 드로이다의 '루르드의 성모마리아회' 수녀들의 애정 어린 보살핌 덕에 상태가 완화되기는 했지만 완치되지는 못했다. 수녀들은 정기적으로 알코올 중독에 시달리는 퇴역 소령에게 호감을 갖게 되었던 것 같으며, 좋은 마음에서 그가 하고 싶은 대로 하게 해주어 중독 상태를 부추긴 것 같다. 킬른스는 제대로 보수가 안 되고 있어서 습기로 인한 얼룩과 곰팡이가 나타나기 시작했다.

좀 더 관심이 가는 문제는 톨킨과 루이스의 냉랭한 관계가 계속 이어졌다는 부분이다. 주로 톨킨이 루이스를 안 좋게 생각하면서 생긴 문제였다는 점을 먼저 지적해야겠다. 하지만 루이스는 톨킨에 대한 존경이나 감탄을 잃지 않았다. 이 사실은 최근에야 밝혀진 한 가지 사건으로 분명하게 알 수 있다. 1961년 1월 초, 루이스는 그가 가르쳤던 영문학자 앨러스테어 파울러^{Alastair Fowler}에게 답장을 썼다. 엑시터 칼리지에서 공고를 낸 영문학 정교수직에 지원해도 되겠는지 묻는 파울러의 문의에 지원하라고 밝힌 뒤, 이번에는 루이스가 파울러의 조언을 구했다. 1961년 노벨문학상은 누가 받아야 한다고 생각하는가?[21] 지금은 루이스가 이 흥미로운 질문을 한 이유를 분명히 알 수 있다.

1961년도 스웨덴 학술원 공문서가 2012년 1월 학자들에게 공개되었을 때, 루이스가 노벨문학상 후보로 톨킨을 추천했다는 사실이 밝혀

Magdalene College,
Cambridge,
England

16 Jan. 1961

Gentlemen
    In reply to your invitation I have the honour of nominating as a candidate for the Nobel Prize in Literature for 1961
    Professor J. R. R. Tolkien of Oxford in recognition of his now celebrated romantic trilogy The Lord of the Rings.
    I remain
            your obedient servant
                C. S. Lewis
                (C. S. LEWIS)

1961년 1월 16일에 쓴 C. S. 루이스의 미간행 편지. 1961년 노벨문학상 후보로 J. R. R. 톨킨을 추천하고 있다.
ⓒ C. S. Lewis Pte. Ltd.

졌다.²² 케임브리지 대학 영문학부 정교수였던 루이스는 1960년 후반에 노벨위원회로부터 1961년 노벨문학상 후보자를 추천해 달라는 초대장을 받았던 것이다. 1961년 1월 16일에 쓴 추천서한에서 루이스는 '기념비적인 로망스 3부작' 『반지의 제왕』을 쓴 업적을 인정하여 톨킨을 후보자로 추천했다.²³ 그러나 그해의 노벨문학상은 유고슬라비아의 작가 이보 안드리치 Ivo Andric, 1892-1975에게 돌아갔다. 톨킨의 산문은 그레이엄 그린을 포함한 여러 경쟁자들에 비해 부족하다는 평가를 받았다. 하지만 루이스가 최고의 문학상 후보로 톨킨을 추천한 것은 두 사람의 사이가 점점 멀어지는 와중에도 친구의 작품에 대한 루이스의 감탄과 존경에는 변함이 없었다는 중요한 증거이다. 톨킨이 이 사실을 알았다 해도(그의 편지에는 그가 알았다는 단서는 나와 있지 않다), 루이스와의 관계를 재건하는 데 보탬이 되지는 않았다.

 루이스의 문제는 이것뿐이 아니었다. 이제 루이스와 형 와니에게 맡겨진 데이빗먼의 두 아들의 문제도 해결해야 했다. 특히 그들의 학교교육이 문제였다. 정체성의 혼란을 겪던 데이빗은 어머니의 종교적 뿌리를 재확인하고 유대교 신자가 되기로 결정했다. 이렇게 되자 루이스는 그가 지켜야 할 새로운 식사 규정을 위해 유대교 율법에 따른 코셔 음식을 찾아야 했다(결국 루이스는 옥스퍼드 재래시장의 팜스조제 식품가게에서 몇 가지를 찾아냈다). 루이스는 데이빗이 유대교 뿌리를 찾아가는 과정을 격려했고, 그가 모들린 칼리지 스쿨에서 전통적인 라틴어 대신 히브리어를 배우도록 해주었다. 또 옥스퍼드 대학의 '성경시대 이후 유대교학' 강사였던 세실 로스 Cecil Roth, 1899-1970에게 유대교에 심취한 의붓아들의 장래에 관해 조언을 구했다.²⁴ 데이빗은 로스의 추천을 받아들여 런던의 골더스 그린에 있는 노스웨스트런던탈무드 칼리지에서 공부를 시작했다.

1963년 봄, 루이스는 건강이 상당히 회복되었고, 케임브리지의 렌트 학기와 이스터 학기에 강단에 섰다. 1963년 5월에는 마이켈마스 학기 강의준비를 했고, 10월 25일부터 케임브리지에서 학기 중 화요일과 목요일 오전에 중세 문학을 강의하기로 했다.[25]

이 시점에 루이스는 그의 생애 중에는 마지막 몇 달의 생활에서, 사후에는 그에 대한 세간의 관심을 되살리는 데 결정적으로 중요한 역할을 하게 되는 사람과 우정을 맺게 된다. 루이스와 몇 년 동안 편지를 주고받은 미국인 팬들이 많았는데, 그중 한 사람이 월터 후퍼다. 그는 켄터키 대학 출신의 젊은 미국인 학자로서 루이스의 저작들을 조사했고, 그에 대한 책을 저술하는 데 관심이 있었다. 후퍼는 미 육군에 복무 중이던 1954년 11월 22일부터 루이스와 서신교환을 시작했고 이후 공부를 계속하면서도 루이스의 저작에 계속 관심을 가졌다. 후퍼는 영국의 목사이며 저술가인 필립스J. B. Phillips, 1906-1982의 신약성경 서신서 현대어 번역본 『초기 교회들에 보낸 편지들』(Letters to Young Churches, 1947)에 루이스가 붙인 짧은 서문에 특히 깊은 인상을 받았다. 일찍이 1957년, 루이스는 후퍼가 혹시 잉글랜드를 방문할 일이 있다면 기꺼이 만나겠다는 의사를 밝혔다.[26]

결국 후퍼의 방문은 연기되었지만 둘의 서신교환은 이어졌다. 1962년 12월, 후퍼는 루이스에게 자신이 작성한 루이스의 출간 저작목록을 보냈고, 루이스는 감사한 마음으로 몇 부분을 바로잡고 내용을 첨가했다. 그는 후퍼가 다음에 잉글랜드를 방문할 때 만나기로 다시 한 번 약속했고, 1963년 6월에는 옥스퍼드의 집에 있을 테니 그때가 좋겠다고 했다.[27] 마침내 6월 7일로 모임 날짜가 잡혔는데, 그때 후퍼는 엑시터 칼리지에서 열리는 국제하계대학에 참석할 예정이었다.

루이스는 후퍼와의 만남을 좋아했고 그 다음 주 월요일에 있을 잉클링즈 모임에 그를 초청했다. 당시 잉클링즈 모임은 세인트자일즈 반대편에서 이루어졌는데, '독수리와 아이'가 수리되고 나서 더 이상 '래빗 룸'을 그들끼리만 호젓하게 쓸 수 없게 되자 '어린양과 깃발'로 장소를 바꾼 것이다.[28] 학기 중에는 루이스가 케임브리지의 모들린 칼리지에서 지내야 했기 때문에 잉클링즈 모임은 월요일에 열렸다. 모임 후 루이스는 오후에 '케임브리지 느림보'를 타고 케임브리지로 떠났다. 당시에는 성공회 신자였던 후퍼는 일요일 아침이면 루이스를 따라 헤딩턴 쿼리의 홀리트리니티 교회에 나갔다.

마지막 질환과 죽음

루이스는 1963년 7월 말에 아일랜드로 가서 아서 그리브즈를 방문할 생각이었다. 체력이 떨어지는 것을 느끼던 루이스는 짐을 나르는 것을 돕도록 더글러스 그레셤을 데려갈 계획을 세웠다. 6월 7일, 케임브리지의 여름 학기를 마치고 루이스가 옥스퍼드로 돌아왔을 때, 와니는 다음 달에 동생도 아일랜드로 합류할 거라고 생각하고 이미 그리로 떠난 상태였다. 그러나 상황은 그렇게 돌아가지 않았다. 7월 첫째 주에 루이스의 건강이 급격히 악화되었다.

7월 11일, 루이스는 할 수 없이 그리브즈에게 편지를 써서 여행 취소를 알렸다. "심장문제가 심해졌다."[29] 루이스는 피곤했고, 집중하지 못했고, 깜박깜박 졸았다. 신장이 제 기능을 못해 혈류에 독소가 쌓이면서 피로를 유발했던 것이다. 유일한 해결책은 수혈이었는데, 수혈을 받고 나면 잠시 상태가 호전되었다(신장투석이 보편화되려면 여러 해가 더 지나야 했다).

월터 후퍼가 루이스를 교회에 데려가려고 1963년 7월 14일 일요일 아침에 킬른스에 도착했을 때, 루이스의 상태는 아주 안 좋았다. 그는 기진맥진하여 두 손으로 찻잔조차 제대로 붙들지 못했고 혼란에 빠진 듯 보였다. 형이 없는 기간이 길어지면서 기존에 해오던 서신교환을 계속할 수 없게 될까봐 염려한 루이스는 후퍼에게 개인비서가 되어 달라고 청했다. 후퍼는 그해 가을에 켄터키 대학에서 한 강좌를 가르치기로 계약한 상태였지만, 1964년 1월부터 루이스의 비서 자리를 맡기로 했다. 하지만 몸 상태가 좋지 않은 데다 집중력까지 떨어져서인지, 루이스는 후퍼에게 어떤 재정적 보상을 생각하고 있었는지, 공식적으로 무엇을 기대하는지 설명하지 않았다.

7월 15일 월요일 아침, 루이스는 메리 윌리스 셸번에게 짤막한 편지를 써서 자신이 집중력을 모두 잃었고 그날 오후 검진을 받기 위해 병원으로 갈 거라고 전했다.[30] 루이스는 그날 오후 5시에 애클랜드 요양원에 도착했고, 거의 도착 직후 심장마비를 일으켰다. 그는 혼수상태에 빠졌고 죽음이 임박했다는 진단이 나왔다. 요양원 측은 루이스의 가족 와니에게 연락이 닿지 않자 오스틴과 캐서린 파러 부부에게 이 사실을 알렸다.[31]

다음 날, 오스틴 파러는 산소마스크를 쓰고 연명하고 있는 루이스가 병자성사를 받고 싶어 할 거라는 판단을 내렸다. 그는 애클랜드 요양원에서 도보로 몇 분 거리에 있는 막달라마리아 교회의 교구목사 마이클 와츠Michael Watts에게 병자성사를 요청했다. 오후 2시, 와츠는 병자성사를 집전했다. 한 시간 후, 루이스는 혼수상태에서 깨어나 차를 한 잔 청해서

의료진을 깜짝 놀라게 했다. 그는 자신이 거의 하루 종일 의식을 잃고 있었다는 사실을 모르고 있었다.

나중에 루이스는 친구들에게 자신이 혼수상태에서 죽었으면 한다고 밝혔다. 세실 하우드에게 보낸 편지에서는 "그 경험 전체가 아주 편안했다"고 썼다. "문 앞까지 그렇게 수월하게 갔는데 문을 통과하는 것이 허락되지 않다니" 안타깝다는 것이었다.[32] (예수님이 다시 살린 성경의 인물) 나사로처럼 그는 다시 죽어야 할 터였다. 친구 아서 그리브즈에게 보낸 마지막 편지에서 같은 내용을 보다 자세히 적으며 그는 이렇게 밝혔다.

지금 내가 불행한 것은 아니지만, 7월에 소생했다는 점이 좀 안타깝다는 생각은 피할 수가 없네. 내 말은 이걸세. 아무런 고통 없이 문 앞까지 갔는데 면전에서 문이 쾅 닫히는 경험이라니. 게다가 언젠가 그 과정을 전부 다시 거쳐야 하고, 아마도 훨씬 불쾌하게 거쳐야 할 것을 알지 않는가! 가엾은 나사로! 하지만 무엇이 좋은지는 하나님이 가장 잘 아시겠지.[33]

루이스는 1914년 6월 이후 그리브즈와 정기적으로 편지를 주고받았다. 그리브즈는 루이스의 평생에 가장 의미심장하고 가까운 친구 중 하나였지만, 『예기치 못한 기쁨』의 출간으로 그들의 어린 시절의 우정이 드러나기 전까지는(그 우정이 그 책을 쓸 때까지 오래도록 이어졌다는 것은 밝히지 않았지만) 그의 친구들 중에서 그리브즈에 대해 아는 사람이 거의 없었다. 루이스는 몸이 아파 못 가게 된 것을 사과했는데, 그다운 모습이었다. "자네와 나는 이생에서 다시 만나지 못할 것 같네."

루이스는 혼수상태에서 깨어난 후 이틀 동안 맑은 정신을 유지하다가 "꿈, 환각, 그리고 정신이 혼란해지는 순간들"이 이어지는 어두운 시기로 접어들었다.[34] 7월 18일, 망상이 시작되던 날에 루이스를 방문한 조지 세이어는 혼란에 빠진 루이스의 모습을 보고 불안감에 사로잡혔다. 루이스는 세이어에게 자신이 방금 찰스 윌리엄스의 유작 관리자로 임명이 되었으며 윌리엄스 부인의 침대 밑에 숨겨진 원고를 급히 찾아야 한다고 말했다. 윌리엄스 부인이 그 원고에 대해 엄청난 액수의 돈을 원하고 루이스는 그녀가 요구하는 만 파운드가 없다는 것이 문제라고 했다. 무어 부인이 아직 살아 있는 것처럼 말하기 시작했을 때, 세이어는 그가 망상에 시달리고 있다는 것을 깨달았다. 그 다음 루이스는 월터 후퍼에게 임시비서가 되어 서신업무를 맡아 달라고 부탁한 얘기를 했는데, 세이어는 이것도 망상이라고 생각했다. 그럴 만도 했다.[35]

세이어는 당시 루이스를 괴롭히던 어두운 환각의 영역 바깥에 월터 후퍼라는 사람이 실제로 존재하고 후퍼가 루이스를 잠시 보살펴 줄 수 있다는 것을 알게 되자, 아일랜드로 가서 와니를 찾아보기로 했다. 그러나 결국 그는 심각한 알코올 중독 상태에 빠진 와니가 상황개선에 보탬이 되기는커녕 루이스의 처지를 이해할 수도 없다는 것을 알게 되었다. 세이어는 혼자 옥스퍼드로 돌아왔다.

8월 6일, 루이스는 애클랜드 요양원에서 소개한 간호사 앨릭 로스의 보살핌 하에 킬른스로 돌아가도 좋다는 허락을 받았다. 로스는 잘 꾸며 놓은 집에서 부유한 환자들을 보살피는 데 익숙했던 터라 킬른스의 비참한 상황에 충격을 받았다. 특히 더러운 부엌은 지독했다. 사람이 살 수 있는 상태로 만들기 위해 대대적인 청소가 시작되었다. 루이스는 계단을 오르는 일이 금지되었기에 일층에 그가 지낼 공간을 마련해야 했다. 후퍼가 루이스의 이층 침실을 차지하고 그의 비서 역할을 했다. 이즈음에 후퍼가 루이스를 대신하여 쓴 서글픈 문시 중에는 케임브리지 대학의 정교수직과 모들린 칼리지의 펠로직에서 사임한다는 내용의 편지도 있었다.

하지만 케임브리지에 있는 루이스의 모든 책을 어떻게 옮겨야 할까? 그는 여행이 불가능한 상황이었다. 8월 12일, 루이스는 모들린 칼리지의 회계담당자 조크 버닛에게 편지를 써서 월터 후퍼가 자기 대신 케임브리지로 가서 숙소에 있는 물건을 다 뺄 거라고 알렸다. 다음 날 루이스는 버닛에게 남는 물건은 무엇이건 팔아도 된다고 알리는 더 서글픈 편지를 썼다. 8월 14일, 월터 후퍼와 더글러스 그레셤은 루이스의 소유물에 대해 본인이 작성한 7쪽 분량의 상세한 지침서를 가지고 모들린에 나타났다. 그들이 물건을 골라내는 데 이틀이 걸렸다. 8월 16일, 그들은 수천 권의 책이 담긴 트럭을 타고 킬른스로 돌아왔고, 그 책들은 책장에 자리가 날 때까지 바닥에 쌓아 놓았다.

9월에 후퍼가 가르치는 일을 다시 시작하기 위해 미국으로 돌아가면서, 루이스를 돌보는 일은 팩스퍼드와 가정부 몰리 밀러 부인의 몫이 되었다. 루이스는 자신의 상황에 대해 불안감을 느꼈을 것이다. 와니는 어디 있을까, 언제쯤 돌아올까? 안타깝게도, 루이스는 와니가 상황의 심각성을 알면서도 자신을 "완전히 버렸다"는 결론을 내렸다. "형은 6월에 아일랜드에 간 후로 내게 편지도 쓰지 않네. 죽도록 술을 마시고 있을 걸세."[36] 와니는 9월 20일에도 돌아오지 않았다. 이날 루이스는 후퍼에게 그가 맡을 일자리가 어떤 것인지 밝히는, 내용이 불분명한 편지를 썼다.

루이스는 월터 후퍼가 어떤 역할을 해주길 바라는지, 사례는 어떻게 지불할지 제대로 생각해 본 적이 없었음이 분명하다.[37] 후퍼가 답장에서 루이스가 제안한 일자리의 급료에 대해 언급하자, 루이스는 부끄러워하면서 자신에게는 급료를 지불할 돈이 없다고 털어놓았다. 그리고 그럴듯하지만 빈약한 변명이 이어졌다. 정교수직에서 사임한 그에겐 더 이상 급료가 없었고 의붓아들에게 돈이 들어가는 상황도 대비해야 했다.[38] 후퍼를 '유급비서'로 두는 것은 그의 형편으로는 감당할 수 없는 사치였다. 그러나 후퍼가 1964년 6월에 올 수 있는 형편이 된다면 더없이 환영이라고 밝혔다. 후퍼 스스로 자금조달을 하라는 암시가 깔려 있는 듯 보인다.

여기서 우리는 케임브리지 교수직에서 물러난 이후 루이스의 마음을 짓눌렀던 문제 중 하나가 돈이었음을 알 수 있다. 루이스는 지불할 형편이 안 되는 거액의 부가세가 부과될까봐 늘 마음을 졸였다. 그의 수입은 책 인세가 전부였다. 당시 그 액수는 상당했지만 루이스는 자신의 저작에 대한 관심이 줄어들면서 인세도 줄어들 거라고 생각했다. 재정에 대한 불안은 9월이 되면서 더해졌다. 그는 외로웠다. 마음을 나누고 자신의 염려를 공유할 친구가 없었다.

한 달 후, 루이스는 다시 후퍼에게 편지를 써서 와니가 마침내 돌아왔다는 기쁜 소식을 전했다.[39] 그러나 재정 문제로 인한 염려는 여전했고 후퍼에게 급료를 지불할 수 있을지 자신하지 못했다. 그가 내놓을 수 있는 최선의 조건은 후퍼가 킬른스에서 살면서 생활공간과 사무공간을 함께 쓰는 것 정도였다. 그런데 와니가 문제였다. 그는 후퍼가 킬른스에서 지내는 것을 싫어할 수도 있었다. 루이스가 후퍼에게 지불할 수 있는 최대치는 한 주에 5파운드, 곧 14달러였다.[40] 매력적인 조건은 전혀 아니었지만 결국 후퍼는 가기로 했다. 그의 도착 예정일은 1964년 1월 첫째 주였다.[41]

11월 중순, 루이스는 옥스퍼드 대학에서 보낸 편지 한 통을 받았다. 그곳에서 그의 평판이 회복되고 있음을 알리는 징표로 볼 수 있는 편지였다. 그런 징표가 필요했다면 말이다. 옥스퍼드 대학의 대중강연 중 가장 명예로운 강연으로 꼽히는, 셸도니언 극장에서 열리는 로마니즈 강연 요청이었다. 루이스는 대단히 아쉬워하면서 와니에게 "대단히 정중한 거절편지"를 써 달라고 부탁했다.[42]

1963년 11월 22일 금요일, 와니가 나중에 회상한 바에 따르면 루이스의 집에서는 평소와 다를 바 없는 일과가 시작되었다. 아침식사를 마친 후 늘 하던 대로 편지에 답장을 쓰고 십자말풀이를 했다. 점심식사를 마친 후 루이스가 피곤해 보이자 와니는 침대로 가라고 말했다. 오후 4시, 와니는 동생에게 차 한 잔을 가져다주었는데 그는 "졸리고 편안해" 보였다. 5시 30분, 와니는 루이스의 침실에서 "쿵" 하는 소리를 들었다. 방으로 달려가 보니 루이스가 의식을 잃고 침실 바닥에 쓰러져 있었다. 몇 분 후, 루이스는 죽었다.[43] 사망진단서에는 신부전, 전립선 폐쇄, 심장 기능상실이 복합적인 사망원인으로 나와 있다.

같은 시간, 존 F. 케네디^{John F. Kennedy} 미국 대통령의 자동차 행렬이 댈러스의 러브필드공항을 떠나 시내로 향하고 있었다. 한 시간 후, 케네디는 저격수의 총에 맞아 치명상을 입었다. 그는 파크랜드 기념병원에서 사망했다. 루이스의 사망을 알리는 언론보도는 그날 댈러스에서 펼쳐진 훨씬 유명한 비극에 완전히 묻혀 버렸다.

와니는 동생의 죽음에 어찌할 바를 몰라 또다시 폭음을 해버렸다. 그는 장례식 일자를 아무에게도 알리고 싶어 하지 않았다.[44] 결국 더글러스 그레섬과 몇몇 사람들이 핵심적인 친구들 몇 명에게 전화를 걸어 장례식 일정을 알렸다. 11월 26일 화요일, 침실에서 와니가 위스키를 마시는 동안, 다른 사람들은 루이스를 묻기 위해 옥스퍼드 헤딩턴 쿼리의 홀리트리니티 교회로 모였다. 서리가 내려 차갑고 햇살이 비치는 아침이

> IN LOVING MEMORY OF
> MY BROTHER
> CLIVE STAPLES LEWIS
> BORN BELFAST 29TH NOVEMBER 1898
> DIED IN THIS PARISH
> 22ND NOVEMBER, 1963
> MEN MUST ENDURE THEIR GOING HENCE.

옥스퍼드 헤딩턴 쿼리의 홀리트리니티 교회 경내의 루이스 묘비에 새겨진 비문(碑文).

었다. 교회로 들어가는 장례행렬은 없었다. 루이스의 관은 전날 저녁에 교회로 옮겨 놓은 상태였다. 장례식을 공적으로 알리는 조치도 없었다. 장례식은 바필드와 톨킨, 세이어, 모들린 칼리지 학장 등 루이스의 친구들만 참석한 사적인 자리였다. 장례예배는 홀리트리니티 교회의 교구목사 로널드 헤드가 맡았다. 오스틴 패러가 성경봉독문을 읽었다. 가족이 자리에 없었기 때문에, 교회에서 묘지로 가는 소규모의 장례행렬은 모린 블레이크와[45] 더글러스 그레셤이 앞장섰다. 그들은 초복사들candle bearers과 행렬용 십자가를 따라 교회 경내 묘지로 들어섰다. 새로 파 놓은 무덤이 그들을 기다리고 있었다.[46]

와니가 동생의 비문으로 선택한 다소 우울한 문구는 1908년 8월 어머니가 사망한 날에 리틀리의 셰익스피어 달력에 적혀 있던 글귀였다. "사람은 죽음을 견뎌야 한다." 하지만 이런 심각하고 으스스한 비문보다는 루이스가 몇 달 전에 썼던 글이 불가피한 죽음을 대하는 그의 스타일과 소망을 더 잘 담아낼 것 같다. 루이스는 우리가 씨앗과 같다고 말했다.

땅속에서 인내하며 기다리는 씨앗과 같습니다. 정원사가 정한 때에 꽃으로 피어나기를, **진짜** 세상으로 올라가기를, 진짜 깨어나기를 기다리는 씨앗 말입니다. 저는 그 세상에서 돌이켜 보면 현세의 삶이 비몽사몽처럼 보일 거라고 생각합니다. 지금 우리는 꿈나라에서 사는 것이지요. 하지만 새벽이 다가오고 있습니다.[47]

5부

루이스 사후

15

놀라운 사람, 루이스

루이스는 죽기 얼마 전, 자신이 죽고 나면 5년 내에 잊혀질 거라고 월터 후퍼에게 말했다. 그것이 1960년대 많은 이들의 판단이었다. 그들은 루이스가 구세대의 문화적 관점과 구제불능의 상태로 엮여 있다고 보았다. 때를 잘 만나 명성을 얻었지만, 이제 루이스의 때는 과거사가 되어 버린 것 같았다. "절정의 60년대"(1960-1973)에는 급속한 문화 변동이 있었다. 떠오르는 젊은 세대가 부모 세대의 문화와 가치와 거리를 두면서 생겨난 변화였다.¹ 그리고 루이스는 그 분수령의 저편에 있는 인물이었다.

1960년대: 빛바랜 별

1949년에 루이스에 대한 첫 번째 책을 냈던 미국의 영문학자 채드 월시는 1965년에 이르러 이제 루이스의 영향력이 "미국에서 기울고 있다"고 선언했다.[2] 미국에서 루이스가 명성을 얻은 것은 전시에 종교적 질문들에 대한 관심이 되살아난 것과 연관이 있었는데, 이 관심은 1950년대 후반까지 이어지다 희미해지기 시작했다. 1960년대에 종교적인 흥미와 관심은 이론적인 질문들에서 실질적인 문제들로 넘어갔다. 젊은 세대가 볼 때 루이스는 "지나치게 이론적이고 추상적"이었다. 베트남 전쟁, 성 혁명, '신의 죽음' 같은 당대의 대논쟁 앞에서 그는 그다지 할 말이 없었다.

한때 루이스를 유명한 존재로 떠오르게 했던 바닷물이 1960년대에 빠지면서 그는 해변에 얹힌 신세가 되었다. 이것이 그에 대한 격동기 60년대 사람들의 판단이었다. 루이스의 부고에서 『타임』지는 그가 교회의 "소(小)예언자 중 하나"요, "당대의 이단들에 맞서 세련미를 발휘해 유행에 뒤떨어진 정통의 정당성을 내세운" 신앙의 옹호자로 선언했다.[3] 그러나 부고의 어조는 그의 죽음을 알린 것일 뿐, 그의 부활을 예측한 것은 아니었다. 루이스는 뒤를 돌아보는 이들이 "인상적인 학자"로 기억할 법한 사람이었다.

그러면 앞으로는 어떻게 될까? 여기서 월시는 합당한 신중함을 보이며 루이스가 향후 미국에서 어떤 위상을 차지할지 단정적으로 말할 수는 없다고 말했다. 월시는 『순전한 기독교』 같은 루이스의 보다 "직설적인 책들"은 호소력이 떨어질 거라고 예상했다. "종교적 저널리즘" 작품들은 그것이 속한 시대에 주로 호소력을 갖는 법이니까. 문학자였던 월시는 루이스의 "상상문학 작품들", 예를 들면 '어린이들을 위한 일곱 권의 탁월한 소설 나니아 시리즈'의 경우 계속 살아남아 "영구적인 문학적 종교적 유산의 일부로 자리 잡을" 것이라고 말했다. 하지만 그런 일이 일어난다 해도 그것은 미래의 일이었다. 당분간, 루이스는 "상대적으로 잊히

게" 될 것이었다.⁴

　1960년대에 북미에는 분명 소수의 루이스 지지자들이 있었다. 당시에는 주로 채드 월시나 월터 후퍼 같은 성공회 신자들이 루이스의 작품을 읽고 공감을 표시했다. 일부 영향력 있는 가톨릭 신자들이 관심을 갖기는 했지만 주된 계층은 성공회 신자들이었다. 1960년대에 규모가 점차 커져 가던 미국의 복음주의자들은 그를 의혹의 눈길로 바라봤다. 그들의 사회적 규범을 깨뜨리고 그들의 종교적 관심사의 틀에서 벗어난 인물이었기 때문이다. 복음주의자들은 신학적으로 루이스와 공통점이 별로 없었다. 루이스는 기독교 신앙에서 관찰되는 성경의 중심성을 문학적으로 해설했지, 성경이 기독교 신앙의 중심이라는 것을 신학적으로 옹호하진 않았던 것이다. 소크라테스 클럽을 통해 옥스퍼드 목사단과 느슨한 관계를 맺었던 것을 제외하면, 루이스는 영국의 복음주의자들과 어울리지 않았고 옥스퍼드와 케임브리지에서도 마찬가지였다. 루이스가 죽은 해, 당대 가장 영향력 있는 영국의 복음주의 설교자였던 마틴 로이드 존스Martyn Lloyd-Jones, 1899-1981는 루이스가 여러 가지 주제, 특히 구원의 교리에 있어 건전하지 않다고 선언했다.⁵

　1950년대 후반과 1960년대 초만 해도 미국 복음주의자들이 볼 때 루이스는 완전히 외부인이었다. 당시 미국 복음주의자들은 영화 관람조차도 영적으로 위험하다고 보던 시절이었다. 그런 분위기에서 어떤 복음주의자가 골초에다 맥주를 엄청나게 마시는 사람, 성경, 대속, 연옥에 대해 당시의 복음주의 공동체가 받아들일 수 없는 견해를 내세운 사람과 한통속으로 보이고 싶었겠는가? 1960년대에 이르러 루이스의 변증서들에 호감을 느끼는 복음주의자들이 일부 나타났지만, 대부분은 그를 불신했다.

1960년, 킬른스에서. 후기 루이스의 가장 유명한 사진 중 하나로, 루이스가 글을 쓸 때 사용했던 도구들을 다 갖추고 책상에 앉아 있다. 왼쪽에는 커다란 잔에 담긴 차, 큉크 잉크병, 재떨이, 성냥갑이 있고 오른쪽에는 파이프담배, 담배통, 두 번째 성냥갑이 있다.

    1970년 무렵 루이스가 무시당했다고 말하는 것은 공정하지 않을 것이다. 한때 루이스를 대중의 관심 한복판으로 밀어 올렸던 밀물이 빠져나가 이제는 해변에 얹힌 모양새가 되었다고 보는 것이 보다 신뢰할 만한 판단일 것이다. 루이스는 신빙성을 잃은 것이 아니라 옆으로 밀려났을 뿐이었다. 애초에 루이스를 유명하게 만들었던 동기, 곧 1942년부터 1957년 사이에 부활했던 종교적 질문에 대한 관심이 물러나고 새로운 사회 분위기가 그 자리를 대체했다. 새로운 사회 분위기의 핵심은 종교를 철 지난 사고와 행동의 습관으로 규정하며 거부하고, 과거가 남겨 놓은 일체의 영향력에서 벗어나려는 몸부림이었다. 1960년대에는 종교가 그 지적 사회적 견인력을 잃었다는 것이 대체적인 견해였다. 바야흐로 세속의 시대가 펼쳐지고 있었다.

절정의 60년대의 문화적 분위기는 톰 울프$^{Tom\ Wolfe}$가 1987년에 쓴 에세이 「거대한 재학습」(The Great Relearning)에 잘 담겨 있는데, 기존의 모든 것을 옆으로 치우고 "전례 없이 맨 처음부터" 문화를 재건하자는 것이었다.[6] 미국과 유럽의 종교 문화계에서 또 다른 예언자들이 나타났고, 루이스는 주변부로 밀려났다. 그의 목소리는 세속적인 시대에 맞지 않게 너무나 종교적이었다. 더 중요하게는, 당시 사람들은 과거를 부담스러운 부채로 여기고 통째로 내버리고 싶어 했는데, 그는 과거를 진지하게 받아들이라고 말하는 사상가였다.

문학 쪽에서는 나니아 시리즈를 비롯해 루이스의 상상문학이 미치던 영향력이 톨킨의 『반지의 제왕』의 엄청난 성공에 가려 빛을 잃었다. 『반지의 제왕』은 1960년대에 열광적인 추종자들을 얻었는데, 미국에서 저렴한 보급판이 나오기 시작하면서 그 흐름은 더욱 커졌다. 루이스가 기울면서 톨킨이 떠올랐다. 『반지의 제왕』의 복잡한 구조와 심오한 배경 이야기는 나니아에선 볼 수 없었던 세련미와 심오함을 보여주었다.

권력의 병적인 측면을 다룬 톨킨의 서사시적 이야기는 핵무기 대학살에 대한 당대의 불안과 잘 들어맞았다. 원자폭탄이 출현하기 훨씬 이전에 구상된 작품이지만, 톨킨이 그려 낸 "모든 반지를 다스리는 하나의 반지"는 더없는 파괴력을 지닌 무기의 유혹과, 그것을 소유한 듯 보이지만 실제로는 그 노예인 자들에게 그것이 미치는 힘을 보여주는 강력한 상징으로 독자들에게 다가갔다. 톨킨은 옥스퍼드 강의실에서 발견했다면 당장 내쫓았을 법한 학생들이 자신을 숭배하다시피 하는 광경을 보고 깜짝 놀랐다.

재발견: 루이스에 대한 새로운 관심

하지만 루이스는 인기를 회복했다. 1940년대 초 암울한 전시 기간에 세간의 관심을 모으고 1950년대 내내 나니아가 상상의 마법을 펼치면서 명성을 얻게 된 정황을 설명하기는 상당히 쉽다. 하지만 이것이 한 세대 후에 루이스에 대한 관심이 되살아난 것까지 설명해 주진 못한다. 1940년대와 1950년대의 많은 인기 작가들이 흔적도 없이 사라졌다. 예를 들어, 1947년에 뽑은 미국의 5대 베스트셀러 소설을 보라.

1. 러셀 제니^{Russell Janney}, 『종의 기적』(The Miracle of the Bells)
2. 토머스 코스테인^{Thomas B. Costain}, 『금융업자』(The Moneyman)
3. 로라 홉슨^{Laura Z. Hobson}, 『신사의 합의』(Gentleman's Agreement)
4. 케네스 로버츠^{Kenneth Roberts}, 『리디아 베일리』(Lydia Bailey)
5. 프랭크 여비^{Frank Yerby}, 『여우들』(The Vixens)[7]

오늘날 이 책들은 헌책 전문업자로부터나 구입할 수 있다. 처음에는 눈부시게 빛났던 이 책들이 이제 모두 빛을 잃었다. 루이스는 무엇이 달랐을까?

루이스에 대한 관심의 부활을 정확히 '설명'하지는 못해도 어느 정도 이해하는 데 도움이 될 만한 몇 가지 원인들은 제시할 수 있을 것 같다. 직소퍼즐의 몇 조각을 파악하기는 쉬우니까. 문제는 그것들이 어떻게 큰 그림으로 맞춰지는지 온전히 이해하기가 어렵다는 것이다.

첫째, 이전에 간행되지 않았거나 접할 수 없었던 루이스의 글 모음집이 나오기 시작했다. 이것은 주로 월터 후퍼의 헌신적인 편집 작업의 결과였다. 그는 1963년 여름에 루이스의 개인비서로 일했고, 1975년 세실 하우드가 죽은 후에는 루이스의 유작 관리자로 일해 왔다. 후퍼는 루이스의 생전에 그의 저작목록을 작성하면서 그에게 직접 문의한 바 있었다. 1965년에 이 저작목록이 처음 나왔을 때, 루이스가 써낸 글은 편지를 제외하고 282편에 이르렀다.[8]

1970년대 초, 유력한 영국의 출판사 윌리엄 콜린스 & 선즈가 루이스의 간행물 출판권을 사들였고, 자회사 파운트를 설립해 회사 내에서 그 책들에 뚜렷한 개성을 부여하고자 했다. 이후 십 년 동안 후퍼는 콜린스 출판사에서 다음과 같은 에세이집들을 꾸준히 펴냈다. 『스크루테이프, 건배를 제안하다』(Screwtape Proposes a Toast, 1965), 『이 세계 및 다른 세계들에 대하여』(Of This and Other Worlds, 1966), 『기독교적 숙고』(Christian Reflections, 1967), 『양치류와 코끼리』(Fern-Seed and Elephants, 1975), 『피고석의 하나님』(God in the Dock, 1979).[9] 이 다수의 에세이집은 이미 루이스를 알던 이들의 시야를 넓혀 주었고, 그렇지 못한 사람들에게는 그를 접할 기회를 주었다. 후퍼는 루이스의 새로운 에세이집이 출간될 때마다 기존의 책 중 두 종을 골라 다시 찍어야 한다고 주장했고, 그렇게 해서 『순례자의 귀향』이나 『인간 폐지』 같은 인기가 덜한 작품들도 계속 출간되었다.[10]

가장 최근에, 후퍼는 루이스가 쓴 3,500쪽 분량의 편지를 편집하여 (2000-2006) 그의 지적, 사회적, 영적 궤적을 꼼꼼히 추적할 수 있게 해주었다. 어쩌면 이것은 후퍼의 가장 의미심장한 편집 작업이 될 수도 있다. 루이스 연구의 필수자료인 그의 편지들은 이 책의 근간이기도 하다.

둘째, 미국에서 루이스를 기억하고 그의 유산을 보존하는 일에 힘쓰는 중요한 협회들이 잇따라 결성되었다. 그중 첫 번째는 1969년에 설립된 뉴욕 C. S. 루이스 협회였다. 다른 협회들도 뒤이어 나오면서 연합회가 만들어졌고, 루이스 애호가들이 모여 그의 작품을 논할 수 있게 되었다. 1940년대와 1950년대에 루이스에게 열광했던 이들은 그 열정을 1970년대의 다른 이들에게 물려주고 싶어 했다. 그렇게 해서 1974년, 루이스의 생애와 작품들 및 그의 동료들의 자료를 모은 메리언 E. 웨이드 센터Marion E. Wade Center가 일리노이 주 휘튼 소재 휘튼 칼리지 안에 설립되었다. 휘튼 칼리지의 영문학 교수였던 클라이드 킬비Clyde S. Kilby, 1902-1986가 모은 자료가 이 센터의 기반이 되었다. 루이스의 고국은 한 박자 늦게 움직여 1982년이 되어서야 옥스퍼드 C. S. 루이스 협회가 설립되었다. 루이스가 남긴 유산이 제도화되기 시작한 것이다. 이어서 그의 유산이 세대를 뛰어넘어 순조롭게 전달되도록 돕는 네트워크들이 만들어졌다.

셋째, 루이스와 가까웠던 사람들이 훌륭한 전기들을 내놓으면서 그가 어떤 사람이었는지 독자들에게 알려지기 시작했다. 첫 번째 전기는 로저 랜슬린 그린과 월터 후퍼가 함께 쓴 『C. S. 루이스 전기』(*C. S. Lewis: A Biography*, 1974)였다. 옥스퍼드 시절 루이스의 학생이었던 그린(1918-1987)은 직접 여러 권의 어린이 책을 썼고, 배리J. M. Barrie, 1960와 루이스 캐럴Lewis Carroll, 1960 연구서를 필두로 영국 아동문학 작가들의 중요한 전기도 여러 권 썼다. 후퍼와 그린의 전기에 이어, 루이스의 또 다른 친구 조지 세이어가 쓴 『루이스와 잭』(1988)이 나왔다. 이 두 전기는 루이스 연구에 있어 획기적인 저작들로 남아 있다. 비판적 거리가 결여되어 있기는 하지만, 두 전기 모두 루이스를 한 사람의 인간으로 그려 내고 가려져 있던 사생활의 여러 면모를 드러내어 그의 일부 저작들을 더 심도 있게 읽을 수 있게 했다.

끝으로, 1960년대 말과 1970년대 초에 미국에서 톨킨이 크게 인기를 얻은 것이 루이스에게 간접적으로 유익을 끼쳤다고 말할 수 있겠다. 톨킨이 옥스퍼드에서 혼자 글을 쓴 것이 아니라 잉클링즈로 알려진 그룹과 연계되어 있었다는 사실이 드러나면서, 그 그룹의 가장 두드러진 회원이었던 C. S. 루이스에게 다시 한 번 관심이 쏠렸다. 옥스퍼드에는 미국인 대학원생이 많은데 그들이 톨킨과 루이스가 자주 찾던 곳을 탐험하기 시작했고, 그곳에서의 추억과 각자의 열정을 고국으로 고스란히 가져갔다(이제 옥스퍼드 여행지도에는 '독수리와 아이'의 정확한 위치가 나와 있다).

루이스는 미국에 발을 들여놓은 적이 한 번도 없었지만, 늘 잉글랜드보다 미국에서 더 높은 평가를 받았다. 이것은 부분적으로 미국인들이 생각하는 옥스퍼드 대학의 지적 문화적 명망에 기인하고 있다. 루이스는 루이스 캐럴, J. R. R. 톨킨과 더불어 베스트셀러 아동문학 작가였고 옥스퍼드 교수이기도 한 엘리트였다. 많은 미국인 해설자들은 루이스의 케임브리지 기간은 대충 무시하고 그를 그냥 "옥스퍼드 교수"라고 부르는 경향이 있다.

하지만 현재 루이스가 미국에서 누리는 인기에 있어서 문화적 요인이 차지하는 비중은 그리 크지 않다. 그의 호소력에는 오히려 종교적 요소가 상당히 크다. 많은 미국인 그리스도인들이 루이스를 신학적 영적 멘토로 여기고 신뢰하고 존경한다. 루이스는 마음과 지성을 모두 동원하여, 지성과 상상력을 사로잡는 기독교 신앙의 깊이 있는 차원들을 전례 없이 활짝 열어 보였다. 루이스가 제2차 세계대전 중에 방송 강연에서 지적한 바 있듯, 그는 교육받은 평신도일 뿐이었다. 그러나 그의 말은 성직자들의 말과 달리 평범한 그리스도인들에게 생생하게 다가갔고 이해하기도 쉬웠다. 루이스는 교파와 관계없이 자신의 신앙을 더 깊이 탐구하고자 했던 평신도들이 배우고 싶은 내용을 딱 이해할 수 있게 설명하는 능력을 보여주었다.

여기서 '교파와 관계없이'라는 핵심 요점은 좀 더 자세히 살펴볼 필요가 있다. 1960년대에 와서 미국 개신교의 교파주의가 허물어지기 시작했다. 개신교 그리스도인들은 자신을 일차적으로 그리스도인으로 규정했고, 부차적으로 장로교나 감리교 같은 교파로 규정하기 시작했는데, 교파와 자신이 믿는 종교를 점점 더 구분해서 보는 경향을 반영하는 현상이다.[11] 장로교 신자가 다른 도시나 주로 이사를 갔는데 그 지역의 감리교회가 제공하는 보육 서비스나 설교가 좋을 경우 감리교도가 되는 식이었다. 교회가 속한 교파보다 그 교회가 제공하는 설교와 목회적 돌봄이 더 중요하다는 인식이 퍼져 갔다. 신학교들은 학교 이름에서 교파를 밝히는 부분을 없애기 시작했다. 그렇게 해서 버지니아 프로테스탄트 성공회 신학교는 버지니아 신학교가 되었다. 루이스의 '순전한 기독교' 개념은 이런 흐름과 잘 들어맞았고, 특정 형태의 기독교를 대변하기를 거부한 루이스는 교파를 초월해 널리 받아들여지는 저자가 되었다. 루이스의 『순전한 기독교』는 본질적인 요소를 중요하게 여기고 그 외 다른 문제들은 부차적인 것으로 여기는 기독교의 성명서가 되었다.

미국 가톨릭 신자들이 루이스를 읽기 시작한 것은 교황 요한 바오로 2세가 가톨릭교회와 기타 기독교파들의 재결합 및 교회의 사회참여 촉진을 목표로 소집한 제2차 바티칸 공의회 Second Vatican Council, 1962-1965 이후의 일이었다. 그 전까지 가톨릭 신자들은 다른 기독교파의 저자들을 정통성이나 효용에 있어서 의심스러운 눈으로 바라보았다. 바티칸 공의회는 가톨릭 신자들이 루이스 같은 다른 기독교파 소속 저자들의 작품들을 읽고 존중할 수 있는 길을 열어 주었다. 거기다 루이스는 의심의 여지가 없는 독실한 가톨릭 신자였던 J. R. R. 톨킨의 가까운 친구이자 G. K. 체스터턴의 팬으로서 점점 더 많은 가톨릭 독자들을 확보했다. 에버리 덜레스Avery Dulles, 1918-2008 추기경과 피터 크리프트Peter Kreeft, 1937- 같은 미국의 저명한 가톨릭 지도자들은 루이스가 가톨릭 신자들이 진지하게 받아들일 수 있는 '순전한 그리스도인'이라며 옹호하기 시작했다. 지난 20년 사이 가톨릭으로 개종한 많은 이들이 루이스에게 큰 영향을 받았다고 밝혔다. 루이스의 문화적 뿌리가 얼스터의 개신교라는 점을 생각하면 특이한 일이다.[12]

너무 쉽게 간과되지만 오늘날 미국의 가톨릭 신자들에게 특히 중요한 또 다른 점이 있다. '순전한 기독교'는 '교파적 제국주의'만 멀리하는 것이 아니다. 각 교파와 교파 지도자들이 기독교 신앙 자체의 안위보다 자신들의 자리 보존을 우선시할 때 생겨나는 권력 및 특권의 남용도 멀리한다. 루이스는 성직이나 교회 기관에서 특별한 자리를 차지하지 않는 평신도 기독교를 대표한다. 나는 미국의 가톨릭 신자들과 대화를 나눠 봤는데, 그들 중 상당수가 자신들의 주교와 주교구에 환멸을 느끼고 있었다. 그들은 루이스를 통해 근년에 기독교 신앙을 더럽힌 조직의 문제점을 용인하지 않고도 신앙을 되찾을 수 있게 해주는 목소리를 들을 수 있었다. 루이스는 성직자들의 판이 되어 버린 교회의 개혁과 갱신을 요구하는 이들의 대변자가 될 것인가?

루이스의 저작들이 원래의 팬층을 넘어서서 새로운 독자층을 만난 것은 분명하다. 그는 신학적으로나 문화적으로 매력적인 기독교 신앙을 대표하는, 믿을 수 있고 지적이고, 무엇보다 이해할 수 있는 인물로 여겨졌다. 루이스가 미국인이 아니라는 사실도 그에게 유리하게 작용했다. 덕분에 그는 미국 내의 교파적 논쟁과 분란을 벗어난 통합적인 인물이 될 수 있었다. 루이스는 온갖 전통의 그리스도인들에게 존경과 사랑을 받는 현대의 기독교 작가가 되었는데, 이는 대단히 희귀한 지위였다.

루이스와 미국의 복음주의자들

1970년대에 루이스를 읽고 유익을 얻은 미국인들 중에서 복음주의자들의 수가 갈수록 늘어났다. 루이스가 죽은 지 한 세대가 지난 후, 그는 미국 복음주의의 문화적 종교적 아이콘이 되었다. 이제는 루이스를 미국 복음주의의 '수호성인'이라고 언급하는 이들이 있을 정도이다. 그럼 초기에 루이스를 극도의 의심 어린 눈길로 바라봤던 복음주의자들이 어떻게 그를 받아들이고 심지어 떠받들기까지 되었을까? 미국 복음주의 내부에서 루이스의 영향력이 커진 뜻밖의 현상을 이해하려면 1945년 이후부터 달라지기 시작한 미국 복음주의의 면모를 생각해 볼 필요가 있다.

1920년대에는 미국 복음주의가 근본주의의 발흥에 영향을 받고 있었다. 복음주의자들은 심하다 싶을 정도로 사회에서 이탈하고 고립주의에 빠졌다. 이런 분위기는 1940년대 후반부터 달라지기 시작했는데, 빌리 그레이엄Billy Graham, 1918-과 칼 헨리 같은 저자들의 영향이 컸다. 그들은 복음주의자들이 미국 주류문화에 적극 참여하는 것을 강력하게 옹호했다. 처음에는 소수의 흐름이던 이 "새로운 복음주의"는 그레이엄 같은 개인들과 『크리스채너티 투데이』(Christianity Today) 등의 간행물, 그리고 캘리포니아 주 패서디나의 풀러 신학교Fuller Theological Seminary 같은 기관의 주도로 빠르게 성장했다.[13] 이 새로운 형태의 미국 복음주의는 많은 이들의 마음과 의지를 사로잡는 대중운동이 되었다. 그러나 많은 이들이 볼 때 이 운동은 지성을 사로잡지 못했고, 지적인 세계와 교감하는 일의 중요성도 제시하지 못했다.

신자들의 영혼뿐 아니라 지성까지 새로이 하고자 나선 미국의 복음주의자들은 자신들에게 없는 것을 영국인 저자들, 특히 잉글랜드 성공회 계통 저자들이 갖고 있음을 발견했다. 영국의 대표적인 복음주의자 존 스토트John R. W. Stott, 1921-2011는 1950년대와 1960년대에 엄밀한 지적 방식으로 복음주의에 다가갔고, 이 접근법은 미국에서 호평을 받았다. 대중적 호소력은 없을지 몰라도, 신앙에 대한 이성적인 사색이 강점이었다. 스토트는 마음을 다해 하나님을 사랑하고자 했던 미국 복음주의자들의 영웅이 되었다. 그의 책 『기독교의 기본 진리』(*Basic Christianity*, 1958)는 기독교 신앙의 '지적 정당성'을 보여주려고 나선, 이성적 논증의 걸작이었다.

그러다 복음주의자들이 루이스를 읽기 시작했다. 언제부터 이런 현상이 나타났는지 정확히 집어 말하기는 어렵지만, 일화적 증거를 검토할 때 1970년대 중반부터라고 볼 수 있을 것 같다. 하지만 복음주의자들이 루이스의 지혜를 인정했다는 암시는 훨씬 일찍부터, 특히 지도자들에게서 찾아볼 수 있다. 존 스토트와 빌리 그레이엄 모두 1955년 그레이엄의 케임브리지 대학 선교대회를 준비하면서 루이스의 조언을 구했는데, 이 사실은 아는 사람이 많지 않다.[14] 같은 해, 칼 F. H. 헨리는 복음주의의 대표 잡지 『크리스채너티 투데이』에 변증적인 내용의 원고를 써 달라고 루이스에게 요청하기도 했다.[15]

1970년대에 회심하여 신앙을 갖게 된 복음주의 지도자들이 종종 루이스의 『순전한 기독교』가 회심에 핵심적인 영향을 주었다고 밝혔다. 리처드 닉슨 대통령의 특별보좌관이던 찰스 콜슨Charles "Chuck" Wendell Colson, 1931-2012이 대표적인 인물인데, 워터게이트 스캔들에 연루되었다가 그 책의 도움을 받아 1973년에 회심한 이후 복음주의권에서 명성을 얻었다. 이제 복음주의권 저자들은 그들의 저작에 루이스의 글, 특히 『순전한 기독교』를 인용하면서 독자들에게 이 중요한 저자를 귀하게 여기고 그의 글을 더 깊이 살펴보라고 권하고 있다.

복음주의가 문화 참여에 박차를 가함에 따라, 변증론의 중요성도 수면 위로 떠올랐다. 루이스는 빠른 시간에 변증론의 달인으로 복음주의자들의 인정을 받았다. 『기독교의 기본진리』에 실린 존 스토트의 변증 전략은 독자들이 성경의 내용을 어느 정도 알고 성경구절에 대한 설명을 기꺼이 들을 자세가 되어 있다는 전제 하에 이루어졌다. 그러나 『순전한 기독교』에서 루이스는 그런 요구를 거의 하지 않고, 일반적인 원리들, 예리한 관찰, 인간의 공통 경험에 호소하는 변증 전략을 펼쳤다.

기독학생회InterVarsity Christian Fellowship 같은 복음주의 계통 대학단체들은 루이스의 저작들을 필독도서 목록에 올리기 시작했다. 이해하기 쉽고 수사적인 힘을 갖춘 점을 높이 평가한 것이다. 사정을 잘 아는 사람들은 루이스가 복음주의자가 아니라는 점을 용서했다. 하지만 대부분의 복음주의자들은 그를 그냥 복음주의자로 여겼다. 결국, 그는 무신론을 버리고 회심하지 않았던가? 루이스를 '거듭난' 그리스도인으로 인정하는 데는 이것으로 충분했다.

미국 복음주의자들은 루이스를 읽으면서 지적으로 탄탄하고, 상상력에 강하게 호소하며, 풍부한 윤리적 잠재력을 지닌 기독교 신앙의 비전을 만났다. 기독교 신앙을 이성적으로 변호하는 능력으로 루이스를 높이 평가했던 이들이 이제 상상력과 감정에 갖는 그의 호소력을 알아보고 있다. 복음주의자들은 기독교에 대한 루이스의 다층적인 이해에 힘입어 본질을 흐리지 않고도 신앙의 내용을 풍부하게 만들 수 있었고, 논리 정연한 논증 이외에도 세속문화에 다가갈 방법이 있음을 깨닫게 되었다.

하지만 복음주의 내에서 루이스의 명성이 커지는 것은 그가 기독교 신앙을 재치 있고 이해하기 쉽게 제시했기 때문만은 아니다. 큰 문화적 전환이 일어나면서 루이스는 훨씬 더 매력적이고 중요한 의미를 갖게 되었다. 미국에서 모더니티가 포스트모더니티에 밀려난 시기가 언제인지, 그 이유가 무엇인지 제대로 아는 사람은 없다. 1960년대에 그런 일이 있었다는 이들도 있고 1980년대라고 말하는 이들도 있다. 하지만 이 전환의 결과에 대해서는 의심의 여지가 없다. 이미지와 이야기로 만들어진 직관적 사고방식이 이성에만 의지한 논리적 논증을 이겼다.

존 스토트가 『기독교의 기본진리』에서 채택한 다분히 교훈적인 접근방식은 많은 모더니즘적 미덕을 갖고 있었지만, 포스트모더니즘이 발흥하면서부터는 이전 세대의 유물로 인식되기 시작했다. 『기독교의 기본진리』는 상상력에 호소하는 바가 거의 없고, 신앙의 정서적 면도 전혀 인정하지 않았다. 그러던 중 미국 복음주의자들이 믿음의 삶에서 이야기와 상상력의 중요성을 깨달으면서 그들의 안내자로 루이스를 찾게 되었다.

루이스에 힘입어 독자들은 이미지와 이야기가 믿음의 삶에서 얼마나 중요한 역할을 하는지 파악하고 그로부터 유익을 얻으면서도 기독교 복음의 합리적 본질은 놓치지 않을 수 있었다. 구세대 미국 복음주의자들이 1980년대와 1990년대를 거치며 포스트모더니즘을 겨냥한 무차별 사격을 감행하는 동안, 젊은 복음주의자들은 루이스의 저작을 통해 새로운 문화적 분위기와 교감했다. 보수파들은 젊은 복음주의자들에게 이 흐름을 멀리하라고 충고했지만, 루이스는 그들이 강력하고 설득력 있는 신앙으로 이 흐름과 상대할 수 있게 해주었다.

『크리스채너티 투데이』는 루이스의 출생 100주년을 기념하는 1998년 기사에서, 루이스가 "현대 복음주의의 아퀴나스, 아우구스티누스, 이솝"이 되었다고 선언했다.[16] 루이스가 미국 복음주의의 문화적 시각을 바꾸는 데 중요한 역할을 했다는 것은 분명하다. 1950년대 복음주의는 문학, 영화, 예술을 의혹의 눈길로 바라봤다.[17] 복음주의자들이 루이스를 흠모하게 된 출발점은 그가 펼친 생각들에 대한 존경이었지만, 그들은 곧 루이스가 생각들을 표현한 방식과 스타일도 존중하게 되었다.

1980년대 중반이 되면서, 일리노이 주 휘튼의 휘튼 칼리지를 필두로 한 복음주의 계통 칼리지들이 복음주의자들에게 문학작품을 읽어 신앙을 풍성하게 하라고 격려하며 루이스를 그 본보기로 제시했다. 지금 복음주의자들이 읽는 책은 주로 루이스 주위의 작가들이나 역사적으로 그와 연결된 작가들, 곧 오언 바필드, G. K. 체스터턴, J. R. R. 톨킨, 조지 맥도널드, 도로시 L. 세이어즈, 찰스 윌리엄스 등에 몰려 있다. 이런 현상이 어디로 이어질지는 두고 볼 일이다. 하지만 문학작품이 신앙을 풍성하게 하고, 전달하며, 권해 주는 힘을 갖고 있음을 복음주의자들이 파악하기 시작했다는 분명한 조짐이 여럿 보인다.

나는 1985년부터 젊은 미국인 복음주의자들이 많이 참여하는 옥스퍼드 하계 학교에서 가르치고 있다. 그 기간 내내 루이스는 대화의 한 가지 주제가 된다. 이 책을 쓰는 사이에도 루이스에 대한 관심이 사라진다는 조짐은 전혀 보이지 않는다. 사반세기에 걸쳐 그에 관한 긴 대화를 나눈 경험을 토대로, 나는 루이스가 미국의 떠오르는 복음주의 세대에 강력한 호소력을 발휘하는 이유에 대해 나름의 결론을 내렸다. 그들에게 루이스는 신앙을 풍성하게 하고 확장시키되 희석시키지 않는 인물이기 때문이다. 다시 말해, 복음주의자들은 루이스를 기독교 신앙의 근본적인 특징은 건드리지 않으면서도 지성과 감정, 상상력을 사로잡아 기독교 신앙을 더 깊이 있게 바라보는 안목을 열어 주는 촉매로 본다. 루이스는 복음주의의 기본요소들을 훼손하지 않고 보완해 준다. 이렇게 보려면 루이스의 글을 선별적으로 읽어야 하지만, 이런 가려읽기가 근본적으로 문제가 되는 것 같지는 않다. 루이스는 복음주의의 본질적 요소들에 접목되어 그 강점은 살리고 약점을 보강해 준다. 그의 책을 읽은 많은 젊은 복음주의자들의 복음주의적 확신이 더 깊어지고 강해졌다.

하지만 미국의 일부 근본주의 개신교 그리스도인들은 여전히 루이스를 위험한 이단자로 여기고 있다. 루이스에 대한 그들의 매서운 비판은 다음 글에서도 확인할 수 있다.

> C. S. 루이스는 사기꾼이었다. 그자는 예수 그리스도의 복음을 변질시켰고, 그자가 내세운 악마의 교리들은 수많은 희생자들을 지옥불로 이끌었다. 그자는 불경스러운 말을 했고, 음탕한 이야기를 했으며, 학생들과 자주 술에 취했다.[18]

다른 근본주의자들은 현대 복음주의자들이 루이스를 흠모하는 것을 가리켜 복음주의가 길을 잃고 생득권을 잃었다는 표시라고 주장한다.[19] 이것은 소수의 관점이긴 하지만, 미국의 복음주의 운동이 나아가는 최근의 방향에 대한 일부 구세대 복음주의자들의 염려를 보여준다. 하지만 여기서 신학은 부차적인 문제일지도 모른다. 어떤 사람들은 권력과 영향력이 진짜 쟁점이라고 말할 것이다. 루이스가 미국 복음주의 운동의 자연스러운 실세로 자처할 만한 몇몇 인물들의 자리를 차지해 버렸기 때문이다.

루이스, 문학사의 획기적인 인물

크게는 미국 문화, 작게는 기독교권 내에서 가장 관심을 끄는 것은 루이스의 상상문학들, 특히 『나니아 연대기』다. 루이스가 향후 발휘할 매력에 대해 채드 월시가 1965년에 밝힌 직감은 옳았다고 말할 수 있다. 이제 루이스는 최고의 판타지 문학 작가로서, J. M. 배리(『피터팬』), L. 프랭크 바움(『오즈의 마법사』), 루이스 캐럴, 닐 게이먼(『코렐라인』), 케네스 그레이엄(『버드나무에 부는 바람』), 러디어드 키플링(『정글북』), 매들린 렝글(『시간의 주름』), 어슐러 K. 르 귄(『어스시의 마법사』), 테리 프래쳇(『디스크월드』 시리즈), 필립 풀먼(『황금나침반』 시리즈), J. K. 롤링(『해리 포터』 시리즈), J. R. R. 톨킨과 같은 급으로 평가를 받고 있고, 많은 경우 그들보다 더 높은 평가를 받기도 한다.

　판타지의 문학적 관습은 구체적인 한 이데올로기에 매이지 않는다. 판타지는 세속적 인본주의나 기독교를 옹호하는 데도 뒤엎는 데도 쓰일 수 있다. 세속적 인본주의자인 영국의 작가 필립 풀먼은 루이스를 혐오한다. "그를 무덤에서 파내 돌팔매질을 하고 싶은 유혹"을 받았다고 최근에 말했다.[20] 대부분의 사람들에게 이 말은 다소 괴이하게 들릴 것이다. 하지만 이런 모습은 한 평론가가 말한 바, 풀먼이 견해를 달리하는 사람들에게 보여주는 "맹렬한 신학적 증오"를 그대로 보여준다.[21]

　하지만 풀먼은 루이스의 『나니아 연대기』를 무시하지 않는다. 오히려 그의 『황금나침반』(His Dark Materials) 3부작을 보면 그가 거부하는 입장을 가장 잘 그려 낸 작품이 『나니아 연대기』라고 암묵적으로 인정하고 있다. 풀먼이 루이스를 강하게 비판할수록 루이스의 문화적 중요성을 더 크게 인정하는 셈이다. 결국, 풀먼의 인기는 기생적이라고 할 수 있다. 그가 뒤엎고 싶어 하는 나니아의 문화적 영향력에 의존하고 있기 때문이다. 최근의 연구 결과들이 지적한 바와 같이, 풀먼은 "루이스의 기독교 판타지에 대해 세속적 인본주의가 내놓은 대안, 곧 일종의 '반(反)나니아'를 의도적으로 저술함으로써 선배 작가 루이스에게 뒤집힌 형태의 경의를" 표하고 있다.[22]

영문학자들은 풀먼이 이야기의 중요성을 인정하고, 창조 과정을 묘사하고, 특정 문학작품들의 신화적 특성에 매료되고, "상상력을 낭만주의적으로 바라보는" 등 여러 면에서 루이스에게 폭넓게 의지하고 있음을 지적했다.[23] 역설적이게도, 루이스를 가장 공격적으로 비판하는 인물이 루이스의 영향력과 중요성을 큰소리로 증언하고 있는 것이다.

문학가이자 종교서적 저자로서 루이스의 현재 위치는 의심의 여지가 없다. 그의 책들은 1990년대 초반부터 일반 서점의 종교분야 베스트셀러 목록에 오르기 시작했고 이후 그 목록에서 빠진 적이 없다. 1994년, 앤서니 홉킨스와 드보라 윙어 주연의 할리우드 영화 「섀도우랜즈」가 개봉되면서 인간 루이스에 대한 새로운 관심이 생겨났고 그의 저작들의 판매도 늘었다.

루이스의 출생 100주년에 해당한 1998년, 그는 다시 읽히는 정도가 아니라 그 영향력이 최고점에 이르렀다. 예를 들어, 영국체신청은 나니아의 캐릭터들이 나오는 기념우표 세트를 냈다. 2011년, 영국체신청은 영국문학 작품에 등장하는 마법캐릭터들을 담아 여덟 장의 우표를 발행했는데, 그중 두 가지가 『사자와 마녀와 옷장』의 아슬란과 하얀 마녀였다.[24]

2005년, 「사자와 마녀와 옷장」을 시작으로 나니아 소설을 영화로 제작한 블록버스터 시리즈가 성공을 거두면서 루이스의 인지도는 더욱 높아졌고, 그는 이전보다 더 널리, 더 많은 사람들에게 다가가게 되었다. 영화 시리즈의 국제적인 성공과 함께 루이스의 종교서들도 영어 이외의 언어들로 새롭게 번역되거나 재출간되었다. 미국의 경우, 그리스도인들을 대상으로 한 투표 결과를 보면 『순전한 기독교』가 20세기에 가장 많은 영향력을 끼친 종교서적으로 꾸준히 선정되고 있는 것을 알 수 있다. 일반 독자들을 대상으로 한 투표에서는 『사자와 마녀와 옷장』이 대중의 사랑을 계속 받고 있으며, 이 책이 20세기 아동문학의 고전으로 자리 잡았음을 확인하게 된다.

결론

그러면 사후 50년이 된 지금, 우리는 루이스를 어떻게 판단해야 할까? 루이스는 그런 판단을 내릴 주체가 누구인지, 그런 평가에 사용되는 기준이 무엇인지에 대해 확신이 있었다. 루이스가 볼 때, 작가의 가치에 대해 믿을 만한 판단을 내릴 감정가(鑑定家)는 **시간**뿐이고, 신뢰할 만한 척도는 그 저자의 작품을 읽고 얻게 되는 **즐거움**뿐이다. 그가 이미 말한 바 있듯, 누구도 "더없이 즐길 만한" 작가를 궁극적으로 "억누를" 수는 없다.[25] 루이스는 작가가 기대할 수 있는 가장 어려운 전환을 이루어 냈다. 그의 죽음 이후 한 세대가 지났는데도 더 많은 사람들이 그의 작품을 읽고 있는 것이다.

다음 세대가 그를 어떻게 생각할지는 두고 볼 일이다. 1960년대의 기대와 달리, 신에 대한 믿음은 사라지지 않았고, 2000년 무렵부터는 개인생활과 공공생활을 이루는 하나의 요인으로 되살아났다. 최근 소위

'신 무신론'New Atheism의 발흥으로 종교적 질문들에 대한 대중의 관심이 다시 높아졌고, '신은 망상이다' 같은 단순하고 피상적인 슬로건이 채워 주지 못하는, 신을 둘러싼 논의에 새로운 관심이 몰리고 있다. 따라서 루이스는 계속해서 논쟁적인 인물로 남을 가능성이 높다. 이 새로운 논쟁에서도 그는 투사 내지 악당으로 널리 거론되고 있는데(앞으로도 그럴 것이다), 그의 중요성이 여전하다는 또 다른 증거라 하겠다. 좌우파 양쪽의 근본주의가 루이스를 큰소리로 매섭게 비판하는 것도, 결국 그에게 개인적, 문학적으로 심각한 결함이 있다는 뜻이 아니라 그가 문화계에서 차지하는 상징적인 지위를 반영한다고 봐야 할 것이다.

틀림없이 어떤 사람들은 루이스가 문학작품으로 위장한 종교 선전물을 조잡하고 뻔뻔하게 썼다는 비난을 그치지 않을 것이다. 그런가 하면 어떤 사람들은 그가 선견지명을 발휘해 신앙의 합리성을 탁월하게 내세우고 변호했으며, 상상력과 논리에 강력하게 호소하여 자연주의의 천박함을 폭로했다고 말할 것이다. 어떤 이들은 그가 1940년대의 잉글랜드라는 과거에 근거해 퇴행적인 사회적 시각을 옹호한다고 주장할 것이다. 또 어떤 이들은 당대에는 널리 받아들여졌으나 이제는 파괴적이고 수치스럽고 해로운 것으로 다들 인정하는 문화적 경향을 비판했던 예언자로 여길 것이다. 그러나 루이스에게 동의하건 동의하지 않건, 그가 가진 획기적인 중요성을 무시할 수는 없다. 오스카 와일드Oscar Wilde도 재치 있게 말한 바 있지 않은가. "이야깃거리가 되는 것보다 유일한 못한 상태는 이야깃거리도 못 되는 것이다."

하지만 대부분의 사람들에게 루이스는 그저 많은 이들에게 더없는 즐거움을 준 작가이고, 일부 사람들에게는 깨달음을 준 재능 있는 작가요, 무엇보다 좋은 글이라는 고전적인 예술작품을 생각을 전달하고 마음을 넓혀 주는 도구로 인식하고 높이 평가한 작가일 것이다. 루이스에 따르면, 최고의 글은 실재의 깊은 구조를 암시하고, 인류가 진리와 의미를 지속적으로 추구하도록 돕는다.

    마지막 말은 1963년 11월 22일, 루이스보다 조금 늦게 세상을 떠난 카리스마 넘치는 젊은 미국 대통령에게 맡기자. 존 F. 케네디는 죽기 4주 전 애머스트 칼리지Amherst College에서 한 연설에서 미국의 위대한 시인 로버트 프로스트Robert Frost, 1874-1963를 기리며 시인과 작가들의 활동에 멋진 찬사를 보냈다. "예술은 선전의 일종이 아니라는 것을 잊어서는 안 됩니다. 예술은 진리의 한 형태입니다."[26] 루이스도 아마 이 말에 동의할 것이다.

❦❦ 감사의 말 ❦❦

신세진 바에 감사를 표하는 것은 언제나 즐거운 일이다. 학문 연구가 협력 관계로 가능한 것임을 축하하는 일이기 때문에 더욱 그렇다. 소장 자료를 열람하게 해준 여러 기관의 기록물 관리자들에게 가장 많은 신세를 졌는데, 그중에는 처음으로 공개된 자료들도 있었다. 다음 기관에 특히 감사의 말씀을 전하고 싶다.

BBC 문서기록물컬렉션(캐버샴 공원), 보들리언 도서관(옥스퍼드 대학), 케임브리지 대학 도서관, 크레이개번 역사협회, 엑시터 칼리지(옥스퍼드 대학), 홀리트리니티 교회(옥스퍼드 헤딩턴 쿼리), 키블 칼리지(옥스퍼드 대학), 킹스 칼리지(케임브리지 대학), 램버스궁전 도서관(런던), 모들린 칼리지(옥스퍼드 대학), 모들린 칼리지(케임브리지 대학), 머튼 칼리지(옥스퍼드 대학), 메서디스트 칼리지(벨파스트), 영국국립보존기록관(공공보존기록관, 큐), 옥스퍼드 대학 학생군사교육단, 옥스퍼드셔 역사연구소, 왕립문학협회, 스웨덴학술원, 유니버시티 칼리지(옥스퍼드 대학), 메리언 E. 웨이드 센터(미국 일리노이 주 휘튼 소재 휘튼 칼리지).

2011년, 클라이드 킬비 연구비 보조금을 지급해 준 메리언 E. 웨이드 센터에서 감사를 전한다. 유용하고 통찰력 있는 대화를 나눠 준 대표적인 루이스 권위자 월터 후퍼, 돈 킹, 앨런 제이콥스, 그리고 특히 마이클 워드에게 고마움을 전한다. 찰스 브레슬러, 조아나 콜리컷, J. R. 루카스, 로저 스티어, 로버트 토빈, 앤드류 워커, 그리고 편집자 마크 노턴과 나눈 대화는 유익했다. 기록물을 찾는 작업을 도와준 분들 중에서, 옥스퍼드 모들린 칼리지와 유니버시티 칼리지의 기록 관리자인 로빈 다워 스미스 박사와 휘튼 칼리지 메리언 E. 웨이드 센터의 로라 슈미트와 하이디 트러티에게 특히 감사를 전하고 싶다. 그 외에도 사실 확인과 사진 및 기타 기록을 찾는 데 도움을 준 많은 분이 있는데, 에이드리언 우드, 칼레 해협 관광안내사무소의 레이첼 처칠, 얼스터 박물관의 안드레아스 에크스트롬, 마이클라 홈스트롬, 모니카 타파에게 특히 감사를 전한다. 조너선 쉰들러는 문서편집 단계에서 큰 도움을 주었다. 하지만 사실관계나 판단의 오류는 오롯이 내 책임이다.

저자와 출판사는 허락을 받고 다음과 같은 저작권 보호 자료를 인용했음을 밝힌다. COLLECTED LETTERS by C. S. Lewis, copyright © C. S. Lewis Pte. Ltd 2004, 2006; SURPRISED BY JOY by C. S. Lewis, copyright © C. S. Lewis Pte. Ltd 1955; ALL MY ROAD BEFORE ME by C. S. Lewis, copyright © C. S. Lewis Pte. Ltd 1992; ESSAYS by C. S. Lewis, copyright © C. S. Lewis Pte. Ltd 2000; THE LION, THE WITCH AND THE WARDROBE by C. S. Lewis, copyright © C. S. Lewis Pte. Ltd 1950; REFLECTIONS ON THE PSALMS by C. S. Lewis, copyright © C. S. Lewis Pte. Ltd 1958; THE SILVER CHAIR by C. S. Lewis, copyright © C. S. Lewis Pte. Ltd 1953; THE LAST BATTLE by C. S. Lewis, copyright © C. S. Lewis Pte. Ltd 1956; THE MAGICIAN'S NEPHEW by C. S. Lewis, copyright © C. S. Lewis Pte. Ltd 1955; THE PILGRIM'S REGRESS by C. S. Lewis, copyright © C. S. Lewis Pte. Ltd 1933; THE PROBLEM OF PAIN by C. S. Lewis, copyright © C. S. Lewis

Pte. Ltd 1940; A GRIEF OBSERVED by C. S. Lewis, copyright ⓒ C. S. Lewis Pte. Ltd 1961; REHABILITATIONS by C. S. Lewis, copyright ⓒ C. S. Lewis Pte. Ltd 1979; SPIRITS IN BONDAGE by C. S. Lewis, copyright ⓒ C. S. Lewis Pte. Ltd 1984; 폴린 베인즈의 삽화들 ⓒ C. S. Lewis Pte. Ltd 1950. 1961년 J. R. R. 톨킨을 노벨문학상 후보로 추천하는 1961년 1월 16일자 C. S. 루이스의 미출간 편지(451쪽), copyright ⓒ C. S. Lewis Pte. Ltd. J. R. R. Tolkien의 편지들 ⓒ The J. R. R. Tolkien Copyright Trust 1981은 하퍼콜린스 출판사의 허락을 받고 인용했다. 기록물 자료는 옥스퍼드 키블 칼리지의 학장 이하 펠로들, 옥스퍼드 모들린 칼리지의 학장 이하 펠로들, 옥스퍼드 유니버시티 칼리지의 학장 이하 펠로들, 일리노이 주 휘튼 소재 휘튼 칼리지 부속 메리언 E. 웨이드 센터의 허락을 받고 인용했다.

　사진과 기타 삽화를 인용하도록 허락해 주신 다음 분들에게 감사를 전한다. 옥스퍼드 모들린 칼리지의 학장 이하 펠로들(160·163·197쪽); 유니버시티 칼리지의 학장 이하 펠로들(85쪽); 옥스퍼드셔 역사컬렉션(90·118·212·256쪽); 옥스퍼드 빌릿 포터(177쪽); 프랜시스 프리스 컬렉션(29·68·127·129·155·201·224·243·278·402·443쪽); C. S. Lewis Pte. Ltd(340·345·366·447쪽); 페넬로피 바이드(435쪽); 옥스퍼드 헤딩턴 쿼리 홀리트리니티 교회(461쪽); 일리노이 주 휘튼 휘튼 칼리지 부속 메리언 E. 웨이드 센터(39·50·61·66·92·138·166·173·238·258·335·422·467쪽). 이 책에 사용된 다른 사진과 삽화는 저자의 개인 소장품을 활용한 것이다.

　이 책에 쓰인 자료의 저작권자를 확인하여 연락하려고 최선을 다했다. 혹시라도 누락되거나 잘못된 부분이 있다면 사과드린다.

❦❦ 옮긴이의 글 ❦❦

I

이번 전기를 번역하면서 새롭게 주목하게 된 부분을 몇 가지 적어 본다. 맥그래스의 충실한 자료 연구와 생생한 필력에 힘입어, 다음의 이슈들은 루이스의 인생의 각 측면을 보다 입체적이고 생생하게 보게 해주었다.

하나. 아일랜드인이다? 아니다?

아일랜드 출신인 탓인지, 맥그래스는 책의 초반부에 아일랜드인으로서 루이스의 모습을 상당히 긴 분량을 할애하여 다룬다. 어떤 면에서 그가 여전히 아일랜드 사람이었는지, 어떤 면에서 아일랜드의 정치, 사회, 문화와 단절된 삶을 살았는지 자세히 밝히고 있다.

 일제강점기에 일본의 대표적인 기독교 지도자였던 우찌무라 간조는, 일본과 조선의 관계에 대한 조선인 제자의 질문을 받고 잉글랜드와 아일랜드의 관계처럼 되면 되지 않겠느냐고 대답했다고 한다. 굳이 그 이야기를 거론하지 않더라도, 아일랜드 사람 루이스가 민족의식도 없고 아일랜드 역사와 정치에 철저히 무관심한 채 '영국인'으로 살아가는 모습은 그냥 먼 나라, 남의 이야기로만 읽히지 않았다. 친일파 문제가 한 번도 제대로 정리된 적이 없고 여전히 현재진행형으로 남아 있는 한국에서 사는 내게, 루이스가 걸어간 길은 다소 심란하게 다가왔다. 그를 통해 신앙의 보편성과 특수성, 영원을 바라보며 현실역사에 발을 디딘 그리스도인의 삶이란 어떤 것이어야 하는지, 루이스의 삶과 창작활동의 성과를 존중하면서도 물어볼 수 있겠다.

둘. 진로 고민

맥그래스는 루이스가 공부를 마치고 모들린 칼리지에서 펠로로 자리를 잡기 전까지 겪어야 했던 불안, 어려운 처지, 고민 등을 실감 나게 잘 그려 냈다. 불투명한 미래를 생각하며 초조한 세월을 보내야 했던 이 시기 루이스의 모습에 많은 이들이 공감할 수 있을 것이다. 특히, 제1차 세계대전 종전 직후의 영국은 그 이전 세대와는 전혀 다른 나라가 되어 있었다. 이제 세상이 완전히 달라졌고, 루이스는 그 전에 옥스퍼드에서 자리를 잡았던 사람들과 비교할 수 없을 만큼 불리한 조건에서 좁은 문을 뚫어야 했다. 당시 루이스의 진로 고민을 보며, 이전 세대와 사뭇 달라진 경제상황과 진로의 문 앞에 서 있는 오늘날 청년들의 모습을 떠올려 볼 수 있었다.

셋. 거짓말쟁이 아들

젊은 시절 루이스는 아버지에 대해 한마디로 몹쓸 아들이었다(얼마나 몹쓸 아들이었는지는 본문 내용을 참조하시라). 어머니를 일찍 여읜 것, 어머니를 잃은 지 얼마 되지 않아 집을 떠나 최악의 기숙학교로 떠나야 했던 일, 아버지가 결정적인 순간에 여러 번 그를 저버렸던 일, 그 자리를 대신해 준 무어 부인의 역할 등 루이스를 그렇게 만든 원인을 여러 모로 추측해 볼 수는 있지만, 어쨌거나 결과적으로 루이스가 옥스퍼드 대학에 들어가 아버지에게 보여준 모습은 거짓말쟁이에다 배은망덕한 자식의 모습이었다. 하지만 그런 그가 나중에 아버지를 함부로 대했던 지난날의 자기 모습을 두고두고 뉘우치는 것을 보게 된다. 그런 모습을 보면서 나는 인간의 변화 가능성, 성장 가능성에 대해 생각하게 되었다.

II

이 전기의 가장 획기적인 성과는, 기존에 알려진 루이스의 회심 일자가 정확하지 않다고 밝히고 대안을 제시한 것일 게다. 루이스와 조이 데이빗먼의 관계에 대한 맥그래스의 냉정한 분석은 내가 갖고 있던 환상을 깨뜨리기도 했지만, 하나님의 은혜에 대해 생각할 수 있는 기회도 제공해 주었다. 이 책에서 『나니아 연대기』를 해설하고 분석한 부분은 내게 더없이 만족스러운 것이었다. 하나씩 간략히 살펴보자.

하나. 루이스의 회심 시기

기독교는 한 사람이 신자가 되는 것이 그가 그냥 착한 사람이 되겠다고 마음먹는 일, 사람이 초월자를 찾아가는 길고 고된 과정 정도로 보지 않는다. 인격적인 초월자 하나님이 그를 찾아오시는 일이라 믿는다. 그래서 기독교인들의 신앙에서 회심 경험은 중요한 한 축을 차지한다. 루이스의 회심은 그중에서도 아주 유명한 사건이다.

좋다. 그런데 맥그래스는 루이스의 회심에 대해 기존에 알려진 일자가 역사적 자료와 일치하지 않는다고 말한다. 그래서 상당히 많은 분량을 할애해 증거를 펼치며 새로운 일자를 대안으로 제시한다. 자칫하면 이런 생각이 들 수 있겠다. 그게 뭐가 그리 중요한데? 그게 이날이면 어떻고 저 날이면 어떤가.

맥그래스의 이러한 분석은, 무엇보다 루이스의 회심 과정에 있었던 일들, 신앙의 거침돌이 되었던 고민들이 실타래처럼 하나씩 풀려 나가는 과정을 죽 검토하게 해주는 유익이 있다. 물론 그런 유익과 별도로 사실이 아닌 것을 바로잡는 것은 그 자체로 의미 있는 일일 것이다.

또한, 맥그래스가 제시한 새로운 회심 일시에 따르면 루이스의 회심의 마지막 단계는 기존에 알려진 것보다 훨씬 긴 시간에 걸쳐 이루어진 일이 된다. 오랜 기간에 걸쳐 서서히 이루어지는 변화를 우습게 여기고 뭔가 극적이고 단회적인 체험으로 변화를 모색하는('한 방' 치료를 바라는) 우리의 모습을 돌아보게 해주기에, 나는 그 시간이 늘어난 것이 오히려 반가웠다.

마지막으로, 맥그래스는 길고 치밀한 분석을 거쳐 대안적인 회심 일자를 제시한 후, 그래도 회심의 시점이나 방법보다 정말 중요한 것은 회심의 결과라는 점을 지적한다. 루이스보다 조금 앞서 성공회 신자로 회심했던 T. S. 엘리엇은 회심 전후로 작품에서 별다른 차이를 볼 수 없는 데 반해, 루이스의 경우는 판이하게 달라진 것을 알 수 있다는 것이다. 회심의 간증은 넘쳐나는데 회심의 결과물, 달라진 삶과 그 삶이 내놓은 열매들도 거기에 있는가. 이것을 다시 한 번 물어볼 계기를 마련해 준다.

둘. 조이 데이빗먼과의 로맨스

내가 이 책에서 접한 가장 충격적인 새로운 정보는, 맥그래스가 드러낸 루이스와 조이 데이빗먼 로맨스의 실체였다. 내가 두 사람의 로맨스에 대해 갖고 있던 이미지는 주로 영화 「셰도우랜즈」가 그려 낸, 말 그대로 "영화처럼" 아름다운 그림이었다. 그런데 맥그래스가 여러 가지 자료를 통해 드러낸 조이 데이빗먼의 모습은 영화의 그것과 사뭇 다르다. 조이가 루이스에게 접근하는 과정, 그녀의 접근에 루이스가 대응하는 모습은 사람인즉 충분히 그럴 수 있겠다 싶으면서도 뭔가 개운하지 못한 구석이 있다.

처음부터 재정적인 기대를 상당히 염두에 둔 채 루이스에게 접근했던 조이는 당연히 결혼 후 착착 자신의 정당한 권리를 챙기기 시작했고, '민법상' 결혼을 통해 가엾은 여인에게 법적 보호장치를 마련해 주는 '호의'를 베풀었다고 생각한 루이스는, 결혼이 제공하는 법적 권리에 근거한 조이의 요구에 분개했다. 내가 볼 때, 정황상 두 사람의 관계는 이 대목까지만 해도 전혀 아름답지 못한 모습으로 펼쳐질 수도 있었다. 그런데 조이가 중병에 걸렸다는 것이 밝혀지면서 갑자기 두 사람의 관계의 색채가 확 달라진다. 그래서 나는 조이의 중병과 회복, 다시 악화와 죽음으로 이어지며 깊어지고 아름답게 승화된 두 사람의 관계의 진전을 보면서 "잔인한 자비"라는 단어를 떠올렸다. 물론 남의 목숨, 남의 인생을 두고 이러쿵저러쿵 말하는 것이라 극히 조심스럽다. 하지만 맥그래스의 설득력 있는 안내를 받아 두 사람 관계의 진상을 파악하게 되자, 어느 순간 불쑥 그런 생각이 들었고 머리에서 떠나지 않았다. 과연 역자가 받은 인상이 정당한 것인지는 직접 확인해 보시라.

셋.『나니아 연대기』

루이스의 전기라면 그의 주요 작품에 대한 분석을 빠뜨려서는 안 될 것이다. 맥그래스는 이 책에서 루이스의 주요 작품들은 물론 주요 강연에 대한 개괄적 소개와 분석도 제공하고 있다. 특히 내 마음에 들었던 것은 『나니아 연대기』에 대한 상세한 분석과 소개였다. 기억에 남는 것 두 가지를 적어 본다.

우선, 이 책은 『사자와 마녀와 옷장』의 서사구조가 중세 '신비극'의 구조를 그대로 따르고 있음을 밝히고 있다(자세한 내용은 본문을 참조하시라). 맥그래스의 풀이를 따라가 보면, 루이스의 폭넓은 독서와 깊이 있는 중세 르네상스 영문학 연구가 그의 문학작품에 그대로 반영되었음을 알 수 있다. 『사자와 마녀와 옷장』의 구조가 그렇게 드러나는 것을 보면서, 나는 닫힌 눈이 번쩍 떠지는 것 같았다.

다음으로, 이 책은 『나니아 연대기』가 왜 일곱 권이고, 전체 일곱 권은 어떤 구조로 통일성을 이루고 있는지에 대한 최신 연구 결과를 소개하고 있다. 마침 그 연구로 박사학위를 받은 마이클 워드라는 분을 몇 년 전 고등신학연구원에서 진행한 루이스 연례 세미나에서 만난 적이 있는데, 그때 그분이 『나니아 연대기』가 중세의 우주관을 반영하여 태양, 달, 수성, 금성, 화성, 목성, 토성에 각각 대응된다는 것을 밝혀 박사학위를 받은 루이스 전문가라는 소개를 받고 나의 반응은 시큰둥했다. 그 말을 듣고 '점성술'을 떠올렸던 것 같다. 속으로 '별걸 다 한다' 하는 냉소적인 반응이 따라왔다. 그러다 보니 그의 연구 내용에 대해 더 자세히 물어보거나 깊이 있는 이야기를 전개할 수가 없었다.

얼마 전, 루이스가 중세의 우주관을 다룬 대학 강의를 책으로 펴낸

『폐기된 이미지』를 보고서야 다른 시대의 우주관, 세계관이 가지는 의의, 아름다움 등을 조금이나마 알게 되었다. 그러한 맥락에서 맥그래스의 전기에 나오는 마이클 워드의 연구 내용에 대한 설명을 듣고 보니, 그의 연구가 상당히 중요한 돌파구를 연 것임을 알 수 있었다. 그렇게 새로운 지식을 접하고 나니, 여러 해 전에 좋은 기회를 날려 버린 것이 비로소 많이 아쉬워졌다. 한마디로 무지해서 진짜 전문가에게 제대로 배울 절호의 기회를 날려 버렸던 것이다. 아!

III

끝으로, 전기 작가로서 맥그래스에 대한 나의 생각을 정리한다. '정리' 이야기가 나왔으니 하는 말인데, 맥그래스는 정리하고 요약하고 전달하는 일, 이거 하나 정말 잘한다. 루이스가 톨킨에게 받은 영향, 특히 기독교를 '현실이 된 신화'로 보는 입장을 정리해 준 부분을 보면 아마 공감할 것이다. 그 내용을 훨씬 길게 적어 나간 다른 책들보다 이해하기 쉽게 핵심을 잘 간추려 주었다.

또 하나, 맥그래스는 정리를 잘할 뿐 아니라 그 내용에서 핵심이 되는 내용, 놓쳐서는 안 될 부분을 잘 짚어 주는 족집게 명강사의 면모가 있다. 어떤 면에서 정보 자체는 나도 웬만큼 알고 있던 것들인데, 맥그래스의 안내를 따라가다 보면 거기서 봐야 할 것이 무엇인지, 내가 놓치고 있던 것이 무엇인지 알게 되는 신기한 경험을 하게 된다. 자료는 이미 다 나와 있지만 그것을 보는 눈은 또 다른 문제라는 사실을 몇 번이나 절감했다.

맥그래스는 루이스와 개인적인 친분이 없었고, 역자나 여타 독자들과 마찬가지로 책으로 그를 접했다. 그런데 그것이 한계가 아니라 오히려 루이스와의 객관적인 거리를 유지하게 해주는 장점으로 작용하는 것도 여러 대목에서 확인할 수 있었다. 예를 들어, 조이 데이빗먼과의 로맨스를 다루는 대목에서 그런 제3자의 눈은 큰 힘을 발휘했다. 개인적인 친분이 있을 경우 드러내 주는 것과 가리는 것이 있겠다는 생각이 들면서, 모든 조건은 나름의 장단점을 가진 말 그대로 '출발점'일 뿐 결과를 보장하지 않는다는 사실을 다시 한 번 새기게 되었다.

루이스가 말했던 '개인적 이설' 이야기로 글을 마칠까 한다. 루이스는 시(詩)가 시인(詩人)의 정신상태, 그 사람의 전후사정을 분석해서 이해할 수 있는 것이 아니라고 봤다. 시를 이해하려면 시인을 볼 것이 아니라 시가 말하는 내용을 보아야 한다. 루이스는 아마 자신의 책을 읽고 사람들이 자신에게 주목하는 것이 아니라 그의 글을 통해 그가 말하고 싶었던 것, 보여주고 싶었던 진리, 소개하고 싶었던 분에게 주목하게 되기를 바랐을 것이다. 두툼한 루이스의 전기를 덮으며 우리도 루이스보다도 그가 보고 가리켰던 것을 보게 되기를, '손가락'이 아니라 '달'에 주목하게 되기를 바란다. 아마도 루이스도 그것을 더 좋아하리라. 적어도 내가 아는 루이스는 그럴 것 같다.

홍종락

주

서문

1. Edna St. Vincent Millay, *Collected Sonnets*(New York: Harper, 1988), p. 140.
2. *Surprised by Joy*, 266쪽. 이 책의 다른 곳에서 그는 이것을 '재회심'이라고 부른다. 같은 책, p. 135.
3. Alister E. McGrath, *The Intellectual World of C. S. Lewis*(Oxford and Malden, MA: Wiley-Blackwell, 2013, 복 있는 사람 출간 예정).

1
다운 카운티의 완만한 구릉지: 아일랜드에서 보낸 유년기(1898-1908)

1. *Surprised by Joy*, p. 1.
2. W. H. Lewis, "C. S. Lewis: A Biography," p. 27.
3. http://www.census.nationalarchives.ie/reels/nai000721989/에서 온라인으로 볼 수 있다. '읽을 줄 모름' 항목은 필체가 다르다.
4. *Lloyds Register of Shipping*, No. 93171.
5. Wilson, "William Thompson Kirkpatrick," p. 33.
6. 19세기 말 이후, 미국의 법률업무에서는 이 두 역할이 합쳐졌다. 미국의 변호사는 두 역할을 다 할 수 있다.
7. Harford, *The Opening of University Education to Women in Ireland*, p. 78.
8. J. W. Henderson, *Methodist College, Belfast, 1868.1938: A Survey and Retrospect*. 2 vols. (Belfast: Governors of Methodist College, 1939), vol. 1, pp. 120-130. 이 학교는 1865년에 설립되었지만 1868년이 되어서야 문을 여는 것에 주목하라.
9. 앞의 책, vol. 1, 127. 영국의 대학시험에서 1등급 우등(First Class Honours, 흔히 '1등급[First]'이라 불린다)은 미국 대학에서 평점 4.0에 해당한다.
10. *Belfast Telegraph*, 1929년 9월 28일 발행.
11. 특히 루이스(C. S. Lewis)가 워렌 루이스(Warren Lewis)에게 보낸 1928년 8월 2일자 편지를 보라. *Letters*, vol. 1, pp. 768-777. 여기 그런 언급이 많이 나온다.
12. W. H. Lewis, "Memoir of C. S. Lewis," p. 2.
13. 1915년 3월 30일자 아서 그리브즈(Arthur Greeves)에게 보낸 편지. *Letters*, vol. 1, p. 114.
14. *All My Road before Me*, p. 105.
15. 1930년 1월 12일자 워렌 루이스에게 보낸 편지. *Letters*, vol. 1, p. 871.
16. Bleakley, *C. S. Lewis at Home in Ireland*, p. 53. 다른 곳에서 루이스는 옥스퍼드를 다운 카운티 대신 도

니골 카운티에 가져다 놓은 곳이라고 말한다. 예를 들면, 1917년 6월 3일자 아서 그리브즈에게 보낸 편지를 보라. *Letters*, vol. 1, p. 313.
17. *Studies in Medieval and Renaissance Literature*, p. 126.
18. 다른 예로는 Clare, "C. S. Lewis: An Irish Writer," pp. 20-21 참조.
19. 1917년 7월 8일자 아서 그리브즈에게 보낸 편지. *Letters*, vol. 1, p. 325.
20. 1917년 7월 24일자 아서 그리브즈에게 보낸 편지. *Letters*, vol. 1, p. 330.
21. 1918년 8월 31일자 아서 그리브즈에게 보낸 편지. *Letters*, vol. 1, p. 394.
22. *Surprised by Joy*, p. 9.
23. W. H. Lewis, "Memoir of C. S. Lewis," p. 1.
24. *The Lion, the Witch and the Wardrobe*, pp. 10-11.
25. *Surprised by Joy*, p. 6.
26. 앞의 책, p. 16.
27. 앞의 책, p. 17.
28. 앞의 책
29. 앞의 책, p. 18.
30. 앞의 책
31. James, *The Varieties of Religious Experience*, pp. 380-381.
32. 톨킨(J. R. R. Tolkien)의 시 「신화창조」(Mythopoeia)의 헌사 참조. Tolkien, *Tree and Leaf*, p. 85. 문맥을 보면 이 시가 루이스를 두고 쓴 것이 분명하다. Carpenter, *J. R. R. Tolkien: A Biography*, pp. 192-199 참조.(『톨킨 전기』 해나무)
33. 1918년 2월 16일자 알버트 루이스(Albert Lewis)에게 보낸 편지. *Letters*, vol. 1, p. 356.
34. 와니는 나중에 1963년 동생의 묘비에도 똑같은 인용구를 새기게 한다.
35. *Surprised by Joy*, p. 23.
36. *The Magician's Nephew*, p. 166.
37. *Surprised by Joy*, p. 20.
38. 앞의 책, p. 22.

2

흉한 땅 잉글랜드: 학창시절(1908-1917)

1. 1962년 3월 23일자 프랜신 스미스라인(Francine Smithline)에게 보낸 편지. *Letters*, vol. 3, p. 1325. '끔찍한' 두 학교는 윈야드 스쿨과 몰번 칼리지였다.
2. Sayer, *Jack*, p. 86.
3. *Surprised by Joy*, p. 26.
4. 1914년 6월 5일자 아서 그리브즈에게 보낸 편지. *Letters*, vol. 1, p. 60.
5. *Surprised by Joy*, p. 37.
6. "Lewis Papers," vol. 3, p. 40.
7. *Surprised by Joy*, p. 56.
8. 셔버그 스쿨은 1992년에 몰번 칼리지의 일부가 되었다. 원래의 학교부지는 개발용으로 팔렸다.

9. Surprised by Joy, p. 82.
10. 앞의 책, p. 82.
11. Richard Wagner, *Siegfried and The Twilight of the Gods*, 번역 Margaret Armour, 삽화 Arthur Rackham (London: Heinemann, 1911).
12. *Surprised by Joy*, p. 83.
13. 앞의 책, p. 38.
14. 1913년 7월 8일자 알버트 루이스에게 보낸 편지. *Letters*, vol. 1, p. 28.
15. *Surprised by Joy*, p. 71.
16. 1913년 6월 7일자 알버트 루이스에게 보낸 편지. *Letters*, vol. 1, p. 23.
17. Ian Wilson, "William Thompson Kirkpatrick," p. 39.
18. 이 이야기는 *Surprised by Joy*, pp. 95-135에 나오는데, 책 전체 분량의 18퍼센트를 차지한다.
19. 이런 상황에서 루이스처럼 나약한 '학구파' 소년들은 종종 따돌림과 괴롭힘을 당했다. Mangan, *Athleticism in the Victorian and Edwardian Public School*, pp. 99-121 참조.
20. Roberts, "Character in the Mind"를 보라.
21. *Surprised by Joy*, p. 11. 루이스와 와니(Warnie)는 이 결함을 아버지로부터 물려받았다. 이 상태(손허리 손가락관절 골유합의 일종)는 루이스와의 연관관계 때문에 가끔 '지유합증(루이스 타입)이라고 불린다. Alessandro Castriota-Scanderbeg and Bruno Dallapiccola, *Abnormal Skeletal Phenotypes: From Simple Signs to Complex Diagnoses* (Berlin: Springer, 2006), p. 405 참조.
22. 1914년 6월 5일자 아서 그리브즈에게 보낸 편지. *Letters*, vol. 1, p. 59.
23. *Surprised by Joy*, p. 117.
24. 이 시의 본문은 "Lewis Papers," vol. 3, pp. 262-263에서 볼 수 있다.
25. W. H. Lewis, "Memoir of C. S. Lewis," p. 5.
26. 1929년 7월 17일자 알버트 루이스에게 보낸 편지. *Letters*, vol. 1, p. 802.
27. 1914년 3월 18일자 알버트 루이스에게 보낸 편지. *Letters*, vol. 1, p. 51.
28. 1914년 3월 29일자 워렌 루이스가 알버트 루이스에게 보낸 편지. "Lewis Papers," vol. 4, p. 156.
29. 앞의 책, p. 157.
30. *Surprised by Joy*, p. 151.
31. 1907년 5월 18일자 워렌 루이스에게 보낸 편지. *Letters*, vol. 1, pp. 3-4.
32. *Surprised by Joy*, p. 151.
33. 1914년 6월 5일자 아서 그리브즈에게 보낸 편지. *Letters*, vol. 1, p. 60.
34. 1914년 6월 29일자 알버트 루이스에게 보낸 편지. *Letters*, vol. 1, p. 64.
35. *Surprised by Joy*, p. 158.
36. Ian Wilson, "William Thompson Kirkpatrick"을 보라.
37. 벨파스트 퀸스 칼리지(Queen's College, Belfast)는 1879년 아일랜드 왕립대학(Royal University of Ireland)과 통합되었다. 이 학교는 1908년 아일랜드 대학법으로 국립 아일랜드 대학(Royal University of Ireland)과 벨파스트 퀸스 칼리지(Queen's University of Belfast)로 분리되었다.
38. *Surprised by Joy*, p. 171.
39. 1917년 2월 8일자 알버트 루이스에게 보낸 편지. *Letters*, vol. 1, p. 275.
40. 1916년 10월 12(?)일자 아서 그리브즈에게 보낸 편지. *Letters*, vol. 1, pp. 230-231.
41. "Lewis Papers," vol. 10, p. 219. 루이스의 언급은 세 페이지에 걸쳐 그리브즈를 생각한 대목에서 볼 수 있다. 1935년경 기록된 것으로 보이는데 pp. 218-220에 실려 있다.
42. 1916년 10월 18일자 아서 그리브즈에게 보낸 편지. *Letters*, vol. 1, p. 235.

43. 『예기치 못한 기쁨』에 나오는 루이스의 기록은 이 사건이 1915년 8월에 벌어진 것으로 잘못 기록하고 있다. Hooper, *C. S. Lewis: The Companion and Guide*, p. 568을 보라.
44. *Surprised by Joy*, pp. 208-209.
45. 1915년 5월 28(?)일자 알버트 루이스에게 보낸 편지. *Letters*, vol. 1, p. 125.
46. 1916년 3월 7일자 아서 그리브즈에게 보낸 편지. *Letters*, vol. 1, p. 171.
47. 1916년 5월 8일자 알버트 루이스가 윌리엄 커크패트릭(William Kirkpatrick)에게 보낸 편지. "Lewis Papers," vol. 5, pp. 79-80. 커크패트릭이 앞서 보낸 5월 5일자 편지는 "Lewis Papers," vol. 5, pp. 78-79을 보라.
48. *Surprised by Joy*, p. 214.
49. 1916년 12월 7일자 알버트 루이스에게 보낸 편지. *Letters*, vol. 1, p. 262.
50. 1917년 1월 28일자 알버트 루이스에게 보낸 편지. *Letters*, vol. 1, p. 267.
51. Aston, *The History of the University of Oxford*, vol. 6, p. 356.

3

프랑스의 광활한 들판: 전쟁(1917-1918)

1. 1962년 3월 23일자 프랜신 스미스라인에게 보낸 편지. *Letters*, vol. 3, p. 1325.
2. *Surprised by Joy*, p. 226.
3. 앞의 책, p. 183.
4. Darwall-Smith, *A History of University College, Oxford*, pp. 440.447을 보라.
5. 앞의 책, p. 443.
6. 1917년 4월 28일자 알버트 루이스에게 보낸 편지. *Letters*, vol. 1, p. 296.
7. 1917년 7월 8일자 아서 그리브즈에게 보낸 편지. *Letters*, vol. 1, p. 324.
8. *Surprised by Joy*, p. 216.
9. 루이스의 병적은 National Gallery (Public Records Office): War Office 339/105408에 보관되어 있다.
10. 1917년 5월 3일자 알버트 루이스에게 보낸 편지. *Letters*, vol. 1, p. 299.
11. 1917년 5월 12일자 알버트 루이스에게 보낸 편지. *Letters*, vol. 1, p. 302.
12. 1917년 6월 8일자 알버트 루이스에게 보낸 편지. *Letters*, vol. 1, p. 316.
13. 1917년 5월 17일자 알버트 루이스에게 보낸 편지. *Letters*, vol. 1, p. 305.
14. 1917년 5월 13일자 아서 그리브즈에게 보낸 편지. *Letters*, vol. 1, p. 304.
15. 1917년 6월 3(?)일자 알버트 루이스에게 보낸 편지. *Letters*, vol. 1, p. 315.
16. Winifred Mary Letts, *The Spires of Oxford and Other Poems* (New York: Dutton, 1917), p. 3. 레츠(Letts)는 기차를 타고 옥스퍼드 옆을 '지나가고' 있었다.
17. War Office 372/4 12913.
18. *King Edward VII School Magazine* 15, no. 7 (May 1961).
19. *Surprised by Joy*, p. 217. C중대에 대한 자세한 자료는 다음 기록에 남아 있다. Oxford University Officers' Training Corps, Archive OT 1/1/1-11; OT 1/2/1-4. 루이스가 복무했던 E중대에 대한 기록은 거의 남아 있지 않다.
20. Oxford University Officers' Training Corps Archives, Archive OT 1/1/1-11.

21. 엄격히 말해서, 키블 칼리지는 펠로가 아닌 튜터들이 있는 '새로운 재단'이었다. 키블의 내부규정은 1930년이 되어서야 다른 옥스퍼드 칼리지의 내부규정에 맞추어졌다.
22. 1917년 6월 10(?)일자 아서 그리브즈에게 보낸 편지. *Letters*, vol. 1, p. 317.
23. 무어의 생년월일은 1898년 11월 17일이었다. 루이스는 1898년 11월 29일이었다.
24. 1918년 11월 17(?)일자 알버트 루이스에게 보낸 편지. *Letters*, vol. 1, p. 416. 루이스는 몰랐지만, 그가 전쟁에서 죽었다고 믿었던 네 사람 중 한 명(Denis Howard de Pass)은 살아남아 서섹스에서 낙농업을 하다가 1973년에 죽었다.
25. 1917년 6월 10(?)일자 알버트 루이스에게 보낸 편지. *Letters*, vol. 1, p. 317. 1917년 6월 10일자 아서 그리브즈에게 보낸 편지. *Letters*, vol. 1, p. 319.
26. 1917년 6월 18일자 알버트 루이스에게 보낸 편지. *Letters*, vol. 1, p. 322.
27. "Lewis Papers," vol. 5, p. 239.
28. 현재 옥스퍼드 키블 칼리지 기록보관소에 있다.
29. Battalion Orders No. 30, 15 June 1917, sheet 4.
30. 총사령부 소화기(小火器) 학교에서 1917년에 발부한 소대 훈련 지침 참조. Oxford University Officers' Training Corps, Archive OT 1/8.
31. Battalion Orders No. 31, 20 June 1917, Part 2, sheet 1.
32. Battalion Orders No. 35, 13 July 1917, Part 2, sheet 5.
33. Battalion Orders No. 59, 30 November 1917, Part 2, sheet 1.
34. 1917년 7월 24일자 알버트 루이스에게 보낸 편지. *Letters*, vol. 1, pp. 329-330.
35. "C" Company No. 4 O. C. B. 1916-1919 (Oxford: Keble College, 1920), p. 34. Keble College, KC/JCR H1/1/3.
36. 1917년 7월 말, 루이스는 아버지에게 편지를 써서 육군성이 마침내 그의 존재를 발견해서 7실링을 지불했다고 알렸다. 1917년 7월 22일자 알버트 루이스에게 보낸 편지. *Letters*, vol. 1, p. 327. 이것을 장교교육대와 관련된 서류 작업에 문제가 있었다는 뜻으로 받아들일 수 있을 것이다.
37. *All My Road before Me*, p. 125.
38. 아서 그리브즈에게 보낸 1917년 6월 3일자 편지와 6월 10일자 편지를 특히 주목하라. *Letters*, vol. 1, pp. 313, 319-320. '사드 남작'을 언급한 대목들은 원래 그리브즈에 의해 삭제되어 있었다.
39. 1917년 6월 10일자 아서 그리브즈에게 보낸 편지. *Letters*, vol. 1, p. 319. 's.'는 'shilling'의 약어.
40. 1917년 1월 28일자 아서 그리브즈에게 보낸 편지. *Letters*, vol. 1, p. 269. 편지의 이 부분은 나중에 아서 그리브즈가 삭제했다.
41. 루이스는 1917년 1월에 쓴 편지에서 이것을 암시하고 있다. 여기서 그는 이름을 밝히지 않고, 그리브즈의 가족 중 한 사람을 '벌하는' 상상을 한다. 1917년 1월 31일자 아서 그리브즈에게 보낸 편지. *Letters*, vol. 1, p. 271.
42. 1917년 1월 31일, 2월 7일, 2월 15일자 아서 그리브즈에게 보낸 편지. *Letters*, vol. 1, pp. 272, 274, 278. 매질을 논하는 1917년 1월 28일자의 중요한 편지는 'Philomastix'(매 애호가)라고 서명이 되어 있지 않다. *Letters*, vol. 1, p. 269.
43. 1917년 2월 15일자 아서 그리브즈에게 보낸 편지. *Letters*, vol. 1, p. 276.
44. 1917년 1월부터 1918년 12월까지 기록한 그리브즈의 휴대용 일기장(11.5cm x 8cm)은 미국 일리노이 주 휘튼의 휘튼 칼리지 소재 웨이드 센터에 보관되어 있다. 이 기도는 1917년 7월 8일자 일기에 들어 있다. Arthur Greeves Diaries, 1-2.
45. 1917년 7월 18일자 일기. Arthur Greeves Diaries, 1-2.
46. 루이스는 1918년 9월 18일과 10월 18일에 아버지에게 보낸 편지에 제목을 바꾼 사실을 적고 있다.

Letters, vol. 1, pp. 399-400, 408-409.
47. 논평과 분석을 보려면 King, *C. S. Lewis, Poet*, pp. 52-97 참조.
48. *Spirits in Bondage*, p. 25.
49. 이 일기를 옮겨 적고 편집한 월터 후퍼(Walter Hooper)는, 나중에 자신이 D로 옮겨 적은 글자가 사실은 그리스어 글자 델타(Δ)였다는 견해를 갖게 되었다. 이것이 사실이라면, 루이스가 이 문자로 시작하는 그리스어 단어에서 나온 자기만의 이름으로 무어 부인을 불렀을 거라고 짐작할 수 있다. 루이스는 다른 상황에서 이 장치를 쓴 것으로 알려져 있다. 예를 들어, 1940년에 루이스는 옥스퍼드의 한 협회에서 '로망스의 카파 요소'(The Kappa Element in Romance)라는 논문을 발표했다. 카파는 '가려진', 또는 '숨겨진'이라는 뜻의 그리스어 단어 크립토스의 첫 글자이다.
50. 이 대대는 주로 군사훈련을 담당하는 '특수예비' 부대로 지정되어 있었고 제1차 세계대전 내내 영국에 남아 있었다.
51. Battalion Orders No. 30, 15 June 1917, sheet 4. 앞서 지적한 바 있듯, 이 잘못된 머리글자들은 한 주 후 'E. F. C.'로 바뀌었다. 이 명령서에 사용된 영국의 날짜표시 방식이 미국처럼 '월/일/연도'가 아니라 '일/월/연도'라는 점에 주의하라.
52. "Lewis Papers," vol. 5, p. 239.
53. 1917년 10월 22일자 알버트 루이스에게 보낸 편지. *Letters*, vol. 1, p. 338.
54. 1917년 10월 3일자 알버트 루이스에게 보낸 편지. *Letters*, vol. 1, p. 337.
55. 1917년 10월 28(?)일자 아서 그리브즈에게 보낸 편지. *Letters*, vol. 1, p. 339.
56. 1917년 12월 5일자 아서 그리브즈에게 보낸 편지. *Letters*, vol. 1, p. 348.
57. 1917년 11월 5일자 알버트 루이스에게 보낸 편지. *Letters*, vol. 1, p. 344.
58. 알버트 루이스는 이것이 루이스가 아일랜드인이기 때문이 아닌가 하고 생각했다. "Lewis Papers," vol. 5, p. 247. 1918년 5월 22일자 서류를 보면 그가 4사단 11여단 소속 제1서머싯 경보병대에 배속되었음을 알 수 있다.
59. 1914년 이 부대의 보다 자세한 기록을 원한다면 Wyrall, *The History of the Somerset Light Infantry* 참조. 1916년 이 부대에 대한 기록은 Majendie, *History of the 1st Battalion Somerset Light Infantry* 참조. 서머싯 경보병대 2대대는 제1차 세계대전 내내 인도에 주둔하고 있었다.
60. 1917년 11월 15일자 알버트 루이스에게 보낸 전보. *Letters*, vol. 1, p. 345.
61. "Lewis Papers," vol. 5, p. 247.
62. 1917년 12월 13일자 알버트 루이스에게 보낸 편지. *Letters*, vol. 1, pp. 347-348.
63. 1918년 1월 4일자 알버트 루이스에게 보낸 편지. *Letters*, vol. 1, p. 352.
64. *Surprised by Joy*, p. 227.
65. 1918년 6월 3일자 아서 그리브즈에게 보낸 편지. *Letters*, vol. 1, p. 378.
66. Darwall-Smith, *History of University College, Oxford*, p. 437.
67. 1916년 5월 30일자 아서 그리브즈에게 보낸 편지. *Letters*, vol. 1, p. 187.
68. 1918년 2월 16일자 알버트 루이스에게 보낸 편지. *Letters*, vol. 1, p. 356.
69. 1918년 2월 21일자 아서 그리브즈에게 보낸 편지. *Letters*, vol. 1, pp. 358-360.
70. 1918년 3월 17-23일 주간의 '메모'란에 적힌 글. Arthur Greeves Diaries, 1-4.
71. 1918년 4월 11일자 일기. Arthur Greeves Diaries, 1-4.
72. 1918년 4월 31일자 일기. Arthur Greeves Diaries, 1-4.
73. 이 공격에 대해서는 다음 책 참조. Majendie, *History of the 1st Battalion Somerset Light Infantry*, pp. 76-81, Wyrall, *History of the Somerset Light Infantry*, pp. 293-295.
74. 1917년 11월 4(?)일자 아서 그리브즈에게 보낸 편지. *Letters*, vol. 1, pp. 341-342.

75. *Surprised by Joy*, p. 229.
76. Majendie, *History of the 1st Battalion Somerset Light Infantry*, p. 81; Wyrall, *History of the Somerset Light Infantry*, p. 295.
77. "Lewis Papers," vol. 5, p. 308. 나중에 육군성에 보낸 한 편지에서 루이스는 자신이 이때 "중상을 입었다"고 진술했다. 1919년 1월 18일자 육군성에 보낸 편지. *Letters*, vol. 1, p. 424.
78. 와니는 1917년 11월 29일에 대위로 진급했고, 1932년 퇴역할 때도 여전히 대위였다. 대위로 진급한 후의 군 경력이 평범했다는 뜻일 것이다.
79. "Lewis Papers," vol. 5, p. 309.
80. 예를 들어, 그는 그리브즈의 필체가 "너무 여자애 글씨 같다"고 했다. 1916년 6월 14일자 아서 그리브즈에게 보낸 편지. *Letters*, vol. 1, p. 193.
81. 1918년 5월 23일자 아서 그리브즈에게 보낸 편지. *Letters*, vol. 1, p. 371. 편지 인용문에서 ( )로 묶인 부분은 그리브즈가 삭제한 것을 월터 후퍼가 편집하면서 되살린 대목이다.
82. 1918년 5월 27일자 일기. Arthur Greeves Diaries, 1-5.
83. 1918년 5월 5-11일자 일기의 '메모'란에 적힌 글. Arthur Greeves Diaries, 1-5.
84. 1918년 12월 31일자 일기. Arthur Greeves Diaries, 1-6.
85. 그리브즈는 1922년 옥스퍼드를 방문해 루이스를 만난 일을 일기장에 적어 놓았는데, 어조가 들떠 있고 루이스가 좀 더 있으라고 했다는 사실 때문에 특별히 즐거워하고 있다. 6월 28일자 그의 일기 참조. Arthur Greeves Diaries, 1-7. 이 일기는 '옥스퍼드 시리즈' 공책의 형태로 되어 있는데, 여기서 그리브즈는 자신의 작품과 사색을 자세히 적고 있을 뿐 1917-1918년에 그를 괴롭힌 문제들은 하나도 밝히지 않는다.
86. 1918년 6월 20(?)일자 알버트 루이스에게 보낸 편지. *Letters*, vol. 1, pp. 384-387.
87. For comment, see W. H. Lewis, "Memoir of C. S. Lewis," 9-10.
88. *Poems*, p. 81. 이 시를 쓴 정확한 날짜는 알려져 있지 않다.
89. *Surprised by Joy*, p. 197.
90. Sayer, *Jack*, xvii.xviii.
91. 1918년 6월 29일자 알버트 루이스에게 보낸 편지. *Letters*, vol. 1, p. 387.
92. 1918년 10월 18일자 알버트 루이스에게 보낸 편지. *Letters*, vol. 1, p. 409.
93. "Lewis Papers," vol. 6, p. 79.

4

기만과 발견: 옥스퍼드 교수의 탄생(1919-1927)

1. Fred Bickerton, *Fred of Oxford: Being the Memoirs of Fred Bickerton* (London: Evans Bros, 1953) 참조.
2. 1919년 1월 27일자 알버트 루이스에게 보낸 편지. *Letters*, vol. 1, p. 428.
3. *Spirits in Bondage*, pp. 82-83.
4. 루이스가 "펠로 자리를 얻고 싶다"고 분명하고 직설적으로 밝히고 있음에 주목하라. 1919년 1월 27일자 알버트 루이스에게 보낸 편지. *Letters*, vol. 1, p. 428.
5. 옥스퍼드 대학은 1990년대가 되어서야 2등급을 '하위 2등급'(2:2)과 '상위 2등급'(2:1)으로 나누었다. 옥스퍼드는 1960년대 말까지는 4등급까지 등급을 주었다.

6. *Oxford University Calendar 1918* (Oxford: Oxford University Press, 1918), xiv.
7. 1919년 1월 26일자 아서 그리브즈에게 보낸 편지. *Letters*, vol. 1, pp. 425-426. 제1차 세계대전 이후 대부분의 옥스퍼드 칼리지에서 도입한 개혁 중 하나는 예배참석 의무의 폐지였다. 루이스의 의무적인 예배 참석은 오래가지 않았다.
8. Bickerton, *Fred of Oxford*, pp. 5-9.
9. 헤딩턴 마을은 1929년에 옥스퍼드 시의 일부가 되었다.
10. 예를 들어 1919년 2월 9일자 루이스가 아서 그리브즈에게 보낸 편지 참조. *Letters*, vol. 1, p. 433. "'우리 가족'(The family)이 네 사진을 보고 완전히 반해 버렸어." 혹은 1919년 9월 18일자 아서 그리브즈에게 보낸 편지 참조. *Letters*, vol. 1, p. 467: "우리 가족이 사랑을 전한다."
11. 이전의 편지들은 그녀를 보다 딱딱하게 '무어 부인'이라고 부른다. 예를 들어 1918년 10월 6(?)일과 1919년 1월 26일자 아서 그리브즈에게 보낸 편지. *Letters*, vol. 1, pp. 404, 425. (아무 설명 없이) 이 별명이 처음 등장하는 것은 1919년 7월 14일자 아서 그리브즈에게 보낸 편지다. *Letters*, vol. 1, p. 460. 이후 이 별명은 꾸준히 쓰인다. 예를 들어, *Letters*, vol. 1, pp. 463, 465, 469, 473 참조. 1920년대 초가 되면 'The Minto'는 그냥 'Minto'가 된다.
12. Lady Maureen Dunbar, OH/SR-8, p. 11 이하, Wade Center Oral History Collection, Wheaton College, Wheaton, IL. 'the Minto'의 역사에 대해서는 *Doncaster Gazette*, 8 May 1934 참조.
13. 1919년 6월 2일자 아서 그리브즈에게 보낸 편지. *Letters*, vol. 1, p. 454.
14. 이 문제로 워렌과 알버트 루이스가 주고받은 편지 참조. "Lewis Papers," vol. 6, pp. 118, 124-125, 129.
15. "Lewis Papers," vol. 6, p. 161.
16. 1917년 2월 20일자 아서 그리브즈에게 보낸 편지. *Letters*, vol. 1, p. 280.
17. 1920년 4월 4일자 알버트 루이스에게 보낸 편지. *Letters*, vol. 1, p. 479.
18. 1920년 12월 9일자 아서 그리브즈에게 보낸 편지. *Letters*, vol. 1, p. 512.
19. 1921년 7월 1일자 워렌 루이스에게 보낸 편지. *Letters*, vol. 1, pp. 556-557.
20. 1921년 6월 17일자 알버트 루이스에게 보낸 편지. *Letters*, vol. 1, p. 551.
21. 이 문서를 찾고자 소장 자료를 샅샅이 조사한 옥스퍼드 대학 기록보관소와 옥스퍼드 보들리언 도서관의 '특별 컬렉션' 동료들에게 진심으로 감사를 전한다.
22. 1921년 7월 9일자 알버트 루이스에게 보낸 편지. *Letters*, vol. 1, p. 569.
23. 1921년 8월 7일자 워렌 루이스에게 보낸 편지. *Letters*, vol. 1, pp. 570-573.
24. 1922년 5월 18일자 알버트 루이스에게 보낸 편지. *Letters*, vol. 1, p. 591.
25. Darwall-Smith, *History of University College Oxford*, p. 447. 이런 변화는 1926년에 실행에 옮겨졌다.
26. 1922년 5월 18일자 알버트 루이스에게 보낸 편지. *Letters*, vol. 1, pp. 591-592.
27. 1922년 7월 20일자 알버트 루이스에게 보낸 편지. *Letters*, vol. 1, p. 595.
28. 1929년 헤딩턴이 옥스퍼드 시에 통합되면서 이 도로는 결국 1959년 '홀리오크 로'(Holyoake Road)로 이름이 바뀌었다. 옥스퍼드 남부 교외의 그랜드폰트에 있는 다른 '웨스턴 로'와의 혼동을 피하기 위한 조치였다. 가옥번호도 바뀌어 '힐스버러'의 새 주소는 홀리오크 14번로가 되었다.
29. *All My Road before Me*, p. 123.
30. 일부 전기에서는 그것이 철학 펠로직이었다고 적고 있다. 모들린 칼리지 공문서에는 그것이 '고전학 펠로직'이었다고 분명히 나와 있다. *The President's Notebooks*, vol. 20, fols. 99-100. Magdalen College Oxford: MS PR 2/20 참조.
31. 열한 명의 후보 명단이 궁금하면 1922년 President's Notebook을 참조하라. *The President's Notebooks*, vol. 20, fol. 99.
32. *All My Road before Me*, p. 110.

33. 앞의 책, p. 117.
34. 허버트 워렌 경(Sir Herbert Warren)이 루이스에게 보낸 1922년 11월 4일자 편지. Magdalen College Oxford, MS 1026/III/3.
35. *All My Road before Me*, p. 151.
36. John Bowlby, *Maternal Care and Mental Health* (Geneva: World Health Organization, 1952) 참조. 보다 자세한 설명을 원한다면 John Bowlby, *A Secure Base: Parent-Child Attachment and Healthy Human Development* (New York: Basic Books, 1988) 참조. Bowlby의 개인사를 보면 중요한 점에서 루이스와 유사성을 볼 수 있다. Suzan van Dijken, *John Bowlby: His Early Life; A Biographical Journey into the Roots of Attachment Theory* (London: Free Association Books, 1998) 참조.
37. *Surprised by Joy*, p. 22.
38. *Allegory of Love*, p. 7.
39. 1921년 6월 27일자 알버트 루이스에게 보낸 편지. *Letters*, vol. 1, p. 554.
40. *All My Road before Me*, p. 240.
41. 예를 들면, John Churton Collins, *The Study of English Literature: A Plea for Its Recognition and Organization at the Universities* (London: Macmillan, 1891).
42. 1887년 옥스퍼드의 역사학 흠정교수였던 Edward Augustus Freeman(1823-1892)의 견해. Alvin Kernan, *The Death of Literature*(New Haven, CT: Yale University Press, 1990), p. 38 참조.
43. Eagleton, *Literary Theory*, pp. 15-46.
44. *All My Road before Me*, p. 120.
45. 앞의 책, p. 53.
46. *The Allegory of Love*, v.
47. *Surprised by Joy*, p. 262.
48. 앞의 책, p. 239. 그림이 포함된 '대전'(大戰)의 내용을 다 보려면 *Letters*, vol. 3, pp. 1600-1646 참조.
49. 루이스의 생애에서 이 시기에 대한 최고의 연구서는 Adey, *C. S. Lewis's "Great War" with Owen Barfield*이다.
50. *Surprised by Joy*, p. 241.
51. 앞의 책, p. 243.
52. 이 접근방식에 대한 상세한 분석이 알고 싶다면 McGrath, "The 'New Look': Lewis's Philosophical Context at Oxford in the 1920s," in *The Intellectual World of C. S. Lewis*, p. 31-54 참조.
53. 앞의 책, p. 237.
54. 앞의 책, p. 243.
55. "The Man Born Blind," in *Essay Collection*, pp. 783-786.
56. Gibb, *Light on C. S. Lewis*, p. 52.
57. *All My Road before Me*, p. 256.
58. 1923년 7월 1일자 알버트 루이스에게 보낸 편지. *Letters*, vol. 1, p. 610.
59. Peter Bayley, "Family Matters III: The English Rising," *University College Record* 14 (2006): pp. 115-116.
60. Darwell-Smith, *History of University College*, p. 449.
61. 앞의 책, pp. 447-452.
62. 1924년 5월 11일자 알버트 루이스에게 보낸 편지. *Letters*, vol. 1, pp. 627-630.
63. *All My Road before Me*, pp. 409-410. 며칠 후 플롯은 더 전개되었다. pp. 413-414.
64. 1917년 11월 4(?)일자 아시 그리브즈에게 보낸 편지. *Letters*, vol. 1, p. 342.

65. 루이스는 1927년 1월 26일자 일기에 그 말을 적어 놓았다. *All My Road before Me*, p. 438.
66. 1924년 10월 15일자 알버트 루이스에게 보낸 편지. *Letters*, vol. 1, p. 635.
67. 원래 공고문의 사본이 1927년 학장 노트에 묶여 있다. *The President's Notebooks*, vol. 21, fol. 11. Magdalen College Oxford: MS PR 2/21.
68. 1925년 4월과 5월 26일에 알버트 루이스에게 보낸 편지 참조. *Letters*, vol. 1, pp. 640, 642-646.
69. 이후 분명히 드러났지만, 워렌 학장은 약속된 역할을 수행하지 않을 경우 상임 펠로들도 얼마든지 해고할 준비가 되어 있었다.
70. "University News: New Fellow of Magdalen College," *Times*, 1925년 5월 22일자. 이 기사에는 오류가 있다. 우리가 3장에서 본 것처럼 루이스가 유니버시티 칼리지에서 장학생으로 합격한 것은 (1915년이 아니라) 1916년이었고, 1917년에 학교에 숙소를 배정받았다.

5

펠로직, 가족, 우정: 모들린 칼리지에서의 초기 몇 년(1927-1930)

1. 1925년 8월 14일자 알버트 루이스에게 보낸 편지. *Letters*, vol. 1, pp. 647-648.
2. Brockliss, *Magdalen College Oxford*, pp. 593-594.
3. 루이스는 모들린에 도착한 직후 아버지에게 쓴 편지에서 이 사실을 알렸다. 1925년 10월 21일자 알버트 루이스에게 보낸 편지. *Letters*, vol. 1, p. 651.
4. Brockliss, *Magdalen College Oxford*, p. 601. '서열순 행진' 관행은 루이스가 그곳을 떠나고 몇 년이 지난 1958년에 가서야 폐지되었다.
5. 앞의 책, p. 602.
6. 당시 펠로들의 급료를 알고 싶으면 Brockliss, *Magdalen College Oxford*, p. 597 참조.
7. 1925년 10월 21일자 알버트 루이스에게 보낸 편지. *Letters*, vol. 1, p. 650.
8. 1926년 6월 23일 일기와 7월 1일 일기 참조. *All My Road before Me*, pp. 416, 420.
9. 당시 교육의 가치에 대해 루이스의 생각이 궁금하다면 Heck, *Irrigating Deserts*, pp. 23-48 참조.
10. W. H. Lewis, *C. S. Lewis: A Biography*, p. 213.
11. 1929년 9월 9일자 오언 바필드(Owen Barfield)에게 보낸 편지. *Letters*, vol. 1, p. 820.
12. 아버지의 죽음을 놓고 루이스가 형과 주고받은 편지는 날짜에 혼동이 있는 듯하다. 월터 후퍼가 1929년 9월 29일자 루이스가 워렌 루이스에게 보낸 편지에 대해 덧붙인 주해 참조. *Letters*, vol. 1, pp. 823-824.
13. 와니는 중국 상하이에서 군복무 중이었다. 루이스는 아버지가 당장 위험하지 않다고 확신한 상태로 9월 22일에 옥스퍼드에 돌아왔다.
14. Cromlyn [John Barry], in *Church of Ireland Gazette*, 5 February 1999. 'Cromlyn'은 Barry가 이 잡지에 글을 쓸 때 그가 썼던 필명이었다.
15. 1954년 3월 24일자 로나 보들(Rhona Bodle)에게 보낸 편지. *Letters*, vol. 3, p. 445.
16. 1929년 9월 29일자 워렌 루이스에게 보낸 편지. *Letters*, vol. 1, pp. 824-825.
17. 1930년 4월 23일자 와니의 일기. "Lewis Papers," vol. 11, p. 5.
18. 1956년 2월 8일자 비드 그리피스 수사에게 보낸 편지. *Letters*, vol. 3, p. 703.
19. *Surprised by Joy*, p. 231.

20. 앞의 책, p. 251.
21. "On Forgiveness," in *Essay Collection*, pp. 184-186.
22. *Surprised by Joy*, p. 266.
23. 1930년 1월 12일자 워렌 루이스에게 보낸 편지. *Letters*, vol. 1, p. 865.
24. 앞의 책, p. 870.
25. 1931년 12월 9일자 워렌 루이스가 루이스에게 보낸 편지를 보면 자세한 내용을 확인할 수 있다. Bodleian Library, Oxford, MS. Eng. Lett. c. 200/7 fol. 5. 영국 토지등기소(The UK Land Registry)는 이 땅을 ON90127로 표기하고 있다.
26. 무어 부인의 유언장은 1945년 5월 13일 모린과 루이스를 유언 집행자로 해서 Barfield and Barfield, Solicitors에서 작성했다. 그 무렵 모린은 결혼한 상태였고, 그녀 남편의 이름도 유산 조항에 들어갔다.
27. 1932년 12월 12일자 워렌 루이스에게 보낸 편지. *Letters*, vol. 2, 90. 이 편지는 프랑스 르아브르로 보내졌는데, 오토메던 호가 리버풀로 가는 마지막 구간을 앞두고 그곳에 정박할 예정이었다.
28. 모린 무어는 와니가 '퇴역한 것이 아니라 술 문제로 군대에서 쫓겨난 것이라 생각했다. Wade Center Oral History Collection: Lady Maureen Dunbar, OH/SR-8, fol. 19.
29. 와니는 무어 부인과 사이가 안 좋을 때가 많아서 아일랜드공화국으로 이주하는 것을 포함한 "출구 전략"을 세웠다고 한다. 하지만 이것은 실행에 옮겨진 적이 없다. W. H. Lewis, "Memoir of C. S. Lewis," p. 24.
30. 1925년 영어영문학 머튼 석좌교수는 H. C. K. Wyld(1870-1945), 영문학 석좌 교수는 George Stuart Gordon(1881-1942)이었다.
31. *All My Road before Me*, pp. 392-393.
32. 현재 Wade Center (Wheaton College, Wheaton, IL)에 보관되어 있는 루이스의 개인 장서에는 루이스의 불규칙 동사 활용에 관한 메모를 해놓은 1926년판 Geir T. Zoega, *A Concise Dictionary of Old Icelandic* 과 Guðbrandur Vigfusson's *Icelandic Prose Reader* (1879)가 있다.
33. 1930년 1월 30일자 아서 그리브즈에게 보낸 편지. *Letters*, vol. 1, p. 880.
34. 1927년 6월 26일자 아서 그리브즈에게 보낸 편지. *Letters*, vol. 1, p. 701.
35. 1929년 10월 17일자 아서 그리브즈에게 보낸 편지. *Letters*, vol. 1, p. 838. 편지의 이 부분을 실제로 쓴 시점은 12월 3일이었다.
36. 톨킨은 결국 이 시를 1931년 9월에 포기했다가 1950년대에 가서야 다시 썼다.
37. TCBS("Tea Club, Barrovian Society") 회원들. 이 클럽은 루이스의 문학적 발달에 중요한 역할을 했고 어떤 면에서 잉클링즈의 모습을 미리 보여준다. Carpenter, *J. R. R. Tolkien*, pp. 67-76; Garth, *Tolkien and the Great War*, pp. 3-138 참조.
38. J. R. R. Tolkien, *The Lays of Beleriand* (Boston: Houghton Mifflin, 1985), p. 151에 인용.

6

가장 내키지 않는 회심: 순전한 그리스도인의 탄생(1930-1932)

1. Joseph Pearce, *Literary Converts: Spiritual Inspiration in an Age of Unbelief* (London: HarperCollins, 1999).
2. *Surprised by Joy*, pp. 221-222.

3. Graham Greene, *Collected Essays* (New York: Penguin, 1966), pp. 91-92.
4. Donat Gallagher, ed., *The Essays, Articles and Reviews of Evelyn Waugh* (London: Methuen, 1983), pp. 300-304.
5. 에드워드 색크빌 웨스트(Edward Sackville-West)에게 보낸 편지. Michael de-la-Noy, *Eddy: The Life of Edward Sackville-West* (London: Bodley Head, 1988), 237에서 인용.
6. *Surprised by Joy*, p. 249.
7. 앞의 책
8. 앞의 책, p. 248.
9. *Allegory of Love*, p. 142.
10. *The Discarded Image*, p. 206.
11. *Surprised by Joy*, pp. 252-260.
12. Henri Poincare, *Science and Method* (London: Nelson, 1914), p. 129.
13. *Surprised by Joy*, p. 197.
14. 앞의 책, pp. 260-261.
15. 이것과 관련된 문제는 McGrath, "The Enigma of Autobiography: Critical Reflections on Surprised by Joy," in *The Intellectual World of C. S. Lewis*, pp. 7-29 참조.
16. *Surprised by Joy*, p. 264.
17. 1920년 9월 25일자 Leo Baker에게 보낸 편지. *Letters*, vol. 1, p. 509.
18. *Surprised by Joy*, p. 265.
19. 앞의 책, p. 261.
20. 앞의 책, p. 265. 이 '현실과의 협약'에 대한 추가적인 논평을 보려면 McGrath, "The 'New Look': Lewis's Philosophical Context at Oxford in the 1920s," in *The Intellectual World of C. S. Lewis*, pp. 39-42 참조..
21. 앞의 책, p. 266.
22. 앞의 책, p. 271.
23. 1935년 4월 26일자 폴 엘머 모어(Paul Elmer More)가 루이스에게 보낸 편지. *Letters*, vol. 2, 164 n. 37에 인용.
24. *Surprised by Joy*, p. 272.
25. 앞의 책, p. 270.
26. 앞의 책
27. 1957년 4월 21일자 로렌스 크릭(Laurence Krieg)에게 보낸 편지. *Letters*, vol. 3, p. 848.
28. W. H. Lewis, "C. S. Lewis: A Biography," p. 43.
29. *Surprised by Joy*, x.
30. 이 날짜들은 이 시기의 대학 공식 간행물로 확인했다. Oxford University Calendar, 1928 (Oxford: Oxford University Press, 1928), xx.xxii; Oxford University Calendar, 1929 (Oxford: Oxford University Press, 1929), viii.x 참조. 루이스가 개별지도 수업과 강의가 이루어지는 8주 기간을 늘 '온 학기'(Full Term)라고 부르는 것을 주목하라.
31. 1931년 9월 22일자 아서 그리브즈에게 보낸 편지. *Letters*, vol. 1, pp. 969-972.
32. 1930년 2월 3(?)일자 오언 바필드에게 보낸 편지. *Letters*, vol. 1, pp. 882-883.
33. *Surprised by Joy*, p. 268.
34. Owen Barfield, in Poe, *C. S. Lewis Remembered*, p. 25-35.
35. 1930년 10월 29일자 아서 그리브즈에게 보낸 편지. *Letters*, vol. 1, p. 942.
36. *Surprised by Joy*, p. 267.

37. 앞의 책, p. 268.
38. 이 점에 대해 루이스와 프로이트를 비교한 매력적인 책으로는 Nicholi, The Question of God 참조. (『루이스 vs. 프로이트』홍성사)
39. *Surprised by Joy*, p. 265.
40. 앞의 책, p. 270.
41. 1931년 9월 22일자 아서 그리브즈에게 보낸 편지. *Letters*, vol. 1, pp. 969-972.
42. 루이스는 나중에 이 대화를 회상할 때 그리스도와 니고데모가 밤에 나눈 대화(요한복음 3장)를 떠올린 것 같다.
43. 1931년 10월 1일과 18일자 아서 그리브즈에게 보낸 편지. *Letters*, vol. 1, pp. 972-977.
44. 1931년 10월 1일자 아서 그리브즈에게 보낸 편지. *Letters*, vol. 1, p. 974.
45. 1931년 10월 18일자 아서 그리브즈에게 보낸 편지. *Letters*, vol. 1, p. 976.
46. 앞의 책, p. 977.
47. *Miracles*, p. 218. 이 개념의 중요성을 알고 싶으면 McGrath, "A Gleam of Divine Truth: The Concept of 'Myth' in Lewis's Thought," in *The Intellectual World of C. S. Lewis*, pp. 55-81 참조.
48. "Myth Became Fact," in *Essay Collection*, p. 142.
49. J. R. R. Tolkien, *The Silmarillion* (London: Allen & Unwin, 1977), p. 41.
50. *Surprised by Joy*, p. 267.
51. 앞의 책, p. 275. 옥스퍼드에서 80킬로미터 떨어진 베드퍼셔의 던스터블 근처에 있는 윕스네이드 동물원은 1931년 5월에 문을 열었다.
52. 예를 들면 Downing, *Most Reluctant Convert*, p. 155 참조. (『반항적인 회심자 C. S. 루이스』IVP)
53. W. H. Lewis, "Memoir of C. S. Lewis," p. 19.
54. Holmer, *C. S. Lewis: The Shape of His Faith and Thought*, pp. 22-45.
55. 예를 들어, 1931년 10월 24일자 워렌 루이스에게 보낸 편지. *Letters*, vol. 2, pp. 1-11. 이 편지를 보면 루이스가 아직 몇몇 신학적 문제들을 해결하지 못했음을 알 수 있다.
56. 1931년 10월 24일자 워렌 루이스에게 보낸 편지. *Letters*, vol. 2, p. 2. 와니는 1931년 10월에 마지막 임무 수행을 위해 잉글랜드를 떠났다가 11월 17일에 상하이에 도착했다.
57. W. H. Lewis, "Memoir of C. S. Lewis," p. 19.
58. *Surprised by Joy*, p. 276.
59. 1960년경 이후 스페인산 블루벨(Hyacinthoides hispanica)이 잉글랜드에 점점 많이 퍼졌다. 루이스가 가리키는 블루벨은 전통 잉글랜드 블루벨이 분명하다.
60. ZSL Whipsnade Zoo, "Beautiful Bluebells," 2004년 5월 17일자 보도자료.
61. *Surprised by Joy*, p. 6.
62. 포스터(E. M. Forster)의 고전 *Room with a View*(1908)의 앞부분에 나오는 수레국화 테마에 주목하라.
63. 1932년 6월 14일자 워렌 루이스에게 보낸 편지 참조. *Letters*, vol. 2, p. 84.
64. 1931년 12월 25일자 워렌 루이스에게 보낸 편지. *Letters*, vol. 2, p. 30.
65. 교회의 이름은 그것이 위치한 거리 이름에서 따왔는데, 이 교회는 더 이상 존재하지 않는다. '버블링웰' 거리는 1945년에 '난징시루'(南京西路)라고 이름이 바뀌었다.
66. *The Pilgrim's Regress*, p. 5.

7
학자: 문학연구와 문학비평(1933-1939)

1. 1933년 2월 4일자 아서 그리브즈에게 보낸 편지. *Letters*, vol. 2, p. 95.
2. 1933년 12월 12일자 아서 그리브즈에게 보낸 편지. *Letters*, vol. 2, p. 125.
3. 1931년 11월 22일자 워렌 루이스에게 보낸 편지. *Letters*, vol. 2, pp. 14-16.
4. 1959년 12월 14일자 토마신(Thomasine)에게 보낸 편지. *Letters*, vol. 3, p. 1109.
5. Sayer, *Jack*, p. 198.
6. Lawlor in Gibb, *Light on C. S. Lewis*, pp. 71-73. 보다 자세한 내용은 Lawlor, *C. S. Lewis: Memories and Reflections* 참조. 롤러는 나중에 킬 대학(University of Keele)의 영어영문학 정교수가 되었다.
7. John Wain in Gibb, *Light on C. S. Lewis*, p. 72.
8. Wain, *Sprightly Running*, p. 138.
9. Hooper, *C. S. Lewis: A Companion and Guide*, p. 42.
10. 1954년 8월 14일자 신시아 도넬리(Cynthia Donnelly)에게 보낸 편지. *Letters*, vol. 3, p. 503.
11. Wilson, *C. S. Lewis: A Biography*, p. 161.
12. 1924년 8월 28일자 알버트 루이스에게 보낸 편지. *Letters*, vol. 1, p. 633.
13. 루이스에 대해 이런 이미지를 사용한 것은 John Wain, in Roma Gill(ed.), *William Empson* (London: Routledge, 1977), p. 117.
14. Oxford University Calendar 1935 (Oxford: Oxford University Press, 1935), p. 12에 실린 "faculty lecturer lists" 참조.
15. Oxford University Calendar 1936 (Oxford: Oxford University Press, 1936), p. 423 n. 9.
16. *The Discarded Image*, p. 216.
17. *The Four Loves*, p. 166.
18. 1933년 1월 17일자 가이 포콕(Guy Pocock)에게 보낸 편지. *Letters*, vol. 2, p. 94.
19. *The Pilgrim's Regress*, p. 5.
20. 앞의 책, p. 5.
21. "The Vision of John Bunyan," in *Selected Literary Essays*, p. 149.
22. *Poems*, p. 81.
23. *Pilgrim's Regress*, pp. 11-12.
24. 앞의 책, p. 8.
25. 앞의 책, p. 10.
26. 루이스가 진행한 갈망과 동경의 의미에 대한 탐색을 보려면 McGrath, "Arrows of Joy: Lewis's Argument from Desire," in *The Intellectual World of C. S. Lewis*, pp. 105-128 참조.
27. *The Pilgrim's Regress*, p. 10.
28. 앞의 책, p. 177.
29. 사도행전 9:9-19, 고린도후서 3:13-16.
30. 1931년 11월 22일자 워렌 루이스에게 보낸 편지. *Letters*, vol. 2, 16.
31. 톨킨은 1945년 1월 30일자 크리스토퍼 톨킨에게 보낸 편지에서 이런 언급을 한다. Tolkien, *Letters*, p. 108.
32. 1933년 2월 4일자 아서 그리브즈에게 보낸 편지. *Letters*, vol. 2, p. 96.

33. 내가 볼 때 와니의 최고의 책은 다음 두 권이다. *The Splendid Century: Some Aspects of French Life in the Reign of Louis XIV* (1953)와 *Levantine Adventurer: The Travels and Missions of the Chevalier d'Arvieux, 1653-1697* (1962).
34. 1967년 9월 11일자 J. R. R. 톨킨이 W. L. 화이트에게 보낸 편지. Tolkien, *Letters*, p. 388.
35. Williams, *To Michal from Serge*, p. 227.
36. 1967년 9월 11일자 J. R. R. 톨킨이 W. L. 화이트에게 보낸 편지. Tolkien, *Letters*, p. 388.
37. 1936년 3월 11일자 찰스 윌리엄스(Charles Williams)에게 보낸 편지. *Letters*, vol. 2, p. 183.
38. 1934년 11월 16일자 자넷 스펜스(Janet Spens)에게 보낸 편지. *Letters*, vol. 2, pp. 147-149.
39. Owen Barfield; J. A. W. Bennett; David Cecil; Nevill Coghill; James Dundas-Grant; Hugo Dyson; Adam Fox; Colin Hardie; Robert E. Havard; C. S. Lewis; Warren Lewis; Gervase Mathew; R. B. McCallum; C. E. Stevens; Christopher Tolkien; J. R. R. Tolkien; John Wain; Charles Williams; C. L. Wrenn.
40. 1938년 6월 4일자 톨킨이 스탠리 언윈(Stanley Unwin)에게 보낸 편지. Tolkien, *Letters*, p. 36. 여기서 톨킨이 잉클링즈를 가리킨 것인지, 주로 영문학부 정치를 다룬 관련 그룹 '케이브'(The Cave)를 가리킨 것인지는 분명하지 않다. '케이브'에 대한 내용은 1940년 3월 17일자 루이스가 워렌 루이스에게 보낸 편지 참조. *Letters*, vol. 2, p. 365.
41. Wain, *Sprightly Running*, p. 185.
42. 1935년 4월 28일자 리오 베이커(Leo Baker)에게 보낸 편지. *Letters*, vol. 2, p. 161.
43. 1928년 7월 10일자 알버트 루이스에게 보낸 편지. *Letters*, vol. 1, pp. 766-767.
44. 클레런던 출판사(The Clarendon Press)는 옥스퍼드 대학 출판부의 자회사이다.
45. 1933년 2월 27일자 가이 포콕에게 보낸 편지. *Letters*, vol. 2, p. 98.
46. Bodleian Library, Oxford, MS. Eng. c. 6825, fols. 48-49.
47. *Allegory of Love*, p. 1.
48. 앞의 책, p. 2. courtly love(궁정풍 연애)라는 표현은 프로방스어 *fin'amors*에서 빈약하게나마 어원을 추정할 수 있는 프랑스어 *amour courtois*에 대한 전통적인 영어번역어이다.
49. 예를 들어 John C. Moore, "'Courtly Love': A Problem of Terminology," *Journal of the History of Ideas 40*, no. 4 (1979): pp. 621-632 참조.
50. 예를 들어 C. Stephen Jaeger, *The Origins of Courtliness: Civilizing Trends and the Formation of Courtly Ideals*, pp. 937-1210 (Philadelphia: University of Pennsylvania Press, 1991) 참조.
51. David Hill Radcliffe, *Edmund Spenser: A Reception History* (Columbia, SC: Camden House, 1996), p. 168.
52. Oxford University Calendar 1938 (Oxford: Oxford University Press, 1938), 460 n. 12.
53. Gardner, "Clive Staples Lewis, 1898-1963," p. 423.
54. 루이스의 Rehabilitations 참조. 루이스는 여기서 여러 개별 저자와 학파들을 되살리려 드는데, 셰익스피어와 밀턴의 문체상의 차이에 대해 특히 흥미로운 평가를 내놓는다.
55. "On the Reading of Old Books," in *Essay Collection*, p. 439.
56. 앞의 책, p. 440.
57. 앞의 책, p. 439.
58. "Learning in War-Time," in *Essay Collection*, p. 584.
59. "De Descriptione Temporum," in *Selected Literary Essays*, p. 13.
60. "De Audiendis Poetis," in *Studies in Medieval and Renaissance Literature*, pp. 2-3.
61. *Experiment in Criticism*, pp. 140-141.
62. 앞의 책, 137.

63. Ralph Waldo Emerson, *Essays and Lectures* (New York: Library of America, 1983), p. 259.
64. *Experiment in Criticism*, p. 85.
65. *The Personal Heresy*, p. 11.

8

전국적 찬사: 전시(戰時)의 변증가(1939-1942)

1. 현재 "Learning in War-Time"이라는 제목으로 알려진 이 설교는 *Essay Collection*, pp. 579-586에 실려 있다. p. 586에서 인용.
2. 1939년 9월 2일자 워렌 루이스에게 보낸 편지. *Letters*, vol. 2, pp. 270-271.
3. 1940년 12월 27일자 아서 그리브즈에게 보낸 편지. *Letters*, vol. 3, p. 1538.
4. 1940년 8월 11일자 워렌 루이스에게 보낸 편지. *Letters*, vol. 2, p. 433.
5. 1939년 11월 24일자 워렌 루이스에게 보낸 편지. *Letters*, vol. 2, p. 296.
6. 1964년 7월 16일자 J. R. R. 톨킨이 크리스토퍼 브레더튼(Christopher Bretherton)에게 보낸 편지. Tolkien, *Letters*, p. 349.
7. 1940년 12월 27일자 아서 그리브즈에게 보낸 편지. *Letters*, vol. 3, p. 1538.
8. 1939년 11월 11일자 워렌 루이스에게 보낸 편지. *Letters*, vol. 2, p. 287.
9. 앞의 책, pp. 288-289.
10. Williams, *To Michal from Serge*, p. 253.
11. 1965년 9월 12일자 J. R. R. 톨킨이 레이너 언윈(Rayner Unwin)에게 보낸 편지. Tolkien, *Letters*, 362. 『반지원정대』가 출간되었던 1954년에도 톨킨은 비슷한 주장을 한 바 있다. 1954년 9월 9일자 J. R. R. 톨킨이 레이너 언윈에게 보낸 편지. Tolkien, *Letters*, p. 184. 이 두 편지가 톨킨과 루이스의 우정이 식어 버린 시점에 톨킨이 쓴 것이라는 점은 루이스의 역할에 대한 적극적인 인정을 더욱 의미 있게 해준다.
12. 1939년 12월 3일자 워렌 루이스에게 보낸 편지. *Letters*, vol. 2, p. 302.
13. 1944년 5월 31일자 J. R. R. 톨킨이 크리스토퍼 톨킨에게 보낸 편지. Tolkien, *Letters*, p. 83.
14. *The Problem of Pain*, p. 91.
15. "On Science Fiction," in *Essay Collection*, p. 451.
16. *The Problem of Pain*, p. 3.
17. 앞의 책, p. 16.
18. 앞의 책, p. 39.
19. 앞의 책, p. 80.
20. 1939년 12월 3일자 워렌 루이스에게 보낸 편지. *Letters*, vol. 2, p. 302. 강조 원문.
21. 1930년 4월 3일자 아서 그리브즈에게 보낸 편지. *Letters*, vol. 1, p. 889.
22. 루이스는 애덤스(Adams)를 그가 가르쳤던 메리 네일란(Mary Neylan, 1908-1997)에게 보낸 편지에서 주로 다룬다. 루이스는 네일란의 딸 새라(Sarah)의 대부였다.
23. 1940년 10월 24일자 페넬로피 수녀(Sister Penelope)에게 보낸 편지. *Letters*, vol. 2, p. 452.
24. 1954년 3월 31일자 메리 윌리스 셸번(Mary Willis Shelburne)에게 보낸 편지. *Letters*, vol. 3, p. 449.
25. 최고의 연구서는 Dorsett, *Seeking the Secret Place*, pp. 85-107. (『C. S. 루이스의 영성』 진흥)
26. 1941년 4월 30일자 메리 네일란에게 보낸 편지. *Letters*, vol. 2, p. 482.

27. BBC는 1939년에 지역라디오 방송을 중단하고 1946년에 재개했다.
28. Wolfe, *The Churches and the British Broadcasting Corporation 1922-1956* 참조.
29. Justin Phillips, *C. S. Lewis at the BBC* (New York: HarperCollins, 2002), pp. 77-94 참조.
30. BBC와 루이스가 주고받은 모든 편지는 BBC Written Archives Centre [WAC], Caversham Park에 보관되어 있다. 1941년 2월 7일자 제임스 웰치(James Welch)가 루이스에게 보낸 편지, file 910/TAL 1a, BBC Written Archives Centre, Caversham Park.
31. 1941년 2월 10일자 제임스 웰치에게 보낸 편지. *Letters*, vol. 2, p. 470.
32. 1941년 2월 11일자 에릭 펜(Eric Fenn)이 루이스에게 보낸 편지, 910/TAL 1a, BBC Written Archives Centre, Caversham Park.
33. 1941년 5월 15일자 페넬로피 수녀에게 보낸 편지. *Letters*, vol. 2, p. 485.
34. "Christian Apologetics," in *Essay Collection*, p. 153.
35. 앞의 책, p. 155.
36. 1941년 2월 21일자 에릭 펜이 루이스에게 보낸 편지, 910/TAL 1a, BBC Written Archives Centre, Caversham Park.
37. 1941년 5월 15일자 페넬로피 수녀에게 보낸 편지. *Letters*, vol. 2, pp. 484-485.
38. 1941년 5월 25일자 아서 그리브즈에게 보낸 편지. *Letters*, vol. 2, p. 486.
39. 1944년 3월 13일자 엔소르(J. S. A. Ensor)에게 보낸 편지. *Letters*, vol. 2, p. 606.
40. 1941년 5월 13일자 에릭 펜이 루이스에게 보낸 편지, 910/TAL 1a, BBC Written Archives Centre, Caversham Park.
41. 1941년 6월 9일자 에릭 펜이 루이스에게 보낸 편지, 910/TAL 1a, BBC Written Archives Centre, Caversham Park.
42. 1941년 6월 24일자 에릭 펜이 루이스에게 보낸 편지, 910/TAL 1a, BBC Written Archives Centre, Caversham Park.
43. Internal Circulating Memo HG/PVH, 15 July 1941, file 910/TAL 1a, BBC Written Archives Centre, Caversham Park.
44. 1941년 7월 22일자 에릭 펜이 루이스에게 보낸 편지, file 910/TAL 1a, BBC Written Archives Centre, Caversham Park.
45. 1941년 9월 4일자 에릭 펜이 루이스에게 보낸 편지, file 910/TAL 1a, BBC Written Archives Centre, Caversham Park.
46. 1941년 12월 5일자 에릭 펜이 루이스에게 보낸 편지, file 910/TAL 1a, BBC Written Archives Centre, Caversham Park.
47. *Miracles*, p. 218. 이 개념의 중요성을 살펴보기 원한다면 McGrath, "A 'Mere Christian': Anglicanism and Lewis's Religious Identity," in *The Intellectual World of C. S. Lewis*, pp. 147-161 참조.
48. 이 점을 보다 자세히 살피고 싶다면 Wolfe and Wolfe, *C. S. Lewis and the Church* 참조.
49. *Broadcast Talks* p. 5.
50. 1942년 2월 18일자 에릭 펜이 루이스에게 보낸 편지, file 910/TAL 1a, BBC Written Archives Centre, Caversham Park.
51. 1942년 9월 15일자 에릭 펜이 루이스에게 보낸 편지, file 910/TAL 1a, BBC Written Archives Centre, Caversham Park.
52. 1944년 3월 25일자 에릭 펜에게 보낸 편지. *Letters*, vol. 2, p. 609.

9

국제적인 명성: 순전한 그리스도인(1942-1945)

1. 1940년 7월 20일자 워렌 루이스에게 보낸 편지. *Letters*, vol. 2, p. 426.
2. 이 내용은 루이스가 1960년 5월, 나중에 나온 이 작품의 판본에 붙인 서문에서 볼 수 있다. 이 서문에서 그는 『스크루테이프의 편지』의 창작에 대해 좀 더 설명하고 있다. *The Screwtape Letters and Screwtape Proposes a Toast* (London: Geoffrey Bles, 1961), xxi.
3. *The Screwtape Letters*, p. 88.
4. 1963(?)년 11월자 J. R. R. 톨킨이 마이클 톨킨(Michael Tolkien)에게 보낸 편지. Tolkien, *Letters*, p. 342.
5. 1943년 7월 24일자 올리버 퀴크(Oliver Quick)가 윌리엄 템플(William Temple)에게 보낸 편지. William Temple Papers, vol. 39, p. 269 이하. Lambeth Palace Library. 루이스의 신학 접근방식의 중요성에 대해서는 McGrath, "Outside the 'Inner Ring': Lewis as a Theologian," in *The Intellectual World of C. S. Lewis*, pp. 163-183 참조.
6. 1948년 6월 16일자 릴리안 랭(Lillian Lang)이 워렌 매컬파인(J. Warren MacAlpine)에게 보낸 편지, file 910/TAL 1b, BBC Written Archives Centre, Caversham Park.
7. "On the Reading of Old Books," in *Essay Collection*, p. 439.
8. Richard Baxter, *The Church History of the Government by Bishops* (London: Thomas Simmons, 1681), folio b.
9. *English Literature in the Sixteenth Century*, p. 454.
10. *Mere Christianity*, pp. 11-12. 자세한 내용은 McGrath, "A 'Mere Christian': Anglicanism and Lewis's Religious Identity," in *The Intellectual World of C. S. Lewis*, pp. 147-161 참조.
11. W. R. Inge, *Protestantism* (London: Nelson, 1936), p. 86 (Wade Center, Wheaton College, Wheaton, IL).
12. 충실한 분석이 보고 싶다면 Giles Watson, "Dorothy L. Sayers and the Oecumenical Penguin" 참조.
13. Farrer, "The Christian Apologist," in Gibb, *Light on C. S. Lewis*, p. 37. 루이스의 변증론 접근방식에 대한 보다 자세한 논의를 보려면 McGrath, "Reason, Experience, and Imagination: Lewis's Apologetic Method," in *The Intellectual World of C. S. Lewis*, pp. 129-146 참조.
14. *Mere Christianity*, p. 21.
15. 앞의 책, p. 24.
16. 앞의 책, p. 8.
17. 앞의 책, p. 25.
18. 앞의 책, p. 135.
19. 앞의 책, p. 137. 이런 논증방식에 대한 꼼꼼한 평가를 보려면 McGrath, "Arrows of Joy: Lewis's Argument from Desire," in *The Intellectual World of C. S. Lewis*, pp. 103-128 참조.
20. 앞의 책, pp. 136-137.
21. *A Preface to "Paradise Lost,"* p. 80.
22. "Is Theology Poetry?" in *Essay Collection*, p. 21. 루이스의 태양 이미지 사용에 대한 내용은 McGrath, "The Privileging of Vision: Lewis's Metaphors of Light, Sun, and Sight," in *The Intellectual World of C. S. Lewis*, pp. 83-104 참조.
23. 1944년 12월 11월 아서 그리브즈에게 보낸 편지. *Letters*, vol. 3, p. 1555.

24. *Mere Christianity*, p. 52.
25. 앞의 책, p. 123.
26. 이 문제에 대한 루이스의 견해는 *Mere Christianity*, pp. 104-113에서 볼 수 있다.
27. 루이스의 소책자 『그리스도인의 행동』에 끼워져 있다가 발견된 이 편지는 톨킨의 간행된 서간집에 들어 있다. Tolkien, *Letters*, pp. 59-62.
28. 1941년 10월자 루이스가 엠리스 에반스(Emrys Evans, University College of North Wales 총장)에게 보낸 편지. *Letters*, vol. 2, p. 494.
29. *A Preface to "Paradise Lost"* p. 1.
30. 앞의 책, pp. 62-63.
31. 더럼 대학(University of Durham)의 뉴캐슬(Newcastle) 캠퍼스는 1963년에 공식적으로 독자적인 대학이 되었고, 리델 기념강연의 소유권도 새로 만들어진 뉴캐슬 대학(University of Newcastle)으로 넘어갔다.
32. *The Abolition of Man*, p. 18.
33. 앞의 책, pp. 1-4.
34. 앞의 책, p. 18.
35. 최고의 연구서는 Lucas, "The Restoration of Man."
36. 1945년 2월 2일자 조지 매컬리 트리벨리언(George Macaulay Trevelyan)이 루이스에게 보낸 편지, MS Eng. c. 6825, p. 602 이하, Bodleian Library, Oxford.
37. 1944년 4월 13일자 J. R. R. 톨킨이 크리스토퍼 톨킨에게 보낸 편지. Tolkien, *Letters*, p. 71.
38. 예를 들어 Pearce, *C. S. Lewis and the Catholic Church*, pp. 107-112.
39. *Surprised by Joy*, p. 38.
40. "On Science Fiction," in *Essay Collection*, pp. 456-457.
41. 앞의 책, p. 459.
42. 1938년 12월 28일자 로저 랜슬린 그린(Roger Lancelyn Green)에게 보낸 편지. *Letters*, vol. 2, pp. 236-237.
43. Haldane, *Possible Worlds*, pp. 190-197.
44. 보다 자세한 내용은 Harry Bruinius, *Better For All the World: The Secret History of Forced Sterilization and America's Quest for Racial Purity* (New York: Knopf, 2006) 참조.
45. "Vivisection," in *Essay Collection*, pp. 693-697.
46. 앞의 책, p. 696.
47. 앞의 책, p. 695.

10

존경받지 못하는 예언자?: 전후(戰後)의 긴장과 문제들(1945-1954)

1. "Religion: Don v. Devil," *Time*, 8 September 1947.
2. 1944년 3월 1일자 J. R. R. 톨킨이 크리스토퍼 톨킨에게 보낸 편지. Tolkien, *Letters*, p. 68.
3. 루이스는 집 전화번호 Oxford 6963을 숨기려는 시도를 딱히 하지 않았다.
4. 1966년 5월 10일자 J. R. R. 톨킨이 조이 힐(Joy Hill)에게 보낸 편지. Tolkien, *Letters*, pp. 368-369.

5. 1944년 10월 28일자 J. R. R. 톨킨이 크리스토퍼 톨킨에게 보낸 편지. Tolkien, *Letters*, p. 102.
6. 1954년 9월 9일자 J. R. R. 톨킨이 레이너 언윈에게 보낸 편지. Tolkien, *Letters*, p. 184.
7. MS RSL E2, C. S. Lewis file, Cambridge University Library.
8. A. N. Wilson, *Lewis: A Biography*, p. 191.
9. 1946년 4월 17일자 질 플레윗(Jill Flewett)에게 보낸 편지. *Letters*, vol. 2, p. 706.
10. 1947년 3월 9일자 로드 솔즈베리(Lord Salisbury)에게 보낸 편지. *Letters*, vol. 2, p. 766.
11. 1949년 4월 4일자 오언 바필드에게 보낸 편지. *Letters*, vol. 2, p. 929.
12. 1949년 7월 2일자 아서 그리브즈에게 보낸 편지. *Letters*, vol. 2, p. 952.
13. 1949년 10월 27일자 J. R. R. 톨킨에게 보낸 편지. *Letters*, vol. 2, pp. 990-991.
14. 1951년 9월 13일자 조반니 칼라브리아(Don Giovanni Calabria)에게 보낸 편지. *Letters*, vol. 3, p. 136. 루이스의 라틴어를 내가 번역한 것이다.
15. 1951년 12월 4일자 수상비서에게 보낸 편지. *Letters*, vol. 3, p. 147. 영국 국무조정실은 2012년 1월 26일자 '정보의 자유' 요청을 받고 이 정보를 최종 확인해 주었다.
16. Tolkien, *Letters*, pp. 125-129.
17. Stella Aldwinckle, OH/SR-1, fol. 9, Wade Center Oral History Collection, Wheaton College, Wheaton, IL.
18. Per. 267 e.20, no. 1, fol. 4, Bodleian Library, Oxford.
19. Stella Aldwinckle Papers, 8/380; Wade Center, Wheaton College, Wheaton, IL.
20. "Evil and God," in *Essay Collection*, p. 93.
21. J. B. S. Haldane, "When I Am Dead," in *Possible Worlds and Other Essays* (London: Chatto and Windus, 1927), p. 209.
22. 초판에는 이 결론이 이탤릭체로 인쇄되어 있었다. C. S. Lewis, *Miracles* (London: Geoffrey Bles, 1947), p. 27.
23. 그녀가 루이스를 비판한 내용은 *Socratic Digest* 4 (1948): pp. 7-15에서 볼 수 있다. 이 텍스트는 나중에 다음 글에 다시 실렸다. *The Collected Philosophical Papers of G. E. M. Anscombe*, vol. 2 (Oxford: Blackwell, 1981), pp. 224-232.
24. A. N. Wilson, *C. S. Lewis: A Biography*, p. 220.
25. John Lucas, 2010년 10월 14일자 저자와의 개인 교신 루카스(Lucas, 1929년생)는 앤스콤 토론 당시 베일리얼 칼리지(Balliol College)에서 리테라이 후마니오레스(*Literae Humaniores*)를 공부하고 있었다.
26. "Christian Apologetics," in *Essay Collection*, p. 159.
27. 1956년 6월 18일자 Mary van Deusen에게 보낸 편지. *Letters*, vol. 3, p. 762.
28. 이 책의 이탈리아 번역본의 제목은 *Le Lettere di Berlicche*이었다. 이 책의 두 주인공 스크루테이프(Screwtape)와 웜우드(Wormwood)에는 Berlicche와 Malacoda라는 다른 이름이 붙었다.
29. 이들이 주고받은 서신에 대한 최고의 연구서는 Dal Corso, *Il Servo di Dio*, pp. 78-83이다.
30. 1949년 1월 14일자 조반니 칼라브리아에게 보낸 편지[라틴어. 내 번역]. *Letters*, vol. 2, p. 905. 루이스는 단테의 이탈리아어를 읽을 수 있었지만, 흥미롭게도 그는 조반니에게 편지를 쓸 때 이 언어를 쓰지 않았다.
31. 1951년 7월 10일자 로버트 C. 월턴(Robert C. Walton)에게 보낸 편지. *Letters*, vol. 3, p. 129.
32. 1950년 6월 12일자 스텔라 올드윙클(Stella Aldwinckle)에게 보낸 편지. *Letters*, vol. 3, pp. 33-35.
33. 1955년 9월 28일자 칼 헨리(Carl F. H. Henry)에게 보낸 편지. *Letters*, vol. 3, p. 651. 루이스의 변증론 접근방식에 대해서는 McGrath, "Reason, Experience, and Imagination: Lewis's Apologetic Method," in *The Intellectual World of C. S. Lewis*, pp. 129-146 참조.

11

현실의 재배치: 나니아의 창조

1. "C. S. Lewis's Handwriting Analysed," *Times*, 2008년 2월 27일 발행. 루이스는 진짜 '모종의 정원창고'를 갖고 있었다. 그의 에세이 "Meditation in a Toolshed(공구실에서 한 생각)," in *Essay Collection*, pp. 607-610. (『피고석의 하나님』 홍성사)
2. 1940년 9월 25일자 엘리자 메리언 버틀러(Eliza Marian Butler)에게 보낸 편지. *Letters*, vol. 2, pp. 444-446.
3. 1955년 6월 7일자 J. R. R. 톨킨이 오든(W. H. Auden)에게 보낸 편지. Tolkien, *Letters*, p. 215.
4. *Miracles*, p. 44.
5. 1943년 2월 20일자 페넬로피 수녀에게 보낸 편지. *Letters*, vol. 2, p. 555. 루이스가 사용한 그리스어 어구 *ex hypokeimenōn*(*Letters*의 편집자가 잘못 옮긴)은 문자 그대로 하면 "쉽게 구할 수 있는 것들 중에서"라는 뜻이지만, "근저에 깔린 실재들 중에서"라는 뜻으로 이해하는 것이 더 낫다.
6. 이 기억은 날짜가 밝혀져 있지 않지만 모린이 레너드 블레이크와 결혼한 1940년 8월 27일 이전에 벌어진 일이 분명하다. 모린은 결혼과 동시에 킬른스에서 나갔기 때문이다.
7. Lady Maureen Dunbar, OH/SR-8, fol. 35, Wade Center Oral History Collection, Wheaton College, Wheaton, IL.
8. Green and Hooper, *Lewis: A Biography*, pp. 305-306.
9. 아이들의 성(姓)이 "페번시"(Pevensie)라는 것은 나중에 알게 된다. 이것은 『사자와 마녀와 옷장』에는 나오지 않고, 시리즈의 뒤에 있는 책 『새벽 출정호의 항해』에 가서야 등장한다.
10. *The Lion, the Witch and the Wardrobe*, p. 11.
11. *A Preface to "Paradise Lost,"* v.
12. "On Three Ways of Writing for Children," in *Essay Collection*, p. 512.
13. *Surprised by Joy*, 14.
14. E. Nesbit, *The Enchanted Castle* (London: Fisher Unwin, 1907), p. 250.
15. E. Nesbit, *The Magic World* (London: Macmillan, 1924), pp. 224-225.
16. 1949년 3월 16일자 J. R. R. 톨킨이 앨런과 언윈에게 보낸 편지. Tolkien, *Letters*, p. 133.
17. 1957년 5월 4일자 폴린 베인즈(Pauline Baynes)에게 보낸 편지. *Letters*, vol. 3, p. 850.
18. 하퍼콜린스(HarperCollins) 출판사의 진술은 루이스가 로렌스 크릭에게 보낸 1957년 4월 21일자 편지 내용에 근거하고 있지만, 그 편지의 핵심 내용을 정확하게 요약하지 못하고 있다. *Letters*, vol. 3, pp. 847-848. 이 편지에 적힌 루이스의 언급의 잠정적인 어조, 특히 "어떤 순서로 읽건 별로 중요하지 않다고 본다"는 그의 의미심장한 발언을 제대로 헤아리는 것이 중요하다.
19. "On Criticism," in *Essay Collection*, pp. 543-544.
20. 앞의 책, p. 550.
21. *The Lion, the Witch, and the Wardrobe*, p. 67.
22. 좋은 사례로는 Jack R. Lundbom, "The Inclusio and Other Framing Devices in Deuteronomy I.XXVIII," *Vetus Testamentum* 46 (1996): pp. 296-315 참조.
23. "Vivisection," in *Essay Collection*, pp. 693-697.
24. 앞의 책, pp. 695-696.
25. 앞의 책, p. 695.

26. "On Three Ways of Writing for Children," in *Essay Collection*, p. 511.
27. "Is Theology Poetry?" in *Essay Collection*, p. 21.
28. "The Hobbit," in *Essay Collection*, p. 485. Williams, *The Lion's World*, pp. 11-29도 참조.
29. "On Criticism," in *Essay Collection*, p. 550.
30. 1958년 12월 29일자 후크 부인(Mrs. Hook)에게 보낸 편지. *Letters*, vol. 3, p. 1004.
31. 1954년 5월 24일자 메릴랜드 주의 어느 5학년 학급에 보낸 편지. *Letters*, vol. 3, p. 480.
32. "Tolkien's The Lord of the Rings," in *Essay Collection*, p. 525.
33. G. K. Chesterton, *The Everlasting Man* (San Francisco: Ignatius Press, 1993), p. 105.
34. *An Experiment in Criticism*, pp. 40-49 참조. 여기에는 신화의 여섯 가지 특징이 나와 있는데, 『나니아 연대기』에서는 이 모든 특징을 다 찾아볼 수 있다. "The Mythopoeic Gift of Rider Haggard," in *Essay Collection*, pp. 559-562도 참조.
35. *An Experiment in Criticism*, pp. 57-73에 루이스 글 참조. Fernandez, *Mythe, Raison Ardente*, pp. 174-389; Williams, *The Lion's World*, pp. 75-96 참조.
36. *An Experiment in Criticism*, p. 45.

12

나니아: 상상의 세계 탐험

1. "그 모두가 하나의 그림과 함께 시작되었다." *Essay Collection*, p. 529.
2. 1952년 1월 22일자 캐롤 젠킨스(Carol Jenkins)에게 보낸 편지. *Letters*, vol. 3, p. 160.
3. *The Lion, the Witch and the Wardrobe*, p. 166.
4. 루이스가 죽기 일 년 전인 1962년에 밝힌 열 권의 책 목록은 1962년 6월 6일 발행된 *Christian Century* 참조.
5. *Surprised by Joy*, p. 274.
6. *The Problem of Pain*, pp. 5-13.
7. Kenneth Grahame, *The Wind in the Willows* (New York: Charles Scribner, 1908), p. 156.
8. 앞의 책, p. 154. 이 대목은 현대에 나온 『버드나무에 부는 바람』의 일부 보급판에서 누락되었다.
9. *The Lion, the Witch and the Wardrobe*, p. 65.
10. 앞의 책
11. "The Weight of Glory," in *Essay Collection*, pp. 98-99.
12. *The Lion, the Witch and the Wardrobe*, p. 75. 탁월한 논의로는 Williams, *The Lion's World*, pp. 49-71 참조.
13. 1916년 10월 21일자 버트런드 러셀(Bertrand Russell)이 콜레트 오닐(Colette O'Niel)에게 보낸 편지. Bertrand Russell, *The Selected Letters of Bertrand Russell*, ed. Nicholas Griffin, vol. 2, The Public Years 1914-1970 (London: Routledge, 2001), p. 85.
14. *The Voyage of the "Dawn Treader"*, p. 188.
15. 영화에 대해서는 Christopher Deacy, "Screen Christologies: Evaluation of the Role of Christ-Figures in Film," *Journal of Contemporary Religion* 14 (1999): pp. 325-338 참조.
16. Mark D. Stucky, "Middle Earth's Messianic Mythology Remixed: Gandalf's Death and Resurrection

in Novel and Film," *Journal of Religion and Popular Culture 13* (2006); Padley and Padley, "From Mirrored Truth the Likeness of the True."

17. *The Problem of Pain*, p. 82.
18. *Broadcast Talks*, p. 52.
19. 앞의 책, pp. 53-54.
20. *The Lion, the Witch and the Wardrobe*, pp. 128-129.
21. 앞의 책, p. 142.
22. 앞의 책, p. 148.
23. 예를 들어 C. William Marx, *The Devil's Rights and the Redemption in the Literature of Medieval England* (Cambridge: D. S. Brewer, 1995); John A. Alford, "Jesus the Jouster: The Christ-Knight and Medieval Theories of Atonement in Piers Plowman and the 'Round Table' Sermons," *Yearbook of Langland Studies* 10 (1996): pp. 129-143 참조.
24. Karl Tamburr, *The Harrowing of Hell in Medieval England* (Cambridge: D. S. Brewer, 2007) 참조.
25. *English Literature in the Sixteenth Century*, p. 380.
26. Ward, *Planet Narnia*, pp. 3-41.
27. 앞의 책, pp. 77-99.
28. *The Last Battle*, p. 160.
29. 앞의 책, p. 159.
30. 앞의 책, p. 160.
31. *The Silver Chair*, pp. 141-142.
32. 앞의 책, p 143.
33. John Ezard, "Narnia Books Attacked as Racist and Sexist," *The Guardian*, 3 June 2002. 풀먼은 수잔의 이름을 구체적으로 거론하지는 않고 나니아 이야기에 나오는 '한 소녀'라고만 썼다.

13

케임브리지 모들린 칼리지로(1954-1960)

1. 1954년 5월 14일자 쉘던 버너컨(Sheldon Vanauken)에게 보낸 편지. *Letters*, vol. 3, p. 473.
2. 우등학위 공부를 하는 학생 수는 Brockliss, *Magdalen College Oxford*, p. 617 참조.
3. 1945년 11월 24일자 제임스 웰치에게 보낸 편지. *Letters*, vol. 2, p. 681.
4. 1944년 12월 11일자 아서 그리브즈에게 보낸 편지 참조. *Letters*, vol. 3, p. 1554.
5. 1945년 8월 29일자 로이 리(Roy S. Lee)가 루이스에게 보낸 편지, file 910/TAL 1b, BBC Written Archives Centre, Caversham Park.
6. Cambridge University Reporter 84, no. 30 (31 March 1954), p. 986. Barbour, "Lewis and Cambridge," pp. 459-465 참조.
7. 톨킨은 루이스와 자신이 소원해진 시기를 이 무렵으로 잡고 있다. 1963(?)년 11일자 J. R. R. 톨킨이 마이클 톨킨에게 보낸 편지. Tolkien, *Letters*, p. 341.
8. 트리니티 칼리지 학장 G. M. 트리벨리언은 케임브리지에 오래 머물렀지만 선출위원회의 투표결과가 만장일치로 나온 것은 이때가 유일했다고 나중에 회상했다. W. H. Lewis, "Mcmoir of C. S. Lewis," p. 22.

9. 1954년 5월 11일자 헨리 윌링크(Henry Willink)가 루이스에게 보낸 편지. Group F, Private Papers, F/CSL/1, Magdalene College, Cambridge.
10. 1954년 5월 12일자 헨리 윌링크에게 보낸 편지. *Letters*, vol. 3, pp. 470-471.
11. 1954년 5월 14일자 헨리 윌링크에게 보낸 편지. Group F, Private Papers, F/CSL/1, Magdalene College, Cambridge.
12. 1954년 5월 17일자 J. R. R. 톨킨이 헨리 윌링크에게 보낸 편지. Group F, Private Papers, F/CSL/1, Magdalene College, Cambridge. 이 편지와 그가 베넷(H. S. Bennett)에게 보낸 편지는 기존에 출간된 톨킨의 서간집에 들어 있지 않다.
13. 협상을 재개하는 5월 19일자 루이스의 편지를 받고 윌링크는 그 편지 첫 쪽에 이렇게 적었다. "나는 5월 18일에 미스 가드너에게 편지를 썼다."
14. 1954년 5월 24일자 헨리 윌링크가 루이스에게 보낸 편지. Group F, Private Papers, F/CSL/1, Magdalene College, Cambridge.
15. 1954년 5월 19일자 배질 윌리(Basil Willey)가 헨리 윌링크에게 보낸 편지. Group F, Private Papers, F/CSL/1, Magdalene College, Cambridge.
16. 가장 뻔한 출처는 가드너의 옥스퍼드 동료 톨킨이 될 것이다. 그러나 톨킨은 1954년 5월 17일에 윌링크에게 보낸 편지에도 베넷에게 보낸 편지에도 이런 취지의 어떤 내용도 적지 않았다.
17. 가드너는 영국학술원을 대표해서 작성한 부고에서 이 사실을 분명히 밝히고 있다. Gardner, "Clive Staples Lewis, 1898-1963." 가드너가 부고에서 언급한 흥미로운 대목들을 이해하려면, 독자는 그녀가 루이스에 이어 [케임브리지 중세 및 르네상스영문학 정교수직의 2순위 후보였다는 점을 알아야 한다.
18. 1954년 6월 3일자 헨리 윌링크가 루이스에게 보낸 편지. Group F, Private Papers, F/CSL/1, Magdalene College, Cambridge. 옥스퍼드의 모들린 칼리지와 케임브리지의 모들린 칼리지 사이의 연결고리는 이미 존재하고 있었다. 두 칼리지의 멤버들이 상대편 칼리지의 저녁만찬에 참석할 권리를 공유한다는 협정에 근거한 '우호적인 합의'가 1931년 3월에 이루어져 있었다. Brockliss, *Magdalen College Oxford*, p. 601.
19. 1954년 6월 4일자 헨리 윌링크에게 보낸 두 통의 편지. 하나는 케임브리지 대학의 부총장 직책의 윌링크에게, 또 한 통은 모들린 칼리지 학장 직책의 윌링크에게 보낸 편지. *Letters*, vol. 3, pp. 483-484. 모들린 칼리지의 공식 역사서는 루이스가 모들린 펠로로 선출된 연도를 1953년으로 잘못 기록하고 있다. Cunich et al., *A History of Magdalene College Cambridge*, p. 258.
20. Brockliss, *Magdalen College Oxford*, p. 593.
21. John Wain, *The Observer*, 22 October 1961, p. 31.
22. 1955년 12월 5일자 에드워드 앨런(Edward A. Allen)에게 보낸 편지. *Letters*, vol. 3, pp. 677-678.
23. Barbara Reynolds, OH/SR-28, fols. 49-50, Wade Center Oral History Collection, Wheaton College, Wheaton, IL.
24. 1945년 3월 3일 크리스토퍼 홀름(Christopher Holme)과 뉴비(P. H. Newby)가 주고받은 메모, file 910/TAL 1b, BBC Written Archives Centre, Caversham Park. 1946년에 설립된 BBC 제3라디오(Third Programme)는 지적이고 문화적인 사안들에 대한 논평을 제공했는데, "두 교수의 대화"로 종종 놀림을 받았다.
25. 1941년 3월 28일자 더글러스 부쉬(Douglas Bush)에게 보낸 편지. *Letters*, vol. 2, p. 475.
26. G. M. Trevelyan, *English Social History: A Survey of Six Centuries from Chaucer to Queen Victoria* (London: Longman, 1944), p. 92.
27. "De Descriptione Temporum," in *Selected Literary Essays*, p. 2.
28. *Reflections on the Psalms*, p. 7.

29. Keith Thomas, "Diary," *London Review of Books* 32, no. 11 (10 June 2010), pp. 36-37.
30. 그녀의 견해를 가장 잘 알 수 있는 자료는 미출간된 그녀의 일기다. MS. Eng. lett. c. 220/3, Bodleian Library, Oxford 참조.
31. 탁월한 연구서로는 King, "The Anatomy of a Friendship" 참조.
32. Sayer, *Jack*, pp. 347-348.
33. 피터는 본인이 루이스가 생각하는 아내감이라는 사실을 전혀 알지 못했다. Ruth Pitter, OH/SR-27, pp. 30 이하, Wade Center Oral History Collection, Wheaton College, Wheaton, IL.
34. Dorsett, *And God Came In*, p. 17.
35. Davidman, "The Longest Way Round," pp. 23-24.
36. *Observer*, 20 September 1998; *Belfast Newsletter*, 12 October 1998.
37. 데이빗먼이 이 무렵에 쓴 편지의 내용이 많은 것을 말해 준다. 특히 프랑스의 왕 루이 14세의 둘째 아내였던 맹트농 부인(Madame de Maintenon, 처녀 성 Francoise d'Aubigné, 1635-1719)에 대한 그녀의 관심이 시사하는 바가 크다. 그녀는 구빈원에서 태어났지만 시인과 결혼하고 마침내 왕과 결혼함으로써 사회적 지위가 극적으로 상승했다. Davidman, *Out of My Bone*, p. 197 참조.
38. 이 문서들에 대한 논의로는 곧 나올 다음 연구서 참조. Don W. King, *Yet One More Spring: A Critical Study of Joy Davidman* (Grand Rapids, MI: Eerdmans, 2013).
39. Dorsett, *And God Came In*, p. 87.
40. Davidman, *Out of My Bone*, p. 139.
41. 외국인등록법(Aliens Order, 1920) 하에 발행된 데이빗먼의 등록증(Certificate of Registration, No. A 607299)은 현재 the Wade Center, Wheaton College, Wheaton, IL: Joy Davidman Papers 1-14에 있다.
42. 일부 문서에는 '아가페 기금'(Agape Fund)으로도 나와 있다. 바필드는 1968년 루이스의 지시에 따라 기금을 다 지출하고 기금을 폐지했다.
43. Ceplair and Englund, *The Inquisition in Hollywood*, pp. 361-397.
44. 1955년 2월 18일자 조슬린 깁(Jocelyn Gibb)이 루이스에게 보낸 편지. MS Facs. B. 90, fol. 2, Bodleian Library, Oxford.
45. Davidman, *Out of My Bone*, p. 242.
46. 1960년 8월 26일자 앤 스콧(Anne Scott)에게 보낸 편지. *Letters*, vol. 3, p. 1181.
47. 1964년 7월 16일자 J. R. R. 톨킨이 크리스토퍼 브레더튼에게 보낸 편지. Tolkien, *Letters*, p. 349.
48. Correspondence, Joy Davidman Papers 1-14, Wade Center, Wheaton College, Wheaton, IL.
49. 1955년 10월 30일자 아서 그리브즈에게 보낸 편지. *Letters*, vol. 3, p. 669.
50. Jacobs, *The Narnian*, p. 275.
51. 루이스가 설번에게 보낸 편지들은 1967년 *Letters to an American Lady* (Grand Rapids, MI: Eerdmans, 1967)로 출간되었다. (『루이스가 메리에게』 홍성사)
52. 1958년 12월 25일자 루이스가 설번에게 보낸 편지. *Letters*, vol. 3, p. 1004. 규제 변화에 대해서는 Paul Addison and Harriet Jones, *A Companion to Contemporary Britain 1939-2000* (Oxford: Blackwell, 2005), p. 465 참조.
53. 1956년 7월 9일자 루스 피터(Ruth Pitter)에게 보낸 편지. *Letters*, vol. 3, p. 769.
54. 1956년 7월 14일자 루스 피터에게 보낸 편지. *Letters*, vol. 3, p. 771.
55. 무어 부인의 유언은 1951년 7월 16일 Barfield & Barfield Solicitors에서 집행했다.
56. A. N. Wilson, *C. S. Lewis: A Biography*, p. 266.
57. R. E. Head, OH/SR-15, fols. 14-15, Wade Center Oral History Collection, Wheaton College, Wheaton, IL.

58. 톨킨은 1944년 4월 1일자 아들 크리스토퍼에게 쓴 편지에서 하버드를 그렇게 불렀다. Tolkien, *Letters*, p. 71.
59. 1957년 6월 25일자 도로시 세이어즈(Dorothy L. Sayers)에게 보낸 편지. *Letters*, vol. 3, pp. 861-862. 이 무렵 집필된 루이스의 『네 가지 사랑』은 이 주제를 보다 자세히 살핀다.
60. 1956년 11월 16일자 셜번에게 보낸 편지. *Letters*, vol. 3, p. 808.
61. 1956년 11월 25일자 아서 그리브즈에게 보낸 편지. *Letters*, vol. 3, p. 812.
62. 1956년 10월 25일자 캐서린 파러(Katharine Farrer)에게 보낸 편지. *Letters*, vol. 3, p. 801.
63. 이 중 가장 흥미로운 소문은 1956년 10월 26일자 「데일리 메일」(*Daily Mail*)에 실렸는데, 그가 다음 날 런던에 사는 마흔여섯 살의 골동품상과 결혼할 예정이라는 보도가 나간 것이다. 루이스는 이 소문을 황급히 부인했다.
64. 루이스는 같은 날 도로시 세이어즈에게 쓴 편지에 이 결혼 발표에 대해 알렸다. "「타임스」지에서 제가 조이 그레셤과 결혼했음을 알리는 공고를 보실 수 있을 겁니다." 1956년 12월 24일자 도로시 세이어즈에게 보낸 편지. *Letters*, vol. 3, p. 819. 윌슨은 이 '공지' 날짜를 1957년 3월 22일이라고 잘못 적고 있다. Wilson, *C. S. Lewis: A Biography*, pp. 263-264.
65. 이 사건에 대해서는 Hooper, *C. S. Lewis: A Companion and Guide*, pp. 631-635 참조.
66. 1957년 6월 25일자 도로시 세이어즈에게 보낸 편지. *Letters*, vol. 3, p. 861.
67. Hooper, *C. S. Lewis: The Companion and Guide*, pp. 82, 633. 바이드는 똑같은 이야기를 1978년 옥스퍼드에게 이 책의 저자에게도 들려주었다.
68. 바이드는 수락했다. 슬프게도, 그의 아내 마거릿이 1960년 9월에 암으로 죽었다. 이후 바이드는 옥스퍼드로 돌아가 1968-1980년까지 레이디마거릿 홀에서 교목과 신학 개별지도교수를 역임했다.
69. 1957년 11월 27일자 쉘던 버너컨에게 보낸 편지. *Letters*, vol. 3, p. 901.
70. 네빌 코그힐(Nevill Coghill)의 (다소 당황한) 논평. Gibb, *Light on C. S. Lewis*, p. 63.
71. 1958년 8월 28일자 제시 와트(Jessie M. Watt)에게 보낸 편지. *Letters*, vol. 3, pp. 966-967.
72. *The Four Loves*, p. 21.
73. Tom Clark and Andrew Dilnot, *Long-Term Trends in British Taxation and Spending* (London: Institute for Fiscal Studies, 2002).
74. 1959년 3월 25일자 아서 그리브즈에게 보낸 편지. *Letters*, vol. 3, p. 1033.
75. 1959년 10월 22일자 채드 월시(Chad Walsh)에게 보낸 편지. *Letters*, vol. 3, p. 1097.
76. 자세한 내용은 Green and Hooper, *C. S. Lewis: A Biography*, pp. 271-276 참조.

14

사별, 질병, 죽음: 말년(1960-1963)

1. *A Grief Observed*, p. 38.
2. 앞의 책, p. 3.
3. 1916년 5월 30일자 아서 그리브즈에게 보낸 편지. *Letters*, vol. 1, p. 187.
4. 1960년 10월 24일자 엘리엇(T. S. Eliot)이 스펜서 커티스 브라운(Spencer Curtis Brown)에게 보낸 편지. MS Eng. lett. C. 852, fol. 62, Bodleian Library, Oxford.
5. 1962년 3월 4일자 로렌스 휘슬러(Laurence Whistler)에게 보낸 편지. *Letters*, vol. 3, p. 1320.

6. *Surprised by Joy*, x.
7. *The Problem of Pain*, xii.
8. *A Grief Observed*, pp. 5-6.
9. 1951년 6월 5일자 페넬로피 수녀에게 보낸 편지. *Letters*, vol. 3, p. 123.
10. *A Grief Observed*, p. 52.
11. 1963년 10월 3일자 마델바 수녀(Sister Madeleva)에게 보낸 편지. *Letters*, vol. 3, p. 1460.
12. *A Grief Observed*, p. 44.
13. 앞의 책
14. 1961년 6월 27일자 아서 그리브즈에게 보낸 편지. *Letters*, vol. 3, p. 1277.
15. 루이스는 1920년대부터 바필드와 하우드를 알고 지냈고 매년 두 사람과 함께 도보여행을 떠났다. *Surprised by Joy*, pp. 231-234에 나오는 루이스의 논평 참조. 루이스는 『기적』을 하우드 부부에게, 『사랑의 알레고리』를 바필드에게 헌정했다.
16. 로렌스 하우드(Laurence Harwood)는 세실 하우드(Cecil Harwood)의 둘째 아들이다. 루시 바필드(Lucy Barfield)는 오언 바필드가 입양한 딸이다. 루이스는 앞서 『사자와 마녀와 옷장』을 루시 바필드에게 헌정했다. 1960년 12월 3일에 크리스토퍼 패트릭 티스덜(Christopher Patrick Tisdall)과 결혼한 새라 네일란은 메리 네일란의 딸이다. 루이스는 메리 네일란에게 『조지 맥도널드 선집』을 헌정했다.
17. 1961년 12월 6일자 프랜시스 워너(Francis Warner)에게 보낸 편지. *Letters*, vol. 3, pp. 1301-1302.
18. 사후에 *Spenser's Images of Life*(1967)로 출간.
19. 1962년 11월 20일자 J. R. R. 톨킨에게 보낸 편지. *Letters*, vol. 3, p. 1382.
20. 1960년 6월 14일자 포이베 헤스켓(Phoebe Hesketh)에게 보낸 편지. *Letters*, vol. 3, p. 1162.
21. 1961년 1월 7일자 앨러스테어 파울러(Alastair Fowler)에게 보낸 편지. *Letters*, vol. 3, pp. 1223-1224.
22. Andreas Ekstrom, "Greene tvaa pa listan 1961" Sydsvenska Dagbladet, 3 January 2012. 노벨 공문서는 50년간 일반에 공개가 금지된다.
23. 1961년 1월 16일자 노벨문학위원회에 보낸 편지. 스웨덴 학술원 기록보관소에 소장된 이 편지는 저자의 요청에 의해 자료가 공개되었다.
24. 1962년 3월 20일자 세실 로스(Cecil Roth)에게 보낸 편지. *Letters*, vol. 3, p. 1323.
25. 1963년 5월 23일자 에블린 타켓(Evelyn Tackett)에게 보낸 편지. *Letters*, vol. 3, p. 1428.
26. 1957년 12월 2일자 월터 후퍼에게 보낸 편지. *Letters*, vol. 3, pp. 902-903.
27. 1962년 12월 15일자 월터 후퍼에게 보낸 편지. *Letters*, vol. 3, pp. 1393-1394.
28. 장소를 옮긴 이유들에 대해서는 1963년 1월 28일자 루이스가 로저 랜슬린 그린에게 보낸 편지 참조. *Letters*, vol. 3, pp. 1408-1409. '독수리와 아이'는 1954년 12월에 2급 건물문화재로 등록되었다. 건물의 내부 일부분을 제외한 외형은 전혀 바꿀 수 없게 된 것이다.
29. 1963년 7월 11일자 아서 그리브즈에게 보낸 편지. *Letters*, vol. 3, p. 1440.
30. 1963년 7월 15일자 메리 윌리스 셸번에게 보낸 편지. *Letters*, vol. 3, p. 1442.
31. 월터 후퍼는 루이스가 애클랜드에 있는 동안 사정을 알리는 두 통의 편지를 썼는데, 둘 다 구체적인 날짜와 시간을 밝히고 있다. 1963년 8월 5일자 월터 후퍼가 로저 랜슬린 그린에게 보낸 편지. 1963; *Letters*, vol. 3, pp. 1445-1446; 1963년 8월 10일자 월터 후퍼가 메리 윌리스 셸번에게 보낸 편지. *Letters*, vol. 3, pp. 1447-1448.
32. 1963년 8월 29일자 세실 하우드에게 보낸 편지. *Letters*, vol. 3, p. 1452.
33. 1963년 9월 11일자 아서 그리브즈에게 보낸 편지. *Letters*, vol. 3, p. 1456.
34. 1963년 8월 10일자 월터 후퍼가 메리 윌리스 셸번에게 보낸 편지. *Letters*, vol. 3, p. 1448.
35. Sayer, *Jack*, pp. 404-405.

36. 1963년 9월 11일자 아서 그리브즈에게 보낸 편지. *Letters*, vol. 3, p. 1455.
37. 1963년 9월 20일자 월터 후퍼에게 보낸 편지. *Letters*, vol. 3, p. 1457.
38. 데이빗은 뉴욕의 한 탈무드 칼리지로 자리를 옮겼고 돈이 부족했다. 1963년 10월 18일자 루이스가 쟈넷 홉킨스(Jeannette Hopkins)에게 보낸 편지 참조. *Letters*, vol. 3, p. 1465.
39. 1963년 10월 11일자 월터 후퍼에게 보낸 편지. *Letters*, vol. 3, pp. 1461-1462.
40. 후퍼가 루이스의 비서로 일하기로 했던 1964년 대부분의 기간에 1파운드는 2.8달러와 같았다. 1964-1967년 스털링(영국 법정통화의 정식호칭 파운드스털링의 약칭—옮긴이)화 위기는 아직 오지 않았다.
41. 1963년 10월 23일자 월터 후퍼에게 보낸 편지. *Letters*, vol. 3, pp. 1469-1470.
42. W. H. Lewis, "C. S. Lewis: A Biography," p. 468.
43. 앞의 책, p. 470.
44. R. E. Head, OH/SR-15, fol. 13, Wade Center Oral History Collection, Wheaton College, Wheaton, IL.
45. 같은 해 이른 시기에 모린은 헴프릭스 준남작부인 작위를 물려받아 이후 대체로 '데임 모린 던버'(Dame Maureen Dunbar)로 알려졌다.
46. 일부 기록과 달리, 루이스의 관에는 초가 없었다. 장례식을 준비하고 이끌었던 로널드 헤드는 복사들이 들었던 촛불이 교회나 묘지에서 관에 비치어 그런 인상을 만들어 냈을 거라고 했다.
47. 1963년 6월 28일자 메리 윌리스 셸번에게 보낸 편지. *Letters*, vol. 3, p. 1434.

15

놀라운 사람, 루이스

1. Arthur Marwick, *The Sixties: Cultural Revolution in Britain, France, Italy, and the United States, c. 1958-c. 1974* (Oxford: Oxford University Press, 1999); Francis Beckett, *What Did the Baby Boomers Ever Do for Us? Why the Children of the Sixties Lived the Dream and Failed the Future* (London: Biteback, 2010) 참조.
2. Walsh, "Impact on America," in Gibb, *Light on C. S. Lewis*, pp. 106-116.
3. "Defender of the Faith," *Time*, 6 December 1963.
4. Chad Walsh in Gibb, *Light on C. S. Lewis*, p. 115.
5. *Christianity Today*, 20 December 1963.
6. Tom Wolfe, "The Great Relearning," in *Hooking Up* (London: Jonathan Cape, 2000), pp. 140-145.
7. 출처: *Publishers Weekly*.
8. Hooper, "A Bibliography of the Writings of C. S. Lewis," in Gibb, *Light on C. S. Lewis*, pp. 117-148.
9. 영국판의 제목들.
10. 1989년 루퍼트 머독(Rupert Murdoch)이 콜린스(Collins)를 인수했다. 현재 루이스의 저작 대부분을 출간한 하퍼콜린스의 자회사는 1990년에 설립되었다.
11. 예를 들어 Donald E. Miller, *Reinventing American Protestantism: Christianity in the New Millennium* (Berkeley, CA: University of California Press, 1997) 참조.
12. Pearce, *C. S. Lewis and the Catholic Church*.
13. George M. Marsden, *Reforming Fundamentalism: Fuller Seminary and the New Evangelicalism* (Grand Rapids, MI: Eerdmans, 1987).

14. Roger Steer, *Inside Story: The Life of John Stott* (Nottingham: Inter-Varsity Press, 2009), pp. 103-104. (『존 스토트의 생애』 IVP)
15. 앞서 밝힌 바 있듯, 루이스는 이 요청을 거절했다. 1955년 9월 28일자 칼 F. H. 헨리에게 보낸 편지. *Letters*, vol. 3, p. 651.
16. J. I. Packer, "Still Surprised by Lewis," *Christianity Today*, 7 September 1998.
17. 역사적 배경이 궁금하다면 Alister E. McGrath, *Christianity's Dangerous Idea: The Protestant Revolution* (San Francisco: HarperOne, 2009), pp. 351-372 참조. (『기독교, 그 위험한 사상의 역사』 국제제자훈련원)
18. David J. Stewart, "C. S. Lewis Was No Christian!" http://www.jesus-is-savior.com/Wolves/cs_lewis.htm.
19. John W. Robbins, "Did C. S. Lewis Go to Heaven?" *The Trinity Review*, November/December 2003, http://www.trinityfoundation.org/journal.php?id=103.
20. Parsons and Nicholson, "Talking to Philip Pullman."
21. Gray, *Fantasy, Myth and the Measure of Truth*, p. 171.
22. Hatlen, "Pullman's His Dark Materials," p. 82.
23. Oziewicz and Hade, "The Marriage of Heaven and Hell?"
24. 영국체신청은 영국 설화와 문화사 전문가들에게 조사를 맡겨 가장 적당한 여덟 캐릭터를 정하게 했다. 결국 『해리 포터』 시리즈에서 둘, 『나니아 연대기』에서 둘, 영국 전통설화에서 둘, 테리 프래쳇(Terry Pratchett)의 『디스크월드』 시리즈에서 둘을 뽑았다.
25. *Selected Literary Essays*, pp. 219-220.
26. John F. Kennedy, 1963년 10월 26일 애머스트 칼리지 연설. 연설문은 John F. Kennedy Presidential Library, http://www.jfklibrary.org/Research/Ready-Reference/JFK-Speeches/Remarks-at-Amherst-College-October-26-1963.aspx에서 볼 수 있다.

❦❦❦ 참고문헌 ❦❦❦

I. C. S. 루이스의 저작

루이스의 알려진 저작에 대한 자세한 문헌목록은 Walter Hooper, *C. S. Lewis: The Companion and Guide*, pp. 799-883에 실려 있다. 이것은 루이스 연구에 참고해야 할 권위 있는 자료이다. 이 책의 집필을 위해 참고한 루이스 저작들의 판본은 아래와 같다.

A. 출간된 저작

The Abolition of Man. New York: HarperCollins, 2001. (『인간 폐지』 홍성사)

All My Road before Me: The Diary of C. S. Lewis, 1922-1927. Edited by Walter Hooper. San Diego: Harcourt Brace Jovanovich, 1991.

The Allegory of Love: A Study in Medieval Tradition. London: Oxford University Press, 1936.

Boxen: Childhood Chronicles before Narnia. London: HarperCollins, 2008. [Jointly authored with W. H. Lewis.]

Broadcast Talks. London: Geoffrey Bles, 1943; US edition published as *The Case for Christianity*. New York: Macmillan, 1943.

C. S. Lewis's Lost Aeneid: Arms and the Exile. Edited by A. T. Reyes. New Haven, CT: Yale University Press, 2011.

The Collected Letters of C. S. Lewis. Edited by Walter Hooper. 3 vols. San Francisco: HarperOne, 2004-2006.

The Discarded Image. Cambridge: Cambridge University Press, 1994.

Dymer: A Poem. London: Dent, 1926. [Originally published under the pseudonym "Clive Hamilton."]

English Literature in the Sixteenth Century, Excluding Drama. Vol. 3 of *Oxford History of English Literature*. Edited by F. P. Wilson and Bonamy Dobrée. Oxford: Clarendon Press, 1954.

Essay Collection and Other Short Pieces. Edited by Lesley Walmsley. London: HarperCollins, 2000.

An Experiment in Criticism. Cambridge: Cambridge University Press, 1992. (『문학비평에서의 실험』 동문선)

The Four Loves. London: HarperCollins, 2002. (『네 가지 사랑』 홍성사)

The Great Divorce. London: HarperCollins, 2002.

A Grief Observed. New York: HarperCollins, 1994. [Originally published under the pseudonym "N. W. Clerk."] (『헤아려 본 슬픔』 홍성사)

The Horse and His Boy. London: HarperCollins, 2002. (『말과 소년』 시공주니어)

The Last Battle. London: HarperCollins, 2002. (『마지막 전투』 시공주니어)

Letters to Malcolm: Chiefly on Prayer. London: HarperCollins, 2000. (『개인기도』 홍성사)

The Lion, the Witch and the Wardrobe. London: HarperCollins, 2002. (『사자와 마녀와 옷장』 시공주니어)

The Magician's Nephew. London: HarperCollins, 2002. (『마법사의 조카』 시공주니어)

Mere Christianity. London: HarperCollins, 2002. (『순전한 기독교』 홍성사)

Miracles. London: HarperCollins, 2002. (『기적』 홍성사)
Narrative Poems. Edited by Walter Hooper. London: Fount, 1994.
On Stories and Other Essays on Literature. Edited by Walter Hooper. Orlando, FL: Harcourt Brace Jovanovich, 1982.
Out of the Silent Planet. London: HarperCollins, 2005. (『침묵의 행성 밖에서』 홍성사)
Perelandra. London: HarperCollins, 2005. (『페렐란드라』 홍성사)
The Personal Heresy: A Controversy. London: Oxford University Press, 1939. [Jointly authored with E. M. W. Tillyard.]
The Pilgrim's Regress. London: Geoffrey Bles, 1950. (『순례자의 귀향』 보이스사)
Poems. Edited by Walter Hooper. Orlando, FL: Harcourt, 1992.
A Preface to "Paradise Lost." London: Oxford University Press, 1942.
Prince Caspian. London: HarperCollins, 2002. (『캐스피언 왕자』 시공주니어)
The Problem of Pain. London: HarperCollins, 2002. (『고통의 문제』 홍성사)
Reflections on the Psalms. London: Collins, 1975. (『시편사색』 홍성사)
Rehabilitations and Other Essays. London: Oxford University Press, 1939.
The Screwtape Letters. London: HarperCollins, 2002. (『스크루테이프의 편지』 홍성사)
Selected Literary Essays. Edited by Walter Hooper. Cambridge: Cambridge University Press, 1969.
The Silver Chair. London: HarperCollins, 2002. (『은의자』 시공주니어)
Spenser's Images of Life. Edited by Alastair Fowler. Cambridge: Cambridge University Press, 1967.
Spirits in Bondage: A Cycle of Lyrics. London: Heinemann, 1919. [Originally published under the pseudonym "Clive Hamilton."]
Studies in Medieval and Renaissance Literature. Cambridge: Cambridge University Press, 2007.
Surprised by Joy. London: HarperCollins, 2002. (『예기치 못한 기쁨』 홍성사)
That Hideous Strength. London: HarperCollins, 2005. (『그 가공할 힘』 홍성사)
Till We Have Faces. Orlando, FL: Harcourt Brace Jovanovich, 1984. (『우리가 얼굴을 찾을 때까지』 홍성사)
The Voyage of the "Dawn Treader." London: HarperCollins, 2002. (『새벽 출정호의 항해』 시공주니어)

B. 미출간된 저작

Lewis, W. H. "C. S. Lewis: A Biography" (1974). Unpublished typescript held in the Wade Center, Wheaton College, Wheaton, IL, and the Bodleian Library, Oxford.

_____. ed. "The Lewis Papers: Memoirs of the Lewis Family 1850-1930." 11 vols. Unpublished typescript held in the Wade Center, Wheaton College, Wheaton, IL, and the Bodleian Library, Oxford.

II. C. S. 루이스와 그의 저작에 관한 연구

Adey, Lionel. *C. S. Lewis's "Great War" with Owen Barfield*. Victoria, BC: University of Victoria, 1978.
Aeschliman, Michael D. *The Restitution of Man: C. S. Lewis and the Case against Scientism*. Grand Rapids, MI: Eerdmans, 1998.
Alexander, Joy. "'The Whole Art and Joy of Words': Aslan's Speech in the Chronicles of Narnia." *Mythlore* 91 (2003): 37-48.
Arnell, Carla A. "On Beauty, Justice and the Sublime in C. S. Lewis's *Till We Have Faces*." *Christianity and*

Literature 52 (2002): 23-34.

Baggett, David, Gary R. Habermas, and Jerry L. Walls, eds. *C. S. Lewis as Philosopher: Truth, Beauty and Goodness*. Downers Grove, IL: InterVarsity Press, 2008.

Barbour, Brian. "Lewis and Cambridge." *Modern Philology* 96 (1999): 439-484.

Barker, Nicolas. "C. S. Lewis, Darkly." *Essays in Criticism* 40 (1990): 358-367.

Barrett, Justin. "Mostly Right: A Quantitative Analysis of the *Planet Narnia* Thesis." VII: *An Anglo-American Literary Review* 27 (2010), online supplement.

Beversluis, John. *C. S. Lewis and the Search for Rational Religion*. Grand Rapids, MI: Eerdmans, 1985.

Bingham, Derek. *C. S. Lewis: A Shiver of Wonder*. Belfast: Ambassador Publications, 2004.

Bleakley, David. *C. S. Lewis at Home in Ireland: A Centenary Biography*. Bangor, Co. Down: Strandtown Press, 1998.

Bowman, Mary R. "A Darker Ignorance: C. S. Lewis and the Nature of the Fall." *Mythlore* 91 (2003): 64-80

———. "The Story Was Already Written: Narrative Theory in *The Lord of the Rings*." *Narrative* 14, no. 3 (2006): 272-293.

Brawley, Chris. "The Ideal and the Shadow: George MacDonald's *Phantastes*." North Wind 25 (2006): 91-112.

Brazier, P. H. "C. S. Lewis and the Anscombe Debate: From *analogia entis* to *analogia fidei*." *The Journal of Inklings Studies* 1, no. 2 (2011): 69-123.

———. "C. S. Lewis and Christological Prefigurement." *Heythrop* Journal 48 (2007): 742-775.

———. "'God···Or a Bad, or Mad, Man': C. S. Lewis's Argument for Christ–A Systematic Theological, Historical and Philosophical Analysis of *Aut Deus Aut Malus Homo*." Heythrop Journal 51, no. 1 (2010): 1-30.

———. "Why Father Christmas Appears in Narnia." *Sehnsucht* 3 (2009): 61-77.

Brown, Devin. *Inside Narnia: A Guide to Exploring "The Lion, the Witch and the Wardrobe."* Grand Rapids, MI: Baker, 2005.

Brown, Terence. "C. S. Lewis, Irishman?" In *Ireland's Literature: Selected Essays*, 152-165. Mullingar: Lilliput Press, 1988.

Campbell, David C., and Dale E. Hess. "Olympian Detachment: A Critical Look at the World of C. S. Lewis's Characters." *Studies in the Literary Imagination* 22, no. 2 (1989): 199-215.

Carnell, Corbin Scott. *Bright Shadow of Reality: Spiritual Longing in C. S. Lewis*. Grand Rapids, MI: Eerdmans, 1999.

Carpenter, Humphrey. *The Inklings: C. S. Lewis, J. R. R. Tolkien, Charles Williams, and Their Friends*. London: Allen & Unwin, 1981.

Caughey, Shanna, ed. *Revisiting Narnia: Fantasy, Myth and Religion in C. S. Lewis's Chronicles*. Dallas, TX: Benbella Books, 2005. (『다시 찾아간 나니아』 랜덤하우스코리아)

Charles, J. Daryl. "Permanent Things." *Christian Reflection* 11 (2004): 54-58.

Christopher, Joe R. "C. S. Lewis: Love Poet." *Studies in the Literary Imagination* 22, no. 2 (1989): 161-174.

Clare, David. "C. S. Lewis: An Irish Writer." *Irish Studies Review* 18, no. 1 (2010): 17-38.

Collings, Michael R. "Of Lions and Lamp-Posts: C. S. Lewis' *The Lion, the Witch and the Wardrobe* as a Response to Olaf Stapledon's *Sirius*." *Christianity and Literature* 32, no. 4 (1983): 33-38.

Como, James. *Branches to Heaven: The Geniuses of C. S. Lewis*. Dallas, TX: Spence Publishing Company,

1998.

_____. ed. *C. S. Lewis at the Breakfast Table, and Other Reminiscences.* San Diego: Harcourt Brace Jovanovich, 1992.

Connolly, Sean. *Inklings of Heaven: C. S. Lewis and Eschatology.* Leominster: Gracewing, 2007.

Constable, John. "C. S. Lewis: From Magdalen to Magdalene." *Magdalene College Magazine and Record* 32 (1988): 42-46.

Daigle, Marsha A. "Dante's Divine Comedy and C. S. Lewis's *Narnia Chronicles.*" *Christianity and Literature* 34, no. 4 (1985): 41-58.

Dorsett, Lyle W. *And God Came In: The Extraordinary Story of Joy Davidman: Her Life and Marriage to C. S. Lewis.* New York: Macmillan, 1983.

_____. *Seeking the Secret Place: The Spiritual Formation of C. S. Lewis.* Grand Rapids, MI: Brazos Press, 2004.

Downing, David C. "From Pillar to Postmodernism: C. S. Lewis and Current Critical Discourse." *Christianity and Literature* 46, no. 2 (1997): 169-178.

_____. *Into the Wardrobe: C. S. Lewis and the Narnia Chronicles.* San Francisco: Jossey-Bass, 2005. (『C. S. 루이스와 나니아 나라 이야기』 지식과사랑사)

_____. *The Most Reluctant Convert: C. S. Lewis's Journey to Faith.* Downers Grove, IL: InterVarsity Press, 2002. (『반항적인 회심자 C. S. 루이스』 IVP)

Duriez, Colin. *Tolkien and C. S. Lewis: The Gift of Friendship.* Mahwah, NJ: HiddenSpring, 2003.

Edwards, Bruce L., ed. *C. S. Lewis: Life, Works and Legacy.* 4 vols. Westport, CT: Praeger, 2007.

_____. *Not a Tame Lion: Unveil Narnia through the Eyes of Lucy, Peter, and Other Characters Created by C. S. Lewis.* Carol Stream, IL: Tyndale House, 2005. (『길들여지지 않는 사자』 죠이선교회)

_____. *A Rhetoric of Reading: C. S. Lewis's Defense of Western Literacy.* Provo, UT: Brigham Young University Press, 1986.

Edwards, Michael. "C. S. Lewis: Imagining Heaven." *Literature and Theology* 6 (1992): 107-124.

Fernandez, Irène. *Mythe, Raison Ardente: Imagination et réalité selon C. S. Lewis.* Geneva: Ad Solem, 2005.

_____. "Un rationalisme chrétien: le cas de C. S. Lewis." *Revue philosophique de la France et de l'étranger* 178 (1988): 3-17.

Fowler, Alastair. "C. S. Lewis: Supervisor." *Yale Review* 91, no. 4 (2003): 64-80.

Fredrick, Candice. *Women among the Inklings: Gender, C.S. Lewis, J. R. R. Tolkien, and Charles Williams.* Westport, CT: Greenwood Press, 2001.

Gardner, Helen. "Clive Staples Lewis, 1898-1963." *Proceedings of the British Academy* 51 (1965): 417-428.

Gibb, Jocelyn, ed. *Light on C. S. Lewis.* London: Geoffrey Bles, 1965.

Gibbs, Lee W. "C. S. Lewis and the Anglican *Via Media.*" *Restoration Quarterly* 32 (1990): 105-119.

Gilchrist, K. J. *A Morning after War: C. S. Lewis and WWI.* New York: Peter Lang, 2005.

Glover, Donald E. "The Magician's Book: That's Not Your Story." *Studies in the Literary Imagination* 22 (1989): 217-225.

Glyer, Diana. *The Company They Keep: C. S. Lewis and J. R. R. Tolkien as Writers in Community.* Kent, OH: Kent State University Press, 2007.

Graham, David, ed. *We Remember C. S. Lewis: Essays & Memoirs.* Nashville, TN: Broadman & Holman, 2001.

Gray, William. "Death, Myth and Reality in C. S. Lewis." *Journal of Beliefs & Values* 18 (1997): 147-154.

———. Fantasy, *Myth and the Measure of Truth: Tales of Pullman, Lewis, Tolkien, MacDonald, and Hoffman*. London: Palgrave, 2009.

Green, Roger Lancelyn, and Walter Hooper. *C. S. Lewis: A Biography*, rev. ed. London: HarperCollins, 2002.

Griffin, William. *Clive Staples Lewis: A Dramatic Life*. New York: Harper & Row, 1986.

Hardy, Elizabeth Baird. *Milton, Spenser and the Chronicles of Narnia: Literary Sources for the C. S. Lewis Novels*. Jefferson, NC: McFarland & Co., 2007.

Harwood, Laurence. *C. S. Lewis, My Godfather: Letters, Photos and Recollections*. Downers Grove, IL: InterVarsity Press, 2007.

Hauerwas, Stanley. "Aslan and the New Morality." *Religious Education* 67 (1972): 419-429.

Heck, Joel D. *Irrigating Deserts: C. S. Lewis on Education*. St. Louis, MO: Concordia, 2005.

Hein, David, and Edward Henderson, eds. *C. S. Lewis and Friends: Faith and the Power of Imagination*. London: SPCK, 2011.

Holmer, Paul L. *C. S. Lewis: The Shape of His Faith and Thought*. New York: Harper & Row, 1976.

Holyer, Robert. "The Epistemology of C. S. Lewis's *Till We Have Faces.*" *Anglican Theological Review* 70 (1988): 233-255.

Honda, Mineko. *The Imaginative World of C. S. Lewis*. New York: University Press of America, 2000.

Hooper, Walter. *C. S. Lewis: The Companion and Guide*. London: HarperCollins, 2005.

Huttar, Charles A. "C. S. Lewis, T. S. Eliot, and the Milton Legacy: The Nativity Ode Revisited." *Texas Studies in Literature and Language* 44 (2002): 324-348.

Jacobs, Alan. *The Narnian: The Life and Imagination of C. S. Lewis*. New York: HarperCollins, 2005.

———. "The Second Coming of C. S. Lewis." *First Things* 47 (1994): 27-30.

Johnson, William G., and Marcia K. Houtman. "Platonic Shadows in C. S. Lewis' Narnia Chronicles." *Modern Fiction Studies* 32 (1986): 75-87.

Johnston, Robert K. "Image and Content: The Tension in C. S. Lewis' Chronicles of Narnia." Journal of the Evangelical Theological Society 20 (1977): 253-264.

Keeble, N. H. "C. S. Lewis, Richard Baxter, and 'Mere Christianity.'" *Christianity and Literature* 30 (1981): 27-44.

Kilby, Clyde S. *The Christian World of C. S. Lewis*. Grand Rapids, MI: Eerdmans, 1964.

King, Don W. "The Anatomy of a Friendship: The Correspondence of Ruth Pitter and C. S. Lewis, 1946-1962." *Mythlore* 24, no. 1 (2003): 2-24.

———. *C. S. Lewis, Poet: The Legacy of His Poetic Impulse*. Kent, OH: Kent State University Press, 2001.

———. "The Distant Voice in C. S. Lewis's Poems." *Studies in the Literary Imagination* 22, no. 2 (1989): 175-184.

———. "Lost but Found: The 'Missing' Poems of C. S. Lewis's *Spirits in Bondage.*" *Christianity and Literature* 53 (2004): 163-201.

———. "The Poetry of Prose: C. S. Lewis, Ruth Pitter, and *Perelandra.*" *Christianity and Literature* 49, no. 3 (2000): 331-356.

Knight, Gareth. *The Magical World of the Inklings*. Longmead, Dorset: Element Books, 1990.

Kort, Wesley A. *C. S. Lewis Then and Now*. New York: Oxford University Press, 2001.

Kreeft, Peter. *C. S. Lewis for the Third Millennium: Six Essays on the "Abolition of Man."* San Francisco:

Ignatius Press, 1994.
_____. "C. S. Lewis's Argument from Desire." In *G. K. Chesterton and C. S. Lewis: The Riddle of Joy*, edited by Michael H. MacDonald and Andrew A. Tadie, 249-272. Grand Rapids, MI: Eerdmans, 1989.
Lacoste, Jean-Yves. "Théologie anonyme et christologie pseudonyme: C. S. Lewis, *Les Chroniques de Narnia.*" *Nouvelle Revue Théologique* 3 (1990): 381-393.
Lawlor, John. *C. S. Lewis: Memories and Reflections*. Dallas, TX: Spence Publishing Co., 1998.
Lawyer, John E. "Three Celtic Voyages: Brendan, Lewis, and Buechner." *Anglican Theological Review* 84, no. 2 (2002): 319-343.
Leiva-Merikakis, Erasmo. *Love's Sacred Order: The Four Loves Revisited*. San Francisco: Ignatius Press, 2000.
Lewis, W. H. "Memoir of C. S. Lewis." In *The Letters of C. S. Lewis*, edited by W. H. Lewis, 1-26. London: Geoffrey Bles, 1966.
Lindskoog, Kathryn. *Finding the Landlord: A Guidebook to C. S. Lewis's "Pilgrim's Regress."* Chicago: Cornerstone Press, 1995.
Lindskoog, Kathryn Ann, and Gracia Fay Ellwood. "C. S. Lewis: Natural Law, the Law in Our Hearts." *Christian Century* 101, no. 35 (1984): 1059-1062.
Linzey, Andrew. "C. S. Lewis's Theology of Animals." *Anglican Theological Review* 80, no. 1 (1998): 60-81.
Loades, Ann. "C. S. Lewis: Grief Observed, Rationality Abandoned, Faith Regained." *Literature and Theology* 3 (1989): 107-121.
_____. "The Grief of C. S. Lewis." *Theology Today* 46, no. 3 (1989): 269-276.
Lobdell, Jared. *The Scientifiction Novels of C. S. Lewis: Space and Time in the Ransom Stories*. Jefferson, NC: McFarland, 2004.
Loomis, Steven R., and Jacob P. Rodriguez. *C. S. Lewis: A Philosophy of Education*. New York: Palgrave Macmillan, 2009.
Lucas, John. "The Restoration of Man." *Theology* 58 (1995): 445-456.
Lundin, Anne. "On the Shores of Lethe: C. S. Lewis and the Romantics." *Children's Literature in Education* 21 (1990): 53-59.
MacSwain, Robert, and Michael Ward, eds. *The Cambridge Companion to C. S. Lewis*. Cambridge: Cambridge University Press, 2010.
Manley, David. "Shadows That Fall: The Immanence of Heaven in the Fiction of C. S. Lewis and George MacDonald." *North Wind* 17 (1998): 43-49.
McBride, Sam. "The Company They Didn't Keep: Collaborative Women in the Letters of C. S. Lewis." *Mythlore* 29 (2010): 69-86.
McGrath, Alister E. *The Intellectual World of C. S. Lewis*. Oxford and Malden, MA: Wiley-Blackwell, 2013. (복 있는 사람 출간 예정)
Meilander, Gilbert. "Psychoanalyzing C. S. Lewis." *Christian Century* 107, no. 17 (1990): 525-529.
_____. *The Taste for the Other: The Social and Ethical Thought of C. S. Lewis*. Grand Rapids, MI: Eerdmans, 1998.
_____. "Theology in Stories: C. S. Lewis and the Narrative Quality of Experience." *Word and World* 1, no. 3 (1981): 222-230.
Menuge, Angus J. L. "Fellow Patients in the Same Hospital: Law and Gospel in the Works of C. S. Lewis."

Concordia Journal 25, no. 2 (1999): 151-163.

Miller, Laura. *The Magician's Book: A Skeptic's Adventures in Narnia.* New York: Little, Brown and Co., 2008.

Mills, David, ed. *The Pilgrim's Guide: C. S. Lewis and the Art of Witness.* Grand Rapids, MI: Eerdmans, 1998.

Morris, Francis J., and Ronald C. Wendling. "C. S. Lewis: A Critic Recriticized." *Studies in the Literary Imagination* 22, no. 2 (1989): 149-160.

———. "Coleridge and 'the Great Divide' between C. S. Lewis and Owen Barfield." *Studies in the Literary Imagination* 22, no. 2 (1989): 149-159.

Morris, Richard M. "C. S. Lewis as a Christian Apologist." *Anglican Theological Review* 33, no. 1 (1951): 158-168.

Mueller, Steven P. "C. S. Lewis and the Atonement." *Concordia Journal* 25, no. 2 (1999): 164-178.

Myers, Doris T. "The Compleat Anglican: Spiritual Style in the Chronicles of Narnia." *Anglican Theological Review* 66 (1984): 148-180.

———. Bareface: *A Guide to C. S. Lewis's Last Novel.* Columbia, MO: University of Missouri Press, 2004.

Nelson, Michael. "C. S. Lewis and His Critics." *Virginia Quarterly Review* 64 (1988): 1-19.

———. "'One Mythology among Many': The Spiritual Odyssey of C. S. Lewis." *Virginia Quarterly Review* 72, no. 4 (1996): 619-633.

Nicholi, Armand M. *The Question of God: C. S. Lewis and Sigmund Freud Debate God, Love, Sex, and the Meaning of Life.* New York: Free Press, 2002.

Nicholson, Mervyn. "C. S. Lewis and the Scholarship of Imagination in E. Nesbit and Rider Haggard." *Renascence: Essays on Values in Literature* 51 (1998): 41-62.

———. "What C. S. Lewis Took from E. Nesbit." *Children's Literature Association Quarterly* 16, no. 1 (1991): 16-22.

Noll, Mark A. "C. S. Lewis's 'Mere Christianity' (the Book and the Ideal) at the Start of the Twenty-First Century." *Seven: An Anglo-American Literary Review* 19 (2002): 31-44.

Odero, Dolores. "La 'experiencia' como lugar antropológico en C. S. Lewis." *Scripta Theologica* 26, no. 2 (1994): 403-482.

Osborn, Marijane. "Deeper Realms: C. S. Lewis' Re-Visions of Joseph O'Neill's *Land under England.*" *Journal of Modern Literature* 25 (2001): 115-120.

Oziewicz, Marek, and Daniel Hade. "The Marriage of Heaven and Hell? Philip Pullman, C. S. Lewis, and the Fantasy Tradition." *Mythlore* 28, no. 109 (2010): 39-54.

Patrick, James. *The Magdalen Metaphysicals: Idealism and Orthodoxy at Oxford, 1901-1945.* Macon, GA: Mercer University Press, 1985.

Pearce, Joseph. *C. S. Lewis and the Catholic Church.* Fort Collins, CO: Ignatius Press, 2003.

Phillips, Justin. *C. S. Lewis in a Time of War.* San Francisco: HarperSanFrancisco, 2006.

Poe, Harry L., ed. *C. S. Lewis Remembered.* Grand Rapids, MI: Zondervan, 2006.

———. "Shedding Light on the Dark Tower: A C. S. Lewis Mystery Is Solved." *Christianity Today* 51, no. 2 (2007): 44-45.

Prothero, Jim. "The Flash and the Grandeur: A Short Study of the Relation among MacDonald, Lewis, and Wordsworth." *North Wind* 17 (1998): 35-39.

Purtill, Richard L. *C. S. Lewis's Case for the Christian Faith.* San Francisco: Harper & Row, 1985.

_____. *Lord of the Elves and Eldils: Fantasy and Philosophy in C. S. Lewis and J. R. R. Tolkien*. 2nd ed. San Francisco: Ignatius Press, 2006.

Reppert, Victor. *C. S. Lewis's Dangerous Idea: In Defense of the Argument from Reason*. Downers Grove, IL: InterVarsity Press, 2003. (『C. S. 루이스의 위험한 생각』 사랑플러스)

Root, Jerry. *C. S. Lewis and a Problem of Evil*. Cambridge: James Clarke, 2009.

Rossow, Francis C. "Giving Christian Doctrine a New Translation: Selected Examples from the Novels of C. S. Lewis." *Concordia Journal* 21, no. 3 (1995): 281-297.

_____. "Problems in Prayer and Their Gospel Solutions in Four Poems by C. S. Lewis." *Concordia Journal* 20, no. 2 (1994): 106-114.

Sayer, George. *Jack: A Life of C. S. Lewis*. London: Hodder & Stoughton, 1997.

Schakel, Peter J. "Irrigating Deserts with Moral Imagination." *Christian Reflection* 11 (2004): 21-29.

_____. *Reading with the Heart: The Way into Narnia*. Grand Rapids, MI: Eerdmans, 1979.

_____. *Reason and Imagination in C. S. Lewis: A Study of "Till We Have Faces."* Grand Rapids, MI: Eerdmans, 1984.

_____. "The Satiric Imagination of C. S. Lewis." *Studies in the Literary Imagination* 22, no. 2 (1989): 129-148.

Schakel, Peter J., and Charles A. Huttar, eds. *Word and Story in C. S. Lewis: Language and Narrative in Theory and Practice*. Columbia, MO: University of Missouri Press, 1991.

Schwartz, Sanford. *C. S. Lewis on the Final Frontier: Science and the Supernatural in the Space Trilogy*. New York: Oxford University Press, 2009.

_____. "Paradise Reframed: Lewis, Bergson, and Changing Times on Perelandra." *Christianity and Literature* 51, no. 4 (2002): 569-602.

Seachris, Joshua, and Linda Zagzebski. "Weighing Evils: The C. S. Lewis Approach." *International Journal for Philosophy of Religion* 62 (2007): 81-88.

Segura, Eduardo, and Thomas Honegger, eds. *Myth and Magic: Art According to the Inklings*. Zollikofen, Switzerland: Walking Tree, 2007.

Smietana, Bob. "C. S. Lewis Superstar: How a Reserved British Intellectual with a Checkered Pedigree Became a Rock Star for Evangelicals." *Christianity Today* 49, no. 12 (2005): 28-32.

Smith, Robert Houston. *Patches of Godlight: The Pattern of Thought of C. S. Lewis*. Athens, GA: University of Georgia Press, 1981.

Stock, Robert Douglas. "Dionysus, Christ, and C. S. Lewis." *Christianity and Literature* 34, no. 2 (1985): 7-13.

Taliaferro, Charles. "A Narnian Theory of the Atonement." *Scottish Journal of Theology* 41 (1988): 75-92.

Tennyson, G. B., ed. *Owen Barfield on C. S. Lewis*. Middletown, CT: Wesleyan University Press, 1989.

Terrasa Messuti, Eduardo. "Imagen y misterio: Sobre el conocimiento metafórico en C. S. Lewis." *Scripta Theologica* 25, no. 1 (1993): 95-132.

Tynan, Kenneth. "My Tutor, C. S. Lewis." *Third Way* (June 1979): 15-16.

Van Leeuwen, Mary Stewart. *A Sword between the Sexes?: C. S. Lewis and the Gender Debates*. Grand Rapids, MI: Brazos Press, 2010.

Walker, Andrew. "Scripture, Revelation and Platonism in C. S. Lewis." *Scottish Journal of Theology* 55 (2002): 19-35.

Walker, Andrew, and James Patrick, eds. *A Christian for All Christians: Essays in Honor of C. S. Lewis*.

Washington, DC: Regnery Gateway, 1992.
Walsh, Chad. *C. S. Lewis: Apostle to the Skeptics*. New York: Macmillan, 1949.
_____. *The Literary Legacy of C. S. Lewis*. London: Sheldon, 1979.
Ward, Michael. "The Current State of C. S. Lewis Scholarship." *Sewanee Theological Review* 55, no. 2 (2012): 123-144.
_____. *Planet Narnia: The Seven Heavens in the Imagination of C. S. Lewis*. Oxford: Oxford University Press, 2008.
Watson, George. "The Art of Disagreement: C. S. Lewis (1898-1963)." *Hudson Review* 48, no. 2 (1995): 229-239.
Wheat, Andrew. "The Road before Him: Allegory, Reason, and Romanticism in C. S. Lewis' *The Pilgrim's Regress*." *Renascence: Essays on Values in Literature* 51, no. 1 (1998): 21-39.
Williams, Donald T. *Mere Humanity: G. K. Chesterton, C. S. Lewis, and J. R. R. Tolkien on the Human Condition*. Nashville, TN: B & H Publishing Group, 2006.
Williams, Rowan. *The Lion's World: A Journey into the Heart of Narnia*. London: SPCK, 2012.
Wilson, A. N. *C. S. Lewis: A Biography*. London: Collins, 1990.
Wolfe, Judith, and Brendan N. Wolfe, eds. *C. S. Lewis and the Church*. London: T & T Clark, 2011.
Wood, Naomi. "Paradise Lost and Found: Obedience, Disobedience, and Storytelling in C. S. Lewis and Phillip Pullman." *Children's Literature in Education* 32, no. 4 (2001): 237-259.
Wood, Ralph C. "The Baptized Imagination: C. S. Lewis's Fictional Apologetics." *Christian Century* 112, no. 25 (1995): 812-815.
_____. "C. S. Lewis and the Ordering of Our Loves." *Christianity and Literature* 51, no. 1 (2001): 109-117.
_____. "Conflict and Convergence on Fundamental Matters in C. S. Lewis and J. R. R. Tolkien." *Renascence: Essays on Values in Literature* 55 (2003): 315-338.
Yancey, Philip. "Found in Space: How C. S. Lewis Has Shaped My Faith and Writing." *Christianity Today* 57, no. 7 (2008): 62.

III. 그 밖의 참고문헌

Aston, T. S., ed. *The History of the University of Oxford*. 8 vols. Oxford: Oxford University Press, 1984-1994.
Bartlett, Robert. *The Natural and the Supernatural in the Middle Ages*. Cambridge: Cambridge University Press, 2008.
Brockliss, Laurence W. B., ed. *Magdalen College Oxford: A History*. Oxford: Magdalen College, 2008.
Cantor, Norman F. *Inventing the Middle Ages: The Lives, Works and Ideas of the Great Medievalists of the Twentieth Century*. New York: William Morrow, 1991.
Carpenter, Humphrey. *J. R. R. Tolkien: A Biography*. London: Allen & Unwin, 1977.
Ceplair, Larry, and Steven Englund. *The Inquisition in Hollywood: Politics in the Film Community, 1930-1960*. Urbana, IL: University of Illinois Press, 2003.
Chance, Jane, ed. *Tolkien and the Invention of Myth*. Lexington, KY: University Press of Kentucky, 2004.
Collins, John Churton. *The Study of English Literature: A Plea for Its Recognition and Organization at the*

Universities. London: Macmillan, 1891.
Cunich, Peter, David Hoyle, Eamon Duffy, and Ronald Hyam. *A History of Magdalene College Cambridge 1428-1988*. Cambridge: Magdalene College Publications, 1994.
Dal Corso, Eugenio. *Il Servo di Dio: Don Giovanni Calabria e i fratelli separati*. Rome: Pontificia Università Lateranense, 1974.
Darwall-Smith, Robin. *A History of University College, Oxford*. Oxford: Oxford University Press, 2008.
Davidman, Joy. "The Longest Way Round." In *These Found the Way: Thirteen Converts to Christianity*, edited by David Wesley Soper, 13-26. Philadelphia: Westminster Press, 1951.
____. *Out of My Bone: The Letters of Joy Davidman*. Edited by Don W. King. Grand Rapids, MI: Eerdmans, 2009.
Dearborn, Kerry. "The Baptized Imagination." *Christian Reflection* 11 (2004): 11-20.
____. "Bridge over the River Why: The Imagination as a Way to Meaning." *North Wind* 16 (1997): 29-40, 45-46.
Drout, Michael D. C. "J. R. R. Tolkien's Medieval Scholarship and Its Significance." *Tolkien Studies* 4 (2007): 113-176.
Eagleton, Terry. *Literary Theory: An Introduction*. Oxford: Blackwell, 2008. (『문학이론입문』 창비)
Fitzgerald, Jill. "A 'Clerkes Compleinte': Tolkien and the Division of Lit. and Lang." *Tolkien Studies* 6 (2009): 41-57.
Flieger, Verlyn. *Splintered Light: Logos and Language in Tolkien's World*. Kent, OH: Kent State University, 2002.
Foster, Roy. *The Irish Story: Telling Tales and Making It Up in Ireland*. London: Allen Lane, 2001.
Freeden, Michael. "Eugenics and Progressive Thought: A Study in Ideological Affinity." *Historical Journal* 22 (1979): 645-671.
Garth, John. *Tolkien and the Great War*. London: HarperCollins, 2004.
Goebel, Stefan. *The Great War and Medieval Memory: War, Remembrance and Medievalism in Britain and Germany, 1914-1940*. Cambridge: Cambridge University Press, 2008.
Haldane, J. B. S. *Possible Worlds*. London: Chatto & Windus, 1927.
Harford, Judith. *The Opening of University Education to Women in Ireland*. Dublin: Irish Academic Press, 2008.
Hart, Trevor, and Ivan Khovacs, eds. *Tree of Tales: Tolkien, Literature, and Theology*. Waco, TX: Baylor University Press, 2007.
Hassig, Debra. *Medieval Bestiaries: Text, Image, Ideology*. Cambridge: Cambridge University Press, 1995.
Hatlen, Burton. "Pullman's *His Dark Materials*: A Challenge to Fantasies of J. R. R. Tolkien and C. S. Lewis, with an Epilogue on Pullman's Neo-Romantic Reading of Paradise Lost." In *His Dark Materials Illuminated: Critical Essays on Philip Pullman's Trilogy*, edited by Millicent Lenz and Carole Scott, 75-94. Detroit: Wayne State University Press, 2005.
Hennessey, Thomas. *Dividing Ireland: World War I and Partition*. London: Routledge, 1998.
Herford, C. H. *The Bearing of English Studies upon the National Life*. Oxford: Oxford University Press, 1910.
James, William. *The Varieties of Religious Experience: A Study in Human Nature*. New York: Longmans Green, 1902.
Jeffery, Keith. *Ireland and the Great War*. Cambridge: Cambridge University Press, 2000.

Ker, Ian. *G. K. Chesterton*. Oxford: Oxford University Press, 2011.
Kerry, Paul E., ed. *The Ring and the Cross: Christianity and the Writings of J. R. R. Tolkien*. Madison, NJ: Fairleigh Dickinson University Press, 2011.
King, Don W. *Hunting the Unicorn: A Critical Biography of Ruth Pitter*. Kent, OH: Kent State University Press, 2008.
Littledale, R. F. "The Oxford Solar Myth." In *Echoes from Kottabos*, edited by R. Y. Tyrrell and Sir Edward Sullivan, 279-290. London: E. Grant Richards, 1906.
Majendie, V. H. B. *A History of the 1st Battalion Somerset Light Infantry (Prince Albert's)*. Taunton, Somerset: Phoenix Press, 1921.
Mangan, J. A. *Athleticism in the Victorian and Edwardian Public School: The Emergence and Consolidation of an Educational Ideology*. London: Frank Cass, 2000.
McGarry, John. *Northern Ireland and the Divided World*. Oxford: Oxford University Press, 2001.
McMurtry, Jo. *English Language, English Literature: The Creation of an Academic Discipline*. Hamden, CT: Archon Books, 1985.
O'Brien, Conor Cruise. *Ancestral Voices: Religion and Nationalism in Ireland*. Chicago: University of Chicago Press, 1995.
Oddie, William. *Chesterton and the Romance of Orthodoxy*. Oxford: Oxford University Press, 2008.
Padley, Jonathan, and Kenneth Padley. "'From Mirrored Truth the Likeness of the True': J. R .R. Tolkien and Reflections of Jesus Christ in Middle-Earth." *English* 59, no. 224 (2010): 70-92.
Parsons, Wendy, and Catriona Nicholson. "Talking to Philip Pullman: An Interview." *The Lion and the Unicorn* 23, no. 1 (1999): 116-134.
Rhode, Deborah L. *In Pursuit of Knowledge: Scholars, Status, and Academic Culture*. Stanford, CA: Stanford University Press, 2006. (『대학이 말해주지 않는 그들만의 진실』 알마)
Roberts, Nathan. "Character in the Mind: Citizenship, Education and Psychology in Britain, 1880-1914." *History of Education* 33 (2004): 177-197.
Shaw, Christopher. "Eliminating the Yahoo: Eugenics, Social Darwinism and Five Fabians." *History of Political Thought* 8 (1987): 521-544.
Shippey, Tom. *Roots and Branches: Selected Papers on Tolkien*. Zollikofen, Switzerland: Walking Tree, 2007.
Teichmann, Roger. *The Philosophy of Elizabeth Anscombe*. Oxford: Oxford University Press, 2008.
Thomson, G. Ian F. *The Oxford Pastorate: The First Half Century*. London: The Canterbury Press, 1946.
Tolkien, J. R. R. *The Letters of J. R. R. Tolkien*. Edited by Humphrey Carpenter. London: HarperCollins, 1981.
Townshend, Charles. *Easter 1916: The Irish Rebellion*. London: Allen Lane, 2005.
Wain, John. *Sprightly Running: Part of an Autobiography*. London: Macmillan, 1962.
Watson, Giles. "Dorothy L. Sayers and the Oecumenical Penguin." *Seven: An Anglo-American Literary Review* 14 (1997): 17-32.
Watson, G. J. *Irish Identity and the Literary Revival: Synge, Joyce, Yeats and O'Casey*. 2nd ed. Washington, DC: Catholic University of America Press, 1994.
Werner, Maria Assunta. *Madeleva: Sister Mary Madeleva Wolff, CSC: A Pictorial Biography*. Notre Dame, IN: Saint Mary's College, 1993.
Williams, Charles. *To Michal from Serge: Letters from Charles Williams to his Wife, Florence, 1939-45*.

Edited by Roma A. King, Jr. Kent, OH: Kent State University Press, 2002.

Wilson, Ian. "William Thompson Kirkpatrick (1848-1921)." *Review: Journal of the Craigavon Historical Society* 8, no. 1 (2000-2001): 33-40.

Winter, Jay. *Sites of Memory, Sites of Mourning: The Great War in European Cultural History*. Cambridge: Cambridge University Press, 1995.

Wolfe, Kenneth M. *The Churches and the British Broadcasting Corporation 1922-1956: The Politics of Broadcast Religion*. London: SCM Press, 1984.

Worsley, Howard. "Popularized Atonement Theory Reflected in Children's Literature." *Expository Times* 115, no. 5 (2004): 149-156.

Wyrall, Everard. *The History of the Somerset Light Infantry (Prince Albert's) 1914-1919*. London: Methuen and Co., 1927.

찾아보기

ㄱ

가비타스 & 스링(Gabbitas & Thring) 42, 56, 71
가이 포콕(Guy Pocock) 225, 242
『고통의 문제』(*The Problem of Pain*) 181, 260, 265-271, 291, 309, 338, 378, 441-443
『구속된 영혼』(*Spirits in Bondage*) 95, 98-99, 105, 117, 123, 266
국토방위군(Home Guard, 옥스퍼드) 256, 259
그레이엄 그린(Graham Greene) 180, 182, 452
그레이트 몰번(Great Malvern) 56, 58
『기적』(*Miracles*) 305, 329-331, 334, 340, 409, 416

ㄴ

나니아(Narnia) 12, 33, 264, 333-334, 342-343, 345-349, 352-353, 359-395
『네 가지 사랑』(*The Four Loves*) 110, 237, 408, 412, 423, 436-438
네빌 코그힐(Nevill Coghill) 91, 146-148, 154, 233-234, 236
노먼 피텐저(Norman Pittenger) 315
노벨문학상(Nobel Prize in Literature) 450-452

ㄷ

『다이머』(*Dymer*) 131, 150-152, 225, 266
다이앤 심슨(Diane Simpson) 342
단테 알리기에리(Dante Alighieri) 72, 184, 305
대속(Atonement) 377-383, 435
더글러스 그레섐(Douglas Gresham) 416, 419, 454, 458, 460-461
데니스 하워드 드패스(Denis Howard de Pass) 91
데이빗 그레섐(David Gresham) 452
데이빗 세실 경(Lord David Cecil) 318
도로시 세이어즈(Dorothy L. Sayers) 236-237, 285, 290, 322, 328, 430, 432
독수리와 아이(The Eagle and Child, 선술집) 239, 241, 316, 325, 454, 472
W. H. 오든(Auden) 42, 343
W. R. 매튜스(Matthews) 274

ㄹ

래드클리프 요양원(Radcliffe Infirmary, 옥스퍼드) 316, 438
『랜섬 3부작』(the Ransom Trilogy) 305-311, 333
러건 칼리지(Lurgan College) 28, 59, 71
레지널드 메이컨(Reginal Macan) 77-78, 128-130, 149
로닐드 에드윈 헤드(Ronald Edwin Head) 461
로버트 그레이브즈(Robert Graves) 97
로버트 하버드(Robert E. Havard) 238, 413, 429, 449-450
로저 랜슬린 그린(Roger Lancelyn Green) 18, 423, 437, 440, 471
루돌프 슈타이너(Rudolf Steiner) 144
루돌프 오토(Rudolf Otto) 372
루스 피터(Ruth Pitter) 237, 394, 413, 414, 418
루이스 캐럴(Lewis Carroll) 357, 471-472, 481
루이스의 가명 사용 54, 97, 181, 440
루퍼트 브루크(Rupert Brooke) 97
리델기념강좌(Riddell Memorial Lectures, 뉴캐슬 대학) 300, 302
리에 뒤 비나쥬(Riez du Vinage) 107-110
리처드 데번포트(Richard Davenport) 372
리처드 백스터(Richard Baxter) 230, 287-288
리테라이 후마니오래스(*Literae Humaniores*) 118-120, 157, 216
리틀리(Little Lea) 38-40, 43, 49, 54, 65, 102, 137, 168, 215, 305, 461
리하르트 바그너(Richard Wagner) 57, 110, 261, 352, 384

ㅁ

마르키 드 사드(Marquise de Sade) 95, 151
『마법사의 조카』(The Magician's Nephew) 49, 345, 353-355, 362, 366, 423
마이클 새들러 경(Sir Michael Sadler) 149
마이클 워드(Michael Ward) 385-387, 486, 495
『마지막 전투』(The Last Battle) 345, 353-356, 366, 388, 394
마틀릿츠(the Martlets) 94
마틴 로이드 존스(Martyn Lloyd-Jones) 466
마틴 애슈워스 소머빌(Martin Ashworth Somerville) 91
『말과 소년』(The Horse and His Boy) 354-355, 366, 386
매튜 아널드(Matthew Arnold) 40, 240
머튼 칼리지(Merton College, 옥스퍼드 대학) 175, 177, 449
메리 윌리스 셸번(Mary Willis Shelburne) 427, 455
모들린 칼리지(Magdalen College, 옥스퍼드 대학) 131, 132-133, 152-157, 159-164, 196, 216, 223, 238, 260
모들린 칼리지(Magdalene College, 케임브리지 대학) 398-412, 452
모린 무어(Maureen Moore) '모린 블레이크'를 보라.
모린 블레이크(Maureen Blake, 처녀 성 무어 Moore, 나중에 햄프리스의 레이디 던바가 됨) 92, 101, 122, 125, 131, 137, 139, 142, 172, 174, 259, 320-321, 345, 428-429, 448, 461
몰리 밀러(Molly Miller) 448, 458
몰번 칼리지(Malvern College) 55-57, 60-67, 81, 156
『문학비평에서의 실험』(An Experiment in Criticism) 412

ㅂ

『반지의 제왕』(The Lord of the Rings, 톨킨) 12, 178, 234, 241, 261-265, 322, 354, 363-364, 377, 452, 468
발라드 강좌(Ballard Lectures, 뱅거 대학) 300
방송 강연(Broadcast Talks) 36, 271-272, 276-282, 286-287, 292-293, 297-298, 313, 333, 339, 378, 399, 413, 425, 472
『버드나무에 부는 바람』(The Wind in the Willows, 케네스 그레이엄) 373, 481
버트런드 러셀(Bertrand Russell) 308, 375
벨 카우프만(Bel Kaufman) 414
벨파스트(Belfast, 북아일랜드) 24-30, 32-33, 35-38, 135, 167-168
북구 신화(Norse mythology) 57, 66, 176, 233-234, 261-262
북방성(Northernness) 56-57, 66
블레즈 파스칼(Blaise Pascal) 183, 188, 231
비드 그리피스 수사(Dom Bede Griffiths) 169, 279
빌리 그레이엄(Billy Graham) 475-476

ㅅ

『사랑의 알레고리』(The Allegory of Love) 223, 242-247, 303, 391

『사자가 있는 곳』(The Place of the Lion, 찰스 윌리엄스) 236, 243, 371
『사자와 마녀와 옷장』(The Lion, the Witch and the Wardrobe) 39, 189, 241, 334, 344, 346-349, 353-356, 365, 377-379, 383, 393, 482, 494
'새로운 외양'("New Look") 145, 204
새뮤얼 테일러 콜리지(Samuel Taylor Coleridge) 147, 195
『새벽출정호의 항해』(The Voyage of the "Dawn Treader") 354, 366, 376, 386
서머싯 경보병대(Somerset Light Infantry) 100-101, 103, 107-108
『성스러움의 의미』(The Idea of the Holy, 루돌프 옷토) 372
세인트마크 교회(St. Mark's Church, 벨파스트 던델라) 29-30, 72, 167, 371
셔버그 스쿨(Cherbourg School, 몰번) 54, 56-60
소크라테스 클럽(Socratic Club) 326-336, 360, 466
『순례자의 귀향』(The Pilgrim's Regress) 40, 193-194, 225-233, 242, 360, 410, 470
『순전한 기독교』(Mere Christianity) 13, 230, 281, 286-300, 305, 333, 365-366, 375, 399, 409, 425, 465, 473, 476-477, 483
『스크루테이프의 편지』(The Screwtape Letters) 283-286, 304, 313, 337, 367
스텔라 올드윙클(Stella Aldwinckle) 327, 338
스펜서 커티스 브라운(Spencer Curtis Brown) 421, 440
『시편사색』(Reflections on the Psalms) 408, 412, 423, 436, 438

『실낙원 서문』(*A Preface to "Paradise Lost"*) 13, 87, 251, 301, 311, 323

『실낙원』(*Paradise Lost*, 존 밀턴) 222, 251, 294, 300-301, 378

『16세기 영문학』(*English Literature in the Sixteenth Century*) 324, 391, 399

아서 그리브즈(Arthur Greeves) 37, 65-66, 73, 75, 86-87, 95-97, 102, 105-107, 109-111, 120-124, 143, 176, 193-194, 196, 200-202, 226, 271, 296, 321-322, 338, 424-425, 446-447, 454, 456

아서 래컴(Arthur Rackham) 57, 352

아서 세실 하우드(Arthur Cecil Harwood) 447, 456, 470

아슬란(Aslan) 189, 347, 352, 355, 361, 365-367, 371-377, 380-383, 390, 394, 482

아일랜드 자치(Irish Home Rule) 25, 36, 134

알렉산더 고든 서튼(Alexander Gordon Sutton) 91

알버트 루이스(Albert Lewis) 26-30, 38, 41-43, 49-57, 59, 64, 75, 78, 86, 101-104, 122-125, 164-171

애덤 폭스(Adam Fox) 240

애디슨 산책로(Addison's Walk, 모들린 칼리지) 200-201

어린양과 깃발(The Lamb and Flag, 선술집) 454

에드거 캐릿(Edgar F. Carritt) 125, 128, 149, 286

에드먼드 스펜서(Edmund Spenser) 34, 57, 245-246, 372, 384

에드먼드 채임버스 경(Sir Edmund Chambers) 240

에드워드 탕예 린(Edward Tangye Lean) 235

에드워드 푸드켈시(Edward Foord-Kelcey) 209

에드워드 프랜시스 코트니 무어 (Edward Francis Courtenay Moore, "패디") 90-93, 99-101, 103, 107-108, 113

에릭 펜(Eric Fenn) 274, 276-277, 279

에버리 덜레스 추기경(Cardinal Avery Dulles) 474

에블린 워(Evelyn Waugh) 180-182

엘러스테어 파울러(Alastair Fowler) 450

엘리자베스 앤스콤(Elizabeth Anscombe) 326-336

영국방송협회(British Broadcasting Corporation) 272-273, 277-278, 280-281, 285, 338, 400, 407, 413

영국학술원(British Academy) 14, 246, 312, 325

영문학 머튼 석좌교수직(Merton Professorship of English Literature) 233, 317

『영원한 사람』(*The Everlasting Man*, G. K. 체스터턴) 295, 363

『예기치 못한 기쁨』(*Surprised by Joy*) 18, 51, 52, 58, 60, 64-65, 81, 136, 169, 181, 185-189, 191-192, 195, 198, 207-210, 410, 441, 456

오스틴 파러(Austin Farrer) 269, 279, 291, 339, 413, 429, 438, 455, 461

오언 바필드(Owen Barfield) 13, 143-145, 152, 164, 194-195, 234, 244, 248, 321, 404, 419, 447-448, 461, 479

옥스퍼드 대학 영어영문학부 (English Language and Literature at Oxford University) 139-143

옥스퍼드 대학 출판부(Oxford University Press) 236, 257, 301-302, 324

옥스퍼드 대학 학생군사교육단 (Oxford University Officers' Training Corps) 78, 86

옥스퍼드 대학(Oxford University) 76-79, 82, 85-88, 116, 121, 126-127, 140, 161, 167, 175, 186, 216, 223-224, 236-237, 240, 260, 283, 312, 317-318, 327, 399, 328-329, 459-460, 472

옥스퍼드 목사단(Oxford Pastorate) 426-427, 466

올리버 체이스 퀴크(Oliver Chase Quick) 285

왕립문학협회(Royal Society of Literature) 318, 486

『우리가 얼굴을 찾을 때까지』(*Till We Have Faces*) 171, 213, 287, 412, 421, 423

『우주 3부작』(*Space Trilogy*) 304, 또한 『랜섬 3부작』을 보라.

워런 해밀턴 루이스(Warren Hamilton Lewis, 와니) 27, 31, 38, 41-43, 47-51, 55-60, 63-65, 108, 114, 135, 165, 168, 172-175, 206-208, 215, 218, 234, 255, 259, 313-314, 320-323, 335, 402, 418-419, 428, 448-452, 454-461

월터 애덤스(Walter Adams) 270, 338

월터 후퍼(Walter Hooper) 453, 455, 457-458, 464, 466, 469, 471

웨이드 센터(Wade Center, 미 일리노이 주 휘튼 칼리지) 416, 471, 486
위니프레드 메리 레츠(Winifred Mary Letts) 88
윈스턴 처칠(Winston Churchill) 324
윈야드 스쿨(Wynyard School, 왓퍼드) 42, 51, 54-55
윌리엄 모리스(William Morris) 95, 245
윌리엄 엠프슨(William Empson) 222
윌리엄 커크패트릭(William T. Kirkpatrick) 28, 59, 65, 67-73, 76, 346
윌리엄 콜린스 & 선즈(William Collins & Sons, 출판사) 470
윌리엄 템플(William Temple) 273, 285
윕스네이드 동물원(Whipsnade Zoo) 193, 205-211
『은의자』(The Silver Chair) 354, 386, 389-391
이디스 네스빗(Edith Nesbit) 350-351
『인간 폐지』(The Abolition of Man) 302-303, 470
잉클링즈(the Inklings) 225, 233-241, 259-260, 265, 270, 316-317, 325, 331-332, 423, 454, 472
A. N. 윌슨(Wilson) 319, 332, 334
A. S. L. 파커슨(Farquharson) 142, 150, 155
E. M. W. 틸리야드(Tillyard) 251
F. R. 리비스(Leavis) 143, 400, 412
H. G. 웰스(Wells) 42, 183, 305, 307, 357

ㅈ

제럴드 헨리 클레이폴(Gerald Henry Claypole) 87-89
제이니 무어(Janie Moore, 무어 부인) 15, 91-92, 99, 102-103, 110-114, 123, 126-127, 135-139, 172-174, 259-260, 283-284, 320-324, 338, 428-429, 433, 457
제임스 웰치(James Welch) 272-274
제프리 블레스(Geoffrey Bles, 출판사) 280, 284, 421, 440
조반니 칼라브리아 수사(Don Giovanni Calabria) 324, 337
조이 데이빗먼(Joy Davidman) 32, 259, 300, 394, 412-438, 440-442, 446
조지 고든(George Gordon) 146, 154, 255
조지 맥도널드(George MacDonald) 74, 192, 268, 305, 350, 479
조지 세이어(George Sayer) 219, 414, 418, 457, 471
조지 허버트(George Herbert) 183, 198
존 롤러(John Lawlor) 219-220
존 밀턴(John Milton) 19, 131, 218, 222, 251-252, 294, 300-301, 378
존 버니언(John Bunyan) 225
존 베리(John Barry, 참사회원) 167
존 베처먼(John Betjeman) 42, 164
존 스토트(John R. W. Stott) 278, 476-478
존 웨인(John Wain) 220, 241, 404
존 F. 케네디(John F. Kennedy) 460, 485
지그문트 프로이트(Sigmund Freud) 199
지그프리드 서순(Siegfried Sas-

soon) 97
J. B. 필립스(Phillips) 453
J. B. S. 홀데인(Haldane) 306, 308, 330
J. K. 롤링(Rowling) 350, 481
J. M. 덴트(Dent) 225
J. R. 루카스(Lucas) 334, 336
J. R. R. 톨킨(Tolkien) 12, 175-178, 193, 198-205, 233-236, 240, 261-265, 285, 299, 313, 322, 325, 343, 351-355, 364, 401-402, 449-452, 468, 472

ㅊ

찰스 윌리엄스(Charles Williams) 235-236, 243, 257-261, 301, 316, 325, 348, 371, 435, 457
찰스 콜슨(Charles "Chuck" Wendell Colson) 476
채드 월시(Chad Walsh) 417, 465, 481
처치힐 병원(Churchill Hospital) 431, 434-435
『천국과 지옥의 이혼』(The Great Divorce) 32, 303, 416
체스터턴(G. K. Chesterton) 180, 295, 363, 479

ㅋ

칼 헨리(Carl F. H. Henry) 339, 475
캐서린 파러(Katharine Farrer) 237, 429, 455
『캐스피언 왕자』(Prince Caspian) 354, 356, 387, 394
캠벨 칼리지(Campbell College, 벨

파스트) 54-55, 64, 86
케네스 그레이엄(Kenneth Grahame) 373, 481
케네스 타이넌(Kenneth Tynan) 221
케임브리지 대학(Cambridge University) 143, 158, 163, 398-413, 452-454, 472
퀸스 칼리지(Queen's College, 벨파스트) 70, 107, 178
클라이드 킬비(Clyde S. Kilby) 471
클라크 강좌(Clark Lectures, 케임브리지 대학) 300-303, 407
클레멘트 애틀리(Clement Attlee) 105
키블 칼리지(Keble College, 옥스퍼드 대학) 87-94, 99, 431, 486
킬른스(The Kilns) 173-174, 215, 255, 320-321, 418, 428-429, 433, 448, 455-459

ㅌ

토머스 해밀턴(Thomas Hamilton) 28-29
T. S. 엘리엇(Eliot) 150, 180, 213, 227, 440

ㅍ

『판타스테스』(Phantastes, 조지 맥도널드) 74, 192
페넬로피 수녀(Sister Penelope) 442
페이버 & 페이버(Faber & Faber, 출판사) 440
『폐기된 이미지』(The Discarded

Image) 224, 391, 412
폴 엘머 모어(Paul Elmer More) 190
폴린 베인즈(Pauline Baynes) 344, 349, 351-353, 370
프랭크 윌슨(Frank Wilson) 154
프레드 팩스퍼드(Fred Paxford) 402, 448, 458
플라톤(Plato) 144, 146, 236, 251, 388-391
플로렌스 루이스(Florence Lewis, 처녀 성 해밀턴) 27-28
피터 바이드(Peter Bide) 431-435
피터 크리프트(Peter Kreeft) 474
필립 풀먼(Philip Pullman) 394, 481-482

ㅎ

해리 카펜터(Harry Carpenter) 431, 434
허버트 워렌 경(Sir Herbert Warren) 133, 156, 160
『헤아려 본 슬픔』(A Grief Observed) 270, 439-446
헨리 스탠리 베넷(Henry Stanley Bennett) 400
헨리 워즈워스 롱펠로(Henry Wadsworth Longfellow) 44
헨리 윌링크 경(Sir Henry Willink) 401-404
헬렌 가드너(Helen Gardner) 247, 324, 326, 401-404
『호빗』(The Hobbit) 233-234, 260-264, 343-344, 360
홀리트리니티 교회(Holy Trinity Church, 옥스퍼드 헤딩턴 쿼리) 190, 211-212, 282, 323, 454, 461
휘튼 칼리지(Wheaton College, 미 일리노이 주) 416, 471, 479, 486

휴고 다이슨(Hugo Dyson) 200-202, 205-207, 233-234, 265, 365
히포의 아우구스티누스(Augustine of Hippo) 146, 391, 479